제2판

현대 사회문제론

– 사회복지의 대응과 미래 –

현외성 · 김용환 · 문다현 · 최금주 · 이은정 · 박선애

창지사

머리말

인생은 문제해결의 연속이라고 하였다. 살아가는 동안 개인의 삶에 문제가 끊임없이 발생하는 것과 같이, 사회에서도 문제는 지속적으로 발생하고 있다. 문제는 인류가 존재하면서부터 함께 생겨났다고 생각한다. 특히 현대사회와 같이 문명이 고도로 발달한 사회에 걸맞게 문제는 진전되는 것 같다.

사회복지학은 경제학, 사회학이 해결하려고 한 빈곤문제를 해결하는 데서 시작하여 인간과 사회를 둘러싸고 있는 다양한 사회문제를 해결하는 데 주안점을 둔다고 해도 과언이 아니다. 사회복지학의 학문적 정체성이나 기능을 논의할 때, 사회문제의 해결을 언급하지 않을 수 없을 만큼 사회복지학의 존재목적이 사회문제의 예방과 해결, 조정과 관련이 있다.

이러한 배경에서 사회복지학을 공부하는 학습과정에 '사회문제론' 과목은 그 기초와 기반으로서 중요하게 자리 잡고 학습되고 있다. 따라서 『현대 사회문제론』은 특별히 사회복지학과에서 향후 사회복지사로서, 전문적인 직업인으로서 활동하게 될 경우에 필요한 사회문제에 대한 지식과 그 활용능력을 배양하기 위하여 집필되었다.

『현대 사회문제론』은 사회문제를 가르치는 여러 학문과는 차별화하여 특별히 사회복지학과에서 관심을 가지고 학습되어야 하는 사회문제의 개념, 분류, 관점, 영역, 그리고 그 대응책으로 사회복지에의 함의 혹은 사회복지적 대응책을 중심으로 집필하였다. 또한, 최근 우리나라에서 쟁점이 되고 있으나, 아직은 심층적으로 논의되지 못하는, 그러나 반드시 해결되어야 하는 사회문제 중 몇 가지를 선택하여 논의하였다.

우리나라는 '압축성장'이라고 말할 만큼 빠른 경제성장으로 인해 발생하는 사회적 혼란과 무질서로 인하여 다양한 사회문제가 동시적으로 분출되는 양상을 드러내고 있다. 급속한 사회변동은 예측하지 못한, 그리고 의도하지 못한 복합적이고 다양한 사회문제를 야기하는 배경이 된 것이다.

이러한 측면에서 이 책은 우리나라에서 최근 쟁점이 되고 있는 빈곤문제와 고용문제(전직문제, 청년고용문제), 다문화문제(이민자 및 외국인 근로자, 새터민), 보육문제, 성폭력·가정폭력·성매매문제, 은둔형 외톨이와 고독사, 노숙인문제, 중독문제(사이버중독, 알코올중독), 정신건강문제(우울증, 불안장애, 조현병, 자살문제), 집단따돌림과 학교폭력, 청소년비행 문제 등을 주로 다루었다.

이와 관련한 사회문제의 원인과 현황, 사회복지적 대응책, 그리고 그 한계와 과제는 무엇인지를 정리함으로써, 장래에 사회복지 실무자로서 활동하게 될 사회복지학과 대학생이나 현재 사회복지현장에서 활동하고 있는 실무자가 참고할 수 있도록 내용을 정리하였다. 그리하여 사회복지학과 대학생이나 사회복지현장 실무자가 사회문제와 사회복지가 어떻게 연관되는지, 다양한 사회문제를 분석하고 해결을 위해 현재 관련 제도나 정책을 어떻게 파악해야 하는지, 그 한계를 극복하기 위한 새로운 대안책을 어떻게 마련할 수 있는지 등에 대한 역량을 구비하는 데 도움이 될 수 있도록 집필자들은 노력하였다. 특히 각 장에 여러 사회문제와 관련되는 사례를 제시하여, 이 책을 공부하는 사람들이 사회문제와 사회복지에 대하여 한층 구체적이고 실제적인 감각을 지닐 수 있도록 하였다.

이 책을 집필하는 데 함께 참여하고 내용과 형식을 가다듬어 가는 과정에 심혈을 기울인 모든 공동집필자께 감사드리고, 책을 편집하고 디자인하는 데 있어 정성을 다해 준 편집담당자, 그리고 출판할 수 있도록 지원해 준 창지사 사장님께도 집필자 전체의 이름으로 감사드린다.

2022년 8월

가고파의 고향 무학산 자락의 연구실에서

현 외 성

차례

제2부 구조적 문제로서 사회문제

제3부 해체적 문제로서 사회문제

제1부

사회문제 개관

Social Problem

제1장 사회문제의 의미: 정의, 특성, 분류

I 사회문제의 정의

1. 어의적 정의

사회문제는 '사회'와 '문제'의 합성어다. 문제는 '사람들이 생각하기에 해결되어야 하는 불만족스러운 상태 또는 조건'이다. 그렇다면 무엇이 불만족스러운 상태이고 조건인가? 그 기준과 내용은 무엇인가? 왜 그러한가?

단순하게 말해, 상식적으로 혹은 일반적으로 판단해 (이 판단의 주체가 누구인지는 조금 후에 논의하겠지만) 어떤 상태나 조건이 사람이 살아가는 데 있어 불편하게 느끼고 불만족스러운, 그리하여 결국은 부정적인 의미를 지닌 상태나 조건을 의미하는 것으로 볼 수 있다. 즉, 문제는 사람들이 살아가는 데 부정적이고 해악을 끼치는 어떤 조건이나 상태를 말하며, 결국에 이는 해결되어야 하는 조건이나 상태를 의미한다.

또한, 문제는 '사람이 사람의 힘으로써 해결 가능한 어떤 조건이나 상태를 말하는 것'이라고도 그 개념을 정의할 수 있다. 이 부분은 사회문제 개념과 연관해 한층 더 강한 의미를 갖는다. 예를 들면, 자연적 힘이나 영향으로 인한 어떤 상태나 조건은 '문제'이기는 하지만 '사회문제'로 치부하지는 않는다는 점이다.[1)]

1) 한편 사회복지학에서 사회문제를 다룰 때 문제는 욕구(need)와 긴밀하게 연관되는 개념으로 파악한다. 이 부분에 관한 더 자세한 관계와 내용은 후술한다.

사회란 두 사람 이상으로 구성된 사람들의 다양한 집단을 말하는데, 사회문제라고 말하면 이상과 같은 의미를 지닌 것 중에 특별히 사회적인 것을 강조하는 경향이 있다. 즉, 문제는 개인문제와 사회문제, 사적인 문제와 공적인 문제 등으로 구분할 수 있으며, 이때 사회문제는 특별한 뜻을 가진다.

앞에서 말한 해결되어야 하는 불만족스러운 상태나 조건을 판단하는 주체와 대상, 그 기준, 정도 등과 관련하여 '사회'라는 접두사가 중요한 의미를 가진다. 일단 사회문제란 '사회구성원 중의 상당수의 사람이 문제라고 인정하고 수용하는 문제'라고 간단하게 규정하고 넘어가자.[2)]

사회문제는 개인문제와는 달리 '사회적인 맥락' 혹은 '사회적인 구조'로부터 발생한다는 암묵적인 전제를 바탕으로 그 개념이 성립한다. 즉, 사회문제는 개인의 결함이나 잘못, 책임으로 환원될 수 없는 사회적 문제로 이해할 수 있다.

이러한 의미에서 사회문제는 사회구성원이 삶의 여정에서 누구든지 직면할 수 있는 개연성 혹은 보편성을 가지는 문제로서 파악된다. 사회문제는 언제, 어디에서, 누가 직면하게 될지는 모르지만, 그 가능성이 항상 존재하는 문제이다.

따라서 사회문제는 사회적인 장치를 통해서 사회구성원의 공동 노력으로 해결해야 하는 문제이며, 그 해결을 통해 사회구성원의 생활에 미치는 부정적인 영향, 불만족스러운 상태나 조건을 없애는 것으로 이해할 수 있다.

이러한 사회문제의 해결방법이나 장치는 사회에 제도적, 정책적, 법률적으로 접근하여 만들어지며 다양한 내용과 분야가 존재한다. 이 중에서 사회복지는 직접적이고 핵심적인 사회문제를 해결하려는 사회적 장치이다. 여러 사회과학의 분과학문에서도 사회문제를 학습하고 연구하지만, 사회복지학과에서 사회문제를 학습하는 이유는 사회문제가 인간복지와 직접적이고 핵심적으로 연관되기 때문이다.[3)]

2) 이러한 의미를 포함하여 사회문제의 복합적인 개념정의를 분석하는 작업은 '사회문제 의미의 특성' 부분에서 상술한다.

3) 제2장과 제3장에서 각각 사회문제와 욕구 및 사회복지 등을 상술한다.

2. 여러 학자의 정의

사회문제는 사회과학 분야에서 연구하였다. 기존 학자들이 사회문제에 관하여 어떻게 정의하였는지 알아보자. 여러 학자가 각각 다른 분야와 관점으로 제시한 사회문제의 개념정의를 살펴봄으로써, 사회문제의 개념과 의미를 한층 더 깊고 넓게 이해할 수 있다.

머튼과 니스벳(Merton & Nisbet, 1971)은 사회문제를 사회질서의 상당 부분이 일반적으로 받아들이는 하나 또는 그 이상의 규범을 위배하고 있다고 간주하는 행동양식으로 정의하였다(최일섭·최성재, 1995, 재인용).

와인버그(Weinberg, 1970)는 사회문제란 사회구성원이 바람직하지 못하다고 받아들이는 상황이나 행동양식으로서 그들은 그 바람직하지 못한 상황에 대한 자신들의 불만이나 관심을 회합과 서신 교환, 시위, 기타 항의의 행태로 표현하지만 이러한 사회문제를 통제하기 위한 자신들의 의도된 혹은 적용된 조치가 아직 효과를 거두지 못한 상태에 있는 것으로 정의한다(고명석 외, 2009, 재인용).

페리와 페리(Perry & Perry, 1976)는 사회문제를 사회의 상당수의 사람이 그들의 가치와 윤리기준에 의하여 사회질서를 위협한다고 판단하고 사회적 행동으로 그 개선이 가능하다고 생각하는 현상이라고 정의하였다(최일섭·최성재, 1995, 재인용).

에치오니(Etioni, 1976)는 사회문제를 사회적으로 형성되며 사람들이 문제로 인식하고 사회가 그 상태의 개선을 바라는 사회적 상태라고 정의하였다(고명석 외, 2009, 재인용).

로어(Lauer, 1992)는 사회문제는 어떤 조건이나 행동유형이 다른 조건이나 행동유형과 모순되고 바람직한 삶의 질과 양립할 수 없으며, 사회생활의 여러 다른 수준에서 작용하는 요소에 의하여 야기되거나 촉진되거나 계속되고, 집단갈등과 관계되며 그 해결을 위해 사회행동이 필요한 것이라고 하였다(최일섭·최성재, 1995, 재인용).

이처럼 여러 학자가 사회문제에 대하여 내린 정의를 바탕으로 최일섭과 최성재는 사회문제를 다음과 같은 공통 특성을 가진 개념으로 정리하였다. 사회문제란 어떤 사회적 현상이 사회적 가치 또는 규범에서 벗어나고 상당수의 사람이 그 현상으로 인하여 부정적인 영향을 받으며, 그 원인이 사회적인 것이며 다수의 사람이나 영향력 있는 일부 사람이 문제로 판단하고, 사회가 그 개선을 원하고, 개선을 위하여 집단적·사회적 행동이 요청되는 것이라고 할 수 있다(최일섭·최성재, 1995).

사회문제의 개념정의에 관해 여러 학자의 주장을 서술하고 그 공통적인 내용까지 정리하였으나, 여전히 논쟁의 여지는 남아 있다. '사회구성원의 어떤 집단이 어느 정도의 양적 크기와 규모를 사회문제로 규정하며, 왜 그 기준이 사회문제가 되어야 하는 기준인가? 어떤 문제가 사회문제이며, 어떤 문제가 개인문제인가? 같은 문제가 왜 특정 시점에 특정 국가에서 사회문제로 규정되는가?' 등의 논쟁이 가능하다.

그래서 아예 사회문제가 무엇인지를 규정하지 않은 학자도 있다. 그러나 많은 논쟁의 여지가 있음에도 불구하고 사회문제의 개념정의가 중요하다고 생각한다. 불완전하지만 사회문제에 대한 하나의 개념규정을 설정한 다음, 그 실체적 내용을 점진적으로 보완해 나아가는 것이 학생들에게나 연구자들에게, 특히 사회문제를 해결하려는 사회복지 학자나 사회복지 실천가에게 실제적인 유용성이 있기 때문이다.

본서에서는 사회문제를 '인간의 욕구 불충족으로 인하여 발생하는 것으로서, 사회구성원의 삶에 부정적인 영향을 미치는 조건이나 상태로, 상당수의 사람이 해결되어야 한다고 생각하며 그 해결을 위해 특정 사회적 노력이 필요한 것'으로 규정한다.[4)]

4) 소위 '사회문제의 발생 배경과 과정, 원인' 등에 관한 논의는 후술하며 본 절는 일단 사회문제의 개념정의만 규정하고자 한다.

Ⅱ 사회문제의 특성

사회문제에 관해 여러 학자가 각각 특수한 관점으로 조금씩 상이하게 개념정의한 것을 보았다. 또한, 각각의 사회문제 개념규정에 스며든 의미와 내용을 상세하게 분석해 보면, 내용상의 어려운 점이 상당히 있다. 본 절에서는 사회문제의 개념에 포함된 복합적인 요소를 사회문제의 특성 혹은 사회문제 개념의 특성이라고 하고, 그 내용을 좀 더 논의해 보고자 한다. 이러한 작업을 통해 사회문제의 개념과 사회문제에 관하여 더욱더 깊이 이해할 수 있기 때문이다.

1. 사회문제의 유동성

어떤 학자들은 사회문제 개념이 포함되어 있는 내용의 많은 부분이 상대성, 애매성, 모호성을 띤다고 지적한다. 어떤 사회에서 사회문제가 부정적이고 바람직하지 않은 조건이나 상태라고 규정할 경우, 그 부정적이고 바람직하지 않다는 말은 그 사회가 가진 바람직한 상태나 조건, 긍정적인 기준이 있다는 의미이고, 그 기준에서 벗어난 조건이나 상태가 사회문제가 존재하는 형태인 것으로 보기 때문이다.

그런데 어떤 사회나 시대에서 특정 사회적 조건이나 상태가 사회문제일 때도 있고, 때에 따라서는 개인문제일 수도 있고, 아예 문제 자체가 아닐 수도 있다. 사회문제가 될 수 있는 기준은 특정 시대나 사회의 바람직한 기준에 따라, 사회문제로 인식하고 인지하는 집단에 따라 달라질 수 있다는 것이다. 결국 사회와 시대에 따라 사회문제는 유동적이고 상대적임을 알 수 있다. 예를 들면, 빈곤의 개념과 기준은 시대와 사회에 따라 다르며, 국가 내에서조차 대도시와 중·소도시, 농·어촌에 따라 빈곤선이 다르다. 이는 빈곤의 개념이 변화하고 있다는 점이다. 우리나라의 가정폭력문제 1997년 「가정폭력 방지 및 피해자 보호 등에 관한 법률」이 입법되면서 엄격하게 이에 대처하고 이 문제를 사회문제로 간주하게 되었으나, 그 이전에는 개인문제나 가정문제로 치부해 오히려 사회적 개입을 꺼렸다.

2. 사회적 사실로서 객관성과 문제 인식의 주관성의 결합

사회문제는 특정 조건이나 상태가 객관적인 사실로서 선행적으로 존재하여 삶에 부정적인 영향을 미치고 있음을 전제로 한다. 예를 들면, 아직 사회적으로 큰 관심을 받지도 못한, 모든 국민이 알지도 못한 상태에서, 특정 지역에서 정체불명의 질병과 장애로 고통받는 상황이 점진적으로 확대·심화되고 있다고 가정하자.

먼저, 객관적 사실로 정체불명의 질병과 장애가 존재하는데, 그 배경과 원인이 무엇인지는 아직 알 수 없다. 개인 학자들이 당해 지역을 대상으로 여러 가지 역학조사를 수행하여 마침내 인근 지역의 여러 공장에서 나온 폐수와 공해로 인한 환경오염의 결과로 그 정체불명의 질병과 장애가 발생했음을 밝히게 되면서, 그 지역 각 개인의 문제는 이제 사회문제로 전환된다.

이 과정에서 조사·연구한 학자나 사회운동가가 객관적 사실로서 존재하던 조건이나 상태를 학문적 조사·연구한 것을 바탕으로, 먼저 주관적으로, 그 후에 객관적으로 사회문제로 인식하고 수용함으로써 그 환경문제는 개인문제에서 사회문제로 전환되는 계기가 된다.

통상 여러 사회문제는 이러한 과정과 절차를 거치며, 이런 점에서 객관적이고 사회적인 사실로서의 문제가 선행하고, 그 이후에 주관적으로 사회문제로 인식함으로써 사회문제로 전화(轉化)되거나 정책화되는 것이다.

3. 쟁점의 선택성

모든 사회문제가 이러한 과정과 절차를 거치지는 않더라도 개인문제와 사회문제는 연관성이 존재한다. 즉, 인간 욕구의 불충족으로 인하여 문제가 발생하며, 이 문제는 개인문제나 사회문제 중 하나로 발생하는 것으로 이해할 수 있다. 물론 사회변동과 인간의 성장·발달이라는 두 가지 큰 독립변수가 인간 욕구의 불충족과 문제 발생을 일

으키는 요인이기도 하다.[5)]

사회에는 매일 시시각각 다양하고 복합적인 문제가 발생한다. 여러 가지 이유와 배경이 있을 수 있다. 사회에서 일어나는 모든 문제가 사회문제로 규정되지는 않는다. 특정 쟁점이 사회문제로 대두되는 데에는 여러 가지 원인과 환경이 작용한다. 앞에서 말한 바와 같이 개인이 가진 욕구를 스스로 해결할 수 없을 때, 즉 욕구 불충족일 때 문제가 발생하는 것이다. 이때 욕구란 '모든 생명체가 생명과 존립을 위해 무엇인가를 소비해야 하는 생명 현상'이라고 간단하게 정의하자(현외성 외, 1998). 사람이 생명을 유지하고 인간다운 생활을 영위하는 데 필요한 여러 가지 욕구가 존재하고 이를 충족하지 못할 때 생명과 생존을 위협하는 문제가 발생하게 된다. 이 문제 중 사회구성원 사이에서, 즉 사회구조적이고 환경적 측면에서, 발생 배경이 되는 문제를 특히 개인문제라기보다는 사회적 문제로 규정하고자 한다.

사회문제의 개념정의에서 언급한 바와 같이 사회문제는 결국 특정 사회의 특성을 반영하는 것이고 이러한 맥락에서 사회문제는 선택성을 가진다. 사회의 바람직한 기준, 문화, 의식 등에 따라서 사회문제의 성격이 직·간접으로 영향을 받아 규정된다.

예를 들면, 어떤 사회에서 빈곤은 사회문제이지만, 어떤 사회에서 빈곤은 상대적으로 사회문제의 범주에 포함되는 정도가 미약할 수도 있다. 여성인권문제는 오늘날 일반 사회에서는 민감한 사회문제로 간주되지만, 종교적 견지에서 여성인권문제가 사회문제로 두드러지지 않는 국가와 사회도 엄연히 존재한다.

이러한 점에서 보면 사회문제는 사회의 특성에 따라서 선택되고 선별되는 특성이 있다. 물론 사회 전체의 문화나 규범과 같은 환경적인 요인도 사회문제의 선택성에 영향을 미치지만, 사회구성원 중 주요 여론형성가, 사회운동가, 집단, 정치적 영향력이 있는 정책결정권자가 특히 사회문제의 선택성에 관여하고 있다.

다른 한편, 사회를 구성하는 사람들의 욕구는 무한하지만 그 충족에 필요한 사회적 자원이 유한한 데서 오는 국가사회적 정책 선택의 우선순위 결정에서 어쩔 수 없이 사회문제는 선택된다. 일반적으로 발전되고 성숙한 사회일수록 사회문제에 민감하고 그 해결책에 더 많은 관심과 에너지를 투입한다고 볼 수 있다.

---

5) 사회변동, 인간의 성장과 발달, 욕구, 개인문제, 사회문제 및 사회복지는 이어서 후술하게 된다.

4. 정치적 개입의 중요성

사회문제는 정치적인 특수성을 반영하기도 한다. 사회문제의 제기에서부터 인정과 수용에 이르기까지 가치와 이념이 상당하게 작용하는데, 이 과정에 이념과 가치를 달리하는 정치집단의 역할이 개입하게 된다. 여론형성가나 여론에 대응하여 당해 사회문제를 사회복지정책, 사회정책을 입안하고 입법하는 집단은 정치집단이다.

사회문제의 수용과 그 정책적 대응과정에서 정치가는 적절한 정책적 개입의 타이밍이 중요하며, 이것 역시 정치적 이해관계와 상대 정치가나 정당의 역학관계와 관련하여 결정되는 경우도 있다. 사회문제의 정치성은 어느 사회에나 존재한다.

5. 지식과 이론의 발달에 따른 사회문제의 생성

사회문제는 사람들의 지식과 이론의 발달에 따라서 영향을 받는 경우도 있다. 예를 들면, 빈곤문제는 과거사회에서 개인문제로 규정되었고 빈곤의 원인과 배경에 대한 수많은 조사·연구와 사회과학적 이론의 축적으로 말미암아 빈곤현상, 빈곤문제에 대한 더욱 심층적인 정체성이 밝혀지며, 다른 한편 자본주의 사회의 전개과정과 그 한계와의 관련성을 사회과학적 이론과 지식으로 밝혀내면서부터 비로소 사회문제로 인식되고 수용되기에 이르렀다. 오늘날 질병과 장애의 사회적 연관성이 이론적으로 밝혀짐으로써 질병과 장애를 사회문제의 하나로 이해하며 수용한다.

이처럼 사회문제를 둘러싼 지식과 이론, 조사·연구의 축적으로 사회문제의 발생 배경, 원인, 과정 등을 심층적으로 분석할 수 있고, 이를 바탕으로 사회문제의 영역이 확장되고, 개인문제로 치부되던 문제들이 사회문제로 전환되는 경우가 생겨나고 있다. 따라서 지식과 이론의 발달은 사회문제를 생성시키고 개인문제를 사회문제로 전환하는 역할을 수행하고 있다. 결국 문제의 발생 배경, 원인 및 과정 등에 대한 지식과 이론의 발달이 문제와 사회와의 연관성을 밝혀 줌으로써 문제에 대한 사회구성원들의 인식을 새롭게 하고 구성원들이 사회문제로 수용하게 하는 계기를 마련한다. 이런 점에서 지식과 이론의 발달은 사회문제를 발굴하고 인식하는 데 기여할 수 있다.

Ⅲ 사회문제의 분류

1. 사회문제 분류의 중요성

사회문제는 다양한 관점에서 여러 가지 개념정의가 가능하다. 사회변동과 지역사회에 따라 사회문제의 특성과 종류가 상대적으로 달라질 수도 있는 점도 학습하였다. 본 절에서는 사회문제의 다양한 내용과 형태를 모두 포괄할 수는 없을지라도 가능한 한 몇 가지 중요한 내용을 중심으로 분류해 보고자 한다.

일반적으로 분류란 어떤 내용, 현상, 물체를 특정 기준으로 구분해 보는 작업을 말한다. 분류과정을 통해서 분류되는 내용, 현상, 물체의 본질을 좀 더 심층적으로 이해할 수 있기 때문에 모든 학문과 이론의 기초 작업에 분류가 중요한 위치를 차지한다.

즉, 사회문제를 특정 기준으로 분류함으로써 사회문제의 본질과 의미를 좀 더 자세하게 이해할 수 있는 이점이 있다는 것이다. 분류를 기초로 하여 상이성과 유사성을 비교하고 그 전체에 심층적으로 다가갈 수 있게 된다.

2. 여러 학자의 사회문제 분류

최일섭과 최성재 교수(1995)는 헨슬린(Henslin, 1990), 아이첸과 진(Eitzen & Zinn, 1992), 머튼과 니스벳(Merton & Nisbet, 1971), 쉬나이더 외(Schneider et al, 1981), 김영모(1982) 등의 사회문제 분류를 요약하여 제시한 다음, 자신들의 사회문제 분류를 다음과 같이 제안하였다.

여기에 원석조 교수가 제시한 제스트로(Zastrow, 2000), 던과 월러(Dunn & Waller, 2000), 스팀슨과 스팀슨(Stimson & Stimson, 1999), 무니와 스캇(Mooney & Schacht, 2002)의 사회문제 분류도 같이 제시해 본다(표 1-1 참조).

표 1-1 학자들의 사회문제의 분류

학자	사회문제의 분류	
헨슬린 (Henslin)	사회적 상황에서의 일탈행동	성적 일탈행위, 알코올 및 약물중독, 강간, 살인, 범죄 등
	사회적 불평등	부와 빈곤, 인종차별, 성차별, 신체 및 정신건강 등
	사회변화 및 기대 문제	가족변화, 도시문제, 인구 및 식량문제, 환경문제, 전쟁, 테러리즘 등
아이첸과 진 (Eitzen & Zinn)	사회의 규범과 가치를 위반하는 행동과 조건	범죄, 정신질병, 약물중독 등
	정신적, 물질적 공통을 야기하는 사회적으로 형성된 조건	빈곤, 인종차별, 성차별, 노인문제, 가족문제, 건강보호문제 등
머튼과 니스벳 (Merton & Nisbet)	사회해체문제	인구문제, 인종문제, 가족해체, 노동과 자동화 문제, 빈곤문제, 지역사회 문제 및 갈등, 폭력 등
	일탈행위문제	정신장애, 범죄 및 청소년비행, 약물중독, 알코올중독, 자살, 성문제 등
쉬나이더 외 (Schneider et al.)	비극으로서의 사회문제	정신질환, 자살, 알코올중독
	부정으로서의 사회문제	인종차별, 빈곤, 성차별
	위협으로서의 사회문제	범죄, 인구문제, 흡연, 약물중독
	추행으로서의 사회문제	대량살인과 대량자살, 아동학대, 강간, 전쟁
	고압적이고 주제넘은 간섭으로서 사회문제	낙태, 안락사
	문명의 예측된 결함으로서의 사회문제	관료주의, 공모된 부도덕
제스트로 (Zastrow)	일탈문제	비행, 정신질환, 약물남용, 동성애
	불평등문제	인종문제, 성차별, 노령화, 빈곤
	제도적 문제	가족문제, 보건의료문제, 교육문제, 대기업·기술·노동문제
	글로벌 문제	폭력·테러리즘·전쟁, 도시문제, 인구문제, 환경문제

학자	사회문제의 분류	
던과 월러 (Dunn & Waller)	사회제도문제	가족문제, 경제문제, 보건의료문제
	불평등문제	경제적 불평등, 인종문제, 성차별
	일탈문제	범죄, 폭력, 정신질환
	사회운동, 사회변동과 관련된 문제	피해자문제, 동성애, 노동착취문제
	글로벌 사회문제	핵무기 문제, 개발도상국의 빈곤문제, 사망률, 환경문제, 자원갈등 문제
스팀슨과 스팀슨 (Stimson & Stimson)	개인의 복지를 위협하는 문제	알코올·약물남용, 성적 문제, 범죄, 폭력·테러리즘
	사회적 평등을 위협하는 문제	인종문제, 빈곤, 성차별
	사회제도를 위협하는 문제	가족문제, 교육문제, 기업과 노동문제, 보건의료문제
	삶의 질을 위협하는 문제	도시 문제, 인구·환경문제
무니와 스캇 (Mooney & Schacht)	개인의 복지문제	질병과 보건의료 위기, 알코올과 약물, 범죄와 폭력, 가족문제
	인간 다양성 문제	노령화, 인종문제, 성차별, 동성애
	불평등과 권력문제	경제적 불평등, 고용과 실업, 교육문제, 도시문제
	현대화 문제	인구·환경 문제, 과학·기술 문제, 국제적 갈등
김영모	구조적 문제	빈곤, 소득배분, 노동문제, 교육 불평등
	해체적 문제	가족해체, 빈민지역, 인구문제, 환경문제
	탈선적 문제	범죄, 소년비행, 매춘, 자살, 알코올중독, 정신질환
최일섭과 최성재	사회변동 또는 불평등문제	가족문제, 환경문제, 노인문제
	사회적 불평등문제	빈곤문제, 성차별문제, 노사문제
	사회적 일탈문제	청소년비행 문제, 범죄문제, 성폭력문제, 약물중독 문제, 정신건강문제

출처: 최일섭·최성재(1995); 원석조(2008).

학자들은 나름대로 사회문제의 분류기준을 가지고 여러 가지 사회문제를 분류하고 있다. 이 분류기준과 그 기준에 근거하여 분류된 사회문제는 학자들이 당시 살던 시대와 사회의 중요한 사회문제를 중심으로 분류한 것으로 판단된다. 따라서 특정 사회와 시대의 특수성이 반영되었으며, 학자의 입장이 가미된 분류로 판단된다.

3. 본서의 분류

본서에서는 사회문제를 어떻게 분류할 것인가? 여기에서 주의해야 할 점이 몇 가지 있다. 모든 국내외 사회문제에 관하여 관심을 가질 수는 없다. 모든 사회문제는 그 자체로 중요하고 해결되어야 함이 마땅하다. 그러나 본서에서는 몇 가지 측면을 강조하면서 사회문제를 분류하고 그 내용을 제한적, 우선적으로 취급하고자 한다.

첫째, 현재 우리나라에 당면한 사회문제의 이해와 해결책에 관심을 가진다.

둘째, 본서는 사회복지학과의 사회문제론 교과목 교재로 사용될 것을 염두에 두면서 집필하여야 하므로, 가능한 한 사회복지실천현장과 연관된 사회문제 중에서 중요한 내용을 선별한다.

셋째, 본서에서는 기존 교재나 전문서적에서 비교적 취급하지 않거나 최근 쟁점이나 사회문제에 관한 내용을 우선으로 선택하고자 한다.

이와 같은 기준으로 (다소 인위적이나) 필요하고 중요하다고 생각하는 사회문제의 범주와 그 내용을 분류하면 〈표 1-2〉와 같다. 기준 설정이 애매하고 때에 따라서는 특정 사회문제가 두 곳 이상에 중복되거나 거리가 먼 것도 있을 수 있다. 세 가지 분류의 범주별 균형을 유지하려는 의도도 있음을 밝힌다.

표 1-2 본서에서 취급하는 사회문제의 분류와 범주

사회문제의 분류	사회문제의 범주
구조적 문제	• 빈곤문제 • 고용문제 • 문화적 다양성: 여성 결혼이민자, 외국인 근로자, 새터민
해체적 문제	• 보육문제 • 성폭력, 가정폭력, 성매매문제 • 은둔형 외톨이, 고독사, 노숙인문제
일탈적 문제	• 중독문제: 약물, 도박, 인터넷(게임 등) • 정신건강문제: 우울, 불안장애, 조현병, 자살 • 왕따, 학교폭력, 청소년비행 문제

제2장

Social Problem

사회문제의 이론과 관점

I 사회문제 이론의 기능

1. 이론의 의미

이론은 어떤 현상 간의 상호관계를 설명해 주는 사고의 한 형태이다. 보통 이론은 개념, 변수, 진술 등의 요소로 이루어진다. 개념이란 현상을 지적하는 가운데 중요하다고 생각되는 세계의 어떤 특징을 분리시키는 작업이다. 그리고 이 개념은 다시 정의로 구성되는데, 정의란 어떤 개념이 지시하고 있는 현상에 대해 연구자가 정보를 얻을 수 있도록 해 주는 용어들의 체계이다. 보통 개념정의을 통해 그 개념을 사용하는 모든 사람에게 동일한 의미를 제공한다.

이론	상호 관련된 이론적 진술의 형체
↑	
이론적 진술	개념 간의 단정적 관계
↑	
개념	추상적, 조작적 정의의 체계
↑	
정의	세계의 어떤 속성을 지적하는 용어의 체계

주) 화살표는 이론이 구축되는 방향을 보여 줌

출처: 김진균 외 역(1982); 현외성 외(1993), 재인용.

그림 2-1 이론의 요소

변수란 세계의 가변적인 특징을 알려 주는 일종의 개념이다. 변수를 통해서 한 현상에서의 변이가 다른 현상에서의 변이와 어떻게 연관되어 있는지를 보여 준다. 다음에 이러한 개념과 변수를 사용하여 현상을 설명하는 작업이 진술의 형태로 드러나는데, 이것을 이론이라고 볼 수 있다.

사회문제의 이론은 사회문제와 연관된 제반 현상과 사건을 이론적 진술을 통해 상호관계와 의미를 설명하는 것이다. 즉, 사회문제의 이론은 사회문제와 관련된 개념과 변수, 진술로 구성된다. 간략하게 말하면, 사회문제의 제반 측면에 대하여 체계적으로 설명하는 것으로 이해하면 된다.

2. 이론의 기능

이론의 기능에는 묘사(서술: description)와 설명(explanation), 예측(prediction)의 세 가지가 있다. 묘사는 복잡하게 얽혀 있어 보통 사람들은 잘 이해할 수 없는 현상과 사건을 관련 전문가가 이론을 통해 쉽고 체계적으로 이해시키는 것이다. 설명이란 더 쉽고 자세하게 해석해 말하는 것이다. 그리고 예측은 동일한 조건과 환경에서 동일한 현상이 일어날 수 있음을 말한다.

따라서 사회문제의 이론은 이러한 세 가지 기능을 수행함으로써 사회문제 현상을 이해하고, 또 이를 통해 문제 해결을 하려는 데 기여하기도 한다. 바로 이러한 측면에서 사회문제의 이론을 학습할 필요가 있다.

그렇다면 어떤 사회문제 이론이 있고, 그 이론의 내용은 무엇인가? 지금까지 발달된 사회문제 이론을 여러 학자의 견해를 중심으로 정리하여 보자.

Ⅱ 사회문제의 이론적 관점

1. 니스벳(Nisbet)

니스벳은 사회문제를 네 가지 접근방식으로 이해할 수 있다고 하였다. 그것은 종교적 접근, 법적 접근, 언론적 접근, 사회학적 접근이다. 이러한 분류는 사회문제를 하나의 이론보다는 한 사회에서 사회문제를 어떻게 이해하며 그 해결을 위해 어떻게 대응하느냐에 대한 일종의 접근방법을 설명한 것으로 풀이된다(김대원 외, 2007, 재인용).

1) 종교적 접근

인류 역사상 오랜 기간 사회문제를 정의하고 해결하는 데 주요한 접근방법이며, 종교법전을 중심으로 이루어졌다. 사회문제를 종교 외적인 측면에서 정의하고 해결할 수도 있으나, 궁극적으로 그 해결방법을 종교적 방법, 즉 기도와 참회를 통해서 해결할 수 있다는 입장을 선택한다.

2) 법적 접근

사회문제의 원인과 해결책을 정해진 법적 규정에서 찾는 접근방법이다. 사회문제는 법적 규범을 위반한 것이며 그 해결 역시 법적 규정에 따라 처벌함으로써 가능하다고 생각하는 접근법이다. 물론 법의 적용에서 과거사회보다는 현대에 와서 한층 더 의학과 정신의학, 심리학, 사회과학 등의 도움을 받아 치료와 예방 차원의 노력을 기울이고는 있으나, 궁극적으로 법적 접근은 처벌에 중점을 두고 있다.

3) 언론적 접근

언론은 사회의 부정·부패와 사회문제의 내용을 폭로하고 그 실상을 사람들에게 알리는 역할을 수행한다. 바로 이러한 기능이 사회문제의 주요한 접근책의 하나로 자리

잡은 것이다. 언론은 특정 사회문제에 대해 사회의 일반구성원들이나 국가가 관심을 가지지 못할 때, 그 문제를 폭로하고 드러냄으로써 당해 문제에 대해 여론을 환기시키고 해결을 위해 대응할 수 있도록 하였다.

4) 사회학적 접근

사회학적 접근방법은 앞의 세 가지와 다르게 사회문제의 원인을 밝히는 것이 사회학자들의 주목적이다. 또한, 사회학자들은 사회문제를 결정하는 맥락을 파악하고 사회문제가 다른 사회행동 영역과 어떤 관계를 가지는지를 파악하는 것이다.

2. 콜먼과 크레시(Coleman & Cressey)

콜먼과 크레시는 사회문제의 관점을 기능주의, 갈등주의, 여성주의, 상호작용주의로 구분하였다(김대원 외, 2007, 재인용).

1) 기능주의 관점

기능주의 관점을 취하는 사람은 사회란 유기체와 같다고 인식하였다. 유기체의 모든 부분이 함께 힘을 합쳐서 생명을 유지하는 것과 마찬가지로, 사회의 모든 부분도 사회를 유지하기 위하여 서로 힘을 합쳐야 한다고 생각한다. 이에 따라 각 기관은 사회가 안전하게 유지되기 위하여 수행해야 하는 기능을 가지고 있다. 이들 기관이 모여 균형 잡힌 전체를 구성하는데, 기관, 집단, 제도는 사회를 묶는 끈의 역할을 하는 것이 공통규범과 가치라고 본다.

사회가 커지고 변화함으로써 사회적 합의를 이루는 것이 점점 어려워지고 여기서 사회문제가 발생한다고 본다. 또한, 사회의 일부가 해체될 경우에도 사회문제가 발생한다는 것이다.

2) 갈등주의 관점

갈등주의는 사회란 부, 권력, 권위를 획득하기 위하여 투쟁하는 여러 사회집단이 모인 것으로 본다. 따라서 이 과정에서 사회에 변화가 일어나며 역동적으로 움직인다고 간주한다. 사회문제는 권력집단이 약한 집단을 의도적으로 착취하기 때문에 발생한다고 생각한다.

3) 여성주의 관점

전통적으로 사회는 남성 중심으로 이루어져 왔고 여성은 상대적으로 불평등한 위치를 점유하였다고 여성주의 관점은 생각한다. 여성주의 관점은 남성과는 다르게 여성이 사회에서 살아왔음을 강조하며, 현대사회는 가부장 사회로서 남성이 지배하고 남성을 위해서 움직이는 사회라고 본다. 사회문제는 바로 이러한 시각에서 바라볼 때 여성과 관련한 사회문제의 원인과 해결책을 새롭게 바라볼 수 있게 된다.

4) 상호작용주의 관점

사람은 사람과의 상호작용을 통해서 자신과 사회의 의미를 배우고 경험하게 된다. 사람들과의 상호작용이 개인과 사회를 이해하는 토대가 된다. 상호작용주의 관점에 따르면, 사회문제는 의미의 차이로 발생하는데, 사회의 한 집단이 다른 집단의 의미에 동의할 수 없는 것으로 규정하고 그 집단의 의미대로 행동하지 않은 것이라 할 수 있다. 이 이론적 관점에 따르면 사회문제의 원인은 상호작용에서 어떤 현상이나 행동에 대한 의미에 동의할 수 없다는 판단을 하는 것, 어떤 현상을 바람직하지 않은 행동으로(범죄자, 비행자, 알코올중독자 등으로) 낙인을 찍는 것, 어떤 행위에 대하여 다른 의미로 사회화된 것, 상징의 차이라 할 수 있다(최일섭·최성재, 1995).

3. 루빙톤과 와인버그(Rubington & Weinberg)

루빙톤과 와인버그(2011)는 사회문제의 관점을 사회병리적 관점, 사회해체론적 관점, 가치갈등적 관점, 일탈행위적 관점, 낙인 관점, 비판 관점, 사회구성주의적 관점 등 일곱 가지로 제시하면서, 각각의 관점을 사회문제의 정의, 원인, 조건, 결과, 해결방법이라는 다섯 가지로 분석해 설명한다.[다음 내용은 Rubington & Weinberg(2011)과 이장현·김영이 역(1986)을 참고하였음을 밝힌다.]

본서에서는 다섯 가지의 분석적 설명에 사회복지적 함의를 첨가하여, 향후 사회복지 현장에서 사회복지사로서 활동하게 될 때 적용할 수 있는 내용을 적고자 한다. 즉, 사회문제를 기존의 다섯 가지 측면에서 분석한 것에 사회복지적 시사점을 부가하여, 특정 사회문제를 각각의 이론적 관점에서 바라볼 경우 사회복지적인 대응책은 어떻게 구상할 수 있는지를 학습자 스스로 생각해 볼 수 있도록 하였다. 그러므로 독자는 사회복지에 선행하는 사회문제를 어떻게 바라보느냐 하는 이론적 관점 차이에 따라서 사회복지정책 혹은 사회복지대책이 달라질 수 있다는 사실을 인식해 보고, 사회문제의 해결책으로써 사회복지대책을 어떻게 수립해야 할지도 생각해 볼 수 있을 것이다.

1) 사회병리적 관점

❖ 사회문제의 정의

바람직한 사회적 조건과 장치는 건강한 것으로 간주되지만, 도덕적 기대에서 벗어난 사람과 조건은 질병, 즉 나쁜 것으로 간주된다. 사회병리적 관점에서 사회문제는 도덕적 기대로부터 벗어난 것이다.

❖ 사회문제의 원인

사회문제의 궁극적인 원인은 사회화 실패이다. 사회는 사회화 기관들을 통하여 각 세대에 도덕적 규범을 전달할 책임이 있다. 그러나 때로 사회화 노력이 비효과적인 경우도 있다. 사회병리학적 관점의 초기 일탈자들은 심신장애인이나 부양의존자, 비행자 등으로 간주되었다. 심신장애인은 교육이 불가능하고, 부양의존자는 교육받는 것에 결함이 있으며, 비행자는 교육을 거부한다고 생각하였다. 후기 사회병리학자들은 사회문제란 잘못된 가치가 학습된 결과로 간주하였다. 이러한 관점이 '온건한' 분위기일 경우에는 사회문제를 유발하는 사람들을 '병들었다'고 여겼으며, '완강한' 분위기일 경우에는 '범죄자'로 간주하였다. 하지만 이 두 분위기 모두의 배경에는 사람이나 상황이 '부도덕'하다는 생각이 바탕을 이룬다.

❖ 사회문제의 조건

초기 사회병리학자들은 어떤 사람은 선천적으로 결함을 가지고 태어나는 사람들이 있다고 생각하였다. 또한, 대부분의 심신장애인이나 부양의존자, 비행자 집단이 근친교배를 통해 지속적으로 발생하는 것으로 여겼다. 그러나 후기 사회병리학자들은 사회병리적인 현상을 야기하는 중요한 조건을 사회환경으로 간주하기 시작하였다. 초기 병리학자들은 개인의 비도덕인 속성에 초점을 맞추는 경향이 있었으나, 최근 병리학자들은 사회의 비도덕인 특성, 즉 과학적 기술이나 인구밀도 등과 같은 사회적 힘으로부터 문제가 발생하는 것으로 여기는 경향이 있다.

❖ 사회문제의 결과

초기 사회병리적인 관점에서는 사회혼란이 합법적인 사회질서를 유지하는 데 드는 비용을 증가시킨다고 생각하였다. 이들은 궁극적으로 가장 건강한 사람만 생존할 것이라고 믿었다. 이와 대조적으로 최근 병리학자들은 사회의 결함에 대하여 도덕적으로 사회적인 병리가 점점 더 전반적으로 확산되어 가며 전체 인구를 비인간화로 몰아갈 가능성이 있다고 본다.

❖ 사회문제의 해결책

초기와 최근의 사회병리학적 관점 모두, 사회문제에 대한 해결책은 어떤 형태인가를 제안한다. 예를 들면, '유전적으로' 결함을 가진 개인에 의해서 야기된 문제에 전념하던 초기 사회학자들은 해결책으로 우생학적 운동에 관심을 가졌다. 다른 사회학자들은 사회문제 해결책으로 문제발생꾼들을 중산층의 도덕을 교육하는 데 중점을 두었다. 최근의 사회병리학자들은 사회에 순응하지 못하는 구성원보다는 사회 자체를 '병든 것'으로서 간주하려는 경향이 있는데, 이것은 루소(Rousseau)의 인간관에 근원을 둔다. 개인은 선한데, 그를 둘러싼 제도가 나쁘다는 것이다. 그러나 현대의 사회병리학자들조차 '병든' 제도의 치료책은 사람들의 가치관을 변화시키는 것으로 생각한다. 따라서 이러한 관점에 따르면, 사회문제의 유일하고 실제적인 해결책은 도덕교육이라는 것이다(Rubington & Weinberg, 2011: 20-22).

❖ 사회복지적 함의

사회병리론은 여러 가지 사회문제에 대한 원인과 해결책을 제시하는 관점이다. 무엇보다 병리론적인 관점은 바람직하고 건강한 것의 기준이 무엇인가에 대한 의문점이 있다. 또한, 사회병리론적인 관점은 사회문제의 정의의 기준을 가치와 규범으로 삼고, 시간의 흐름에 따라 학자마다 문제 발생 원인과 조건을 다르게 강조하지만, 그 해결은 최종적으로 교육에 중점을 둔다.

이런 점에서 사회복지적 측면에서는 도덕교육도 중요하지만 개인의 성격(personality) 강화를 통한 사회 적응력을 높이는 데 관심을 가지는 사회서비스 혹은 사회사업적 접근책과 연결된다. 물론 최근의 사회병리론자들처럼 문제 발생 원인을 사회제도나 사회체계로 지적한다면 사회복지정책과 연결되는 시사점을 가진다고 볼 수 있다. 즉, 사회복지정책의 변화는 사회 전체의 도덕교육, 가치관 교육과 연결되어 있어 전통적인 사회복지정책의 접근과는 다소 차이가 있으나, 국민 전체의 의식이나 사회복지 대상자인 사회병리적 현상과 연계되는 사회적 취약계층의 사회복지교육과는 중요한 연결점을 가지는 것으로 볼 수 있다.

2) 사회해체론적 관점

❖ 사회문제의 정의

사회해체는 규칙이 실행되지 않는 것을 의미한다. 해체는 '무규범(normlessness)', '문화갈등', '와해현상(breakdown)'으로 구분된다. 무규범은 규칙이 없어 어떻게 행동해야 할지를 모른다. 문화갈등은 행동에 대하여 선택할 수 있는 2개의 대립되는 규칙이 존재한다. 이와 같은 상황에서는 하나의 기대에 따라 행동하면 다른 쪽의 기대에 어긋나는 행동이 될 수 있다. 와해는 이와 같은 주제의 변형이다. 여기서는 규칙은 존재하지만, 그 규칙에 동조하는 것은 예상된 보상을 받을 수도 있고 아니면 반대로 처벌을 받을 수도 있다.

❖ 사회문제의 원인

사회해체의 근원적인 원인은 넓게 말해서 사회변동이다. 사회변동이 발생함에 따라 사회체계의 부분들 사이에서 부조화와 조정불능 현상이 나타난다.

❖ 사회문제의 조건

사회체계의 부분은 완전하게 조정되기 어렵다. 그러나 보통 역동적인 균형 상태가 존재한다. 균형 상태를 흔드는 어떤 조건은 사회해체를 촉발시킬 수 있다. 이러한 조건은 사회변동(즉, 사회관계상의 변화)을 촉발시키는 기술적, 인구학적, 문화적 변화를 포함한다.

❖ 사회문제의 결과

사회해체론적인 관점은 개인과 체계에 대한 결과를 예측한다. 사회해체는 사람들에게 스트레스를 가져오고, 이는 다시 개인적인 해체 — 예를 들면, 정신질환, 알코올리즘과 같은 것 — 를 가져온다는 것이다. 체계에 대해서는 사회해체는 세 가지 형태의 결과를 초래할 수 있다. 첫째, 체계상의 변화이다.(즉, 대응이나 적응은 체계의 다른 부분으로 하여금 균형 상태로 돌아오게 할 수도 있다.) 둘째, 체계가 지속적으로 작동되는 경우다.(즉, 해체는 잔존하지만, 그 체계는 계속적으로 작동된다.) 셋째, 체계가 붕괴(와해)되는 경우다.(사회해체가 매우 심각해서 체계가 붕괴된다.)

❖ 사회문제의 해결책

정확한 진단을 시행한 후 사회해체 현상을 감소시키기 위한 여러 시도가 감행될 수 있다. 이는 불균형 상태에 있는 부분이 균형 상태로 돌아오게 하는 작업이다. 예를 들면, 기술적인 변화 속도를 늦추는 일이다(Rubington & Weinberg, 2011: 54-55).

❖ 사회복지적 함의

한국의 경우 압축적 경제성장과 그로 인한 사회변동이 가져온 사회문제를 논의할 때 매우 적합한 이론적 관점으로 선택할 수 있다. 즉, 경제체계의 우선적·압도적 발전으로 인한 변동은 다른 사회의 여러 부분에 변화를 초래하고, 그 결과 균형 상태를 깨뜨리고 사회문제를 발생시키는 배경으로 작동하는 사회변동의 속도를 강조하는 관점이다.

어떻게 하면 사회의 다른 부분을 균형적으로 변화시켜 갈 것이며, 특히 낙후되고 탈락된 사회적 취약 계층과 지역 등에 대한 문제의 원인과 대책을 시사해 주는 이론적 관점으로 볼 수 있다. 인구학적·기술적 변화 등으로 생긴 문제는 소위 '위험사회'로 현대사회의 '위험관리', '위기관리'에 대해 적절한 원인과 해결책을 시사해 주는 이론적 관점이 될 수 있다.

3) 가치갈등적 관점

❖ 사회문제의 정의

어떤 문제에 대한 조치의 필요성을 일반인들로 하여금 관심을 불러일으키는 데 성공한 경우다.

❖ 사회문제의 원인

사회문제의 근원적인 원인은 가치 혹은 이해관계의 갈등이다. 다양한 집단은 서로 다른 이해관계를 가지고 있으므로 상호 대립관계에 있다. 일단 대립이 갈등으로 구체화되면 사회문제가 발생한다.

❖ 사회문제의 조건

사회문제의 양상, 빈도, 기간, 결과에 영향을 미치는 배경조건은 집단 사이의 경쟁과 접촉이다. 2개 이상의 집단 간 경쟁과 특별한 접촉이 있을 때 갈등은 피할 수 없다. 여러 종류의 사회문제는 이러한 조건하에서 발생한다. 그리고 일단 문제가 발생하면, 경쟁관계에 있는 집단은 문제 해결방법에서도 갈등을 유발할 수 있다.

여러 저자는 사회문제가 객관적인 조건과 주관적인 개념정의로 구성된다고 주장하였다. 객관적인 조건이란 접촉과 경쟁이며, 주관적인 조건은 접촉, 경쟁, 재산과 권리의 분배 등에 관한 서로 다른 개념정의와 평가방식을 반영한다. 그러므로 사회문제는 객관적인 조건과 주관적인 개념정의가 역동적이고 활발하게 혼합되면서 출현하게 된다.

❖ 사회문제의 결과

갈등은 해소될 수도 있고 큰 희생을 가져올 수도 있다. 갈등은 때로 상대적으로 낮은 가치를 위해 상대적으로 높은 가치를 희생시키는 결과를 초래하기도 한다. 갈등은 교착 상태에 빠지거나 갈등 상태의 취약 계층에 손상을 입히기도 한다. 또한, 갈등은 집단 사이에서 '부정적 감정'의 전통을 발생시키기도 한다. 그러나 더욱 진보적인 관찰자들이 지적하듯이, 갈등은 자신의 가치를 명료화하도록 집단을 돕기도 하는 긍정적인 효과를 가지기도 한다.

❖ 사회문제의 해결책

가치갈등적 관점은 충돌하는 이해관계와 가치로부터 발생하는 사회문제를 해결할 수 있는 세 가지 방식을 제시하는데, '합의'와 '타협', '적나라한 무력행사'이다. 만일 당사자들이 양쪽 모두 공유하고 있는 더 높은 가치를 위하여 갈등을 해결할 수 있다면, 합의가 이루어진다. 만일 당사자들이 협상할 수 있다면, 모두가 민주적 과정의 정신에서 가치의 타협과 교환이 이루어질 수 있다. 만일 합의나 협상이 작동하지 않는다면, 최고의 힘을 가진 집단이 통제력을 획득하게 된다(Rubington & Weinberg, 2011: 98-99).

❖ 사회복지적 함의

가치갈등적 관점은 사회복지에 주요한 시사점을 제시한다. 특히, 사회복지정책과 제도의 수립과정에서 사회적으로 이해관계자들의 집단 간 가치와 자원의 배분이 이루어지는 것으로 간주한다면, 사회복지정책과정의 해석에서 가치갈등적 관점은 상당한 분석력이 있는 것으로 평가된다. 합의와 협상, 권력행사는 사회복지정책의 내용과 형태, 수준 등을 결정하는 것과 밀접하게 연관된다.

4) 일탈행위적 관점

❖ 사회문제의 정의

일탈행위적 관점에서 사회문제는 규범적 기대의 위반을 반영하고 있다. 규범에서 벗어난 행위나 상황이 바로 일탈이다.

❖ 사회문제의 원인

일탈행위의 원인은 적절하지 못한 사회화라고 한다. 예를 들면, 일탈적 방식에 대한 학습이 비일탈적인 학습방식에 의해 극복되지 않을 때 일탈적 행위가 발생한다는 것이다. 이처럼 사회화란 1차적인 집단관계의 맥락 안에서 발생하는 것으로 간주된다.

❖ 사회문제의 조건

흔히 말하는 전통적인 학습방식을 학습할 수 있는 기회의 제한, 일탈적 방식을 습득할 수 있는 기회의 증대, 합법적인 목표달성을 위한 기회의 제한, 스트레스 감정과 그 해소를 위한 일탈적인 방식에의 접근 등이 일탈적 행위 양식을 만들어 내는 중요한 배경조건이다.

❖ 사회문제의 결과

일탈행위론적 관점은 다양한 결과를 가정하고 있다. 많은 종류의 일탈행위는 사회에 큰 손실을 끼친다. 예를 들면, 일탈행위 중 하나의 결과는 비합법적인 사회세계가 확고하게 자리 잡는 것이다. 그러나 어떤 관찰 가능한 일탈행위는 유용한데, 그것은 그와 같은 종류의 일탈행위는 처벌받게 된다는 점을 보여 주는 부정적인 역할모델을 제공하기 때문이다.

❖ 사회문제의 해결책

일탈행위의 원칙적인 해결책은 재사회화이며, 재사회화의 가장 좋은 방법은 합법적 행위 유형과의 의미 있는 원초적 집단 접촉을 증가시키면서 위법적인 행위 유형과의 의미 있는 원초적인 집단 접촉을 감소하게 하는 것이다. 이와 동시에, 수용할 수 없는 방식으로 행동하도록 사람들을 동기화하는 긴장감을 해소하도록 기회구조가 개방되어야 한다. 합법적인 기회가 증가함에 따라 사회적으로 문제가 될 수 있는 행위는 줄어든다(Rubington & Weinberg, 2011: 143-144).

❖ 사회복지적 함의

가족, 지역사회, 친구집단 등과 같은 원초적인 집단관계가 깨지고 있는 현대사회에서 건강하고 합법적인 사회화가 얼마나 중요한가를 지적해 주는 이론적 관점이다. 사회문제 발생 이후 그 해결을 위해 노력하는 사회복지적 활동이 사회문제의 발생 원인과 그 구조적 환경에 대해 선제적·예방적으로 어떤 노력을 경주해야 할지를 제시해 주는 이론적 관점으로 수용할 수 있다. 또한, 기존 일탈행위자에 대한 치유책 혹은 교정방안으로 건강하고 합법적인 재사회화 방식이 필요함을 시사해 주는 이론적 관점으로서, 사회복지실천의 방향과 내용을 설정하는 데 유용성이 있다고 본다.

5) 낙인 관점

❖ 사회문제의 정의

사회문제나 사회적 일탈은 규칙이나 기대가 위배되었다고 주장하는 것에 대한 사회적 반응(social reaction)에 의하여 규정된다. 이 관점은 행위나 조건에 문제가 있다고 여기거나 일탈적이라고 규정하는 조건에 초점을 맞춘다.

❖ 사회문제의 원인

사회문제의 원인은 궁극적으로 일반 대중이나 사회통제 기관으로부터 획득하는 관심(attention)이다. 그것은 개진된 행위나 조건이 인식될 때까지 사회적 반응이 일어나지 않기 때문이다.

❖ 사회문제의 조건

사람이나 상황이 문제성 있고 일탈적이라고 낙인찍히게 될 때, 보통 어떤 낙인을 찍는 사람들은 그 낙인을 찍음으로써 이득을 보는 위치에 있다. 낙인자는 활용할 수 있는 부정적인 낙인과 그 낙인을 부착할 수 있는 힘을 가지고 있어야 한다. 자주 낙인행위는 낙인을 활용하는 것이 자신의 직업인 사람들(예를 들면, 사회통제기관, 저널리스트 등)

에 의해서 진행되고 있다. 그와 같은 직업에서는 낙인찍기가 성공의 기준이 되기도 한다. 때로 사람들은 스스로에게 낙인을 부여하기도 하는데, 그렇게 함으로써 어떤 이득을 얻기 때문이다.(예를 들면, 어떤 사람은 군에서 축출되기 위하여 자신을 동성애자라고 말하기도 한다.)

❖ 사회문제의 결과

사람이나 조건을 사회적으로 문제가 있거나 일탈적이라고 개념규정하는 일은 '일탈'을 더욱 강화시키는 방식으로 인간관계를 재조정하기도 한다. 어떤 사람이 일탈자라고 낙인찍히게 되면, 대부분은 그 사람이 전통적인 행위규범을 계속해서 위반할 것이라고 기대하게 된다. 이것은 낙인찍힌 사람의 삶의 기회를 제한하며, 일탈적인 역할을 계속하도록 이끈다. 예를 들어, 전과자는 일반 직장에 취업할 수 없어 생계유지를 위해 다시 범죄를 저지를 수 있다. 이처럼 다른 사람의 반응으로 인하여 일탈적인 역할을 다시 하게 되는 것을 '2차적 일탈'이라고 부른다.

❖ 사회문제의 해결책

낙인 관점은 두 가지 해결책을 제안한다. 개념정의를 변화시키는 일이며, 낙인찍는 일로부터 획득되어지는 이득을 제거하는 일이다. 개념정의를 변화시키는 작업은 보다 관용적으로 되어, 사람들로 하여금 어떤 사람이나 조건을 문제 있는 것으로 낙인찍는 것을 멈추도록 하는 것이다. 낙인찍기로부터 얻는 이득을 제거하는 작업은 스스로나 다른 사람을 낙인찍는 행위를 감소시키고, 그러한 낙인찍기로부터 발생하는 문제 자체를 감소시키는 결과를 가져온다(Rubington & Weinberg, 2011: 197-198).

❖ 사회복지적 함의

낙인론적 관점은 사회문제의 대상이 누구이며 왜 그들이 사회문제의 대상으로 전락하였는지를 밝혀 주는 데 유용한 이론적 관점이라 할 수 있다. 따라서 사회복지대상을 어떻게 처우하고 문제를 해결하여, 복지대상자에서 탈피할 수 있도록 하는지 방법적 해석과 해결책을 구상하는 데 유익하다. 최근 한국의 경우 스스로 사회복지대상자가 되려고 하는 사람들의 동기와 욕구를 이해하는 데 유익한 이론적 관점으로 볼 수 있다.

6) 비판 관점

❖ 사회문제의 정의

사회문제는 노동자 계급의 수탈로부터 진전된 조건이다.

❖ 사회문제의 원인

넓은 의미에서 자본주의 사회가 만들어 낸 사회조직 형태는 다양하고 구체적인 사회문제의 원인이다. 사회문제로서 범죄를 생각해 보자면, 그 범죄를 양산하고 지속시키는 것은 다름 아닌 계급지배체계이다. 예를 들면, 자본가들은 빈곤을 지속하게 하며 그들의 이해관계에 맞게 규칙을 만들고 강요한다.

❖ 사회문제의 조건

사회문제의 중요한 조건은 계급지배와 갈등 정도 및 엄격성, 노동자 계급의식, 경기순환의 변환 등이다. 지배와 갈등이 잘 드러나지 않고 덜 강력할 때, 대다수 노동자 계급이 그들의 공동 이익에 대하여 인식하지 못하고, 경기순환 중 호경기라면, 사회문제의 인식은 이러한 일들이 한참 지난 뒤 생길 수 있다.

❖ 사회문제의 결과

자본주의 사회가 경기 순환을 적절하게 이어감에도 불구하고 사회문제는 자본주의 발달단계에 한발 앞서 비례하여 발생하기도 한다. 예를 들면, 어떤 학자들은 비판 관점을 이용하여 범죄율이 자본주의 발달과 비례하여 증대될 것으로 예측하였다.

❖ 사회문제의 해결책

비판 관점은 오직 정치적 활동만이 자본주의체제의 결과물을 해결할 수 있다고 본다. 노동자 계급운동은 혁명과 개혁을 통해 계급 없는 사회를 이루려고 투쟁해야 하며, 사회적 불평등에 기초한 사회체계에 만연한 사회문제를 제거할 수 있을 것이다(Rubington & Weinberg, 2011: 244-245).

❖ 사회복지적 함의

비판 관점은 사회문제 자체보다는 사회문제 발생에 기원이 되는 자본주의체제 전체를 문제 삼는 관점이다. 이 관점은 전체적·총체적 관점으로 사회문제를 발생시키는 자본주의의 계급체계를 사회문제 원인으로 보며, 자본주의체제의 변혁이나 혁명을 통해 계급 없는 사회를 만들어서 사회문제를 해결하자는 것이다.

사회복지는 자본주의체제를 바탕으로 한 응용학문인 만큼 비판 관점은 사회문제의 원인에 대한 거시이론적 관점을 제시해 주지만, 그 해결책으로 노동자의 계급투쟁은 사회복지적인 방법론과 차이가 있다.

7) 사회구성주의적 관점

❖ 사회문제의 정의

사회문제란 문제의 소지가 있고, 널리 퍼져 있으며, 변화 가능하고, 변화가 필요한 것으로 문화적으로 개념정의된 조건이다.

❖ 사회문제의 원인

사회문제의 원인은 불평등과 고통을 제거하고 바로잡기 위하여 사람들이 관심을 가지는 문제 자체의 개념정의 활동이다.

❖ 사회문제의 조건

주도하는 사람들로서 불평과 불만을 주장하는 사람들과, 새롭게 바로잡으려는 사람들의 요구에 대응하는 오래되거나 새로운 기관 사이의 상호작용이 관여된 과정이다.

❖ 사회문제의 결과

사회구성주의적 관점에서 조사·연구해 보면, 사회문제의 자연스러운 역사에는 여러 다른 단계가 있다. 이러한 단계는 개념규정의 명료성, 관심을 획득하고 유지하는 관리와 전략, 불평·불만을 하는 사람들의 상대적인 힘, 그들이 바로잡으려는 기관 등과 같은 것에 따라 달라지므로, 오직 경험적 조사만이 결과가 품고 있는 문제에 대한 잠정적인 해답을 제공한다.

❖ 사회문제의 해결책

사회구성주의적 관점은 해결책을 언급하지 않는다. 해결책은 개념규정 과정에 관한 조사·연구에 맡겨 두는 것이 좋다고 생각하기 때문이다(Rubington & Weinberg, 2011: 297-298).

❖ 사회복지적 함의

사회구성주의적 관점은 가치갈등론과 낙인 관점의 종합으로서 사회문제의 형성과정과 역사에 관심을 집중하는 시각이다. 따라서 주관적 인지와 수용을 강조하는 입장으로, 사회문제의 개념정의 단계에 대한 관심이 집중된다.

사회복지학에서 어떤 사회복지 대상은 정책과 제도적 대상으로 수용되고 어떤 대상은 배제되는가 하면, 여러 가지 사회복지제도의 역사적 맥락 정책과 역사적 맥락을 비교하여 어떤 사회복지는 상대적으로 먼저 대응책이 강구된 반면, 어떤 사회복지 대상은 그 대응책이 상대적으로 늦게 되었는지를 구성주의적 시각으로 해석할 수 있는 이론적 강점을 가진다고 볼 수 있다.

Social Problem

제3장

사회문제의 출현배경, 과정 및 분석틀

I 사회문제의 출현배경

1. 개관

사회문제는 왜 발생하는가? 사실 이것만 알면 개인이나 사회는 이상적인 방향으로 나아갈 수 있고 이상적인 삶, 이상적인 사회를 만들 수도 있을 것이다. 역사적으로 많은 철학자나, 사회과학자 혹은 학자나, 정치가, 현장의 정치행정실무자, 경제학자, 경영전문가, 사회학자 등이 사회문제가 왜 발생하는가로 평생을 씨름하고 고민하였다고 해도 과언이 아니다. 때로 거대이론을

보고 미시이론을 구축해 보았으나, 사회문제의 발생 배경은 복잡하고 변화무쌍하기 때문에 완전한 해답을 얻기는 어렵다.

다만, 여기서는 인간과 사회의 불완전성으로 인하여 사회문제는 발생한다고 간단하고 투박하게 이야기하자. 그래서 인간과 사회는 끊임없이 문제 해결을 하고 더 나은 방향으로 개선·발전해 나아가고자 하지만, 여전히 새로운 사회문제가 발생하고 있다.

그러므로 사회문제는 사회변동과 함께 발생하고 변화하는 역사사회적 특성이 있으며, 개인의 성장과 발달이라는 욕구 변화와도 연관성을 지닌다. 다른 한편 사회문제는 개별 국가의 수준을 넘어 지구촌, 국제적인 관계와 여건이 사회문제를 발생시키는 배경이 되기도 한다. 본서에서는 인간 성장과 발달에 따른 인간 욕구의 변화와 불충족으로 인한 개인문제와 사회문제의 발생, 사회변동과 세계화, 현대사회의 특성 등으로 구분하여 그 배경을 간단하게 설명하고자 한다.

2. 사회변동과 현대사회의 특성

1) 사회환경과 사회변동

인간은 척박한 자연환경에 대응하고 자연상태에 놓인 경우에 유발될 수 있는 만인의, 만인에 대한 투쟁에서 오는 폐해를 방지하기 위하여 사회계약을 바탕으로 한 사회를 구성하였음은 역사적으로 잘 알려진 일이다. 사회 성립 후 오랜 기간 다양한 사회와 국가 형태를 만들어 오면서 오늘날 복지국가를 탄생시켰고, 사회복지제도와 정책을 강조하는 현대 국가의 등장이 가능하였다.

이 역사적 과정에서 보았듯이, 특히 산업혁명과 자본주의 성립 이후 각 국가는 여러 형태의 사회적·경제적·제도적 장치를 수정하고 발전시키면서 각 시대에 발생하였던 국가별·사회별 사회문제에 대응하여 왔다. 그 역사사회적 결과물이 바로 현대 복지국가의 형태인 것이다.

이러한 맥락에서 사회환경과 사회변동은 그 자체가 사회문제의 해결책이면서 사회문제의 발생 배경으로 작동되었다. 예를 들어, 시민사회의 성립과 산업혁명, 이에 대처한 초기 자본주의제도와 정책, 산업화로 인한 도시화와 핵가족화 등은 인간사회를 풍요롭게 하였으나, 새로운 사회문제를 야기하는 환경으로 작용하였다. 특히, 산업혁명 후 지식과 기술의 발전으로 빠른 사회변동은 풍요와 문제를 동시에 가져다주었다.

2) 현대사회의 특성

(1) 탈산업사회

탈산업사회는 산업사회에서 그 다음 단계로 이행하는 사회를 말하는데, 결과론적으로 지식정보, 서비스, 금융, IT 산업 중심으로 이동하는 사회로 볼 수 있다. 탈산업사회로 불리는 지식정보사회의 특성은 지식과 기술의 중요성이 강화되며 가치창조가 극대화되는 현상을 초래한다. 그리하여 좀 과장한다면 지식과 정보, 기술력이 개인, 기업, 국가의 경쟁력과 운명을 좌우하는 결과를 초래하는 것으로 해석하고 있다.

또한, 지식정보사회는 이전의 산업사회보다 지식과 기술의 창조와 유포 속도가 빠르므로, 사회변동의 급속성과 복합성을 그 파급효과로 가져온다. 따라서 이러한 사회변화 속에 적절하게 대응하지 못하는 개인과 가족은 어려움에 직면하게 되고 문제 대상으로 전락하게 될 가능성이 높아진다. 소위 일탈의 문제, 가족과 사회해체의 문제가 발생하는 것이다.

탈산업사회에서는 기술의 집약도 높고, 대기업의 성장에 비해 중소기업 성장이 어렵고, 평생직장의 종언을 고하고, 전직과 실업이 일상화되며, 청년실업이 대량 발생할 가능성이 높아진다. 동시에 사회 양극화의 발생, 노동자 집단의 균열과 다원화, 비정규직 발생이 빈번해진다. 이러한 사회변동과 변화로 말미암아 고용과 취업문제가 사회문제로 비화되기 쉽고 전직과 실업문제 역시 사회문제로 대두된다. 새로운 빈곤문제가 발생하며 비정규직과 청년실업문제가 사회문제화되는 경향이 있다.

(2) 세계화

세계화는 지리적인 의미의 중요성이 상실되고 경제사회적 시장이 국민국가의 영역을 넘어서 세계적으로 확대된다. 세계화 현상은 단일 과정이라기보다는 정치나 경제, 문화의 각 영역에서 기능적으로 상호 연결되고 통합되는 복합적인 과정을 의미한다. 결국 세계화는 지구적, 국가적, 국지적 수준에서 질적 변화를 수반하는 다면적 현상으로 이해할 수 있다.

이러한 면에서 세계화는 개별국가 또는 국제적으로 사회문제의 발생 배경이자 해결책이기도 하다. 세계화는 다른 국가의 좋은 정책과 제도를 손쉽게 차용할 수 있어 개별 국가의 사회문제 해결에 유익하지만, 초국적 자본의 이동과 투자로 인하여 각국의 세금과 임금은 소위 '바닥으로의 질주', '사회적 덤핑', '노동의 유연성 강조' 등의 현상이 유발되어 비복지적, 반복지적 사회문제 발생의 배경이 되기도 한다. 또한, 세계화는 개별 국가의 복지정책 자율성을 약화시키고, 복지대상자의 증대 가능성(임금 근로자 등)을 발생시킴으로써 사회문제 발생 배경이 될 수 있다.

(3) 위험사회

위험사회(risk society)는 '사회적 위험' 개념을 전체 사회의 구조적·환경적 관점에서 파악한 개념으로서, 울리히 벡(Ulrich Beck)이 1986년 독일에서 출간한 그의 저서 『위험사회』에서 규정한 성찰과 반성이 없이 근대화를 이룬 현대사회를 말한다.

그에 따르면, 산업화와 근대화를 통한 과학기술의 발전이 현대인들에게 물질적 풍요를 가져다주었지만 동시에 새로운 위험을 몰아왔다는 주장이다. 위험은 성공적 근대가 초래한 딜레마며, 산업사회에서 경제가 발전할수록 위험 요소도 증가하고, 후진국에서 발생하는 현상이 아니라 성공적으로 과학기술과 산업이 발달한 선진국에서 나타나며, 무엇보다 예외적 위험이 아니라 일상적 위험이라는 데 문제의 심각성이 존재한다. 결국 울리히 벡이 말한 위험사회는 사회문제의 발생 가능성이 구조적 사회 전체적으로 높은 사회를 말한다(현외성, 2015). 그러므로 위험사회론에서는 국가정책이 개별 사회문제의 해결뿐만 아니라 사회문제를 만들어 내는 위험구조 자체를 가진 현대사회에 대한 사회적 안전장치 마련에도 초점을 맞추어야 함을 최우선 과제로 본다.

표 3-1 시대별 위험의 특성 변화

구분	위험의 특성	사회구조의 특성과의 연관성
전통사회	신분과 명예가 위험발생의 주요 요인으로 '자기원인귀속성'이 강하고 자연재해, 전염병, 전쟁 등은 불가항력적으로 이해함	신분과 명예를 원인으로 하는 위험의 감수는 공동사회를 유지하는 데 중요한 역할을 수행함으로써, 직업윤리의 토대를 마련하였고, 집단소속감을 발생시켜 집단의 범위를 고정함
산업사회	확률적 통계의 도움을 받아 위험 예측이 가능해짐에 따라 위험을 통제관리의 대상으로 인식함	위험의 예측 가능은 위험관리의 학문적 접근을 가능케 하였고, 보험제도를 발생시킴. 한편, 보험제도는 위험을 사회적으로 공동 분배하여 신분집단의 동질성을 해체시키고, 직업윤리의 토대를 악화시켰으며, 개인주의를 초래함
현대사회	기술공학 및 매스미디어의 발달로 인하여 위험은 일상성, 타율성, 피해 산정의 불확실성 등을 지니게 됨	환경오염 등의 새로운 위험은 위험유발자와 피해자 간의 상호 무관심과 사회적 무력감으로서의 위험불감증을 심화시키거나, 집단경계를 초월한 자발적 시민연대를 생성시키기도 함

출처: 현외성(2011), 재인용.

(4) 오늘의 한국 사회 특성 : 아노미 현상, 저출산·고령사회, 피로사회

현대 한국 사회는 여러 특성으로 규정할 수 있다. 먼저, 한국 사회의 사회문제 발생 배경의 특성을 다양하게 지적할 수 있다. 예를 들어, 좁은 지역에 많은 인구가 밀집되어 살아가고 있는 것, 경쟁이 치열한 상황, 남북분단과 군사비용으로 인한 복지비용 부담과 심리적 불안, 급속한 사회변동의 속도, 인구문제 혹은 저출산·고령사회의 도래, 정치·경제의 부정부패와 일반 시민의 상실감, 사회 양극화 현상과 새로운 빈곤문제, 청년실업과 비정규직문제, 교육문제, 원칙을 지키지 않는 사회 분위기와 법률 만능주의 등이 있을 것이다.

한국 사회가 가진 장점과 긍정적인 측면 역시 무궁무진하다. 높은 교육열과 경이적인 경제성장, 21세기 IT 강국으로서 국가사회의 정보체계 수립과 활용능력, 세계적인 한류와 역사 등이 있다.

그러나 여기서 관심은 사회문제를 발생시키는 배경으로서 한국 사회의 특성을 몇 가지 지적하는 일이다.

① 아노미 현상

한국적 아노미(Anomie) 현상이 두드러진 사회다. 아노미는 뒤르켐(Émile Durkheim)이 한 사회에서 구성원의 행동을 규제하는 기존의 전통적인 규범이나 공통된 가치관이 붕괴된 반면 이들을 규제할 수 있는 새로운 규범이나 가치관이 나타나지도 않은 상태로서, 일종의 무규범 상태인 사회를 말한다. 규범이나 가치관이 존재하지 않아서가 아니라 오히려 전통적인 것과 외부에서 유입된 것이 혼재하고 있으며, 어느 특정 규범이나 가치관이 통합적이고 지배적인 영향을 미치지 못하는 상태를 말한다.

한국은 급속한 사회변동으로 인하여 기존의 전통적 가치와 규범이 새로운 그것들과 혼재하고 있으며, 이 중 어느 것도 지배적인 영향력을 행사하지 못하고 있는 혼란 상태가 지속되고 있다. 오늘의 한국 사회는 일본의 지배와 해방, 6·25전쟁과 휴전, 대한민국의 절대적 빈곤의 극복과 근대화·산업화 이후 풍요시대 등의 3세대에 걸친 급격한 사회변동으로 말미암아 3세대 간 매우 이질적인 규범과 가치관을 가질 수밖에 없는 시대적, 역사적 배경을 가지게 되었다. 결과적으로 세대 간 이념과 가치관의 차이는 세대 간 갈등을 낳고, 아노미 현상을 유발시키는 사회적 환경으로 작동되고 있다. 빠른 사회변동이 사회해체를 촉발시키며 아노미 현상과 세대 간 갈등의 근본 원인이 되고 각종 사회문제의 배경으로 작용한다.

② 저출산·고령사회

한국은 급격한 인구구조의 변화를 보이고 있다. 30년 이상 저출산 현상(합계출산율 2.1 미만)을 지속하고 있다. 합계출산율(가임기 여성 1명당 평균출생아 수)이 1960년 6.0명에서 1983년 인구대체수준(2.06명 이하)으로 감소한 후 회복되지 못하고 있다. 또한, 지난 15년간 초저출산 현상(합계출산율 1.3 미만)을 지속하고 있는데, 합계출산율은 2001년부터 1.3명 미만에서 등락하고 있어 '저출산의 덫'이 우려되고 있다. 이에 반해 노인인구 비율은 2015년 13.1%에서 2030년 24.3%, 2050년 37.4%로 증가하여 고령사회를 넘어 초고령사회로 진전될 것으로 내다본다.

2031년부터는 본격적으로 인구 감소가 시작될 전망이다. 한국의 총 인구는 2015년 5062만 명에서 2030년 5216만 명(정점)까지 증가한 후 감소가 시작될 것으로 전망한다(2050년 4812만 명으로 200만 명 이상 감소).

이러한 저출산·고령사회의 전개로 향후 우리나라가 직면하게 될 여러 가지 사회문제나 사회부담은 다음과 같다. 노동력 부족 국가로 전환, 노동력 고령화 급속 진행, 숙련 노동력 감소로 노동생산성 저하, 잠재성장률 하락 전망(현 출산율 유지 가정할 시), 사회보장 부담 증가, 정부재정수지 악화, 노후소득 불안정, 학령인구 감소로 교육인프라(인적, 물적) 공급과잉, 농촌 공동화, 병역자원 부족 등이다(대한민국정부, 2015).

③ 피로사회

피로사회가 대두되고 있다. 피로사회는 2010년 한병철 교수가 독일에서 현대사회의 특성을 정리하여 발표한 책에서 나온 개념이다. 한병철 교수는 오늘날의 소진증후군, 우울증, 주의력 결핍 과잉행동장애 등과 같은 정신질환을 만들어 내는 현대사회의 성과주의적 특성에 대해 철학적, 사상적 진단을 하였다. 성과주의적 특성이 피로사회를 만들었고 그로 인하여 소진증후군, 우울증, 주의력 결핍 과잉행동장애 등과 같은 정신질환이 야기될 수 있음을 설명한다.

즉, 21세기는 규율사회에서 성과사회로 패러다임이 변모하였는데, 성과사회는 긍정성의 과잉시대로서 과잉생산, 과잉가동, 과잉커뮤니케이션 등이 초래하는 과다에 따른 소진, 피로, 질식 상태가 발생한다는 것이다. 이러한 특성으로 인하여 소진증후군, 우울증, 주의력 결핍 과잉행동장애 등과 같은 증후군이 발생한다는 것이다.

성과사회는 성과 주체가 중심이 되는데, 그들은 자기 자신을 경영하는 기업가다. 성과사회는 우울증 환자와 낙오자를 만들어 낸다. 우울증은 긍정성 과잉에 시달리는 사회의 질병으로서, 자기 자신과 전쟁을 벌이고 있는 인간을 반영한다. 우울증을 초래하는 요인 가운데 사회의 원자화와 파편화로 인한 인간적 유대의 결핍도 있다. 오직 자기 자신이 되어야 한다는 명령이 아니라 성과를 향한 압박이 탈진우울증을 초래한다. 그렇게 본다면 소진증후군은 탈진한 자아의 표현이라기보다는 다 타서 탈진한 영혼의 표현이라고 해야 할 것이다(한병철, 2016).

또한, 긍정성의 과잉은 자극, 정보, 충동의 과잉으로 표출되기도 한다. 다양한 과업, 정보원천과 처리과정 사이에 빠르게 초점을 이동하는 것이 오늘의 산만한 주의, 멀티태스킹, 과잉행동이고 이는 사색적 삶을 상실하게 되었다고 한다. 그리하여 성과사회, 활동사회는 그 이면에 극단적 피로와 탈진 상태를 야기한다. 성과사회의 피로는 사람들을 개별화하고 고립시키는 고독한 피로이다. 피로는 폭력이다. 그것은 모든 공동체, 모든 공동의 삶, 모든 친밀함을, 심지어는 언어 자체마저 파괴하기 때문이다(한병철, 2016: 67).

피로사회는 21세기 현대사회의 특성상 발생하는 여러 가지 정신질환적 문제를 풀어내는 하나의 패러다임으로 볼 수 있다. 여기서는 현대사회를 사는 모든 사람에게 영향을 미치는 현대사회의 특성, 성과주의, 피로사회가 결국은 정신질환적 문제만을 야기하기보다는 각종 사회문제를 발생시킬 수 있는 사회환경적 여건으로 바라보고자 한다. 한병철 교수의 피로사회의 개념적 틀은 현대사회가 만들어 낼 수 있는 사회문제의 발생 배경으로 작동하고 있는 사회의 작동메커니즘을 잘 설명해 준다고 생각한다. 특히, 오늘의 한국 사회가 급속한 경제성장과 근대화 과정 이후에 직면하고 있는 사회문제 발생 배경으로서 어떻게 작동하고 있는지를 통찰할 수 있는 하나의 패러다임, 분석틀로서 가치를 지닌다.

Ⅱ 사회문제의 출현과정

사회문제의 출현 배경에서는 우리가 살아가는 환경으로서 사회가 가진 특성이 사회문제를 발생시키는 배경이 될 수 있는 측면을 논의하였다. 본 절에서는 한 개인이 살아가면서 직면하는 삶의 과정, 즉 인간의 성장과 발달과정에서 단계별 욕구와 과업과 연관하여 이를 적절하게 충족시키지 못하거나 과업을 적절하게 해결하지 못할 때 문제가 발생하며, 이것이 사회문제로 전환될 수 있다는 점을 설명하고자 하는데, 특히 이 점을 '사회문제의 출현과정'으로 명명하여 좀 더 구체적으로 논의하고자 한다.

물론 모든 개인문제가 사회문제로 변화하여 진전되는 것은 아닐지라도 개인문제로 인식되었던 것이 사회문제로 새롭게 수용되는 경우가 있기 때문에 욕구, 개인문제 및 사회문제의 연관성을 이해하는 것이 필요하다. 또한, 인간 생활주기별 과업과 욕구 및 문제 발생에 대해서 상론을 줄이고 욕구와 문제 중심으로 논의하고자 한다.

1. 인간욕구

『우리말 큰사전』을 보면, 욕구(欲求, need)란 '욕심껏 구함'이라고 풀이한다(신기철·신용철, 1990: 2498). 심리학에서 욕구는 '유기체가 건강한 상태를 유지하여야만 하는 세포가 지닌 본질'로 규정되거나 '보다 일반적으로 말하면, 개인이 그의 복지에 유해한 것으로 느껴지는 어떠한 결핍 혹은 부족'을 의미한다고 되어 있다(Chaplin, 1968: 336). 사회복지학에서 욕구란 다음과 같은 내용으로 『사회복지사전』에 풀이되어 있다. "인간이 사회생활을 영위함에 있어서 충족시켜야 할 기본적인 욕구를 일반적으로 나타내는 말 …… 유기체의 행동을 일으키게 하는 생활체 내부의 원인, 즉 식물이나 물은 동물에게 절대적으로 필요하며 이것이 없을 때는 이것을 얻으려고 하는 긴장 상태가 생긴다."(대구대학교사회복지연구소 편, 1985: 294)

그러므로 이상의 내용을 요약하면, 욕구는 '유기체가 존재하기 위해 무엇인가 필요한 것을 구하는 본질적인 현상'을 의미한다고 볼 수 있다. 모든 생명체는 그 존립을 위해 무엇인가를 소모하고 필요로 하는 것이다. 따라서 모든 유기체는 욕구를 가지고 있다고 말해도 무방할 것이다.

사회복지학에서 특별히 관심을 가지는 바는 모든 생명체 중에서 인간이 가지는 욕구에 대한 것이다. 인간욕구란 바로 이처럼 인간이 그 존립을 위해 필수불가결하게 충족되어야 하는 본질적인 현상을 말한다.

매슬로(Maslow)는 인간의 욕구를 다섯 가지로 분류하였다. 그가 주장하였던 인간의 욕구는 생리적 욕구, 안전의 욕구, 사랑의 욕구, 존경의 욕구, 자아실현의 욕구이다.

이러한 욕구는 세 가지 특징이 있다. 첫째, 욕구 충족이 실패하였을 때 상대적으로 역기능적이거나 혼란 상태가 유발된다. 예를 들면, 비타민의 부족은 영양실조를 가져오고, 사랑의 결핍은 우울증을 야기한다. 둘째, 충족시켜 회복됨으로써 역기능을 치유할 수 있다. 셋째, 자유로운 상태에서 하나의 기본적인 욕구의 충족은 다른 욕구의 충족으로 옮겨간다(Weiner, 1980: 412; 현외성 외, 1993, 재인용).

2. 개인문제

일반적으로 문제란 "사람에게 그에 대한 해결욕구를 유발하는 불만족스러운 상태 또는 조건"(Anderson, 1979: 52-53; 안해균, 1990: 134)이라고 규정된다. 문제는 인간이 생활하는 데 있어서 끊임없이 생기고 그 문제를 해결하는 과정이 인생이라고 말할 수 있다. 하지만 이러한 문제가 인간으로서의 생존과 생활에 치명적인 경우에는 반드시 어떠한 통로를 통해서든 해결되어야 한다.

즉, 문제는 인간의 욕구 충족을 가로막는, 때로는 욕구의 불충족 그 자체인 것으로 해석된다. 그러므로 사회복지정책에서 문제는 일단 욕구와 연관된 것으로서 존재하며, 사회복지정책의 중요한 관심거리다. 문제는 개인이 지닌 다양한 욕구의 충족과 대응되면서 생겨나기도 하고 잠재되고 소멸되기도 한다. 문제와 욕구는 1 : 1 정도의 상대적인 대응관계에 있어서 사회복지를 통한 욕구의 충족은 문제 해결과 예방으로 연결되며, 한편으로 이는 인간다운 생활의 보장이라는 목표 달성으로 연결된다.

반면에 욕구가 어떠한 원인에서든 간에 충족되지 못했을 경우 문제 발생이 가능하며, 그 결과로 인간으로서의 생활을 영위하는 데 직접 그 문제와 연관되는 개인과 그 가족이 어려움을 당하게 된다. 때로 더 나아가서 그가 살고 있는 지역이나 사회 전체에 부정적인 파급효과를 주기도 한다.

이러한 문제 발생은 인간과 자연활동에 의하여 야기된 여러 가지 사건과 그 사건에 대한 인간의 문제인식의 두 가지 요인이 함께 작용함으로써 이루어진다. 즉, 수많은 사건이 연이어 일어난다 해도 그것을 불만족스럽게 여기지 않는 한 사건만 있을 뿐 문제는 존재하지 않는다. 또한, 불만족스럽게 여긴다 하여도 그것을 해결하고자 하는 욕구가 없다면 그것은 사회문제화 및 정책문제로 진전되지 않은 채 잠재되어 버린다. 이러한 성격의 문제를 '소극적인 존재 양식을 지닌 문제'라고 부르고, 해결의 욕구를 유발시키는 문제를 '적극적인 존재 양식을 지닌 문제'라고 안해균(1979: 134)은 명명하였다.

이러한 문제 중에는 개인문제와 사회문제 혹은 개인문제와 공공문제 등으로 학자에 따라 상호 대응적인 명칭으로 구분하고 있다. 본서에서는 개인문제와 사회문제로 부르기로 할 것이지만, 우선 밀즈(Mills)가 설명하였던 내용을 소개함으로써 여기에 관한 이해를 돕고자 한다.

밀즈는 문제를 개인문제(private troubles)와 공공문제(public issue)로 구분하였다. 개인문제는 사람의 성격 및 타인과의 당면한 관계의 범위 내에 있는 문제를 말한다. 반면에 공공문제는 다음과 같은 일련의 뚜렷한 특징이 있는 문제를 말한다고 하였는데, 그가 말하는 공공문제야말로 진정한 의미의 사회문제라는 것이다(Meenaghan & Washington, 1983: 52-53).

개인문제 관점은 영향을 받은 사람들의 생활 속에서 정책 및 프로그램에 의한 개입에 관하여 언급해 주는 한편, 공공문제 관점은 그러한 문화적인 것에 불균형적으로 영향을 미치는 역할, 가치기준과 규범 및 이해관계를 포함한 사회의 제도적인 여건 속에서 구조적 변화에 대한 개혁을 시사하며 다른 관점에서는 사회 내의 구조적인 변화를 시사해 준다(현외성 외, 1993).

표 3-2 문제인식에서의 사회적 선택

구분	공공(개인, 집단, 제도)	개인(개인, 집단)
관심 영역	• 변화 유형	• 별개의 각 개인 및 집단
사회적 맥락	• 강: 사회적 선 혹은 사회적 해결과 연결된 문제	• 약: 각각을 좀 더 부정적인 것으로 보게 되는 문제
문제의 상호 관계	• 체계적인 공변화, 공통적인 구조적 원인의 탐구	• 비체계적인 문제에 대한 인과적 관계의 탐구
원인	• 사회적 긴장 및 구조적 역기능	• 사람 및 하위 문화의 영향

출처: Meenaghan & Washington(1983: 59), 재인용.

3. 사회문제

사회문제에 관해서는 많은 학자가 연구를 진척하고 있다. 사회문제의 본질이 무엇이며, 사회문제와 사회복지 및 사회복지정책이 어떤 연관이 있는지에 관한 더 자세한 논의는 여기서 차치하고, 개인문제와 사회문제의 상호 관련성을 알아보기 위해서 일반적으로 언급되는 사회복지의 개념을 알아보자.

여러 가지 정의가 있지만 사회문제라고 할 때 네 가지 정도의 뜻을 포함하고 있다. 즉, 사회문제는 많은 사람에게 영향을 주는 조건이고, 사회현상에 영향을 미치는 조건은 바람직하지 못하고, 이러한 조건에 대하여 무엇이 행하여지기를 요구하며, 그것은 집단적 사회행동에 의한 사회개입이 존재하는 것을 말한다(김영모, 1981: 4).

이것 외에도 사회문제가 개인문제와 다른 점은 밀즈에 의하여 잘 설명되고 있지만, 사회문제가 지닌 사회성(社會性)과 보편성(普遍性)에서 확연하게 구별된다.

첫째, 사회성이란 개인의 욕구 충족이 어려운 사건과 상태가 특정 문제에 직면한 개인의 책임보다는 상대적으로 사회적 제도나 구조상의 결함과 실패로 인하여 야기되는 경우를 말한다. 즉, '문제 발생의 사회적 맥락'을 의미한다.

예를 들면, 최근 환경오염 문제는 대표적인 사회문제로 손꼽을 수 있다. 환경오염은 각종 질병의 만연이나 보건과 위생문제를 야기해 잠재적인 질병과 장애를 가져올 수 있는 위험 요인으로 평가된다. 환경오염 문제는 그 환경오염을 가져오는 주체를 분간

하기가 쉽지 않고 사회 전반에 걸쳐 있는 것으로 분석된다. 또한, 환경오염 문제는 개인적 차원에서의 해결은 별반 효과적이지 못하며 사회 전체적인 노력을 필요로 한다. 즉, 그것은 문제 해결의 사회적 맥락을 의미한다. 그러므로 사회문제란 여러 가지 개인문제 중에서 사회적인 맥락을 가진 문제라고 일컬을 수 있다.

둘째, 사회문제가 개인문제와 다른 점은 보편성이라는 측면인데, 보편성이란 말은 사회문제가 지닌 부정적인 영향력이 특정 개인에게만 한정된 것이 아니라 사회구성원 전체에 보편적으로 미칠 수 있는 영향력이 높다는 의미를 가지고 있다. 환경오염의 문제가 가져오는 부정적인 영향력으로서 질병과 장해가 사회구성원 누구에게나 보편적으로 끼칠 수 있다는 가능성이 있음을 의미한다.

노인문제 역시 이와 유사한 예가 된다. 노인은 과거 전통사회에서 존경받고 권위 있는 웃어른으로 섬김의 대상이었다. 하지만 시대의 변천에 따라 산업사회가 도래되면서 도시화와 핵가족화가 동시에 이루어지고, 전통적인 유교주의적 경로효친사상이 약화되면서부터 노인은 문제의 대상이 되어 버렸다. 특히 사회변동의 속도가 빠르고 복합적으로 이루어지고 한편으로는 노인부양에 관한 공적 제도 장치가 미비한 우리나라에서 노인문제는 실로 중요한 사회문제로 떠오르고 있다. 그러므로 누구든지 노인이 되면 노후생활을 위협받게 되고 이에 따라 노인은 누구든지 문제 있는 존재로 전락할 가능성이 팽배하다. 이처럼 환경문제와 노인문제는 사회구성원 모두에게 보편적으로 적용되는 문제라는 점에서 사회문제인 것으로 수용된다. 이런 점에서 볼 때, 보편성의 측면은 사회문제에 직면한 '대상'에 관한 특성을 말한다.

물론 이 두 가지 점은 개인문제와 엄격하게 구별하기 위한 지침으로서 제시된 것이지만, 사회문제의 발생에는 그 전제로 개인문제의 발생이 선행되어야 한다. 개인문제가 어느 정도 시간이 흐르면서 앞에서 논의한 두 가지 조건이 더욱 확연해지면서 개인문제는 사회문제로 전화(轉化)된다. 즉, 불만족스러운 상태를 일으키는 개인적인 사건이 불특정 다수인에게 장시간에 걸쳐 반복적으로 일어나면, 개인문제는 사회문제화된다는 것이다. 사회문제는 불특정 다수인과 불만족스러운 상태의 지속을 기본 속성으로 가진다. 여기서 불특정 다수인이라는 것은 정확히 몇 명까지를 의미하는 것인가와 관련하여 정의되는 개념이 아니라 어느 누구라도 사건의 당사자가 될 수 있다는 확률 부재성과 관련하여 정의되는 개념이다. 다시 말해서, 사회문제는 특정 사건으로부터 실제로 아무런 영향을 받지 않더라도 단순히 언젠가는 그러한 영향을 받을지 모른다고 느끼게 되는 것만으로도 성립하게 된다.

욕구 충족, 개인문제, 사회문제 사이의 인과적인 관계를 간략하게 도식적으로 나타내 보자.

불만족스러운 상태의 지속이란 앞서 개인문제에서도 언급하였듯이 그러한 불특정 다수인의 욕구가 실제로 충족된 정도가 기대 욕구의 충족 정도에 못 미친 상태가 시간의 흐름 속에서 계속되는 것을 말한다. [그림 3-1]과 같이 인간이 바라는 욕구 충족 정도는 뛰면 서고 싶고, 서면 앉고 싶고, 앉으면 눕고 싶고, 누우면 자고 싶은 것처럼 장기적으로 보면 무한대에 수렴한다고 할 수 있다. 그러나 그러한 기대 욕구를 모두 충족시키기에는 현실의 자원은 상대적으로 한정되기 마련이다. 따라서 극히 예외인 경우를 제외하고는 실제 욕구 충족의 정도는 기대한 욕구 충족 수준보다 낮게 나타나는 것이 대부분이다.

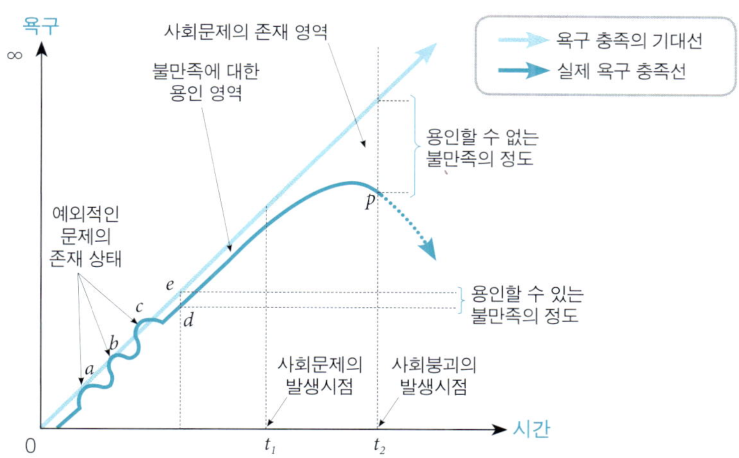

출처: David, 1962; 안해균, 1990, 재인용.

그림 3-1 욕구 충족과 사회문제의 출현

욕구 충족의 기대 수준과 실제 수준 간에 격차가 있다고 해서 무조건 문제가 발생하는 것은 아니다. 욕구 충족의 기대선(期待線) 형태는 불특정 다수인인 사회구성원에 의해 설정되며, 실제 욕구 충족선의 형태는 사회구성원이 충족의 정도를 어떻게 느끼느냐에 따라 최종적으로 결정되는 것이다. 하지만 사회문제와 관련하여 생각하면 사회의 제반 가용자원과 활동으로부터 1차적인 영향을 받는다고 볼 수 있으며, 경제문제와 관련해 생각하면 정계의 정책으로부터 1차적인 영향을 받는다고 할 수 있다. 따라서 두 선의 모양은 국가마다, 사회마다, 시대마다 달라질 수 있다.

[그림 3-1]에서 a, b, c는 모두 전혀 문제가 존재하지 않는 가상적 상태를 나타낸다. a와 b는 욕구 충족의 기대 정도와 실제 욕구 충족 정도가 일치함으로써, c는 기대 이상으로 욕구가 충족됨으로써 불특정 다수인 사회구성원이 전혀 불만족을 느끼지 않는 특정 시점이다. 이와 같이 문제의 무존재 상태가 장기에 걸쳐 지속되는 경우도 있다.

$0 \rightarrow t_2$ 사이는 실제 욕구 충족 정도가 기대 욕구 충족 정도에 못 미침으로 인해 불만족 상태가 존재하고 있음을 나타내 준다. $0 \rightarrow t_1$ 사이의 불만족 상태는 여러 가지 제도적, 사회정치적, 심리적 요인에 의해 불특정 다수인 사회구성원이 그러한 불만족 상태를 어느 정도 용인(容忍)하는 것을 의미한다. 즉, 비록 기대한 욕구 충족의 정도에는 못 미치지만 기대하는 욕구 충족의 정도가 증가하는 것만큼 실제 욕구 충족도가 뒤따라 준다면 불만족 상태에 대해 어느 정도 용인하게 된다는 것을 말한다. 납세의무, 국방의무 등을 비롯한 각종 의무에 대한 준수, 국가안보와 관련하여 개인의 기본권 제한에 대한 용인, 국가사회의 발전을 위한 각종 규제정책에 대한 순응 등은 모두 이러한 불만족에 대한 용인 영역에 속하는 것이다.

불만족에 대한 용인 영역의 폭($\overline{de}$)을 결정하는 것은 불특정 다수인 사회구성원이 욕구의 기대 충족 수준과 욕구의 실제 충족의 정도를 어떻게 느끼고 있느냐에 따라 결정된다. 기대 욕구를 충족시키는 데 동원될 가용자원이 아무리 부족하더라도 그 희소자원으로부터 얻는 실제 욕구 충족의 정도를 높다고 느낀다면 불만족 정도는 적어지며, 따라서 불만족에 대한 용인 영역의 폭은 상대적으로 커지게 된다. 구간에서의 불만족에 대한 용인 영역에서는 객관적인 불만족 상태는 존재하는 그 해결에 대한 요구가 없음으로 인해 사실상 사회문제가 없는 것이나 다름이 없는 상태인 것이다.

불만족 상태에 대한 이러한 용인의 정도는 사회마다, 국가마다, 시대마다 다르다. 예를 들어, 물가상승률이 늘 10% 정도로만 억제된다면 어느 정도 만족스럽게 생각한다. 그러나 대부분 5% 미만의 물가상승률을 나타내고 있는 미국이나 유럽 등 선진국에서 만일 물가가 10%로 상승한다면 이것은 심각한 사회문제로 등장하게 될 것이다.

[그림 3-1]을 다시 살펴보자. 욕구의 기대 충족 정도는 계속 증가하는 경향을 보이는데, 체증하던 욕구의 실제 충족도가 체감하는 경향을 보이면서(t_1 이후 두 선의 변화) 용인되었던 불만족 상태에 대한 해결 요구가 나타나게 되어 이는 사회문제화된다. 욕구 충족 기대선과 실제 욕구 충족선 사이의 격차를 심화시키는 요인, 즉 사회문제 요인으로 첫째, 용인된 불만족 상태의 장기기대속화, 둘째, 욕구의 실제적 충족에 필요한 가용자원의 상대적(대 욕구 충족 기대 충족 수준) 체감, 셋째, 불만족을 야기하는 정책의 급증 및 사회제도 구조의 불합리성 격화 등을 지적할 수 있다.

사회문제를 해결하기 위한 정책이 실패를 거듭하게 되거나, 불합리한 사회제도와 구조가 개편되지 않고 계속 유지되거나, 여러 사회문제를 해결하려는 노력이 나타나지 않고 계속 방치될 경우 욕구의 실제 만족도는 더욱 체감되어 결국에는 감소형까지 보이기 시작한다(그림에서 p 점 이후). 바로 이 시점이 '사회붕괴'의 국면으로 접어드는 시기가 된다. 불특정 다수인 사회구성원이 욕구의 실제 충족도의 체감 현상이 호전될 조짐이 전혀 보이지 않고 체감이 더욱 가속화될 것으로 인식하게 될 경우(t_2 시점 이후 점선으로 표시된 실제 욕구 충족선), 혁명과 같은 사회붕괴 현상이 나타나게 된다.

이와 같이 사회문제는 문제인식 주체와 문제에 직·간접으로 영향을 받는 대상이 어느 특정 개인이 아닌 불특정 다수인으로서의 사회구성원이라는 점과 그 문제를 방치할 경우 종국에는 혁명과 같은 사회 자체의 붕괴까지 초래할 수도 있다. 결국 사회문제는 개인문제에서부터 출발하며, 그러한 개인문제에 불특정 다수성과 사회적 중요성이 가미됨으로써 사회문제가 등장하게 되는 것이라고 말할 수 있다. 이것을 달리 말하면, 모든 개인문제가 다 사회문제화되는 것은 아니라는 것을 의미한다(현외성 외, 1993).

4. 개인문제, 사회문제 및 사회복지정책

1) 사회문제 및 사회복지정책 과정

사회문제가 사회복지 및 사회복지정책과 어떤 연관성이 있을까?

첫째, 사회문제의 개념에서 언급하였던 바와 같이 개인문제에서 사회문제로 문제의 성격이 바뀌게 되면 사회적으로 혹은 국가적으로 그 문제 해결에 대한 공식적인 관심이 출현할 수 있는 바탕이 마련되었음을 시사한다. 그 공식적인 관심이 구체적으로 사회문제를 해결하기 위한 대응책으로, 사회복지정책인 것이다. 이 과정에서 비약적으로 사회복지대책이 갑작스럽게 나타나는 것은 아니고, 오랜 기간 복잡한 과정을 거치면서 하나의 공식적인 대책이 수립된다. 이 과정을 우리가 흔히 사회복지정책 형성과정 혹은 사회복지정책 결정과정이라고 말한다.

둘째, 개인문제가 사회문제로 규정되고 수용되는 데는 한 사회 내의 다양한 개인문제가 경합과정(競合過程)을 밟아 선택되는 것으로 해석된다. 경합과정에서 사회문제로 인지, 수용된다는 것은 그 문제에 관해서 그 사회가 해결 의지가 있음을 암묵적으로 인정하는 것이다. 따라서 이 과정은 특정 사회의 경제사회적 여건은 물론 가치적, 문화적 측면을 반영하며, 또 다른 측면에서 특정 사회 내의 역학관계를 나타내고 있다. 즉, 매우 복잡하고 다양한 의미를 지닌다고 있다고 할 수 있다.

개인문제가 사회문제로 되는 과정은 그 문제를 해결하기 위한 공식적이고 문서상의 체계적인 정책(이 정책을 특히 사회복지정책 혹은 사회정책이라고 부른다.)으로 실현되는 가장 초기단계로 볼 수 있다. 따라서 개인문제가 사회문제로 변화되는 이 과정과 연관되는 논의는 그만큼 의미가 크다고 할 수 있다.

2) 사회문제화 조건: 객관적 사실과 주관적 인지·수용

어떤 문제가 개인문제이고, 또 사회문제인가 하는 것을 분별하는 일은 매우 어렵다. 사회문제의 규정에는 객관적인 요인 못지 않게 주관적 판단과 인식의 요소도 개입되기 때문이다. 또한, 사회문제의 규정과 수용에는 인간의 사회과학적 지식과 학문의 발전과도 상당한 연관성을 갖는다. 다른 측면으로는 사회 발전과 사회변동이라는 요인과도 관련이 있다.

개인문제가 사회문제로 규정·변화되는 데에는, 무엇인가 해결되어야 하는 문제(개인문제이건 혹은 사회적 쟁점이건 간에)가 먼저 객관적으로 존재하여야 한다. 문제로 인하여 고통받는 사람은 상당수이며, 그 문제를 해결해야 한다는 객관적인 사실로서 문제가 선행되어야 한다. 이 시기에는 구체적으로 드러난 문제도 있고 구체적이지 않고 드러나지 않은 문제, 즉 사회적으로 쟁점화되지 않은 문제도 있다. 이때 문제의 배경과 심각성에 대하여 지역사회 주민들과 전문가, 시민사회단체, 매스컴 등이 관심을 가지고 문제를 좀 더 구체적으로 조사, 연구, 발굴하는 경우가 대부분이다. 이 과정을 통해 문제는 점진적으로 사회적 쟁점화가 되고 그 문제의 원인과 배경이 더욱 구체적이고 과학적으로 밝혀지게 된다(현외성, 2011).

다음, 누가 그 문제를 이해하고 인지하는가도 중요하다. 이것은 주관적이며 전문적인 관점으로 사회적으로 쟁점화된 특정 문제를 인식하고 인지하며 수용하는 단계로 들어가는데, 물론 모든 문제가 다음 단계로 넘어가지는 않는다. 이 과정 혹은 단계를 개인문제에서 사회문제로 전환되는 과정이라고 할 수 있는데, 이때 객관적 사실과 함께 그 문제에 대한 주관적·전문적 인식과 수용이 중요한 역할을 하게 된다.

3) 다원사회와 이익단체: 사회문제와 사회복지정책의 정치성

일단 사회문제로 문제의 성격이 변화되면 그 문제에 대한 공공의 개입, 즉 여기서는 사회복지정책이 시작될 수 있는 근거가 마련된 것으로 이해할 수 있다. 그러므로 한 문제의 원인을 조사·분석하여 성격을 규정하는 일은 매우 중요하며, 사회복지정책과 정상 이를 둘러싼 다양한 이해관계의 당사자들이 첨예하게 상호 경쟁하게 된다.

특정 문제로 인하여 고통받는 사람들은 물론 그 문제와 직·간접으로 연관되어 있는 집단 — 시민사회단체, 전문가집단, 매스컴 및 관련 이익집단 — 이 이 문제를 사회문제로 전환하기 위하여 활동하게 된다. 사회문제로 전환되어야 국가사회가 그 대응책(사회복지정책과 법률 등)을 정책화·법률화하여 제도적으로 대응하는 조치가 이루어지기 때문이다. 이 과정은 정책 형성과정의 정치성과 제반사회 세력의 역학관계에서 복잡하고 경합하는 과정을 거치게 된다.

4) 사회복지정책과 법률의 대응 및 선택

사회복지정책이란 어떤 의미에서는 사회적 자원을 재배분하는 일로 간주될 수 있기 때문에 사회문제의 국면에서 이해관계자 집단들이 직면하고 있는 부정적인 일을 해결하여 자신에게 유익하게 하려는 노력이 활발하게 이루어진다. 결국 정책이란 희소한 자원을 문제 해결을 위해 투자하고 배분할 만한 가치가 있다고 생각하는 대상에게 우선적으로 선택하여 그 해결을 위해 사용하는 것이다. 이런 점에서 사회문제와 그 대응책인 사회복지정책은 국가사회의 선택과정을 거친다고 할 수 있다.

Ⅲ 사회문제 분석틀

1. 분석틀의 의미

제1부에서는 사회문제에 대한 개괄적인 내용을 살펴보았다. 제1장에서는 '사회문제의 의미: 정의, 특성, 분류'를, 제2장에서는 '사회문제의 이론과 관점'을, 제3장에서는 '사회문제의 출현배경과 과정'을 각각 서술하였다. 이상의 내용을 바탕으로 본서의 각론인 사회문제의 영역과 분야를 논의할 때 가능한 한 일관성 있게 체계적으로 수행할 수 있도록, 독자들 역시 사회문제를 분석하고 그 대응책을 수립하는 데 체계적인 노력을 경주할 수 있도록 하나의 사회문제 분석틀을 간단하게 제시해 보고자 한다.

각 사회문제의 영역이나 분야에 따라 다양한 이론과 관점이 특별하게 연구되고 적용되고 있다. 이런 경우라 할지라도 본서에서 제시하는 분석틀에 따라 체계적으로 정리할 수 있으리라 생각한다.

그 기본적인 분석틀은 다음과 같다.

사회문제 분석의 틀

① 사례
② 서론
③ 사회문제의 이해: 개념정의, 특성, 범위, 출현의 역사
④ 사회문제의 실태
⑤ 사회문제의 배경 : 이론적 관점과 원인
⑥ (사회문제 관련) 현재의 복지제도와 정책, 그 한계
⑦ 대안의 제시
⑧ 결론

2. 분석틀의 구성

첫째, 관련 사회문제와 연관된 사례를 제시한다. 이를 통하여 당해 사회문제의 심각성과 고통, 그 실태를 짐작할 수 있을 것이다. 또한, 사례는 그 해결책의 긴급성, 필요성, 중요성 등을 절감하게 할 수 있다.

둘째, 서론은 (서술하기 위하여 본서에서) 선택된 사회문제가 왜 중요하며, 연구하고 해결해야 할 필요성과 중요성을 언급하게 된다.

셋째, 사회문제를 이해한다. 개념정의, 특성, 범위, 출현의 역사로서, 선택된 특정 사회문제에 대한 개념정의에서부터 특성, 범위, 출현의 역사를 기술한다. 특히, 한국의 경우에 다른 나라와 비교하여 특성을 설명할 필요가 있다.

넷째, 사회문제의 실태를 제시한다. 가능한 한 객관적인 자료를, 필요하다면 시간의 흐름에 따른 과거와 미래에 대한 예측치를 제시한다. 사회문제의 영역에 따라 다양한 기준으로 사회문제의 역동적인 흐름을 분석하여 제시할 수 있다.

다섯째, 사회문제의 배경으로 이론적 관점과 원인에 대한 것이다. 사회문제의 특성에 따라 앞에서 언급한 이론적 관점과 원인론 등을 적의하게 활용하여 설명할 수 있을 것이다. 물론 해당 사회문제와 관련하여 기존의 이론적 관점과 원인론을 정리할 수도 있다.

여섯째, 특정 사회문제와 관련하여 현재 복지제도와 정책, 그 한계를 적시한다. 사회문제 해결책으로서 현행 사회복지제도의 장점, 단점을 설명하고 그 한계를 지적한다.

일곱째, 대안을 제시한다. 관련 집필자가 사회문제 해결을 위한 기존 사회복지제도와 정책의 보완책을 제시한다.

마지막으로, 결론을 내리면서 정해진 사회문제의 분석을 마무리한다.

제2부

구조적 문제로서 사회문제

제4장 빈곤문제

제5장 고용문제

제6장 문화적 다양성 문제

제4장

빈곤문제

I 서론

빈곤은 사회복지학에서 언제나 가장 중요한 핵심 논쟁이며 전통적인 주제다. 빈곤의 개념을 조금 넓게 생각할 때 모든 사회복지서비스와 프로그램을 빈곤대책으로 보아도 큰 무리는 없다. 이는 사회복지의 역사적 발달과정에서도 드러나는 사실이다. 대개 사회복지제도와 시스템은 국민을 빈곤하지 않도록, 빈곤으로부터 벗어나도록 만드는 장치의 의미가 있다. 실질적으로 사회복지현장에서 사회복지사가 만나는 클라이언트의 절대다수는 빈곤에 직접적으로 연결된 주요한 문제들이 있다.

빈곤은 굶주림을 넘어 장기적인 생존권을 보장하지 못하는 것이기 때문에 그 어떤 발전 요소보다 제일 중요하다. 빈곤은 인권의 총체적인 박탈로서 주거, 의료, 교육의 권리보다 앞선다. 즉, 빈곤이 해결되지 못한다면 주거도, 의료도, 교육도 아무런 의미를 갖지 못한다. 과거에는 빈곤을 개인의 탓 — 빈곤 탈출에 대한 의지박약이나 나태, 방탕, 무절제, 게으름 등 — 으로 여겼다. 그러나 지금의 빈곤은 저임금, 실업 등 사회적이고 구조적인 체제(system) 문제로 변형되었으며, 그와 더불어 자기존중의 상실, 가족공동체의 해체, 더 나아가 사회 공동체의 통합까지 깨뜨림으로써 더욱 심각한 문제들을 유발하고 있다. 기본적인 인권을 심각하게 위협하고 새로운 형태의 불안을 야기해 사회적 혼란을 가져다주기도 한다.

1990년대 IMF 경제위기 이후 우리 사회는 빈곤문제에 대한 사회적 관심이 매우 높아졌다. 최근 사회적 상황은 1990년대의 IMF 경제위기 이후 쉽게 회복되지 않는, 회복의 전망을 갖지 못하는 사회구성원을 양산하고 있다. 이는 그동안의 많은 사회적 지표를 통해 드러나고 있다. 분명 상대적인 격차는 점점 극심해지고 있다. 그리고 빈곤은 세대 간으로 세습되며 노력을 통해 해결될 수 없는 구조임을 내면화하는 문제를 낳고 있다(남기철, 2006). 경제적 불평등이 부추긴 양극화된 현재 시점에서는 경쟁에서 밀려난 사람들과 가난의 무게에 짓눌린 사람들이 개별적 사유를 바탕으로 삶의 의미를 캐묻고 철학적으로 성찰하는 시민이 되기는 힘들다(이충한, 2015). 현재 우리 사회의 빈곤은 빈곤으로 인한 차별과 배제, 소외, 두려움, 무(無)사유, 좌절, 패배감, 피해의식, 죽음 등 빈부의 차가 다른 모든 차이에 대한 설명을 생략할 수 있다는 천박한 믿음을 쉽게 정당화한다. 가장 근본적인 문제로서 빈곤층의 상당수가 빈곤 현상이 개선될 수 없다는 '포기'의 양상을 나타낸다는 점이다. 이는 본인 세대가 아닌 다음 세대에서도 마찬가지로 빈곤하게 되리라는 세습적인 구조를 내면화하는 것으로 나타나기도 한다. 빈곤은 지금까지 인간사회와 더불어 존재하며, 가장 오래되고 심각한 문제이며 사회복지도 이 문제를 해결하는 데 많은 연구와 노력을 하고 있다. 또한, 빈곤은 우리 사회에서 다양한 방식으로 서로 연결되어 있어 이러한 빈곤문제는 결국 언젠가 빈곤한 당사자뿐만 아니라 지역사회, 해당 국가에도 지대한 영향을 주게 된다. 현재 빈곤은 본인의 의지나 노력과는 무관하게 누구라도 빈곤위험에서 자유로울 수 없는 세상이 되어 버렸다(김수현 외, 2009). 그러므로 사회적 기능 수행의 증진을 목적으로 하는 사회복지는 현재 한국 사회의 '빈곤'이라는 화두로부터 자유로울 수 없다.

Ⅱ 빈곤문제의 이해

1. 빈곤문제의 개념

빈곤은 오랫동안 해결되지 못한 사회문제 중 하나로, 빈곤은 사회구성원 누구라도 인간답게 살 수 있는 살기 좋은 사회를 만들기 위해서 반드시 해결되어야 하는 문제이다. 빈곤한 사람은 소득, 주거, 의료 등에 대한 접근기회가 차단되거나 크게 제약받아

인간으로서의 존엄을 지키기 힘들기 때문이다(성열관·김정숙, 2015). 한국에서 빈곤에 대한 최근 논의는 빈곤가구의 비율이 급증하게 된 1997년 IMF 경제위기 이후에 그 양적인 면과 내용면에서보다 활발한 논의가 이루어지고 있다. 빈곤의 정의는 연구자마다 다르며, 이에 따른 혼란은 어쩔 수 없는 것으로 간주해 빈곤에 대한 개념은 다양한 학자에 의해 정의되었다(이성민 외, 2010).

빈곤을 바라보는 몇 가지 방식이 있다. 일반적으로 빈곤은 '생존을 위해 필요한 최소한의 기본적 욕구가 충족되지 않은 상태나 그러한 욕구를 충족하는 데 필요한 자원이 충분하지 않은 상태'로 정의된다(김교성 외, 2008). 그러나 이때 생존을 단순히 육체적 생명 유지로 보느냐 인간다운 생존으로 보느냐에 따라 기본적 욕구의 범위가 달라지기 때문에 빈곤이 무엇인지에 대해서는 사회적인 합의를 이끌어 내기가 사실 쉽지 않다(김수현 외, 2009).

최근에는 빈곤을 단순히 물질적 욕구를 충족할 수 있는 최소한의 소득수준에 도달하지 못한 상태로만 보는 시각에서 벗어나 '삶을 영위하는 데 필요한 다양한 영역에서 불리한 조건에 처한 상태'로 더욱 넓게 해석하고 있다. 즉, 빈곤은 최저생계를 유지할 수 있는 수준에 미치지 못하는 소득의 결핍 현상 이상을 의미한다. 빈곤은 적절한 사회관계의 단절이나 교육과 같이 자기 발전을 꾀할 수 있는 기회의 박탈, 건강한 육체나 정신의 상실 등 수치화하기 어려운 여러 문제와 관련되기 때문이다. 그래서 UN(국제연합) 사회권위원회에서는 빈곤을 "적절한 삶을 영위하고 여타 시민적·정치적·경제적·사회적·문화적 권리를 누리는 데 필요한 자원, 능력, 선택, 안전, 힘이 지속적이고 만성적으로 박탈되는 조건"이라고 정의한다. 세계은행(World Bank)은 『가난한 자의 목소리(*Voices of the Poor*)』에서 빈곤의 반대는 단순한 부가 아니라고 하였다. 그것은 넓은 의미에서 건강, 신변안전, 가치 있는 노동, 공동체와 갖는 우호적 관계, 신뢰, 그 밖의 비금전적 요인을 포함한 웰빙(well-being)이다. 그렇기 때문에 빈곤층을 자선할 빈 그릇으로 여기기보다는 기술, 역량, 아이디어 등 빈곤층이 보유한 자산에 기초해야 한다(Green, 2010)고 주장한다.

1) 절대적 빈곤

절대적 빈곤은 탈빈곤이 권리로서 보장되는 역사적 과정에서 정립되었고, 현재도 어떤 경우를 막론하고 보장되어야 할 최저생활의 수준을 정의하는 데 자주 적용된다. 절대적 빈곤은 최저생활(subsistence)과 기본적 욕구(basic needs)의 충족 여부를 빈곤의 기준으로 삼는다. 따라서 절대적 빈곤은 '기초적 생필품들을 충족할 수 있는 고정된 수준의 재화가 불충분한 상태' 또는 '위생적인 음식과 물, 보건서비스, 교육서비스 등 기초적인 필요가 결여된 상태'로 정의된다.

절대적 빈곤의 개념은 모든 인간이 빈곤으로부터 자유로울 권리를 확립하기 위한 수백 년간의 역사 과정에서 확립되었고, 중요한 이론적 의미를 제공한다. 첫째, 빈곤을 자연적 결과가 아니라 사회적 차원으로 정의했다. 따라서 절대적 빈곤은 단지 기아(starvation)를 모면한 상태만을 의미하는 것은 아니다. 둘째, 탈빈곤이 권리의 차원으로 인식되기 시작했다. 마셜(T. H. Marshall)이 지적한 대로 민주주의의 확산을 통해 '빈곤하지 않을 권리'가 처음으로 시민권(citizenship)의 영역에 포함되었다(Marshall, 1950). 20세기 후반 이후 복지의 권리를 의미하는 사회권은 시민권의 필수 요소로 인정받았으며, 시민권은 모두 사회구성원이 평등하게 갖는 자격을 의미하며 국가는 시민권을 보호할 책임이 있다고 하였다. 절대적 빈곤 개념은 권리로서 보장되어야 할 최저수준을 최대한 객관적인 조사를 통해 정할 수 있음을 전제한다. 그러나 국가별 정부의 빈곤선은 사실상 정치적 성격을 갖기 때문에 절대적 빈곤의 개념은 반드시 '절대적'이지만은 않다(문진영, 2005). 예를 들어, 대처(Margaret H. Thatcher) 집권시절 영국 보수당은 부스(Booth)나 라운트리(Rowntree)가 발견한 신체적 효율을 저해받을 정도의 빈곤은 이미 사라졌다는 점을 근거로 복지 삭감을 정당화했다(김윤태·서재욱, 2013). 이것은 절대적 빈곤의 개념이 본질적으로 '사회적'이라는 사실을 보여 준다.

2) 상대적 빈곤

상대적 빈곤의 개념은 단지 빈곤선의 위치가 아니라 빈곤의 기준이 되는 요소에 대한 근본적인 비판으로부터 제기되었다. 절대적 빈곤 개념은 최저생활과 기본적 욕구의 충족 여부를 기준으로 한다. 그러나 상대적 빈곤 개념은 빈곤의 기준인 최저생활과 기본적 욕구가 객관적이고 타당한지를 비판하고 있다. 상대적 빈곤은 생존 개념을 넘어서 사회 내 전체 구성원과 비교하여 빈곤 여부를 규정하는 것으로, 사회 내의 다른 사람들보다 덜 가진 것으로 보는 경우이다(황청일, 1997). 물질적 욕구가 어느 정도 충족되던 1990년 이후에 사회적 빈곤이나 심리적 빈곤으로 인한 계층 간 위화감과 박탈감이 사회적 논점으로 대두되기 시작했다. 절대적 빈곤은 일반 사회구성원의 생활수준과는 별개인 생존 개념으로 '결핍'에 초점을 두었으나, 상대적 빈곤은 특정 사회의 전반적인 생활수준과 밀접하게 관련된 상대적 박탈감과 소득의 불평등 측면의 개념을 중시한다(김수용 외, 2009).

타운젠트(Townsend, 2010)는 "개인이나 가족의 자원이 그들이 살고 있는 사회에서 평균적인 개인이나 가족의 자원보다 현저히 미달한 경우"를 빈곤으로 정의하고, 인간은 빵만으로 사는 것이 아니며 중요한 사회적 욕구를 충족하기 위해서는 빵을 포기할 수도 있다고 봄으로써 '절대적 필요'라는 개념 대신 '필요의 사회적 결정(social determination of needs)'을 도입하였다. 즉, 상대적 빈곤은 개인이 느끼는 상당히 주관적이고 심리적인 것이며, 비교의 대상이 되는 사람에 따라서 달라질 수 있음을 알 수 있다. 절대적 빈곤이 과학적인 근거에 의하여 구체적인 빈곤선을 결정한다면 상대적 빈곤은 구체적인 빈곤선을 결정하기가 매우 어렵다. 즉, '대다수가 누리는 생활 상태'를 측정하기가 어렵고, 그 수준의 어느 정도를 빈곤선으로 결정하느냐 하는 것이 인위적일 수밖에 없기 때문이다(노병일, 1994). 따라서 사람들이 느끼는 물질적 행복은 소득수준에 의존하지만, 다른 사람들과 비교한 상대적인 지위에 따라서도 크게 달라지므로 상대적 빈곤은 삶의 질에 중요한 영향을 미치는 요인이다(정현정, 2012).

3) 빈곤측정의 기준

(1) 빈곤선

빈곤은 통상 구체적 기준에 따른 기준선을 정하여 판단하며 이 기준으로 산출된 기준선을 빈곤선(poverty line, poverty threshold)이라고 한다. 빈곤선을 측정하는 구체적인 기준은 소득, 소득의 분포비율, 기본 욕구, 식품비율, 조사자료, 상대적 박탈, 법적 기준 등 다양하다(김영모, 2010). 빈곤선의 측정방법은 나라마다 다르고, 학자마다 분류방법과 사용하는 용어에 따라 다소 차이가 있다. 빈곤선은 국가의 빈곤정책을 수립하고 평가하는 실질적인 도구라 할 수 있는데, 소득에 근거하는 방법이 여러 나라에서 가장 많이 사용되고 있다.

① 절대적 방법

인간이 최소한의 욕구를 충족시킬 수 있는 소득수준, 즉 생존을 위한 생활필수품을 구입하는 데 필요한 소득수준을 절대적 빈곤선이라고 한다. 절대적 빈곤선을 정하는 방식은 크게 다음 두 가지 방식이 있다.

첫째, 전물량 방식(market basket method, Rowntree method)이다. 인간이 생활하는 데 필요한 필수품의 최저수준을 정하고 이를 화폐가치로 환산한 총합(각 필수품의 가격×최저소비량)을 절대적 빈곤선으로 정하는 방식이다.

둘째, 반물량 방식이다. 최저생활에 필요한 음식비만을 구하여 여기에 일정한 값을 곱하여 산출하는 방식인데, 주로 엥겔계수(Engel coefficient, 식료품비/총 소득)를 이용하여 산출한다. 절대적 빈곤선은 주로 가계소득이나 최저생계비로 측정하는데 우리나라는 1973년부터 최저생계비를 발표했다.

② 상대적 방법

상대적 빈곤선은 개인소득, 평균가구소득, 중위가구소득 등으로 산출한다. 이 방법은 빈곤 상태 여부를 상대적 빈곤의 관점에서 파악하기 때문에 경제적 수준과 사회환경이 다른 국가 간의 빈곤선을 비교할 수 있다(노병일, 2013; KOSIS, 2015 외). OECD(경제협력개발기구)에서는 중위가구소득의 40%, 50%, 60%를 상대적 빈곤선으로 정하고, EU(유럽연합)는 50%를, 세계은행에서는 개발도상국의 경우 평균가구소득의 1/3, 선진국은 1/2을 상대적 빈곤선으로 제시하고 있다. 상대적 빈곤선은 이와 같이 측정되기 때문에 그 사회의 소득불평등과 밀접한 관계가 있다. 상대적 빈곤선은 그 사회의 생활수준의 변화를 빈곤측정에 반영할 수 있다는 장점이 있는 반면에 기준선을 임의로 정하기 때문에(어떤 소득을 기준으로 하는가, 설정비율을 몇 %로 할 것인가 등) 논란이 있을 수 있다(김수현 외, 2009).

③ 주관적 방법

주관적 방법은 최저소득수준에 대해 일반인을 대상으로 한 설문을 통해 얻은 답변에 근거하여 빈곤선을 정하기도 하고, 본인이 직접 평가해서 정하기도 한다. 그래서 이 방법을 합의적 방법으로 부르기도 한다. 이 방법은 네덜란드의 라이덴 대학 교수들이 처음 개발하였다. 장점은 빈곤선을 전문가나 정부가 정하는 것이 아니고 일반인이 정하기 때문에 더 현실성이 있다는 점이다. 그러나 설문지 구성이 쉽지 않아 설문지 작성자의 주관이 개입되기 쉽고, 빈곤선을 정하는 시기, 기준선을 정하는 집단의 특성, 지역과 국가, 경제적·사회적 상황에 따라 빈곤선이 크게 달라질 수 있다는 단점이 있다(노병일, 2013).

(2) 소득불평등 측정지표

소득불평등을 측정하는 지표는 10분위분배율, 소득배율, 로렌츠 곡선과 지니 계수 등이 있다. 지표는 모두 상대적 빈곤과 관련이 있다고 볼 수 있다.

① 10분위분배율(Deciles distribution ratio)

1973년 스탠포드 대학 아델만 교수와 모리수 교수가 발표한 소득분배 정도 판별법으로서 소득분배의 정도를 나타내는 것 가운데 빈부의 격차를 가장 잘 설명해 주는 것으로 알려져 있다. 10분위분배율은 빈부격차와 계층 간 소득분포의 불균형 정도를 나타내는 수치로, 한 나라의 모든 가구를 소득의 크기 순으로 배열하고 이를 10등급으로 분류하여 소득이 낮은 1등급에서 4등급까지의 소득합계를 소득이 가장 높은 9~10등급의 소득합계로 나눈 비율을 말한다. 아델만 교수는 이 비율이 45% 이상이면 분배가 잘 된 국가로, 35~45%는 중간 수준의 국가로, 35% 이하이면 불평등한 국가로 분류한다(매일경제용어사전).

② 소득배율

10개 분위로 나누느냐, 5개 분위로 나누느냐에 따라서 10분위 소득배율, 5분위 소득배율이라 한다. 10분위 소득배율은 도시근로자 가구를 월평균소득이 작은 가구부터 큰 가구 순으로 일렬로 세운 뒤 10개 소그룹(분위)으로 나눴을 때 최상위 20%에 해당하는 가구의 소득을 최하위 40%에 해당하는 가구의 소득으로 나눠 구한 값이다. 빈부격차가 클수록 10분위 소득배율의 값이 작아진다. 소득배율은 우리 경제 전반의 소득분배 상황이 좋아졌는지 판단하는 근거로 활용하기에는 부적절하지만, 계층별 소득분배 상황을 살펴보는 데 유용한 지표이다(시사경제용어사전).

③ 로렌츠 곡선(Lorenz curve)과 지니 계수(Gini's coefficient)

로렌츠 곡선은 미국의 통계학자 로렌츠(M. Lorenz)가 창안하였다. 사람을 소득에 따라 순서를 매기고, 가로축에는 인구에 따라 누적하며, 세로축에는 소득계층에 따라 누적한다. 45° 선은 누적인구와 누적소득이 같은 비율로 증가하기 때문에 완전한 평등을 나타낸다. 반면 소득격차가 심해지면 아래로 늘어지는 형태가 된다. 따라서 완전평등선과 로렌츠 곡선 사이의 면적이 클수록 불평등도가 커지며, 이를 불평등면적이라고 한다. 균등선과 가로축, 세로축이 이루는 삼각형과 불평등면적 간의 비율이 지니 계수이다. 지니 계수는 한 사회의 불평등을 나타내는 척도가 된다(신원문화사 편집부, 2002). 로렌츠 곡선은 소득분포를 간명하게 설명해 주지만 숫자로는 나타낼 수 없어서 직접 비교가 어렵다는 단점이 있으므로 이러한 단점을 보완한 것이 지니 계수다.

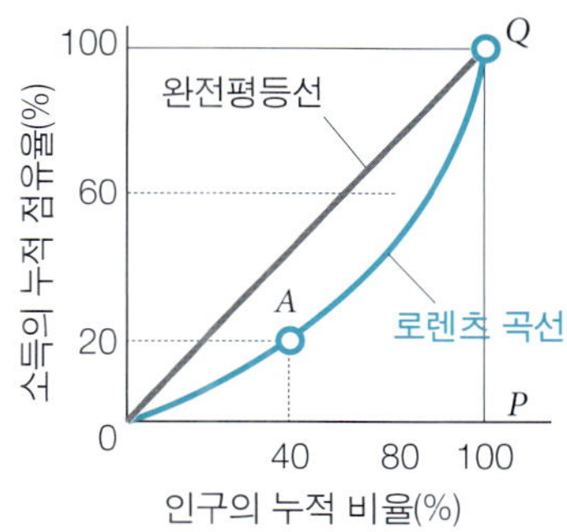

그림 4-1 로렌츠 곡선

2. 빈곤의 특성

1) 불평등과 양극화

최근 비교적 신자유주의 경제학의 이념에 충실한 것으로 여기던 OECD와 IMF 같은 국제기구는 경제적 불평등이 경제성장을 저해한다는 연구를 지지하는 쪽으로 입장을 바꾸고 있다(IMF, 2015). 특히 2015년에는 이례적으로 OECD, ILO, 세계은행, IMF 등 4개의 국제기구가 공동으로 소득불평등에 대한 보고서를 발간하기도 했다. 이는 불평등의 심화가 경제성장에 부정적인 영향을 미칠 수 있다는 공동 문제의식이 깔려 있다(한국보건사회연구원, 2015).

빈곤문제에서 불평등은 분배와 관련되어 있다. 국민소득이 각 계층에 얼마나 골고루 분배되었는가를 평가하는 것이다. 불평등 관련 지표가 호전될 때 소득의 분배는 적절히 잘 이루어졌다고 본다.

이와는 달리 양극화라는 의미는 중산층의 소멸문제를 다루고 있다. 중간층의 인구비중이 줄고 상향이동 또는 하향이동이 두드러질 때 양극화는 심해진다(김성윤, 2013). 1980년대 중반 이후 미국 등에서 경제 전체의 높은 성장에도 불구하고 소득분배가 악화되어 빈곤이 오히려 증대되는 현상이 나타나면서 양극화에 대한 관심이 커지기 시작했다고 볼 수 있다(정재각, 2006). 양극화 개념은 소득의 불평등화와도 분명 관련되어 있지만, 소득불평등 척도(예를 들어, 지니 계수)로는 나타낼 수 없는 특별한 분포의 변동을 반영한다. 양극화는 소득 외에도 고용의 양극화, 자산의 양극화, 노동시장의 양극화, 그 밖에 주택·교육·문화·권리의 양극화 등 여러 측면에서 문제로 삼고 있다.

OECD의 〈불평등 보고서〉에 따르면, 2013년 기준 한국 사회는 상위 10%의 소득이 하위 10%보다 10.1배 많은 것으로 나타났다. OECD 회원국 34개국의 평균인 9.6배보다는 높으며, 스웨덴과 독일, 프랑스보다 2배 가까이 높은 수치다(이충한, 2015). 통계청의 2014년 가계동향에서는 소득이 상위 20%인 가구가 하위 20%인 가구보다 8배 가깝게 교육비를 더 지출하는 것으로 나타났다. 또한, 2014년도 서울대학교 입학생의 절반에 가까운 숫자가 강남 3구에 집중되었으며, 특수목적고등학교나 자립형사립고등학교 출신이 전체 학생의 60%에 해당하는 것으로 나타났다. 이렇듯 한국 사회의 불평등과 양극화는 소득, 주거, 교육, 의식 등 매우 다차원적인 형태로 나타나고 있다.

2) 빈곤의 대물림

1990년대 후반 한국 사회의 빈곤 양상은 이전과는 다른 변화를 보이기 시작하였으며, 근로빈곤층의 형성과 안전망으로서 공적 제도의 부실은 '절망의 빈곤'으로 불리는 신빈곤 현상을 낳게 된다. 신빈곤 현상의 하나로 빈곤의 세대 간 전이 문제, 즉 빈곤의 대물림 현상이 사회문제로 떠오르기 시작했다(강지나, 2015). 빈곤의 대물림에서 빈곤은 독립적이기보다는 복합적으로 발생한다고 설명한다. 빈곤한 부모는 노동 지위가 낮은 주변부 노동자로 평생 머물러 있기 때문에 저임금·불안정 노동의 굴레에서 실업과 비실업을 반복하게 되고(구조적 모델), 소득이전정책이나 보육정책 등의 복지정책 미비는 이들의 불안정한 빈곤지위에 안전망으로 작용하지 못하며(복지정책모델), 이런 가족 내의 빈곤과 가족을 둘러싼 공동체의 결함은 충분하게 질 좋은 양육환경을 제공하지 못하기 때문에 청소년의 성장에 부정적인 영향을 미친다(사회적 상호작용모델). 선별과 차별적 기제로 작동하는 교육체계는 빈곤 계층의 자녀가 가진 부족한 인적 자본력으로 학력 성취에 실패하게 만들고(경제적 모델), 이들은 다시 이중노동시장을 통해 부모와 같은 주변부 노동자가 됨으로써 빈곤의 세대 간 대물림이 이루어진다는 것이다. 결국 빈곤이 전이되는 경로는 '부모 학력 → 부모의 사회적 지위(직업지위 혹은 소득지위) → 자녀 학력 → 자녀의 사회적 지위'로 나타났고, 이를 종합해 보면 교육기회와 노동시장, 소득을 보완해 주는 복지 영역이 빈곤의 대물림 과정 전반과 관련되어 있음을 알 수 있다. 이렇듯 빈곤의 대물림에 작동하는 기제들은 이렇게 서로 얽히고 맞물리면서 점차 그 효과가 확대되는 양태를 보여 준다(강지나, 2015).

3) 빈곤과 사회갈등

마쉬라(Mishra, 1981)는 사회복지의 역사는 단지 제도의 복잡성, 역할의 전문성과 상호 의존성의 증대로만 설명될 수 있는 것이 아니고 오히려 불평등이나 갈등과 밀접하게 관련된고 보았다. 따라서 사회복지의 역사는 사회적 불평등의 역사이며, 그러한 불평등을 둘러싼 잠재적·실제적 갈등의 역사라고 보았다.

경제적 불평등이 심화되면 사회통합을 기하기 어렵고, 일탈행위를 비롯하여 갈등적인 사회문제를 초래할 가능성이 커진다는 연구가 오래전부터 있었다. 대체로 범죄율(특히, 재산 관련 범죄)이 경기역행적(counter-cyclical)이라고 보고된다. 즉, 범죄율은 경기가 좋을 때는 상대적으로 낮게 나타나며 반대로 경기가 나쁠 때는 상대적으로 높게 나타난다는 것이다. 현대 산업화 사회에서 발생하는 여러 형태의 사회문제들은 빈곤율의 확대와 소득불평등을 심화시키는데(이병희, 2014), 이는 더 직접적으로 사회갈등과 연결된다. 사회적 갈등에 관한 논의에서 항상 중심이 되는 것은 경제적 불평등과 소득의 양극화에 따른 계층 갈등이다. 계층 갈등은, 특히 1997년 경제위기 이후, 갈등 관련 사회조사에서 항상 가장 심각한 사회갈등으로 조사되어 우리 사회의 주요한 사회문제로 제기되고 있다. 계층 갈등은 자연 발생적인 것이 아니라 사회구조적인 문제에서 발생하는 구조적 불평등을 의미한다. 주로 소득과 부의 편재로 인한 빈부 간 차이로 인해 계층 갈등이 표출되고 있는데, 우리 사회에서의 계층 간 갈등은 1980년대와 1990년대 부동산투기 열풍과 IMF 경제위기를 경험하면서 그 정도가 더욱 심각해진다(윤상우, 2011).

3. 빈곤문제의 제영역

1) 근로빈곤

사례

직장인 70% "난 가난한 푸어(poor)족"

푸어족 유형으로는 적은 수입 때문에 일을 해도 가난에서 벗어나지 못하는 '워킹푸어'가 66%로 가장 많았다. 이어 비싼 전 · 월세 비용으로 여유롭지 못한 '렌트푸어(25.1%)', 집을 마련했지만 빚에 허덕이는 '하우스푸어(21.4%)', 학자금 대출로 인해 생활의 여유가 없는 '학자금푸어(19.6%)', 경제력이 부족해 아파도 병원에 못 가는 '헬스푸어(9.1%)', 소득에 비해 비싼 차를 사서 쪼들리는 '카푸어(6.2%)', 과도한 결혼 비용으로 여유 없는 생활을 하는 '웨딩푸어(6.2%)', 자녀 교육비를 대느라 궁핍해진 '에듀푸어(5.7%)' 순이었다.

출처: 권연수(조선닷컴, 2016. 9. 7.).

근로빈곤층은 일함에도 불구하고 빈곤한 계층으로 저임금의 열악한 노동환경에 처해 있을 뿐만 아니라 사회안전망으로부터 제외되는 불안정한 고용관계에 있는 사람들이다(이주환·김교성, 2013). 과거 고전적 복지국가의 주요 임무는 안정적인 경제구조 하에 남성 생계부양자 가구에서 소득이 중단되는 상황이 되거나 질병발생으로 빈곤상황에 빠지게 될 경우, 이른바 구 사회적 위험에 대해 소득을 보장해 줌으로써 개인과 가족을 보호하는 것이었다. 하지만 사회경제구조의 변화는 전통적인 복지국가가 포괄하지 못하는 '새로운 사회적 위험'을 만들어 냈고(Esping-Andersen, 1999), 그중 가장 대표적인 것이 근로빈곤층의 등장이다. 노동시장 유연화로 인한 일자리의 확대가 노동시장 참여율의 확대에는 기여하였으나 고용의 질이 담보되지 않기 때문에 빈곤 완화 효과를 기대할 수 없다고 지적하였고(이성균·김영미, 2010), 최근에는 과거에 빈곤하지 않았던 계층마저 빈곤화되는 등 근로빈곤층이 신빈곤의 핵심 계층으로 부상하고 있다(이병희 외, 2013).

근로빈곤층에 관한 합의된 개념은 아직 없다. 국내에서는 주로 근로연령과 근로능력 유무, 경제활동 상태, 경제활동 기간인 네 가지 기준에 따라서 정의를 내린다. 근로활동을 하는 경우 어느 정도 근로하는 사람을 근로빈곤층에 포함시켜야 할지가 문제로 대두되기도 한다. 〈표 4-1〉과 같이 근로빈곤층의 정의는 나라마다 절대빈곤선과 상대빈곤선을 혼용하거나 빈곤가구에 대한 생계보조정책의 시혜적 성격이 어느 정도인지 등 각국의 형편에 맞게 정한다.

표 4-1 각국의 근로빈곤층 어원 정의

<table>
<tr><th>국가</th><th>기관 및 자료</th><th>노동에 대한 정의</th><th>빈곤에 대한 정의</th></tr>
<tr><td>EU</td><td>Eurostat</td><td>주당 15시간 이상 취업자,
연간 7개월 이상 취업자</td><td>저소득기준선: 중위가구소득의 60%(상대빈곤)</td></tr>
<tr><td rowspan="3">프랑스</td><td>통계청(INSEE)</td><td>연간 6개월 이상 취업·구직자</td><td rowspan="3">저소득기준선: 중위가구소득의 50% 미만(때로는 60~70% 미만)(상대빈곤)</td></tr>
<tr><td>일반연구자</td><td>연간 6개월 이상 취업</td></tr>
<tr><td>사회통합을 위한 국가행동계획(NASI)</td><td>연간 1개월 이상 취업 경험</td></tr>
<tr><td rowspan="2">스위스</td><td>연방통계청</td><td>근로시간과 무관한 전 경제활동 인구 전일제 근로자</td><td rowspan="2">행정적 빈곤선</td></tr>
<tr><td>일반연구자</td><td>주당 40시간 이상 영리 활동자</td></tr>
<tr><td rowspan="3">미국</td><td>통계국(CB)</td><td>가구원의 연간 노동시간이 1750시간(44주) 이상</td><td rowspan="2">연방 빈곤선(EPL)(절대빈곤)</td></tr>
<tr><td>노동통계국(BLS)</td><td>연간 6개월(27주) 이상 취업·구직자</td></tr>
<tr><td>일반 연구자</td><td>연간 1000시간 이상 일한 성인,
통계청·노동통계청 기준</td><td>연방 빈곤선의 125~150%</td></tr>
</table>

출처: pena-Casas and Latta(2004) 이병희(2011)에서 재인용.

우리나라는 1997년대 중반 IMF 경제위기로 경기침체와 대량 실업사태가 근로빈곤층을 양산했는데(최상설·전대성, 2013), 문제는 과거의 빈곤문제를 해소하지 못한 상황에서 새로운 형태의 빈곤문제에 직면했기 때문에 근로빈곤층의 문제는 더욱 복잡한 양상을 띠게 됐다. 즉, 실직, 질병, 장애와 같은 전통적 빈곤위험 중심으로 이루어진 시스템이 새로운 위험에 대한 사회안전망으로서 역할하기에는 역부족인 상태에서 새로운 사회적 위험의 핵심 계층인 근로빈곤층이 대거 등장한 것이다.

2) 노인과 빈곤

사례

장수의 축복? 빈곤의 습격!

폐지를 주워 돈을 버는 노인은 전국적으로 175만 명에 달합니다. 이들 모두는 아니겠지만, 상당히 많은 노인이 생계를 꾸리기 위해 종이를 수거하러 다닐 만큼 빈곤에 노출된 것이 현실입니다. 실제로 우리나라의 노인빈곤율은 49.6%로 절반에 육박합니다. 이는 OECD 평균의 4배, 회원국 중 가장 높은 수치입니다. 노인빈곤문제는 한국 사회에서 이미 코앞에 다가온 공포가 됐습니다.

출처: 오정현(TBS교통방송, 2016. 5. 17).

한국의 65세 이상 노인인구 가운데 빈곤에 처한 사람의 비중은 지속해서 증가하며, 2014년에는 49.6%에 육박한다(OECD, 2015). 공적 연금제도가 미성숙한 상태에서 노후소득 준비에 대한 인식과 준비시간이 부족했던 우리나라 노인은 2명 중 약 1명이 빈곤 상태에 놓였으며(정은희 외, 2015), 노인빈곤율은 OECD 회원국 중에서 독보적인 1위로 명예롭지 못한 순위를 기록한다. 우리 사회에서 노인인구의 급속한 증가의 문제점은 현 공공복지제도가 지속되는 한 노인의 상당수가 빈곤한 노후를 보내야 한다는 점이다(진재문 외, 2014). 서울중앙지방법원 파산부에서 2016년 1~2월 두 달간 파산선고를 받은 1727명 가운데 60대 이상 노인파산자가 428명으로 24.8%에 달하는 것으로 집계됐다. 30대 파산자(8.9%)의 2배를 넘는 수치이다. 법원에 따르면, 통상 30대 파산층이 가장 두터웠던 10년 전과 비교하면 노년파산이 급속히 늘고 있다는 것이다.

한국 사회 노인빈곤의 특징은 다음과 같다.

첫째, 빈곤의 노인화 현상이다. 나이가 들어 감에 따른 노동시장에서의 경쟁력 상실, 정년퇴직의 제도화 및 강제된 희망퇴직, 노년기 이전의 불충분한 소득으로 인한 준비 부족 등이 노인이 빈곤에 취약한 이유다(조현연 외, 2016).

둘째, 소득의 문제다. 노인이 되면 경제활동을 종료하거나 노동시장에 머물더라도 열악한 노동시장으로 인해 저임금-저숙련 일자리에 종사하는 경우가 많다(이재훈, 2015).

셋째, 높은 노인자살률과 노인범죄율은 높은 노인빈곤율과 직접적 상관관계에 있다. 노인빈곤율이 높을수록 노인자살율과 노인범죄율이 높아질 개연성이 크다는 것이다. 노인자살의 상당수가 경제적 빈곤 때문에 자살하는 이른바 '빈곤 자살'에 속한다. 노인범죄 증가도 노인빈곤의 또 다른 그늘이라고 할 수 있다. 경제적으로 어려운 상황에 놓인 노인이 생계를 위해서 혹은 분노를 터뜨리는 과정으로 범죄에 내몰리는 것이다. 노인범죄의 급증은 이른 정년과 고용불안, 경제적 빈곤으로 심리적 불안과 위축, 사회적인 고립 등에 따른 것으로 해석한다. 2016년 대검찰청 범죄분석자료에 따르면 전체 범죄자 중 60대 이상이 차지하는 비율이 2004년 3.3%에서 2013년 7%까지 늘어났는데, 이는 10년 사이에 2배 이상 증가한 것이다(조현연 외, 2016).

3) 여성과 빈곤

사례

유리천장을 깨주세요

유리천장은 여성의 사회참여나 직장 내 승진 등을 가로막는 보이지 않는 장벽을 뜻한다. 우리나라는 유리천장 지수가 100점 만점에 25.6점으로 경제협력개발기구(OECD) 국가 29개국 중 3년 연속 최하위다.

출처: 김우람 (이투데이, 2016. 9. 28.).

남녀 임금격차 → 연금격차 → 여성노인 빈곤으로

2005~2014년 통계청의 경제활동인구조사 부가조사를 보면 2014년 기준 여성 임금근로자의 월평균임금은 161만 9000원으로 남성 270만 원의 59.9%에 머물렀다. 남녀 간 임금 격차는 경제협력개발기구(OECD)가 통계를 내기 시작한 2000년 이후 13년간 줄곧 우리나라가 1위를 하였다. 여성 일자리가 상대적으로 저임금 · 비정규 일자리에 쏠려 있는데다, 출산 · 육아문제 등으로 경력이 단절되는 여성이 많기 때문이다.

출처: 이창곤(한겨레신문, 2015. 12. 15.)

UN(1995)은 〈인간개발 보고서〉를 통해 "빈곤이 여성의 얼굴을 가졌다."는 말로 세계 빈민의 70%가 여성임을 표현하였고, 새천년선언에서도 여성의 빈곤극복을 재차 강조하면서 여성빈곤문제는 전 세계적인 화두가 되고 있다(UNDP, 1995).

여성은 빈곤에 더욱 취약한 경향이 있다. 특히 IMF 경제위기를 거치면서 시장에서 여성근로자 퇴출, 결혼해체로 인한 여성가구주 증가 등의 상황은 빈곤의 여성화(feminization of poverty) 문제를 부각시켰다(김영란, 2006). 이후 경제회복에도 불구하고 감소하지 않는 여성빈곤율은 신사회위험의 맥락에서 논의되었으며, 빈곤여성은 근로빈곤층과 더불어 대표적인 신빈곤층으로 언급되었다(김안나, 2009).

빈곤의 여성화 논의가 본격화되면서 여성빈곤의 요인을 크게 네 가지로 나누었다. 개인의 인적 자본 요인, 가족적 요인, 성차별적인 노동시장의 요인, 사회안전망 요인이다.

첫째, 여성은 지속적인 생계를 위한 노동, 공공부조에 의존이라는 특징이 있음에도 불구하고 인적 자본이 취약하여 주로 생산기능직, 서비스직, 판매직 등과 관련한 단순노무직과 일용직 혹은 임시직에 종사하며, 소득불안정에서 벗어나지 못하고 있다.

둘째, 가족적 요인이다. 전통적 가족에서 남성은 생계부양자이며, 여성들은 생계부양자인 남성에게 경제적으로 의존된다고 보았다. 따라서 전통적 가부장적인 가족형태 하의 여성은, 자녀와 노인에 대한 돌봄 노동과 가사노동의 주체로 인식되었다. 그러나 현대사회의 변화와 여성교육의 향상으로 맞벌이 부부 증가, 미혼과 이혼 증가, 가족해체로 단독가구와 한부모가족이 증가하면서 여성의 노동시장 진출은 점차 확대되고 있다. 반면, 여성은 노동시장에 참여하더라도 여전히 보살핌 노동의 주체로 인식됨으로써 노동시장에서 불리한 위치에 놓일 수밖에 없다(김연명, 2003).

셋째, 노동시장환경 요인을 들 수 있다. 지금의 노동시장은 정보화 사회, 생산기술의 변동, 국가 간 경쟁으로 저임금직과 비정규직이 만연한다. 이러한 노동시장의 변화는 여성에게 더욱 취약하다. 특히, 최근 노동시장 유연화는 여성에게 치명적인 영향을 미쳐 여성노동자의 2/3가 비정규직인 만큼 여성노동자의 비정규직화가 뚜렷하게 나타나고 있다(김혜정, 2014).

넷째, 사회안전망 요인이다. 사회적 안전망으로서 한국의 사회보장제도는 여성의 사회적 위험에 대응하기에는 한계가 있다. 최저빈곤층만을 대상으로 하는 국민기초생활보장제도는 근로하고 있는 빈민여성을 수혜 대상에서 제외한다. 사회보험제도의 경우 기여 여부, 즉 보험료 납부 여부를 전제로 하여 사회보험에 가입한 안정적인 정규직 노동자를 전제로 설계되었다. 따라서 소규모 사업장에서 근무하거나 고용기간이 짧고 고용계약조차 불명확한 임시직과 일용직 여성근로자는 사회보험에서 배제될 수밖에 없다. 급여대상자라고 할지라도 보험급여의 수준이 매우 낮아 사회적 위험에 노출될 경우 충분한 보호를 받을 수 없다(김혜정, 2014).

4) 장애인과 빈곤

사례

장애인들 평생 '빈곤·질병' 악순환 반복
만성질환·의료비 높아…. 기초수급자 최대 30배 차

"병원이요? 돈이 없어서…." 장애로 인해 근로소득을 획득하기 어렵고, 낮은 소득은 다시 건강을 악화시키는 악순환에 갇힌 장애인들. 비장애인들과 비교할 수 없을 정도의 고통을 겪는 악순환 고리를 끊기 위한 대안은 무엇이 있을까?

지난해 한국복지패널 조사 자료를 분석한 결과, 장애인들의 삶은 고달팠다. 건강과 소득 모두 20대부터 평생에 걸쳐 비장애인보다 훨씬 열악한 상황이다.

출처: 이슬기(에이블뉴스, 2015. 11. 13.).

장애와 빈곤은 매우 밀접한 관계이며, 장애와 빈곤은 상호 원인인 동시에 결과이기도 하다. 특히, 낮은 소득과 장애로 인해 발생되는 추가 비용, 각종 서비스 및 지역사회로부터의 배제와 장벽은 빈곤을 초래하는 주요인으로 지적되고 있다(DFID, 2000).

장애인은 장애로 인해 경제활동에 참여하지 못하거나 경제활동에 참여하더라도 비장애인보다 낮은 수입을 받음으로써 빈곤에 빠질 가능성이 높다. 그뿐만 아니라 장애인이 있는 장애인가구의 비장애 가구원도 장애인 가구원을 돌보기 위해 경제활동 참여에 제약을 받는 경우가 많다(이선우, 2015).

또한, 장애인이 지역사회에서 경험하는 배제나 차별도 빈곤위험을 높이는 중요한 요인이다. 장애인에 대한 배제와 주변화는 장애인이 생산적으로 활동할 수 있는 기회를 감소시키고 빈곤에 처할 위험을 높인다. 즉, 적절한 이동 수단의 부족, 물리적 접근성의 제한, 학습기회의 부족, 장애인에 대한 편견 등은 장애인의 활동기회를 감소시키고 빈곤위험을 높인다(Neufeldt & Albright, 1998). 특히, 이러한 요인은 일자리 측면에서 가장 큰 장벽으로 작용한다. 장애인이 경험하는 일자리에서의 빈곤은 취업기회의 제약으로 인해 고용시장에 진입하기 어렵고 고용시장에서 배제된 수많은 장애인을 위한 소득보장정책에서도 대부분이 사각지대에 놓여 있다.

자본주의 사회에서 개인은 자신을 상품화함으로써 경제생활이 가능하다. 그러나 장애인은 생산 영역에서 비정상으로 인식되며 자신의 노동력을 판매하는 능력이 비장애인보다 경쟁력이 떨어진다. 장애인에게 취업은 가장 근본적인 소득보장의 역할을 하고 있지만, 취업구조의 열악성과 낮은 임금, 노동시장에서의 차별로 인한 소득보장의 손실로 이들의 경제생활을 더욱 어렵게 만든다. 이러한 점을 고려할 때 장애인에 대한 배제와 차별은 앞서 논의한 두 가지 위험보다 더 본질적인 요소로서 장애와 빈곤의 순환적 과정에 결정적인 영향을 미치는 요인이라 할 수 있다. 장애인의 빈곤은 전반적인 소득수준에 의하여 발생하며, 이들은 사회적으로 부정적인 환류(feed-back)로 인하여 사소한 자극에도 민감해지는 취약성을 가지며, 준거집단과의 비교에 있어서 작은 영역일지라도 큰 영향을 받게 된다. 이들이 우리 사회에서 심리적·경제적으로 취약한 위치에 있다는 점을 고려할 때 이들이 느끼는 상대적·주관적 빈곤감은 다른 어떤 집단보다 심각하다 할 수 있다(김종진, 2007).

Ⅲ 빈곤문제의 실태

1. 소득불평등

1) 근로빈곤층의 소득 실태

전체 빈곤층에서 근로빈곤층의 비중이 점차 커지고 있다. 이는 취업이 더는 빈곤탈출의 온전한 해법이 되지 못한다는 반증이다. [그림 4-2]는 근로능력빈곤층(workable poor)에 관한 정의를 기준으로 상대적 빈곤율 개념을 사용하여 근로빈곤율을 나타낸 것이다. 2010년에 최저점을 찍고 다시 상승하고 있으며, 2014년에는 조사기간 중 가장 높은 근로빈곤율을 기록하고 있다.

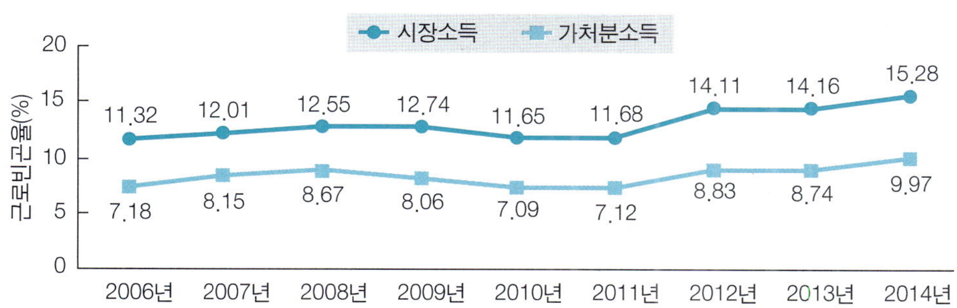

출처: 한국복지패널. 1~9차 데이터.

그림 4-2 근로능력빈곤층의 근로빈곤율

근로빈곤층의 소득실태를 저임금 고용, 비정규 노동시장의 임금실태, 최저임금제와 관련하여 살펴보자.

첫째, 저임금 고용은 어느 나라에나 존재하지만, 저임금 고용이 많으면 빈곤문제나 불평등문제를 심화시키고 해결하기 어렵게 만들 수 있다. 경제가 성장해도 저임금 고용에 의존한다면, 성장의 과실이 고르게 퍼지지 못해 내수 증대, 삶의 질 개선이라는 선순환으로 연결되지 못할 가능성이 높다. 우리나라 저임금 근로자 비중은 2008년

28%를 상회하는 수준의 높은 저임금 근로자 비중을 보이다가 2014년 약 26%를 웃돌며 다소 하락한 모습을 보이고 있다(김철식, 2015). [그림 4-3]에서 OECD 국가의 저임금 근로자 비중과 비교해 볼 때, 우리나라가 그 비중이 아주 높은 편임을 알 수 있다.

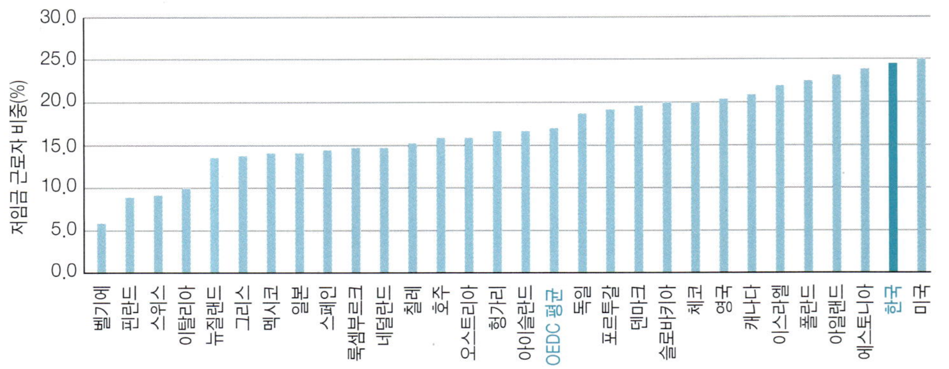

출처: Online OECD Employment database.

그림 4-3 OECD 국가 저임금 근로자 비중(2013년 기준)

둘째, 비정규 노동시장의 임금 실태는 2021년 경제활동인구 조사 근로 형태별 부가조사에 의하면 정규직의 임금수준은 333.6만 원인데 비해 비정규직의 임금수준은 176. 9만 원으로, 정규직 대비 비정규직 상대임금 수준이 53%에 그치고 있다.

셋째, 최저임금과 근로빈곤은 긴밀하게 관련되어 있다. 우리나라는 저임금 노동자가 광범위하게 존재하는 고용구조이다. 이러한 상황은 근로빈곤이 늘어나는 주된 이유가 된다. OECD에서도 최저임금제도가 공정한 급여지급을 보장하고, 저숙련 노동자 삶의 질 유지를 지원하는 등 근로자의 빈곤을 방지하는 유용한 도구이며, 저소득 노동자에게 소득을 재분배함으로써 임금격차를 줄이고 총 수요를 늘릴 수 있다고 밝히고 있다. 연도별 취업자 수 추이와 최저임금 미달자 비율(표 4-2 참조)을 살펴보면, 전체 임금근로자 대비 최저임금 미달자 비율은 2000년 3.0%에서 지속적으로 증가해 2014년에는 9.6%에 달했다. 특히, 2009~2013년 평균빈곤층(중위소득 50% 이하)의 32%가 최저임금보다 낮은 시간당 임금을 받아 빈곤층은 3명 중 1명꼴로 최저임금을 받지 못했다.

표 4-2 연도별 취업자 수 추이와 최저임금 미달자 비율 (단위: 천 명)

연도	관측치	취업자 수	임금 근로자 수	최저임금 미달자 비율[주)]	연도	관측치	취업자 수	임금 근로자 수	최저임금 미달자 비율[주)]
2000	11,194	5,789	3,762	3.0%	2008	11,720	6,217	4,373	10.7%
2001	11,021	5,779	3,859	3.8%	2009	14,470	7,832	5,434	11.5%
2002	10,924	5,891	3,987	4.0%	2010	13,618	7,601	5,329	9.0%
2003	11,501	6,143	4,213	5.0%	2011	13,389	7,609	5,418	9.0%
2004	11,654	6,215	4,274	6.0%	2012	13,405	7,628	5,517	7.3%
2005	11,570	6,097	4,104	7.4%	2013	13,281	7,559	5,501	9.8%
2006	11,741	6,200	4,307	7.7%	2014	12,578	7,230	5,385	9.6%
2007	11,840	6,249	4,352	8.7%	–				

주) 임금근로자 대비 최저임금 미달자 비율

출처: 한국노동패널, 각년도.

2) 노인의 소득 실태

노인이 가난한 이유는 무엇보다도 노후 소득보장이 안 되기 때문이다. 노인이 되면 경제활동을 종료하거나 노동시장에 머물더라도 열악한 노동시장으로 저임금–저숙련의 일자리에 종사하는 경우가 많다. 이로 인해 주된 소득의 상실 또는 감소가 일어난다. OECD 33개국 중 20개국은 전체 빈곤율이 노인빈곤율보다 더 높은데, 우리나라는 노인일수록 더 높은 빈곤위험에 노출되어 있다. 특히, 65세 이상부터는 OECD 평균의 4배 수준에 이를 정도로 높아지고 있다(조현연 외, 2016).

통계청의 〈경제활동인구조사〉에 따르면, 2015년 60세 이상 고령층의 임금상승률은 월평균 임금과 시간당 임금 기준 모두, 전체 임금근로자의 평균 임금상승률보다 높았다. 그러나 고령층의 상대임금수준(시간당 임금 기준, 2015년 기준)은 전체 임금근로자의 65% 수준밖에 되지 않았고, 고령층 여성은 고령층 남성의 60% 수준의 임금을 받는 것으로 나타났다. 특히, 고령층 여성 임금근로자의 70% 이상이 저임금 근로 상태이고, 법정 최저임금을 밑도는 수준의 임금을 받는 노동시장에 남아 있는 근로자도 절반 가까이 나타났다(김복순, 2016).

표 4-3 연도별 고령층의 저임금·최저임금 이하 근로자 비중 (단위: %)

구분		2005년	2006년	2007년	2008년	2009년	2010년	2011년	2012년	2013년	2014년	2015년
저임금	전체	26.8	29.3	27.4	26.0	26.2	26.5	26.7	25.7	24.7	24.0	21.4
	고령층	65.8	69.9	67.2	67.2	67.4	66.5	68.4	67.0	65.5	61.5	56.5
	(여성)	80.3	83.6	82.9	82.4	80.6	82.4	84.4	81.0	81.7	76.3	71.6
최저임금 이하	전체	8.1	9.4	11.9	10.8	12.8	11.6	10.8	9.6	11.4	12.1	11.6
	고령층	35.6	38.7	44.0	42.8	44.3	44.4	42.7	39.3	40.3	43.1	37.1
	여성	43.9	45.2	55.9	52.3	52.1	54.1	53.1	47.6	50.9	54.6	46.6

주) 시간당 임금 기준임. 저임금 근로자는 시간당 중위임금의 2/3 미만의 임금을 받는 임금 근로자를 의미함

출처: 통계청. 〈경제활동인구조사〉 원자료, 각 연도.

가구 유형별로 빈곤노인의 가구소득구성(표 4-4 참조)을 살펴보면, 빈곤율이 가장 높은 노인단독가구에서 공적 이전소득[6)]의 비중이 55%로 가장 크고, 그다음이 노인부부가구(50%), 노인가구주 가구(41%), 노인비가구주 가구(27%) 순이다.

표 4-4 가구 유형별 빈곤노인의 가구소득구성 [단위: 만 원 (%)]

구분	근로소득	재산소득	사적 이전소득	공적 이전소득	경상소득
노인단독	9.7 (16.2)	0.6 (1.0)	16.6 (27.8)	33.0 (55.1)	59.9 (100.0)
노인부부	31.4 (33.1)	1.0 (1.1)	15.1 (15.9)	47.3 (49.9)	94.8 (100.0)
노인가구주	41.1 (39.6)	0.8 (0.8)	19.3 (18.6)	42.8 (41.1)	104.0 (100.0)
노인비가구주	86.5 (0.3)	0.4 (65.3)	9.5 (7.2)	36.1 (27.2)	132.6 (100.0)

출처: 통계청(2015). 가계동향조사.

노인의 빈곤 여부별 가구소득구성(표 4-5 참조)을 살펴보면, 노인빈곤가구의 경상소득은 77만 원으로 노인비빈곤가구의 경상소득[7)] 341만 원의 약 1/5 수준에 불과하다. 가구소득구성을 보면, 노인빈곤가구는 공적 이전소득(38만 원)이 가장 많고, 그다음 근로소득(23만 원), 사적 이전소득(16만 원), 재산소득(7천 원) 순이다. 따라서 노인빈곤가구에서 공적 이전소득은 가장 중요한 소득원천이며 전체 소득의 49%의 비중을 차지하고, 사적 이전소득은 공적 이전소득의 절반 수준에도 미치지 못하고 있다. 즉, 노

6) 공적 이전소득은 공적 연금, 기초노령연금, 사회수혜금, 사회적 현물이전을 합한 소득을 의미한다.

7) 경상소득은 근로소득과 재산소득, 사적 이전소득, 공적 이전소득을 합산한 소득이다.

후소득보장에서 공적 지원체계의 역할이 확대되고, 사적 지원체계가 약화된 모습이다. 반면에 노인비빈곤가구는 근로소득(242만 원)이 가장 많고, 공적 이전소득(69만 원), 사적 이전소득(26만 원), 재산소득(5만 원) 순이다.

표 4-5 노인의 빈곤 여부별 가구소득구성 [단위: 만 원 (%)]

구분	근로소득	재산소득	사적 이전소득	공적 이전소득	경상소득
노인 전체	133.1 (63.3)	2.7 (1.3)	20.9 (9.9)	53.6 (25.5)	210.2 (100.0)
노인비빈곤가구	241.3 (70.8)	4.7 (1.4)	25.6 (7.5)	69.3 (20.3)	340.9 (100.0)
노인빈곤가구	23.1 (29.8)	0.7 (0.9)	16.0 (20.7)	37.6 (48.6)	77.4 (100.0)

출처: 통계청(2015). 가계동향조사.

3) 여성의 소득 실태

최근 여성의 경제적 지위 향상을 위한 사회정책이 지속해서 확대되었음에도 불구하고 이러한 제도가 실제로 여성 내 불평등을 완화시키는 데 효과적인지 여부는 확실하지 않다.

고용노동부 〈2020년 고용형태별 근로 실태조사〉에 의하면, 시간당 임금총액은 여성이 15, 372원으로 남성 22,086원 대비 69.6%로 나타났고, 또한 여성 비정규직 근로자는 정규직근로자(16,508원)의 77.1%인 12,732원으로 나타났다. 성별 시간당 임금총액 차이는 전체 근로자 6,714원, 정규직 근로자 6,848원, 비정규직 근로자 4,578원으로 나타났으며, 고용형태별 성별 차이에서는 일일근로자가 7,526원으로 가장 크고, 정규직 근로자가 6,848원 순으로 나타났다.

〈표 4-6〉은 OECD 주요 회원국의 남녀 임금격차다. 한국은 OECD 주요 회원국 중 남녀 임금격차가 가장 크며, 한국 여성은 남성보다 37% 정도 임금을 덜 받는 것으로 나타났다. OECD가 관련 통계를 작성하기 시작한 2000년 이래 한국은 15년째 부동의 1위를 지켜오고 있다. 한국의 남녀 임금격차는 OECD 평균과 점점 더 벌어지고 있다.

한국노동사회연구소(2016)는 남성은 정규직이 699만 명(64.7%), 비정규직이 382만 명(35.3%)으로 정규직이 많다. 여성은 정규직이 385만 명(45.7%), 비정규직이 458만 명(54.3%)으로 비정규직이 많다. 2007년 3월에는 여성 비정규직이 남성 비정규직보다

15만 명이 많았지만, 2016년 3월에는 76만 명으로 격차가 더 벌어졌다(표 4-7 참조).

비교적 여유가 있는 여성 정규직 역시 차별에 시달리는 것은 마찬가지다. 2015년 영국 『이코노미스트』가 발표한 유리천장지수[8]에서도 한국은 29개국 중 29위를 기록했다(손병옥, 2016. 8. 29.). 또한, 세계경제포럼(WEF)의 〈2015년 세계 성 격차 보고서〉에서도 한국의 '성평등지수'는 145개국 중 115위다. 중국(91위)과 인도(108위), 가나(63위)보다 낮다(경향신문, 2016. 11. 15.).

표 4-6 OECD 주요 회원국의 남녀 임금격차 (단위: %)

연도	OECD 평균	호주	캐나다	덴마크	핀란드	프랑스	독일	일본	한국	영국	미국
2013	15	18	19	8	20	14	13	27	37	17	18

출처: OECD Employment Outlook(2015).

표 4-7 남녀별 비정규직 규모

구분	수(천 명)		비중(%)		분포(%)	
	남성	여성	남성	여성	남성	여성
임금노동자	10810	8422	100.0	100.0	56.2	43.8
정규직	6992	3847	64.7	45.7	64.5	35.5
비정규직	3818	4575	35.3	54.3	45.5	54.5

출처: 김유선(2016).

4) 장애인의 소득 실태

국회입법조사처가 2016년 10월에 발표한 〈장애인 빈곤 현황 및 시사점〉에 따르면, 2015년 국내 장애인가구의 빈곤율은 30.2%로 전체 가구의 빈곤율(16.3%)의 거의 2배였다. 또한, 우리나라의 GDP 대비 장애인복지 지출은 0.49%에 불과해 OECD 국가 가운데 세 번째로 낮고 평균(2.19%)의 1/4에 그친다. 장애인복지 지출이 가장 높은 덴마크(4.71%)의 1/9 정도만을 장애인복지에 사용한 셈이다.

8) 충분한 능력을 갖춘 구성원, 특히 여성이 조직 내의 일정 서열 이상으로 오르지 못하게 하는 '보이지 않는 장벽(invisible barrier)'을 은유적으로 표현한 말이다.

한국보건사회연구원 〈2020년 장애인 실태조사〉에서 나타난 장애인 개인수입액(지난 1개월 평균) 분포를 보면, 50만원 미만이 전체의 39.0%로 1/3수준을 넘는 것으로 나타났고, 50~99만원도 28.4%로 수입액이 100만원 미만인 장애인이 전체 2/3을 넘는 것으로 나타났다. 반면에 개인 수입액이 300만원 이상인 장애인은 8.1%로 2017년 8.8%에 비해 0.7% 감소하였다.

한편 장애인의 총 가구수입액(지난 1개월 평균)의 분포를 보면, 50~99만원 범주가 26.3% 가장 많았으며, 이어서 100~149만 원 15.5%, 200~249만원 10.1%, 150~199만원 10.0%, 300~349만원 7.7%, 500만원 이상 7.4% 그리고 250~299만원이 7.0% 순으로 나타났다. 따라서 1개월 평균 가구 수입액이 200만원 미만인 장애인의 비율은 58.4%로 2017년의 49.1%에 비해 9.3%증가했다.

2. 사회적 배제

빈곤에 대한 접근에서 사회적 배제 관점이 기존의 경제주의적 관점과 다른 것은 바로 사람들과의 사회관계에 주목한다는 것이다. 금전적인 측면이나 노동시장에서의 실업 이외에 교육, 보건, 환경, 주거, 문화, 기본권 등에 대한 접근 등에서도 다차원적인 사회적 박탈과 장벽이 존재한다는 점을 포착하기 위한 것이다. 정치 영역에서 사회적 인정은 완전한 시민권을 통해 실현되며, 경제 영역에서는 공동체에 참여할 수 있는 소득을 벌 수 있는 능력을 보유해야 가능하다(김윤태·서재욱, 2015). EU는 사회적 배제를 "사회의 대다수 구성원이 당연하게 여기는 수준의 참여를 향유할 수 없는 상태"로 정의한다. 사회적 배제를 겪는 이들은 그들의 빈곤, 기초적 능력 및 생애 학습기회의 부족과 차별로 인해 사회의 가장자리로 밀려나며 사회에 온전히 참여하는 것을 차단당한다. 또한, 일자리, 소득, 교육기회와 사회적 활동 및 관계망으로부터 멀어지게 한다. 사회적 배제를 겪는 인구는 권력과 정책결정과정에 거의 참여하지 못해 자주 무력감에 빠지며 그들의 일상생활을 통제할 수 없게 된다(Eurostat, 2010).

1) 근로빈곤층과 사회적 배제

한국에서 근로빈곤층의 사회적 배제가 일어나는 메커니즘은 비정규 고용을 중심으로 설명하는 경우가 일반적이다. 사회적 배제에 대한 연구가 태동한 서유럽 국가들에서는 노동시장에 나타나는 대표적인 사회적 배제의 기제로 실업(특히, 장기실업)이 주목을 받았으며, 저임금·불안정 고용을 특징으로 하는 비정규직화를 통한 배제도 주요 기제로 보았다. 한국 노동시장에서는 이 두 가지 기제가 모두 관철되고 있다. 다만, 한국 노동시장에서의 배제는 높은 실업률이나 실업의 장기화로 나타나기보다는 노동시장의 분절화나 비정규 고용의 양상으로 나타난다(장지연·양수경, 2007).

최근 신자유주의적 경제재편이 일어나고 있는 국가에서 더 쉽게 관찰되는 사회적 배제의 기제는 노동의 비정규화이다. 노동의 유연화라는 이름 — 단기계약직, 파트타임노동, 도급직과 호출노동 등 — 으로 기존의 전일제 장기계약노동의 표준틀을 벗어난 다양한 고용형태가 급속하게 증가하고 있다. 비정규직의 확대 또는 노동의 유연화는, 안정적인 고용계약과 교육훈련 제공 및 승진사다리 연결로 특징지어지는 내부노동시장과는 대조되는 개념으로 이해된다(이병훈, 2003). 장지연과 양수경(2007)은 정규직과 비정규직 간의 노동시장 지위 이동이 어렵고, 특히 비정규 노동자는 정규직 노동자로 진입하는 것이 매우 어렵고, 비정규 노동자 가족은 정규직 노동자 가족보다 상대적으로 빈곤에 처할 가능성이 높다는 분석결과를 도출했다. 이러한 결과로 비정규직 노동자는 근로빈곤 가능성과 사회보험에서의 배제 가능성이 높으며, 이러한 비정규직을 노동시장에서 배제의 기제로 볼 수 있으며, 이는 나아가 사회적 배제의 기제로 볼 수 있다고 하였다.

2) 노인과 사회적 배제

노년기 사회적 배제 실태를 경제적 배제, 근로배제, 주거배제, 건강배제, 교육배제, 사회활동 배제 측면에서 살펴보도록 하겠다(강현정·김윤정, 2011).

첫째, 노년기 경제적 배제는 경제활동에서의 제한이다. 한국의 65세 이상의 노인인구 가운데 빈곤에 처한 사람의 비중은 지속적으로 증가하고 있으며, 2014년에는 49.6%

에 육박한다(OECD, 2015). OECD 가입국에서 현재 독보적인 1위라는 명예롭지 못한 순위를 기록하고 있다.

둘째, 노년기 근로배제는 취업활동에서의 제한이다. 이는 고용률과 고용의 질 측면에서 볼 수 있다. OECD(2015) 통계를 살펴보면, 65세에서 70세까지 일하는 노인이 한국이 41%로 전체 1위이다. 그런데 65세 이상 빈곤률을 보면, 절반 가까이가 소득 하위권으로 역시 1위이다. 즉, 우리나라가 서구 복지국가들과 달리 노인의 정규직 비율이 낮고 임시직, 계약직 비율이 높으며 취업 선택의 폭이 좁아 대부분 농림어업이나 단순노무직 등의 한정적인 직종에 종사하는 것으로 볼 수 있다. 이는 가장 오랫동안 일하고도 가장 빈곤률이 높은 고용의 질 측면에서의 근로배제 상황이라 할 수 있다.

셋째, 노년기 주거배제로 인한 사회적 활동의 제한이다. 주거문제가 사회적 배제의 영역으로 고려할 필요가 있는 것은 소득이 낮거나 가용자원이 부족한 사람들일수록 적절한 주거를 획득하기 어렵고, 열악한 주거는 적절한 고용이나 건강, 교육 등에 대한 접근성과 연결되고, 이는 결국 사회적 배제를 부른다.

넷째, 노년기의 건강배제다. 노년기에는 다양한 건강결정 요인과 노화과정이 복합적으로 작용하여 노인의 삶의 질 전반과 사회관계에 큰 영향을 미치는 결과를 가져온다.

다섯째, 노년기 교육배제는 교육기회의 제한이다. 현대사회로 변화되면서 교육열이 높아지고 고학력의 젊은 세대가 급격히 증가하였다. 이러한 사회적 상황은 상대적으로 교육기회가 부족했던 노인 세대와 고학력의 젊은 세대 간의 심각한 격차를 발생하여 사회문제의 원인이 될 수도 있다.

여섯째, 노년기 사회활동배제는 사회활동 참여의 제한이다. '노인을 위한 UN 원칙(UN Principles for Older Persons 1991)'에 '참여의 원칙'이 포함되어 있고, 성공적 노화를 위한 주요 3대 요소에도 포함되어, 노인의 사회활동 참여가 건강하고 행복한 성공적인 노후생활의 주요한 요인이 됨을 보여 준다.

3) 여성과 사회적 배제

여성빈곤의 문제를 소득의 문제만으로 설명하는 것은 한계가 있다. 여성은 일하지 않아서 빈곤한 것이 아니라 열심히 일해도 빈곤 상황을 벗어나기 어렵다는 점에서 사회적 배제 측면은 중요한 문제제기가 될 수 있다.

오치르(Ochir, 2015)는 여성가구주가 경험하는 사회적 배제를 노동시장 차원, 교육 차원, 건강차원으로 구분하여 설명하고 있다.

첫째, 노동시장의 성차별적 저임금 구조화는 여성이 열심히 일해도 빈곤층에 여전히 머물게 되는 현상을 초래한다. 여성의 지위가 매우 열악하며, 경력이나 기술 부족으로 노동시장 진입이 어려운 여성이 직업교육 훈련에서도 배제됨으로써 노동시장 배제는 더욱 심화될 수밖에 없다.

둘째, 교육 차원의 배제다. 교육 차원의 사회적 배제로 인해서 사회활동을 하는 데 소득수준, 근로조건, 승진기회, 대인관계 등에서의 차별과 불이익을 겪음으로 또 다른 차원의 사회적 배제를 경험하는 것이다. 여성의 경우 학력수준이 낮을수록 건강과 노동 등 다른 차원의 사회적 배제를 중복적으로 경험하게 된다.

셋째, 건강 차원의 사회적 배제는 적절한 의료서비스로부터의 배제, 의료급여로부터 배제를 의미하며, 건강 상실로 인해 개인의 기초적인 생활수준을 유지할 권리가 부정되고 실현되지 않는 상황으로 볼 수 있다. 주거, 취업, 보건의료서비스 등에서 개인의 참여기회가 차단되어 다차원적인 불이익이 나타난다. 특히, 여성가구주는 비정규직이나 임시고용으로 인해서 국민연금, 건강보험 등 사회보험에 미가입인 경우가 대부분이어서(신희정, 2010) 적절한 의료서비스로부터 배제되기 쉽다.

이와 같은 사회적 배제는 다른 차원의 배제를 발생하게 되고, 중복으로 사회적 배제를 경험하게 만든다. 여성이 경험하는 사회적 배제는 다차원적이며 사회적 배제의 각 형태는 악순환의 고리로 연결되어 있다. 교육의 사회적 배제는 노동시장에서 배제를 경험하고 만들고, 노동시장의 사회적 배제는 주거와 건강의 사회적 배제를 경험하게 하고, 건강의 사회적 배제는 다시 노동시장의 사회적 배제를 경험하게 만든다(Ochir, 2015). 여성의 사회적 배제는 단지 물질적 차원의 배분문제만이 아니라 여성의 역할과 관련된 사회문화적 가치와 같은 비물질적 차원을 포괄하는 누적적인 과정을 거쳐서 여성빈곤을 형성하고 재생산하는 차별의 기제로 정의할 수 있다.

4) 장애인과 사회적 배제

장애인은 오랜 기간 사회로부터 배제되어 격리되거나 주변화되고, 차별을 경험하는 등 다양한 형태의 사회적 배제를 경험했다. 장애인에 대한 강제적 낙태, 안락사, 자살방임, 장애유아 유기 등 부정적 형태로 묘사되기도 했다. 즉, 장애인은 보호가 필요한 계층이며, 특별하게 다루어야 할 계층으로 여김으로써 장애인을 사회 내에 통합시키고자 하는 노력보다는 치료와 재활서비스 제공의 대상으로만 여기는 한계를 지니고 있었다. 그 결과 정부가 장애인 보호를 위해 많은 예산과 사회보장제도를 구축하였지만, 여전히 장애인은 사회생활에서 배제를 경험하고 있다(이익섭 외, 2005). 장애인에 대한 사회통합의 미비는 결국 장애인을 시설 내에서 보호·격리하는 조치를 선행하게 하였으며, 이로 인한 문제점을 극복하기 위해 장애인에 대한 정상화(normalization) 담론이 제기되기도 하였다. 하지만 이 이론 역시 사회가 정한 기준에 부합되지 않는 장애인은 계속적으로 시설에 있어야만 하는 문제가 있었다. 또한, 개별적 모델이 강조될 경우 장애인을 위한 치료와 재활에 중점을 둠으로써 사회통합을 약화시키는 요인으로 작동할 수 있다. 따라서 장애를 바라보는 모델을 담론으로서 그대로 인정하되 담론을 넘어선 지원방안과 사회통합 방안이 함께 모색될 필요가 있다. 이미 2000년대 중반 UN에서도 아시아·태평양 경제사회위원회를 통해 장애인의 사회적 배제를 극복하기 위한 노력이 시작되었다는 점에 관심을 둘 필요가 있다(이익섭 외, 2005).

3. 분절된 노동시장

되린저와 피오르(Doeringer & Piore, 1971)는 노동시장분절이론을 통해 노동시장이 분절되어 있고, 분절된 노동시장에서의 임금협상과정은 서로 다르고, 이러한 분절된 노동시장에 속한 근로자 사이에는 제한된 이동이 있다고 주장한다. 노동시장분절의 기준은 기업규모와 임금수준, 성별, 직종, 학력 등이다. 1차 노동시장의 기업은 생산성 높은 근로자를 유치하고 이들의 이직을 막고 생산성을 증대하기 위해 높은 임금을 지급한다. 그러나 2차 노동시장에서는 낮은 기술수준을 가진 비슷한 근로자들이 일자리를 구하기 위해 치열하게 경쟁하기 때문에 고용과 해고가 빈번하고 임금도 낮게 책정되어 이들 집단은 상대적으로 빈곤에 빠질 위험이 높게 된다. 또한, 기업규모에 따른 임금 및 기업복지의 격차는 분배의 역진성을 가져와서 소득분배의 불평등을 악화시키게 된다고 한다.

1) 근로빈곤층과 노동시장

1997년 IMF 경제위기를 겪으면서 한국 기업은 내부노동시장의 경직성에서 오는 비효율을 타개하지 않으면 안 되는 상황에 직면하게 되었고, 이에 대한 대응방안으로 유연성 확보 전략을 시도하게 된다. 이때 유연성 확보를 위해 한국 기업이 주로 채택한 방식은 기능적 유연성이나 임금 유연성 제고가 아닌 단기계약을 중심으로 한 고용관계 외부화를 통한 수량적 유연성 확보였다(양재진, 2003). 수량적 유연화를 통해 비용절감이라는 기업목적을 달성할 수 있기 때문이다(Houseman, 2001). 기업의 고용 유연화 정책에 따라 다양한 근로형태가 양산됐고, 비정규직 근로자 수는 꾸준히 증가한 것을 볼 수 있다. 세계적인 경제위기의 영향으로 2009년과 2011년에는 비정규직의 고용이 급격하게 증가했으며, 2010년에는 비정규직보호법인 「기간제 및 단시간근로자 보호 등에 관한 법률」(2007년 제정)에 따라 2년 근로계약 규정의 효력이 발생하면서 비정규직 규모가 미세하게 감소하는 추이를 보였다. 그러나 전체적인 추이를 볼 때 비정규직의 절대적인 규모는 지속적으로 증가하였다. 한편 비정규 근로의 양적 증가와 함께 구성의 변화도 나타나는데, 1990년대 중반까지는 주로 청소 및 경비 용역 등 주변적 업무에 한정되었으나, 2000년 이후부터는 거의 모든 직종에서 비정규직 고용이 확산되었다(김현정, 2015).

2) 노인과 노동시장

인구가 고령화되면서 노동시장에서 노동력의 연령구조 변화 또한 필연적으로 경험하게 될 현실이다. 특히, 이전 세대보다 경제활동 참가율이 높은 베이비붐 세대(1955~1963년생)의 은퇴가 본격적으로 시작되어 고령층에 편입됨에 따라 이들의 고령층 노동시장으로 유입은 당분간 지속될 것으로 보인다. 이렇다 보니 60세 이상 고령층이 노동시장에 잔류하거나 은퇴 이후 신규 입직 등으로 인한 이들의 경제활동 참가율과 고용률의 증가는 당연한 결과일 것이다.

60세 이상 고령층에서 자영업 비중은 점차 감소하나, 임금근로자 비중은 꾸준히 증가하고 있다. 2012년을 기점으로 이들 고령층에서 임금근로자와 자영업자 비중이 역전되어 2015년 임금근로자가 차지하는 비중은 51.8%에 달했다. 그러나 고령층의 일자리는 주로 불안정한 비정규직, 시간제 일자리 중심으로 늘고 있다. 인구고령화로 인해 노동시장이 고령화되고, 고령층 노동시장이 다른 연령층보다 열악함에도 불구하고 고령층 중심의 일자리가 크게 늘고 있다는 것은 결국 한국 경제에 부정적인 영향을 미치게 된다. 노후 생계에 대한 체계적인 준비가 부족했던 현 고령층 대부분은 자발적이든 아니면 생계를 위한 어쩔 수 없는 선택이든 질이 낮은 일자리라도 얻어 노동시장에 머무르고자 한다는 것이다.

3) 여성과 노동시장

최근 불평등의 심화는 일반적으로 기술발달, 세계화, 탈산업화, 노동시장 이중구조 등이 불평등의 원인으로 지목되고 있다. 이러한 탈산업화와 노동시장 이중구조는 노동시장에서의 여성 지위를 악화시키는 요인이기도 하다. 제조업보다 고숙련이 필요치 않은 서비스업을 중심으로 산업구조가 재편되는 과정에서 여성취업인구가 이 부문에 집중되는 경향이 있고, 노동시장 내 임금격차와 종사상 지위 등 기회구조에 있어서 성별 차이가 좀처럼 좁혀지지 않고 있다. 이것은 탈산업화가 노동시장 이중구조 심화와 관련이 있기 때문으로 볼 수 있다. 여성에게 불리한 조건으로 작용하는 탈산업화, 노동시장 이중구조가 견인하는 소득불평등의 확대는 여성의 인구와 사회·경제적 행동에 영향을 미칠 수 있다(박종서 외, 2015).

이중노동시장이론에서 여성 노동시장의 특성을 살펴보자. 여성의 경우 1차 노동시장보다는 노동조건이 열악하고 직업안정성이 낮은 2차 노동시장에 속할 가능성이 높다는 점에서 여성의 낮은 노동시장 내 지위에 대한 함의를 제공한다. 여성은 2차 노동시장에 진입할 가능성이 크며, 노동시장 사이의 이동이 거의 불가능하므로 여성 노동자들은 더 좋은 직업기회를 가지게 될 가능성이 단절될 수도 있다. 또한, 2차 노동시장에서의 여성은 임금이 낮고, 남성과 여성 간에 고도의 직업 분할이 있으며, 여성은 남성보다 해고될 가능성이 크며, 승진의 기회가 제한되는 대신 수평적으로 이동하는 경향이 있다(김혜연, 2009).

성별분업이론에서는 가정 내에서 여성은 주로 출산과 양육, 노약자에 대한 보호 노동 등을 담당하도록 규정되고, 남성은 유급노동에 참여하는 것으로 규정된다. 여성이 유급노동에 참여하게 되더라도 여성은 남성보다 노동시장 내에서 상대적으로 불리한 위치를 차지하게 된다. 그 이유는 가정과 임금노동이라는 두 체계가 상호 의존적으로 연관되어 있기 때문이다(McIntosh, 1978). 즉, 여성의 노동시장 참여는 급속하게 증가했지만 여성이 출산, 양육, 가사노동을 전담하고 있는 상황에서 여성의 노동시장 참여는 매우 제한적이거나 분절적인 형태를 띨 수밖에 없으며, 이로 인해 여성 노동력은 저임금의 열악한 노동환경을 특징으로 하는 2차 노동시장에 위치하게 됨으로 노동시장 내에서의 성별분업은 남녀 간의 위계(hierarchy)를 결과하게 된다(김혜연, 2009).

4) 장애인과 노동시장

이중노동시장이론에 장애인의 상황을 적용해 보면 노동서열이 끝에 있는 대다수 장애인은 2차 노동시장에 속할 가능성이 크며, 장애인은 낮은 임금을 받는 것은 그들이 처한 구조적 환경에 의해 이미 결정된다고 볼 수 있다(유동철, 2002). 장애인의 경우 고용주의 차별적 고용관행, 장애인가구의 저소득으로 인한 인적 자본축적의 취약 등으로 전문직, 사무직과 같은 고급 직종보다는 제조업의 단순, 노무, 생산직에 주로 취업을 하게 되며, 이러한 관행의 반복으로 비장애인보다 상대적으로 임금이 낮고, 고용이 불안정한 하위단층 노동시장에 고착화되는 경향이 높다고 할 수 있다.

또한, 장애인을 대상으로 취업의 영향 요인을 분석한 연구에서 인적 자본 요인은 취업 가능성에 부정적인 영향을 주는 것으로 나타났고, 장애인이 주로 분포한 직업은 저임금을 특징으로 하는 농어·업 종사와 단순노무직의 비율이 상당히 높은 것으로 조사됐다. 이러한 현상을 장애인도 비장애인과 동등한 교육 및 직업훈련을 받아 임금이 높고, 작업환경이 좋은 직업을 구하고자 하지만 장애인에게는 그 기회가 극히 제한되기 때문에 나타난 현상이라고 밝히고 있다(이선우, 1997).

이와 같이 장애인 대부분은 노동시장에서 발생하는 장애에 대한 편견과 차별로 인해 1차 노동시장으로 전환하는 데 어려움이 있다. 이에 따라 장애인은 저임금과 고용환경이 열악한 2차 노동시장에 머무르는 전형적인 주변부 근로자로 존재하며, 2차 노동시장에 속한 장애인은 고용이 불안정해 실업자로 전락될 가능성이 높다고 볼 수 있다(남정휘, 2014).

Ⅳ 빈곤원인론

1. 개인적 요인

빈곤의 개인적 측면에서 교육수준, 취업 상태, 연령 등과 같은 요인을 설명하는 인적자본(human capital)이론을 중심으로 살펴보도록 한다. 인적자본이론은 빈곤의 원인을 각 개인의 낮은 노동생산성에서 찾는다. 노동생산성이 낮은 사람은 높은 사람에 비해 상대적으로 낮은 소득을 받는 일자리에 취업하거나 고용기회를 획득하기 위한 경쟁에서 뒤처지게 된다. 따라서 교육수준이 낮은 사람은 상대적으로 임금이 낮은 회사에 취직하게 되고 이는 이들 집단의 빈곤위험 가능성을 높여 주는 요인으로 작용한다(이유정, 2006). 베커(Becker, 1975)는 상대적으로 많이 교육받고 숙련된 사람이 거의 항상 다른 사람들보다 더 많은 소득을 받는 경향이 있으며, 소득불평등은 일반적으로 인적자본 분포의 불평등과 정(+)의 관계를 가진다고 하였다. 실제로 베커는 미국에서 고등교육을 받은 사람이 높은 소득을 받고 있음을 입증했다.

2. 거시적 요인

노동시장구조의 변화와 산업구조의 변화와 같은 거시적 측면에서 빈곤원인을 설명하기도 한다. 먼저, 경제성장과 빈곤 간의 관계를 살펴본 후, 후기산업화이론, 노동시장분절이론 등을 중심으로 알아보고자 한다.

1) 경제성장과 빈곤에 관한 이론

1962년에 시작된 우리나라의 경제개발계획이 대표하는 성장 위주의 경제정책은 경제성장이 국민경제의 양적 성장뿐만 아니라 질적 발전을 가져와 국민생활을 향상 시킬 수 있다는 기대에서 출발한다. 즉, 성장의 혜택이 상대적으로 빈곤계층에게 더 돌아가는 경제성장이 바람직하다는 것이다. 경제성장이 빈곤율의 감소를 가져왔다고 주장하는 대표적인 이론은 트리클다운효과와 쿠츠네츠의 역 U자 가설이다.

(1) 트리클다운효과 이론

트리클다운은 경제성장의 초기단계에는 많은 사람이 빈곤층에 속하나, 2단계에서는 경제가 성장하고 중위소득이 상승함에 따라 빈곤선 이상에 속하는 사람이 1단계에 비해 많아지게 된다. 경제성장수준이 높아지는 단계에서는 대다수의 사람이 빈곤선을 벗어나서 높은 소득을 보이고 소수의 사람만이 빈곤선 이하에 있게 되며, 빈곤을 탈출하는 수가 점점 줄어들게 된다(양정승, 2005). 결국 경제발전이 어느 정도 진행된 후에는 상위 소득계층으로 집중된 부(富)가 하위 소득계층의 사람들에게 이전되기 때문에 경제성장은 빈곤을 완화시켜 준다고 본다. 그러나 트리클다운효과에 관한 최근 연구는 대체로 1970년대 이전의 경제성장기에서는 트리클다운에 의한 빈곤 감소효과가 높았으나, 그 이후에는 분배구조, 생산성 저하, 새로운 기술의 발전 등의 이유로 경제성장에 의한 빈곤 감소효과가 줄어들고 있다고 밝힌다(이유정, 2006).

(2) 쿠즈네츠의 역 U자 가설

쿠즈네츠(Kuznets, 1963)의 역 U자 가설은 경제성장과 소득불평등도의 관계를 설명한다. 경제발전을 경제의 구조변화를 동반한 양적 성장으로 보고, 경제발전 초기에는 소득분배 불평등이 증가되다가 어느 단계를 지나 계속 발전하면 결국 불평등이 축소하는 장기적 경향이 있을 것이라고 주장한다. 초기에 소득불평등이 증가하는 이유는 산업화로 인한 갑작스러운 구조적 변화가 사회에 적응하는 데 따르는 과도기적 현상이며, 어느 정도 안정되면 소득분배 불평등이 감소된다고 하였다. 결론적으로 경제발전 초기에 소득분배 불평등이 증가하는 것은 발전과 성장에 따르는 구조적 요인 때문이며, 후기에 감소되는 것은 경제발전과 성장이 성숙함에 따르는 구조적 요인이다. 결국 소득분배 불평등을 감소시키는 가장 큰 요인은 경제발전이라고 할 수 있다(손은주, 2000). 이러한 역 U자 가설은 실제로 그 이론적 내용보다는 경제성장 초기에 소득불평등도가 상승하고 경제성장이 안정기에 돌입한 이후에는 소득불평등도가 개선된다는 명제로 받아들여진다.

2) 후기산업화이론

후기산업화이론은 1970년대부터 서구 자본주의 경제가 제조업에서 서비스업으로 산업구조의 중심이 이동하는 탈산업화 내지 후기산업화(post-industrial society) 시대를 맞으며 주장되었다. 후기산업화이론은 빈곤 원인을 사회경제적 환경의 변화로 본다. 후기산업화 사회는 산업화 시대의 대량생산, 즉 규모의 경제보다 다품종 소량생산과 같은 범위의 경제(economy of scope) 원리를 주로 추구하는데, 이러한 후기산업화의 결과로 생겨난 경제의 서비스화는 상대적으로 제조업의 일자리 감소를 가져왔다(ILO, 1999). 이러한 사회는 노동을 양질로 일반화하기보다는 노동 양극화 현상을 더욱 심화시킨다. 고숙련-비육체 노동을 수행하는 전문서비스업과 저숙련 노동자 중심의 단순서비스업 간의 양극화가 심화되면, 상대적으로 저숙련 노동자가 빈곤에 빠질 위험이 높다는 것을 알 수 있다. 일부 엘리트 근로자가 향유하는 직업기회는 결코 다수에게 확산되지 않기 때문에 상대적으로 기술수준이 낮아 교체가 용이한 사람은 불안정한 고용형태를 갖게 된다. 이런 부문의 서비스 분야에서는 낮은 임금뿐만 아니라 여러 소득보조정책이나 제도가 보장되지 않는다는 점에서 이 분야의 종사자가 빈곤에 빠질 위험을 갖고 있다. 결국 지식이나 기술을 가진 사람과 못 가진 사람 간의 격차가 커지면서 사회적 불평등은 더욱 심화될 것이라는 주장이다(이유정, 2006).

3) 노동시장분절이론

노동시장분절이론은 앞에서 설명한 인적자본이론과 트리클다운효과 등에 반론을 제기한다. 반론의 핵심은 시장 개념에 있다. 노동시장 내에서 동일한 생산성과 인적자본 요소를 지닌 노동자에게 지급되는 보상체계는 동일해야 한다는 단일노동시장을 전제로 하는 기존 주장과는 달리, 노동시장분절이론은 노동시장은 분절되어 있고, 분절된 노동시장에서의 임금협상과정은 서로 다르고, 이러한 분절된 노동시장에 속한 근로자들 사이에는 제한된 이동이 있다고 주장한다(Doeringer & Piore, 1971). 이러한 노동시장 분절의 이유는 크게 두 가지로, 내부노동시장이론과 이중노동시장이론이다.

(1) 내부노동시장이론

되린저와 피오르(1971)는 내부노동시장(internal labor market)의 개념을 노동자의 임금결정, 배치전환, 훈련 등에 있어서 외부노동시장(external labor market)과는 달리 기업 내부에서 미리 정해진 관리 규칙과 절차에 의해 운영된다는 점이 중요한 의미라고 하였다. 결국 사업장 밖에서 형성되는 외부노동시장과는 엄격히 구분되고 격리되며, 외부시장에서의 경쟁적인 요소에 영향을 받지 않는 일련의 직무구조를 갖는다. 내부노동시장은 이미 기업 내에 고용된 노동자를 외부노동시장의 노동자와 직접적인 경쟁으로부터 보호하여 이들의 임금이나 근로조건을 어느 수준 이상으로 향상시키기 때문에 결과적으로 내부시장과 외부시장 사이의 임금격차가 발생하게 되고 소득분배의 불평등이 발생할 가능성을 제공한다(이유정, 2006).

(2) 이중노동시장이론

이중노동시장(dual labor market)이론은 노동시장이 질적으로 상이한 2개의 시장으로 분단되어 있다고 전제한다. 노동시장이 질적으로 상이한 2개의 구조로 분절되어 있으며 생산성에 따라 임금이 결정되는 것이 아니라 노동자가 속한 노동시장 구조에 따라서 결정된다고 보는 이론이다. 즉, 자본이 집중된 핵심 부문의 1차 노동시장과 작은 경쟁적인 기업들로 구성된 경쟁 부문의 2차 노동시장으로 나누어진다고 보았다(금재호, 2011). 기업 규모별로 동일 노동에 지급하는 보상체계의 구조가 이중화되는 현상, 즉 대기업과 중소기업 간의 보상체계를 구성하는 논리가 상이하여 임금청산(wage clearance)이 완전하지 못한 2개의 노동시장이 존재한다는 사실이 관찰된 이후, 이 구조를 설명하기 위해 등장한 이론이 이중노동시장론(dual labor market theory)이다. 1차 노동시장이 상대적으로 고임금, 양호한 근로 조건, 고른 승진기회, 고용안정성이 보장된 일자리 등을 특징으로 하는 반면, 2차 노동시장은 저임금, 열악한 근로조건, 승진기회의 결여, 높은 이직률 등을 특징으로 한다(이유정, 2006).

V 빈곤정책과 한계

1. 현행 탈빈곤정책

1) 개관

한국은 급속한 산업화를 추진하는 기간에 빈곤을 해결하기 위한 중요한 정책으로 경제성장을 강조했다. 그래서 사회복지정책은 경제정책을 보조하는 수단으로 인식하였고, 빈곤 감소를 위한 소득부조정책은 거의 도입되지 않았다. 그러나 1997년 경제위기가 발생한 이후 대량 실업이 발생하면서 국민기초생활보장제도를 도입하고, 극빈층에 대한 현금급여를 포함한 공공부조제도를 시행했다. 이는 빈곤에 대한 국가의 책임이 명시되었고, 헌법에 명기된 국민의 생존권적 기본권 실현과 정부의 시혜적 보호가 아닌 정확한 계측을 통한 최저생계비 급여기준을 마련한 의미는 매우 크다고 할 수 있다. 그러나 이러한 새로운 공공부조제도는 경제성장을 우선시하는 보수적 복지제도가 지닌 경로 의존성을 유지하고 있기 때문에 많은 한계가 있는 것으로 평가되었다(신동만, 2016).

국민 모두가 기본생활은 유지해야 한다는 취지에서 국가가 현재 빈곤에 대응하는 기본적인 사회안전망의 정책인 국민기초생활보장제도를 중심으로 살펴보고자 한다. 〈표 4-8〉은 저소득층 대상 빈곤정책 현황을 생활보장과 자립지원으로 구분하여 나타낸 것이다.

표 4-8 빈곤정책 현황

구분	생활보장	자립지원
보건 복지부	• 기초생활보장 – **생계급여**: 기준중위소득 29%에 해당하는 금액과 가구 소득인정액과의 차액 지급 – **의료급여**: 근로능력 유무에 따라 1종, 2종으로 구분하여 지급 – **주거급여**: 국토교통부장관이 정하는 기준에 따라 지급 – **교육급여**: 교육부장관이 정하는 기준에 따라 입학금, 수업료, 교과서대, 부교재비, 학용품비 지급 – **해산급여**: 수급자가 출산 시 1인당 60만 원 지급(단, 교육급여만 받는 수급자는 제외) – **장제급여**: 수급자 사망 시 75만 원을 장제를 실제 행하는 자에게 지급(단, 교육급여만 받는 수급자는 제외) • **긴급복지 지원**: 위기가구를 대상으로 생계, 의료, 주거, 교육, 예산, 장제 등 지원	• 주체별 자활사업 [보건복지부] – 종합자활지원계획 수립 – 자활 프로그램 개발·추진 – 지역자활센터 지정·관리 [시·도, 시·군·구] – 지역자활지원계획 수립 – 자활기금의 설치·운영 – 급여 실시 여부 및 내용 결정 – 자활기관협의체 운영 – 조건부 수급자 책정 – 참여자 자활 지원계획 수립·관리 [읍·면·동] – 조건부 수급자 확인 조사 [중앙·광역·지역자활센터] – 중앙자활센터: 자활 지원을 위한 조사·연구·교육 및 홍보사업, 자활 지원을 위한 사업의 개발 및 평가 – 광역자활센터: 광역단위의 저소득층에 대한 취·창업 지원, 지역 특화형 자활 프로그램 개발·보급 – 지역자활센터: 자활 의욕 고취를 위한 교육, 참여자 사례관리, 자활을 위한 정보제공·상담·직업교육 및 취업알선 • **자활촉진 프로그램**: 자활장려금 지원, 희망키움통장사업, 내일키움통장사업 • 주거현물급여 주거복지사업 • 정부양곡할인 지원사업

구분	생활보장	자립 지원
타 부처	[국토교통부] • 취약계층 주거 지원사업: 임대·집수리·전세자금 지원, 가구 지원 등 [교육부] • 저소득층 교육복지사업: 급식비 지원, 학비지원, 방과후학교 지원, 정보화 지원 [산업통상자원부] • 에너지 지원: 전기·가스요금 감면 및 지원	[고용노동부] • 종합취업지원 프로그램 개발 및 추진: 취업성공패키지 – 취업알선 및 직업훈련 지원 [행정안전부] • 지역공동체 일자리 지원(차상위계층) [국세청] • 근로장려세제(EITC) 지원
지방 자치 단체	• 차상위 지원: 서울시 틈새계층 지원사업, 경기도 무한 돌봄 등 • 수수료 감면: 주민등록 발급수수료·주민세·적십자 회비의 면제, 종량제 수수료·장사 시설 이용료의 감면, 쓰레기봉투 지급 등	• 행복키움통장: 차상위계층 자산형성 지원
민간	• 사회복지공동모금회 취약계층지원사업 등	

출처: 보건복지부(2016).

2) 근로빈곤층

고용 없는 성장의 시대에 많은 사람은 노동시장으로부터 배제되었다. 그 결과 노인이나 장애인 등의 전통적인 빈곤계층과 달리 근로능력이 있으나 일하지 못하거나 일하고 있음에도 불구하고 빈곤한 근로빈곤층의 문제가 새롭게 대두되었고 상황은 점점 악화되고 있다. 근로빈곤층에 대한 정부의 지원정책은 당장의 기본적인 생활을 지원하기 위한 소득보장정책, 일할 수 있도록 돕는 취업지원정책, 일을 통한 빈곤을 촉진하기 위한 근로유인정책, 노동시장의 구조적 문제에 대한 보완책으로 정부에서 직접 일자리를 창출하거나 지원하는 일자리 창출정책으로 크게 구분할 수 있다.

표 4-9 근로빈곤층 탈빈곤정책

구분	지원정책	사업내용
소득보장정책	고용보험	• 실업 예방과 고용 촉진, 근로자의 직업능력 개발, 실직근로자의 생활안정 및 재취업지원을 목적으로 함 • 근로자에게는 실업급여와 능력개발 비용을 지원, 사업주에게는 고용유지 조치 또는 교육 훈련 비용 등을 지원, 근로자 및 구직자 등에 대한 직접적 지원은 근로자 직무능력향상 지원, 내일배움카드제, 근로자 학자금 및 훈련비 대부, 국가기관 전략산업직종 훈련지원, 구직급여, 취업촉진수당, 육아휴직급여 등을 지원함
	국민기초생활 보장제도	• 근로능력 유무와 관계없이 빈곤선 이하의 모든 계층에 대해 생계급여를 지급함으로써 국민의 최저생활을 보장하고, 근로능력이 있는 대상자에게 자활사업을 연계함으로써 경제적 자립을 지원하고자 하는 목적을 가짐
취업지원정책	자활근로사업	• 자활근로사업은 자활을 위한 근로의 기회를 제공하여 자활 기반을 조성함과 동시에 복지제도에 안주하여 근로활동을 기피하는 도덕적 해이를 방지하는 것을 목적으로 함
	희망리본사업	• 근로능력강화 대상자 중 취업 욕구가 강한 사람을 대상으로 함 • 저소득층의 취·창업 지원을 위하여 개인별 1:1 맞춤형 복지서비스를 제공하고, 사업성과에 따라 참여기관에 성과 예산을 지원함
	취업성공 패키지	• 고용노동부에서 저소득 취업취약계층을 대상으로 실시하며, 개인별 취업활동 계획에 따라 '진단 및 경로 설정, 의욕·능력 증진, 집중 취업알선'에 이르는 일련의 과정을 통해 통합적인 취업지원 프로그램을 제공, 취업한 경우 '취업성공수당'을 지급함
	직업훈련 프로그램	• 구직자(실업자) 및 재직근로자에 대한 훈련 프로그램과 기업(사업주) 지원 프로그램임 • 내일배움카드제, 국가기관·전략직종훈련생 지원금, 근로자 직무능력 향상 지원금을 지급함
근로유인정책	사회보험료 지원	• 근로자 수가 10명 미만인 사업장에서 일하는 월평균 보수가 140만 원 미만인 근로자를 대상으로 지원 • 4대 사회보험 중 가입률이 낮고 다른 보험보다 상대적으로 사각지대가 더 큰 국민연금과 고용보험의 보험료를 지원하며, 2016년 신규 가입근로자 60%, 기존 가입근로자 60% 지원함

구분	지원정책	사업내용
근로유인정책	근로장려세제	• 일정 금액 이하의 저소득근로자 및 사업자 가구에 대해 근로소득에 따라 근로장려금을 세금환급의 형태로 지급함으로써 근로유인을 제고하고 실질소득을 지원함
	재산형성지원제도	• 희망키움통장, 내일키움통장, 디딤씨앗통장, 꿈나래통장 등 일을 통한 빈곤탈출을 목적으로 자산형성을 지원
일자리 창출정책	직접 일자리 사업	• 공공부문 또는 민간기업에 미취업자를 취업시킬 목적으로 임금의 대부분을 정부가 직접 지원하는 사업
	사회적 기업	• 취약계층에게 사회(공공)서비스 또는 일자리를 제공하며 취약계층과 지역주민의 삶의 질을 높이는 등 사회적 목적을 추구, 재화 및 서비스의 생산·판매 등 영리활동을 하는 기업조직(「사회적 기업 육성법」 제2조)

출처: 보건복지부 홈페이지.

3) 노인

노인의 소득보장정책으로 국민연금과 기초연금, 국민기초생활보장, 퇴직연금, 주택연금, 농지연금, 개인연금 등의 개별 제도를 시행하고 있다. 국민연금과 기초연금은 우리나라의 대표적인 노후 소득보장제도이다.

국민기초생활보장은 전 국민을 대상으로 하는 소득보장제도지만, 노인의 국민기초생활보장 수급률이 일반 국민보다 3배가 높다. 퇴직연금과 주택연금, 농지연금은 준공적 연금이다. 준공적 연금은 법적 근거를 통해 정부나 공공기관이 시행·감독하지만, 이 제도 가입에 대한 선택권은 개인에게 있다는 점에서 공적인 성격과 사적인 성격을 동시에 가지고 있다. 개인연금은 사적 연금에 해당된다(황남희, 2016).

또한, 노인을 대상으로 한 한국의 탈빈곤정책은 「노인복지법」, 「고용보험법」, 「고령자 고용촉진법」에 준하는 노인고용정책으로 설명할 수 있다.

표 4-10 노인 탈빈곤정책: 노인 고용촉진 프로그램

지원정책	사업내용
노인취업알선센터	노인 구직자를 위한 상담 교육 사후관리를 실시하며 고령자를 채용하고자 하는 구인 기업체를 발굴하여 기업의 욕구에 맞는 구인자 교육 등을 통해 맞춤형 취업서비스를 실시, 노인들에게 소득 창출 및 사회 참여기회를 제공하는 목적으로 설치
노인공동작업장	경로당이나 노인복지시설에 설치되어 지역사회 내의 산업체와 연결하여 일감을 주문받아 생업에 참여하고 발생된 이익금을 노인에게 배당하는 제도
고령자 인재은행	고령자에 대한 구인·구직등록, 직업지도 및 취업알선, 취업희망 고령자에 대한 직업상담 및 정년퇴직자의 재취업상담, 기타 고령자 고용촉진에 필요하다고 인정하여 고용노동부장관이 정하는 사업 등을 수행. 지역사회 종합사회복지관이나 대한노인회 등에서 운영
고령자 취업알선센터	전국경제인연합회의 기금을 지원받아 비영리법인에 의해 운영되며, 고령자의 경험과 지식을 활용하고 근로자 취업을 적극적으로 지원하는 것을 목적으로 노인의 적성과 능력에 적합한 직종을 발굴하여 취업을 알선하고 직업교육훈련을 실시하며 사후관리를 담당
지역사회 시니어클럽	'지역사회 시니어클럽(CSC: Community Senior Club)' 사업으로 보건복지부가 추진, 노인의 적극적인 사회참여를 돕기 위한 사업. 노인의 지식과 경험을 활용하고 일자리에 대한 충족과 빈곤한 경제활동을 지원하여 생산적인 노후생활을 활성화, 삶의 질을 높이기 위하여 도입
공공취업알선기관	정부기관인 고용안정센터의 취업알선팀, 고용노동부 소속 인력은행, 지방자치구 소속인 취업정보은행에서 업무를 담당. 이러한 기관은 고용노동부의 알바워크넷을 통하여 고령자 일자리 창출을 담당하고 있으며, 지방자치단체는 알바워크넷 운영과 지역 내 구인사업체와 상담·연결하여 노인의 취업을 제공

출처: 보건복지부 홈페이지.

4) 여성

현재 여성을 위한 탈빈곤정책은 소득유지와 여성고용을 중심으로 진행된다. 여성 탈빈곤정책을 국민기초생활보장제도와 고용 창출, 한부모 지원사업으로 살펴보고자 한다.

표 4-11 여성 탈빈곤정책

지원정책	사업대상	사업내용
취업 성공 패키지	가. 취업성공패키지 I : 만 18~64세 – 기초생활수급자 중 조건부 수급자, 차차상위 이하 저소득층[가구 단위 소득인정액 기준 최저생계비 120% 이하인 가구(차상위계층), 150% 이하인 가구(차차상위계층)의 구성원], 노숙인 등 비주택거주자, 북한이탈주민(거주지 보호기간 5년 이내), 결혼이민자, 여성가장, 미혼모, 한부모 등 나. 취업성공패키지 II : 청·장년층 II (만 18~ 64세) – 고졸 이하의 비진학 청년, 대졸 이상의 미취업자, 니트족, 영세자영업자, 고용촉진특별구역 및 고용재난지역 등 이직자, 중·장년층	• 고용노동부에서 사업 운영 • 종합적인 취업지원체계 • 저소득 취업취약계층에 대하여 개인별 취업활동계획에 따라 '진단·경로설정 → 의욕·능력 증진 → 집중 취업알선'에 이르는 통합적인 취업지원 프로그램을 제공 • 집중상담 및 직업심리검사 • '개인별 취업활동계획(IAP)'에 따라 취업지원 프로그램을 제공 • 집단상담, 직업훈련, 창업 지원 프로그램 • 훈련참여 지원수당을 지급 • '직업능력개발 내일배움카드제'를 통한 직업훈련의 경우 취업성공패키지 I 참여자는 자부담 없이 훈련 소요비용을 전액 지원 • 취업한 경우 '취업성공수당'을 지급, 노동시장 진입을 체계적으로 지원
새로 일하기 센터	• 육아·가사 등으로 경력이 단절된 여성 대상 직업상담, 구인·구직 관리, 직업교육훈련, 인턴십, 취업연계, 취업 후 사후관리 등 종합적인 취업지원서비스 지원	• 여성가족부·고용노동부에서 사업 운영 • 육아·가사 등으로 경력이 단절된 여성 대상 직업상담, 구인·구직 관리, 직업교육 훈련, 인턴십, 취업 연계, 취업 후 사후관리 등 종합적인 취업지원서비스 제공
한부모 가족 지원사업	• 부 또는 모와 그에 의하여 양육되는 만 18세 미만(취학 시 만 22세 미만)의 자녀로 이루어진 가정 – 한부모가족 및 조손가족: 2016년 기준 중위소득 52% 이하 – 청소년 한부모가족: 2016년 기준 중위소득 60% 이하	• 아동양육비: 저소득 한부모가족의 12세 미만 아동 • 추가 아동양육비: 저소득 조손가족 및 만 25세 이상 미혼 한부모가족의 만 5세 이하 아동 • 중·고등학생 학용품비: 저소득 한부모가족의 중학생 및 고등학생 자녀 • 생계비(생활보조금): 한부모가족복지시설에 입소한 저소득 한부모가정

출처: 여성가족부 홈페이지, 보건복지부 홈페이지.

5) 장애인

우리나라는 장애인의 소득 및 빈곤 현황이 열악하며, 장애인 빈곤문제의 해결을 위한 사회적 인식이 낮고, 「장애인복지법」의 한계와 장애인 소득보장제도의 미흡한 지원수준은 장애인 빈곤 극복을 어렵게 한다. 우리나라 장애인 탈빈곤정책과 소득보장제도는 그 운영원리에 따라 사회보험(기여적 급여), 사회수당(비기여, 비소득/자산조사급여), 공공부조(비기여, 소득/자산조사 급여)로 구분될 수 있다.

표 4-12 장애인 탈빈곤정책

구분	지원정책	급여내용
사회보험	장애연금	국민연금법에 의한 것으로 국민연금 가입자 또는 가입자였던 자가 국민연금 가입 중에 발생한 질병이나 부상으로 치료 후에도 신체 또는 정신상의 장애가 남은 자에게 장애 정도에 따라 1~4등급인 4개의 장애등급으로 나누어 지급
	장해급여	근로자가 업무상 부상 또는 질병에 결려 치유는 되었으나, 당해 부상 또는 질병의 인과관계가 있는 신체 장애가 남는 경우 지급하는 보험급여
사회수당	장애수당	「국민기초생활 보장법」에 따른 수급자 또는 차상위계층으로서 장애로 인한 추가적 비용 보전이 필요한 18세 이상의 자에게 지급되는 급여
	장애아동수당	「국민기초생활 보장법」에 따른 수급자 및 차상위계층의 18세 미만 등록장애인 대상으로, 장애아동의 보호자에게 장애로 인한 추가적 비용을 보전
	장애인연금	18세 이상의 중증장애인(「장애인복지법」상 1~2급 및 3급 중복장애인)에 대하여 본인과 배우자의 소득인정액 기준에 따라 차등 지급하는 연금
	장애인자녀 교육비 지원	소득인정액 최저생계비 130% 이하인 장애인가구 중 1~3급 장애인 초등·중학생 및 고등학생 1~3급 장애인의 초등·중학생 자녀 및 고등학생 자녀 대상 지원
	장애인활동지원제도	중증장애인에게 활동 지원급여를 제공함으로써 자립생활과 사회 참여를 지원하고, 그 가족의 부담을 줄임으로써 장애인의 삶의 질 증진
공공부조	국민기초생활보장 급여	장애인을 포함한 일반 시민을 대상으로 하는 일반 소득보장급여로 빈곤층의 최저 소득을 목적으로 함
	재활보조기구 무료 보급	저소득 장애인의 경제적 부담 경감과 생활능력 향상을 위함
	장애인 의료비 지원	저소득 장애인에게 의료비 본인부담금을 지원

구분	지원정책	급여내용
공공부조	장애인 등록진단서 발급비 지원	생활이 어려운 신규 등록장애인과 재판정 장애인에 대하여 장애진단서 발급비와 검사비를 지원하는 사업
	장애검사비 지원	
	장애아동 재활치료	만 18세 미만 장애아동 중 뇌병변·지적·자폐성·청각·언어·시각장애를 가진 아동을 대상으로 매월 일정한 금액의 바우처를 지급

출처: 보건복지부 홈페이지.

2. 빈곤정책의 한계

1) 개관

빈곤정책의 추진에서 누구에게 어떤 방식으로 어떻게 배분할 것인가의 문제는 항상 대두되었다. 먼저, 형평성 관점에서의 소득역진 발생, 탈수급 저해 요인과 빈곤예방 역할의 미흡 등이 정책적인 문제로 나타난다. 빈곤층의 소득과 자산을 조사한 계층별 규모를 보면 예상을 뛰어넘는 광범위한 사각지대가 존재하는 것을 알 수 있다. 한국보건사회연구원(2014)의 〈빈곤 실태조사〉에 따르면, 소득인정액이 최저생계비(기초생활수급 기준)에는 못 미치지만, 기초생활수급을 받지 못하는 '비수급 빈곤층' 규모가 2006년 103만 명에서 2014년 115만 명으로 12만 명이 증가한 것으로 나타났다. 이는 현행의 맞춤형 급여 설계에 중대한 허점이 있음을 의미하고 있어 빈곤층 지원의 형평성에 문제를 야기한다고 볼 수 있다.

2) 근로빈곤층

현재 우리나라는 근로빈곤층에 대해 일을 통한 빈곤 극복을 취지로 근로유인정책을 시행하고 있다. 그러나 제도적 보완보다는 노동시장구조의 변화가 우선되어야 할 것이다. 물론 근로유인정책을 시행하여 노동 동기를 강화하는 것은 단기적인 빈곤완화 정책일 수는 있으나 이러한 제도는 장기적으로 보았을 때 노동시장구조가 변화하지 않는다면 근로빈곤층만 증가할 뿐 근본적인 빈곤문제를 해결하는 데에는 한계가 있다.

근로유인정책은 빈곤 원인이 개인의 근로의욕 저하에 있다고 판단한 것이므로 개인 차원을 넘어 노동시장구조 자체를 변화시키는 정책으로 초점이 변화되어야 한다. 따라서 노동시장의 구조적 분절이 근로빈곤층의 취업과 취업의 질에 부정적 영향을 미칠 뿐 아니라 빈곤탈출을 저해한다는 사실을 고려하면, 단순히 노동만을 장려하는 정책은 현재와 같은 노동시장구조에서는 그 효과가 제한적일 것이다(기재량, 2012).

3) 노인

전통적으로 빈곤노인은 대표적인 사회복지정책의 대상이다. 당연히 노인빈곤문제를 해결하기 위한 접근방법은 공공부조와 사회서비스와 같은 사회정책이 우선이다. 변화하는 사회적·경제적 환경하에서 고령자에 대한 정책 방향은 고령자의 경제활동 참여를 촉진하여 생산력을 최대한 활용하는 동시에 삶의 의미와 건강을 유지시키고, 고령자의 복지부담을 사회적으로 분산하는 적극적 복지정책에 초점을 맞추고 있다(강순희·안준기, 2013). 「노인복지법」, 「장애인, 고령자 등 주거 약자에 지원에 관한 법률」, 「고용상 연령차별 금지 및 고령자 고용촉진에 관한 법률」, 「사회적 기업 육성법」 등이 노인 관련 정책을 뒷받침한다. 그러나 노인은 재취업이 어렵고 일자리의 질도 낮고 불안정한 임시방편적인 것이 많아, 정책 실효성이 높지 않다. 또한, 우리나라는 빈곤노인에 대한 사회안전망도 허술한 편이다. 1차적으로 가족이 책임을 지는 우리나라의 전통적인 부모 부양의 관습이 크게 허물어지고 있는 데다가 전통적 복지 측면에서 공적·사적 부조에 의한 사회보장제도도 제기능을 다 하지 못하고 있다(박강석, 2015).

4) 여성

현재 여성의 사회적 일자리 창출은 소득보장은 물론, 보건복지 분야의 서비스 인력을 확보할 수 있다는 점에서 보육과 간병 등의 서비스 영역에서 개발이 이루어진다. 그러나 이러한 사회적 일자리 대부분이 여성에게 적당한 임금과 안정적 고용유지가 가능한 '괜찮은 일자리'인가 하는 부분에서는 의문이다. 여성의 가사 및 돌봄노동의 연장선인 핑크칼라 직업(pink collar job)으로 그 가치에 대한 평가를 제대로 받지 못하고 저임금의 불안정한 일자리를 확대하는 경향으로 이어지고 있기 때문이다. 일자리의 수적인 확대에 비해 낮은 임금수준과 단기계약에 의한 고용 불안정성은 노동시장에 재취업한 중·장년 여성의 저임금 근로를 심화시킬 가능성이 있다. 따라서 여성의 사회적 일자리 창출과 여성노동에 대한 재평가가 함께 이루어지지 않는 한, 또 다른 근로빈곤의 양산으로 이어질 수밖에 없다(신희정, 2010).

5) 장애인

국회예산정책처가 2011년과 2014년 장애인 실태조사를 실시하여 장애수당 및 장애인연금의 빈곤완화 효과를 분석한 결과, 장애인소득보장사업이 장애인가구의 빈곤율(전체 가구 대비 빈곤선 미만 가구의 비율)을 낮추는 데는 긍정적인 영향을 미치지만 빈곤갭(빈곤선 미만의 소득을 유지하고 있는 가구를 빈곤선 이상으로 끌어올리는 데 소요되는 비용)을 완화하는 효과는 미흡한 것으로 나타났다. 2015년 1월부터 장애수당 지급액을 1만 원 인상하는 등 장애인소득보장사업의 빈곤완화 효과를 강화하기 위한 조치를 취했으나, 장애로 인한 실질적인 추가 비용을 보전하는 데 한계가 있다. 우리나라의 장애인 소득보장은 저소득층의 생계를 보전하기 위한 「국민기초생활 보장법」에 따른 기초생활수급 대상자의 한 부분으로 지원되거나, 장애인의 사회적·개인적 특성을 고려한 공공부조 및 서비스에 의하거나, 경제활동 중에 장애가 된 자에게 소득상실의 위험을 보전해 주는 사회보험으로 구성된다. 그러나 사회보험을 제외하고는 소득수준과 등급에 따라 지원되는 잔여적 성격의 소득보전정책이다. 사회보험도 소득활동에 참가하는 사람을 중심으로 소득보장체계가 이루어져 있기 때문에 기준에 부합되지 않는 장애인은 사회적 위험에 놓여 있다(조윤화, 2014).

우리나라는 장애인고용 활성화 정책에도 불구하고 여전히 장애인 고용환경의 기저에 다양한 장벽이 장애인의 노동시장 참여를 제약 및 억압하고 있다. 이는 장애인이 노동시장에 참여하더라도 급여가 낮고, 사회복지 수준이 낮은 2차 노동시장에 머물기 때문이며, 결국 장애인의 소득이 상향 이동하는 것을 감소시켜 빈곤층에 계속 머물 수밖에 없는 악순환을 일으키고 있다.

Ⅵ 결론: 빈곤정책의 방향과 대책

전 지구적으로 진행되는 경기침체와 경쟁의 격화, 산업구조와 노동시장의 변화가 빈곤위험을 증폭시키고 있다. 고도성장기와는 다르게 지금과 같은 저출산과 노령화를 경험하면서 저성장과 극심한 경기침체를 안고 가는 사회에서는 누구든 빈곤위험에 직면할 수 있다는 사실이다. 그러나 사회적인 현상으로 인해 원치 않는 빈곤에 빠지더라도 빈곤에서 쉽게 빠져 나오면서 정상적인 삶을 누리게 하는 것이 중요하다. 이를 위해서 빈곤의 사전적 예방과 사후적 조치를 통해 빈곤의 늪에서 빠져나올 능력을 관리하는 것이 필요하다. 왜냐하면 빈곤은 동태적이고 역동적인 과정의 결과이기 때문이다.

첫째, 빈곤에 대한 패러다임이 바뀌어야 한다. 경제적 변수로만 빈곤 수준을 판단하는 빈곤정책에 대한 변화가 필요하다. 광의의 빈곤, 빈곤의 원인이자 결과, 그리고 빈곤이 지속되게 만드는 기제에 초점을 맞추어야 한다. 예를 들어, 빈곤에 빠질 위험이 큰 미취업 여성의 경우에는 자신의 개인적 특성뿐 아니라 여성의 취업이나 노동환경을 차별하는 노동시장의 구조와 같은 거시적 측면에서도 살펴보아야 하기 때문이다.

둘째, 공적 소득이전의 확충이다. 우리나라 소득불평등 및 빈곤 악화의 가장 큰 문제는 현실적으로 공적 연금의 소득분배 개선 효과가 높지 않다는 점이다. 빈곤정책은 그것이 선별적이든 보편적이든 많은 예산이 필요로 하며, 본질적으로 재분배의 성격을 가진다고 할 수 있다. 따라서 빈곤정책은 재원의 부담과 함께 균형적으로 나누는 것이 중요한 문제로 떠오른다. 재정 증가 요인을 줄이는 동시에 빈곤을 효과적으로 완화하려면 사후 현물지원보다 사전적, 예방적 복지정책을 강화해야 한다. 앞으로 빈곤정책을 효과적으로 펴기 위해서 복지재정의 확충은 불가피한 과제다. 전 국민 수준의 담세율과 공적 소득이전 규모가 일정하다면 조세제도가 누진적이고, 이렇게 조성된 돈이 저소득층에게 배분될 때 소득불평등과 양극화가 완화될 것으로 예상하는 것은 자연스러운 판단이다. 여기에는 국민의 지지가 필수적이고, 국민의 가치와 정서에 부합하는 제도적 원칙과 규정을 마련해야 한다.

셋째, 일자리 및 임금 양극화의 원인이 숙련편향적 기술진보에 있다고 하면 숙련노동의 공급을 늘리기 위한 교육훈련정책의 강화가 필요하다. 적극적 탈빈곤정책이란 적극적으로 고용을 연계하는 것이 아니라 적극적으로 빈곤한 사람의 행위 주체성을 높이는 것을 의미한다. 숙련노동의 공급 부족으로 인해 숙련일자리가 채워지지 못하는 숙련불일치의 문제를 해소하는 것도 노동시장에서 중간계층을 증가시킬 수 있는 중요한 정책 방향이다. 특히, 중간일자리의 숙련불일치에 따른 일자리 감소의 가능성이 크다고 판단되기 때문에 저소득계층이 교육이나 훈련을 통해서 상향 이동할 수 있는 방식으로 교육훈련 시스템이 구축되어야 할 것이다.

넷째, 적극적 노동시장정책을 통한 소득보장제도, 취업지원제도, 근로유인제도가 종합적으로 검토되어야 한다. 일자리 및 고용구조는 시장의 효율적 작동의 결과만이 아니라 세제, 교육·숙련형성제도, 고용계약 및 근로조건에 관한 규제, 최저임금제 등 다양한 정부정책의 결과일 수도 있다. 적극적 노동시장정책의 강화는 평균근속연수가 짧은 비정규직과 이른 기간 내 폐업을 경험할 가능성이 큰 영세 자영업자의 고용 가능성을 높여 재취업을 쉽게 하는 것이다. 복지 의존 방지와 국민연금의 사각지대 해소를 위해서도 적극적 노동시장정책의 필요성이 제기된다. 또한, 적극적 노동시장정책은 노후의 근로활동 참여에도 도움이 될 수 있으므로 평생교육의 관점에서 다루어야 한다.

제5장

고용문제

고용문제는 이제 단순히 경제문제를 넘어 사회복지 분야에서 취급해야 하는 사회문제 혹은 사회복지문제이다. 과거사회에서는 노동 능력이 있는 사람을 대상으로 하는 전통적인 경제나 경영 영역의 문제였지만, 21세기 현대사회에서는 모든 사람의 고용문제가 불안정할 뿐만 아니라 생애 전체 시기에 그 질적 측면이나 내용면, 형태면에서 급속하게 변동하기 때문이다. 또한, 고용문제는 그 대상과 형태에 따라 생애 전체에 복지 및 교육과 연계되어 국가사회적으로 관심을 가져야 하는 중요한 사회문제, 정책문제로 부각되었다.

그러므로 본 장에서는 고용문제의 여러 영역 중에서 구조조정으로 발생하는 전직문제로 인한 고용문제와 청년고용문제를 중심으로, 점차 복지 영역에서 다루어야 하는 중요 영역으로 변화되어 가는 문제로서 서술하기로 한다.

I 전직문제

사례

김영희 씨는 근무하던 직장에서 구조조정 대상이 되어 퇴직하게 되었다. 무직기간이 길어지면서 구직활동에 두려움이 생겼다. 공공근로로 보건소에서 치매상담 및 전산 입력 업무를 하면서 정규직 취업을 위해 사무자동화 교육을 받고 싶었지만, 경제적으로 어려운 상태여서 고용지원센터를 방문했더니 전액 국비지원이 가능한 '취업성공패키지 프로그램'을 안내해 주었다. 취업성공 패키지에 등록한 3주 후, 위탁기관인 (주)CEO의 전직지원센터(ceocareer.co.kr) 상담자로부터 연락을 받고 취업성공패키지 프로그램이 시작되었다. 지속적인 상담을 통해 경력목표, 심리검사를 받고 1단계 기간에 집단상담 프로그램에도 참여했고 의사소통 체크 방식, 역할극, 내 마음과 상대방 마음 헤아리기, 왜 취업이 안 되는지? 나의 경력과 경험 목록 적기, 직업의 가치, 나의 성격 장점 적기, 직업 업무 능력 수행, 장기적인 진로 목표 세우기 등의 교육을 받았다.

사무직 취업을 위해 전산(사무자동화)교육을 받기로 하고 1단계(IAP)를 마무리하게 되었다. 상담자가 입사서류의 중요성을 강조했는데, 이력서, 자기소개서가 취업에 얼마나 중요한지 다시 한 번 이해하게 되었다. 김영희 씨는 이력서와 자기소개서를 작성했고 상담자의 수정을 거친 후, 고용노동부 워크넷(worknet)에서 확인한 구인처와 알선하는 회사를 통해서 메일과 팩스로 여러 곳에 이력서를 넣었고 상담자에게 면접 본 회사와 그때그때 상황을 보고하면서 조언을 받았다. 이력서를 낸 회사에서 연락이 오기를 기다리면서 2단계 학원 선택을 사무자동화로 신청하고 엑셀과 파워포인트를 새로 배워 나갔다. 교육 중이지만 상담사로부터 ○○회사에 이력서를 넣으라는 권유를 받고 미리 준비된 이력서를 접수했고 면접을 통해서 취업이 되었다. 김영희 씨는 고용노동부에서 지원하는 취업성공패키지 프로그램을 통해서 훈련기간에 받은 교육비와 참여수당 등이 취업 성공에 큰 도움이 되었다고 말했다.

1. 서론

21세기 현대사회는 후기산업사회로서 지식정보사회를 특징으로 하는 한편 세계화가 진전되는 새로운 사회로 전개되고 있다. 현대사회를 여러 가지 측면에서 특징짓는 용어들이 있는데, 여성사회, 저출산·고령사회, 감성사회, 지식정보사회, 노마드(nomad)의 시대, 세계화 시대, 복지국가 혹은 복지사회, 위험사회, 분노사회, 피로사회, 탈산업사회, 저성장사회 등등이 그것이다. 이러한 현대사회의 특성은 현대사회를 어떠한 측면에서 바라보느냐에 따라 다양한 특성을 지적하고 규정할 수 있다.

이들 여러 가지 현대사회를 규정하는 특징 가운데 공통사항은 현대사회의 변화 속도가 매우 급속하다는 점일 것이다. 지식과 정보의 빠른 창출과 유포로 인하여 상품, 기업, 국가가 빠르게 변모되어 가고 이에 따라 개인과 가족, 지역사회 역시 이러한 변화에 적응하고 대응해야 하는 상황에 놓여 있다. 그리하여 개인은 변동하는 기업과 직업, 사회에 적응해야 하며, 기업과 국가 역시 여기에 대응해야 하는 처지에 놓이게 되었다.

소위 구조조정, 산업조정, 고용조정이라는 말이 상용화되고 기업, 개인, 국가도 이러한 변화와 변동에 대응하여 다양한 활동과 전략을 모색해야 하는 시대가 되었다. 본 절에서는 현대사회의 중요한 사회문제의 하나로 손꼽히는 전직문제를 고용의 측면에서 살펴보고자 한다. 복지문제는 현대사회에 와서 고용(노동), 교육과 밀접하게 연관되어 전개되고 있기 때문이고 사회복지학에서 취급하는 사회문제의 영역에서도 고용, 교육 및 복지가 긴밀하게 연계되는 시대와 사회에 살기 때문이다.

2. 전직문제의 이해

1) 개념

전직(轉職)의 사전적 뜻은 직장이나 직업을 바꾸어서 옮기는 것이다. 21세기 현대사회의 속성상 전직은 일상이 되었다. 근로자는 상품과 디자인, 기술의 창조와 유포가 빨라지면서 새로운 모델을 생산하는 기업도, 산업도, 경기변동도, 유행도 빨라지기 시작하였다. 이른바 속도전이 현대사회의 특성이 되었기 때문에 노동자뿐만 아니라 시민도 새로운 지식과 기술을 습득하는 평생교육, 새로운 직장을 찾는 '노마드'의 시대에 살게 되었다. 20세기 산업화 시대의 평생직장, 평생근무는 시대와 역사의 유물이 되었다.

이러한 배경에서 전직문제는 모든 근로자나 시민에게 언제든지 불어닥칠 수 있는 미래의 불확실한 문제로 현대사회의 사회문제로 출현되었다. 즉, 전직이 일상화되는 시대에 고용주의 일방적인 구조조정으로 직장에서 물러나는 종사자가 발생할 수 있고, 결국 이것은 국민 대다수에게 발생할 수 있는 사회문제인 것이다.

근로자가 기존 직장에서 물러나 재취업이나 창업 등과 같은 새로운 직업을 안정적이고 어려움 없이 가질 수 있도록 기업과 국가, 노동조합 등이 전직지원서비스와 같은 제도를 강구하는 것은 현대 복지국가에서 그들의 주된 임무이다.

전직지원제도에 대해서는 고용노동부나 아웃플레이스먼트(outplacement) 컨설팅 회사에서 다양하게 정의했지만 최근에는 공통적으로 접근하고 있다. 전직지원제도란 '기업이 근로자의 자발적인 의사와는 상관없이 경영상의 이유로 비자발적인 퇴직자나 퇴직예정인 근로자를 대상으로, 퇴직으로 인한 충격을 원만하게 극복하고 퇴직자들이 원하는 재취직 또는 창업 등의 경력목표를 가장 효과적으로 달성할 수 있도록 체계적인 계획을 세워 제공하는 종합적인 지원활동'으로 정의된다(정동섭·박지근, 2003).

2) 특성과 범위

우리나라는 전직문제가 사회적 쟁점으로 부각된 것도 역사적으로 일천하고, 전직문제를 사회문제로 수용할 것인지 여부도 아직은 미지수다. 다만 집필자의 입장에서 보면 전직문제는 이미 일상화되었으며 전직문제로 어려움을 당하고 있는 개인과 가족도 상당하게 존재하고 있으리라 생각한다. 그럼에도 불구하고 전직문제 대한 연구나 사회적, 국가적 관심이 부족하고 그 대응책 역시 미흡한 실정이다.

대부분 실업문제를 고전적인 사회문제로 취급하고 있으며 실업에서 취업에 이르는 전 과정에 걸친 전직문제를 인식하지 못하거나 소홀히 하는 경향을 발견할 수 있다. 따라서 전직문제에 대한 통계적 자료도 부족하다. 그러므로 본서에서는 전직문제를 사회문제로 인식하고 문제의 심각성과 그 대책에 대하여 탐색적으로 서술하고자 한다. 전직문제와 그 대응책인 전직지원제도 혹은 서비스(사업)는 미래사회문제의 대응책으로 중요하게 부각될 것으로 보인다.

3) 출현역사

1960년대 미국에서 구조조정에 따른 대량 해고가 발생하자 기업이 해고되는 종업원에게 퇴직관리 차원에서 서비스를 제공한 것에서부터 전직지원제도가 비롯되었으며, 인적 구조조정이 본격화된 1980년대부터 일반화되었다. 우리나라는 1998년 한국피앤지(P&G)가 최초이며 이후에는 외국계 기업 및 대기업을 중심으로 전직지원 프로그램이 시행되었다(김석란·이영민, 2013).

3. 문제의 배경 : 이론적 관점

1) 사회해체론적 관점에서 본 전직문제

사회해체의 근원적인 원인은 넓게 말해서 사회변동이다. 사회변동에 따라 사회체계의 부분 사이에 부조화와 조정불능 현상이 나타난다. 현대의 사회문제로서 전직문제는, 사회해체론적인 시각에서 파악하면 그 원인과 해결책을 발견하기 쉬울 것이라 생각한다. 현대사회는 빠르게 사회가 변동한다. 그러므로 개인, 기업, 국가가 그 변동에 적절하게 적응하려면 산업이든 고용이든 그 변화에 따라 조정해야 한다. 그 결과 전직문제가 발생하며, 그 해결책이 전직지원서비스나 제도인 것으로 이해할 수 있다.

2) 가치갈등적 관점에서 본 전직문제

사회문제의 근원적인 원인은 가치 혹은 이해관계의 갈등이다. 다양한 집단은 서로 다른 이해관계를 가지고 있으므로 상호 대립관계에 있다. 일단 대립이 갈등으로 구체화되면 사회문제가 발생한다. 이와 같은 관점에서 전직문제를 바라보면 구조조정, 고용조정의 문제는 일자리를 나누고, 종사자들 사이 혹은 사업주와 종사자 사이의 적절한 조정을 위해 일자리를 나누면 전직문제를 해결할 수 있을 것이다. 상호 이해관계가 다르기 때문에 전직문제를 둘러싸고 갈등이 야기되는 것으로 이해할 수 있다.

따라서 급속한 변화를 통제할 수 없다면, 이에 대응하는 잉여인력과 저성과자를 정리해고하는 방법과 일자리를 회사 내에서 나눔으로써 구조조정이나 고용조정을 완화·해소시키고 나서, 다시 일정 기간이 지난 후 회사가 발전되고 성장되어 종사자가 필요할 때 업무배분이나 역할분담을 재조정하는 방안을 선택할 수 있다. 이러한 관점에서 전직문제는 가치갈등적 측면에서 그 원인론과 해결책을 이해할 수 있다.

4. 현행 제도의 현황과 한계

우리나라의 현행 전직지원제도는 아직은 초기적인 모습을 보이고 있다. 공공부문과 민간부문을 나누어서 요약·정리하면 〈표 5-1〉과 같다.(참고로 고용노동부의 전직지원제도는 따로 분리하여 서술한다.)

표 5-1 전직지원 프로그램의 목표, 내용, 운영방식의 비교

기관명	목표	대상	프로그램 내용	운영 방식
[운영주제] 공공 전직 지원 서비스 기관				
노사발전재단 전직지원센터	• 퇴직으로 인한 불안감 완화 • 전직 성공과 조직 적응	• 경력 1년 이상이면서 신청일 현재 기준 퇴직근로자	• 변화관리/진단 프로그램: 인적성검사, MBTI, 버크만 검사 등을 토대로 전략 수립, 자신감 회복 • 재취업 프로그램: 창업시장의 이해, 사업계획서 작성	• 6개월간 개인별 맞춤 전직 서비스 진행 • 집합교육, 1:1 컨설팅, 집단상담
한국무역협회 중견전문인력 고용지원센터	• 장기적 관점 재취업 계획 • 취업능력 향상을 통해 성공 취업 달성	• 신청일 기준 현재 퇴직근로자	• 퇴직 후 변화관리, 경력분석 및 진단, 재취업 전략 수립, 취업능력 향상의 5단계 구성 – 재취업, 창업 특강 진행	• 기수별 20명 모집, 집합교육 24시간 • 구직활동(그룹활동, 심리상담 등) 26시간
[운영주제] 민간 전직 서비스 업체				
A사	• 심리적 안정감 확보 • 취업과 고용의 지속적 유지	• 기업, 공공기관 등의 퇴직자와 퇴직예정자 • 퇴직 임원 • 정년퇴직자 및 정년퇴직예정자	• 진단/변화관리: 진단, 전직 전략 수립 • 재취업: 기본 스킬 습득과 실행에 중심을 둠 • 창업: 창업지식 습득 후 창업까지 밀착 지원 • 정년 프로그램: 변화관리와 생애계획 수립	• 집합교육, 소규모 워크숍, 1:1 컨설팅 • 프로그램 기간은 기업의 요구에 따라 맞춤 설계
[운영주제] 기업 내 전직				
KT	• 생애설계: 개인 능력 개발과 미래 준비 • 전직지원: 재취업, 창업의 실행	• 생애설계: 전 사원 대상 • 전직지원: 명예퇴직자, 퇴직자, 퇴직예정자, 배우자와 가족	• 생애설계 프로그램(변화관리 프로그램): 가치 향상, 자기 혁명, New Business Planning, 전문교육 • 전직지원 프로그램: 전직지원 워크숍, 창업교육, 재취업교육	• 이러닝, 집합교육, 1:1 컨설팅 • 2~5일 동안 운영
삼성전자	• 관점의 전환과 고용 기능성 증대 • 재취업 스킬 습득 및 실행력 증진을 통한 전직 성공	• 자문역 및 퇴직 임원 • 정년퇴직자 및 정년퇴직예정자 • 퇴직자 및 퇴직 예정자	• 임원 전직지원 프로그램: 생애설계와 재취업 준비 프로그램 • 전직실행 프로그램: 전직 실행을 위한 스킬 습득, 구직 효능감 제고, 구직 활동 평가 • 잡매칭 프로그램: 구인수요 발굴 및 적합 인재 매칭	• 집합교육: 소규모 워크숍, 1:1 컨설팅 • 주 1일 4~7주, 30~38시간 내외 진행

자료: 김석란·이영민(2013).

5. 고용노동부 전직 관련 사업

고용노동부에서는 전직 지원사업이라고 분류하여 시행하는 사업을 찾기가 쉽지 않다. 다만 여러 가지 사업 중 이와 관련된다고 판단되는 몇 가지 사업을 찾아서 정리하면 아래와 같다(고용노동부, 2016).

1) 고용유지 지원사업

고용유지 지원사업의 지원조건은 경기변동·산업구조 변화에 따라 고용조정이 불가피한 사업주가 다음의 고용유지 조치를 하고 근로자의 고용을 유지하는 경우에 지원한다. 다만, 계절적 요인 등에 의한 경우는 지원을 제외한다.

▶ 매출액, 생산량이 전년 대비 15% 이상 감소하는 경우 등

- 휴업: 1개월간 총 근로시간의 20/100을 초과하여 근로시간조정을 실시하고 휴업수당을 지급
- 휴직: 근로자에게 1개월 이상 유급휴직 부여
- 훈련: 1일 4시간, 총 16시간 이상의 고용유지에 적합한 훈련 실시

▶ 지원수준 및 지원기간

- 고용유지 조치 기간에 사업주가 근로자에게 지급한 휴업·휴직수당의 2/3 (대규모 기업은 1/2 ~ 2/3) 지원
  - 훈련은 지급임금의 3/4(대규모 기업 2/3 ~ 3/4) 및 훈련비 지원
- 근로자 1인당 1일 4만 3000원 한도로 지원(훈련비 별도)
- 휴업·훈련·휴직을 합하여 연간 180일 이내

2) 고용촉진지원금 사업

고용촉진지원금 사업이란 장애인, 여성가장 등 노동시장의 통상적인 조건에서 취업이 곤란한 사람을 채용하는 사업주에게 지원금을 지급하여 취업취약계층의 고용을 촉진하도록 지원제도로서, 아래와 같은 여러 가지 사업이 시행되고 있다.

지원요건은 고용노동부장관이 고시하는 취업지원 프로그램 이수 및 구직을 등록한 실업자를 사업주가 근로계약기간의 정함이 없는 피보험자로 고용한 경우 지원금을 지원한다.

- 경력단절여성지원센터(새로일하기지원센터)가 운영하는 '직업교육훈련 프로그램'을 이수한 사람으로서 만 40세 이상인 사람
- 국방전직교육원이 운영하는 '기본 교육(국방부, 국방전직교육원, 제대군인지원센터)'을 이수하고, 국가보훈처 제대군인지원센터의 '취업 워크숍'에 참여한 사람
- 중·장년일자리희망센터가 운영하는 '취업지원 프로그램(전직스쿨, 재도약 프로그램 등)' 또는 중·장년취업아카데미의 '직업능력향상 프로그램(고용노동부)' 이수자 중 기초생활수급자, 차상위계층(최저생계비 120% 이하 가구 구성원)

6. 결론: 과제와 미래

1) 전직지원제도 기반 조성

전직지원제도를 종합적이고 체계적으로 지원할 국가정책과 법률 제정이 요구된다. 「지방공무원의 구분 변경에 따른 전직임용 등에 관한 특례 규정」, 「국방전직교육원법」 등과 같이 일부 지방공무원이나 제대 군인에 관한 법 규정이 있으나, 극히 제한적인 전직에 대한 사항일 뿐이다. 민간회사나 공기업, 공무원 등 모든 직종과 직업부문에서 전직이 원활하도록 전직과정에 어려움이 없어야 하며 자신에 맞는 직장으로 옮기거나 창업할 수 있는 지원제도가 마련되어야 한다.

이를 위해 전직지원에 관한 종합적인 법률과 정책이 마련되어야 하고, 특히 전직지원서비스를 원활하게 제공할 수 있도록 기존의 고용센터에서 전직지원서비스를 강화해야 할 것이다. 또한, 고용노동부의 고용센터는 민간기업의 전직지원부서와 연계하여 진직 준비에서부터 성공적인 전직이 이루어져 종결될 때까지 그 전체적인 과정을 관리하고 사후 지원에 이르는 서비스를 전문적이고 효과적으로 수행할 수 있도록 해야 한다. 물론 이 과정에 평생학습센터 직업훈련기관 등과 연계하여 성공적인 전직과정이 이루어질 수 있도록 노력해야 할 것이다.

2) 전직문제 대상자의 욕구와 문제 중심의 실제적인 프로그램 수립과 운영

전직문제는 근로자가 자신에게 맞는 새로운 직장과 직업을 선택할 수 있거나 자발적으로 더 나은 직장이나 직업으로 옮길 수 있어야 문제 해결로 간주한다. 따라서 전직서비스는 전직문제를 가진 대상자의 직업 욕구와 직업적 특성에 맞추어 전문적으로 상담하는 것부터, 직업훈련이나 교육, 정보제공과 알선, 연결 등이 종합적이고 체계적으로 이루어져야 한다.

전직지원서비스는 전직문제의 발생 이전에 전직을 위한 사전준비와 같은 직장인을 위한 생애설계와 경력관리 차원에서 준비될 필요가 있다. 또한, 전직문제가 갑자기 발생한다고 하더라도 처음부터 종결까지 수요자의 입장에서 종합적이고 전인적인 전직지원서비스를 제공할 수 있도록 다양한 형태의 전진지원서비스 프로그램을 개발해야 할 것이다. 여기에는 직업, 교육, 복지 등과 같은 서비스가 종합적이고 체계적으로 연계되어야 한다.

3) 전직문제 전문가 양성과 배치

전직지원서비스는 휴먼서비스이고 사회복지적 측면에서 직업, 교육, 복지, 상담 등과 함께 연계되어야 한다. 이런 까닭에 전직지원서비스를 제공하는 컨설턴트는 이 분야와 관련된 지식과 정보를 가지고 있을 뿐만 아니라 인간을 존중하고 사람이 가진 문제에 공감하는 능력을 가진 전문가를 양성해야 한다. 단순히 정보제공이나 상담 등에 걸친 지식만을 갖춘 전문가를 넘어, 직업을 통해 삶의 보람을 느끼며 가족생활을 영위하며 가치실현을 수행해 나아가는 생활인의 욕구와 존재 의미를 이해하며, 생활의 문제 해결을 통해 행복한 삶을 영위해 가는 사회복지 철학을 가진 문제 해결의 도움자, 복지증진의 조정자로서, 전문가의 역량을 지닌 사람을 양성하고 배치시켜야 할 것이다. 이러한 전직지원서비스 전문가는 적어도 대학원을 사회복지학, 심리학 혹은 상담학, 경영학 등의 유관학과의 대학원 졸업자로서 일정한 자격증을 갖춘 인력 중에서 선택되어야 할 것이다.

Ⅱ 청년고용문제

사례

박동혁(27) 씨는 2009학번으로 2016년 2월 대학을 졸업했지만 미취업 상태다. 2학년 때 휴학을 하고 군 복무를 마친 후에 스펙을 쌓기 위해서 캐나다에 1년간 어학연수를 다녀왔다. 인문계열 전공자인데 3학년 2학기부터 학업보다는 취업준비를 위해 1년간 TOEIC과 OPIC(국제공인 외국어 회화) 시험을 준비했고 컴퓨터활용능력 시험과 워드프로세서 시험은 물론 한국사능력 시험을 보았고 대외활동과 300시간의 사회봉사활동을 하느라고 바쁘게 대학생활을 하였다. 졸업 후 모 기업에서 4개월 간 인턴과정을 이수했으며 금융기관과 공기업, 대기업 입사시험에 수없이 응시했으나, 서류전형에서 탈락하거나 1차 서류심사와 2차 시험은 합격하였으나 면접에서 탈락을 반복했다. 박동혁 씨는 졸업한 대학 내에 취업스터디 동아리를 만들어서 매주 화요일마다 10여 명의 취업준비생들과 함께 입사시험 정보를 나누고 모의면접 준비 등을 하면서 취업이 될 날만을 기다리고 있다. 오늘도 인터넷에서 취업정보를 확인하고 이력서와 자기소개서를 작성하느라 밤을 지새우고 있다.

1. 서론

'청년'의 정의는 국가마다 매우 다양하고 문화적, 제도적, 정치적 요인에 따라 달라지는데 UN이나 OECD의 정의에 따르면 15~24세의 젊은이를 의미한다. 우리나라에서는 20대 남성의 군 복무가 의무화되어 외국에 비해 경제활동을 개시하는 시기가 늦어 군 복무 후 대학을 마치고 사회에 진출하는 연령은 평균 27세이며, 일반적으로 청년을 15~29세로 정의하고 있다.

청년에게 고용이란 개인에게 자아정체감을 확립시키고 삶을 영위하는 중요한 수단이다. 청년의 고용 미진입이나 실업이 장기간 지속되면 안정적인 일자리를 확보하기 어렵게 되고, 이런 상태가 계속되면 고용의 어려움이 심화되어 생산능력이 영구적으로 손상될 가능성이 높아질 뿐만 아니라 무능력감과 자괴감에 빠지며 부정적인 사회문제를 발생시키므로, 이를 해결하기 위한 사회적 비용도 증가하게 된다. 이처럼 고용 미진입과 실업은 개인적으로나 사회적으로 심각한 결과를 야기하기 때문에 청년을 노동시장에 원활하게 진입시키거나 실업을 예방하는 청년고용정책은 매우 중요하다(정영순 외, 2003).

2. 문제점

20대 태반이 백수라는 뜻의 '이태백', 일할 의지가 없는 청년 무직자를 뜻하는 니트족[9] 등의 신조어는 이제 더는 새롭지 않다. 그만큼 청년실업이 한국 사회에서 오랫동안 지속되고 있다는 것을 말해 주는 것이기도 하다. 2000년대 이후 금융위기로 인한 경제위기를 겪으면서 기업들은 비용절감과 위기에 대한 대비를 이유로 정규직 신규 채용을 줄였고, 청년층이 선택할 수 있는 양질의 일자리가 감소되는 현상으로 이어지면서 청년고용문제는 더욱 심각해지는 양상을 보이며 최근 중요한 사회문제로 부각되고 있다.

1997년 500만 명이 넘었던 20대 청년층 취업자 수는 2000년대 들어 지속적으로 감소해 2013년 387만 4000명 수준으로 줄어들었고, 고용률 역시 2000년대 중반 이후 급격한 하락세를 보였으며 2005년에 61.2%였던 고용률은 2013년에 56.8%까지 감소하였다. 즉, 2000년대 중반 이후부터 취업자 수와 고용률 모두 감소하는데, 이는 청년층 인구 감소 속도보다 더 빠른 속도로 청년층 취업자 수와 청년 일자리가 감소하고 있음을 의미한다. 이러한 청년고용문제는 정부가 '청년 일자리정책'을 실시하는 가운데도 계속해서 악화되는 양상을 보이고 있다.

통계청이 발표한 2015년 10월 고용동향에 따르면, 청년층 실업률은 7.4%에 불과했지만, 아르바이트를 하며 직장을 구하는 취업준비자와 입사시험 준비생 등을 고려한

9) 니트(NEET: Not in Education, Employment or Training)족은 일하지 않고 직업훈련을 받지도 않으며 일할 의지도 없는 청년 무직자를 뜻하는 신조어로, 15~34세의 취업 인구 가운데, 일할 의사는 있지만 일하지 못하고 있는 '실업자'와 구분해 '무업자'라고 부르기도 한다.

체감실업률은 이보다 훨씬 높을 것으로 추정된다. 학생, 군 복무자, 구직 단념자 등 실업률 통계에 포함되지 않는 비경제활동인구까지 포함하면 체감청년실업률은 22.5%에 육박한다는 통계도 있다(2015년 9월 한국비정규직노동센터 조사).

통계청의 2016년 2월 고용동향에 따르면, 청년실업률은 12.5%로 사상 최고치를 찍은 이후 3개월 연속 10%를 나타냈다. 4월의 경우 청년실업률은 10.9%로 전년 동월 대비 0.7%(3만 9000명)가 증가했으며 아르바이트하는 취업준비생·입사시험 준비자 등을 고려한 체감실업률은 11.1%로 집계됐다. 2016년 3월 전체 실업자는 107만 5000명으로 전년 동월 대비 2.1%(2만 2000명)가 증가했다. 특히, 고졸 실업자는 전년 동월 대비 6.7%(2만 9000명), 중졸 이하인 실업자는 1.0%(1000명)가 늘었다. 비경제활동인구 중 취업이 가능하지만 일자리를 구하지 않는 구직단념자는 41만 4000명으로 전년 동월 대비 1만 9000명이 증가했다(장영일, 2016. 5. 11.).

청년고용문제는 여러 사회문제의 원인이 된다. 청년층 취업자 수 감소는 청년빈곤과 같은 문제를 야기하고, 최근에는 대학 학자금으로 인한 부채, 생계유지를 위한 부채 등으로 청년신용불량자를 양산하는 사회문제의 원인이 되고 있다.

취업포털 '인크루트'가 회원 503명을 대상으로 설문조사를 실시한 결과, 학자금 대출을 받은 취업준비생 10명 가운데 6명(59%)이 생활비도 대출받은 것으로 나타났다. 생활비 대출금액은 평균 258만 원으로 조사됐다. 취업준비생은 적게는 100만 원부터 많게는 900만 원까지 생활비 명분으로 대출받았다. 대출받은 생활비의 용도를 묻는 질문에는 식비와 의복, 문화생활비, 전공서적 교재비 등이 33%로 1위에 꼽혔다. 자격증 준비와 어학원, 각종 시험 응시비용 등 취업 준비자금이 21%, 기숙사비와 자취 전·월세 등 거주비가 20%를 차지했다. 진료비나 수술비 등 의료비(4%)에 쓴 경우도 있었다. 응답자 중 51%는 대출받은 생활비를 아직 갚지 못했다고 답했다. 취업준비생이 예상하는 대출금의 상환 가능 기간은 '1년 이상 5년 미만'이 38%로 가장 많았다. 최근 취업이 어렵다 보니 경제활동에 앞서 빚을 떠안고 시작해야 하는 '진퇴양난' 상황에 처한 것으로 보인다고 인크루트는 설명했다(이성희, 2016. 9. 25.).

이는 해당 세대 청년의 삶에 장기적으로 영향을 미칠 것이며 빈곤 상황이나 신용불량 상황에 처하는 청년은, 이후에도 다른 연령층보다 빈곤문제에 노출될 위험이 더 클 것으로 보인다. 청년고용문제가 장기적으로 지속될 경우 경제성장에 부정적인 영향을 미칠 것이고 노동시장에 진입하는 청년의 감소는 결혼과 출산의 감소로 이어져 장기적으로 노동시장의 고령화와 함께 생산에 참여하는 노동력 부족문제를 야기할 수도 있다(김유선, 2015).

3. 문제의 실태

OECD(2016)가 발표한 회원국의 사회적 안정성과 통합성을 종합적으로 비교·분석한 〈한눈에 보는 사회상(*Society at a Glance*)〉 보고서를 살펴보면, 한국의 고용률은 2016년 1분기 66.0%로 2007년 1분기(64.0%)에 비해 2.0%p 상승했다. 이는 OECD 평균 67.9%와 비슷한 중간 수준이다. 공식 실업률은 3.8%로 매우 낮은 편에 속한다. 그러나 청년실업률은 10.9%에 이른다. 15～29세 연령의 청년고용률은 40%에 불과하며 회원국 중 최하위 그룹에 속한다. 이는 교육도 받지 않고 취업도 하지 않는 니트족 비율(18%)이 매우 높기 때문이다.

한국의 청년인구 가운데 취업자는 40%(취업자 34%, 학업 중 취업자 5%), 학업 중 42%, 구직니트족 3%, 비구직니트족 15%를 각각 차지한다. 다른 나라들보다 고학력니트족 비율이 매우 높은 것이 특징이다. 고학력니트족 비중은 그리스, 이탈리아 다음으로 세 번째로 높았다. 이것은 한국의 높은 대학진학률과 청년고용률의 사이의 간극 때문이라고 할 수 있다. 한국의 고학력니트족 비율은 24%로 OECD 평균(13%)의 2배에 이른다. 한국은 GDP 대비 고등교육 지출 비중은 평균 수준이나, 교육훈련에 있어서 일반교육(대학진학 등, 82%) 비중에 비해 직업교육(18%) 비중이 가장 낮은 나라(2위)에 속했다. 이는 성인역량평가(PIAAC)에서 읽기·쓰기능력(2위)과 수리능력(1위)이 차지하고 있는 것과는 대조를 보인다. 한편, 한국의 12개월 이상 장기실업률은 이번에도 보고되지 않았다. 장기실업자는 실업급여의 수급자격이 없어 정책 대상에서 누락되고, 통계에서도 제대로 파악하지 못하기 때문이다(박영삼, 2016. 10. 12.).

취업난이 심각해지면서 청년층의 경우 니트족인 무업자가 증가하고 있다. OECD의 2016년 5월 〈한국경제 보고서〉에 따르면, 한국의 15～29세 연령집단의 구직 포기자는

18%에 이르며, 지난 10년간 청년고용률이 크게 하락해 OECD 회원국 평균을 한참 밑도는 것으로 나타났다. OECD의 〈2016년 고용전망 보고서〉에서도 한국은 2015년 기준으로 대졸 이상 고학력니트족 비율이 42.5%로 34개 회원국 중 1위이며, 회원국 전체 평균인 16.5%보다 2.6배가 높았다. 구직 포기를 넘어 연애, 결혼, 출산을 포기한 '3포세대'에서 5포, 7포, 9포로 늘어나더니 꿈도 희망도 없는 N포세대[10]라는 말까지 등장했다. 현재 니트족은 163만 3000명 수준인 것으로 집계된다. 니트 상태를 탈출하지 못하고 지속하면 사회활동에 참여하지 못하고 은둔형 외톨이로 전락하여 사회문제 등을 일으킬 가능성도 나타난다. 특히, 니트족 중에는 장기간 실업과 무기력증 등으로 심신장애까지 겪고 있는 것으로 조사됐다(남재량, 2005).

2015년 한국고용정보원의 〈청년층 미취업 현황과 시사점〉을 살펴보면, 2014년 청년층 유휴인력은 101만 2215명으로 추산됐다. 비경제활동인구까지 포함한 전체 청년층 인구(950만 7100명) 대비 10.65% 수준이다. 보고서에서 추산한 청년층 유휴인력은 경제활동인구 중 취업 상태가 아닌 청년실업자, 진학·구직 준비자를 포함한 한국형 니트족을 더한 수치다. 니트족 정의에 따른 청년층 니트족 규모는 2014년 기준으로 26만 5020명, 한국형 니트족은 64만 6508명으로 추산된다. 같은 기간 통계청 〈청년층 부가조사〉에 따른 청년실업자는 36만 5707명으로 집계됐다. 2014년 공식 청년실업자(38만 5000명, 실업률 9.0%) 수치와는 소폭의 차이가 있지만, 이를 더할 경우 청년층 유휴인력은 100만 명을 넘어선다. 취업을 하지 못하고 있는 청년층이 정부 통계치보다 훨씬 많다고 보면 되는데, 졸업 후 미취업기간이 3년 이상인 경우가 17% 이상에 달해, 23만~24만 명의 청년층이 학교졸업 후에도 장기간 미취업 상태에 머물러 있다. 2015년 8월 고용동향에 따르면, 공식적인 청년실업자는 29만 5000명인데, 여기에 취업 준비생 62만 6000명과 '그냥 쉼' 인구 중 청년에 해당하는 32만 2000명을 더하면 사실상의 청년실업자는 무려 124만 3000명에 이른다.

10) N포세대는 연애, 결혼, 출산을 포기한 청년층을 뜻하는 '3포세대(三抛世代)'에서 유래했다. 3포세대는 2010년 이후 청년실업 증가와 과도한 삶의 비용으로 인해 등장한 20~30대 청년세대다. 여기에 취업, 내 집 마련을 포기한 '5포세대(五抛世代)', 인간관계·미래에 대한 희망을 포기한 '7포세대(七抛世代)' 등의 신조어도 나타났다. N포세대는 해당 신조어들을 포괄하는 의미로 쓰이고 있다(남재량, 2005).

4. 현행 제도의 현황

청년층의 구직난이 심각하지만 정부는 청년층 고용을 위한 대책을 적극적으로 세우지 못하고 있다. 「청년고용촉진 특별법」(고용노동부)이 제정되었고 '청년고용절벽해소 종합대책'(관계부처합동, 2015. 7. 27.)을 내놓았지만 청년고용 증진에는 효과적이지 못한 실정이다. 청년고용절벽해소 종합대책은 '청년에게 내일을, 미래 세대에게 희망을'이란 비전하에 '2015년에서 2017년까지 20만 개 이상 청년 일자리기회 창출'을 목표로 다음과 같은 세 가지 세부 추진과제를 제시하였다.

① 정년연장에 따른 단기고용 충격 완화를 위해 공공부문 중심으로 청년 일자리를 창출
  ㉠ 교육 분야: 교원 명예퇴직 확대, 시간선택제 전환제도 개선, 방과 후 학교 위탁강사 지원을 통한 청년 채용 확대
  ㉡ 보건 분야: 포괄 간호서비스 확대 및 유휴인력 재취업 지원을 통해 간호인력 채용 확대 유도
  ㉢ 보육 분야: 보조교사, 대체교사 파견 지원
  ㉣ 공공기관: 청년고용 효과가 큰 분야를 중심으로 전체 신규 채용 확대와 임금피크제 도입에 따른 임금절약 재원을 신규 채용에 활용하여 청년고용 확충
  ㉤ 공무원: 시간선택제 신규 채용 확대 실시

② 민간부문의 청년 일자리 창출 노력을 적극적으로 지원
  ㉠ 민관협력: 기업의 일자리 창출 지원을 위해 정부와 경제단체가 참여하는 '청년고용절벽해소 민관합동대책회의' 구성, 2017년까지 한시적으로 공공부문(4만 명 이상), 민간부문(16만 명 이상)에서 총 20만 개 이상의 청년 일자리기회를 제공하는 '청년 일자리기회 20만 프로젝트' 추진
  ㉡ 신규 채용 지원: 청년을 신규 채용한 기업에 세제·재정 지원을 강화하여 민간부문의 청년고용유인 제공, 전년보다 청년 정규직 근로자 수가 증가한 경우 세액공제하는 '청년고용증대세제' 신설, 임금피크제 도입을 통해 청년 정규직을 신규 채용한 기업에 1인당 2년간 연 1080만 원 지급

ㄷ 청년인턴: 우량 중소·중견기업을 중심으로 확대 취업연계형으로 재설계

ㄹ 직업훈련: 청년층이 선호하는 유망·성장직종 중심 양질의 직업훈련 대폭 확대

③ 청년 해외취업 촉진을 위해 유망직종의 전문인력 중심 청년 해외취업을 2014년 5000명에서 2017년 1만 명으로 확대 실시

교육부는 기획재정부, 중소기업청 등 9개 부처·청과 합동으로 청년 일자리 창출을 지원하기 위한 방안으로 '산학협력 5개년(2016~2020년) 기본계획'을 발표했다(교육부 보도자료, 2016. 4. 12.). 핵심 내용은 '기업 연계형 대학'을 육성해 대학과 기업이 협력, 향후 5년간 청년 일자리를 5만 개 이상을 창출하겠다는 것이다. 이외에도 고용노동부가 실시하는 청년취업성공패키지사업(http://www.work.go.kr)이 있는데, 심화되는 청년 고용문제를 완화하고자 18~34세 청년층을 대상으로 '진단 및 상담 → 의욕 증진 및 능력개발 → 알선'에 이르는 취업의 모든 과정을 통합 제공함으로써, 새로운 형태의 복지로서 청년 일자리를 찾아주는 제도이다. 지원 대상은 고등학교·대학교·대학원의 마지막 학년 재학생, 대졸 이상 미취업자 등으로 '청년취업성공패키지'는 최장 1년의 기간 내에서 지원 대상자에게 단계별 통합적인 취업지원 프로그램을 제공하고 있는데 단계마다 일정 요건 충족 시 참여수당을 지급하고 있다.

일부 지자체가 청년고용증진을 위해 혁신적으로 실시하는 사업으로는 경기도 성남시의 청년배당(youth dividend)정책이 있다. 배당이라는 표현에서 드러나듯 기본 소득의 원리에 뿌리를 두고 있는데, 성남시에 주민등록을 두고 3년 이상 거주한 만 24세 청년에게 연간 50만 원씩의 지역화폐(지역상품권)를 지급해 자기개발기회를 제공한다.

서울시에서는 청년수당사업을 실시하고 있는데, 만 19~29세의 청년구직자 가운데 월 30시간 이하로 일하는 사람들에게 교육비와 교통비, 식비 등 최소수준의 활동 보조비용에 해당하는 한 달에 50만 원씩 최장 6개월까지 지급하는 복지사업이다. 이는 초단시간 근로자나 졸업유예자 등 학생도 취업자도 아닌 일명 '사회 밖 청년'을 지원하기 위한 '2020 청년정책기본계획'의 일환이다. 서울 거주 청년 가운데 중위소득 60% 이하 청년을 대상으로 구직활동 등 자기주도적 활동이나 공공·사회활동 등에 대한 계획서를 심사해 선발한다. 서울시는 사업의 일환으로 2000명의 청년에게 1차 지급분을 배

분했는데, 보건복지부는 청년수당사업이 「사회보장기본법」을 위배했으며 정부의 동의가 없는 불법이므로 나눠 준 돈을 다시 거둬들이라고 명령했다. 정부는 특별한 대책이 없다면 서울시의 청년수당정책에 동의해 주고 해당 사업의 실효성 여부를 지켜봐야 할 것이다.

5. 현행 제도의 한계

정부의 '청년고용절벽해소 종합대책' 핵심은 3년 동안 20만 개 이상의 일자리기회를 만들겠다는 것이다. 그러나 2016년 2월 기준 청년실업률이 12.5%로 사상 최고치를 경신한 것을 보면 정부는 효율성 없는 일자리정책만을 남발하고 있을 뿐이다. 자세히 살펴보면 20만 개의 일자리 가운데 신규 채용은 7만 5000명뿐이고 나머지 12만 5000명은 인턴과 직업훈련이다. 신규 채용 7만 5000명도 교원명예퇴직 확대(1만 5000명)와 임금피크제 도입(공공기관 8000명, 민간부문 3만 명) 등 고령자의 조기퇴직과 임금삭감으로 마련한 청년 일자리(5만 3000명)가 대부분을 차지하고 있다(김유선, 2015).

청년층 무직자의 경우 장기적으로 취업이 되지 않을 때 취업을 포기하고 무기력한 상태에서 은둔생활로 접어들게 되는데, 청년층 실업률 해소를 위한 정부정책은 양질의 정규직 일자리를 확대하기보다는 시간제 일자리만 양산하고 있다. 또한, 일자리를 구하려는 청년들에게 눈을 낮추라고 요구하는 등 일관성이 없고, 구체성과 실효성이 떨어지는 임기응변식의 정책만을 말할 뿐이다.

한국고용정보원이 기획재정부의 연구 용역을 받아 작성한 '청년고용대책 이행 상황 모니터링 및 실효성 제고방안'(안호균, 2016. 1. 16.)에 따르면 청년고용절벽해소 종합대책 프로그램에 참가한 청년 500명 중 202명(40.4%)이 취업에 성공했지만 비정규직 비율이 높고 임금수준은 낮았다. 프로그램에 참여해서 취업한 청년 중 비정규직 비율은 42.4%에 달했으며 임금수준은 150만 원 미만이 40.1%를 차지했다. 그러나 프로그램 미참여자 집단(500명)에서는 비정규직 비율은 16.6%, 150만 원 미만의 임금을 받는 비율은 19.1%에 그쳤다. 청년고용대책 프로그램 참여자를 대상으로 정성조사 결과, 일자리의 질과 관련해 "청년고용대책을 통한 일자리는 규모가 작고 임금도 낮은 곳이 많으며 청년들의 실업률을 낮추기 위한 임시방편일 뿐 정규직 전환을 보장하지 않고 야근이 잦고 과다한 업무로 인해 힘들다."는 비판적인 대답을 내놨다. 청년고용대책 일자리의 특성을 파악한 결과 상대적으로 일자리의 질이 떨어졌고, 현 직장에 대한 주요 애로사항을 파악한 결과 임금과 복리후생, 장시간근로 등이 문제점으로 지적됐다. 결국 청년고용대책 프로그램은 인턴이나 직업훈련 프로그램이 많고 정규직 비중이 낮으며 정규직 전환, 사회보험 가입, 임금수준 등에서 조건이 좋지 않은 것으로 나타났다.

청년층이 원하는 것은 구체적인 실효성이 없는 숫자 놀이가 아니라 양질의 일자리 확대정책이다. 청년층에 대한 일자리 부족은 청년고용문제의 핵심으로 경제위기와 경제적 불확실성의 확대로 인한 청년층에 대한 수요 감소는 청년층 비경제활동인구의 증가로 이어지고 있다. 그리고 이러한 일자리 확대는 양질의 일자리를 중심으로 이루어져야 효과적일 것으로 생각된다. 그간 정부에서 청년고용문제 해결을 위한 정책을 시행했으나 큰 효과가 없었던 것은, 정책 대부분이 청년창업지원과 청년인턴제 등 자영업 형식의 노동시장 진입이나 상대적으로 좋지 않은 일자리를 중심으로 한 노동시장정책이기 때문이다. 이는 단기적으로 노동지표에는 긍정적인 효과를 보일 수 있지만 장기적인 해결책이 되지는 못한다. 결국 좋지 않은 일자리를 중심으로 하는 노동공급 측면에 치중된 정책보다는 양질의 일자리 확대정책을 바탕으로 하는 정부의 해결방안이 수립되어야 하며, 이를 통해 청년층의 자발적인 노동공급 증대와 함께 노동수요를 확대하면 청년고용문제 해결의 기반을 마련할 수 있을 것이라고 생각된다.

6. 대안

바람직한 청년고용을 위한 대안을 제시하면 다음과 같다.

첫째, 현재의 교육제도가 교육의 본 목적인 인적 자본 축척의 방향에서 벗어나 단순히 경쟁논리로 작용하고 있으며 학력, 자격증 등의 교육성과가 노동시장 진입을 위한 지표 역할에 그치고 있다. 따라서 우리나라 교육제도는 기존의 안일하고 명목적인 교육방향에서 벗어나 효율적이고 실질적으로 노동생산성 향상을 기할 수 있는 기술습득 기회를 제공해야 할 것이며 노동시장 및 교육시장 정보 제공 체계의 구축과 함께 전공 직무의 매칭을 촉진시키는 직업안정사업 역할의 강화가 요구된다. 직업훈련교육 역시 스펙 쌓기의 일환이 아닌, 효율적이고 실질적으로 생산성을 향상시킬 수 있는 기술습득을 제공할 수 있는 과정이 되어야 하며 직무역량과 교육 간 부조화를 해소시킬 수 있는 직업훈련의 질 제고, 직업안정사업 역할 강화가 요구된다(김유빈, 2015).

둘째, 현행 인문계와 실업계의 이분법적 분리교육 패러다임을 유지하고 있는 우리나라의 직업교육제도는 모든 학생에게 직업교육의 기회를 제공하고 진로 결정의 유연성을 보장하는 통합교육 패러다임으로 전환을 모색할 필요가 있다. 실업계 학생들이 인문교육을 충실히 받지 못하는 문제를 완화하는 한편, 모든 학생에게 보편적인 직업교육을 제공할 수 있도록 현재의 실업계 고등학교를 점차 줄여가면서 인문계 고등학교를 종합학교 체제로 개편해 나가야 하며 인문교육 및 기초 능력뿐 아니라 전문 직업교육의 강화가 필요한데, 학생들이 적성과 수준에 맞는 직종별 전문교육을 받을 수 있도록 다양한 교과목을 제공하고 전공 모듈방식을 도입하여 청년이 노동시장의 변화에 능동적으로 대처할 수 있는 환경을 마련하는 것이 중요하다(김수현 외, 2003).

셋째, 청년고용할당제를 확대해 나가야 한다. 2013년 5월에 「청년고용촉진 특별법」 제5조(공공기관의 청년 미취업자 고용 의무)가 개정되었다. "매년 각 공공기관과 지방공기업이 정원의 3% 이상씩 청년 미취업자를 고용하도록 노력하여야 한다."를 "…… 고용하여야 한다."로 개정한 것인데, 이 조항은 2014년부터 2016년까지 한시적으로 적용된다. 고용노동부에 따르면 청년고용 의무 조항을 적용하기 시작한 2014년에 공공기관과 지방공기업의 청년고용 의무 이행률이 크게 개선되었다. 청년고용 의무 이행기관 비율은 2013년 51.3%에서 2014년 74.4%로 23.1%p 높아지고, 청년고용률도 3.5%에서 4.8%로 1.3%p 높아졌다(고용노동부, 2015).

2015년 4월 심상정 의원실은 「청년고용촉진 특별법」 개정안을 발의했다. 주요 개정 내용은 "기존의 청년 의무고용 비율을 3%에서 5%로 늘리고, 300인 이상 민간 대기업에도 청년고용할당제를 적용하고, 청년 미취업자를 고용하는 사업주에게 고용지원금을 지원하고, 의무고용 비율을 맞추지 못하는 사업주에게 고용부담금을 부과하는 것"인데, 이 조항은 2019년까지 한시적으로 적용하는 것으로 되어 있다. 청년 의무고용 비율 5%를 300인 이상 민간 대기업에 적용하면 청년 일자리가 23만 개 늘어나고, 10대 재벌기업에서는 6만 5000개가 늘어난다. 정규직으로 한정하더라도 300인 이상 민간 대기업은 14만 개, 10대 재벌기업은 4만 개의 일자리가 늘어난다(고용노동부 고용형태공시제 결과에서 추정, 2015).

넷째, 사회서비스산업에 있어 양질의 일자리 확대정책 역시 청년고용문제의 해결방안 중 하나로 고려해 볼 수 있다. 사회서비스산업은 민간 수요가 증대됨에 따라 경제위기와 상관없이 지속적으로 고용이 증대된 산업이다. 사회서비스산업에서의 정부 개입을 통한 양질의 일자리 확대는 민간 수요를 충족시킴과 동시에 청년층에 양질의 일자리를 제공할 것이다. 또한, 사회서비스산업에 대한 정부의 개입은 지금까지 좋지 않은 일자리가 많이 만들어지던 사회서비스산업의 현실을 바로잡는 역할을 할 수 있다. 정부와 공공부문이 시장에서 양질의 일자리를 만드는 것을 선도함으로써 민간도 양질의 일자리 창출에 동참하도록 할 수 있다.

다섯째, 청년인턴제를 폐지해야 한다. 고용노동부는 2015년 상반기에 인턴 다수 고용 사업장을 수시 감독한 결과, 151개 사업장 중 103개소에서 236건의 노동 관계 법 위반 사항을 적발했다. 필요 인력을 근로자가 아닌 실습생으로 대체 채용하고, 일반근로자와 동일하게 연장·야간근로를 하게 하는 등 사실상 「근로기준법」상 근로자로 활용하면서 법적 의무를 이행하지 않는 사례도 발견됐다. 청년인턴도 일종의 고용할당제라 할 수 있다. 문제는 청년이 꿈과 희망을 갖고 일할 수 있는 정규직 일자리가 아닌 임시적 비정규직 일자리에 할당함으로써 비정규직과 수습기간만 늘리는 결과를 초래한 점이다. 노동생활에 처음 진입하는 청년에게 좋지 못한 경험을 남김으로써 오히려 취업을 기피하고 스펙 쌓기에 몰두하는 결과를 초래한다. 청년인턴제를 폐지하고 해당 재원을 중소기업 정규직 채용 촉진기금으로 활용하는 것이 바람직하다(김유선, 2015).

여섯째, 실 노동시간 단축이 필요하다. 경제활동인구조사 결과(통계청, 2014), 주당 실 노동시간 분포를 살펴보면 주당 노동시간이 36시간 미만인 단시간 노동자는 304만 명(16.3%)이고, 36시간 이상 52시간 이하인 노동자는 1214만 명(64.7%)이며, 법정 초과근로 한도인 주 52시간을 초과해서 탈법적으로 장시간 일하는 노동자는 357만 명(19.0%)이다.

박근혜 정부는 대선 때 '2020년까지 OECD 수준으로 노동시간 단축'을 공약하면서, 「근로기준법」상 초과근로시간 한도 지키기, 휴일근로 초과근로시간 산입, 근로시간 특례업종 축소, 장시간근로를 강제하는 교대제 개편 등을 정책 수단으로 제시했다. 하지만 실제로는 법정 근로시간 한도를 주 52시간에서 주 60시간으로 연장하고 재직자 요건이 있는 고정상여금은 통상임금에서 제외하려 하였다. 연장 노동시간을 1800시간 이하로 단축하고 고용률 70% 목표를 달성하려면, 주 5일제 전면 실시, 「근로기준법」에서 연장근로시간 한도인 주 12시간을 지키기, 휴일·휴가 확대, 교대제 개선, 통상임금 산정방식 정상화로 기업의 장시간 노동유인을 억제해야 한다. 통상임금을 산정할 때 고정 상여금과 기타 수당을 포함하면 기업은 비용부담을 줄이기 위해 연장근로를 줄이려 할 것이며, 기업의 장시간 노동유인이 줄면 연장근로시간이 줄고 신규 일자리가 늘어날 것이다. 날로 심각해지는 청년실업문제를 감안할 때 이제는 주 4일 근무제를 검토할 단계가 된 것으로 판단된다. 근로시간 특례 등 예외 조항을 없애고 법정 근로시간 한도(주 52시간)를 지키면 새로운 일자리 62만 개를 만들 수 있다. EU의 지침대로 주 48시간을 초과하는 장시간 노동을 일소하면 새로운 일자리 105만 개를 만들 수 있다. 즉, 2014년을 기준으로 주 48시간을 초과하여 장시간 노동하는 사람은 모두 518만 명이며, 주 48시간을 초과하는 노동시간을 모두 합치면 5047만 시간이다. 이를 주 48시간으로 나누면 새로운 일자리 105만 개가 가능하다(김유선, 2015).

일곱째, 실업급여 확대와 구직촉진수당 도입이 필요하다. 실업급여제도는 대표적인 사회적 안전망으로 실업 상태인 노동자들의 생활안정을 도모하는 데 목적이 있다. 그러나 현재는 실업급여 지급기간이 지나치게 짧고 지급수준이 낮아서 사회안전망으로서 제 구실을 다 하지 못하고 있다. 현행 실업급여제도는 다음과 같이 개선할 필요가 있다.

㉠ 실업급여 지급기간을 현행 90~240일에서 180~360일로 확대해야 한다. ㉡ 실업급여 1일 지급 하한액을 현행 최저임금의 90%선을 유지하되, 상한액은 최저임금의 150%로 상향 조정해야 한다. ㉢ 자기 사정으로 이직한 피보험자가 성실하게 취업 노력을 기울였음에도 3개월 이상 취업하지 못할 경우 실업급여를 지급해야 한다.

현행 고용보험제도에서 실업급여를 보완해도 신규실업자(청년실업자)와 폐업한 영세 자영업자 등은 실업급여 적용 대상에서 원칙적으로 제외된다. 따라서 이들을 대상으로 하는 구직촉진수당제도를 도입해 좀 더 폭넓고 실효성 있는 고용안전망을 구축할 필요가 있다. 지급 대상자는 15세 이상에서 65세 미만에 해당하는 사람 중「고용보험법」에 따른 구직급여 수당 자격이 종료된 실업자,「고용보험법」에 따른 고용보험에 가입한 사실이 없는 실업자, 폐업한 영세 자영업자로 한정하면 된다.

여덟째, 청년층 무직자를 위한 안정된 일자리 창출과 인력 수급 체계화가 필요하다. 현재 정부의 청년대책은 단기적으로 일자리 양을 늘리는 정책에만 무게를 두는데, 청년문제는 저성장과 산업구조 변화 등 구조적 문제에서 비롯된 것인 만큼 청년실업과 청년빈곤문제 해소를 위해서 중앙정부가 더욱 적극적인 대책을 마련할 필요가 있다. 경제활성화를 통한 고용창출 효과를 극대화하고 기업과 대학 간의 일자리 연계체계를 구축하며 직업능력 개발을 위한 학습체계를 도입하는 것은 물론이고 사회적 일자리 창출 및 복지환경의 개선에도 힘써야 한다. 더 근본적으로는 실업부조 도입이나 고용보험제도 개선을 통해 사각지대에 있는 청년에 대한 지원 폭을 넓혀야 한다. 특히 청년 니트에 대해서 사회적 배제의 위험이 높은 만큼 사회적 통합을 지원하는 정책이 필요하다(박승헌, 2016. 2. 3.).

7. 결론

청년층 무직자의 경우 장기적으로 취업이 되지 않을 때 취업을 포기하고 무기력한 상태에서 은둔생활로 접어들게 되는데, 청년층 실업률 해소를 위한 정부정책은 양질의 정규직 일자리를 확대하기보다는 시간제 일자리만 양산하고 있다. 또한, 일자리를 구하려는 청년들에게 눈을 낮추라고 요구하는 등 일관성이 없고, 구체성과 실효성이 떨어지는 임기응변식의 정책만을 말할 뿐이다.

청년층이 원하는 것은 구체적인 실효성이 없는 숫자 놀이가 아니라 양질의 일자리 확대정책이다. 청년층에 대한 일자리 부족은 청년고용문제의 핵심으로 경제위기와 경제적 불확실성의 확대로 인한 청년층에 대한 수요 감소는 청년층 비경제활동인구의 증가로 이어지고 있다. 그리고 이러한 일자리 확대는 양질의 일자리를 중심으로 이루어져야 효과적일 것으로 생각된다.

이제까지 살펴본 청년고용문제 해결을 위한 정부정책은 단기적인 효과만을 보이거나 실효성이 없는 것이 대부분이었다. 청년 실업의 장기화는 미래사회에 부정적인 영향을 미칠 것이다. 근본적인 해결책이 필요한 시점이다. 청년층 고용문제 해결을 위한 실업급여 확대와 구직촉진수당 도입 및 사회적 안전망과 결합한 적극적 노동시장정책을 통한 청년층 노동시장 진입 촉진정책은 청년 니트족과 비경제활동인구를 줄이는 데 긍정적인 영향을 미칠 수 있을 것이다.

또한, 막연하게 새로운 스펙을 쌓기보다는 하고 싶은 일을 접하고 그 일에 필요한 기술을 익힐 수 있는 기회를 제공하는 것이 청년들의 노동시장 진입에 도움이 될 것이다. 이를 위해서는 미취업 청년을 대상으로 기본소득제 실시가 고려되어야 한다. 최근 한국에서도 기본소득제가 활발하게 논의되고 있다. 청년 노동시장의 변화를 고려했을 때 기본소득제도를 적극적으로 검토할 필요가 있다. 기본소득제의 단계적 도입을 위해 청년과 같이 기존 소득보장제의 사각지대에 있는 대상부터 시작해 볼 수 있다. 기본소득제를 통하여 청년에게 생존에 위협을 받지 않고 다양한 활동을 할 수 있는 자유가 주어진다면, 노동과 일이 실험, 탐험, 자원봉사, 다양한 문화예술 활동과 조화를 이룰 수 있게 될 것이고 시장에서의 일은 일생의 다양한 활동 중 하나로 오히려 자연스럽게 받아들여질 수 있을 것이다. 그런 사회에서는 궁극적으로 어떤 일이 시장에 기여하더라도 그 과정에서 생산성과 쓸모에 대한 강요가 사라지고 삶의 질을 높일 수 있을 것이다.

제6장 문화적 다양성 문제

I 서론

세계화와 함께 국적을 넘나드는 시간적·공간적 배경은 문화의 다양성(diversity)을 필연적으로 불러올 수밖에 없는 상황이다. 교통수단 및 정보통신의 발달은 지구촌을 하나로 묶는 데 일조하였고, 시간적·공간적 거리감의 축소는 각 나라 간의 교류를 더욱 활발하게 만들었다. 한국 사회도 외국인 근로자, 결혼이민자, 북한이탈주민, 외국국적 동포, 유학생 등이 급격히 증가함에 따라 구성원의 국적, 인종, 문화가 다양해지고 있다. 이러한 것을 통해 사람들은 다양한 문화를 접할 기회를 더 많이 갖게 되었고, 문화적 다양성에 대한 인식도 확대될 수 있었다. 그러나 이민자의 증가에 따른 문화적 충돌 과정은 이민자와 기존 정주자, 두 체계 간에 새로운 균형을 요구하게 되었고, 변화와 유지라는 명제 아래 새로운 적응 상태를 유지하기 위한 다소 힘겨운 노력을 펼치고 있다.

UNESCO는 2001년 제31차 UNESCO 총회에서 '문화다양성 선언'을 채택함으로써 문화다양성의 가치를 천명하였다. 이 선언에서는 인류사회에서 문화다양성이 갖는 가치를 자연에서 생물다양성이 갖는 가치와 비교하여 설명하였다. 이에 기초하여 문화다양성을 인류 공동의 유산이자 현재와 미래 세대를 위한 해택으로 인식해야 한다고 선언하였다(UNESCO, 2001). 또한, UNESCO는 문화적 다양성을 존중하기 위하여 사상, 표현, 정보의 자유를 재확인하였다. 전통적 문화 표현을 자유롭게 하고, 그 문화적 표현을 활용하는 데 있어서 특히 소수자와 토착민을 포함한 모든 사람에게 문화가 갖는 힘의 중요성을 고려하고, 문화 간 상호작용의 강화를 위한 전례 없는 여건을 제공하였다. 또한, UNESCO는 문화다양성에 대한 존중을 보장하고 언어와 이미지에 의한 생각의 자유로운 유통을 촉진(UNESCO, 2007)하는 내용을 채택하기도 하였다.

사회복지실천과정은 개인 간의 차이에 집중하고 이러한 차이를 가치 있게 다루어야 한다. 모든 사람의 기본권을 보장하고 종교적, 문화적, 인종적 차이에 따른 차별과 불평등문제를 해결하는 제도적 장치의 마련과 함께 다인종·다문화 사회에서 여러 인종과 문화가 함께 공존할 수 있는 방안을 모색하는 것이다. 서로를 깊이 이해하고 문화와 가치관의 차이를 편견 없이 바라볼 수 있는 태도가 요구되며 문화적 차이와 다양성에 대한 인식과 존중, 자기 성찰이 중요한 가치로 수용되고 다문화적 인식, 다문화 지식과 의사소통능력 배양, 다문화 환경에서의 문화적 개입을 위한 기술의 축적이 중요한 의미를 갖게 되는 것이다(Rothman, 2008). 세계화의 급격한 물살 속에서 문화다양성에 대한 수용과 개방은 타자에 대한 윤리적 의무인 관용을 전제 조건으로 인식하고 있으며, 이러한 다문화 환경은 문명의 충돌, 문화적 갈등을 넘어 '함께 살기' 위한 이념적 토대를 갖추는 노력이 요구된다. 문화적 다양성은 다문화 사회로의 변화와 서로 다른 인종과 문화적 배경을 가진 개인이나 집단을 한 사회의 구성원으로 받아들이는 정도를 말한다. 이에 문화적 다양성이 타인에 대한 배려와 옹호, 이타적인 성격 등을 기반으로 한다는 측면에서 사회복지를 구성하는 중요한 요소라고 할 수 있다(양정남 외, 2011). 즉, 사회복지실천 가치의 핵심적 가치인 평등(equity)이 실천되기 위해서 사회정의의 기본 심리적 기저로 인권 향상, 소수자 억압에 대한 저항이 필수이며, 이는 다양성 수용이 전제되어야 한다는 것이다(최종술, 2012).

Ⅱ 문화적 다양성 문제의 이해

사례

다문화 인구 100만인데 여전한 제노포비아

2020년이면 우리나라 다문화 가족 인구가 100만 명을 넘어선다. 현실이 이런데도 우리의 외국인 기피증(제노포비아)은 여전한 것으로 조사됐다. 여성가족부가 전국의 성인 4000명을 대상으로 조사했더니 다문화 수용성 지수는 100점 만점 기준에 53.95점이 나왔다. 외국인 노동자와 이민자를 이웃으로 삼고 싶지 않다고 답한 사람은 10명 중 3명꼴이었다. 이민자에게 개방적인 스웨덴에 비하면 10배 가까이나 높다.

출처: 서울신문(2016. 3. 15.).

1. 문화적 다양성 문제의 개념

1) 다문화사회

다문화의 개념은 매우 다양한 의미로 사용되면서도 그 철학적 기반·정의·정책 등에 대한 합의는 아직까지 존재하지 않는다. 다문화라는 개념은 매우 다양하고 복합적인 것이어서 단순히 다국적인 외국인 및 여러 외국 문화가 자국 문화에 유입되어 섞이거나 섞여 있는 현상만을 다문화라고 정의하기는 어렵다. 다문화사회는 국제화, 세계화, 즉 글로벌화의 결과로 보아야 할 것이다.

대다수의 사람은 다문화사회를 단어 그대로 다수의 문화가 함께 존재하는 사회라는 의미로 생각한다. 다문화사회는 한 사회 내에 존재하는 각 하위사회의 인간집단이 신념의 상대성을 똑같이 인정하고 존중하는 사회이다. 다문화사회는 이주의 보편화, 인권 개념의 확산, 소수자의 정치적 자의식, 문화적 가치의 부상 등과 관련된 새로운 양상의 사회적 결사를 지칭하는 용어라고 하였다. 따라서 다문화사회는 사회구조나 제도가 다문화 현상을 반영하고 사회구성원이 다양한 민족과 문화가 공존하는 사회임을 인정하는 사회라고 정의할 수 있다.

우리나라에서 다문화라는 용어는 2006년 4월 이후 중앙정부가 발표한 '결혼이민자 가족의 사회통합지원정책'과 '외국인정책 기본방향 및 추진체계'를 비전으로 외국인과 더불어 사는 열린 사회인 다문화사회의 지향을 제시함으로써 본격적으로 대두되었고, 정부와 언론이 다문화 또는 다문화사회라는 용어를 일반적으로 사용하게 되었다. 다문화사회란 문화 간의 격차와 이질성에 의해서 무시되거나 차별되는 것을 전략적으로 방지하고 문화에 따른 사회적·정책적·경제적 갈등을 해소하는 차원의 목적이 있다.

출입국·외국인정책본부 통계 월보의 2020년 통계에 따르면 우리나라에 거주하는 외국인 수는 2012년 145만명에서 2019년 231만 1519명으로 지속적으로 큰폭으로 증가해오다 코로나19 팬더믹의 영향으로 2020년 227만 1372명으로 1.7% 감소하였다.

2) 이민자와 인권

이민자에게도 인권이 있고, 국가가 이민자의 인권을 보호하는 것은 의무이기도 하다. 이민자를 유입하는 입장에서 가난한 사람들을 돕는다는 인식이 있지만 이주는 시혜가 아니라 국제법상에 기록된 '권리'이다. 국제사회는 소수자 집단의 보편적 권리를 향상시키는 방향으로 노력했다(Hegarty et al., 1999). 이민자의 권리에는 생존, 자유, 안전에 대한 권리, 노예화나 예속 상태에 놓이지 않을 권리, 노동을 강요받지 않을 권리, 비인도적 가혹행위를 당하지 않을 권리, 불법 체포나 구금을 당하지 않을 권리, 이동 및 국가 내에 거주할 권리, 즉 국적을 가질 권리, 결혼하고 가족을 꾸릴 권리, 일할 권리, 더 나은 조건을 선택할 수 있는 권리 등이 포함된다. 당연히 높은 실업률, 빈곤과 같은 경제적 고통으로부터의 탈출도 권리이다. 빈곤으로부터의 자유는 이주를 통해 이런 빈곤으로부터의 자유를 더욱 적극적으로 실현하려는 의지이다. 이는 단순히 거주이전이 아니라 기본권의 향유를 국제사회에 적극적으로 요청하는 권리를 의미한다. 따라서 자신의 나라에서는 발전의 권리를 실현하기 불가능한 사람이 안전과 기회를 찾아 다른 곳으로 이주하는 것은 권리인 것이다. 이것은 국경 밖의 영역에서 벌어지고 다른 국민에게 일어나는 인권침해 상황에도 국제사회가 공동의 책임을 진다는 '국가의 책무'에 대해 인지하고 동참한다는 것이다(전경옥, 2016).

산업연수생으로 시작한 우리나라의 경우 외국인 이민자에 대한 노동현장에서의 심각한 인종차별 등으로 인권에 대한 문제가 크게 사회문제가 되었다. 초기 외국인 근로자들은 최저임금 이하의 노동 대가를 지급받으며 인간적인 대우도 받지 못하는 사례가 속출했다. 여성 결혼이민자 역시 가정폭력 등에 노출되며 이들의 인권문제도 심각한 사회문제로 부상되었다. UN 인종차별 철폐에 관한 국가인권위원회는 2007년 한국 정부에 대하여 '단일민족 국가의 인종적 우월성을 극복하라.'는 취지의 권고를 한 바 있다. 권리 보호가 정책이 되고 실질적인 보호 장치가 되기 위해서는 국제적인 인권 규범이 보편적으로 수용되고 그것을 실행하는 개별 국가의 의지가 필요하다.

김용권(2015)은 "한국 노동이주정책의 개방성과 외국인 이주노동자 권리의 상관성에 관한 연구"에서 외국인 근로자의 권리지표의 개념화를 마틴 루스(Ruhs, 2011)가 주장한 권리유형을 참고하여 〈표 6-1〉과 같이 다섯 가지 권리로 분류하였다.

표 6-1 외국인 근로자 권리 분석 내용

권리 구분	권리 항목	권리 내용
시민 정치권	투표	선거에 투표할 권리
	선거 출마	노동조합과 다른 단체를 형성할 권리
	결사조직	노동조합과 다른 단체를 형성할 권리
	신분증명서	신분증명서는 정식으로 법에 의해 허가 공무원 이외의 사람에 의해 몰수할 수 없는 권리
시민 정치권	형사재판소 보호	형사 법원과 법정 앞에 시민과 같은 동등한 대우 및 보호의 권리
경제권 (직업권)	일자리 자유선택	고용의 자유로운 선택의 권리
	동일 임금	동일 임금에 대한 권리
	평등조건	동등한 고용과 보호의 권리
	노동조합 가입	노동조합에 가입할 권리
	고용 구제	사업주에 의해 고용 계약의 조건을 위반 한 경우 구제할 권리

권리 구분	권리 항목	권리 내용
사회권	실업급여	실업급여에 동등한 접근 권리
	공공퇴직연금	공공퇴직연금에 동등한 접근 권리
	공공교육과 훈련	공공교육 시스템과 서비스에 동등한 접근 권리
	사회주택을 포함한 공공주택	사회주택을 포함한 공공주택에 동등한 접근 권리
	공중보건서비스에 동일 접근	공중보건서비스에 동일 접근 권리
거주권	거주에 대한 시간 제한	법적 거주 허가에 시간 제한
	거주 안전: 고용	거주 지위에 대한 고용 손실의 영향
	거주 안전: 형사 유죄 판결	거주 지위에 대한 형사 유죄 판결의 영향
	시민권에 직접 접근	시민권을 신청할 권리
	거주 구제	거주 허가의 취소 또는 비 갱신의 경우, 강제 퇴거 명령의 경우에 거부할 권리
가족	가족재결합	가족재결합 권리

출처: 김용권(2015).

3) 사회적 소수자

소수자란 사회에서 다른 다수의 구성원으로부터 구분되고 불평등한 처우를 받도록 끄집어내어진 사람들로, 그러한 차별의 근거가 신체적·문화적 특성으로 구분되고, 스스로를 차별 대상임을 인식하는 집단의 구성원을 의미한다(Wirth, 1945). 국경을 넘은 이민자가 마주하는 것은 주류 사회 속의 다른 정체성의 혼란과 문화차이이다. 즉, 사회적 소수자의 지위를 가지게 된다. 또한, 내국인이 이민자들의 문화보다 자국 문화를 우월한 것으로 보기 시작할 때 차이점은 정치화된다. 윤인진(2010)은 한국 사회의 소수자를 규정함에 있어서도 인구 규모나 생물학적, 문화적 특징이 아닌 권력의 크기에 주목해야 한다고 지적하였으며, 소수자란 사회의 제반 영역에서 성, 연령, 인종 및 민족, 종교, 사상, 경제력, 성적 취향, 지역, 그 외의 이유로 지배적이라 일컬어지는 기준이나 가치와 상이한 입장에 있어서 정치적, 경제적, 사회적 권력으로부터 완전히 소외되거나 열세적 위치에 머물러 있는 지속적인 차별과 편견의 대상을 의미한다고 설명한다. 이러한 맥락에서 다문화적 소수자 집단(multicultural minority group)은 소수자를 구별 짓는 다양한 사회의 제반 영역 중 인종, 민족, 국적, 문화 등과 같이 다문화적 특성을 기준으로 구별되는 집단을 의미한다(윤인진 외, 2010). 이민자는 어느 국가에서나 대부분 소수자이다. 소수자와 주류 사회의 공동체가 상호 공존하는 사회통합의 수준이 높은 사회는 개인, 집단 등의 사회적 연대를 강화하려는 노력이 지속적으로 이루어지는 사회다. 또한, 구성원 간의 신뢰와 유대가 돈독하여 공동의 가치를 나누며, 사회적 도전 등에도 공동 대처하는 사회이다. 이러한 공동체는 모두에게 동등한 기회를 보장하는 시스템을 위해 노력하는 사회이다(김태환, 2013).

4) 민족과 인종

민족과 인종의 개념을 대비할 때 인종은 생물학적 개념, 민족은 사회문화적 개념으로 구분하는 경향이 있다. 물론 민족은 '언어, 지역, 혈연, 정치, 경제, 역사, 민족의식을 공유하는 역사적 범주의 인간공동체'이므로 사회문화적 개념이다. 인종은 '물리적 특성에 기초해서 사회적으로 규정된 집단'으로 정의된다. 여기서 '사회적'이라는 단어가 사용된 이유는 순수한 인종이란 현실적으로 존재하지 않으며, 따라서 생물학적으로 볼 때 인종이란 무의미할 수 있기 때문이다. 실제로 1983년에 미국 루이지애나 법원에서 1/32이 흑인이면 나머지가 모두 백인조상이어도 흑인으로 분류된다는 판결이 나온 것을 볼 때 인종이 '사회적'으로 규정됨을 알 수 있다(박경태, 1999). 최강민(2006)은 민족주의가 가진 인종적 배제의 메커니즘에도 주목하는데, 그는 1970년대까지의 문학작품 중 서구인과 한국인 사이의 혼혈인이 등장하는 작품을 연구하면서, 한국 현대사에서 혼혈인들이 단일민족 신화에 의해 희생될 수밖에 없는 소수자였다고 주장한다. 즉, 미군의 주둔 시절 태어난 혼혈인들은 외모적으로 한민족과 쉽게 구별이 되었기에 민족주의에 쉽게 노출되었다는 것이다. 그가 분석한 소설에서 미군의 핏줄을 가진 혼혈인은 미국의 오만한 횡포와 훼손당한 민족의 자존심을 드러내기 위한 반민족 장치로 활용됨과 동시에, 한국인의 순수혈통을 더럽히는 '불결한 잡종'으로 취급되었는데, 이러한 분석은 민족주의적 해석과 인종주의적 해석이 교차할 수 있는 단면을 보여 준다(류경화, 2011). 한국 사회에서 다양한 인종에 대한 차별을 없애고 차이와 평등을 동시에 추구하며 다문화사회가 사회통합의 원리로 되는 사회를 만들기 위해서는 우리 안의 '인종주의' 문제 해결이 시급하다.

2. 문화적 다양성 문제의 특성

1) 가부장적 혈연중심 구조

한국 사회의 가부장적 의식구조와 혈연 중심적 의식구조는 한국 사회에 유입된 이민자들을 대상에 따라서 다르게 인식하게 하였다. 먼저 이민자 중 외국인 근로자를 바라보는 한국인은 외국인 근로자를 한국 사회 공동체의 일원으로 받아들이지 않는다. 공동체를 이루는 유교적 가치관, 아버지를 중심으로 전개되는 전통적 가족의 뿌리관념과 가치체계는 외국에서 이주해 오는 외국인 근로자들에게 그 유대와 접근을 허용하기에는 그 내재적 테두리가 강고하기 때문이다. 또한, 한국의 가부장적 사고방식은 여성 결혼이민자를 바라보는 한국인의 인식을 편향적으로 고착화한다. 이들은 혼인과 함께 가족으로 편입되어 남편에게로 종속된 여성 혹은 남편의 부모에게로 종속된 이미지로 각인된다. 이들은 혼인을 통해 한국으로 이주해 오는 것과 동시에 시부모와 남편이 주도하는 가족이라는 범주에 즉각적으로 편입되는 것이다. 여성 결혼이민자의 국적, 인종, 문화, 내면의 정체성, 개성 등의 특징은 혼인과 동시에 가족 영역으로 자연스럽게 수렴되며 더는 주류 사회의 개인과 가족, 국가에게서 이 사항은 중요하게 고려되지 않는다(김태환, 2013).

2) 단일민족·단일문화의 미화

단일문화나 단일민족의 강조를 통한 국민정체성의 확인과 공동체 결속은 국가나 사회가 외부 공동체나 국가들과 경쟁하거나 상대적 우위를 확보하기 위해서 때로는 반드시 필요한 것이기도 하다. 그러나 어느 한 국가나 공동체가 그 국가만의 단일민족이나 단일문화를 유독 강조한다는 것은 이에 속하지 않는 다른 공동체나 국가를 그리 중요하게 생각하지 않거나 무시되어도 좋은 집단으로 폄하할 수도 있다는 가정을 가능하게 한다.

이민자들은 이전 국가를 떠나 새로운 사회에 적응하기 위해 편재된다. 이민자들은 주류 사회와는 다른 언어를 사용하고 전통과 역사적 관습, 규범 등이 매우 다른 사회로 이동한 것이다. 따라서 이들은 기존의 한국 주류 사회가 가지고 있는 한국 민족, 한국 문화의 신념과 가치체계를 공유하지 못한다. 즉, 한국의 사고방식과 정체성에 적응하려면 많은 시간과 경험이 필요한 것이다. 한국에서 한국인, 한국 민족을 이야기할 때 현재의 대한민국 국경선을 기준으로 사는 사람들만 한국 민족이라고 제한하지는 말아야 한다. 이러한 특징을 간과한 채, 동질성과 집단 결속의 강조가 너무 지나쳐서 이것이 사람들을 조직하고 구별하는 유형의 범주를 대신하여, 인종 간에 차이가 존재하고 또 그 차이가 중요하다고 생각하는 사회적·종속적 인식을 갖게 하는 것이 문제이다. 인종의 차이는 현실에서 계급의 차이로 종종 나타나며, 차별과 불평등을 조장하는 데 사용되기도 하는 기제로 작동하기도 한다(김태환, 2013).

3) 자본우위-노동하위 의식

한국 사회를 지배하는 의식구조에 자본우위-노동하위의 계급적 의식구조는 이미 모든 경제구조와 사회의 운영구조에 깊이 스며들어 있다. 주로 공동체에서 노동을 통해 생계를 이어가는 사람들은 사회에서 대부분 중류계급 이하를 구성한다. 사회에서 통상 이들보다 더 낮은 계급을 형성하는 사람들은 임시직으로 일하는 사람들이거나 외국에서 이주해 온 단순기능직 근로자이다. 이들 중 일부는 계급이동을 할 수도 있지만 대부분 사회적 계층 이동의 기회는 제한되어 있다. 한번 결정되어진 계층은 사람을 그 구조에 갇히게 하고 경제적·사회적 제도는 사람들을 현재 계층에 그대로 머물게 한다. 사회계층의 하위를 이루는 외국인 근로자계층을 정의하는 주요인으로는 이들이 노동조건과 환경, 임금구조의 개선 등을 요구하거나 건의하기 어려운 것과 복종하는 구조로 볼 수 있다. 외국인 근로자는 그들의 일과 직장을 내국인과 같은 수준으로 통제하지 못한다. 대부분 외국인 근로자는 일할 때 자율적이거나 주도적이지 못하고 주로 다른 사람에게 지시를 받는다.

김병조(2009)는 다음과 같이 말한다. “오늘날 현대 자본주의에서 이주노동의 문제는 세계적 자본축적 구조에서 노동력 가치의 불균등 대우, 불균등 구조로부터 기인한다. 노동은 자본을 좇아서 이동하는 연쇄 고리와 같은 역할을 하며 이주를 선택하게 하고, 자본은 신자유주의를 이데올로기로 활용하며 노동을 지배한다.” 자본이 노동을 지배하고 통제하는 메커니즘이 분명하게 존재한다는 의미이다. 자본주의의 이러한 특징은 사실상 자본주의를 채택하고 있는 대부분의 나라에서 자본우위－노동하위의 의식구조를 공고하게 하는 데 일조한다.

3. 문화적 다양성 문제의 제영역

1) 여성 결혼이민자

사례

여성 결혼이민자에 대한 미디어의 성차별적 인식 여전

지상파 TV 등에 비친 여성 결혼이민자의 모습을 보면 여전히 인종적 편견과 성차별적인 인식에서 벗어나지 못하고 있다는 지적이 나왔다. KBS의 '러브 인 아시아', MBC의 '다문화 희망 프로젝트', EBS의 '다문화 고부 열전' 등은 가난한 나라에서 온 여성 결혼이민자들을 어떻게 돕고 있는지 보여주며 이들을 동정적 시선에 가두는 프레임을 포기하지 않고 있다. 여성 결혼이민자는 다양한 정체성을 지닌 존재로, 획일화된 이미지 안에 가둬 두지 않으려는 사고가 필요하며, 국가별 위계나 피부색에 따른 편견 속에서 이주민에 대한 차별적 대우를 당연한 것으로 여기는 인식을 바꿔 가야 한다.

출처: 이희용(연합뉴스, 2016. 11. 25.).

여성 결혼이민자의 결혼 동기는 빈곤의 여성화(feminization of poverty)와 이주의 여성화(feminization of migration)의 이론적 관점에 따라 거론할 수 있다. 세계화와 신자유주의 추세에 따른 국가 간 정치경제적 불평등은 사회구조적으로 취약할 수밖에 없는 여성들에게 더욱 심각한 영향을 미치고 있다. 특히, 이 중 가장 취약한 이주여성이 차지하는 비율이 점점 증가하면서 빈곤과 젠더 불평등이 맞물린 빈곤의 여성화가 전 지구적으로 확산되고 있다(김은재, 2016). 특히 동남아시아 저개발국가 출신 여성이 이주의 여성화 현상을 증폭시키고 있다. 유은주(2010)에 따르면 한국의 여성 결혼이민자들의 결혼 동기는 경제적인 향상과 더 나은 삶의 열망을 실현하기 위한 주체적 결단이었다는 것이다. 하지만 그들의 기대는 가족빈곤, 가부장적인 가족문화, 사회적 고립이라는 세 가지 차원에 막혔고, 기대했던 승격혼(hypergamy)은 없었다. 여성 결혼이민자

대부분은 빈곤의 악순환에서 벗어나지 못하고 우리 사회 주변부 지위에 있는 무능한 남편을 대신하여 가족에서 시장으로 내몰렸고, 우리 사회의 새로운 사회 재생산 돌봄 노동자로 변할 수밖에 없었다. 우리 사회 사적 영역에서 아내, 어머니, 며느리, 돌봄자로서는 공간을 허락받았지만 주류 사회의 문화 속으로 편입할 수 있는 길은 원천적으로 봉쇄되었다(김은재, 2016). 이들은 한국으로 이주하기 전에 한국 사회에 대한 충분한 사전 정보를 얻지 못함은 물론이고 기초적인 한국어 교육조차 받지 못한 채 갑작스럽게 한국으로 오게 된 경우가 많다. 또한, 한국 드라마나 영화를 통해 전해진 한국의 왜곡된 이미지나 결혼 중개업체로부터의 잘못된, 제한된 정보 제공으로 환상과 꿈을 갖고 한국에 오지만 막다른 현실 상황에 좌절하는 경우가 많다(정미향, 2009).

출입국·외국인정책 통계 연보(2020년)에 의하면 작년 대비 4.4% 증가한 2020년 2월 결혼이민자는 총 167,398명이고, 이 중 여성이 138,253명(82.6%), 남성29,145명(17.4%) 수준이다. 국적별로는 중국(36.1%), 베트남(26.8%), 일본(8.5%), 필리핀(7.2%) 순으로 관련 국가도 다양해지고 있다.

2) 외국인 근로자

사례

UN인권이사회, 한국 내 이주노동자 차별 시정 권고

UN인권이사회가 결혼이주민과 이주노동자 등 한국 내 외국인 차별을 바로잡으라고 한국 정부에 권고했다. 이 보고서는 지난달 30일 스위스 제네바에서 열린 UN인권이사회에서 발표된 것으로, UN특별보고관이 작년 9월 29일에서 10월 6일까지 방한해 조사한 내용을 담고 있다. 이들은 “정부는 현행 고용허가제 아래에서 이주노동자가 강제노동과 노동착취에 시달리고 있음을 인정해야 한다.”며 “수많은 독소조항 때문에 이주노동자가 정당한 권리를 박탈당하는 현실을 개선해야 한다.”고 주장했다.

출처: 권영전 (연합뉴스, 2015. 7. 2.).

UN에서 정의하고 있는 외국인 근로자는 '1년 이상 모국을 떠나 타국에 거주하는 사람'을 지칭한다. 글로벌 시대 외국인 근로자의 이동은 매우 흔한 일이 되었다. 그렇기 때문에 외국인 근로자를 수용하는 국가나 외국인 근로자를 송출하는 국가의 구별은 이미 의미를 상실했다고 볼 수 있다(김용권, 2015). 한국에서 외국인 근로자에 대한 용어는 외국인 노동자, 외국인 근로자, 이민 노동자, 이주 근로자 등 다양하게 불리고 있다. 우리나라는 「외국인 근로자의 고용 등에 관한 법률」에서 '외국인 근로자'로 정의하고 있다. 우리나라의 외국인 근로자 유형은 크게 세 가지로 분류한다. 구체적으로 세분하면 법적 지위에 따라 합법 외국인 근로자와 불법(또는 미등록) 외국인 근로자, 국적과 혈통에 따라 외국국적 동포 외국인 근로자와 일반 외국인 근로자, 체류자격에 따라 전문기술인력과 단순기능인력 등으로 분류한다. 이를 좀 더 구체적으로 살펴보면 다음과 같다.

첫째, 법적 지위에 따른 분류이다. 대부분 국민국가가 외국인 출입국 및 체류, 노동활동 등을 통제하기 위하여 비자나 체류허가증, 취업허가증 등 관련 서류를 구비하도록 요구한다. 이러한 서류를 갖추지 못한 외국인 근로자들은 합법적인 취업이 불가능한 '미등록 외국인 근로자(undocumented workers)'나 '불법 외국인 근로자(illegal immigrant workers)'로 법적 제재의 대상이 된다.

둘째, 국적과 혈통에 따른 분류이다. 한국은 2003년 7월 31일 통과된 「외국인 근로자의 고용 등에 관한 법률」에 따라 2004년 8월부터 시행되는 현행 '고용허가제'를 일반 외국인 근로자를 대상으로 하는 '일반고용허가제'와 외국국적 동포인 외국인 근로자를 대상으로 하는 '특례고용허가제'로 구분한다. 특례고용허가제는 외국국적 동포에 대한 포용정책의 일환으로 2007년 3월부터 시행되고 있는 일정한 요건을 갖춘 사업장의 고용주가 대한민국에 입국한 외국국적 동포를 고용할 수 있도록 하는 제도다. 이 제도는 북방동포 등에 대해 최장 5년간 자유로운 출입국과 취업기회를 부여하는 방문취업(H-2)의 복수비자(M)를 발급하고 있다. 방문취업 비자를 소지한 재외동포는 친척방문, 관광, 상업적 용무 등은 물론 정해진 절차와 규정에 따라 허용된 다양한 업종(서비스업·제조업·농축산업·어업·건설업)에서 취업활동을 할 수 있다.

셋째, 체류자격에 따른 분류이다. 외국인 근로자를 분류하는 가장 쉬운 방법은 체류

자격에 따라 '전문기술인력'과 '단순기능인력'의 외국인 근로자로 분류하는 것이다. 한국에서 「출입국관리법 시행령」상 전문기술인력은 E-1(교수)와 E-2(회화 지도), E-3(연구), E-4(기술 지도), E-5(전문직업) E-6(예술 흥행)의 일부 및 E-7(특정 활동)에 해당되는 근로자로 전문직에 종사하는 외국인 근로자를 의미한다. 단순기능인력은 고용허가제와 방문취업제로 입국하는 외국인 근로자로 산업연수(D-3, E-8), 비전문취업(E-9), 방문취업(H-2) 자격에 해당하는 외국인 근로자를 지칭한다. 이들 외국인 근로자 대부분은 제조업, 건설업, 어업, 농·축산업 및 32개 서비스 업종에서 생산기능과 서비스·판매, 단순직종 분야에 종사하고 있다.

표 6-2 취업자격별 체류 외국인 [단위: 명 (%)]

구분			체류 수
외국인 노동자 통계			609,455 (100)
외국인 노동자	전문노동자	교수(E-1)	2,642 (0.4)
		회화 지도(E-2)	15,701 (2.5)
		연구(E-3)	3,051 (0.5)
		기술 지도(E-4)	202 (0.03)
		전문직업(E-5)	625 (0.1)
		예술 흥행(E-6)	5,031 (0.9)
		특정 활동(E-7)	20,443 (3.4)
		단기취업(C-4)	873 (0.2)
		계	48,568 (8.0)
	단순기능인력	비전문취업(E-9)	269,380 (44.2)
		방문취업(H-2)	276,963 (45.4)
		선원취업(E-10)	14,544 (2.4)
		계	560,887 (92.0)

출처: 법무부(2015). 출입국·외국인정책 통계 연보.

한국 정부는 가급적 전문기술인력에 대해서는 고급 인력을 선별적으로 도입하여 경제사회적 효과를 극대화하려고 시도하며, 단순기능인력에 대해서는 국내 노동시장을 교란하지 않는 선에서 최소한 필요한 근로자를 수용하여 효율적으로 관리하고 일정 기간 체류 후에는 반드시 귀국하도록 하여 사회적 비용을 최소화하는 차별화된 정책을 펼치고 있다(김용권, 2015). 그러나 그동안 외국인 근로자를 인력난 해소 차원에서만 도입했을 뿐 이들의 사회통합 문제를 고려하지 않음으로써 사회갈등을 야기하였다. 이들에 대한 법적, 제도적 뒷받침이 미비하여 열악한 노동환경이 개선되지 않고 있으며, 상당수의 불법체류자는 법적 신분의 약점으로 임금체불이나 인권침해를 받는 문제가 있다. 외국인 근로자의 문제는 기업의 노동생산성뿐만 아니라 우리 사회에서 외국인 근로자의 삶의 질 수준에도 부정적인 영향을 미친다.

3) 새터민

사례

철조망보다 높은 차별 … 여전한 이방인 새터민: 사회 부적응, 무관심 속 자살·자살기도 잇따라

북한을 탈출, 한국에 10년 넘게 산 A(34, 여) 씨는 지난 9월 추석을 하루 앞두고 스스로 목숨을 끊었다. A 씨는 결혼생활에 실패하고 이혼한 후 직접 아들을 키우기 위해 직장생활을 시작했다. 이마저도 적응하기 쉽지 않자 극단적인 선택을 했다. 새터민(북한이탈주민)은 여전히 이방인이다. 한국 사회에 잘 녹아들지 못해 극단적인 선택을 하는 사례가 심심찮게 일어나고 있다.

출처: 김지은(뉴시스, 2015. 12. 16.).

「북한이탈주민의 보호 및 정착지원에 관한 법률」에 따른 북한이탈주민이란 군사분계선 이북지역(북한)에 주소, 직계가족, 배우자, 직장 등을 두고 있는 사람으로서 북한을 벗어난 후 외국국적을 취득하지 아니한 사람을 말한다. 새터민은 「헌법」에 따른 대한민국 국민으로 별도의 국적 취득 절차가 필요 없고, 국내 입국 후 보호결정이 되면 정착지원법에 따른 보호 및 지원을 받는다는 점에서 현재 남한사회에서 활발히 논의되고 있는 여성 결혼이민자나 외국인 근로자 등 다른 이주민집단과는 근본적으로 다른 성격을 지닌다(김현정·박선화, 2016). 탈북자나 북한이탈주민이 주는 용어의 부정적 이미지 때문에 통일부에서 용어 선정에 나섰으며 전자공청회(2004년 9월 13~26일)를 실시했다. 인터넷 포털사이트 '다음(DAUM)'을 통해 설문조사로 진행하여 새터민이라는 용어가 선정되었고, 2005년부터 국내 정착 북한이탈주민을 새터민이라는 새 용어로 바꾸어 부르기로 하였다. 새터민이란 새로운 터전에서 삶의 희망을 갖고 사는 사람이라는 뜻을 가진 순수한 우리말이다. '새터민' 용어에 대해 정부는 관련 법률 용어도 고치고 국어사전에도 새로 등재할 것이라며 홍보했으나, 단어 자체가 생소한데다 일반 시민뿐만 아니라 당사자들에게도 호응을 얻지는 못하였다.

새터민은 북한을 탈출해 남한으로 왔다는 공통점에도 불구하고 서로 다른 출신배경과 탈출 동기, 우려되는 불이익 등으로 상호 융화되지 못하며, 그 정체성이 불분명하다고 할 수 있다. 이들을 대하는 주류 사회의 태도 역시 이중적이다. 민족과 인권 차원에서 수용해야 할 집단으로 대상화하기도 하나, 오히려 타 이민집단보다 공동체 생활에 갈등을 겪으며, 북한에 대한 부정적인 태도를 이들 새터민에 덧세워 판단하기도 한다. 새터민은 한국 사회에서 사회적 배제에 직면한 집단 중 하나로, 이들은 정부와 사회로부터 정책적 지원과 보호를 받아야 할 대상이다. 이들은 한국 사회에 완벽히 적응하기도 전에 자본주의체제라는 큰 변화 안에서 정신적·물질적 차별과 편견에 직면하고, 경제적·문화적 차이를 경험하게 된다. 차별과 편견에 대한 경험, 정치경제적·사회문화적 변화는 새터민의 사회부적응으로 이어지고 다양한 유형으로 나타나 이들의 지역사회통합을 저해하는 요인으로 작용한다. 새터민의 문제는 장기적으로 이들의 적응문제를 해결하고 주류 집단과의 갈등을 해소하며, 한국 사회 내에서 성공적으로 정착하기 위해 다문화 관점의 인식이 필요하다(김현정·박선화, 2016).

새터민의 국내 입국은 최근 10년(2012~2021) 현황에서는 2021년 12월말 총 누적인원은 총 3만 3,815명이고, 이중 여성 입국자는 2만 4,340명으로 전체 입국자의 72% 수준이다. 연도별 추이를 보면, 2012년 1,502명, 2016년 1,418명을 정점으로 2017년 1,127명, 2019년 1,047명, 2021년 63명으로 계속 감소하는 추세이다(통일부 2022. 통일백서).

Ⅲ 문화적 다양성 문제의 실태

1. 차별적 처우

흔히 이민자에 대한 차별이라 하면 '인종'을 이유로 한 차별로 협소하게 이해하지만, 세계인권선언문과 「국가인권위원회법」에서는 이민자에 대해서 '인종' 이외에도 다양한 영역에서 차별을 금지함으로써 다양성과 평등성의 조화라는 대원칙을 명문화하고 있다. 즉, 문화적 다양성의 목록에는 '인종, 피부색, 성, 언어, 종교, 정치적 또는 그 밖의 견해, 민족적 또는 사회적 출신, 재산, 출생, 기타의 지위'에 따른 정체성 모두가 포괄될 수 있어야 하는 것이다(문은현, 2014). 한국의 경우 〈전국 다문화가족 실태조사〉 보고서(2015)에 따르면, 응답한 결혼이민자·귀화자 등 가운데 '외국인'이라는 이유로 사회적 차별을 경험한 적이 있는 이들이 40.7%에 달한다. 또한, 2014년 UN인종차별 특별보고관은 한국의 이주민 실태를 조사한 뒤, 한국 사회에 '심각한 인종차별'이 존재함을 지적하고 구체적인 통계 수집 등을 통해 이주민이 겪는 차별이나 배제 정도를 살펴볼 필요성을 제기하였다(이정훈, 2014). 차별은 이주민의 사회경제적 기회(취업, 교육 등)를 제한할 뿐만 아니라 건강이나 자존감(self-esteem), 생활만족(life-satisfaction)과 같은 개인 삶의 질에도 부정적 영향을 미쳐 사회불평등을 악화시킨다(Williams & Mohammed, 2009). 결혼이민자 차별의 구조적 차원을 강조하는 연구는 한국인의 이주민 차별이 집단 간 우월성과 열등성에 대한 인종주의적이고 가부장적인 이데올로기에 기반하고 있음을 지적한다(하상복, 2012).

1) 여성 결혼이민자

한국의 결혼이민자 집단이 겪는 차별 원인에 대해 크게 두 가지 관점으로 나눌 수 있다.

첫째, 결혼이민자에 대한 한국인의 차별은 두 집단 간의 언어, 생활방식, 관습, 혹은 규범의 차이에 기인한다는 문화적 관점(cultural perspective)이 있다. 문화적 관점에 따르면 결혼이민자가 겪는 차별 경험은 한국인의 다문화 수용도, 결혼이민자의 문화적응 정도에 따라 달라질 수 있다(김한성·이유신, 2013).

둘째, 법적·사회적 제도, 인종주의(racism) 등 사회구조적인 요인이 결혼이민자에 대한 차별을 발생시킨다는 구조적 관점(structural perspective)이 있다. 이에 따르면 결혼이민자를 포함한 한국의 이주민들은 한국인이 누리는 시민권을 온전히 보장받지 못하고 있으며, 주류 미디어에 의해 한국인과 다른 사회적 타자로 재현되고 있다.

킴(Kim, 2013)의 연구에 따르면, 국가의 다문화정책은 결혼이민자(특히, 여성 결혼이민자)를 한국인과 같은 존재로 취급하는 것이 아니라 한국인을 재생산해야 할 모성적 시민(maternal citizen)으로 재현하고 있다는 것이다. 동시에 이들은 한국인 자녀를 양육하기 위해서 한국화(Koreanized)되어야 할 종족화된 타자(ethnicized other)로 구성된다(김유균 외, 2015)고 하였다.

2) 외국인 근로자

김재우(2005)의 연구에 따르면 한국인은 미국이나 유럽 등 선진국에서 온 서구인에게는 비교적 호의적이며 긍정적인 태도를 갖고 있는 반면, 비서구인인 중국인 및 동남아시아인은 후진국 출신으로 생각하여 은연중에 무시하고 비하하는 태도를 갖는다고 한다. 그들의 한국 체류 목적이 경제적인 이유라는 것, 그들 대부분이 한국인이 기피하는 3D 직종에 종사하는 것이 차별 상황을 만든다고 지적하였다. 또한, 한국 사회에서 이러한 차별 현상은 드물지 않으며, 이는 한국인이 인식하는 외국인에 대한 개념이 일반적이지 않고 서구인과 비서구인의 이분법적 및 차등적 개념만 있기 때문이라는 것이다. 한국인이 필리핀이나 스리랑카 등 동남아시아 근로자들에게 느끼는 거리감과 차별의 근저에는 잘 사는 나라 – 못 사는 나라, 문명 – 야만의 이분법적 의식이 깔려있다고 언급한다.

2010년에서 2012년에 이르러 시행된 세계 가치관 조사에 따르면 '외국인 근로자·이민자를 이웃으로 삼고 싶은가?'의 질문에 우리나라는 59.4%만이 긍정으로 답하여 33개국의 평균인 80.9%보다 한참 낮은 수치를 보이며 31위를 차지했다. 또한 '다른 인종을 이웃으로 삼고 싶은가?'의 질문에도 70.4%만이 긍정적으로 답하여 34개국 중 33위를 차지하며 우리 사회가 다른 인종에게 차별적이며 폐쇄적이고 아직도 자국민 선호사상이 우리 사회에 팽배해 있다는 점을 보여 주었다(박은영, 2013).

3) 새터민

이수정과 양계민(2013)의 연구에서는 새터민에 대한 남한주민들의 인식이 긍정적이지 않으며, 남과 북의 분단 상황으로 인해 적대적 위치에 있는 북한의 이미지를 이들에게 투사시키는 경향이 있다고 하였다. 통일과 같은 변화에 대한 무관심 또는 심리적 저항과 남한 문화의 강한 폐쇄성으로 인해 남한주민이 새터민을 자신들과 특별히 관련이 없다고 판단하고 그들에 대해서 부정적으로 평가하여 내집단화(in-group)하지 않을 가능성이 높기 때문에 차별적 분위기가 형성된다는 설명이 있다(이민지, 2016).

새터민은 대한민국 국민이면 누구나 누릴 수 있는 동등한 기본 권리가 있음에도 불구하고 사회적으로 배제되고 차별받는 소수자의 위치에 놓이게 될 수 있음을 강조하였다. 새터민집단은 중국과 동남아시아 지역 출신이 중심이 된 외국인 근로자나 여성 결혼이민자 등 종족과 인종으로 차이가 나는 이질적인 여타 소수의 집단과는 달리, 한국사회에 동화되기 쉬운 민족적·문화적 자격 조건을 갖추고 있다. 정부 차원에서 남한사회에 정착·적응하는 데 적지 않은 지원을 받는 등 다른 종족 및 민족적 소수자들보다 한층 더 유리한 조건에 놓여 있기도 하다. 그럼에도 불구하고 사회·문화 분야나 정책·제도 차원에서 겪는 기본적 인권 침해 및 훼손 상황이나 남한주민에 의해 당한 정체의 불인정에 따른 사회적 차별이나 무시 등 다양한 인권유린 상황은 그 본질에 있어서 다른 유형의 소수자집단이 놓인 처지와 거의 유사하다고 할 수 있다(선우현, 2012). 실제로 새터민은 상당수가 자신이 북한 출신이라는 이유로 인해 남한사람이 편견을 가지고 차별한다고 인지하는 것으로 나타났다(박순성 외, 2009). 즉, 남한 사회에서 북한을 향한 적대적 태도 또는 부정적 태도로 인해 새터민들이 온전히 수용되기에 어려운 사회문화적 분위기가 형성되어 있음을 알 수 있다.

2. 사회부적응

국내 거주 외국인에게 사회적응은 국내 거주기간, 거주형태, 동거 가족, 이웃 등에 따라 개인차가 크게 나타난다. 특히 외국인 근로자 및 여성 결혼이민자의 국내 유입 배경이 경제적인 이유에 기인하는 바, 사회적 시선에서도 자유로울 수 없을 것이다. 우리나라의 경우 오랜 시간 유지된 유교문화를 비롯해 예절, 음식, 언어 등 우리나라만의 독특한 문화를 형성하고 있다. 이러한 문화를 이주역사가 짧은 외국인이 적응하기에는 어려움이 많을 것이다(박재덕, 2016).

사회적응은 개인의 내적·심리적 욕구와 외적·사회적 환경과의 조화를 이루면서 사회의 질서를 유지해 가는 과정으로 볼 수 있다. 광의의 사회적응은 개인과 사회 환경과의 상호작용이라고 할 수 있다.

〈2015년 전국다문화가족 실태조사〉 보고서에 따르면, 결혼이민자·귀화자 등이 한국 생활에서 어떠한 어려움을 겪었는지를 살펴보면, 어려움 없다는 응답자는 15.1%에 불과하여 대다수가 한국 생활에 어려움을 경험한 것으로 나타난다. 결혼이민자·귀화자 가운데 1/3가량은 언어 문제(34.0%), 외로움(33.6%), 경제적 어려움(33.3%)을 겪었으며, 자녀 양육·교육 문제(23.2%), 문화 차이(22.2%)로 인한 어려움을 겪었던 이들도 각각 20%를 넘는다. 이 밖에 편견과 차별(16.1%), 가족갈등(11.2%), 기관 이용(9.4%) 등의 어려움을 겪었던 이들도 적지 않은 것으로 나타난다. '외국인이 한국에서 생활하려면 자기 문화를 버리고 한국 문화나 관습을 따라야 한다'는 것에 대해 58.1%는 동의하고, 41.9%는 동의하지 않아 이민자의 동화에 대해 결혼이민자·귀화자 등의 의견이 엇갈리는 것으로 나타난다.

1) 여성 결혼이민자

여성 결혼이민자의 사회적응이란 결혼이주여성이 언어 및 일상 문화를 습득하고, 사회적 관계를 형성하고 유지하며, 새로운 법과 제도의 해석과 수용 등을 통해 새로운 사회에 익숙해지고, 개인의 내적·심리적 욕구와 외적·사회적 환경 사이에 조화를 이룬 상태라고 할 수 있다(김은희 2012). 여성 결혼이민자는 '이주'와 '결혼'이라는 생활상의 커다란 변화를 동시에 겪으며, 한국의 낯선 사회문화 적응뿐 아니라 한국 사회의 가족구성원으로서 결혼생활 등 일상생활 변화에 따른 고도의 재적응이 필요한 입장에 놓여 있으나, 결혼 후 남편과의 사고방식 및 성격 차이, 의사소통 장애, 생활습관 차이, 폭력과 학대, 주거환경, 음식문화 등의 결혼생활 전반을 통해 많은 어려움을 겪고 있다(이재화, 2011).

국제결혼을 통해 한국으로 들어온 대다수 여성 결혼이민자의 경우 우리 사회가 일반적이고 관습적으로 알고 있는 남녀 가족결합의 전제가 되는 일정 기간의 연애와 사랑, 유대감정의 연장선상으로부터 맺어진 가정이 아니다. 그뿐만 아니라 여성 결혼이민자들은 국가와 개인의 문화와 역사 정체성도 다르고 언어도 다르며 많은 경우 남성 배우자와의 너무 많은 나이 차이로 인한 세대 간 문화 차이 등으로부터도 자유롭지 않다. 한국에서 여성 결혼이민자로 이주해 오는 이들은 국제결혼의 혼인과정에 상업적으로 개입하여 결혼을 성사시키는 결혼 중개업자들의 역할이 매우 크게 작용하고 있다. 문제는 이들의 국제결혼을 위한 중개가 더 많은 결혼을 위한 결혼만을 위한 중개 이익의 목적이 크기 때문에, 그렇지 않아도 열악한 만남의 환경에서 더욱 상대방을 더 알거나 정서적 소통을 위한 최소한의 시간도 허락받지 못한 채 결혼에 이르는 경우가 많다는 점이다. 이들 결혼의 목적은 부부관계를 맺고 가정을 이루는 것이 아니라 결혼을 통해서 한국에서 더욱 안정적으로 일자리를 얻고 돈을 버는 것이다(김태환, 2013). 따라서 이들의 결혼생활과 삶은 더욱 고통스럽고 힘들며, 당연히 사회적응에 취약할 수밖에 없다.

2) 외국인 근로자

일반적으로 외국인 근로자와 같이 다른 문화에서 새로운 삶을 시작해야 하는 경우 문화적 변화에 대한 적응 과정은 개인에게 높은 강도의 스트레스를 야기하기도 하며, 문화적 변화가 개인 대처능력을 초과하였을 때 임상적 우울증, 불안증과 같은 정신건강상의 심각한 문제를 야기하는 것으로 알려져 있다(최광묵, 2016). 여러 가지 문제 중에서 가장 핵심적인 것이 언어문제로 의사소통의 불편이라고 할 수 있다. 언어는 한

나라의 문화적 배경과 가치관까지 포함하는 것으로 의사소통이 어렵다는 것은 그 나라에서의 적응 또한 어렵다는 것을 의미한다(김순규·이주재, 2010). 외국인 근로자의 경우 한국에 체류하는 주된 목적이 경제적인 목적으로, 한국어를 학습할 수 있는 기회가 적고 교육기관을 통해 배우기보다 먼저 입국한 노동자들에게서 자연적으로 습득하게 되는 경우가 많다. 이때 기본적인 의사소통은 가능하지만 읽고 쓰기가 불가능한 경우가 많다(박재덕, 2016). 외국인 근로자의 한국어 활용능력의 어려움은 다양한 복지지원제도의 활용이나 시설에의 접근을 어렵게 하기도 하고, 자녀양육과 이웃과의 관계형성에 부정적인 영향을 미치기도 하며, 자신의 적응에 관련한 어려움을 상담하거나 해결하는 것 자체에 어려움을 줌으로써 한국에서 생활하는 데 이중, 삼중의 어려움을 겪게 된다. 또한, 외국인 근로자가 일반집단에 비해 우울과 불안 수준이 높았으며, 이는 가족과 떨어져 지내는 것, 과도한 업무, 거주환경의 불안정성, 저임금, 언어장벽, 자신과 자녀의 교육문제, 지리적 고립, 차별, 새로운 환경에의 적응 등으로 인해 정신건강 수준을 악화시키는 요인으로 보고된 바 있다(최광묵, 2016).

3) 새터민

새터민은 다른 이주민과 마찬가지로 남한 이주 후 다양한 상황 요인에 의해 적응에 어려움을 겪고 있다(이민영, 2015). 새터민의 경우 부부간의 남한 적응의 차이에서 오는 혼란과 부모와 자녀, 부모와 조부모, 손자와 조부모의 세대 간 갈등이 나타나고 있다(정병호 외, 2006). 북한이탈주민 가족의 아동과 청소년은 남한 관습과 문화를 성인이나 노인보다 빠르게 습득할 수 있다. 이로 인한 가족갈등도 발생할 수 있으며, 여성의 경우에는 남녀 역할 변화, 남한 남성과의 결혼문제 등의 부부문제와 자녀교육의 부담과 남한 교육 상황의 이해 부족, 직장생활의 어려움과 같은 문제들이 중첩될 수 있다(엄태완, 2016). 조정아 외(2006)는 새터민 성인 남녀 28명에 대한 문화갈등에 대한 질적 연구에서 가정과 가족관계, 지역사회, 취업 및 직장생활 등에서 갈등을 하고 있는 것으로 나타났다. 이러한 적응문제를 해결하기 위해 「북한이탈주민의 보호 및 정착지원에 관한 법률」을 근거로 북한이탈주민에 대한 체계적 지원을 시도하고 있다. 하지만 북한이탈주민과 남한주민 모두에게서 이들의 지원과 관련된 불만은 점점 두드러지고 있다(신미녀, 2009).

남한주민도 새터민과 자신을 동등한 인격체로 인식하지 않으며, 단순한 호기심, 동정심, 배타적인 의심 등 복합적 감정을 가지는 것으로 나타났다. 또한, 남한주민은 새터민에 대한 관념적인 긍정적 태도와 실제 행동의 부정적 태도라는 이중적 태도를 보였다(정은미·송영훈, 2012). 이렇게 새터민과 관련된 남한사회와 정부, 그리고 남한주민 사이의 다른 관점은 사회적 갈등을 불러일으키는 원인이 될 수도 있다. 현재 북한이탈주민과 남한주민 간에 상호 불만이나 불일치 또는 긴장이 잠재되어 있거나, 대중적으로는 인식되지 않고 있지만 점차 현재적 갈등으로 드러나고 있다(엄태완, 2015).

3. 미흡한 사회보장

한국 사회 이민자에 대한 사회안전보장의 결여 상황과 복지혜택의 소외와 제한은 현실 곳곳에서 확인할 수 있다. 일반적으로 한 국가의 반외국인 정서가 증대하면 이민자에 대한 사회복지 지출을 먼저 감소·축소하라는 사회적 압력에 직면하게 되고, 결국 이에 대한 복지 지출이나 사회적 지원은 줄어들게 된다. 그러나 미국의 예를 보면, 외국인 근로자에 대한 국가의 복지정책이나 시스템의 부재는 시간이 지나면 한국 사회에 더 큰 사회적 부메랑으로 되돌아올 가능성이 있다. 1990년대 미국의 경우 반이민정서가 확산되면서 국내 경기를 활성화하려면 이민자에 대한 사회복지 지출을 줄여야 한다는 여론이 표출하였다. 결국 1996년 이민자의 복지개혁 법안이 통과되어 영주권자가 연방사회 복지혜택을 받을 수 있는 자격요건을 강화하였다. 하지만 이와 같은 정부정책은 중·장기적인 관점에서 실패한 정책이라는 평가가 지배적이다. 이민자들은 특별한 투자이민이나 전문직인 이민자를 제외하면 대부분 어느 국가에서나 이민 초기에는 그 경제적 위상이나 능력이 주류 구성원보다 높지 않다. 그렇기 때문에 특히 이민 초기에 이민자들이 주류 사회의 적응에 실패하거나 더 낮은 빈곤계층으로 전락하는 비율이 많아지면 이들은 결국 중·장기적으로 국가의 사회복지서비스에 더 많이 의지할 확률이 높아지는 계층으로 남게 된다. 그렇기 때문에 국가에서 이민자를 위한 이민 초기의 적극적인 사회보장서비스가 미약할 경우에는 장차 미래에 국가가 부담하고 감당해야 할 복지재정 지출은 더욱 늘어날 수밖에 없는 상황에 직면하게 된다는 것이 정설이다. 따라서 한국의 경우에도 지금과 같은 수준의 이민자들에 대한 지나친 홀대와 사회보장, 복지혜택의 제한은 한국 사회 공동체의 미래에 득보다는 오히려 실이 더 많을 수 있다는 점에 유의해야 한다(김태환, 2013).

1) 여성 결혼이민자

여성 결혼이민자의 경우 한국 거주 2년 후부터 한국 국적을 취득할 수 있다. 또한, 그 배우자나 자녀는 한국 국적 보유자이므로 사회복지제도의 대상자가 된다. 여성 결혼이민자는 다문화가정의 일원으로 한국 사회에 정착하기 때문에 한국인 남편의 사회복지제도에 대한 인식과 참여가 영향을 미치게 된다. 한국에서 여성 결혼이민자를 동화하고 지원하는 대표적인 법은 「다문화가족지원법」이다. 여성 결혼이민자를 한국 사회와 정부가 적극적으로 수용하고 동화하려고 하는 배경 요인은, 이들이 한국 사회에 유입됨과 동시에 한국 사회의 가족혈연 구성원으로 편입되었기 때문에 당연히 국민 구성원으로 수용해야 한다는 사회 일반의 인식과 태도와 크게 관련이 있다. 이러한 동화정책의 목적은 사회적 수용과 국민으로의 동화이다. 한편으로는 증가하는 농촌 총각과 노총각이 이들과 결혼함으로써 사회적으로 큰 문제로 부각된 미혼 남성의 문제를 해결하고, 한국의 심각한 저출산·고령화문제도 해결하려는 배경을 갖고 있다. 따라서 이 정책들은 '이주민의 사회통합정책'이라는 구호와는 다르게 그 내용과 실천 항목에서는 대부분 여성 결혼이민자의 사회적 지원과 동화를 위한 내용에 집중되었다(김태환, 2013). 한국 정부가 여성 결혼이민자를 바라보는 법적, 행정적, 정서적 태도는 이들을 한국 사회에 통합하고 동화시키려는 정책으로 자국의 사고방식과 정체성만을 강제하는 사회정책이라는 비판이 있다. 여성 결혼이민자를 대상으로 제시되는 사회보장정책이 단편적이고도 일면적인 관점에서 진행되어, 한국의 주류 사회가 아직도 편견에서 벗어나지 못하고 있다는 지적이다.

2) 외국인 근로자

현재 한국의 외국인 근로자에 대한 정부의 사회보장과 복지혜택 지원은 여성 결혼이민자와 비교해 보면 거의 그 혜택이 없는 것이 현실이다. 여성 결혼이민자는 여성가족부에서 집중적으로 관심 범주에 포함하여 지역에서의 한국어 무료교육, 컴퓨터 무료교육, 일자리를 위한 직업교육 등의 무료 프로그램과 함께 자녀 출산 시 유아원의 무료교육, 의료보험의 가입 등 거의 내국인과 동일한 수준이거나 때에 따라서 오히려 더 나은 복지혜택의 수혜를 받고 있다.

이에 반해 외국인 근로자는 한국에 취업한 회사로부터의 의료보험과 산재보험 등 노동을 수행하기 위해 기업이 약속한 수준의 보장 이외에 사회복지 혜택은 없는 형편이다. 예를 들면, 「고용보험법」은 고용보험 적용 대상을 국민으로 한정하지는 않고 있으나, 적용제외 대상에 외국인 근로자를 포함시켜 두고 단서 조항으로 고용보험이 가능한 다섯 가지 경우를 제시하는 구조이다. 즉, 미등록 외국인, 소위 불법체류자는 근로활동을 하더라도 고용보험에 가입될 여지가 전혀 없고, 합법적인 체류자격을 가진 경우에도 일정한 요건에 한해서만 고용보험에 가입될 수 있다.

이주민의 입장에서나 일부 경제학자의 분석을 보면 여성 결혼이민자보다 외국인 근로자가 한국 사회나 한국 경제에 대한 직접적인 기여도가 더 높다는 평가가 있음에도 불구하고 사회적 지원과 혜택은 이러한 평가와는 무관하게 이행된다(김태환, 2013)는 주장이다.

3) 새터민

새터민에 대한 지원정책은 시대적, 상황적 요인이 복합적으로 작용하여 다르게 변화되었으며, 주로 정치적 고려가 포함된 정책 의지의 반영이었다고 할 수 있다. 현재 「북한이탈주민의 보호 및 정착지원에 관한 법률」에 근거한 새터민에 대한 지원은 시혜적 차원에서 자립과 자활 중심으로 추진 방향을 전환하고 있으며, 그동안의 시행착오에서 얻은 경험을 정책으로 전환하기 위해 노력하고 있다. 이를 위해 정부는 「북한이탈주민의 보호 및 정착지원에 관한 법률」을 일부 개정하여 취업 지원을 강화하고, 적응센터(하나센터)에 대한 법적 근거, 북한이탈청소년에 대한 예비 학교를 설립할 수 있는 근거 등을 마련하였다. 그러나 새터민 지원의 근거가 되는 「북한이탈주민의 보호 및 정착지원에 관한 법률」을 보면, 사회적 합의의 기본 원칙을 지켰다기보다는 그 당시의 여론, 정치적 고려, 경제 상황, 정책 의지 등이 복합적으로 작용하였음을 알 수 있다. 그리고 현재 북한이탈주민 지원의 최우선 정책 방향으로 알려진 이들의 자립과 자활도 사회적 합의의 과정을 거쳤다고 보기는 어렵다(엄태완, 2015). 다수의 새터민이 정부에서 제공하는 정착 초기의 기본금, 장려금, 가산금, 주거지원금, 고용지원금, 생계급여 등 여러 금전적 지원에도 불구하고 「국민기초생활 보장법」상 수급권자의 지위를 벗어나지 못하는 통계적 결과가 이를 증명하고 있다.

Ⅳ 문화적 다양성 관련 이론

1. 동화주의

일반적으로 '동화'란 개인이나 집단이 다른 문화를 지니는 개인이나 집단으로부터 그 문화를 받아들여 공통 문화를 가지게 되는 과정을 말한다. 이것이 특별히 정책 형태로 일방적이고 강제성을 띨 경우를 일컬어 동화정책이라고 한다. 주류집단이 우세한 세력을 가지고 이민(移民)이나 인종적·민족적 소수자집단의 정치, 경제, 사회, 문화생활을 지배하는 경우가 많다. 동화주의 모델은 주류 문화를 통한 사회통합을 목표로 한다. 각 문화를 존중하고 고유한 가치를 인정하여 문화 간의 우월관계를 부정하는 것이 아니라, 강한 문화가 약한 문화를 흡수하는 것을 목표로 설정한다. 국가는 소수인종에게 고유의 문화를 포기할 것을 강요하진 않지만, 고유 문화와 언어를 유지하기 위해 어떠한 지원도 하지 않는다. 동화주의 모델은 소수인종, 이민자, 난민, 외국인 근로자 집단 등이 언젠가는 주류 문화에 동화될 것이라고 낙관적으로 예측하기에 국가는 소수인종의 문화보호를 위해 별도의 법적·제도적 정책을 개발할 필요가 없다고 생각한다. 또한, 동화주의 국가는 그 국가에 동화하기 위한 이민자의 희생과 노력에는 주의를 기울이지 않고 있다. 그뿐만 아니라 억압적이고 강제적인 동화의 과정이 없어도 이민자 자신이 선택한 이민국에 대해 적응해 나갈 수 있다고 낙관적으로 생각한다. 그러나 동화주의에 의존하는 다문화정책은 한계가 있을 수밖에 없다. 주류 사회로의 동화 요구는 이민자에게 또 다른 차별이 되기 때문이다(박성호, 2012).

2. 차별배제이론

차별배제모델(differential exclusionary model)은 이민을 받아들이는 유입국 사회가 기피하는 저임금 노동시장과 같은 사회의 한정된 영역에서만 이주민을 받아들이고, 복지체계, 국적 및 시민권, 정치참여와 같은 사회정치 영역에서는 이주민을 받아들이지 않음으로 원치 않는 이민자의 정착을 원천적으로 차단하는 정책을 의미한다. 또한, 대부분이 이주민을 사회구성원의 일부가 아닌 단순 손님으로 여길 뿐이고 그 정책의 대상으로 인정하지 않는다. 그러나 엄격한 심사를 통과해 사회구성원으로서 권한을 부여받은 이주민에 대해서는 자국의 제도와 가치, 문화에 흡수되어 가는 것을 당연하게 인식함으로써 문화적 단일성을 고수한다(이병렬·김희자, 2011). 또한, 차별배제이론은 소수인종과 소수문화를 오직 국민의 단일성을 위협하는 요인으로 인식한다. 이 통합 정책 모델은 인종적 소수자를 제거하거나 최소화하는 것을 정책 목표로 설정하며, 국적 취득에 있어서 혈통을 강조하는 속인주의를 택하고 있다. 이것은 주류 문화의 보존을 위하여 인종적 소수자를 배제하기 위한 것이다. 더불어 외국인 근로자 정책은 외국인 근로자를 단기간만 취업시켜 국내의 부족한 노동력을 메우고 계약이 종료되면 다시 본국으로 귀국시키는 교체·순환정책을 채택한다. 이것은 외국인 근로자의 정주를 원칙적으로 차단하기 위한 것이며, 이주민을 위한 일자리도 일정하게 내국인과 구분되고 분리된 특정 업종에 국한시키고 있다(지종화 외, 2009). 특정 이주민집단에 대해서는 자국민과 동일하거나 그에 준하는 공식적인 권한을 부여하지만, 또 다른 이주민

집단에 대해서는 각종 권리를 제한하는 이중적인 접근 역시 차별배제이론으로 해석하고 있다. 예를 들어, 우수 전문기술인력 이주민을 유치하려는 선별적 이민정책은 외국인 근로자에 대한 차별배제이론에 포함시킬 수 있다(박진경, 2010). 차별배제이론은 이주민을 최소화함으로써 주류 문화의 기득권 보전과 동일성 유지와 함께 인종적 편견과 차별의 표출이라는 측면에서 상당한 비판을 받을 수 있다.

3. 다문화주의

다문화주의는 자유주의적 다문화주의, 조합주의적 다문화주의, 급진적 다문화주의가 있다. 자유주의적 다문화주의는 재분배의 문제에 관심이 없고, 현실을 그대로 인정할 뿐 잘못된 점이 발견되어도 이를 고치려고 하지 않는다는 점이 그 한계이다. 조합주의적 다문화주의 모형은 결과의 평등을 내용으로 하지만 우리나라의 현실에 그대로 적용하기 어렵다는 단점이 있다. 또한, 급진적 다문화주의는 연방제, 지역분권적인 다문화주의를 표방하는 스위스 등에서 그 예를 볼 수 있으나, 급진적 다문화주의는 실현할 가능성이 매우 어려워 한국의 다문화정책 모형을 위해 참고하는 것은 의미가 없다고 본다(박성호, 2012).

1) 자유주의적 다문화주의

미국, 호주를 대표로 하는 자유주의적 입장의 다문화주의는 이민자 개인과 집단의 문화 다양성과 자율성을 인정하되, 공적 생활에서는 주류 사회의 언어와 관습, 가치를 받아들여야 한다는 입장이다. 자유주의 입장에서는 인권과 차별 금지, 개인 선택의 자유와 국가 간섭 최소화를 주된 내용으로 한다. 자유주의적 다문화주의는 시민생활이나 공적 생활에서 주류 사회의 언어를 사용하고 자유주의에 근거한 시민문화, 사회습관을 따라야 한다. 이것은 사적 생활 영역에서의 문화적 다양성을 인정하지만 공적 생활 영역에서는 인정하지 않는다는 것이다. 보편적 인권으로는 소수문화집단의 권리를 제대로 보호할 수 없다는 것이 자유주의적 다문화주의의 근본적인 문제의식이고, 이에 보편적 인권을 소수집단을 위한 특별한 권리나 조치로 보완해야 한다는 것이 그 기본 주장이다. 보편적 인권을 부정하는 것이 아니라 그것을 인정하는 가운데 소수집단을 위한 특별한 권리나 조치를 '보완적으로' 요구한다는 것이다. 다시 말해서 보편적 인권과 소수집단을 위한 특별한 권리가 양립 가능하다고 함으로써 자유주의의 테두리 안에서 다문화주의를 정당화하고자 하는 것이다(임현묵, 2012).

2) 조합주의적 다문화주의

캐나다를 대표로 하는 조합주의적 다문화주의는 사회경제적 평등과 결과의 평등을 강조하고, 소수자집단에 대한 적극적 차별시정 조치(affirmative action)와 다언어 서비스 및 다언어 방송, 비시민권자에 대한 참정권 인정과 같은 더욱 적극적인 다문화정책이다. 자유주의적 다문화주의가 기회평등을 확보하는 장점이 있다면, 조합주의적 다문화주의는 결과평등을 보장한다는 데 장점이 있다. 이 이론은 피차별자가 현실적으로 경쟁하는 데 불리한 입장이라는 것을 전제로 하고, 소수민족의 사회 참가를 촉진하기 위해서 적극적인 재정적 원조와 법적 원조를 지원한다. 따라서 기회평등이 결국 기회의 박탈에 대해 침묵한다는 점을 지적하면서 조합주의적 다문화주의는 결과평등을 강조한다고 할 수 있다. 더욱이 다문화사회에서 이문화자의 불리한 점을 극복하기 위해서 공적 생활 영역에서 다언어 방송, 다언어 의사소통, 다언어 문서, 다언어 및 다문화 교육 등을 추진하고, 사적 영역에서 소수민족 학교나 공동단체에 대해 지원을 한다. 정부는 소수민족 언어와 문화를 유지하기 위해서 지원하기 때문에 소수문화는 영속적으로 존속하게 된다. 여기에서 소수민족 공동체는 정부의 원조 대상이 되며 법인격이 제공된다. 특히 이 입장은 다문화사회를 유지하면서 이질성 때문에 차별되거나 불리한 경우가 발생하지 않도록 노력을 기울인다. 취업이나 교육 등의 영역에서 소수자에게 기회를 주기 위해서 할당제도를 실시하여 민족적 소수자의 인구 비율에 기초해 교육정책이나 취업정책을 배려한다(박성호, 2012).

V 문화적 다양성 문제와 관련한 정책과 한계

1. 현행 문화적 다양성 관련 정책

1) 개관

현재 문화적 다양성 관련 정책은 주로 여성 결혼이민자의 한국 사회 정착을 위한, 다분히 한국화를 위한, 동화주의적 접근으로 프로그래밍되어 있으며, 다문화가정의 건강성을 위한 정책이라고 보아야 한다. '다문화'라는 말이 어색하게 정책이 일방적인 한 방향인 한국화로 흘러가는 것에 대하여 누구도 이의를 제기하지 않는 가운데, 벌써 본격적인 이민의 역사는 30년이 다 되어 가고 있다(최현수, 2015). 한국의 주요 다문화정책 현황을 살펴보면, 2016년 다문화가족지원사업은 9개 부처(여성가족부, 보건복지부, 법무부, 교육부, 고용노동부, 행정안전부, 문화체육관광부, 농림수산식품부, 방송통신위원회)와 경찰청에서 수행하고 있다. 각 부처에서 수행하는 주요 정책의 현황은 〈표 6-3〉과 같다.

표 6-3 중앙정부 주요 다문화정책 현황

부처	주요 정책
여성가족부	• 다문화가족 사회통합정책 수립 • 한국어교육, 다국어 서비스 제공 등 사회적응 지원 • 다문화가족 자녀 양육 지원 • 다문화가족지원센터 운영, 지원 • 국제결혼 중개업 관리 및 결혼예정자 사전준비 지원 • 이주여성 긴급지원센터 1577-1366 및 이주여성 보호시설 운영
보건복지부	• 생애주기별 맞춤형 복지 지원 • 외국인 및 재외국민 건강보험 지원 • 외국인에 대한 무료 진료 사업 • 결혼이민자 무료 진료, 의료 지원 • 예방접종 • 국민기초생활 보장 • 긴급복지(생계, 의료 지원) • 저소득층 자활근로사업 참여, 급여 지급
법무부	• 외국인정책 기본계획 마련 • 이민자 사회통합정책의 원칙 설정(정책 프로그램 표준화 등) • 이민자의 입국, 체류, 귀화 허가 등
교육부	• 다문화교육 관련 연구와 개발 추진 • 다문화가정 학부모교육 및 자녀교육 관련 정보, 상담 제공 • 일반 학생 대상 다문화 이해 교육 지원
고용노동부	• 결혼이민자 취업 지원, 직업상담 및 훈련
행정안전부	• 지자체 외국인 주민 지원 기반 마련 • 외국인 주민 집중 거주지역 생활안정 지원 • 외국인 주민 생활정착 지원 교육 등
문화체육관광부	• 한국어 교재 개발과 보급, 전문강사 양성 등 한국어교육의 전문성 제고 • 다문화사회에 관한 국민 인식 개선 및 제고 • 다문화 관점의 문화 콘텐츠 개발
농림축산식품부	• 결혼이주여성 농업인 영농기술교육

출처: 정부 각 부처 홈페이지.

2) 여성 결혼이민자

여성 결혼이민자 정책을 주관하는 부서는 여성가족부이며, 이전 보건복지부의 건강가정지원센터를 개편하여 함께 운영하고 있다. 여성가족부는 여성 결혼이민자 관련 업무로, 청소년가족정책실의 가족정책관 산하 다문화가족정책과, 다문화가족지원과에서 담당하고 있다. 다문화가족정책과의 상세한 업무 내용은 다문화가족에 대한 사회적 인식 개선을 위한 시책의 추진 및 홍보, 다국어 지원 시스템의 구축과 운영, 결혼이민자 전문인력의 양성 등 경제사회적 자립 지원, 결혼중개업 관리에 관한 법령의 관리와 운영 등이다. 여성 결혼이민자 취업지원사업과 관련하여 추진되는 사업과 정책내용은 〈표 6-4〉와 같다.

표 6-4 여성 결혼이민자의 취업지원정책

관련 부처	취업지원정책
여성가족부	• 결혼이민여성 인턴 운영(여성 결혼이민자 채용기관에 지원금 지원) • 결혼이민여성 직업교육 훈련 • 여성새로일하기센터(새일센터) 결혼이민 여성 인턴 운영 • 여성새로일하기센터(새일센터) 직업교육훈련 운영
고용노동부	• 결혼이민자취업지원(알선)사업 • 내일배움카드제(직업능력개발계좌제): 교육 훈련과정 지원 • 취업성공 패키지(직업훈련 등 취업지원)
교육부	• 이중언어강사 양성사업
행정안전부	• 여성 결혼이민자 지도자 양성교육 • 다문화 IT 방문지도
보건복지부	• 국내 거주 외국의료인 진료 코디네이터 양성사업

출처: 정부 각 부처 홈페이지.

저소득층의 최소한의 생활유지를 위한 「국민기초생활 보장법」에서 여성 결혼이민자는 해당 법의 적용 대상이 되고 있다. 외국인에 대한 특례 조항으로 "국내에 체류하고 있는 외국인 중 대한민국 국민과 혼인하여 본인 또는 배우자가 임신 중이거나 대한민국 국적의 미성년 자녀를 양육하고 있거나 배우자의 대한민국 국적인 직계존속과 생계나 주거를 같이하고 있는 사람으로서 대통령령으로 정하는 사람이 이 법에 따른 급여를 받을 수 있는 자격을 가진 경우에는 수급권자가 된다."고 명시한다. 또한, 여성 결혼이민자의 특수성으로 다문화가족의 구성에 따른 임신, 출산으로 인한 모자건강보호 서비스도 실시되고 있다.

3) 외국인 근로자

한국의 '외국인력 도입정책'의 근거가 되는 것은 「외국인 근로자의 고용 등에 관한 법률」이다. 이 법은 2003년에 제정된 이후 7차례의 개정을 통해 현재에 이르고 있지만, 외국인 근로자의 도입은 1993년 '산업연수생제도'부터 시작되었다. 고용허가제를 통해 취업할 외국인 근로자는 [그림 6-1]과 같은 절차를 거쳐 비전문취업사증(E-9)을 발급받고 한국에 입국하게 된다. 사업장에 배체된 후에는 노동자로서 권리를 보장받는다.

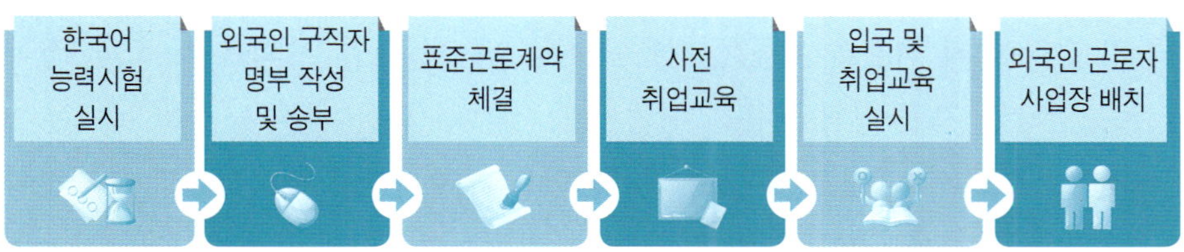

출처: 외국인고용관리시스템 홈페이지.

그림 6-1 고용허가제의 취업절차

그러나 취업활동기간이 원칙적으로 3년이며, 1회에 한하여 2년 미만 범위에서만 인정되어 최장 4년 10개월을 유지할 수 있다. 이는 외국인 근로자의 정주화를 방지하기 위한 것이다. 재입국의 기회도 가능하지만 그 요건은 까다롭게 되어 있다. 우선 취업활동기간 만료로 출국하기 전에 먼저 사용자가 해당 노동자의 재입국 후의 고용허가를 신청해야 하고, 고용노동부장관은 그 외국인 근로자에 대하여 출국한 날로부터 3개월이 경과된 후 법에 따라 다시 취업할 수 있도록 하고 있는 것이다(명진, 2016). 건강권의 측면에서 살펴볼 때, 건강보험에 대한 외국인 근로자에 대한 적용근거는 외국인 근로자의 경우 내국인과 동등한 자격 지위를 부여하여 국민건강보험에 가입할 수 있다고 규정하였다. 또한, 「산업재해보상보험법」은 다른 사회보험 법률과는 달리, 적용 대상을 '국민'으로 한정하지 않는다. 외국인이라 하더라도 「근로기준법」상의 근로자임이 분명한 이상 내국인 근로자들과 마찬가지로 「산업재해보상보험법」 제40조(요양급여)의 규정에 따라 요양급여를 지급받을 수 있다. 외국인 근로자도 「근로기준법」상 근로자라면 등록, 미등록의 외국인 근로자인지 묻지 않고 모두 「산업재해보상보험법」의 적용 대상이 된다. 사회보험 중 유일하게 미등록 외국인 근로자도 적용된다(명진, 2016).

4) 새터민

현재 북한이탈주민 지원은 1997년 「귀순북한동포보호법」을 「북한이탈주민의 보호 및 정착지원에 관한 법률」로 개정한 법률에 근거한다. 새터민의 입국 및 정착과정의 흐름을 살펴보면 [그림 6-2]와 같다.

새터민지원정책은 시대적·상황적 요인이 복합적으로 작용하여 다르게 변화되었다. 새터민의 정착 초기 적응을 위한 정책은 정착금, 주거, 취업, 사회복지, 교육, 정착 도우미, 보호담당관 지원 영역을 통해 시행된다. 정부의 북한이탈주민정책 목표는 2000년대 중반 '보호'에서 '자립과 자활'로 전환되었으나 현재까지 사회적응의 문제점이 남아 있다(김현정·박선화, 2016). 현재 정부는 「북한이탈주민의 보호 및 정착지원에 관한 법률」을 일부 개정하여 취업지원을 강화하고, 적응센터(하나센터)에 대한 법적 근거와 북한이탈청소년에 대한 예비 학교를 설립할 수 있는 근거 등을 마련하였다. 또한, 지역사회에 편입하는 과정에서 민간 차원의 정착 지원 서비스를 총괄할 수 있도록 '북한이탈주민후원회'를 '북한이탈주민지원재단'으로 확대·개편하였다. 새터민을 지원하는 주요한 민간기관인 사회복지관과 대한적십자사, 여러 비정부기구는 각 기관의 특성에 따른 원조를 계획하거나 시행한다(엄태완, 2015).

단계	내용
1 보호 요청 및 국내 이송	• 보호 요청 시 외교부 관계부처에 상황보고 및 전파 • 해외공관 또는 주재국 임시보호시설 수용 • 신원 확인 후 주재국과 입국교섭 및 국내 입국 지원
2 합동 신문	• 입국 후 국정원, 경찰청 등 관계기관 합동 신문 • 조사 종료 후 사회적응 교육시설인 하나원[주)]으로 신병 이관
3 보호 결정	• 북한이탈주민대책협의회 심의를 거쳐 보호 여부 결정 • 보호 결정 세대단위 결정
4 하나원[주)]에 정착 준비	• 사회적응교육(12주): 문화적 이질감 해소, 심리 안정, 진로지도 상담 등 • 가족관계등록, 주거알선 등 정착 준비를 마친 후 거주지 전입
5 거주지 보호	• 사회적 안전망 편입(생계·의료급여) • 취업 지원: 고용지원금, 무료 직업훈련, 자격인정 등 • 교육 지원: 특례 편입학 및 등록금 지원 • 보호담당관제: 거주지·취업·신변보호 담당관제 운영
6 민간 참여	• 지역적응센터(하나센터) 지정 운영 • 정착도우미제: 민간 자원봉사자와의 연계 • 북한이탈주민지원재단(정부예산 지원) • 생활안정 지원, 사회적응 지원, 67개 민간단체의 구심체 역할

주) 하나원: '북한이탈주민정착지원사무소'의 약칭임

출처: 통일부(2015).

그림 6-2 북한이탈주민(새터민) 입국 및 정착과정 흐름도

2. 문화적 다양성 관련 정책의 한계

1) 개관

한국의 문화적 다양성 관련 서비스 지원은 시민사회단체가 중심이 되어 외국인 근로자와 여성 결혼이민자를 대상으로 인권과 사회적응을 위한 초기 대응이 있었고, 이것이 2000년대 초반 참여정부에 와서 '다문화정책'이란 이름으로 이주민정책을 전반적으로 검토하기 시작한 것이 바탕이 되었다. 문제는 이러한 초기 지체와 갑작스러운 전면 대응에 따라 정부정책이 충분한 논의 없이 부처별로 경쟁적·중복적으로 진행되는

부작용이 나타났다는 점이다(유의정, 2010). 다문화사회는 다양한 유형의 이주민으로 형성되는 만큼 그 문화적 다양성을 관리하기 위한 국가의 정책 모델이 필요하고, 정책 도출과정은 사회적 합의를 거쳐 충분히 준비되어야 한다. 그렇게 하더라도 국가정책 모델과 이를 둘러싼 담론, 실제로 채택되는 정책 유형이나 구체적인 접근 사이에서의 괴리가 있을 수 있다. 때로는 지역 차원의 정치적·행정적·사회적 실행이 국가 차원의 이데올로기와 대립할 수도 있다(윤진 역, 2002). 하물며 뚜렷한 국가정책 기조나 정책의 비전이 마련되지 않은 채로 각 중앙부처별로 각개약진으로 전개되고, 중앙정부와 지방정부, 시민단체가 상호 협력을 통한 거버넌스 역량이 부재하면 정책이 난맥상을 형성할 가능성은 더 커진다(한승준, 2008).

우리나라에서 다문화사회에 대응한 국가정책은 다문화의 개념정의나 이주민에 대한 국가적 관리모델이나 규범적 기준, 이른바 이민정책의 기조나 비전에 관한 정부 내의 심도 있는 논의나 충분한 시민적 합의 없이 정부부처별로 각개약진 전개되었다. 그 부작용은 각 부처가 각각 담당하는 정책 대상을 중심에 두고 서로 다르게 사용하는 용어에서도 드러난다. 지금까지 진행된 정부부처별 관련 정책은 〈표 6-8〉과 같이 개괄해 볼 수 있다. 〈표 6-5〉에 나타난 8개 부처 외에도 보건복지부(다문화아동), 농·어촌 다문화가정 업무를 담당하는 농림부와 해양수산부, 경제자유구역 내 외국인 정주정책을 담당하는 산업통상자원부, 나아가 국가인권위원회까지 이주민 관련 정책은 거의 전 부처에 걸친다고 봐야 할 것이다. 한 예로 법무부의 외국인정책 기본계획에 포함된 정책과제별 주관부처 현황에는 외교부와 국토부, 방송통신위원회, 경찰청, 중소기업청도 포함하고 있다(김상섭 외, 2016).

표 6-5 정부부처별 정책 수립·시행 범주

부처	정책	부처	정책
법무부	(재한) 외국인정책	행정자치부	외국인주민정책
여성가족부	다문화가족정책	통일부	북한이탈주민정책
고용노동부	외국인력정책	문화체육관광부	문화다양성정책
교육부	다문화교육정책	국방부	다문화장병정책

출처: 정부 각 부처 홈페이지.

지금까지 우리나라의 외국인정책은 분명한 정책 기조와 비전을 정립하지 못한 채로 관련 부처가 소관 정책 대상에게 중복적이고 단절적으로 프로그램을 시행(김상섭·백종만, 2016)했으며, 동시에 정책의 실체와 개념, 목표 등도 국민에게 명확하게 제시하지 못하고 있는 상황을 지속하고 있다. 이에 따라 한국은 이민자정책에 있어서 외국인 근로자정책, 여성 결혼이민자정책, 외국인 유학생정책, 외국국적 동포정책, 북한이탈주민정책 등이 각각 있지만 사실상 이들을 총괄하는 의미의 이민정책 혹은 외국인정책은 없다. 특히, 외국인 근로자와 여성 결혼이민자 두 대상 집단에게만 주목하여 왔으며, 이 두 대상 중 외국인 근로자에게는 경제적 통제와 배제정책이 작동되고, 여성 결혼이민자들에게는 동화와 경제적 지원정책이 작동되고 있다. 따라서 이민정책의 이중성이 시현되고 있다고 할 수 있는데, 이는 내부적으로 서로 충돌하는 정책을 의미한다. 문제는 정책의 이중성이 강고하게 작동되고 있기 때문에 정책과 관련한 행위자나 정책 대상도 갈등과 딜레마의 상황에 더 많이 노출될 수밖에 없는 현실에서 적절한 대응책을 마련하지 못하고 있는 상황이 지속되고 있다는 점이다(김태환, 2013).

2) 여성 결혼이민자

한국 정부의 정책은 여성 결혼이민자를 한국 남성과 결혼한 외국인 며느리, 한국의 가족과 혈연집단으로의 귀속된 사람, 장차 자녀를 낳고 양육하며 영주나 귀화해 한국 국적을 취득하고 한국 국민이 되려는 사람 등의 의미로 간주한다. 정부의 여성 결혼이민자에 대한 정책은 이러한 인식을 바탕으로 진행돼 왔다. 이주여성의 입장에서 결혼이민은 노동이주의 대체적 수단으로, 그들로서는 주체적이며 가장 좋은 조건의 이민수단이라는 견해가 설득력을 얻고 있다. 이는 개인적으로 보나 사회적으로 보나 모두에게 불편하지만 드러내 놓고 밝히기는 싫은, 한국 사회의 문제적 성격을 함께 노정(露呈)하고 있다. 이러한 이민정책은 중개업자가 그들의 이익만을 추구하는 비정상적인 국제결혼의 일탈적 증가를 불러오며, 처음부터 결혼보다는 다른 목적을 가지고 결혼을 선택하는 악의적인 여성도 있다. 따라서 이를 선별하고 예방해야 하는 의무가 있다. 그럼에도 불구하고 한국의 이민정책은 한국 남성과의 혼인을 우선으로 하는 지극히 근시안적인 가족혈연 중심의 사고에서 벗어나지 못하고 있다. 한국 여성과 체류 외국인 남성의 결혼이나 가족결합에는 환영하지 않는 태도를 보이면서 한국 남성과 외국인 여성과의 결혼에는 지나치게 주목하는 한국의 이민정책과 사회의식구조는 매우 가부장적이고 인종차별적이다. 또한, 「다문화가족지원법」은 결혼이민자를 그 대상으로 정의하고 이를 남성 혹은 여성으로 따로 구분하여 지정하지는 않았다. 그러나 모든 결혼이민자 지원사업과 구체적인 정책의 내용은 거의 여성 결혼이민자와 그 가족, 자녀에 집중해 있는 것이 사실이다. 이민정책에서 남성 결혼이민자의 지원내용과 관련한 내용은 거의 보이지 않는다. 이것이 문제로 지적되는 이유는 한국에 체류하는 남성 외국인 근로자나 이민자가 한국 여성과 결혼하는 경우에서 많이 나타나고 있는데, 이때 그 가족에 대한 지원이나 배려 등의 항목에서 남성 결혼이민자는 소외되고 배제될 수 있기 때문이다(김태환, 2013).

3) 외국인 근로자

한국에서 외국인 근로자를 대하는 대부분의 주류적 입장은 사회적·경제적 수요에 부응하는 이주 노동 공급체계의 효율화라는 측면과, 한국 사회의 이민자 유입에 따른 비용을 최소화하고 사회경제적 편익을 확대하기 위한 제도적 기틀 마련이라는 측면으로 대변된다. 이는 외국인 근로자를 한 공동체의 구성원이나 경제 주체의 인격체, 그리고 한국 경제에 기여하는 노동 주체로 보는 것이 아니라 국가와 자본의 효율적인 통제와 관리의 대상으로만 본다는 점이다. 이들의 고용과 노동이 한국 경제나 자본에 긍정적인 순기능을 하는 현상은 외면하였다. 한국 사회의 주류가 갖고 있는 이러한 접근방식은 외국인 근로자의 사회적·경제적 기여에 대한 분석이나 접근을 더 어렵게 하고 외국인 근로자의 고용에 의한 과실이 한국 기업이나 자본가에게 이익으로 귀속되고 있다는 사실을 드러내지 못하도록 하는 역할을 하기도 한다. 현실에서 외국인 근로자는 더 많은 희생과 열악한 노동조건을 수용하는 구조 속에 있다(김태환, 2013).

한국의 외국인 근로자는 2007년 시행된 고용허가제를 통해서 합법적으로 '근로자'라는 신분의 인정과 노동 관계법 적용 등의 제도적인 보장 장치가 이루어졌지만, 여전히 장시간의 노동과 저임금 상황에 노출되어 있다. 특히, 2011년에 들어서는 외국인 근로자와 한국인이 노동시장에서 경쟁하는 상황이 다시 강조되고 인식되어서 이주민 전체와 외국인 근로자에 대한 사회적 태도가 더욱 부정적으로 흐르는 경향을 보였다. 이에 2012년에는 급기야 일부 단체가 이주민과 외국인 근로자를 배척하고 이들을 위한 경제적 지원이나 법적 보호, 복지혜택 등이 국민의 혈세를 낭비하고 한국인의 권리와 이익을 침해한다고 주장하는 집단시위를 국회 앞에서 시도하기도 하였다. 이와 같은 사태는 그동안 정부의 외국인 근로자 유입정책이 단순노동인력 수급 중심으로만 전개한 것으로부터 시작한 측면이 있다. 한국 사회의 외국인 근로자에 대한 사회안전보장 결여, 복지혜택 소외와 제한은 현실 곳곳에서 확인할 수 있다. 한 국가에서 반외국인 정서가 증가하면 이민자에 대한 사회복지 지출을 먼저 감소하고 축소하라는 사회적 압력에 직면하게 되고, 결국 이들에 대한 복지 지출이나 사회적 지원은 줄어들게 된다. 현재 한국의 외국인 근로자에 대한 정부의 사회보장과 복지혜택 지원은 여성 결혼이민자와 비교해 보면 거의 그 혜택이 없는 것이 현실이다(김태환, 2013). 즉, 외국인 근로자는 한국에 취업한 회사로부터의 의료보험과 산재보험 등 노동을 수행하기 위해 기업이 약속한 수준의 보장 이외에 사회복지혜택은 턱없이 부족한 상황이다.

4) 새터민

곽승준 외(2015)가 북한이탈주민지원사업의 경제적 가치와 이들에 대한 남한주민의 사회적 수용성을 조사한 연구에 따르면, 남한주민은 새터민지원사업의 운용을 위해 연간 평균 5241원을 추가적인 소득세로 납부할 의사가 있는 것으로 나타났다. 그러나 이 조사에서 응답자의 절반 이상이 지불을 거부하였다. 소득세 지불 의사 관점에서 북한이탈주민에 대한 남한주민의 사회적 수용성은 그리 높은 수준이 아니다. 현재 새터민과 남한주민 간에는 상호 불만이나 불일치, 긴장이 잠재되어 있으며, 대중적으로는 인식되지 않지만 점차 현재적 갈등으로 드러나고 있다고 볼 수 있다. 우리 사회에서 표면화되기 시작한 새터민의 지원에 대한 사회적 갈등을 합의의 과정으로 나아가게 하기 위해서는 신뢰를 바탕으로 하는 규범적 준거틀을 마련할 필요가 있다. 그렇지 않으면 단순히 경제적 지원의 형평성이나 사회적 분배의 효율성 논쟁으로 갈등이 심화될 수 있다. 게다가 남한주민은 새터민에 대한 정부의 금전적 지원을 인도주의적 시선으로만 보지는 않는다. 새터민에 대한 주요 지원내용을 보면, 기본금, 장려금, 가산금,

주거지원금, 고용지원금, 생계급여 등 금전적 지원이 대부분이며, 새터민도 가장 중요하게 관심을 가지는 부분이다. 여기서의 논란은 생계급여를 제외한다고 하더라도 새터민을 위한 여타의 현금 급여와 이를 지원받지 못하는 남한의 저소득계층과의 형평성 문제이다. 이와 더불어 북한이탈주민은 과연 '남한 사회에서 생계급여를 포함한 경제적 분배몫을 받을 자격이 있는가? 있다면 어떤 근거에 따르며 그 수준은 어떠해야 하는가?'라는 구체적 질문의 대상자가 된다. 이는 상당히 애매하고 복잡한 차원의 문제라고 할 수 있다. 이러한 문제는 전문성을 바탕으로 한 정책적 의지만으로는 해결하기가 어렵다. 이는 사회적 합의 과정이 필요하며, 여기서 공정한 절차적 과정은 더욱 중요하다(엄태완, 2015).

Ⅵ 결론: 문화적 다양성 관련 정책의 방향과 대책

다문화사회로의 진입은 이제 세계화 시대에 거역할 수 없는 추세로 자리 잡고 있다. 다문화사회에 대한 대응이 지연될수록 사회의 갈등과 부작용이 증폭될 것이기 때문에 능동적으로 대처하지 않으면 안 된다. 그러나 다문화사회를 이미 거쳐 온 선진국의 경험에만 의존할 수 없다. 모든 사회가 저마다 특수한 시대적·역사적 배경에 놓여 있기 때문에 보편적인 대응전략은 있을 수 없다. 한국이 다문화사회가 되었다고는 하나 그 성격은 선진국의 그것과 전혀 다르다고 할 수 있다. 따라서 이민 선진국과는 구별되는 한국의 특수한 상황에 맞는 사회통합모델을 모색해야 할 것이다(노정옥, 2011). 미래에 다가올 할 경제적, 사회적 비용을 최소화하고, 중·장기적인 관점에서 한국적 모델을 탐색해야 한다.

첫째, 이민정책의 합리적인 방안 마련과 중·장기적인 계획을 위한 중앙정부 전담부처의 설치를 서둘러야 한다. 현재 한국 중앙정부의 이민정책에는 그 전담부처가 존재·기능하면서 정책의 목표와 철학을 분명하게 제시할 수 있는 중심 기능의 역할이 없거나 매우 미미하다. 또한, 정부의 이민정책은 부처 간 경쟁적이고 이기주의적 성향이 두드러지게 나타남에 따라 비효율적이라는 비판이 지속적으로 제기되었다. 지금 한국의 이민정책은 이민정책 본연의 모습이 아닌 여성 결혼이민자를 중심에 둔 다문화가족정책만으로 시행·운영된다고 볼 수밖에 없다. 이러한 편향적이고 이중적인 한국의 이민정책을 근본으로부터 전환시킬 수 있도록 정책을 책임지고 통합하여 운영할 수 있는 전담부처가 반드시 필요하다.

둘째, 민족주의와 인종주의를 넘는 다문화교육의 양방향(two-way) 접근이 필요하다. 지역사회와 정부는 앞으로 다문화가족이 사람과 문화의 다양성에 대한 개방(openness)과 관용(tolerance), 이웃 및 지역사회와의 친화성(friendship)을 갖추도록 하는 것이 중요하다. 현재 여기에 대한 다양한 교육이 이루어지고 있지만, 더 중요한 점은 교육과 지원의 대상을 다문화가족으로 한정하기보다는 내국인을 대상으로 하여 문화의 긍정성에 대해 지속적으로 다양하게 홍보해야 한다. 즉, 양방향적 접근을 통한 다문화 지역사회에 대한 이해가 필요하다. 여전히 우리나라 지역사회 인구의 95% 이상은 내국인이기 때문이다. 앞으로 열린 다문화 지역사회 실현을 위해서는 다문화가족 대상의 비교문화이해 프로그램과 함께 내국인의 다문화이해 프로그램을 균형적으로 병행해야 한다(우양호·안미정, 2016). 이를 통해 지역 공동체에서 공유되는 가치를 형성하고 궁극적으로 사회통합을 이룰 수 있다.

셋째, 노동과 자본의 가치를 동등하게 인정하는 이민자 사회보장제도의 시행이다. '사회보장'이라는 개념은 모든 국민에게 복지를 보장하는 것이 사회의 의무라는 의미를 갖고 있다. 그러나 사회적 소수자의 위치에 있는 이민자에게 경제적 권리회복과 합리적인 분배를 위한 노력은 아직 한국 이민정책에서는 고려되지 않고 있다. 이것이 이민자에게는 허용되지 않는 것은 바로 이들이 주류 사회의 사회보장이나 복지의 혜택을 받아서는 안 된다는 묵시적인 배제의 동의에 다름 아니다(김태환, 2016). 이민자를 위한 사회보장이나 복지는 소수 열등한 계층의 부족함을 만족시켜 주는 시혜의 프로그램이 아니다. 이것은 기본적인 사회안전망이며, 이주민과 시민이 지역사회 시민으로서 공생할 수 있도록 하는 평등한 법과 제도의 시행이다.

제3부

해체적 문제로서 사회문제

제7장 보육문제

I 이론적 관점

1. 보육의 정의

「영유아보육법」 제1조(목적)에 보육은 영유아의 심신을 보호하고 건전하게 교육하여 건강한 사회 구성원으로 육성함과 아울러 보호자의 경제적·사회적 활동이 원활하게 이루어지도록 함으로써 영유아 및 가정의 복지 증진에 이바지함을 목적으로 한다고 명시한다. 보육은 "영유아를 건강하고 안전하게 보호·양육하고, 영유아의 발달특성에 맞는 교육을 제공하는 어린이집 및 가정양육 지원에 관한 사회복지서비스"라 정의된다. 말하자면 보육은 영유아의 이익을 최우선적으로 고려하면서 안전하고 건강하게 성장하도록 하는 일이다. 누구도 성, 연령, 종교, 사회적 신분, 재산, 장애, 인종 등의 이유로 차별받지 않도록 함을 전제한다

사회복지영역에서 보육은 가족복지, 여성복지, 아동복지, 교육복지 등의 부분과 연관된다. 사회복지에서 보육에 대한 관심은 보육제공자와 보육이용자 모두의 니즈를 양립할 때 그들이 겪는 문제가 무엇인지 알아보고, 대안을 제시하여 조금이라도 더 좋은 보육을 지원하기 위한 것이다. 특히 본 장의 초점은 유·아동 시기에 중요한 보육이론과 내용, 사례와 해석을 제시하여 보육에 도움을 주고자 한다. 특히 유·아동에 대한

심리정서적 접근의 보육[11)]은 유·아동기의 성격 형성에 좋은 영향을 줄 수 있다. 그러한 접근은 아동 자신과 주변 인간관계에서 결정적 순간을 만들 수 있기에 함께 다루려고 한다. 다만 지면의 한계로 몇 가지 이론과 사례와 해석에 한정한다.

2. 보육 현황

과거 한국의 보육은 개인이나 가족, 특히 여성에게 전가되는 문제가 있었다. 그러나 여성의 사회참여, 가족의 구조와 기능 변화, 개인 생활양식의 다양화 등으로 저출산 시대의 보육은 폭발적 수요증가와 함께 국가의 주요 정책 중 하나가 된다. 당연히 국가의 인재를 기르는 보육정책은 보편성과 전문성이 전제되는데, 지금은 영국 속담처럼 온 동네가 다함께 보육을 하는 시대로 가고 있다. 그 현황을 보편성과 전문성의 측면으로 구분하여 살펴보겠다.

1) 보편성과 공공성

여기서 말하는 보육의 보편성은 누구에게나 해당되는 일반적인 것으로서의 의미로 해석한다. 그래서 보육의 보편성은 대한민국에 태어난 아이들, 누구에게나 돌봄과 교육이 필수적인 것으로서의 보육을 의미한다. 과거 보육의 보편성은 보육 수요를 충족시키는지의 여부와 관련되었다. 예를들면 일·가정 양립 차원에서 여성이 겪는 보육의

11) 보육 문제에 접근하는 관점에 "심리정서적"이라는 표현을 사용하는 것은 심리정서적 메커니즘을 더 초점을 두겠다는 의미이다. 인간은 감정의 동물이며, 인간은 탄생과 동시에 자신의 감정을 울음으로 표현한다. 정서(emotion)는 희로애락이라는 감정으로 표현되며 주로 외부요인에 의해 유발되는 특징을 갖는다. 예를 들어 공포나 두려움 같은 정서를 느끼면 호흡이 가빠지거나 머리카락이 쭈뼛 서는 것 같은 신체적 변화를 보인다. 이러한 신체적 변화는 바로 정서적 각성으로 인한 것이며, 우리 몸이 먼저 위급상황을 알려주는 하나의 신호라 하겠다. 이러한 정서의 기능은 인간이라는 유기체가 환경에 적응하는 모습이다. 다윈은 이러한 정서적 기능과 표현이 생득적이기도 하고, 때로는 언어처럼 학습된 것이라고 주장하면서 진화론적 의미가 있다고 말한다(1859, Darwin, 1990, 송철용역, 동서문화사). 예를 들어 위기 상황에 처할 때 그 상황을 동종이 다른 개체에게 알림으로써, 그 종이 살아남는데 도움을 준다는 것이다. 정리하면 "심리 정서적"이라는 표현은 보육 문제를 보는 관점이 단지 발달을 지원하고 돕는 정도를 넘어선 환경에 적응하고 사회적 인간이 되는 메커니즘을 강조하는 입장이라고 하겠다.

문제를 정의하고, 거기에 맞는 돌봄의 보육서비스와 접근성 같은 면에서 니즈를 충족시키거나, 가정육아의 차원에서 보육수당 지급 혹은 불균형을 해소를 충족시키는 것이다. 보편적으로 겪는 보육의 문제를 충족시키는 의미였다. 이후 보육은 저출산 시대의 주요한 국가정책으로서 무상보육으로 보편성의 의미를 충족시킨다.

그리고 2022년 현재 보육이용자 다수는 국공립 어린이집과 같은 공공보육에 대한 보육수준을 원하는 형태로 가고 있다. 지금의 보육 니즈는 과거 원하던 수준을 넘어 보육의 질적 수준, 안전성까지 담보할 수 있는 보육적 수요가 더 커진 탓이다. 보육이용자들은 보편적 보육으로 실현된 무상보육을 넘어서, 보육의 질적 안정성, 신뢰성 등과 함께 개인적, 사회적 니즈까지 충족시켜 줄 것을 기대한다. 예를들어 공공보육에 대한 대다수의 니즈를 보자. 공공보육 이용률은 2015년 현재, 21.4%에서 2018년에는 25.2%로 증가하였다. 2022년 현재 공공보육에 대한 니즈는 더욱 커지는 실정이다.

이러한 추세는 국공립 어린이집에 대한 선호로 나타나고 있다(2018, 2018년 전국보육실태조사, 보건복지부·육아정책연구소). 2022년 현재 서울시의 경우 공공보육 비율 50%를 달성시킨 것을 크게 홍보하고 있는데 바로 그런 다수의 보육 니즈를 충족시키려는 노력이라 하겠다. 공공보육이 보편적 니즈가 된 것은 아래 〈표 7-1〉과 같이 확인할 수 있다.

표 7-1 자녀연령별 시설이용 및 가정양육 아동 수

구분	계	국공립 어린이집	사회복지법인 어린이집	민간 어린이집	가정 어린이집	직장 어린이집	기타
2021	33,246	5,437	1,285	10,603	13,891	1,248	782
2020	35,352	4,958	1,316	11,510	15,529	1,216	823
2018	39,171	3,602	1,377	13,518	18,651	1,111	912
2017	40,238	3,157	1,392	14,045	19,656	1,053	935

출처: 2021, 보건복지부

우선 해마다 전체 보육기관의 수는 감소하고 있다. 그 와중에 보육이용자들이 선호하는 내용대로 국공립 어린이집은 증가하는 추세를 보이고, 민간과 가정어린이집은 감소하는 것을 알 수 있다. 보육 수요자들이 원하는 방향을 따라 공공보육기관 설립이 증가하고 있는 것이다.

그러면 공공보육을 선호하는 이유는 무엇일까. 여러 가지가 있지만, 그 중 하나는 안전성 확보이다. 양부모에 의한 학대사건이긴 하지만 정인이양 사건과 같이 최근에 드러난 아동학대 사망사건 등을 보며 마음이 편한 부모는 없다. 안전성 문제는 어디서나 확보되어야 할 기본적인 조건이다. 그래서 안전한 안심보육 환경은 보육환경의 열린 구조일 때 가능하기에 공공보육을 선호하게 된 것이다.

정리하면 2022년 현재 보육의 보편성은 결국 보육의 공공성과 연결되는 특징을 보인다. 일정한 보육의 보편성이 충족되면서 질적 수준이 높은 국가적 시스템의 공공보육을 추구하기 때문이다. 그런데 자본과 인력 그리고 시스템에서 민간 보육기관은 국가적 차원과 비교할 때 경쟁이 안된다. 이것이 바로 국공립 어린이집에 대한 쏠림 현상으로 나타난 것이며, 민간이 국가와 어떻게 경쟁할 것인가의 문제가 남는다.

아울러 다문화 가구원 109만 명 시대이다(2022, 여성가족부 '2021년 전국다문화가족실태조사). 이미 학령기(8~19세)에 들어선 다문화 아동·청소년이 2016년에 8만8천여 명에서 3년 새 14만8천여 명으로 증가함을 보여주고 있다. 다문화 가정과 장애아 보육 수요 또한 주요하게 다루어져야 할 사항임을 언급하는 정도로 줄이겠다.

결론적으로 보편성과 공공성의 연결은 어쩔 수 없는 추세라는 점이다. 보육의 보편성과 공공성은 함께 가야 할 길이 되고 있다. 그렇다면 민간보육기관이 먼저 차별화된 경쟁력을 갖추는 것이 필요하다. 민간에서는 공공에서 혁신하기 어려운 교육적 과제와 컨텐츠를 제공하거나 생태보육, IT보육, 공유프로그램 보육, 전문심리상담 보육 등 나름의 컨텐츠를 확보해야 한다. 물론 공공에서 민간이 경쟁력을 갖도록 지원하는 것이 필요하다. 보육의 성공은 민간과 공공의 한계로 구분될 것이 아니라, 공통의 과제로서 필요한 니즈에 대한 답을 찾는 데서 나오는 것이 아닌가 한다.

2) 전문성의 문제

대개 보육의 전문성은 균형잡힌 양육자, 교수자로서 설명한다. 여기서는 그 양육자와 교수자가 갖추어야 할 심리정서적 역량이 전문성의 토대이며 핵심이라는 것을 설명하고자 한다. 우선 하느님은 모든 곳에 계실 수 없어, 어머니를 만들어 보내셨다는 유대인의 격언을 생각해보자. 모든 사람에게 어머니란 얼마나 대단한 존재인가. 그리고 어머니를 대신하는 사람, 보육제공자 또한 대단한 사람들이다. 물론 보육제공자와 어머니와의 애착관계는 다르기에 비교는 안 되지만, 보육제공자는 단순한 양육자가 아니다.

그렇기에 아동의 양육자, 교수자로서 보육제공자는 누구보다 심리정서적 측면의 역량이 잘 갖추어져 있어야 한다. 보육의 과정에서 제공자의 건강한 심리와 정서는 바로 아동에게 전달되고, 발달과정에 영향을 발휘하기 때문이다. 심리정서적 접근에 대해 조금 더 설명을 하면 다음과 같다. 우선 사람과 사람이 만나면 누구나 상호작용을 하게 되며, 그 상호작용 속에서 우리는 여러 가지 감정을 느낀다. 즉 우리 인간은 만남을 통해 나와 대상 사이에서 눈에 보이지는 않지만, 여러 가지 감정들을 전류처럼 주고받는다. 우리는 다양한 만남 상황에 노출되어 사랑, 미움, 기쁨, 분노, 희열, 슬픔 등 여러 감정들을 느끼고 배우는 것이다. 그런데 같은 만남이라도 서로 다른 감정을 느낄 수 있고, 다르게 반응할 수 있다. 그것은 왜일까. 바로 사람마다 다른 환경과 천차만별의 조건에서 살아가고, 그런 부분에서 경험적으로 서로 다른 감정을 느끼거나 반응하며 살아서다. 그리고 개인의 일정한 반응패턴을 성격이라 부른다.

마찬가지로 보육과정에서도 아동과 보육자 사이에서 혹은 아동과 아동 사이에서는 여러 가지 심리정서적 상호작용이 일어난다. 각각의 그 만남 속에서 경험하는 특정한 감정교류들이 어떤 형태인가 하는 것은 한 인간이 평생동안 사용하는 감정교류의 패턴, 인간관계의 패턴으로 자리잡아 성격의 한 부분을 만들고 아동의 발달에 영향을 줄 수 있다. 예를 들어 보육교사가 짜증이 나는 상황에서 바로 짜증을 풀어내기보다, 배려와 이해로 풀어내는 감정처리를 할 때, 그것을 경험한 아동은 언젠가 똑같은 짜증의 순간을 배려와 이해로 감정처리를 해내는 교류의 패턴을 배우게 된다. 콩 심은데 콩 나고, 팥 심은데 팥 난다고 하는 속담과도 다르지 않다.

이처럼 보육제공자에게는 양육자, 교수자의 역량과 아울러 심리정서적 역량이 전문적으로 요구된다. 심리정서적 측면에서 전문성을 잘 갖춘 보육제공자의 일거수일투족은 그 자체가 보육이며, 전문성의 가치를 보여주는 일이다. 그뿐만 아니라, 역량의 전문성은 아동의 발달과 성격을 형성하는 데 지대한 영향을 미치게 된다. 결국 보육의 전문성은 심리정서적 역량을 통해 발현되는 유연한 관계형성, 갈등의 해소를 통한 배려와 포용, 지속적 성장을 지원하는 등으로 나타난다. 과거의 걸림돌을 극복하고 현재를 인지하면서, 미래를 향할 줄 아는 양육의 전문성은 배우고 성장하는 데서 성숙하고 이어질 수 있다.

그런데 이러한 보육교사의 가치와 노고를 요구하기에는 우리나라 보육교사가 겪는 보상과 근무여건의 현실이 매우 열악하다. 보육교사의 기본급은 68%에 불과하고, 보육교사의 평균 근무시간이 10시간 이상이 되는 격무의 근무환경인데도 현실적으로 개선이 쉽지 않다. 보육제공자의 전문성에 합당한 근무여건과 봉급체계 없이 그들의 전문성 담보는 불가능하다. 전문성을 갖춘 인재들이 보육현장에 계속 머무르려면, 또 그들이 지속적인 전문성으로 성장하려면, 선진국의 사례처럼 그에 합당한 좋은 근무환경과 인센티브가 필요하다.

3. 보육문제의 조건

보육문제는 더는 전통적 방식이 통하지 않는 현재의 제도와 정책으로 인해 빚어진다. 보육과 관련된 부적절한 제도와 규정의 문제가 제공하는 조건을 살펴보자.

첫째, 인구정책이다. 초저출산이 15년째 계속되는 한국의 합계출산율은 세계 220위이다.[12)] 인구정책은 하루아침에 시행 결과가 나오는 것이 아니고, 보육은 국가의 경쟁력과 미래가 달린 내용을 담고 있기 때문에 중요한 공공성을 지닌다고 할 수 있다. 한국의 단기적 시각의 인구정책이 결과하는 출산율의 방향과 추이는 보육에 대한 숙제에서 자유로울 수 없다.

12) THE WORLD FACTBOOK(2015).

둘째, 보육정책과의 관련성이다. 「영유아보육법」의 규정에서는 영유아가 안전하고 행복할 권리를 마음껏 누리면서 자라도록 명시한다. 이는 보육 당사자인 아동을 먼저 고려하는 보육정책과의 연관에서 나온다. 현재의 보육환경이 그러한 조건을 갖추고 있는지, 또 대한민국의 모든 아동이 차별 없이 동등하게 보육에 대한 접근권이 보장되는지와 관련된다. 예를 들면, 모든 아동이 보육서비스에 접근할 수 있는가, 얼마나 그러한 시설이 확보되어 있는가, 부모의 경제력과는 상관없이 시설의 이용이 가능한가, 시설이 충분히 안전하고 신뢰할 수 있는가의 문제 등과 연관된다. 규정은 규정일 뿐 이용자와 사용자의 욕구는 보육현장에서 지속적으로 표출된다.

셋째, 보육은 여성정책 측면과 관련된다. 여성의 연령별 경제활동참가율은 여전히 OECD 국가 중 가장 뚜렷한 M 자형 곡선을 나타내고 있다. 또한, 대졸자 고용률의 성별 격차는 28.2%로 OECD 국가 중 가장 큰 격차를 보인다(하애란, 2010). 이러한 여성 관련 사회적 지표는 우리나라 여성의 사회적 지위가 어떠한지 보여 주는 단적인 기준이다. 아울러 일·가정 양립이라는 고용과 관련된 여성정책적 측면에서 중요하게 다루어야 할 것이다.

넷째, 보육은 가족정책과 연관된다. 여성이 돌봄 노동의 주체자로서 진행되었던 보육부담이 혼인과 출산을 기피하는 원인이 되어 1인가족의 증가나 둘째 아이를 낳지 않는 가족형태로 가족구조가 바뀌는 결과를 초래하였다. 이는 단순히 개별 가족의 문제만은 아닌 상황이다.

다섯째, 교육정책과의 연관이다. 보육은 단순한 탁아를 넘어서 돌봄과 교육을 동시에 추구하는 개념이다. 따라서 돌봄을 전제로 함은 물론, 교육적 측면에서 보육이 교육의 질적인 수준까지 담보하면서 누구나 자유로운 선택의 폭이 주어지는가의 내용을 담아야 한다.

이상과 같이 보육문제의 조건에 대해 살펴본 결과, 그 특징은 하나의 문제가 다음 문제에 영향을 주면서 또 다른 문제에 맞물려 들어가고, 상호 간의 문제가 또 각각의 문제에 영향을 미치는 경향을 볼 수 있다. 마치 먹이사슬처럼 서로가 서로에게 연결되어 문제가 문제의 꼬리를 물고 나타나는 것이 보육 관련 문제임을 알 수 있다. 그 내용을 [그림 7-1]과 같이 예시할 수 있다.

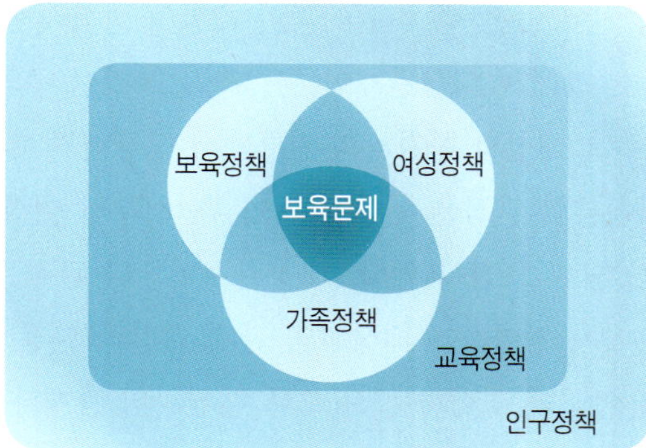

그림 7-1 보육문제의 조건

4. 보육문제의 이론과 원인

앞서 언급한 대로 본 장에서는 유·아동 시기에 적용되는 보육이론을 먼저 살펴보겠다. 이후에는 대표적인 문제 사례를 통해 분석과 함께 사회복지적 대안을 제시하면서 보육문제 접근을 위한 도움이 되고자 한다. 여기서는 심리정서적 측면의 보육문제를 다루기 위해 대상관계이론, 애착이론, 인지발달이론, 크레머이론을 중심으로 이해를 돕고자 한다.

1) **대상관계이론**(Theory of objectrelation)

대상관계이론은 생애 초기에 이루어지는 주양육자, 그리고 중요한 타인과의 관계를 연구하는 것이 중심이다(Fairbairn, 1994/2003). 아이가 세상에 태어나서 만나는 대상은 '좋은 유방'과 '나쁜 유방'이며, 그것은 '부분 대상'이다. 그 후 발달과 함께 아이는 '좋은 유방'과 '나쁜 유방'을 통합된 대상으로서 인식하게 되며, 그것은 '전체 대상'이 된다. 부분 대상에서 전체 대상으로의 이행이 아이의 심리적 발달이 되며, 아이가 주양육자인 어머니로부터의 의존에서 벗어나 자립하는 과정으로 가는 성장이라 할 수 있다. 아이가 어머니를 부분 대상으로 인지하는 시기에 심리는 구조상 분열·망상 위치에 있다고 본다. 또 아이가 주양육자를 전체 대상으로 인지하는 심리는 억울 위치에 있다. 대상관계이론은 언어 이전, 즉 비언어적인 체험의 정신적·심리적 상태를 이해하는 데 중요한 이론이다. 그래서 대상관계이론은 초기 유아기 주양육자와 아이의 관계를 설명한다. 누구나 주요 대상과 환경과의 관계에서 성장하기 때문이다.

정리하면, 대상관계이론의 관점은 인간은 태어나면서부터 대상을 추구한다고 보고, 대상과 관계를 맺는 형태에 초점이 있다. 대상관계이론의 관점은 보육이라는 돌봄과 양육의 과정에서 영유아가 경험하는 대상과의 관계 패턴과 환경, 그러한 과정이다. 인간의 탄생에서 초기 유아기에 경험하는 그 모든 대상과의 관계가 인간 존재의 한 평생에 걸쳐 지대한 영향을 미친다고 보는 이론이다. 짧게는 출생 이후 한 달에서 석 달까지 주양육자와의 관계, 좀 더 나아가서는 생후 1년까지 주양육자와의 관계가 중요하며, 이것이 생후 5년까지 어떤 형태를 갖느냐에 따라 인생 전반의 인간관계 모습을 결정한다고 정리할 수 있다.

2) 애착이론(Theory of attachment)

이 이론은 생애 초기에 형성한 애착관계가 인간관계의 모습을 설명한다고 보는 이론이다(Flores, 2004/2010). 아기는 자신에게 민감하고 반응을 지속적으로 잘 해 주는 성인과 6개월~2년 정도의 기간에 애착관계를 형성한다. 기어 다니거나 걸어 다니기 시작할 무렵부터 친숙한 애착 대상을 하나의 안전기지로 이용하기 시작한다. 그리고 이 안전기지를 토대로 미지의 세계인 주변을 탐험했다가 돌아오는 과정을 반복한다. 이때 미지의 세계를 탐험하는 아기는 다시 제자리로 돌아가도 자신을 여전히 안전하게 보살펴 주고, 지원하고 있다는 양육자에 대한 믿음과 반응이 애착의 형태를 결정짓는다. 이 영향을 통한 애착형태는 아기의 지각, 감정 및 향후 인간관계에 대한 생각과 기대에도 영향을 미치는 정서조절의 역할을 하게 된다. 흔히 아기가 애착 대상과 멀어질 때 그에 따른 분리불안을 느끼는데, 이것은 아기와 애착관계가 형성된 주양육자 이외에는 안정감을 느끼지 못하기 때문이다. 동시에 이것은 여타 대상에 대한 적응을 위한 정상적 반응이다. 친밀하고 장기적인 관계형성의 여부는 초기 애착관계 문제와 밀접한 관련이 있다. 비효율적인 애착유형을 가진 사람은 그 애착문제로 인해 불필요한 문제를 만들고, 그것을 해결하기 위해서 더 많은 에너지를 소모하게 된다. 또한, 자신의 결함을 채우려는 보상적 행동으로서 중독행동에 노출되는 형태를 반복하게 된다.

생애 초기 인간의 애착형성에 관한 이론을 만들기 위해 볼비(Bowlby, 1982)는 진화생물학, 심리학, 제어시스템 이론, 동물학, 인지심리학 등의 다양한 분야의 지식을 융합하였다. 1958년에 짧은 논문을 발표한 뒤, 1969년과 1982년에 걸쳐 볼비는 세 권의 『애착과 상실』이라는 책에 자신의 애착이론 연구를 펴냈다. 점차 이론의 적용 범위가 넓어지면서 1980년대에 이 이론은 어른 간의 애착관계로까지 확장되었다(Bretherton, 1992). 부모와 자식 간의 관계뿐 아니라 우정, 사랑, 사회관계에 이르기까지 애착 행동의 요소로 설명하게 된 것이다. 이 이론의 성립 초기에 볼비는 심리분석학의 핵심에서 벗어났다며 비판받기도 했다. 하지만 애착이론이 사회적 발달을 설명하는 설득력으로 인해, 관계형성에 대한 경험적 연구 또한 활발해진다. 애착이론은 경험적 연구를 통해 많은 수정이 이루어져서, 학계의 인정을 받고 있다.

정리하면, 애착이론은 생애 초기에 형성한 애착관계가 장기적으로 그의 정서를 조절한다고 보는 이론이다. 중독 또한 애착장애의 결과로 설명된다. 즉, 정서조절이 어려운 사람들은 적응력이 부족하다 보니, 스트레스와 좌절의 상황과 맞물려 사이버, 알코올 등에도 중독되기가 쉽다는 것이다. 애착이론은 새로운 심리치료를 가능하게 하면서 기존에 존재하던 심리치료 방식에도 영향을 주었으며, 애착이론의 개념은 사회정책과 보육정책에 많은 영향을 주었다.

3) 인지발달이론(Theory of cognitive development)

인지발달이론은 피아제(Piaget, 1954)가 주장한 이론으로 인간의 인지발달을 유기체와 환경의 상호작용으로 파악한다(박동무, 1981; 이건인·이해춘, 2008). 피아제의 이론은 생물학과 인식론에 그 뿌리를 두고 인간의 지적 능력은 유기체가 환경에 적응해 가는 것이라고 주장한다. 피아제는 전 생애를 걸쳐 아동기가 사람의 발달에 가장 핵심적이고 중요한 역할을 하는 단계라고 본다. 특히 인지발달을 통해 정신과 신체는 점진적으로 성숙되고 균형을 이룰 수 있다는 것이다. 피아제는 인간의 인지발달을 네 단계로 구분한다. 낮은 단계에서 높은 단계로 발달이 진행되고, 높은 단계로 갈수록 복잡해진다고 설명한다.

(1) 감각운동기(Sensorimotor stage)의 시기 : 출생 직후 ~ 2세

감각운동기는 신생아의 단순한 반사가 나타나는 시기이다. 점차 유아적 언어가 나타나는데, 이는 상징적 사고가 시작되는 2세경에 끝난다. 초기 신생아의 행동은 자극에 의해 반응하는 것에 불과하며, 아기는 시각이나 청각 등의 감각과 운동기술을 사용해 외부 환경과 상호작용한다. 8개월 정도 된 영아의 가장 중요한 특징은 대상영속성(object permanence)을 갖는 것이다. 즉, 대상이 눈에 보이지 않더라도 존재한다는 것을 아는 것이다. 이 시기 전의 아동은 대상이 눈앞에서 사라지면 이 세상에서 없어지는 것으로 이해한다.

(2) 전조작기(Preoperational stage)의 시기 : 2세 ~ 6, 7세

이 시기에는 대략 언어를 사용하면서 자신이 가지고 있는 표상을 그림이나 언어 등의 형태로 표현한다. 가장 대표적인 것으로 가상놀이라는 것이 있는데 소꿉놀이나 병원놀이와 같은 사물놀이로서, 이를 통해 자기 생각을 표현하기도 한다. 또한, 이 시기의 아이는 타인의 생각, 감정, 지각, 관점 등이 자신과 동일하다고 생각하는 자기중심적 사고를 한다. 그리고 사물의 크기, 모양, 색깔과 같은 한 가지 속성에 근거하여 이해하려는 직관적 사고를 한다. 또한, 보존개념을 이해하지 못한다. 예를 들어, 〈그림 7-2〉와 같이 우유가 들어 있는 모양이 넓은 컵과 긴 컵이 있다. 이 컵 안에 있는 우유의 양은 똑같다. 이것을 아동 앞에서 모양이 긴 컵에 옮겨 부은 뒤, 어느 컵의 우유가 더 많은지를 물으면 전조작기의 아동은 긴 컵의 우유가 많다고 답한다.

그림 7-2 보존개념 예시

(3) 구체적 조작기(7~11세)

전조작기와 달리 인지적으로 구체적인 조작이 가능한 시기이다. 이 시기의 아동에게 [그림 7-2]와 같은 실험을 하면 같은 양의 우유라는 것을 인식할 수 있다. 또 다른 예를 들면, 같은 수량의 동전을 한곳에 모아놓았다가 넓게 퍼트렸을 때 구체적 조작기의 아동은 두 군데의 동전이 같은 수량임을 인식할 수 있다. 보존개념이 형성되어 모양이나 수가 달라져도 가역성이라는 논리적 개념을 이해하게 된다. 이것은 사고를 할 때 한 가지 측면만 생각하는 중심화 경향에서 벗어나는 탈중심화의 특성이다. 두 가지 이상의 측면을 동시에 고려할 수 있게 되는 것이며, 사고 조작이 점차 효율화되어 간다.

(4) 형식적 조작기(11~12세 이후)

이 시기는 실제 관찰되는 사물이나 사건과 같은 보이는 대상에 대한 조작의 한계를 뛰어넘는다. 즉, 가설적이고 명제적인 사태에 대해서도 체계적이고 논리적 사고가 가능해지는 시기이다. 주어진 문제를 해결하기 위하여 사전에 일련의 계획을 세우고 체계적으로 시험하면서 해결책을 찾을 수 있게 된다. 추상적이고 연역적인 사고, 체계적인 사고가 가능해진다.

4) 크레머이론

크레머(Kremer, 2006)는 보육을 위한 돌봄제공자가 누구인지를 기준으로 돌봄모델을 제시한다(맹헌옥·전정수, 2015 재인용). 그는 국가, 가족, 시장이라는 돌봄 주체보다 직접적인 돌봄의 주체로서 어떻게 돌봄서비스가 제공되는지 다섯 가지로 구분한다.

첫째, 전일 모성 돌봄으로 영유아의 가정에서 엄마가 온종일 돌보는 것이다.

둘째, 부모 돌봄 나눔으로 영유아의 가정에서 엄마와 아빠가 함께 양육을 담당하는 것이다.

셋째, 세대 간 돌봄으로 영유아를 조부모와 함께 돌보는 것이다.

넷째, 대리모 돌봄은 보모나 친척 등이 영유아를 돌보는 것이다.

다섯째, 전문가 돌봄은 보육기관에서 보육교사가 아이를 돌보는 것이다.

크레머의 돌봄이론은 어떤 종류의 돌봄이 영유아에게 가장 좋은 것인가에 대해 설명하고자 한다. 물론 그에 대한 답은 단순히 좋은 돌봄이라고 말하기 어렵고, 한 사회의 기대와 가치에 따라 판단될 수밖에 없다.

이상과 같이 보육이론을 살펴보았고, 문제의 개념, 조건, 유형, 인과관계 등에 관한 각 이론의 주요 내용을 정리하면 〈표 7-2〉와 같다.

표 7-2 보육이론 정리

이론	대상관계이론	애착이론	인지발달이론	크레머이론
개념	주양육자와의 관계	안정된 애착관계 형성	발달의 단계	돌봄의 주체
문제조건	돌봄의 문제	돌봄 주체의 문제	교육의 문제	사용자의 문제
문제유형	동일한 행동 패턴	불완전한 애착관계 형성	잘못된 과업	돌봄 서비스
인과관계	관계의 내용	애착형성의 내용	발달문제	돌봄문제

Ⅱ 보육의 사례

1. 사례와 분석

1) 대상관계이론과 분석

사례

1955년 미국의 미혼 여성 조앤 심슨은 한 아이를 잉태했다. 그는 바로 스티브 잡스다. 그러나 잡스는 부모의 형편이 허락지 않아 양부모에게 입양됐다. 그리고 잡스는 세계 최고의 기업, 애플의 최고경영자가 된다. 물론 자라면서 스티브 잡스는 자신이 입양아라는 것을 알게 된다. 그리고 큰 충격을 받고 방황하기도 했다. 그런데 스티브 잡스는 고교시절부터 동거하던 여자 친구 크리스앤 사이에서, 1978년 딸 '리사'를 낳았다. 문제는 입양아라는 사실을 알고 충격을 받았던 그가 자신의 딸을 "내 딸이 아니다."라며 부인하고 양육비도 주지 않았다. 미혼모였던 앤은 정부보조금을 받아 근근이 아이를 키웠다. 10년 뒤 리사가 성장하고 친자확인 소송이 제기되면서, 친자로 확인된 후에야 잡스는 리사를 자신의 딸로 받아들였다.

출처: Isaacson(2011).

대상관계이론은 주양육자와의 관계 패턴이 어떠한가를 가지고 성격형성을 설명하는 이론으로서, 보육의 심리정서적 접근에 아주 중요한 이론이다. 그것을 설명하기 위해 상기 사례는 스티브 잡스의 자서전에서 그가 경험한 어린 시절 양육환경 경험을 가지고 설명하고자 한다. 스티브 잡스의 친모 크리스 앤은 친부의 무책임한 외면으로 양육형편이 허락하지 않아, 스티브 잡스를 입양 보내게 된다. 자라면서 스티브 잡스는 자신이 입양아라는 사실을 알고 충격을 경험한다. 그러나 사례를 통해 보다시피 본인도 똑같이 대학 시절에 동거하여 낳은 아이를 모른 척한다. 대상관계이론 관점은 그의 보육내용 속에서 그 인과관계를 알게 한다. 미혼모의 아들로서 친부모와의 직접적 상호작용은 어떠했는지 알려지지 않지만, 자신에 대한 입양을 선택했다는 사실로서 그의 행동, 성격형성에 중요한 역할을 한 것이다. 여기에 친모의 입양조건인 교육에 대한 조건을 통해 그의 학습과 발달에 중요한 역할을 한다(Isaacson, 2011; 김현지·나동진,

2006). 특히 대상관계이론의 관점에서 보육조건은 윤리적인 문제만이 아니라, 대인관계와 성격형성에 결정적인 영향력을 미친다고 본다. 무엇보다 대인관계를 처음 경험하는 영유아기에는 개인의 성격형성과정에 인간관, 대상관계의 형성과 내면화 과정, 대상관계의 기능과 관련된 기초를 형성하기 때문에 무척 중요하게 다루고 있다(김창대, 2002). 내용적으로 인성교육 측면에서 첫째, 안정된 대상관계 형성과 대상에 대한 통합적 관점의 발달시기로 본다. 둘째, 인성교육은 결국 건전한 표상형성을 지향한다는 점 등이 제시된다. 이러한 맥락에서 영유아가 경험하는 중요한 타인으로서의 보육과 그 환경 경험은 대상관계적으로 영유아의 행동과 성격형성, 대인관계의 상호작용에 영향을 미칠 수 있다. "문제아동 뒤에 문제부모가 있다."라는 말과 같이 '중요한 타인'이라는 대상으로부터 배운 행동양식은 무엇보다 강력한 의사소통의 기제가 되어 아동에게서 재생산될 수 있다. 아이는 자신에게 가장 중요한 타인으로서 주양육자, 즉 어머니가 주는 행동양식과 메시지를 통해 그러한 방식을 내면화하면서 건전한 인간관계의 표상이 형성될 기회를 얻지 못하는 것과 같다.

2) 애착이론과 분석

사례

한밤중에 전화가 울린다. 대문을 열어 보니 어두운 골목엔 찬바람만 분다. 교회 대문 앞에는 종이상자가 놓여 있다. 낡은 종이상자를 조심스럽게 풀어헤친다. 갓난아기가 있다. 탯줄도 그대로 있다. 아기는 울지도 않는다. 주사랑공동체교회의 이 목사는 그날도 철공소 친구에게 부탁해 갓난아기를 담을 수 있는 상자를 만들게 된다. 교회 입구의 벽을 뚫어 상자를 설치하여 바닥에 열선을 깔고 부드러운 담요로 덮어 둔 것이다. 환기 시설도 만들고, 문을 열면 자동으로 벨이 울리게 한다. 아기가 들어온 줄 모르면 오랜 시간 방치될 수 있기 때문이고, 벨을 누른 아기 보호자를 얼른 찾아 나설 수 있도록 하기 위해서다. 아무튼, 그곳은 일명 '베이비박스' 혹은 '드롭박스'로 불리는 곳이다. 혹자는 이곳을 오갈 데 없는 아기를 살리는 곳이라 하고, 혹자는 이곳을 합법적으로 아기를 버리는 곳이라고 말한다. 이후 아기들은 꾸준히 오게 된다. 산에 묻으려다 수면제를 먹고 함께 세상을 떠나려다 데려온 10대 산모, 3층에서 아이를 던진 뒤 5층에서 뛰어내리려다 포기했다는 엄마, 하혈을 한 채 아이를 안고 온 소녀, 교복에 둘둘 말아 넣어둔 아기도 있었다. 아기를 맡기면서 꼭 아기를 데려가겠다고 했지만, 어느 날부터 연락이 끊기기도 한다. 어려운 상황에 놓인 어린 부모이기에 아기를 기르려고 해도 그들에게 놓인 현실은 호락호락하지 않아서다. 버려진 아기의 60%는 엄마가 10대이다. 또 90%는 결손가정 출신이라고 한다. 이들은 대부분 극심한 우울증을 앓고 있으며, 극단적인 생각을 한다. 이들이 아기와 함께 감당해야 하는 현실과 양육의 책임 앞에 내려지는 결말이 되는 것이다.

출처: Ivie(2015); KBS(2016).

사례에 나와 있듯이 베이비박스에 영아를 유기한 미혼모의 90%가 결손가정 출신이다(노충래, 2004; SBS, 2007; EBS, 2010).[13] 그런데 이들 미혼모가 만들어 내는 자신의 모습도 아기를 베이비박스에 유기함으로써 결손가정으로 귀결시킨다. 바로 애착이론에서 주장하는 장기적 관계의 근본 원인을 설명해 주는 사례다. 애착이론에서 말하는 초기 유아기에 형성되는 애착은 인간관계의 안정성에 대한 상징이라 할 수 있다. 예를 들어, 아기는 기어 다니거나 걸어 다닐 무렵부터 친숙한 애착 대상을 물색하는데,

13) 미혼모 발생의 개인적 요인은 사회경제적으로 낮은 지위, 결손가정과 같은 가족해체 관련 요인, 가출, 낮은 학력, 성 지식의 부재 등에서 비롯된다. 최근에는 미혼모의 발생 요인이 이전과 다소 달라지는 것으로 보고한다.

이 안전한 대상을 중심으로 자신의 주변을 탐험했다가 돌아오는 과정을 반복한다. 이러한 반복적 경험을 통해 아기는 자신의 애착 대상으로부터 미지의 세계를 탐험하고 와도 충분히 자신이 안전하고 변함없이 보호받는 충만함을 이해하고 신뢰하는 데 지대한 영향을 미친다는 것이다. 즉, 아기는 자신이 충분히 돌봄을 받는다는 것을 인지하고 믿을 뿐 아니라 안전하고 충만한 상황을 알기 때문에, 거기서 나오는 자신에 대한 태도도 신뢰감을 바탕으로 여유롭고 안정된다. 이렇게 만들어진 애착형태는 아기의 지각, 감정, 관계의 형태로서 세상을 바라보는 시각을 형성하고 사람을 대하는 태도를 만든다. 향후 인간관계 형태와 태도에 지대한 영향을 미치는 것이다. 이 사례로 설명하면, 결손자녀가 자주 겪는 애착관계의 착시에서 나오는 결과라 하겠다. 애착 대상에 대한 목마름으로 인해 서둘러서 판단하고, 행동을 앞세운 결과이기도 하다. 즉, 그들이 목마르고 소원하는 안전기지로서의 애착 대상이지만, 자신이 경험한 결손가정에서의 서투른 애착형성 문제가 그대로 투사된 결과다. 이 부분에 대한 숙제는 계속 서투른 문제를 만들 수 있다. 그래서 미혼모가 겪는 여러 가지 문제를 극복할 수 있는 환경이 더욱 절실하다. 당연히 이러한 문제는 그들의 탓이 아니다. 누구나 조금씩은 애착관계 형성을 위한 문제를 겪는다. 모두가 함께 보완하고 성장하는 노력이 필요하다.

3) 인지발달이론과 분석

사례

교육현장에서의 교육은 학생들의 뇌 발달 시기에 맞게 적절한 교육이 이루어져야 한다고 주장한다. 우리나라 교육은 유아원, 유치원, 초등학교에서부터 강제적인 교육이 성행하고 있다. 이것은 일부 어른의 마음은 강제 선행교육을 하면 아이들이 공부를 잘할 것이라 믿기 때문이다. 그러나 현실은 그렇지 않다. 아이들의 뇌가 강제적인 선행교육을 다 받아들이지를 못한다. 선행교육이 심할 경우에는 뇌를 망가뜨릴 수 있는 것이다. 이때 뇌가 망가진다는 의미는 뇌의 기능이 망가지면서 우울증, 자폐증 등 여러 유형의 정신질환이 발생한다. 과잉학습으로 인한 뇌기능장애라 보겠다. 따라서 무조건적인 조기교육이 효율적인 교육방식이라고 할 수 없다. 뇌의 발달과정에 맞춘 적절한 교육이 필요하다.

출처: EBS NEWS(2015); The Science Times(2016).

인지발달이론은 인간의 인지 능력이 성장 과정에 따라 어떻게 발달하는지를 연구한 이론이다. 그런데 무작정 '아이의 뇌는 만 3세쯤 대부분 완성된다.', '어릴 때 영어를 배워야 원어민처럼 말할 수 있다.'라는 말은 아직도 젊은 부모를 유혹하는 상업 문구로 나돌고 있다. 그런데 이 말에 근거가 있을까? 결론부터 말하면, 사실무근이다. 최근 20~30년 동안 뇌 과학자들은 이것을 수정 또는 폐기된 가설이거나 과학적인 근거가 없는 엉터리 이론이라고 지적했다(경제협력개발기구·교육연구혁신센터, 2016).[14] 그러나 여전히 사교육업체들은 이를 상품화한 영유아교육 프로그램과 교재로 부모를 유혹한다. 부모의 자녀에 대한 과잉 애정과 욕심은 사교육시장의 상품과 수요 욕구가 맞아떨어지면서, 영유아 사교육비 규모는 3조 2,289억 원으로, 전년도 2조 6,000억 원보다 22.2%나 증가했다(이진화, 2015).

전문가들은 나이에 맞지 않는 '과잉 조기교육'은 아이의 뇌 발달을 방해할 수 있다고 경고한다(신성욱, 2014). 실제 뇌 과학의 신화와 진실, 그리고 위험성에 대한 경고는 소아정신과 전문의, 영유아 심리 전문가 사이에서 그 목소리가 매우 높다. 더구나 정서불안, 도피, 충동적 행동, 주의 산만, 창의성 발달 저하 등 심각한 문제를 일으키는 아동이 점점 많아진다. 사례처럼 아이의 발달단계를 무시한 과도한 자극은 심할 경우 언어발달 지체, 정서발달 지체, 후천성 자폐 성향 등으로 나타나고 있다.

인간의 뇌는 생명활동을 담당하는 '파충류의 뇌'와 감정·기억력을 담당하는 '감정의 뇌', 지능과 운동능력을 담당하는 '생각하는 뇌' 등으로 구성된다(Hoffmann, 2012). 이 세 가지 뇌는 차례대로 발달하는데, 감정의 뇌는 만 12세까지 집중적으로 발달한다. 이때 연령에 맞지 않는 조기교육은 스트레스 호르몬을 분비시켜 뇌 신경세포가 제대로 발달하지 못하게 가로막는다. 흉악범죄를 저지른 범죄자의 뇌에서 때때로 감정의 뇌와 생각하는 뇌를 연결하는 지점의 손상이 두드러져, 감정의 뇌와 생각하는 뇌가 협업할 수 없는 것을 볼 수 있다. 이것은 공감능력이 낮다는 의미이기도 하다. 감정을 발

14) 노르웨이에서는 5~6세에 읽기를 시작한 아동이 7세에 시작한 아동보다 읽기 성취도가 떨어진다는 보고가 있고, 미국에서는 조기교육을 경험한 아이의 경우에 학습부진 확률이 높다고 한다. 또한, 핀란드나 독일, 영국, 대만 등 많은 선진국이 취학 전 아이의 문자교육을 엄격히 금지하고 있는 것도 바로 이러한 역효과 때문이다(EBS NEWS, 2015).

달시켜야 할 나이에 인지학습 중심의 과잉학습은 인간의 발달에 전혀 맞지 않는 자극과 경험을 강요받는 상황에 놓이게 되는 것이다.

출생 직후에서 2세경으로 구분되는 감각운동기는 신생아와 영아의 단순한 반사가 나타나는 시기이다. 점차 유아적 언어를 사용하게 되지만, 이 단계에서 영아의 행동은 자극에 의해 반응하는 것에 불과하다. 시각이나 청각 등의 감각과 운동기술을 사용해 외부 환경과 상호작용한다. 2~6, 7세인 전조작기에는 자신이 가지고 있는 표상을 그림이나 언어 등의 형태로 표현할 수 있다. 만화나 전쟁놀이에서와 같은 가상적 상황을 실제 사물이나 상황처럼 자기중심적으로 생각하고, 두드러진 사물의 특징만을 이해하는 직관적인 사고를 한다. 이러한 시기가 유아 나름의 창의적인 색깔과 생각의 형태를 자유롭게 만들어 내고 표현하는 엉뚱하고도 아름다운 시기인 것이다.

사례를 보면, 이 시기가 마치 영재를 만드는 결정적인 시기인 것처럼 조기교육과 유아교육이 과장되는 점이다. 수많은 학계의 보고서는 뇌에 관한 잘못된 속설에 관해 논의했지만, 보육과 관련한 상업, 교육기관의 무리한 상도는 여전히 횡행한다(신성욱, 2014). 이것은 한국 사교육시장의 혼돈을 몰고 와서 아동에 대한 부모의 기대는 과도한 학습요구로 이어지며, 학습에 대한 극심한 스트레스가 아동에게 발생된다. 또한, 부모의 잘못된 요구가 사교육시장을 교란하고 극심한 양극화를 발생시키며, 결국 그로 인한 부작용은 아동에게 전가되는 결과를 초래한다.

4) 크레머이론과 분석

사례

"밥도 제대로 못 먹고 휴게 시간도 없어 보육교사는 슬퍼요."

미래세대를 돌보는 보육교사가 받는 급여는 최저임금 수준을 벗어나지 못한다. 매년 정부에서는 호봉대로 인상한 급여를 발표하지만, 이는 국공립 또는 서울형 어린이집만 해당될 뿐이며, 민간 및 가정 어린이집에서는 호봉과 별개로 급여가 결정된다. 대체로 최저임금 수준에서 결정된다. 보육교사의 노동에 비해 턱없이 부족한 급여이기에, 물가가 오르는 만큼 최저임금이 인상되지 않을 경우 교사들의 걱정과 실망감은 커지는 구조다.

그리고 어린이집에 대한 평가인증 제도가 있다. 보육의 질을 높인다는 취지로 시행되고 있는데, 실은 정반대다. 어린이집을 리모델링 수준으로 정비하게 되는데, 새로 작성해야 할 각종 서류가 엄청나고, 이 때문에 아이들을 제대로 돌볼 시간이 줄어들 수밖에 없고 귀한 아이들의 보육은 뒷전으로 밀린다.

이 상황에서도 학부모는 교사가 아기에게 온전하고 안전한 보육과 교육을 해주기 원하니, 교사들은 이중삼중고에 직면한다. 보육교사들은 아동과 부모에게만 초점을 맞춘 보육정책 속에서 어린이집 원장과 부모 양쪽 모두에게 시달리며 보호받지 못하는 존재다.

출처: 전희아(한겨레신문, 2021. 9. 28).

보육을 위한 돌봄제공자가 누가 되어야 하는지의 문제를 크레머의 이론을 통해 살펴보면 다음과 같다. 우선 돌봄과 제공의 문제는 어느 한 개인의 문제가 아니다. 상기 사례는 돌봄이라는 것에 대해 누가 주체인가와 함께 어떻게 돌봄서비스가 제공되는가 등이 여러 가지 차원으로 얽혀 있다. 크레머이론의 돌봄 주체와 서비스를 우리 사회의 돌봄 사례 중 하나에 적용해 보자. 돌봄의 주체는 아이돌봄 노동자, 돌봄서비스 이용자, 경력단절 여성, 저소득가정 이용자, 비정규직 노동자 등 각계각층에서 다양하게 설정된다. 다음으로 돌봄서비스는 인구정책, 보육정책, 아동문제, 여성문제, 가족문제, 교육문제를 해결할 수 있는 가장 중요한 핵심에서 지원되어야 하는데도, 사례의 현장에서는 상당히 일시적이고 미봉책에 그친 모습을 보여 준다. 이러한 조건에서 크레머의 돌봄이론이 말하는 어떤 종류의 돌봄이 영유아에게 가장 좋은 것인가를 적용할 때 무엇이 정답이 될 수 있을까? 현장은 기본적인 현실 상황과 유리되어 있고, 한국 사회의 기대와 가치를 녹인 돌봄으로 가기에도 요원하다. 영유아에게 가장 좋은 돌봄은 돌봄의 당사자를 통해 만들어진 것, 돌봄을 받는 영유아를 가장 우선시하는 돌봄이 되어야 할 것이다.

2. 보육문제의 결과

원래 보육은 여성에게 주어진 역할이었다. 그 돌봄의 역할은 현대사회의 가족구조 변화, 여성의 경제활동 증대와 사회적 자원화로 인해 변화를 겪는다. 그러나 보육의 조건은 크게 변하지 않고 개인에게 영향을 주는 문제로 나타난다. 즉, 보육문제는 상기의 보육 수요와 환경 변화에서 찾을 수 있다. 이처럼 보육을 둘러싼 변화가 나타나면서, 직접적으로 보육을 담당하고 있는 주체와 환경도 변화되어야 했다. 그러나 수요의 변화와 달리 공급의 변화는 느리고 각 주체의 현실적 간극이 커져 버렸기 때문에 보육과 관련된 문제가 초래된다. 한국 사회에서 보육은 인구, 아동, 여성, 가족, 교육의 문제와 맞물린 가장 현실적이고, 핵심적인 문제의 원인이자, 결과가 된다. 그 간극의 결과가 어떻게 나타나는지 살펴보고, 그에 대한 바람직한 대안이 무엇인지 고민하는 형태로 보육문제를 정리해 본다.

1) 경력단절 여성 양산

아이 맡길 곳을 찾아 헤매는 워킹맘들이 일을 포기하는 사례가 속출하고 있다. 이것은 국내 보육 시스템의 문제를 보여 주는 것으로, 근본적으로는 보육 수요를 충분히 반영하지 못하기에 나타나는 필연적인 결과라 하겠다. 일·가정 양립의 애로는 육아를 선택한 여성의 경력단절을 초래할 수밖에 없다.

2) 국공립 보육시설에 대한 수요

2018년 기준 전체 어린이집 3만 9천181개소 중 국공립 어린이집은 3천531개소에 그친다. 국공립어린이집을 이용 중인 아동 비율로 보면 14.2% 정도에 머무른다(2018, 2018년 보육실태조사, 보건복지부, 육아정책연구소). 연일 보도되는 어린이집 등에서의 아동학대와 폭력에 관한 뉴스를 듣는 시민과 부모는 불안과 불신이 쌓이게 된다. 이러한 문제는 더욱더 국공립어린이집에 대한 수요를 부추긴다.

앞서 언급한 대로 보육환경과 보육교사의 질적 측면에서 국공립 어린이집 보육수요가 큰 것은 사실이다[15]. 그러나 보육의 수요자 모두가 국공립 어린이집만을 원하는 것은 아니며, 민간보육의 장점과 개별적 보육수요 및 접근성 또한 국공립어린이집의 공급만으로 해결되는 것도 아니다. 실제 보육기관의 형태와 교사의 역량에 따라 장단점이 있고, 개별 어린이의 특성과 부모의 수요에 따라 가장 적합한 교육환경이라는 것이 있다. 이제는 그러한 특징과 수요에 따른 다양한 선택지라는 옵션을 차별화하는 단계로 가야 한다.

3) 황혼육아의 문제

여성취업자 중 자녀를 부모님께 맡기는 비율이 40%에 달하는 것으로 나타났으며, 맞벌이가구 가운데 자녀를 부모님께 맡기는 가구는 64.5%에 달한다는 통계가 있다(유희정, 2015), 또한 가정에서 영유아를 돌보는 사람 10명 중 8명(83.6%)이 조부모로 조사되고 있다(2019, '2018년 보육실태조사', 육아정책연구소). 이는 부모의 사회활동으로 인해 아동의 하원 이후 시간에 육아 수요로 인한 결과 때문으로 보인다. 그런데 연로한 조부모에게 황혼육아는 강도 높은 육체적, 정신적 노동이 요구되는 일이 아닐 수 없다. "오는 손자 반갑고, 가는 손자 더 반갑고"라는 우스갯말처럼 손자를 사랑하지만, 양육에 대해서는 조부모의 몸이 그만큼 따라 주지 않기 때문에 속마음은 상반될 수밖에 없다. 자녀의 사회적 역할에 따라 육아지원이 필요하므로 어쩔 수 없이 지원해 주기도 하지만, 실질적으로는 원치 않는다는 비율이 상당히 높다(유희정, 2015). 황혼육아의 신체적 부담(손목터널증후군, 허리디스크, 무릎관절염 등)은 노년의 삶의 질을 떨어뜨리고 있다.

15) 전체 다양한 보육기관과 보육제공자가 함께 서로의 장단점을 보완·협력하여 가장 최선의 해법을 모색하는 것이 필요하며, 이러한 측면에서 서울특별시는 다양한 보육제공기관들과 함께 공공보육적 환경마련을 위한 노력을 선제시행하고 있다(2022,3.31, 서울시 대표 소통포털 내 손안에 서울 뉴스). 교사 대 아동비율 축소를 시범운영을 시작한데 이어 '다함께 어린이집', '서울형 공유어린이집' 등의 이름 하에 어린이집 3~5곳을 묶거나 지역사회의 자원을 활용하여 보육서비스의 질을 높이려는 노력이다. 그러나 아직은 서울에 국한된 시도이며, 기존 보육의 문제를 해결하면서 모두가 상생하는 보육으로 전국에 영향을 미치려면 상당한 시간이 필요해 보인다.

3. 사회복지적 대책

보육은 한 사람의 인생을 만드는 기초 작업으로서 육아와 교육을 병행하는 중요한 활동이다. 앞에서 말한 네 가지 이론은 한 인생을 넘어 국가의 구성원을 만드는 중차대한 역할에 꼭 필요한 측면을 부각시키기 위해 현재 보육문제를 중심으로 구성한 사례이다. 이들 사례를 통해 드러나는 보육문제의 대안을 정리하면 다음과 같다.

1) 대상관계이론과 애착이론에서 바라보는 보육 대책

대책은 보육수요에 대한 국가보육의 확보와 양육기술 교육과정의 의무화이다. 전자는 개인적, 사회적 환경에서 건강한 관계를 형성할 수 있도록 보육의 공공성을 높이는 것이다. 이는 국가의 직접적 보육과정 참여를 말한다. 후자는 공공보육의 강화만이 아니라, 그 교육과정 내에 양육기술의 토대라는 근간을 정책적으로 개입해서 확립하는 것이다. 이 양자에 대해 국가의 직접적 참여를 통한 공공성의 확보는 사회구성원의 탄생 이후 일생을 좌우하는 심리적 토대의 근간을 세우는 일로서, 영유아기 발달에 가장 중요한 핵심적 과제이다.

2) 인지발달이론에서 바라보는 보육 대책

대책은 한 마디로 영유아의 권리 보장이다. '요람에서 무덤까지'라는 복지국가인 영국의 슬로건처럼 대상관계와 인지이론의 대책이 요람에서의 출발을 함께 하는 것이라면, 인지발달이론의 대책은 그 이후의 과정에 대한 제안이다. 이것은 바로 마음껏 자랄 수 있는 권리이다. 영유아에게 마음껏 자랄 수 있는 환경을 만들어 주고, 그들에게 주어지는 학습은 놀이를 보장하는 것이다. 그러나 영유아는 자신의 일에 대한 권리를 아무 것도 주장할 수가 없다. 이것은 바로 부모와 사회에게 부과된 과제이자 임무이다. 그런데 인지이론의 사례에서 본 바와 같이, 교육이용자의 과잉애정과 욕심의 문제가 제공자와의 수요 욕구에 맞추어 나온 부작용이 고스란히 영유아에게 전가되는 것을 보았다. 영유아가 감정을 발달시켜야 할 시기에 인지학습 중심의 과잉조기교육으로 발달단계에 전혀 맞지 않는 자극이자 경험을 하게 되며, 일부 영유아는 언어·정서

발달 지체나 유사 자폐, 후천성 자폐 등을 보이는 경우도 있다. 부모의 과도한 조기교육으로 인해 아이의 뇌 발달이 자기다운 생각을 하지 못하는 경우도 적지 않다. 21세기는 창의적 사고방식이 가장 결정적이고 중요한 경쟁력이 되는 시기이다. 그것을 무너뜨리는 상기의 사례에서 인지발달에 맞는 보육을 다시 한번 생각해 보아야 한다. 따라서 우선적인 대책은 보육의 시기인 3세 전후 영유아가 마음껏 자랄 수 있는 권리 보장이다. 영유아기 아이에게 요구되는 사회화의 과제가 있다고 해도, 그 학습은 '놀이'로 부여되어야 한다. 이것은 마음껏 자랄 수 있는 전제하의 놀이를 통해 세상을 구성하는 요소를 익히는 것이고, 나 아닌 다른 존재와 친밀한 감정과 관계를 나누면서, 신체·지성·사회성·감성발달로 이어져야 한다.

영유아의 권리와 교육이용자의 욕구를 어떻게 절충할 것인가는 한마디로 '영유아가 주도적으로 이끌어 가는 것'이라고 말할 수 있다. 이에 비고츠키(Vygotsky)의 수업 조건으로서 세 가지의 교육적 전제를 예시하고자 한다(이건인·이해춘, 2008).

첫째, 교육은 '지금 그 아이가 어디에 있는가'에 초점을 두면서 잠재적 성장에 관심을 갖는다. 잠재적 성장까지 고려한다는 것은 지금 목전의 결과를 중시하는 근시안적 교육이 아니고, 멀리 내다보는 과정 중심의 교육이다.

둘째, 교육은 상호작용적 수행보조일 뿐이라고 할 수 있다. 즉, 미발달능력 수준에 알맞은 학습조건을 제공하는 것으로 영유아의 미발달능력 수준, 즉 개개인의 근접발달영역을 파악하여 그 수준에 상응하는 수준별 개인화 교육이어야 한다.

셋째, 비지시적 교육활동인데, 일방적인 학습이 아니라 공동 참여를 통한 상호작용의 기회를 확대하여 영유아의 학습을 보조하는 것이다. 즉, 아이의 발달 수준을 그대로 존중하고, 그 속도대로 따라가고, 보조하는 보육을 지원하는 것이다.

3) 크래머이론적 관점의 대책

우리나라 보육체계를 이용자와 제공자의 입장에 따라 개선시켜야 한다.

첫째, 이용자의 입장에서 국내 보육체계을 재정비해야 한다. 이것은 국공립보육시설 이상의 시설확보 문제와 연관된다. 무엇보다 이용자가 원하는 교육내용과 신뢰의 질이 담보되는 과제이다. 그러나 교육의 내용은 차치하고, 아이를 맡기는 곳에서 일어나는 폭행사건을 목도하는 시점이다. 돌봄의 사회화는커녕 워킹맘이 일을 포기하게 되는 한국의 보육체계의 철저한 점검이 재고되어야 한다.

둘째, 보육제공자에 대한 고용조건 개선이다. 고용조건의 개선은 보육교사의 질과 연결될 수 있다. 이는 보육의 질적 수준에 중대한 영향을 미치는 것으로 알려져 있다. 그동안 우리나라는 보육교사에 대한 양성 및 관리가 적절하게 이루어지지 않아서 보육의 질적 수준이 저하되고, 근무조건이 열악하여 교사와 아동 간의 안정된 상호작용이 지속될 수 없을 정도로 이직률이 높은 편이라는 지적이 있었다. 보육교사 자격제도를 정비하여 보육교사의 질적 수준을 제고하고, 사회적 지위를 확립하기 위한 노력이 있어야 한다. 보육교사의 근무 여건이 교사와 아동의 상호작용에 영향을 미치도록 적정 근무시간의 확보와 적정 보수를 수령할 수 있도록 제도화해야 한다. 보육교사의 열악한 처우를 개선하는 것은 보육 서비스를 개선하기 위한 필수 조건이다. 더구나 매년 보육예산은 증가하지만 보육교사의 처우개선에 쓰는 예산은 미비하다. 보육의 질을 논하기 전에 보육교사의 처우개선이 담보되는 것이 더 중요한 보육에 대한 사회적 조건이다. 박봉과 격무의 상황은 보육교사의 직업만족도를 떨어뜨리고, 높은 이직률로 이어지는 현실을 초래하고 있으므로, 좋은 보육을 위한 전제로서 수준 높은 보육교사 양성과 확보를 위한 고민이 필수적인 과제임을 알 수 있다.

4. 결론

일찍이 저출산 현상을 겪은 프랑스가 1989년 국가비상사태를 선포하면서 지속적인 출산장려를 통한 인구정책을 시행한 후 합계출산율을 2명으로 끌어올린 사례가 있다. 즉, 저출산은 보육환경의 마련이라는 틀 속에서 극복이 가능한, 국가의 길고도 지속적인 인구정책에서 나올 수 있음을 보여 준다.

한국은 세계 최저의 출산율로 인구 감소를 겪고 있지만, 출산과 육아에 대한 책임은 여전히 개인 혹은 가족의 몫이다. 현재 한국의 인구감소 추이가 지속될 경우 약 200년

후 대한민국이라는 국가의 소멸을 예고한다(세계인구총회, 2013). 개인과 가족에만 전가된 현재의 보육시스템에 대한 획기적인 변화 없이 대한민국의 미래는 존립조차 담보하기 힘들다. 한국 사회는 이미 외적으로 충분히 성장하였다. 이제 국가는 내적 성장을 추구해야 할 시기이며, 이것을 통해 제2의 도약을 만들어 낼 수 있는 국가동력을 만들 필요가 있다. 몇 가지 요약으로 보육의 장을 마무리하고자 한다.

1) 국가 중심 민간보육과의 조화

우리나라의 보육은 그간 상당부분 민간의 노력에 의존하여 왔다. 우리나라와 달리 일본, 영국, 프랑스 등의 선진국들은 민간에 맡기는 보육 시스템의 비율이 낮고 국가 중심의 보육을 운영하는 편이다. 큰 틀에서 보면 우리나라의 보육 문제는 선진국과는 다른 보육제공자의 차이에서 나온 것이라 해도 과언이 아니다. 이제 보육은 보육이용자들이 원하는 니즈가 국가중심의 보육이라면 그것을 지향할 수 밖에 없다. 그렇다면 민간의 보육은 공공보육의 틀 안에서 다양하고 매력적인 창의적 보육 콘텐츠를 녹이는 현장이 되면 어떨까 한다. 민관이 서로의 장점으로 상생하고, 조화롭게 보육의 목표를 완성하는 것이 결국 국가보육의 초심이 아닌가 한다.

2) 보육이용자와 제공자를 위한 시스템과 서비스

첫째, 보육시스템과 서비스를 개선해야 한다. 이미 오래전부터 보육이용자들의 서비스에 대한 욕구는 다양하게 표출되었다. 여기에 영아기 자녀를 둔 부모는 유아기 자녀를 둔 부모에 비해 시간제 보육, 시간연장형 보육, 그리고 휴일보육의 필요성을 매우 높게 지각하고 있다(우민정 외, 2008). 이것은 기혼여성의 초기 노동단절의 예방과 능력 발전기회의 보장, 취업여성의 안정된 취업 여건과 부합된다. 야간·공유일·시간제 보육서비스 확대, 초등학교 아동의 보호 및 방과 후 보육 확대, 장애아 대상 보육 확대가 중요하다. 물론 장시간 유아 및 아동의 보육을 맡게 되는 어린이집의 사회적 책임 수행에 대한 감독도 병행되어야 한다.

둘째, 보육시스템 전달체계상의 행정체계 및 지원체계의 기능을 살려야 한다. 시스템적으로 광역 및 기초자치단체의 보육 전담인력 확충을 통해서 보육전달체계의 효율성을 증대하고, 각 지역 특성에 부합하는 보육 발전 중·장기계획을 수립할 수 있도록 해야 한다. 이것은 보육지원체계 중의 하나인 보육정보센터의 기능을 활성화하는 것이다. 또한, 보육정보 채널의 업무를 효율화하기 위하여 전국 보육정보센터의 네트워크를 구축하고, 보육센터의 전문 인력과 예산을 증가해야 한다. 내용적으로도 보육교사에 대한 이원화된 관련 법령을 정비하고, 유치원과 보육시설의 통합을 이루어 일원화된 운영관리도 적극적으로 추진해야 한다.

셋째, 보육제공자를 위한 여건 개선이다. 먼저, 보육교사의 직위나 근무환경, 시설의 운영관리 등에 대해 구체적인 지침을 마련해야 한다(유구종, 2012). 유치원, 어린이집 종사자들의 욕구를 반영하고 그들의 처우를 개선할 수 있는 시스템개발은 결국 보육의 질을 담보하는 중요한 전제가 된다. 보육교사의 초과근무, 감정노동 등과 같은 격무를 개선하여 소위 말하는 아동폭력이 더는 일어나지 않도록 해야 한다. 예를 들어, 정서노동을 하는 간호사, 사회복지사, 요양보호자 등은 그들의 직무에 따른 스트레스를 해소하여 업무에 효율성을 높이기 위해 정기적인 소진예방 프로그램을 진행한다. 그러나 보육교사는 저임금, 낮은 보상, 동료교사와 학부모와의 접촉 부담 등의 환경에서 온종일 다수의 영유아를 대상으로 양질의 서비스를 제공하므로 상당한 정서상의 소진을 겪는다. 격무에 의한 직무소진과 초과근무에도 불구하고 박봉인 그들의 처우를 개선할 수 있는 대책이 시급하다.

또한, 유치원과 보육원의 통합이라는 유·보 통합을 이루고 질적인 관리, 감독이 이루어져야 한다. 교사 자격 재정비를 통해 보육교사도 더는 근로자가 아닌 교직원으로서 사명감을 가지고 근무할 수 있도록 도와줘야 한다.

최종적으로 어린이집의 사회적 책임이라는 것은 국가의 구성원을 기르는 작업임을 이해하고, 온 국가와 국민이 함께 나서서 그 책임을 다 해야 한다.

제8장

성폭력, 가정폭력, 성매매문제

산업화를 거쳐 시공간을 초월하는 최첨단 정보화 시대에 국제사회는 물론 우리나라도 큰 변화를 겪고 있다. 가치관과 경제구조의 변화로 여성의 교육수준 향상과 취업증가, 가족해체 및 양극화 현상 등의 사회변화를 통해 과거에는 크게 사회문제로 인식되지 않던 것들이 현대사회에서는 심각한 사회문제로 부각되고 있다. 산업화 이후 여성의 사회경제적 참여활동이 증가하면서 여성의 사회적 지위와 인권도 크게 향상되었으나, 우리사회 곳곳에 남아 있는 가부장적 문화와 사고는 여전히 성차별과 함께 불평등문제를 야기한다. 이러한 성차별과 불평등문제는 여성 비하, 여성고용불안과 함께 성폭력, 가정폭력, 성매매 등 여성폭력을 양산하는 주원인이 되고 있다. 특히 과거에는 성폭력, 가정폭력, 성매매 등 여성폭력문제를 특정 여성의 개인적인 문제나 가정 내 문제로 치부했으며, 이러한 문제는 여성에 대한 이유 없는 분노나 적개심 등으로 말미암아 살인사건으로까지 이어지기도 했다. 피해 대상자가 주로 대항력이 약한 여성, 아동, 노인까지 다양해지면서 연일 우리 사회의 이슈가 되고 있다.

특정 여성의 개인적인 문제나 가정 내 문제, 윤리적인 문제로만 치부했던 가정폭력, 성폭력, 성매매문제가 큰 파장을 불러일으키는 사회적인 문제로 이어지고 있음을 재인식하고, 우리 사회와 국민이 관심을 기울여야 함은 물론 정부는 성 인지적 관점과 함께 사회복지(여성복지) 차원에서 적극적인 정책을 지속적으로 펼쳐나가는 노력이 필요하다. 본 장에서는 이러한 문제들을 사례와 함께 그 현황과 정책, 대책 등을 각 절에서 심층적으로 다루어 보고자 한다.

I 성폭력문제

사례

20대 중반 계약직 초등학교 여교사 영미(가명) 씨는 최근 모 지역의 섬으로 신규 발령받아 근무하던 중 학부모와 동네 주민들의 강요로 술자리 회식을 한 뒤 학교 숙소에서 잠자는 사이 자신이 성폭행당한 사실을 인지하고 증거물을 수집해 곧 바로 경찰에 신고했다.

이 사건이 널리 세상에 알려지면서 가해자인 학부모 박 모 씨, 이 모 씨, 주민 김 모 씨는 알리바이를 주장하며 범행을 부인하다 경 · 검찰의 본격적인 수사가 진행되면서 결국 범행 사실을 모두 인정했다. 법원은 여교사 성폭행 혐의로 구속, 기소된 가해자 박 모(48) 씨에게 징역 12년, 이 모(35) 씨에게 징역 13년, 김 모(38) 씨에겐 징역 18년을 선고했다.

재판부는 "피고인 모두 학교에 다니거나 다닐 자녀를 둔 학부모임에도 공모해 자녀가 다니는 학교의 교사인 피해자를 성폭행함으로써 죄질이 매우 나쁘고 비난 가능성이 크다."고 양형 이유를 밝혔다. 변호사협회를 비롯한 시민들의 반응은 "교권이 아무리 떨어졌다 해도 선생님을 상대로 학부모가 이런 범죄를 저지른 적은 없었다.", "교권이 떨어진 마당에 교사들이 어떻게 아이들을 가르치겠는가!"라며 법원 판결에 공감하는 분위기다. 이들이 모두 징역 10년 이상 선고받은 데에는 「성폭력범죄의 처벌 등에 관한 특례법」에 따른 '강간 등 상해 · 치상' 혐의가 적용됐기 때문이다.

1. 서론

우리 사회의 전반적인 성의 개방화 추세와 함께 향락적이고 퇴폐적인 가치관의 팽배로 인해서 여성의 성을 도구화나 대상화하는 성폭력이 증가하고 있다. 이러한 성폭력의 피해자는 남성도 일부 포함되지만 대부분 여성이며, 생후 4개월 된 영아부터 아동, 청소년, 70세 이상의 할머니에 이르기까지 나이와 시간, 장소를 불문하고 일어나고 있다. 특히 2000년대 들어 아동 성폭력이 갈수록 증가하고 있어 더욱 심각한 사회문제로 인식되고 있다. 본 절에서는 사회문제로서 성폭력을 이해하기 위해 개념정의, 출현 역사, 특성과 범위, 문제의 실태, 문제의 배경(이론적 관점) 등을 살펴보고 현재의 복지제도와 정책, 한계점, 대안 제시 등에 대해 살펴보고자 한다.

2. 사회문제로서의 이해

1) 개념정의

성폭력 개념을 정의하는 논의는 크게 두 가지 범주로 나눌 수 있다. 하나는 넓은 의미의 여성에 대한 폭력(gender violence 혹은 violence against women)으로서의 성폭력이고, 다른 하나는 좁은 의미의 여성에 대한 폭력(sexual violence)으로서의 성폭력이다. 광의적인 측면에서 보면 강간, 성추행을 포함한 성적인 폭력과 성매매, 인신매매 등의 여성에 대한 폭력과 심리적 폭력, 언어적 폭력까지를 포함한다. 협의의 측면에서는 개인의 성적인 자유와 자율성을 침해하는 '성적 자기결정권의 침해'에 근거한 강간을 비롯한 성추행, 성희롱 등 신체적 피해 및 심리적으로 느끼는 불쾌감, 공포, 두려움 등인 주로 성적인 의미의 폭력을 말한다.

「성폭력범죄의 처벌 및 피해자보호 등에 관한 법률」 제정 시 성폭력을 '정조에 관한 죄'로 정의함으로써 여성의 잘못으로 규정하는 의미가 있다고 하여 1997년 '강간과 추행에 관한 죄'로 바뀌었다. 그러나 이 역시 개념정의라기보다는 성폭력의 유형이나 범주를 명시한 것이라는 논란이 제기되었다. 그동안 수차례 법이 개정되었으며, 2013년에는 남성도 강간피해자로 포함하는 등 대대적인 법 개정이 이루어졌다. 따라서 성폭력은 상대방 의사에 반해 힘의 차이를 이용하여 상대방의 성적 자기결정권을 침해하는 모든 성적 행위를 말하며 여기에는 성을 매개로 이루어지는 무형, 유형의 강제적인 성적 행위는 물론 가정 내에서 어느 일방의 일방에 대하여 행해지는 가정 내 성적 학대도 포함된다.

2) 성폭력 출현의 역사

성폭력은 남성중심 가부장적 성문화와 이중적 성 논리, 왜곡된 성 인식 등으로 우리 사회에서 오래전부터 일어났음에도 불구하고 피해자나 가족들이 피해사실을 숨기거나 신고 자체를 꺼려 현실적으로 많이 은폐되었다. 이러한 사실은 2000년대 초반까지 2.2%라는 낮은 강간 신고율이 뒷받침하고 하고 있다. 1994년 「성폭력범죄의 처벌 및 피해자보호 등에 관한 법률」이 제정된 지 20여 년이 지난 지금에도 여전히 신고율은 낮은 편이다. 그러나 2013년 친고죄가 비친고죄로 개정되면서 신고율은 점차 증가하고 있는 추세다.

한국 사회 성폭력 출현역사와 관련하여, 본 절에서는 우리 사회에 성폭력문제가 본격적인 사회적 이슈가 되었던 대표적인 성폭력사건으로 역사를 살펴보고자 한다. 먼저, 1980년대 중반 이후 당시 우리 사회에 공권력과 관련되어 충격을 안겨 주었던 '부천서 권 모 씨 성고문사건', 경찰에 의한 부녀자 성폭행 '대구 윤간사건', '고흥군 임산부 강간사건', 영화 "단지 그대가 여자라는 이유만으로"란 제목으로 영화화되기도 한 '주부 변 모 씨 사건'이 있었다. 1990년대는 어릴 적 자신을 성폭행한 가해자를 공소기간이 지나 법적 처벌이 어려워지자 자신이 직접 아동 성폭력 가해자였던 이웃집 아저씨를 찾아가 살해함으로써 성폭력특별법 제정에 박차를 가하게 된 1991년 '김부남 사건', 1992년 의붓아버지에 의한 근친 성폭력 살인사건 '김보은·김진관 사건', 1993년 '서울대 신 교수 성희롱사건'이 연이어 일어나면서 성폭력 피해의 심각성이 제기되고 1994년 「성폭력범죄의 처벌 및 피해자보호 등에 관한 법률」이 시행되는 직접적인 계기가 되었다. 2000년대 들어와서는 아동 성폭력 살인사건이 연이어 일어나 우리 사회에 파장을 일으켰다. 용산 초등생 살인사건, 안양 어린이 성폭력 살인사건, 전국을 떠들썩하게 했던 조두순 사건, 김길태, 김수철 여학생 성폭력 살인사건, 광주 인화학교 장애인 아동 성폭력사건, 나주의 고종석 사건, 경남의 김점득 사건, 수원의 오원춘 사건까지 여성은 물론 아동과 청소년, 이주여성과 군대 내 성폭력사건들이 연이어 발생하였고 살인으로 이어지면서 성폭력이 개인의 성적 자기결정권은 물론 생존권을 침해하는 심각한 사회문제로 인식되었다. 이러한 범국민적 인식은 2013년 6월 19일 「형법」과 「성폭력범죄의 처벌 등에 관한 특례법」, 「아동·청소년 성보호에 관한 법률」이 대폭 개정·시행되는 계기가 되고, 아동 성폭력전담센터나 성폭력상담소가 확충되고, 공공기관의 의무교육화는 물론 국정 4대악 근절 대상과 함께 전 국민 대상 예방교육 실시로 확대되는 등 정부의 적극적인 대처와 성폭력범죄 처벌수위가 한층 강화되는 기폭제가 되었다.

3) 특성과 범위

(1) 특성

성폭력의 특성과 관련된 연구는 주로 피해자나 가해자 특성에 집중되어 있다. 아동 성폭력의 피해자나 장애인 성폭력 피해자, 친족 성폭력 피해자, 데이트 성폭력 등 성폭력 대상 피해자 유형과 가해자에 따라 특성이 조금씩 다른 양상을 보이지만, 본서에서는 현장에서 보고 느낀 것을 토대로 일반적인 공통 특성에 대하여 살펴보고자 한다.

첫째, 성폭력의 개념적 특성과 관련하여 피해자가 대부분 자발적으로 동의하지 않았음에도 불구하고 가부장제 남성중심사회에서는 여성의 옷차림, 언동 등과 결부시키면서 이중적 성윤리를 적용해 피해여성의 잘못으로 몰아가는 피해자유발론으로, 잘못된 사회적 통념이 있다. 피해자가 오히려 신고를 꺼리거나, 힘과 권력관계가 작동할 경우 협박이나 불이익을 당할까봐 밝히지 못하여 피해가 은폐되는 특성이 있다.

둘째, 성폭력사건의 거의 대부분이 아는 사이에서 일어난다는 점이다. 특히 아동 성폭력은 대부분 가까운 사람에 의해 일어나며, 친족에 의한 성폭력은 가족이라는 점에서 반복적·지속적으로 일어날 확률이 높고 이러한 사실은 다시 낮은 신고율로 이어지고 있다.

셋째, 그 폭력성이 매우 심각하여 피해자가 겪는 신체적, 심리적, 정신적 후유증이 매우 심하다. 강간 피해자의 경우 임신, 상해, 성병은 물론 자살, 학업중단, 무력감, 남성에 대한 부정적 시각으로 이어진다. 또한, 피해자의 저항을 막기 위해 혹은 가해자가 사건을 은폐하기 위해 살인으로 이어지는 경우도 있다. 아동 성폭력사건과 관련하여 아는 사람에 의한 성폭력은, 가해자에 대한 분노로 피해자가 성장한 후 그 복수를 위해 가해자를 살해하는 살인사건으로까지 이어진다는 점이다.

넷째, 성폭력사건은 힘과 권력관계에 의해 발생한다. 부모에 의한 자녀 성폭력, 직장상사나 교사에 의한 성폭력사건들은 결국 힘이나 권력을 가진 자가 상대적으로 약한 자에게 행하는 성적 폭력이라 하겠다. 특히, 수직적 상하관계와 위계관계가 강한 직장, 군대 등의 조직에서는 지배와 순응을 내면화하기 쉽고, 서열에 따르는 교육으로 인해 자유로운 의사표현과 성폭력이 발생 시 피해자가 문제를 제기하기 어렵게 만드는 점이 있다.

마지막으로, 2012년 성폭력 피해자 통합지원센터 연구에 따르면 피해자의 과반수가 미성년자로 아동·청소년 성폭력 피해가 갈수록 증가하고 있으며, 특히 이와 같은 현상이 아동 성폭력, 친족 성폭력사건에서 더욱 두드러지게 나타나고 있다는 사실이 특성이라 하겠다.

(2) 범위

성폭력의 범위는 「형법」과 「성폭력범죄의 처벌 등에 관한 특례법」에 따른 법률적 유형분류와 함께 피해자 연령, 피해자와 가해자 관계에 따른 분류, 특정 형태의 분류에 따라 그 범위가 매우 광범위하고 다양하지만 본서에서는 성폭력 대상자와 성폭력 형태를 중심으로 살펴보고자 한다.

먼저, 대상별 성폭력 유형은 아동 성폭력, 데이트 성폭력, 친족 성폭력, 사이버 성폭력, 장애인 성폭력 등을 들 수 있다.

아동 성폭력은 13세 미만의 아동에 대한 성폭력을 말하며 직접적인 성적 접촉과 말로 희롱하는 것, 아동의 옷을 벗기는 일, 아동의 앞에서 옷을 벗거나 자위행위를 하는 행위, 아동의 몸을 만지거나, 아동으로 하여금 가해자의 몸을 만지게 하는 행위, 아동에게 약물이나 술을 먹이고 때리면서 동시에 위의 성폭력 행위도 함께 하는 행위 등이 모두 포함된다.

데이트 성폭력은 14세 이상의 남녀 쌍방이 이성애의 감정이 있거나 그 가능성을 인정하고 만나는 관계에서 일어나는 성폭력을 말한다. 주로 10~20대에 집중되어 일어나며 의사소통 문제나 가해자의 유인이 크게 작용한다. 피해 당사자조차 강간으로 인식하기 어렵고 가해자와의 사적인 관계 때문에 법적 처벌에 어려움이 많다.

친족 성폭력은 가족 사이에서 일어나는 강제적인 성적 행동을 의미한다. 일반적으로 친부나 의부 및 형제자매, 삼촌, 사촌, 이모부, 고모부, 시부모, 할아버지에 의해 발생한다. 친족 성폭력은 피해자와 가해자가 공동으로 거주하거나 일상적으로 대면하게 되어 피해가 일회적이지 않고 지속적이라는 점이 특징이다. 특히, 친족 성폭력은 가해자가 자신의 욕구를 충족시키기 위해 물리적인 힘이나 권력 또는 연령이나 가족 내 지위가 주는 권위 등을 이용한다.

사이버 성폭력은 원치 않는 성적인 언어 — 외모와 성적 취향, 음담패설 등 — 나 이미지를 사용함으로써 위협적, 적대적, 공격적인 통신환경을 조성하여 상대방의 통신환경을 저해하거나 현실 공간에서의 피해를 유발한 경우를 말한다. 또한, 명시적으로 성적인 접근이나 제안이 아니더라도 성적 은유나 암시로 상대방에게 불쾌감을 느끼게 한 경우도 사이버 성폭력으로 본다. 사이버 성폭력은 정신적 피해뿐만 아니라 통신공간에 대한 접근기회를 차단하고 활동 영역을 위축시킨다는 점에서 자유롭고 편안한 환경에서 통신을 이용할 권리를 침해하는 중대한 사회문제로 대두되고 있다.

장애인 성폭력은 장애를 가진 대상의 불리한 점을 이용하여 성적 폭력을 행사하는 것이다. 여성 지적장애인은 성폭력을 인지하고 대응하는 능력에 있어서, 지체장애인은 물리적으로 적극적인 반항을 할 수 없다는 점에서, 시각장애 여성의 경우에는 성폭력을 당해도 볼 수 없기 때문에 상황증거를 서술하고 가해자를 인식할 수 없다는 점에서 성폭력의 피해자가 될 확률이 높다고 할 수 있다.

형태별 성폭력 유형으로는 크게 성폭행(강간), 성추행, 성희롱 등이 있다.

성폭행은 언론에서 사용되는 용어이며 법률상 용어로는 '강간'을 의미한다. 강간은 법률적 정의에 따르면 "상대방을 폭행이나 협박에 의하여 반항하지 못하게 하고 강제로 성관계를 맺는 것"을 의미하며 2013년 신설된 유사강간죄는 「형법」 제297조 제2항에서 "폭행 또는 협박으로 사람에 대하여 구강, 항문 등 신체(성기 제외)의 내부에 성기를 넣거나 성기, 항문에 손가락 등 신체의 일부(성기 제외) 또는 도구를 넣는 행위"로 규정한다.

성추행은 「형법」 제298조 정의에 따르면 "성욕의 흥분 또는 만족을 얻을 동기로 강제로 타인에게 성적인 수치감정을 느끼도록 하는 행위"로 성별과 나이를 불문하고 그 행위가 가해자의 성욕을 자극·흥분시키거나 만족시킨다는 성적 의도 하에 강제로 행해졌을 때 성립된다. 성폭행과 함께 성폭력에 포함되는 범죄로 「형법」에서는 폭행 또는 협박으로 사람에 대하여 추행을 한 죄를 '강제추행죄'로 규정하고 있다.

성희롱은 넓은 의미에서 성폭력에 해당되지만 「형법」이나 「성폭력범죄의 처벌 등에 관한 특례법」에 따라 형사상처벌은 되지 않고 있다. 2015년 7월 1일부로 「여성발전기본법」이 「양성평등기본법」으로 바뀌면서 같은 법 제3조 제2항의 시행령 제2조에 따른 법적 의미의 성희롱은 "업무, 고용, 그 밖의 관계에서 국가기관·지방자치단체 또는 각급 학교 및 공직 유관 단체의 종사자, 사용자 또는 근로자가 지위를 이용하거나 업무 등과 관련하여 성적 언동 등으로 상대방에게 성적 굴욕감이나 혐오감을 느끼게 하는 행위나 상대방이 성적 언동 또는 요구에 대한 불응을 이유로 불이익을 주거나 그에 따르는 것을 조건으로 이익 공여의 의사표시를 하는 행위"를 말한다.

3. 문제의 실태

「성폭력방지 및 피해자보호 등에 관한 법률」 제1장 제4조에 따르면 "여성가족부장관은 성폭력의 실태를 파악하고 성폭력방지에 관한 정책을 수립하기 위하여 3년마다 성폭력 실태조사를 하고 그 결과를 발표하여야 한다."라고 되어 있지만, 실제 우리나라에서 연간 몇 건의 성폭력이 발생하는지 정확한 실태를 파악하기는 어렵다. 왜냐하면, 피해자가 피해사실을 숨기는 실정이며, 여기에 관한 적극적인 연구도 미흡하기 때문이다. 형사정책연구원 보고에 따르면, 경찰청 신고를 중심으로 볼 때 매년 증가하고 있으며 청소년 가해자가 증가하고 있는 것으로 나타나고 있다.

여성가족부 〈2019년 성폭력 안전 실태조사〉에 의하면, 평생 한 번이라도 성폭력 피해를 본 적이 있는지 비율을 분석한 결과, 신체접촉을 동반한 성폭력(성추행, 강간미수, 강간 포함) 피해율이 9.6%(16년 11.0%)로 나타났으며, 이 중 성추행(폭행·협박 미수 반)은 9.3%(16년 10.7%) 강간은 0.1%(16년 0.1%)로 나타났다.

성폭력 모든 유형에서 첫 피해연령은 19세 이상 35세 미만의 비율이 가장 높고, 성희롱, 성추행, 강간은 '아는 사람'에 의해 발생한 경우가 많으며, 불법촬영과 유포는 '모르는 사람'에 의해 발생한 경우가 많았다.

2021년 한국성폭력상담소의 상담통계분석 결과, 피해자 성별과 연령별 피해는 여성피해자가 93.5%이며 연령에서 성인이 61.3%로 나타나 여전히 성폭력의 주된 피해자는 성인여성이다. 이에 반해 남성 피해자는 5.2%를 차지했다. 가해자 성별과 연령은 전체 가해자의 89.8%%가 남성이고 이 중 성인이 66.1%로 나타나 성인남성이 주된 가해자임을 알 수 있다.

피해자와 가해자의 관계에서는 성폭력은 '아는 사람'에 의한 피해가 452건(84.2%)으로 약 85%의 비중을 차지하였고, 피해 연령별로는 성인의 경우 직장 관계에 있는 사람에 의한 피해가 가장 많았고, 그 다음으로 데이트 상대나 배우자 등 친밀한 관계에 의한 피해가 많은 것으로 나타났다.

한편, 청소년은 친족에 의한 피해가 가장 높았고, 그 다음으로 학교에서 만난 관계에 의한 피해가 그 다음으로 나타났다. 어린이와 유아의 경우도 친족에 의한 피해가 가장 높은 것으로 나타났다.

4. 문제의 배경: 원인론

성폭력이 발생하는 이론적 배경에는 여러 가지가 있으나 본 절에서는 원인론을 중심으로 살펴보기로 한다.

첫째, 우리 사회의 성차별적인 불평등한 사회구조를 들 수 있다. 우리 사회는 남성과 여성, 어른과 아이, 교사와 학생, 직장상사와 부하직원의 관계에서 전자는 후자보다 절대적인 권력을 갖는다. 그렇기 때문에 힘이 있는 위치의 남성, 어른, 교사, 직장상사 등에 의해 힘을 갖지 못한 여성, 아이, 학생, 부하직원에 대한 성폭력이 쉽게 발생하고 있다. 동네 아저씨에게 지속적인 성추행 피해를 입은 어린이에게 "싫으면 싫다고 하지, 왜 오랫동안 피해를 감수했느냐?"라고 묻자, 어린이가 "어른 말씀 잘 들으라고 했잖아요."라고 대답한 사례는 위계적이고 권위적인 사회문화에서 교육받은 어린이가 성폭력 피해에 더 노출될 가능성이 크다는 것을 보여 준다.

둘째, 남성중심적 성문화를 들 수 있다. 우리 사회에는 성에 대해 남성과 여성의 문화가 다르게 존재한다. 여성에게는 혈통의 순수성 보장의 명목으로 결혼 전에는 순결, 결혼 후에는 정절을 강요하는 성문화를 요구하나, 남성에게는 혼외 성생활의 자유를 허용하는 이중적 성윤리를 적용한다. 이러한 이중적 성윤리는 남성은 선천적으로 강한 성욕이 있어서 억제하기 힘들기 때문에 남성의 성적 방종, 일부다처적 행동, 성폭력 등을 해도 정당화된다고 가르치고 있다.

셋째, 성상품화와 퇴폐적인 성문화 때문이다. 자본주의 구조와 물질만능사상의 팽배로 인간의 성이 점차 상품화되어 가는 게 오늘날의 현실이다. 무분별한 서구문화 개방과 포르노, 음란물의 수입, 여과 없이 방영하는 대중매체의 영향은 우리 사회에 퇴폐적인 성문화를 조장하고 성폭력과 성범죄를 증가시키는 요인이 되고 있다.

넷째, 사법처리과정에서의 불평등문제이다. 이것은 우리 사회에서 성폭력 신고율이 낮은 이유가 되기도 한다. 최근 성폭력에 대한 관심과 인식 변화에 따라 신고율은 높아졌으나 강간신고율은 여전히 낮은 추세다. 이러한 낮은 신고율의 배경에는 피해 여성이 남성의 성적 충동을 유발하였다거나, 부주의하다거나, 제대로 대항하지 않아서 당했을 것이라는 등의 성폭력에 대한 잘못된 인식과 통념이 작동한다. 성폭력전담부서가 생기기 전까지는 사법부의 인식 부족과 불합리한 처리과정으로 통합적 수사가 이루어지지 않았고 일반 수사방법으로 처리되었으며, 아직까지도 피해자가 2차적 피해 등을 염려해 신고를 꺼리고 있다. 또한, 여전히 사법부의 잘못된 인식이 작동되어 수사나 재판과정에서 발생한 불합리한 점들이 또 다른 성폭력범죄를 낳는 악순환을 불러 온다. 강력 성폭력사건의 증가로 해바라기센터와 경찰청 성폭력전담부서의 증가는 매우 고무적이라 하겠지만, 낮은 성폭력 신고율은 여전히 성폭력 발생과 증가의 요인이자 우리 사회 성폭력 관련 사건에 있어서의 사법처리상의 문제가 있음을 증명하고 있다.

다섯째, 잘못된 성 인식과 인성교육의 부재다. 성폭력에 대한 잘못된 인식은 성폭력 문제를 개인적인 나쁜 경험 정도로 축소시켜서 성폭력을 은폐하는 역할을 한다. 특히, 성폭력과 관련된 활동을 하는 이들이 성폭력에 대한 잘못된 인식을 갖고 있을 경우 피해자에게 갖는 편견으로 그들을 제대로 지원하지 못하기도 한다. 그러므로 성폭력 피해자를 지원하는 관련 활동을 하는 이들이 성폭력에 대한 잘못된 인식을 갖고 있는지 점검하는 것이 무엇보다 중요하다.

성폭력에 대한 관심이 늘어나 어린이집이나 학교에서 성교육과 폭력예방교육이 실시되고 있음에도 불구하고 여전히 바람직한 성가치관이 무엇인지에 대해 사고하고 판단할 기회가 부족하다. 이러한 상황에서 인터넷과 스마트폰을 통해 여과 없이 보여지는 과장된 음란물과 잘못된 성 지식을 거리낌 없이 받아들이고 행동하는 것은 결국 성폭력을 양산하는 결과를 초래하게 된다. 결국 상대방을 인격체로 존중하고 인간 중심적인 성을 누릴 수 있는 인성교육, 그리고 그러한 것이 왜 가치 있는 것인지를 깨닫고 폭력예방을 위해 스스로 실천하는 인식이 정착되지 않는 한 성폭력은 계속 발생할 수밖에 없다.

5. 현재의 복지제도와 정책, 한계점

1) 복지제도와 정책

1994년 성폭력범죄에 관한 법률이 제정되고 시행되면서부터 성폭력 관련 정책과 제도는, 성폭력사건이 커다란 사회문제로 대두되고 이슈화될 때마다 개정되며 변화되었다. 특히 아동 성폭력 및 납치·살해 등 강력범죄가 잇따라 발생하고 사회적 불안감이 고조되면서 관련 제도는 있으나 아동 안전 확보에는 여전히 미흡하다는 판단하에, 2008년 아동·여성보호 종합대책이 나왔다. 이는 성범죄를 목적으로 하는 여아 납치, 살해사건이 빈발함에 따라 사회적 불안감 해소를 위해 9개 부처(기획재정부, 교육과학기술부, 법무부, 행정안전부, 문화체육관광부, 보건복지부, 여성가족부, 방송통신위원회, 경찰청)가 합동으로 수립하였다. 이후 2009년 아동 성폭력 재발방지대책(2009. 10.)에서는 중앙정부, 지방자치단체, 민간이 참여하여 아동·여성보호 추진체계 확립 및 강화, 피해아동 및 피해자 가족에 대한 법적 보호 및 의료지원 강화, 전문가 참여 확대, 피해아동의 진술 증거능력 강화를 강조하였다. 또한, 성폭력방지를 위한 종합대책이 지속적으로 수정·보완되어 2013년 6월 성폭력방지 종합대책이 나왔다. 그러나 여전히 아동과 여성에 대한 강력범죄가 연달아 일어나자 2016년에는 '안전한 사회, 국민 행복의 시작'이라는 비전 아래, 미검률 매년 평균 10% 감축(2012년 15.5%에서 2017년 9.1%), 재범률 매년 평균 5% 감축(2012년 7.9%에서 2017년 6.1%)을 목표로 한 과제를 추진하여 성폭력을 국정 4대 과제로 삼고 강력한 정책을 펼쳐 나가고 있다.

세부적으로, 성폭력예방 및 재범방지 내실화를 위해 지능형 전자발찌 시스템 구축과 '모바일 성범죄자 알림e서비스' 시행 등 촘촘한 재범방지 시스템을 구축하고, 성교육,

성폭력예방교육 의무기관 확대 및 성폭력예방교육 지원기관 운영, 성 인권 교과서 개발과 보급, 공무원 성범죄 징계기준 및 승진·승급기간 제한 강화, 신규 관리자 및 고위 공무원 교육과정 등에 성 인지 및 여성폭력예방교육 실시를 의무화하는 등 성폭력예방교육 실효성 확보 및 직장 내 성범죄 예방을 강화하고, 112시스템 스마트화, 성폭력 특별수사대 및 경찰청전담수사팀 신설, 16세 미만 아동·청소년 대상 강간범죄 법정형 상향, 성폭력범죄 양형기준 검토 등의 신속한 대응 및 엄정한 처벌을 위해 성폭력범죄 처벌 강화와 신속한 대응 및 수사체계 확립을 단계적으로 추진하였다.

또한, 피해자 밀착보호 및 회복지원을 위해 성폭력 피해자 통합지원센터 확대 및 체계 개편, 의료비지원 확대, 상담소·보호시설 확충 등 피해자 중심 지원체계 강화와 무료 법률지원 매년 10% 확충, 피해자 국선전담변호사 및 진술 조력인 통합지원센터 배치 등 「형사사법」 절차상 피해자보호 강화를 추진하였다. 안전한 지역사회 환경 구현을 위해 부처 간 통합돌봄서비스 체계 구축, 방과 후 나홀로 초등학생 돌봄 지원시간을 확대하고 CCTV 추가 설치 및 2017년까지 전국 모든 시·군·구에 통합관제센터 설치, 아동안전지도 제작 등 지역사회 안전 인프라 확충·개선과 음란물 유통 차단, 인식 개선 캠페인 및 홍보 전개 등을 추진 과제로 삼아 실행하거나 추진 중에 있다.

피해자의 복지를 위해 「성폭력방지 및 피해자보호 등에 관한 법률」 제10조에 근거하여 설치된 지원체계로 성폭력 피해상담소와 보호시설을 운영하면서 상담소는 피해자 상담과 법률, 의료지원 및 법률 동행, 행위자에 대한 고소와 피해배상청구 등 사법처리 절차에 관하여 「법률구조법」 제8조에 따른 대한법률구조공단 등 관계 기관에 필요한 협조 등의 지원을, 보호시설은 피해자의 보호 및 숙식 제공, 피해자의 심리적 안정과 사회적응을 위한 상담 및 치료, 자립·자활 교육의 실시와 취업정보 등을 제공해 주고 있다.

아울러 19세 미만의 친족에 의한 성폭력 피해자를 위한 아동·청소년 전용 쉼터를 설치하여 피해 아동·청소년의 2차 피해를 막고 성인이 되기까지 주거, 상담, 치료, 보호, 학업 및 자활 등 원스톱서비스도 제공하고 있다. 2021년 기준으로 현재 전국적으로 성폭력 피해상담소가 168개소, 성폭력 피해자 보호시설 34개소, 통합지원센터 총 39개소가 운영되고 있다.

2) 한계점

성폭력문제의 가장 큰 한계점은 성폭력 피해사실이 잘 드러나지 않는 것이다. 성폭력 피해자 대다수가 피해사실을 알리지 않으려는 데 있다. 비율로 보면 전체의 66.6%에 달하는 것으로 나와 있다. 가장 큰 이유는 피해 당사자가 남들에게 알리는 것을 꺼리기 때문인데 그만큼 성폭력에 대한 사회적 편견과 통념이 강하기 때문에 부정적인 시선을 피하려는 것이다. 피해사실을 비밀로 유지하는 경우 심리적 고통을 혼자 감당해야 하고, 충분한 도움을 받지 못해 피해가 반복되는 위험에 처할 수도 있다. 이러한 문제는 피해자가 젊은 여성과 아동, 청소년, 노인 등 물리적으로 대응이 취약한 계층에 몰려 있고 피해도 반복될 확률이 높다. 반복 피해자의 비율이 높다는 것은 이들 피해자가 피해 이후 대응 및 예방에 대한 정보가 부족하다는 것을 말해 주고 있다. 또한, 대부분 유형의 성폭력 피해는 19세 미만에 발생한 경우가 30~39.3%에 달하고 있는데, 아동 및 청소년기 피해는 오랜 기간 피해사실을 비밀로 유지하는 경향이 있어 해당 시기에 즉시 도움을 주기 어려울 때가 많다. 연구에 따르면 데이트 성폭력 피해가 상당한 수준임에도 불구하고 사회인식이 높지 않아 피해사실을 드러내는 데 어려움을 겪고 있다. 특히, 강간미수의 경우 헤어진 연인에게서 당한 경우가 27.9%에 이르고 있어 사회통념상 친밀한 관계를 유지하거나 유지했던 사람이 가해자인 경우 법적 강간으로 인정받기가 쉽지 않은 점도 한계라 하겠다.

직장 내 성희롱은 개인의 인권을 침해하고, 생계를 위협하고, 직업 발전의 기회를 차단하는 차별적 행위이며 기업 입장에서는 생산성과 근로의욕을 저해하는 요인이 되고 있음에도 불구하고, 수직적 관계와 권력구조로 직장에서의 성희롱 및 성폭력문제가 심각하다. 직장 내 성희롱 예방교육의 시행과 성폭력 피해자를 상담하기 위한 고충처리기구 설치를 의무화하고 있지만, 직장상사나 동료가 가해자인 비율이 높다는 것은 성차별과 수직적 조직구조를 가진 직장문화가 쉽게 바뀌지 않는 한계점임을 보여 준다. 또한, 학교 선·후배에 의한 성폭력도 심각한 수준으로 드러났는데, 학교 선·후배는 학교에서의 인간관계를 형성하게 되는 중요한 부분으로 잘못된 인간관계를 형성하게 되어 인성에도 영향을 미친다. 성폭력 피해로 인한 정신적 고통은 무력감과 자아상실,

불안과 우울, 피해 반복에 대한 두려움, 가해자에 대한 분노 및 적대감, 대인기피, 혐오와 불신, 신변 안전에 대한 두려움 등 일상생활에도 부정적인 영향을 미치고 있다. 그러나 우리 사회는 여전히 성폭력 피해자에 대한 사회적 편견으로 이들이 비밀을 유지하는 고통을 깨고 신고하는 사회적 분위기가 정착화되지 못하고 있다. 또한, 근친 성폭력 우려가 있는 아동에 대한 격리보호시설과 관련된 법이 없어 성폭력 피해를 당할 우려가 있는 사람에게 원활히 대처하지 못하고 있는 실정이다.

6. 대안 제시

여성가족부의 〈2013년 성폭력 실태조사〉를 살펴보면, 성폭력을 감소시키기 위해 요구되는 정책으로 가중처벌 등 가해자에 대한 법적 조치 강화(29%)가 1순위이고, TV 등 공익광고를 통한 관련 법 및 서비스 홍보(27.4%), 폭력 허용적 사회문화의 개선(대중매체의 폭력적, 선정적 내용 규제 등)(24.3%), 경찰의 신속한 조기대응 및 수사(8.9%), 복지관·주민자치센터 등 접근이 쉬운 곳에서 성폭력예방교육 실시(3.7%) 등의 순으로 나타났다. 따라서 이를 토대로 한 대안을 제시해 보고자 한다.

첫째, TV와 라디오의 공익광고를 통한 피해자 지원서비스 홍보가 적극적으로 필요하다. 성폭력 피해자에 대한 사회적 편견으로 대다수 피해자가 피해사실 신고를 꺼리고 있다. 2013년 6월부터 강간죄에 대한 친고죄가 폐지되었지만 성폭력범죄의 특성상 피해자가 적극적으로 협조하지 않으면 수사가 어렵기 때문에 경찰신고에서 피해자 보호와 지원이 강화되어야만 한다. 이를 위해 정부가 TV와 라디오 공익광고 매체를 통한 피해자 지원에 대한 서비스를 적극 홍보하되, 일반인 대상의 성폭력 피해 대응수칙 및 피해자 지원기관에 대한 홍보와 교육도 함께 병행할 필요가 있다.

둘째, 친밀한 관계에서 발생하는 성폭력에 대한 사회적 인식 개선이 필요하다. 실태조사에서 강간미수 피해가 헤어진 연인에게 당한 경우가 27.9%에 달하고 데이트 성폭력이 빈번하게 발생하지만, 이에 대한 사회적 인식이 낮기 때문에 스스로 성폭력으로 인지하기까지 혼란을 경험하고, 주위에서도 성폭력으로 인정받지 못하는 경우가 많다.

연인관계로 과거 성관계 경험이 있었더라도 현재 동의하지 않으면 성폭력이라는 점에 대한 사회적인 인식이 필요하다. 친밀한 관계에서의 성폭력을 피해자 주위 사람, 형사사법기관 종사자, 피해자 지원기관 종사자들이 올바르게 인식하지 못하면, 피해자는 2차 피해와 사회적 고립을 당하게 될 수도 있기에 언론 기고, 대학생들의 의견 표출, 동영상 등 다양한 매체를 통해 인식을 고양시키는 작업이 필요하다.

셋째, 젊은 여성과 아동·청소년 성폭력 피해에 대한 성폭력 대응역량 강화가 필요하다. 기존 통계에서와 마찬가지로 〈2013년 성폭력 실태조사〉에서도 19~35세 여성의 피해 비율이 높게 나타났는데 다른 연령층보다 성폭력 위험에 노출되는 경향이 높지만, 이들이 성폭력 피해 이후 그 대응이나 관련 제도에 대해 인지하는 정도는 매우 낮았다. 이 연령층이 주로 활동하는 고등학교, 대학교, 직장을 주요 대상으로 설정하여 안전수칙, 피해 대응, 피해자 지원기관에 대한 정보를 담은 안내서 등을 제작하여 배포하고 젊은 층의 접근이 많은 인터넷 포털 등에도 관련 정보를 게시·홍보하는 것도 효과적인 대안이라 하겠다.

넷째, 직장에서의 성폭력 근절에 대한 효과적인 대책이 필요하다. 직장은 개인의 생계와 경력 발전의 중요한 터전이기에 성폭력 피해를 당해도 문제를 제기하기가 쉽지 않아 피해가 발생할 확률이 높다. 민간사업체를 담당하는 부서인 고용노동부와 협력하여 직장 내 성희롱 예방 및 피해자 구제에 대한 인터넷 홍보 및 안내서를 배포하여 피해자 지원강화와 접근성을 높일 필요가 있다.

다섯째, 성폭력 피해 지원기관의 접근성 강화를 위한 홍보가 필요하다. 성폭력 피해자 중 경찰에 도움을 요청한 비율은 1.1%에 불과하다. 범위를 좁혀 보면 신체적 피해의 강도가 높을수록 경찰 신고율이 높은 편이나 전반적으로 경찰 신고율은 낮은 수준이다. 경찰에 신고하지 않은 이유는 신고해도 소용이 없을 것 같거나 증거가 없어서 남에게 알려지는 것이 두려워서 등으로 나타났고 여성긴급전화 1366, 성폭력상담소나 보호시설, 해바라기센터, 성폭력 통합지원센터에 연락을 취한 비율은 경찰신고보다 더욱 낮다. 피해자 지원기관에 연락을 취하지 않은 이유로 주변에 알려지는 것이 창피하거나 존재를 몰랐거나 도움이 될 것 같지 않아서 등이 나타났는데, 이는 피해자 관련 기관의 적극적 홍보가 필요함을 알 수 있다.

여섯째, 아동·청소년기 성폭력 피해자 발굴 및 치유에 정부가 관심을 가져야 한다. 실태조사에서 19세 미만 성폭력 피해 발생이 유형별로 30%~39.3%가 나타났으며, 어릴 때는 성폭력이 무엇인지 모른 채 무엇인가 불쾌한 경험으로 기억을 하다가 청소년기에 인지하고 자각하며 정신적 혼란과 고통을 겪는 경우가 많다. 과거의 피해를 드러내고 치유하는 기회를 제공하는 것이 필요하다.

일곱째, 성범죄자에 대한 강력한 처벌이 필요하다. 국민이 성폭력을 감소시키기 위해 필요하다고 인식하는 최우선 정책이 '가중처벌 등 가해자에 대한 법적 조치 강화'로 실태조사에서 나타났다는 것은 성범죄자에 대한 더욱 강력한 처벌과 법적·제도적 기반 강화 등이 필요하다고 보는 것으로 해석할 수 있다. 그간 전자발찌, 신상정보등록, 인터넷 공개 및 우편고지, 성충동 약물치료, 사형제도 도입, 법정형 상향 등 가해자 처벌을 위한 제도가 도입·강화되었음에도 불구하고, 우리나라는 아직 외국보다 처벌과 형량이 낮은 편이다. 성범죄 유형이 다양화되므로 유형별 성범죄자에 대한 효과적인 형사적 제재방안이 마련되어야 한다. 이를 위해 아동·청소년 피해자의 연령을 감안하여 처벌수위를 강화하고 재범 여부, 감경사유와 합의 여부 등을 고려한 처벌이 이루어져야 할 것이다.

마지막으로, 피해 여성은 물론 여성 장애인 피해자의 경우 쉼터에서 치료를 받아야 하는데 성폭력 보호시설과 여성 장애인쉼터가 부족하여 다른 시설로 보내지는 경우가 많다. 쉼터에서 치료를 받고 다시 사회로 돌아간다 하더라도 2차적 혹은 3차적인 피해를 입을 확률이 높다. 이를 위해 정부는 성폭력 보호시설을 확충하고 관련 종사자에 대한 처우도 개선하여야 할 것이다.

7. 결론

성폭력문제를 해결하기 위해 성폭력문제를 주 피해 대상인 아동·여성의 인권 범주에서 파악하고 이들에게 체계적이고 지속적인 복지를 지원함에도 불구하고 아직은 미흡한 실정이다. 또한, 성폭력문제를 피해 당사자인 여성에게도 책임이 있다는 피해자 유발론적인 인식이 강하다 보니 범죄에 대해 처벌도 약하고 미온적이다. 범죄자에게 전자발찌 착용, 화학적 거세, 신상공개, 사형제도 등을 시행하여 법과 제도, 정책 등이 이전보다는 강화되었으나, 가해자의 성행동 교정이나 CCTV 설치 등 물리적 변화에 주로 초점을 두고 있어 성폭력예방과 해결에 대한 과제는 아직 남아 있다. 2013년 6월 19일 성폭력 관련 법령이 대대적으로 개정되면서 피해 대상자도 '부녀자'에서 '사람'으로 확대되고 '친고죄'도 '비친고죄'로 바뀌는 등 법령이 개정되고 있지만, 이러한 조치가 향후 성폭력범죄 신고율에 영향을 미칠지는 아직은 미지수다. 정부와 정책입안자들은 성폭력문제를 근본적으로 성평등에 기반을 두는 성 인지적 측면으로 보는 시각이 필요할 것이다. 우리 사회에 여전히 남아 있는 남성중심적인 가부장제 사회규범과 성차별적 현실에 대한 개선이 우선되지 않으면 성폭력문제는 근본적으로 해결될 수 없음을 정부와 관계부처, 전 국민은 인지해야 할 것이다.

Ⅱ 가정폭력문제

사례

올해 17살인 고등학생 ㅊ 군의 아버지는 지방경찰청에 소속되어 있는 경찰관이다. ㅊ 군은 어릴 때부터 아버지가 평상시에도 술을 마시고 가족들에게 욕설과 폭행을 행사하는 것을 보며 자랐고 사춘기가 되면서부터는 그러한 아버지가 더욱 미웠고 반항심이 커져만 갔다. 어느 날 ㅊ 군은 아버지가 대낮부터 어머니에게 크게 소리치며 전화기를 집어던지는 것을 보고 자신도 모르게 아버지를 흉기로 찔러 숨지게 한 혐의로 구속 · 기소되었다.

법원은 ㅊ 군의 행위에 대해 존속살인으로 엄히 처벌해야 한다고 판단되지만 ㅊ 군이 화목하지 못한 가정환경에서 받은 스트레스가 심한 점, 남은 가족들이 그동안의 심각한 가정폭력 사례를 얘기하며 정상참작과 선처를 계속 주장하는 점, 단 한 번 휘두른 흉기에 운이 없게도 아버지가 사망한 점, 사건이 발생하고 ㅊ 군이 119에 자진신고해 아버지를 병원으로 이송하도록 하고 즉시 경찰에 출석하여 자백한 점, ㅊ 군이 전과가 전혀 없는 청소년으로 가정과 학교, 사회가 ㅊ 군을 온전히 성장할 수 있도록 도와줘야 하므로 실형은 부적절하다고 판단하여 아버지를 사망하게 한 혐의로 기소된 ㅊ 군에 대해 징역과 집행유예를 각각 3년, 5년을 선고하고 보호관찰 2년을 명령했다.

출처: 천주현 변호사사무실 게재 내용을 재구성.

1. 서론

최근 폭행당한 아내가 숨지거나 아내와 자식에게 폭행을 가했던 아버지를 살해하는 등의 비극적 사건들이 보도되고 유명 여성 연예인이 남편에게 폭행당한 사건 등이 연이어 보도되면서 가정폭력에 대한 사회적 관심이 집중되고 있다. 가정폭력은 과거에는 개인이나 가정 내 문제로 치부되었다. 그러나 가정폭력으로 인한 가족해체 현상과 함께 이혼, 가출, 자살, 존속살해가 증가하면서 사회적 이슈가 되자 정부의 4대악 척결 내용에 들어갈 정도로 심각한 사회문제로서 인식되었다. 이러한 가정폭력 현상에 정부와 사회의 본격적인 개입이 이루어진 것은 1997년 「가정폭력방지 및 피해자보호 등에 관한 법률」이 제정되면서부터라고 할 수 있다. 가족이라 할지라도 폭력을 행사한다면 사안에 따라 가해자에 대한 형사처벌은 물론 교육, 격리조치 등 피해자 보호와 가해자 처벌에 정부와 사회의 적극적 개입이 이루어지고 있다.

또한, 가족해체 현상이 심화되고 다문화, 한부모, 조손, 맞벌이가족 등 다양한 가족형태가 증가하는 등의 가족변화와 함께 가정폭력 양상도 다양해지고 있다. 특히 최근에는 친부모에 의한 아동학대가 증가하여 정부가 이에 대해 강경한 대응책을 펴고 있다. 본 절에서는 사회문제로서의 가정폭력을 이해하고 재조명하기 위해 개념정의, 출현역사, 특성과 범위, 문제의 실태, 문제의 배경(이론적 관점) 등을 살펴보고 현재의 복지제도와 정책, 한계점, 대안 제시 등에 대해 논의하고자 한다.

2. 사회문제로서의 이해

1) 개념정의

가정폭력의 정의는 그 대상 범주와 폭력의 기능 및 가해자의 행동에 따라 다르게 정의된다. 「가정폭력범죄의 처벌 등에 관한 특례법」에 따른 법적 정의는 가정폭력에 대해 포괄적으로 개념을 정의하고 있다. 같은 법 제2조 제1항에서는 가정폭력을 "가정구성원 사이의 신체적, 정신적 또는 재산상 피해를 수반하는 행위"로 규정하고, 가정구성원의 범위(같은 법 제2항)를 배우자(사실상 혼인관계에 있는 자를 포함) 또는 배우자관계에 있었던 사람, 자기 또는 배우자와 직계존비속관계(사실상의 양친자관계를 포함)에 있거나 있었던 사람, 계부모와 자의 관계 또는 적모와 서자의 관계에 있거나 있었던 사람, 동거하는 친족관계에 있는 사람으로 규정한다. 카사니와 알런(Kashani & Allan)은 가정폭력을 난폭한 언어나 신체적 폭력을 사용하여 가족의 한 사람이 가족의 다른 구성원에게 가하는 폭력행위라고 정의하였다(Kashani & Allan, 1998). 또한, 가정폭력을 청소년이나 성인이 그들의 애인, 배우자로부터 경제적인 위협뿐만 아니라 신체적, 성적, 심리적인 공격을 포함한 폭행과 위협행동 중 한 가지를 가하는 것으로 규정(Schecter & Ganley, 1995)한 학자도 있다.

따라서 가정폭력은 배우자학대, 아동학대, 노인학대 등을 포함해 가족구성원의 한 사람이 타 구성원에게 의도적으로 행하는 신체적, 심리·정서적, 경제적 가해행위라고 할 수 있다.

2) 특성 및 범위

(1) 특성

'가정폭력'이라는 말에는 어떤 성적·연령적 특성을 찾아볼 수 없다. 하지만 현실에서는 압도적으로 남성이 여성 배우자에게 가하는 폭력의 비중이 높게 나타나며, 부모의 자녀에 대한 폭력, 성인 부부의 노인 부모에 대한 학대와 유기가 그 다음을 차지한다고 생각된다. 즉, 아내 구타, 자녀학대, 노부모에 대한 학대가 대표적인 유형으로 나타난다. 장애인을 둔 가정에서는 장애아에 대한 폭력이 자행되기도 한다. 가정폭력의 특성과 관련하여 가해자와 피해자의 대상 분류에 따라 특성이 다르게 나타나기도 하지만, 본서에서는 가정폭력의 일반적인 특성에 관해 알아보고자 한다.

여성가족부와 한국여성인권진흥원 가정폭력본부(2013)에 따른 가정폭력 특성을 재정리해 보자.

첫째, 가정폭력은 가정이라는 사적 공간과 가족 간에 발생하다 보니 외부에 잘 노출되지 않는다. 또한, 남의 가정사에 개입하지 않으려는 의식이나 풍토로 은연중에 사회적으로 묵인되는 은폐적인 특성을 갖고 있다.

둘째, 가족은 일반적으로 가장 친밀한 인간관계의 한 형태이다. 그런데 가장 친밀한 관계에 있는 사람에게 당하는 폭력은 심각한 박탈감과 함께 인간관계 전반에 대한 신뢰를 붕괴시킨다. 가족구성원 간에 이루어지는 관계의 특수성과 함께 지속적·반복적으로 발생하는 가정폭력은 학교폭력, 청소년 성매매, 자살문제 등의 또 다른 범죄와 사회문제의 잠재적 요인이 되기도 한다.

셋째, 가정폭력은 장기적이고 반복적으로 행해진다. 일반적으로 긴장-폭력발생-평정(이완)의 주기를 가지며 이완시기에 피해자는 더는 폭력이 없을 것이라는 희망을 갖지만, 결국 재발되는 폭력에 좌절하여 사회적 고립감과 학습된 무기력감을 경험한다.

넷째, 오랜 기간 되풀이되다 보니 폭력을 경험하고 자란 아동이 은연중에 폭력이 학습화되어 성인이 된 이후 본인도 모르게 가정폭력 가해자나 행위자가 될 수도 있는 세대 간 대물림, 전이되기도 하는 순환적 특성을 가진 폭력이다.

이와 같은 특성 외에도 폭력의 다양화 및 폭력 강도의 심화로 인해 가족구성원 간에 깊은 내면의 상처와 함께 자존감 저하로 인한 우울증, 심한 무력감, 공격성, 대인기피증, 자살충동 등이 나타나기도 한다.

(2) 가정폭력의 범위: 유형별 분류

가정폭력의 범위는 피해자와 가해자의 특성에 따라 광범위하고 다양하지만 대체적으로 대상자별 분류와 폭력 유형별 분류로 구분할 수 있다. 대상자별 분류로는 부부폭력, 아동학대, 노인학대 등이 있고, 폭력 유형에 따른 분류로는 신체적 폭력, 경제적 폭력, 언어·정서적 폭력, 방임 또는 유기, 성적 폭력 등이 있다. 본서에서는 폭력 유형별 범위에 관하여 살펴보기로 하겠다.

① 신체적 폭력

신체적 폭력은 배우자나 보호자, 양육자에 의해 원하지 않는 신체적 접촉, 공포와 육체적 상해의 원인이 되는 행동, 자유를 억압하는 행위 등을 포함한 행위를 말한다. 심한 구타 등 폭행, 감금, 밀치기, 발길질, 침 뱉기, 꼬집거나 물기, 목 조르기, 담뱃불로 지지기, 흉기로 찌르기 등의 폭력행위와 함께 행동 자유를 구속하는 것까지 모두 포함된다.

② 언어·정서적 폭력

언어·정서적 폭력은 배우자나 보호자가 거부적인 태도로 대하거나, 언어적·심리적으로 모욕과 불안이나 공포를 느낄 정도의 고통을 주는 것을 말한다. 비난이나 무시하는 조작적인 언어, 억압적이거나 지시하는 태도, 협박, 대화 거부, 위협적인 모습이나 제스처, 외부로부터 고립시키는 것, 소중히 여기는 사물(애완동물)이나 가재도구와 재산을 손괴하는 행위, 피해자의 의사결정권을 침해하는 행위, 적절한 보호를 받지 못하거나 위험한 환경에 처하거나 홀로 방치되는 경우, 심리적 괴롭힘까지도 포함된다.

③ 경제적 폭력

경제적 폭력은 가해자가 모든 경제권을 소유하여 가족원에게 생활비를 지급하지 않으면서 아내와 자녀, 노부모가 경제적 권한을 간청할 때 계략적으로 경제권을 행사하거나 가족을 부양하기 위한 그 어떤 노력도 기울이지 않은 채 태만하여 돈을 벌지 않는 것이다. 또한, 도박중독이나 쇼핑중독과 같이 반복적으로 낭비벽이 있어 돈을 탕진하여 가족의 일상적 영위를 힘들게 하는 것, 경제활동 통제, 지출목록 감시, 양육비 미지원 등도 포함된다.

④ 방임과 유기

방임은 가족부양, 보호감독, 의복, 음식, 난방, 위생, 안전주의, 교육적 자극, 의료급여 등 가족원의 건강과 정상적인 가족생활을 영위하는 데 요구되는 것을 제공하지 않거나 무관심하여 방치해 두는 것 등을 말한다. 방임의 극단적인 경우 가족원을 가정의 보호와 영향권 밖으로 내다 버리는 유기가 발생한다.

⑤ 성적 폭력

성적 폭력은 가족 간에 발생하는 성적 자기결정권 침해로 주로 부부강간, 강제불임 및 낙태, 자녀에 대한 성학대 등이 해당된다.

3) 출현역사

가정폭력의 역사는 여성에 대한 남성의 지배만큼이나 그 역사가 오래되어 초기 로마법과 성경에까지 거슬러 올라간다. 초기 로마법은 남편에게 아내에 대한 절대권을 부여하였는데 아내 살해 허용은 분명하지 않지만, 아내를 신체적 힘으로 통제할 수 있었음은 분명히 알 수 있다. 로마법 이후에 아내에 대한 구타가 사회적으로 허용되었다. 영국 관습법에는 남성들에게 그들이 사용한 무기가 '엄지손가락보다 굵지 않은 막대'에 한해 아내 구타권리를 주어 여기에서 '엄지손가락의 규칙'이 생겨나기도 했다.

19세기에 이르러 가정폭력문제가 사회적 관심을 모았으나 이는 알코올중독문제를 다루는 과정에서 부수적으로 다루어졌다. 또한, 당대 페미니스트들은 참정권, 이혼의 권리 등 여성의 기본권리를 확보하기 위해 남편의 아내학대문제에 대해서는 침묵하였다. 결국, 2차 페미니스트들이 가정폭력문제를 사회적 문제로 부각시킬 때까지는 대중의 관심을 받지 못하였다. 휠렌(Whalen)에 따르면 아내학대는 초기에 '이름 없는 문제'였다. 2차 페미니스트들의 가장 큰 공로는 이름도 없고 거론조차 되지 않으며 터부시되던 가정폭력문제에 정식 명칭을 붙인 것이다. 그 후 영국의 피지(Pizzy, 1974)는 '매 맞는 여성', 워리어(Warrior, 1976)는 보스턴에서 '아내 구타', 델마틴(Delmartin, 1976)은 캘리포니아에서 '가정폭력(domestic violence)'이라는 용어를 사용하면서 수천 년간 경험해 온 가정폭력문제가 정식 명칭을 가지게 되었고, 1970년대 2차 페미니스트들에 의해 사회문제로 대두되며 사회적 관심을 받게 되었다.

우리나라에서 가정폭력은 그동안 유교문화와 가부장적 구조 안에서 오랜 세월 가정 내 문제로만 인식하였다. 그러나 오랜 가정폭력으로 존속살인 등이 일어나면서 사회적 이슈가 되어 본격적인 사회문제로 인식되기 시작하였다. 1997년 「가정폭력범죄의 처벌 등에 관한 특례법」 제정과 함께 가정폭력문제에 정부가 개입하게 되었고, 18대 정부의 국정과제로까지 다루어지게 되었다.

3. 문제의 실태

가정폭력 실태도 성폭력과 마찬가지로 여성가족부가 3년마다 가정폭력 실태조사를 실시할 의무가 법령으로 정해져 있다. 여성가족부의 〈2013년 가정폭력 실태조사〉와 경찰청 통계를 참고로 가정폭력문제의 실태를 살펴보고자 한다.

경찰청 통계에 따르면 가정폭력 신고 건수는 2013년 16만 272건, 2014년 22만 7608건, 2015년 22만 7727건으로 해가 갈수록 가정폭력이 급격히 증가하여 2016년 5월에는 전국에서 1만 2000여 가정이 가정폭력 재발 우려 대상으로 분류돼 특별 관리하는 것으로 조사됐다. 경찰청 통계에 따르면, 2015년 가정폭력으로 경찰에 입건된 사건만도 하루 평균 110건 정도로 연 4만 22건이나 되는 것으로 나타났는데, 2014년보다 무려 32%가 증가한 수치이다. 이는 가정폭력이 국정과제로 떠오르면서, 경찰이 2015년 2월

여성청소년과 내에 여성청소년수사팀을 신설하고 가정폭력문제에 적극적으로 개입하게 되면서 입건 수 증가의 주원인으로 분석했다. 그 이전에는 전담인원이 없는 형사과에서 가정폭력사건을 맡아 처리하다 보니 적극적으로 나서지 못했다. 이러한 점을 감안할 때 사법당국에 신고되지 않은 사건까지 포함한다면 가정폭력 건수는 더욱 많을 것으로 예측되며 심각한 사회문제로 계속 대두되고 있다.

2019년 가정폭력 실태조사를 참고하여 문제의 실태를 살펴보도록 하자. 만 19세 이상 유배우 응답자의 배우자에 의한 폭력 피해 경험 조사 결과에서, 지난 1년간 배우자에 의한 폭력 피해 경험률을 폭력 유형별로 나누어 보면, 여성의 경우 지난 1년간 통제 25.4%, 정서적 폭력 8.3%, 성적폭력 4.6%, 신체적 폭력 2.1%, 경제적 폭력 1.2% 순이었고, 여성의 임신 기간 중에 배우자의 폭력 피해를 경험한 경우도 62.8%이었다.

배우자에 의한 폭력 피해로 신체적 상처, 정신적 고통, 경제활동의 지장 등의 피해영향을 살펴본 결과, 신체적 상처를 입은 경험은 여성 7.4%, 남성 3.3%이며, 정신적 고통의 정도(4점 척도)에서는 무력감, 자존감 하락 1.7점, 가해 배우자에 대한 적대감, 분노가 1.6점으로 나타났다. 그리고 신체적, 성적, 경제적, 정서적 폭력으로 경제활동에 지장이 있는 경험은 여성 8.6%, 남성 7.7%였으며 신체적 폭력 피해 경험이 있는 여성의 경우 경제활동에 어려움을 경험하는 비율이 높음을 알 수 있다.

배우자의 폭력에 대한 대응으로는 '별다른 대응을 한적이 한번도 없는' 경우가 45.6%이며, 대응 행동을 한 경우 배우자에게 맞대응한 경우가 43.1%로 가장 많았고, 자리를 피하거나 집밖으로 도망간 경우는 12.5%였고 주위에 도움을 청한 경우는 1.0%로 매우 적게 나타났다.

만 65세 미만 대상으로 가족원 폭력 피해 경험은 가족원 폭력 피해율은 4.7%이며 폭력 유형별로는 정서적 폭력 4.2%, 신체적 폭력 1.9%, 경제적 폭력 0.4%, 성적 폭력 0.1% 순이고,만 65세 이상 노인폭력 피해율은 3.8%이며, 폭력 유형별로는 정서적 폭력 3.5%, 방임 0.3%, 신체적 폭력과 경제적 폭력이 각각 0.2% 순으로 나타났다.

4. 문제의 배경

1) 이론적 관점

가정폭력의 배경을 설명하는 이론으로는 학자에 따라 정신병리이론, 사회학습이론, 좌절 및 공격이론, 스트레스이론, 하위문화이론, 성역할이론 등 다양한 이론적 관점이 있다. 본서에서는 사회학습이론, 정신병리이론, 기능주의 관점, 갈등주의 관점, 상호작용 관점, 여권주의 관점을 중심으로 살펴보고자 한다.

(1) 사회학습이론

사회학습이론이란 명칭은 행동 또는 성격의 결정 요인으로서 사회적 요소를 중요시하기 때문에 붙여진 것으로, 사회적 학습 개념은 대부분의 학습이 다른 사람의 행동을 관찰하고 모방한 결과 일어난다는 인식에서 비롯되었다(Bandura & Walters, 1963). 가정폭력 역시 원가족, 문화적 편견, 사회적 폭력, 불특정한 강화 지식의 부족으로부터 학습된다는 것이다. 역할을 학습하는 과정에서 혹은 원하는 목표를 달성하는 데 폭력을 사용하는 강화가 주어진 사람들에게서 폭력행동이 발생할 가능성이 높다는 것이다. 그러나 학습과정에서 경험한 자극을 능동적으로 지각하고 해석하여 저장 또는 변경이 가능하고, 자신의 의지로 비학습하거나 긍정적이고 건설적인 방향으로 재학습할 수 있다는 것이다.

(2) 정신병리이론

정신병리학적 접근은 일반적으로 비정상적 혹은 자기 내적 결함에 의해 폭력이 야기된다고 가정한다. 특히 아내학대 가해자의 심리적 특성에서 학대하는 남편은 아내가 만나는 대상이 사실이든 아니든 간에 병적인 질투심과 함께 일상생활에서 심한 스트레스를 느끼는데, 이를 적절히 해소할 만한 기제를 찾지 못했을 때 아내학대를 한다고 본다(변화순 외, 1993: 18). 또한, 남편은 남성다움을 과시하기 위해 공격적인 행위로 폭력을 행사하며, 충동을 억제하지 못하고, 좌절하기 쉬운 성격이며, 정서적으로 아내와 아이에게 의존한다. 즉, 남성은 아내가 심한 잔소리와 공격적인 태도로 자극할 때, 혹은 자기 자신을 주체할 수 없는 가학적인 충동이 생길 때 폭력을 휘두르게 되는 것이다.

(3) 기능주의 관점

기능주의적 시각에서는 가정폭력을 가해자의 성격적 결함이나 질병에서 비롯된다고 본다. 가해자가 어렸을 때부터 폭력을 당했을 경우 지속적으로 이루어진 가정 내 폭력으로 인해 개인의 사회화가 실패하였다고 생각하고 폭력이 학습되어 가해자가 되었다고 본다. 기능주의에서는 사회문제를 '어떤 사회체계가 사회화 과정과 결과에서 실패한 상태'로 본다. 사회문제의 원인이 개인과 사회제도의 일부에 있으며, 이에 따라 문제의 개입도 개인과 사회제도가 그 대상이 되어야 한다고 본다. 이러한 맥락에서 볼 때, 기능주의 관점에서 가정폭력과 학대의 해결책은 가해자를 대상으로 한 개인상담치료와 가족치료, 아내학대에 대한 잘못된 인식과 태도를 교정시키는 등의 개인적 측면의 개입이 필요하다. 사회제도적 측면에서는 피해자를 위한 법적 보호가 효과적으로 이루어질 수 있도록 하는 법적 조치를 마련하고 가정폭력문제를 다루는 단체들이 문제에 대한 계몽과 전문적인 서비스를 마련해야 하고, 근본적으로 폭력을 용납하지 않는 사회분위기가 만들어져야 문제가 해결될 수 있다고 본다.

(4) 갈등주의 관점

갈등주의 시각에서는 '희소자원의 불균등한 소유로 인하여 발생되는 갈등 현상'을 사회문제로 인식한다. 사회문제의 원인이 불평등한 분배를 가져오는 사회의 권위와 권력구조라고 보고 사회제도의 재조직을 그 해결방안으로 제시하는 관점이다. 따라서 갈등주의적 시각에서 가정폭력의 원인은 우리 사회의 가부장적인 제도하에 여성을 하나의 인격체로 인정하지 않는 데에서 비롯된다고 본다. 가정 내에서 가정의 의사결정권, 경제력, 권위 등의 희소자원이 불평등하게 분배되어 권력을 가지고 있는 남편이 희소자원을 적게 소유한 아내에게 특권을 행사한다고 본다. 갈등주의는 가정 내 권력구조의 재조직, 즉 가정 내 경제권이나 의사결정권의 균등한 분배를 통한 불평등을 없애 동등한 지위를 부여하고, 피해자를 보호할 수 있는 강제성을 띤 법적 조치가 마련되어야 문제가 해결될 수 있다고 본다.

(5) 상호주의 관점

상호주의 시각에서는 상징에 대한 합의의 불일치로 사회문제를 정의한다. 사회의 한 집단이 다른 집단의 의미에 동의할 수 없는 것으로 규정하고 그 집단의 의미대로 행동하지 않는 것이라고 할 수 있는데 가정에서 발생되는 갈등을 폭력으로 해결하려 하고 폭력으로써 피해자의 우위에 서는 것은 잘못된 행위라는 의미에 동의할 수 없다는 판단하에 폭력을 계속 사용할 때 발생한다고 보았다. 특히 상호작용의 도구로 언어나 몸짓의 상징이 중요시되는 상징적 상호작용에 따르면 이 문제의 해결방안을 적절하게 상징적 의미를 부여하고 동의할 수 있도록 가해자의 인성과 성격을 상담이나 교정교육을 통해 재사회화하고 올바른 사회화를 위한 담당기관의 바람직한 대책과 협력체계의 제도적 마련으로 본다.

(6) 여권주의 관점

여권주의 관점은 일반적으로 여성에 대한 폭력은 법적·경제적·심리적 권력의 불평등을 포함한 남성과 여성의 불평등한 관계에서 발생한다고 본다. 이러한 남성과 여성 간의 불평등한 관계는 가부장적인 문화에 기인한다고 볼 수 있다. 즉, 가부장적 문화 규범과 전통, 가치, 구조 등의 제반 여건은 전통적인 성역할 의식을 고수하게 하며, 이러한 의식은 성차별주의적인 사회구조를 만들고 학대를 유발하며 이를 지속시킨다는 것이다(김재엽 외, 2001: 17). 가정폭력을 행사하는 남편 대부분은 남성이 여성보다 우월하다는 확고한 신념을 갖고 있다(변화순 외, 1999; 김재엽 외, 2001: 18 재구성). 남성의 권위에 여성이 종속되는 가부장적 가치관으로 길들여진 문화에서는 여성에 대한 폭력이 남성이 여성을 통제하는 수단으로써 정당화된다. 이때 폭행으로 이해되기보다는 훈육과 길들이기로 받아들여진다. 가부장적 문화 속에서 자라난 남성은 때때로 자신의 권위가 아내와 자식 앞에서 손상되는 것을 참지 못해 왜곡된 형태로 폭력을 행사하기도 한다.

5. 현재의 복지제도와 정책, 한계점

1) 복지제도와 정책

정부는 '가정폭력'을 더 이상 집안일이 아닌 '심각한 사회문제'로 규정하고, 그동안 피해자 중심 정부대책에서 한걸음 나아가 '건강한 가정회복'을 위한 종합적·입체적인 대책을 마련하기 위해 2013년 6월에 '가정폭력방지 종합대책'을 발표했다. 8개 관계부처(기획조정실, 여성가족부, 기획재정부, 교육부, 법무부, 문화체육관광부, 보건복지부, 경찰청)가 합동으로 작업하였으며, '가정폭력 방지를 통한 건강한 가족가치 구현'에 초점을 두고, 가정폭력 해소를 위해 국민이 가장 필요하다고 생각하는 정책을 중심으로, 초기 대응 및 처벌 강화, 피해자 및 가족보호 확대, 맞춤형 예방체계 내실화를 '3개 핵심과제'로 설정하고, 2017년까지 가정폭력 재범률을 25.7%로 감축하는 것을 목표로 정하였다.

가정폭력 관련 정책 현황을 여성가족부의 〈2013년 가정폭력 실태조사〉를 참고하여 살펴보면, 가정폭력 관련 법 개정과 관련하여 「가정폭력범죄의 처벌 등에 관한 특례법」의 2011년 7월 25일 개정에서는 긴급임시조치와 피해자보호명령제도가 도입되었다. 사법경찰관의 긴급임시조치권은 가정폭력범죄 발생 시 피해자를 신속하게 보호조치할 수 있도록 현장에 출동한 사법경찰관에게 임시적으로 긴급격리 또는 접근금지를 조치할 수 있는 권한을 부여한 것이다. 사법경찰관의 응급조치에도 불구하고 가정폭력범죄가 재범될 우려가 있다고 인정될 때, 직권 또는 피해자나 그 법정대리인의 신청에 의해 긴급임시조치를 할 수 있도록 했다. 또한, 피해자 스스로 안전과 보호를 위한 방책을 마련하여 이를 직접 법원에 청구할 수 있도록 하는 피해자보호명령제도를 도입함으로써 피해자보호를 강화하고자 한다.

「가정폭력범죄의 처벌 등에 관한 특례법」의 2012년 1월 17일 개정에서는 가족구성원에 의한 성범죄를 가정폭력범죄로 규정하여 가족구성원에 의한 성범죄 피해자가 이 법 및 「가정폭력방지 및 피해자보호 등에 관한 법률」에 따른 보호와 지원을 받을 수 있도록 하고, 이는 가족구성원에 의한 성폭력범죄가 자주 발생한 것을 감안한 것으로 가정폭력 피해자보호와 지원에 기여할 것으로 보인다. 또한, 보호처분 상습 위반자, 피해자보호명령·임시보호명령 상습 미이행자에 대하여 3년 이하의 징역이나 3000만 원 이하의 벌금으로 무겁게 처벌하도록 함으로써 가정폭력범죄 재발을 최대한 방지하고자 한다. 또한, 직무수행 중 알게 된 가정폭력범죄에 대한 신고의무자에 사회복지전담 공무원 등을 추가하고, 이를 위반한 경우에는 300만 원 이하의 과태료를 부과하기로 한다.

가정폭력 피해자를 위한 복지제도로는 상담소와 보호시설을 운영하고 있다. 우선, 상담소는 가정폭력을 예방하고 가정폭력 피해자를 보호하는 기능을 한다. 주요 기능은 가정폭력을 신고받거나 이에 관한 상담에 응하는 일, 가정폭력으로 인하여 정상적인 가정생활 및 사회생활이 어렵거나 기타 긴급보호가 필요한 피해자를 임시보호하고 의료기관 또는 가정폭력 피해자보호시설로 인도, 행위자에 대한 고발 등 법률적 사항에 관한 자문을 얻기 위한 대한변호사협회나 지방변호사회 또는 대한법률구조공단 등에 필요한 협조와 지원의 요청, 경찰관서 등으로부터 인도받은 피해자 임시보호, 가정폭력예방 및 방지에 관한 홍보, 기타 가정폭력 및 피해에 관한 조사·연구, 지역사회에 대하여 캠페인, 지역신문·생활정보지·반상회보 등을 활용하여 홍보활동을 시행한 숙식의 제공, 심리적 안정과 사회적응을 위한 상담과 치료, 질병치료와 건강관리를 위한 의료기관에의 인도 등의 의료지원, 법률구조기관 등에 필요한 협조와 지원요청 등을 제공한다.

그리고 보호시설은 숙식 제공, 심리적 안정과 사회적응을 위한 상담 및 치료, 질병치료와 건강관리를 위한 의료기관에 인도 등의 의료지원, 법률구조기관 등에 필요한 협조와 지원요청 등을 제공한다. 2011년부터는 자녀를 동반하는 가족보호시설의 설치가 시작되어 2011년 8개소를 시작으로 2016년에는 보호시설 70개소와 상담소 228개소, 2022년에는 보호시설 65개소와 상담소 128개소가 운영되고 있다. 「가정폭력방지 및 피해자보호 등에 관한 법률」에 의해 운영되는 전국의 가정폭력 피해상담소, 보호시설 등을 지역별로 살펴보면 〈표 8-1〉과 같다.

표 8-1 전국가정폭력 상담소 지역 현황(2022년 2월 기준) (단위: 개소)

구분	서울	부산	대구	인천	광주	대전	울산	경기	강원	충북	충남	전북	전남	경북	경남	제주	계
가정폭력	13	11	3	6	4	3	3	21	10	5	8	8	8	9	13	3	128
통합상담	2	5	2	1	1	1	1	4	4	1	3	1	1	2	–	1	30
보호시설	11	3	3	1	4	1	1	11	5	3	4	4	4	2	6	2	65

2) 한계점

가정폭력은 발생 시 신고의사는 55.0%에 달하지만 실제 신고율은 낮은데, 성인 남녀 모두 신고하지 않는 이유로 가족이기 때문이라고 가장 많이 응답하였다. 여전히 가정폭력을 사회적 개입이 필요한 심각한 범죄로 인식하기보다는 가족 안에서 일어나는 사적인 문제로 여기고 있음을 시사하며, 이는 가정폭력문제를 해결하는 데 한계로 작용하고 있다. 가정폭력은 가정 내 문제가 아니라 사회적 문제이며 폭력 발생 시 사회적 비용이 더욱 많이 소요됨을 가정과 사회가 인식하고 가정폭력에 대한 이웃과 지역사회의 관심을 이끌어 내야 한다.

또한, 가정폭력은 가족구성원 사이에 발생하여 신고율도 낮지만 처벌이 미흡한 것도 한계라 하겠다. 폭력은 싫어도 부모나 자식을 신고하고 처벌하는 자체가 우리나라 전통적인 가족적 성향과 맞지 않아, 대부분이 가정폭력을 아직은 가정 내 문제로 치부하기 때문이다. 특히, 매 맞는 아내는 여성 비하적인 사회분위기로 아내에게 폭력의 책임을 묻기 때문에 자신이 구타당한 것을 부끄럽게 여기며 스스로 고립된다. 남편은 매 맞는 아내가 완전히 자신의 통제하에 있음을 느끼도록 친정과 친구, 이웃 등과 교류하지 못하게 하기도 한다. 이렇듯 사회와 고립된 매 맞는 아내는 자신을 객관적으로 보지 못하게 되며, 폭력의 순환고리에서 빠져나올 수 있는 가능성을 완전히 잃게 되어 사회적 지원체계를 전혀 이용할 수 없게 된다. 또한, 오랫동안 폭력에 지속적으로 학습되어 자신도 모르게 학대순응증후군에 빠져 가정폭력을 순순히 받아들이게 된다는 점이다. 가족 내의 사적 문제라는 인식과 그 순간만 지나가면 된다고 생각하는 등 소극적인 태도로 대응하고 있는 것으로 나타났다. 특히, 공식적 지원체계 관련 서비스

이용은 거의 전무한 것으로 나타나 이 서비스들의 인지도, 접근성을 높일 수 있도록 해야 한다. 따라서 폭력행동에 대한 대응을 더욱 적극적으로 할 수 있도록 관련 서비스에 대한 인식을 높여야 할 것이다.

여전히 우리 사회나 가정에 남아 있는 가부장제, 남성중심문화는 성평등적 성역할 태도 형성과 민주적 가족관계 형성에 걸림돌이 되고 있다. 따라서 성평등적 성역할 태도와 민주적 가족관계를 형성하기 위해 정부와 사회, 개인의 더욱 적극적인 노력이 필요하다. 부부폭력 발생 시기가 주로 결혼생활 중에 나타나는 것으로 보아 가족주기별 프로그램에 대한 준비가 모색되어야 하며, 연령대별, 결혼기간별, 계층별, 취업 여부별 등의 특성도 고려하여야 한다. 또한, 신체적 폭력뿐만이 아니라 다른 유형의 폭력도 심각한 가정폭력임을 인식시킬 필요가 있다. 아동학대나 노인학대의 경우 가정폭력의 심각성이 더 두드러진다 하겠다.

가정폭력에 노출된 아동은 가정폭력의 원인이나 책임 소재를 왜곡되게 인식하는 경향이 있다. 예를 들면, 어린 아동은 그 발달단계의 자기 중심적 특성상 자기 잘못으로 폭력이 발생했다고 믿는다. 또 성장하면서 폭력의 원인을 어머니에게 돌리는 경우도 있다. 이는 아동이 자신에게 폭력을 행사할 위험이 있는 아버지보다 어머니를 비난하는 것이 상대적으로 안전할 것으로 여기기 때문이다. 또한, 가정폭력 노출 아동은 위급한 가정폭력 상황에 적절히 대처하지 못하는 경우가 많다. 자신의 안전을 지키기 위해 피신하거나, 경찰과 이웃 등 적절한 대상에게 도움을 요청하는 등의 바람직한 행동을 취하지 못한다는 것이다. 이는 적절한 대처행동에 관한 지식이나 기술이 부족하기 때문이기도 하고, 가정폭력을 가정사로 여기는 사회분위기나 가정폭력을 비밀로 하도록 강요하는 가해자의 압력이나 요구가 작용하기 때문이기도 하다.

쉼터는 가정폭력 노출아동에게 보호와 지지를 제공하지만 스트레스를 유발하는 환경이 되기도 한다. 쉼터에 입소한 아동은 이미 가정에서 가정폭력을 경험한 상황이다. 친구와 아버지 등, 익숙한 환경으로부터 갑작스럽게 분리되어 혼란을 겪기도 한다. 또한, 쉼터에서 새로운 사람과 학교 등 낯선 환경에 적응해야 하는 부담이 있으며, 시설에 따라 쉼터의 열악한 생활환경이 스트레스의 원인이 될 수도 있다. 심지어 이 모든 어려움을 정서적으로 도와주어야 할 아동의 어머니가 자신의 정서적 혼란이나 쉼터 퇴소 이후의 생활에 대한 부담으로 아동을 보살필 수 없는 경우도 있다. 이러한 요인은 아동의 쉼터 적응을 더욱 어렵게 만드는 장애 요인이 되기도 한다.

6. 대안 제시

가정폭력문제의 해결 및 예방을 위한 대안을 몇 가지로 제시해 보면 다음과 같다.

첫째, 가정폭력방지에 대한 인식 제고를 위한 교육 및 홍보가 더욱 강화되어야 할 것이다. 이를 위해 TV 등 방송통신매체를 활용해 가정폭력 관련 법 및 지원서비스 홍보를 더욱 활성화하고, 인터넷 매체 등을 활용한 홍보전략의 다양화를 모색할 필요가 있다. 또한, 모든 국민을 대상으로 하여 연령대별, 교육기간별, 근무장소(기업체, 병원 등) 등 다양한 특성을 고려한 관련 학교, 공공기관 및 지자체, 평생교육기관, 기업체 연수원, 가족 및 사회복지서비스 기관 등에서 폭력인식과 가정폭력예방교육을 적극적으로 실시해야 한다. 특히 남성의 경우 가정폭력 인식 제고와 서비스 접근성을 고려해 군대 및 직장 내에서 가정폭력예방교육을 강화해야 한다.

둘째, 가정폭력 피해자 지원체계에 대한 홍보 확대 및 서비스 내실화를 강화하여야 한다. 이를 위해 무엇보다 가정폭력 피해자와 그 가족이 적극적으로 대응(도움요청)할 수 있도록 지원체계가 더욱 활성화될 필요가 있다. 무엇보다도 공식적 지원체계 관련 서비스 이용이 거의 전무하게 나타나는 현실을 고려해, 이런 서비스 인지도를 높이기 위한 적극적인 홍보 확대가 필요하다. 피해 당사자뿐 아니라 피해사실을 알아챈 가족들이 공식체계로 피해자를 이끌 수 있도록 전 국민적인 피해자 지원체계에 대한 인지도 제고가 요구된다. 그리고 피해자가 필요로 하는 다양하고 전문적인 서비스가 제공될 수 있도록 제도 개선도 병행되어야 할 것이다.

셋째, 가족관계 및 가족 내 의사소통 증진을 위한 프로그램 실시도 더욱 활성화되어야 할 것이다. 자녀와의 관계증진을 위해 부모들에게 자녀의 발달단계에 맞는 양육지식, 자녀와의 상호작용기술이나 의사소통기술, 자녀행동관리기술 등 다양한 지원 프로그램을 제공해야 한다. 또한, 부부관계, 성인 자녀 – 노부모관계의 소통을 증진하기 위한 상호작용기술이나 의사소통 및 행동기술 등에 지원이 이루어져야 한다. 이를 통해 결혼 초기에 가정폭력에 대한 인식을 높이고 결혼갈등에 대처할 수 있는 기회가 되도록 하며 가족생애 전 주기에 걸쳐 가정폭력이 예방되도록 해야 할 것이다. 이를 위해 공공기관의 아버지교육과정, 시·군·구 단위의 건강가정지원센터를 활용한 부모교육 강화, 밥상머리교육, 온·오프라인 학부모교육 등이 활발하게 실시되어야 할 것으로 보인다.

넷째, 가정폭력 근절을 위한 지역사회 공동체 의식이 강화되어야 한다. 지역사회는 지역사회 구성원 전체, 즉 가족, 친구, 이웃, 동료 등에게 폭력을 종식하고 예방하는 공동체 능력을 강화함으로써, 건강한 지역사회를 형성하기 위한 새로운 규범과 사례, 관계를 만들 책임이 있다. 남성은 여성에 대한 폭력의 공동체 규범을 바꾸는 데 중요한 역할을 한다. 따라서 남성 지배적인 남성관을 변화시켜 나감으로써 부적절한 행동에 다른 남성이 개입할 때 폭력예방에 도움이 될 수 있다. 사법관계자와 경찰, 정부와 지자체가 전문성에 근거하여 폭력적인 남편에 대한 대처 정보와 지원을 제공함으로써 지역사회 공동체 의식을 향상시켜 나가야 한다.

7. 결론

가정폭력은 일반적으로 가정 내 무의식적 인권침해로 반복적으로 나타나며, 대물림되는 악순환을 낳고 있다. 일반폭력과 달리 가족 등 친밀한 관계에서 지속적으로 반복되며, 그 정도도 점차 심해지는 특성이 있다는 점에서 정부와 국민의 적극적인 관심이 필요한 사회문제이다. 가정폭력의 대상도 부부폭력에서 아동, 노인, 장애인, 다문화폭력으로 다양해지고 있으며, 유형도 신체폭력에서 정서적, 경제적, 성적 폭력 등의 형태로 확대되는 추세다.

가정폭력은 단순한 신변보호만 필요한 것이 아니다. 가정폭력 후유증 치유는 물론 가정, 학교, 사회에 복귀할 수 있는 사후 서비스를 지속해서 제공해 주어 학교폭력, 청소년 비행, 가족해체 등 또 다른 사회문제로의 확대도 미리 방지할 수 있다. 정부와 사회는 체계적인 복지제도 확대와 성 인지적 관점의 가정폭력방지정책으로 계속 지속해 나가야 할 것이며, 피해자와 가해자에 대한 적절한 법적 조치와 함께 가정폭력 서비스의 전문성과 통합지원 향상을 위한 노력이 필요하다 하겠다.

가정폭력이 결코 가족 간 문제가 아니라 범죄행위임을 전 국민이 인식을 개선해야 하고, 성적으로 평등한 가정문화 정착을 위해 사회운동을 계속해 나가야 한다.

Ⅲ 성매매문제

사례

중학교 2학년인 지혜(가명)는, 어머니는 가출하고 아버지가 일하러 간 사이 친구와 함께 가출, 성매매에 유입되었다. 티켓다방 등 다양한 성매매업소를 전전하면서 결국엔 성매매의 마지막 단계라 할 수 있는 집결지까지 오게 되었다. 오래도록 지속된 성매매 생활로 정서적으로 성격이 황폐화되고, 피해의식, 강박감, 돈에 대한 집착, 직업성 만성질환, 약물중독 등, 사람과 사회에 불신과 환멸을 느껴 정상적인 사회생활이 힘들 정도가 되어 자살을 시도하였고, 결국 관련 여성단체의 긴급구조로 쉼터에 연계되어 현재 법률적 지원과 함께 병원에 입원하여 육체적, 정신적 치료를 받고 있는 상태다.

지혜의 아버지는 아버지로서 딸을 제대로 돌보지 못한 죄책감과 함께 성매매 업주가 지혜를 자신의 딸로 입적해서 성매매를 강요할 수 있는 게 법치국가에서 어떻게 가능한 일이냐며 정부와 사회를 원망하고 있다. 그러나 현행 규정상으로는 당사자 본인의 동의만 있으면 문제가 없고 업주는 이를 악용하여 성매매 여성에 대한 족쇄로 종종 이용하기도 한다.

1. 서론

성매매는 존엄한 인간의 성이 자연스럽게 상품으로 매매되는 현상 그 자체의 사회적 문제보다는 주로 흥미거리나 정치적 목적으로 다루어져 왔다. 이러한 과정에서 성매매 피해여성은 사회적 관심 밖에서 온갖 죄악과 낙인의 희생양이 되었고, 한편으로는 성적 존재로서의 여성 이미지를 지속시키는 가부장제의 한 축이 되었다. 한국은 1961년 제정된 「윤락행위 등 방지법」이 있었음에도 불구하고 '윤락'이라는 단어가 의미하는 가부장적 인식으로 성매매문제가 왜곡되어 평가되었고, 이러한 사회적 편견으로 주로 여성에게 사회적 책임을 전가했다. 성매매가 본격적인 사회문제로 인식된 것은 2000년대 들어 군산과 부산, 서울 등의 성매매 집결지 업소에서 연이어 일어난 화재로 성매매에 종사하던 여성 수십 명이 어이없이 사망하는 사건이 발생하면서 죽은 여성들의 업주에 의한 인권유린과 착취는 물론, 인간으로서 기본 생존권마저 누리지 못한 비인간적인 실태가 언론을 통해 세상에 알려지면서 심각한 사회문제로 부각되는 기폭제가 되었다. 이 사건으로 기존에 논란이 많았던 「윤락행위 등 방지법」은 폐지되고 '윤락'이라는 여성 비하적인 용어 대신 자본주의 사회를 반영한 '성매매'라는 개념을 도입한 「성매매알선 등 행위의 처벌에 관한 법률」과 「성매매방지 및 피해자보호 등에 관한 법률」(이 두 법을 함께 '성매매특별법'이라 칭하기로 함)이 2004년 9월 23일부터 시행됨으로써 우리나라도 정부가 본격적으로 성매매문제에 개입하게 되었다. 본서에서는 사회문제로서의 성매매를 이해하기 위해 개념정의, 출현역사, 특성과 범위, 문제의 실태, 문제의 배경(이론적 관점) 등을 살펴보고 현재의 복지제도와 정책, 한계점, 대안 제시 등을 논의해 보고자 한다.

2. 사회문제의 이해

1) 개념정의

지금까지 성매매는 윤락, 매음, 매춘, 매매춘 등의 여러 가지 용어로 혼용되어 왔다. 1961년 제정된 「윤락행위 등 방지법」에서 규정하고 있는 윤락(淪落)이라는 용어는 성매매를 사회문제가 아닌 개인의 도덕적인 측면으로 정의하였기 때문에 적절하지 않고, 매음(賣淫)이나 매춘(賣春)은 '성을 사는 행위'를 덮어 주고 '성을 파는 것'에만 초점을 맞추고 있기 때문에 역시 적절하지 않다. 매매춘(賣買春)은 여성의 성과 몸을 봄이나 꽃으로 비하하는 일본식 표현이다. 따라서 성매매(性賣買)라는 용어를 사용하고자 하며 이 용어는 '성을 파는 행위'에만 초점을 맞추는 것에서 벗어나서 '성을 사고파는 행위' 모두를 다루고 있으며, 여성을 봄이나 꽃으로 비하하는 표현에서도 벗어날 수 있다. 그러나 이 용어도 성매매를 '성적 행위'와 '경제행위'의 측면에만 초점을 맞추어 '성을 매매하는 행위'만을 강조하고 있을 뿐, 성매매가 성적 착취를 목적으로 가해지는 인권침해라는 점이 드러나 있지 않아 한계가 있다고 말하며 성매매를 '불특정인을 상대로 하여 금품 기타 재산상의 이익을 받거나 받을 것을 약속하고 성행위를 하는 것'으로 정의하거나 '상호 익명을 전제하고, 금품수수를 매개로, 몸의 접촉을 통해 이루어지는 성교 중심의 성적 행위'로 정의하고 있다(김현선, 2002: 7). 「성매매알선 등 행위의 처벌에 관한 법률」에서는 성매매를 "불특정인을 상대로 금품 그 밖의 재산상 이익을 수수(收受)하거나 수수하기로 약속하고 성교행위 또는 유사 성교행위(구강, 항문 등 신체의 일부 또는 도구를 이용)를 하거나 그 상대방이 되는 것을 말한다."

2) 특성 및 범위

(1) 특성

성매매 피해여성에게 나타나는 심리적 장애증상의 원인을 성매매의 폭력적 특성에서 찾아보는 연구들은 국내 연구에서는 드물지만, 외국의 경우 성매매는 폭력 그 자체이며, 이러한 특성으로 인해 성매매 피해여성의 외상 후 스트레스장애 발생률이 아주 높다는 연구가 이루어졌다.

성매매의 중요한 특성으로, 첫째, 여성에 대한 폭력성을 들 수 있다. 사실상 성매매는 묵인된 성폭력이라 할 수 있다. 성매매 피해여성은 성구매자나 포주, 감시인, 인신매매범 등에 의해 강간과 신체적 폭행을 당해 왔고, 감금, 감시, 살인협박과 같은 폭력적 행위를 당한 경험이 있고, 동료에게 이러한 폭력이 가해지는 것을 목격하기도 하였다. 때로 포주에게 협조하는 것처럼 보이는 성매매 종사여성의 모습 때문에 성매매 여성이 자발적으로 성매매를 하고 있는 것으로 오해되고 있으나, 오히려 이러한 현상은 심각한 억압이 존재함을 증명하는 것이다. 포주의 억압이 심할수록 성매매 피해여성은 포주에게 적극적으로 협조할 수밖에 없고, 포주를 막강한 권력을 휘두르는 절대적인 존재로 생각하게 됨으로써 성매매 종사여성은 제3자의 개입에 대한 불신을 갖게 된다. 또한, 성매매 종사여성은 성매매에 유입되기 전에 대부분 신체적 폭력과 집단강간을 경험함으로써 전 생애에 걸쳐 폭력의 경험이 누적되어 있다.

둘째, 여성에 대한 비인간적인 매매와 강제 성매매이다. 강제적이고 노예적인 성매매는 주로 아동·청소년이나 성매매업소 집결지역의 성매매 피해여성들을 대상으로 지금도 일어나고 있다. 성매매 집결지역의 업소에서 여성들은 감금, 폭행, 강간, 선불금, 임금착취, 신체포기 각서, 노예문서, 연대보증 등으로 업주들에 의해 의도적으로 성매매를 강요당할 수밖에 없다.

셋째, 성의 상품화 및 성산업화와 이로 인한 발생하는 착취구조다. 가부장적 소비자본주의 사회에서 성상품화는 성의 이중구조 하에서 여성의 인격과는 무관하게 여성을 성욕 충족의 대상이나 산업자본으로 이용하는 것을 말하며 전통적인 가부장적 성문화가 자본주의의 시장논리와 결합한 결과이다. 성상품화는 성산업으로 이어져 남성과 여성을 주체와 객체로 이원화하는 것이며, 여성의 성과 육체가 업주에게는 자본으로 소유되고, 구매자에게는 상품으로 제공되는 것을 말한다. 한국에서 성산업이 번창하게 된 배경에는 한국의 왜곡된 정치·경제·사회구조의 문제가 내포되어 있다. 해방 후 미 군정 시절부터 1970년대 관광사업과 향락산업의 증가 속에서 성산업은 외화벌이의 수단으로 작동했으며, 1980년대 부정·부패와 우민화 정책의 일환으로 더욱 번창하게 된 배경을 갖고 있다. 이러한 현상은 지금까지도 성산업이 확장되고 성향락문화가 대다수 남성의 여가와 음주, 접대문화 등이 일상문화로 자리 잡는 데 영향을 주었다. 또한, 여성에 대한 인신매매가 납치의 의미보다는 일반근로 임금보다 더 많은 임금을 약속하는 성산업의 사기 광고나 소개업자를 이용하여 여성을 성매매업소로 유인하는 작동 요인으로 음성적으로 일어나고 있다. 따라서 성매매 현장의 종사여성은 임금착취, 집단 성폭행, 폭행과 감금, 선불금 등으로 인한 부채 증감, 업주의 감시·통제 등의 착취에 시달리고 있다.

넷째, 국가 간 성적 인신매매를 통한 외국인 여성 성매매이다. 현재 전국적으로 기지촌 성매매업소뿐만 아니라 일반 유흥가에도 연예인 비자로 입국하여 불법체류하거나 인신매매된 세계 각국의 여성이 있다. 이들은 필리핀, 우즈베키스탄, 카자흐스탄, 러시아, 베트남, 중국, 볼리비아, 페루, 인도네시아 등으로부터 주로 인신매매되었으며, 한국을 통해 일본이나 미국으로 또 다시 인신매매되기도 한다(김현선, 2002; 최인숙, 2006, 재구성).

다섯째, 성매매는 업주나 소개업자, 알선자에게 많은 수익을 창출해 줌으로써 자본주의 구도 안에서의 경제논리가 작용하는 것이다. 이러한 수익창출은 현행법상 성매매가 불법이고 범죄임에도 불구하고 음성적으로 끊임없이 성행할 수밖에 없는 중요한 특성이다.

여섯째, 성매매 유입 연령이 저연령화되어 아동·청소년 성매매가 증가하고 있으며, 유입되기는 쉬우나 성매매의 구조상 빠져나가기는 어렵다는 특성이 있다. 이러한 이면에는 성매매 역시 성폭력과 마찬가지로 힘과 권력의 논리가 작동하며 때로는 정치적 도구로 쓰이기도 함을 보여 준다.

(2) 범위

한국 사회에서 성매매는 여러 단계를 거쳐 확대되고 정착되었다. 이것은 한국과 비슷한 역사적 배경을 갖고 있는 외국에서도 공통적으로 나타나는 현상이다. 외국에서 성매매 유형은 역사적으로 사회적·경제적 변화에 의해 영향을 받으면서 변화했고, 새로운 유형의 성매매가 확대되면서 이전 단계의 유형은 축소되는 경향을 나타냈다. 그러나 한국 성매매의 특이점은 새로운 성매매의 형태가 이전 단계의 성매매를 축소시키는 것이 아니라 기존의 성매매 유형이 그대로 유지돼 전체적인 성매매가 끊임없이 확대됐다는 점이다.

성매매는 자본주의 경제체제 안에서 다양한 형태로 나타나며, 그 범위가 매우 광범위할 수밖에 없다. 사실상 실태조사가 어려운 구인자와 구직자를 직접 연결·소개하는 방식, 남녀 교제를 주선하는 방식으로 성매매를 알선·매개하는 형태로 성매매 여성이 직접 제공(유흥업소, 호텔)하거나 특정인(브로커)의 소개(여자연예인, 콜걸, 스폰서) 등 사회고위층을 상대로 하는 인적 매개형 성매매와 성매매 종사여성이 직접 고객을 찾아

나서서 1 : 1로 성매매하는 형태로 주로 기차역 주변이나 터미널, 공원 등에서 등산객, 기사를 대상으로 호객행위를 하거나 고속도로나 거리에서 이루어지는 성매매, 계약동거형 성매매(외국인과의 지속적인 성적 서비스와 가사서비스 제공 형태의 성매매) 같은 직거래형 성매매 등과 최근에는 신·변종 등 형태나 유형이 다양하다. 그러나 사실상 정확한 파악이 어려워 범위로 넣어 설명하는 데 한계가 있다.

여성가족부의 〈2013년 성매매 실태조사〉 연구를 기준으로 보면 성매매의 범위를 업소형 성매매와 비업소형 성매매로 구분하고 있다. 업소형 성매매는 다시 전업형 성매매와 겸업형 성매매로 구분하며, 비업소형 성매매는 인적 매개형 성매매, 전자매개형 성매매, 직거래형 성매매로 구분할 수 있다. 본서에서는 여성가족부의 성매매 실태조사를 참조하여 업소형 성매매(전업형 성매매와 겸업형 성매매)와 비업소형 성매매 중 온라인과 오프라인 연계형 성매매에 관해 살펴보고자 한다.

먼저, 전업형 성매매는 등록 여부와 종류에 관계없이 실제 업태를 기준으로 성매매가 영업의 1차적이고 주된 목적인 업소가 밀집된 일련의 연속적 구역이나 지역을 말하며 전통형 성매매라 말하기도 한다. 여성가족부의 실태조사에서는 통상 10개 이상의 업소가 밀집될 시 성매매 집결지라고 부른다. 전업형 형태는 주류 판매나 다른 부가서비스는 없이 오로지 성매매가 1차적 목적인 형태이며, 외형적으로는 주류를 판매하기도 하지만 성매매가 1차적인 주된 목적이라면, 이 경우도 전업형에 해당한다. 전업형의 대표적인 영업 유형인 유리방은 대부분 사업자등록 허가 없이 비등록, 무허가로 운영되며, 업소여성이 보이도록 유리문이 설치되어 있다. 유흥주점으로 등록되어 주류가 기본적으로 판매되고 술값에 성구매 비용이 포함되어 영업장소에서 음주가무와 성매매가 연속적으로 이루어지는 맥·양주집, 방석집, 호객행위나 여관발이(보도) 등이 있다. 직접 성매매가 이루어질 수 있도록 숙박업소가 성매매 장소를 제공하며 여관발이를 통해 여성을 공급하는 여관, 여인숙 형태, 기지촌 주변의 외국인 전용 유흥업소, 주로 호객행위를 통해 성매매가 이루어지는 쪽방, 판자촌, 휘파리 등의 형태도 모두 전업형 성매매 형태에 해당한다. 휘파리는 최근 여성가족부의 실태조사에서 새롭게 나타난 형태로 일본말로 '소매를 잡아끈다'는 뜻의 '힛빠리'의 변형된 용어로서 원룸이나 오피스텔, 주택을 업주가 소유하고 여성이 이곳에 머물면서 성매매를 하는 형태다. 업소형 중 겸업형 성매매는 본래 업종의 주류나 차, 음식류, 노래방 서비스와 더불어 2차 서비스로 성매매를 제공·알선하는 형태인 티켓다방, 단란주점, 룸싸롱, 유흥주점, 숙박업소(호텔, 모텔), 안마시술소, 노래방, 일반음식점 등 포함하며 오늘날 신종·변종되어 유사 성행위를 제공하는 다양한 형태의 업소가 여기에 포함된다.

다음으로, 비업소형 성매매 중 온라인과 오프라인 연계형 성매매(인터넷 성매매)는 회원 간에 만남, 교제를 주선하는 방식으로 성매매를 알선·영업하는 형태로 전화방 폰팅을 통해 남성회원과 여성회원을 연결시켜 성매매를 알선, 알선 사이트나 채팅을 통해 이루어지는 성매매, 인터넷 채팅을 통해 알선·연결하거나 최근 스마트폰 보급의 활성화로 스마트폰 어플을 통한 성매매 등이 여기에 해당한다.

3) 성매매 출현의 역사

성매매는 그 시작이 언제부터인지 정확히 알 수 없으나 인류의 역사와 함께 시작했다는 담론에서처럼 오래전부터 있었다. 우리나라도 공식적으로 조선시대부터 있었던 것으로 보인다. 본서에서는 근대 이후를 중심으로, 우리나라에서 본격적으로 성매매가 출현한 후 어떻게 확대되었는지 시기별로 살펴보고 2004년 9월 23일 「성매매방지특별법」이 시행되면서 우리 사회에 성매매가 성상품화로 인한 여성의 가치를 비하시키며 폭행, 착취, 감시, 통제 등 인권침해의 형태로 본격적으로 사회문제화되었음을 살펴보기로 한다.

1904년 일본공사관에 의해 우리나라에 처음으로 창기와 창녀가 전문직업인으로 공인, 1916년 일본공사관에 의해 공창제도가 실시, 1920년대 불경기로 공창이 불황을 겪으면서 사창이 번창, 이 시기에 성매매가 공식적으로 인정되고, 전국적으로 확산되기 시작하였다. 해방 이후 1947년 미 군정에 의해 공창이 폐쇄되었지만, 한국전쟁으로 미군이 주둔하기 시작하면서 기지촌이라는 특수 성매매 집결지역이 형성되기 시작했다.

1960년대에서 1970년대에는 1961년 「윤락행위 등 방지법」을 제정하였지만 전국 104개소의 특별 구역을 지정해 이 지역에서는 법의 적용을 유보하고, 남성 우월적인 한국사회에서 농촌지역의 몰락과 함께 여성이 아버지나 오빠의 성공을 위해 성산업에 유입되는 일이 속출하였다. 특히, 이 시기에 정부는 미군이 주둔한 지역에 미군의 성매매를 위해 타운을 건설하고 「관광진흥법」에 따라 특정 지역 내의 성매매행위나 특수 관광호텔에서 외국인을 상대로 하는 성매매를 허용하고, 국제관광협회 내 '요정과'를 설치하여 관광객을 대상으로 한 성매매를 조장하기도 하였다. 1980년대에는 군부 쿠데타로 정권을 탈취한 정부는 3S정책(sex, screen, sports)을 중심으로 우민화 정책을 실시하였고, 경제성장이 이루어지면서 성산업의 내수시장이 활발해져 일반 지역까지 성매매가 확산되었으며, 성매매 공급이 수요에 비해 상대적으로 부족해지자 납치, 유인 등 인신매매 형태로 성산업에 여성을 공급하기도 하였다. 1990년대부터 2000년대 현재까지는 주한미군 범죄가 급증하는 문제와, 쇠퇴한 기지촌 지역에 가난한 외국인 여성이 유입되면서 외국인 여성의 인권침해문제와, 어린 여성을 선호하는 남성의 잘못된 성향에 의해 청소년이 성산업에 유입되는 청소년 성매매문제 등이 심화되는 현상을 가져왔다. 특히, IMF 경제위기 이후 카드 사용 확산으로 빚을 갚지 못한 20~30대 여성이 성산업에 대거 유입되기도 하였고, 자본주의 구도 안에서 산업형 성매매가 확산되기 시작해 본래의 목적 이외에 성매매 서비스를 제공하면서 성매매는 어디서나 일반적으로 일어나는 현상이 되었다.

2000년 초반 군산, 부산, 서울 등의 대규모 성매매 집결지 업소의 연이은 화재사건으로 수십 명의 종사여성이 숨지면서 성매매가 인간의 기본적인 생존권과 자유권을 침해하는 인권문제로 크게 부각되었다. 이러한 사건은 기존의 「윤락행위 등 방지법」을 폐문화하고 새로운 의미의 '성매매특별법' 제정에 박차를 가하는 계기가 되었다. 한국은 성매매 금지주의 정책을 시행하면서 성매매를 범죄행위로 인식하여 조사과정에서 피해자는 보호하고 구매자는 초범, 재범, 미성년자 대상이냐에 따라 처벌수위를 강화해 나가고 있으나, 아직은 처벌수위가 낮은 실정이다.

3. 문제의 실태

성폭력, 가정폭력과 마찬가지로 성매매도 여성가족부가 3년마다 의무적으로 실태조사를 해야 한다. 여성가족부 〈2013년 성매매 실태조사〉를 중심으로 문제의 실태를 살펴보기로 한다. 우리나라의 성매매 집결지 소재는 경기도 7개, 대구 5개, 서울, 부산,

전북 각 4개, 광주, 경북, 충북 각 3개, 강원, 대전, 충남, 제주 각 2개, 인천, 전남, 경남 각 1개씩으로 '성매매특별법' 이후에도 여전히 집결지는 없어지지 않고 있다.

성매매 집결지는 주택가와 상가(81.8%), 각급 학교와 관공서(70.5%), 역·항구·여객터미널(61.4%), 숙박업소(52.3%), 기타(40.9%), 유흥업소 밀집(38.6%), 군부대(15.9%) 순으로 밀집도가 나타나서, 2010년보다 숙박업소와 군부대 외 모두 증가한 것으로 조사되었다. 청소년 통행금지제한과 내국인 출입금지인 44개의 집결지 중 36.4%는 일정한 형태의 금지나 제한구역으로 지정되지 않고 맥·양주집 및 방석집 유형의 70%, 여관·여인숙의 66.7%에 대해서도 어떠한 금지나 제한규정이 없는 것으로 나타났다. 또한, 집결지의 59.1%(26개)에는 어떠한 형태로든 정부의 정책적 개입이 이루어지며, 이 중 기지촌(66.7%)에 대한 개입이 가장 높은 것으로 나타났다.

집결지 폐쇄와 재개발계획과 관련해 집결지의 45.5%(20개)에 폐쇄와 재개발계획이 있으며 44개 집결지 중 유리방 유형이 61.9%로 폐쇄와 재개발계획이 가장 높은 반면, 맥·양주집 및 방석집의 80%는 폐쇄와 재개발계획이 없는 것으로 나타났다. 전국의 집결지 내에는 2393개 업소가 있으며 이 중 77.6%에 해당하는 1858개 업소가 실제 영업 중이며, 전체 업소 수가 2010년보다 2.9% 증가했다. 유형으로는 여관·여인숙(42.8%)과 맥·양주집 및 방석집(8.8%)이 증가했으며, 기지촌(34.3%)과 유리방(4.8%)은 감소한 것으로 나타났다. 또한 39.7%만 등록되어 있으며, 비등록률이 58.8%나 되었다. 유리방 형태의 88.8%가 비등록·무허가로 영업하고 있었으며, 맥·양주집 및 방석집은 등록률이 98.9%에 달했는데, 주로 유흥·단란주점(50.2%)과 일반음식점(39.5%)으로 등록되어 있었다.

80%의 집결지가 하루 평균 8~12시간 영업하는 것으로 나타났으며, 종사여성은 5103명으로 조사되었는데, 이 중 62.6%의 여성이 유리방 형태의 업소에 있고 기지촌(46.7%)을 제외하고는 모든 유형의 업소에서 여성 수가 증가했다.

종사여성의 한 달 평균휴무일은 3.0일이며, 휘파리(4일), 유리방(3.8일), 맥·양주집 및 방석집(2.5일), 기지촌(2일), 여관·여인숙(1.4일) 순이다.

성매매 여성의 연령대는 대부분 30대(43.5%)와 20대(33.6%)로 전업형 성매매 종사하는 여성의 약 78%가 젊은 층이지만, 여관·여인숙의 경우에는 40대(32.6%)가 가장 많은 비율을 차지하고 있는 것으로 조사됐다. 업소의 20.5%가 외국인을 고용하고 있으며, 기지촌(100%), 여관·여인숙(22.2%), 유리방(14.3%), 맥·양주집 및 방석집(10%) 순으로 외국인 여성을 고용하며, 이들의 국적은 중국(38.4%), 필리핀(30.8%), 기타(15.4%), 몽골(7.7%)과 러시아(7.7%)로 추정되고 있다.

여성 1인당 평균 성구매자 수는 5.3명(휘파리 7명, 여관·여인숙 6.4명, 유리방 6명, 맥·양주집 3.6명, 기지촌 2명)으로, 2010년의 4.9명에서 8.2% 증가하였고 평균 성구매자 수는 업소 수의 증가분(2.9%), 성매매 여성의 증가분(3.8%)을 훨씬 상회하여 성구매 수요가 증가함을 알 수 있다. 성구매 증가시기는 84.1%에 해당하는 37개 집결지가 설, 추석, 크리스마스 등인 연휴에 증가하는 것으로 나타났다. 성구매 연령층은 30대가 36.6%로 가장 많았으며 40대(35.4%), 20대(14.6%), 50대(13.4%) 순이다. 20~30대의 젊은 층은 성구매 비용이 상대적으로 높은 기지촌과 유리방을 선호하는 반면, 연령이 높아질수록 성구매 비용이 저렴한 형태를 선호하는 것으로 파악되었다.

또한, 59.1%의 업소가 내·외국인이 혼합하여 이용하고 있었으며 업소 구별도 없었고 2010년보다 더 증가된 것으로 나타났다. 회당 평균 성구매 비용은 7만 9650원이었으며 기지촌이 20만 원으로 가장 비싸며, 여관·여인숙이 3만 6111원으로 가장 적었고 2010년보다 10.9%가 증가한 것으로 나타났다.

성구매의 수입분배는 62.2%가 업주와 여성이 50 : 50으로 수입을 배분하고 있었으며 이런 현상은 휘파리와 유리방에서 두드러지게 나타났다. 업주가 여성보다 많은 비율로 수입을 가져가는 경우는 전체의 26.7%로, 맥·양주집 및 방석집이 다른 유형의 업소보다 이러한 현상이 더 두드러졌다. 또한, 스마트폰 애플리케이션을 이용한 성매매는 위치정보를 기반으로 해 실시간으로 스마트폰 사용자 주변의 성매매 구매자와 공급자를 연결하는 형태와 카카오톡, 마이피플, 틱톡 등 메신저 서비스 기능 애플리케이션을 통한 연락, 실시간으로 다른 사용자의 상태(애플리케이션 접속 상태, 위치 등)를 확인하는 형태 등이 있다.

해외 성매매와 관련해 한국 남성에 의한 해외 성구매 — 특히, 동남아시아 지역의 해외 성구매 — 가 목적지 국가의 여성과 아동에 대한 성착취와 인신매매를 심화시키고 있지만, 한국 정부는 이에 대해 적절하게 대응하지 못하다는 국제적인 비난을 받고 있으며, 이는 해외 성매매문제의 심각성을 보여 준다. 일반성인남성 1200명에 대한 인터넷 설문조사 결과, 설문 응답자의 7.3%가 해외 성구매를 직접 경험했으며, 지인의 해외 성구매 경험은 40.5%로, 응답자의 63%가 해외 성구매가 심각하다고 인식하지만 53.2%는 해외 성구매가 처벌될 수 있다는 사실조차도 모르는 것으로 나타났다.

해외 성구매 경로를 보면 해외 성구매 경험자(전체 응답자 1200명 중 7.3%)의 37%가 지인을 통해 정보를 얻어 해외 성구매를 하게 되었으며, 현지 가이드 알선(31.2%), 국내 여행사 알선(11%), 인터넷(10.2%) 순으로 나타났다. 보도 자료나 단속 자료의 통계에 따르면 여행사에 의한 단체관광, 인터넷 사이트, 카페 등을 주 경로로 보고 중국, 필리핀, 태국, 베트남 등을 주요 목적지 국가로 파악하고 현지 기업이 진출한 러시아나 우즈베키스탄 등에서도 성접대가 발생하고 있다고 보고된다.

특히, 한국인은 골프관광과 접대관광을 선호하며, 집단적이며, 폭력적이고, 어린 여성을 선호하는 성향이 있는 것으로 조사되어 해외 성매매문제가 국가적 망신으로 이어지는 사례도 속출한다.

4. 문제의 배경

성매매문제의 배경으로 이론적 관점 차원에서 섹슈얼리티의 이중 구조, 사회구성론, 가부장적 성문화와 성권력 등으로 분류하여 각각 살펴보고자 한다.

1) 이론적 관점

(1) 섹슈얼리티의 이중 구조

이중적인 성문화의 배경에는 인간의 성은 자연적으로 타고난 본능으로 내재적 속성을 갖고 있다고 전제하는 본질론적 관점이 있다. 이러한 본질론에 입각하였을 때 남성중심사회에서 남녀의 성적 정체성은 성본능론으로 귀결된다. 즉, 남성은 생물학적으로 강력하고 억누를 수 없는 성적 욕망을 갖고 있어서 성적 실천에 있어서도 적극적, 주도적이라고 간주된다. 반면, 여성은 성적 욕망이 없으며 수동적·수용적이라고 간주되며 이러한 성적 정체성의 차이가 자연적이고 정상적인 것으로 본다.

우리 사회에서 '성매매특별법' 제정 이후에도 성매매 근절이 불가능하다고 간주하는 배경에는 섹슈얼리티를 본능이나 충동으로 환원시키는 성본능론이 존재하기 때문이다. 성본능론은 남성의 성본능이 여성보다 강하다는 주장을 담고 있으며, '성적 자유 주체로서의 남성 – 성적 대상으로서의 여성'이라는 성에 대한 이중적인 인식이 하나의 지배문화로 정착된 것을 말한다. 이러한 성본능론은 가부장적 성문화의 소산으로서 섹슈얼리티에서 남녀 간의 이질성과 불평등성(gender inequality)을 재생산할 뿐 아니라 성매매를 생물학적으로 불가피한 것으로 정당화한다는 데 문제가 있다. 따라서 섹슈얼리티를 사회문화적 구성물로 접근하는 성교육과 성문화에 대한 성인지적 접근의 정책과 사회문화 조성이 요구된다.

인간의 성행위는 생물학적 결정론에 의한 것이라기보다는 특정한 사회문화적, 역사적 맥락 속에서 사회제도와 관습에 의해 개인에게 사회화되는 것이며, 이 과정에서 인간의 성욕에 대한 인지와 충족의 방식이 규정된다. 특히, 가부장적 사회에서 남성의 성본능은 강하게 표출하도록 허용하는 사회문화적 맥락은 성매매의 관습과 무관하지 않다. 성본능론은 성매매에 대한 금지주의를 표방한 우리 사회에서 성매매를 탈범죄화하는 데 기여한다. 이러한 본능론은 개인이나 집단의 성적 특성을 생물학적 특성으로 설명하며 남녀 간의 이성애가 정상적인 성이라고 규정한다(최인숙, 2006).

(2) 사회구성론

본능론의 한계를 극복하기 위해 등장한 이론으로 사회구성론은 인간의 성은 문화의존적, 관계적, 비객관적 자질로 인식한다. 인간의 성적 정체성, 성적 욕망, 성적 관행은 고정된 본질에 따라 정해지는 것이 아니라 개인이 처한 사회적 관계와 문화적 맥락에 따라 구성되는 것으로 본다. 즉, 남녀는 사회적으로 구성된 성 각본에 의해 사회화되고, 그 지배 속에 있다. 성 각본은 사회적 규범이 성적인 역할, 성적 정체성, 성행위에 대해 어떤 의미를 부여하고 어떤 영향을 미치는지를 이해할 때 도움이 된다. 성 각본은 성에 대해 하나의 사회집단에 의해 인정되는 일련의 행위와 지위, 그리고 그러한 행위와 지위를 지배하는 규칙, 기대, 규약을 말한다. 생후부터 시작되는 사회화 과정,

제도권 교육, 개인적 경험을 통하여 사회구성원은 타인과 성적 규칙을 맺고 발전시킨다. 남성과 여성의 성의 사회화 과정은 어린 시절 가정과 학교교육을 통해 성적 정체성을 획득하며, 특히 남성 문화(동아리, 군대, 직장)를 통해 비대칭적이고 왜곡된 성인식을 습득하게 된다.

이러한 과정은 성이 가치중립적인 영역이 아니라 권력이 작용하는 영역이라는 것을 보여 준다. 이러한 입장에서 소비자본주의 사회의 여성의 성적 정체성은 소비사회, 성상품화, 여성의 사회적 노동 참여, 피임기술의 발전 등과 같은 사회경제적 요인과 함께 설명되어야 한다(최인숙, 2006).

(3) 가부장적 성문화와 성권력

섹슈얼리티의 이중구조는 남녀 간에 불평등한 권력관계를 내포하고 있고, 이는 남성이 여성의 섹슈얼리티를 지배·통제하는 가부장적 권력의 역사에서 유래한 것이다. 가부장제하에서 남성은 여성의 성을 소유하고 보호하는 권리와 책임을 강조하면서 성적 권력을 강화한 반면, 여성의 성은 남성과 남성 가문에 의해 소유된 상태에서만 가치가 있는 것으로 인정되는 성적 의존성을 요구받게 된다. 남성의 관점에서 요구되었던 순결과 정절의 의미는 여성을 정복할 대상이지 자신의 몸과 섹슈얼리티의 주체가 아니라는 의미이다. 이는 남성에게 여성의 성에 일방적으로 접근하거나 성적 공격을 가할 수 있는 자격을 부여한다. 반면 남성에게 섹슈얼리티는 가부장적 권력 그 자체이거나 가부장 권력을 행사하고 재생산하는 도구가 된다. 막스 베버(Max Weber)는 "권력은 상대방의 반대에도 불구하고 자신의 의사를 관철시킬 수 있는 힘"이라고 했다. 섹슈얼리티는 가부장적 권력을 확인하고 강화시키는 기제로 작동한 것이며, 남성지배와 여성종속을 성애화하는 것이 가부장적 성규범이라 할 수 있다(최인숙, 2006).

2) 원인론

원인론적 관점으로는 자본주의적 가치관의 왜곡화, 성 윤리의식의 약화, 성매매가 가능한 공간의 범람과 접대문화 등으로 분류할 수 있다.

첫째, 자본주의적 가치관의 왜곡화는 고도의 자본주의 사회로 가는 시점에서 자본주의적 가치관이 왜곡되어 성도 돈으로 살 수 있다는 관념이 일반화된 하나의 원인이다. 성을 하나의 재화로 생각해서 순간적 쾌락이라는 욕구 충족을 위해 일정한 비용을 지불하면 성을 살 수 있다는 자본주의 가치관의 왜곡화 현상은 정신적 측면의 근본 요인이라고 할 수 있다.

둘째, 성윤리의식의 약화 현상은 사회가 개방화되고 성적인 순결이 가지는 의미가 약화되면서 성문화 자체가 부당한 굴레로부터 벗어나는 긍정적인 효과도 가져왔으나, 성을 사고파는 것에 대한 윤리적인 죄책감을 덜게 하는 부정적 효과도 가져옴으로써 성매매를 촉진시키는 원인이 된다.

셋째, 성매매가 가능한 공간의 범람과 접대문화는 성매매가 가능한 곳으로 인식되는 유흥주점 외에도 주택가와 학원가에까지 범람하고 있는 변태영업을 하는 이발소, 마사지 업소, 안마 시술소, 노래방 등 성매매가 가능한 장소가 범람하고 술과 여성을 접대하는 잘못된 접대문화로 손쉽게 찾아갈 수 있는 것도 원인이 된다. 특히, 최근에는 인터넷과 SNS의 발달로 성매매에 대한 접근성이 더욱 쉬워지고 이들 공간이 주부나 아동·청소년의 성매매 매개장소로 이용되면서 그야말로 공간의 범람을 이루고 있는 것도 큰 원인이 된다.

5. 현재의 복지제도와 정책, 한계점

1) 복지제도와 정책

2004년 9월 「성매매알선 등 행위의 처벌에 관한 법률」과 「성매매방지 및 피해자보호 등에 관한 법률」의 제정은 국가가 성매매를 여성의 인권을 침해하는 범죄행위로 간주하고, 이에 대해 확고한 근절 의지를 법률로 표명한 획기적인 전환점이라 평가할 수 있다. 그 이전 성매매를 규율했던 구 「윤락행위 등 방지법」은 성매매를 일종의 도덕적 타락(淪落)이자 사회질서와 풍속을 문란하게 하는 행위로 보았으며, 집행에 있어서는 실질적인 법적 효력을 발휘하지 못한 채 성산업의 거대한 성장 속에서 성매매 여성의 인권

침해와 착취문제가 방기되었다는 점에서 한계가 있었다. 이러한 문제인식 속에 정부는 2003년 6월 국무총리실 산하에 '성매매방지기획단'을 구성하고, 성매매방지종합대책(2004년 3월 31일)을 수립하였으며, 2004년 11월 성매매방지대책 추진 점검단을 설치하여 여러 부처에 걸친 대책이나 중앙과 지방의 연계가 필요한 성매매방지종합대책을 실질적으로 추진하면서 3년마다 성매매 실태조사를 수행하여 개선점과 정책을 제언할 수 있도록 한다. 이전 「윤락행위 등 방지법」보다 한층 강화된 「성매매알선 등 행위의 처벌에 관한 법률」에 의해 성구매자와 성판매자를 처벌하며, 「성매매방지 및 피해자 보호 등에 관한 법률」에 의해 피해자는 상담, 긴급구조, 쉼터 입소, 의료·법률지원, 직업훈련 등 자활을 할 수 있도록 지원하고 있으며 전업형 성매매인 집결지 폐쇄와 재정비하기 위해 각 지자체에 집결지 폐쇄를 위한 TF팀을 지자체별로 구성하여 정책적으로 개입하고 있다. 또한, 피해자를 위한 복지지원책으로 성매매 피해상담소, 성매매 피해자보호시설, 자활지원센터, 청소년위기센터 등을 운영하여 상담, 긴급구조, 의료·법률지원, 직업훈련 등을 통해 탈성매매시키고 자활을 지원하고 있으나, 업무의 가중성과 특수성으로 가정폭력과 성폭력 등과 비교해 그 위험이나 예산의 비합리성, 정부와 국민적 인식 등이 여전히 낮은 편이다.

표 8-2 전업형 성매매에 대한 정부의 정책적 개입 여부 [단위: 곳 (%)]

구분	정책적 개입 있음	정책적 개입 없음	합계
유리방	12 (57.1)	9 (42.9)	21 (100.0)
맥·양주, 방석집	6 (60.0)	4 (40.0)	10 (100.0)
여관·여인숙	5 (55.6)	4 (44.4)	9 (100.0)
기지촌, 외국인 상대 업소	2 (66.7)	1 (33.3)	3 (100.0)
휘파리	1 (100.0)	–	1 (100.0)
합계	26	18	44 (100.0)

출처: 여성가족부(2013). 2013년 성매매 실태조사.

표 8-3 전국 성매매 피해상담소 지역별 현황(2016년 1월 기준) (단위: 개소)

서울	부산	대구	인천	광주	대전	울산	경기	강원	충북	충남	전북	전남	경북	경남	제주	계
4	2	2	1	1	1	1	4	1	1	1	1	3	1	2	1	27

출처: 여성가족부 홈페이지.

표 8-4 전국 성매매 피해자 지원시설 지역별 현황(2016년 1월 기준) (단위: 개소)

구분	서울	부산	대구	인천	광주	대전	울산	경기	강원	충북	충남	전북	전남	경북	경남	제주	계
계	11	5	3	1	2	2	1	3	1	–	1	1	2	2	3	1	39
일반	6	3	2	1	1	1	1	3	1	–	1	1	1	1	1	1	25
청소년	5	2	1	–	1	1	–	–	–	–	–	–	1	1	2	–	14

출처: 여성가족부 홈페이지.

표 8-5 전국 성매매 피해자활센터 지역별 현황(2016년 1월 기준) (단위: 개소)

서울	부산	대구	인천	대전	경기	전북	전남	제주	계
1	1	1	1	1	2	1	1	1	10

출처: 여성가족부 홈페이지.

2) 한계점

성매매가 현행법상 명백한 불법행위이고 우리나라가 금지주의를 채택하고 있음에도 예방과 근절이 어려운 이유는 다양하다. 정보통신문화의 급격한 발달은 성매매에 대한 접근성을 더욱 높이고 있어 성을 마음대로 사고팔 수 있는 공간이 범람하나, 그 대책은 너무도 미흡하고 제재방법도 많지 않다. 또한, 성매매행위에 대한 처벌 규정의 실행에 따른 어려움으로 성매매의 일반화와 소규모 매매춘업자에게는 민생 사범적인 성격이 있다는 점에서 청소년 성매매와 같은 비난 가능성이 높은 경우를 제외한 성인 성매매에 대해서는 수사기관의 철저한 법 집행이 있어야 함에도 불구하고 훈방, 교육 등으로 사실상 강력한 처벌이 잘 이루어지지 않고 있다. 정부와 검·경찰의 단속이나 처벌의지가 약한 점도 한계라 하겠다. 술과 여성을 접대하는 기업의 잘못된 접대문화로 성상납이 이루어지고 있어 성매매범죄가 근절되지 않는다. 또한, 여성의 육체를 소비 욕구를 자극하는 수단으로 보고, 여성을 성상품화하는 것이 훨씬 경제적 이득이 크며 효과적이라고 인식해 원할 때마다 업소나 상점, 인터넷, 서점 등에서 상품화된 여성을 쉽게 구매할 수 있도록 하는 문제도 있다. 「성매매알선 등 행위의 처벌에 관한 법률」상 성매매업소의 건물주나 성매매행위의 장소제공 행위에 대해서도 처벌규정을 두고 있지만 휴게텔이나 스포츠 마사지 등은 집결지와 별로 차이가 없는 성매매업소임에도 허가나 등록 없이 세무서 신고만으로 영업이 가능하게 되어 있는 현행 구조에서는 경찰이 아무리 노력해도 영업을 근본적으로 차단시킬 수 없다.

결론적으로, 한국의 성매매는 그 시장이 거대하게 확대되었고, 피해자에 대한 인권침해 실태도 매우 심각하지만, 성매매문제의 비가시성과 정책의 효과성, 자본주의 구도의 경제적 논리, 성매매 수요, 업주와의 심각한 유착비리, 분단과 미군의 주둔이라는 특수한 상황 등으로 근절보다는 다른 형태로 확산될 수밖에 없는 상황이다. 집결지 같은 전업형은 경찰의 단속이 용이하나, 겸업형이나 인터넷 성매매는 일반적으로 2차 방식을 통해 성매매가 이루어지고 통신매체의 광범위함 때문에 증거포착이 특히 어려워 단속이 쉽지 않은 점도 한계이다. 정보산업과 기술의 발달로 최근 스마트폰 이용자가 늘어나면서 스마트폰 애플리케이션을 통한 성매매가 급속히 확산되고 한국의 성매매 금지주의를 피해 해외 성매매가 급속히 확산되고 있으나, 아직까지 이에 대한 정확한 실태조사와 단속, 정부의 강력한 대응은 이루어지지 않아 정부의 적극적인 대책과 정책이 시급하다. 또한, 「성매매방지 및 피해자보호 등에 관한 법률」에 따라 여성가족부가 2007년부터 3년마다 성매매 실태를 조사해 보고하지만, 2007년 이후 2010년과 2013년은 통계청의 승인을 받지 못해 일반인에게 자료가 공개되지 못해 통계자료 활용에 한계가 있는 것도 문제점이다.

6. 대안 제시

성매매문제를 근본적으로 해결하기 위해서는 성매매 여성이 있어야 성폭력이 예방된다는 이른바 하수구이론과 성산업이 관광산업으로 활성화되면 국가와 지역의 경제발전에 도움이 된다는 잘못된 경제논리, 미성년자나 인신매매된 여성을 제외하고는 대부분의 성매매 여성이 자발적으로 이 직업을 선택했을 것이라는 성매매의 주체론, 성욕은 원초적 본능으로 내 돈 주고 내가 사는데 누가 간섭할 부분이 아닌 사적 영역으로 보는 사고 등 성매매에 대한 잘못된 인식이 우선적으로 바뀌어야 한다. 또한, 산업형 성매매업소나 인터넷, 스마트폰 성매매행위에 대해서도 더욱 강력하고 지속적인 단속과 함께 「성매매알선 등 행위의 처벌에 관한 법률」에 의한 실형이나 벌금형을 강력하게 내릴 필요가 있다.

여성가족부(2013)의 실태조사를 기준으로 성매매문제에 대한 대안을 업소, 성매매 여성, 성구매 수요자, 스마트폰 성매매 관련 정책, 해외 성매매 관련 정책, 성접대 관련 정책 등 영역별로 정리·제시하면 다음과 같다.

1) 성매매업소에 대한 정책 대안

첫째, 지방자치단체의 단속과 행정규제를 강화해야 한다. 이를 위해 지자체의 행정처분 권한을 활용하여 단속을 다양하게 확대하고 과징금이 아니라 영업정지 및 폐쇄와 같은 제재조치가 필요하다. 또한, 효율적인 규제를 위해 성매매업소 관련 행정법령의 통일화를 위해 여러 법령에 분산되어 있는 성매매알선 가능 업소에 대한 행정규제를 통합하고 통일된 행정처분 기준을 마련해야 할 것이다.

둘째, 자유 업종에 대한 규제방안 및 법적 근거 마련이 필요하다. 행정처분을 적용할 수 없는 자유 업종에 대해서는 경찰의 점검과 해당 지자체의 행정규제에 대한 법적 근거를 마련하고 성매매알선 가능 업소에 대한 경찰의 주기적인 출입검사권한 강화하여 풍속업소에 대한 경찰의 출입권한을 그 외의 성매매알선 가능 업소로 확대하고 출입검사 거부 시 형사제재할 수 있는 규정을 만들어야 한다.

셋째, 성매매 적발 업소의 관리를 위한 경찰과 지자체 등 협조체계 구축이 필요하다. 「성매매알선 등 행위의 처벌에 관한 법률」 위반으로 적발된 업소에 대한 사후 관리를 위해 경찰과 지자체의 협조체계를 구축하여, 관련자 형사처벌 이후 반드시 행정처분이 이루어지도록 해야 한다.

넷째, 성매매 집결지 폐쇄를 위한 지자체와 정부의 합동적, 체계적 노력이 요구된다. 성매매의 상징인 유리방 형태의 집결지는 지역의 미관을 해치고 아동·청소년은 물론 지역민의 환경에도 지대한 영향을 끼치고 있음에도 불구하고 우선순위 도시 재정비에서 간과되어 있다. 성매매 집결지 공간 재구성을 위해 각 지역적 특성을 기반으로 한 구체적인 전략을 모색하되, 재개발과정에서 알선업자에 대한 몰수·추징과 성매매 여성에 대한 보호조치를 함께 시행함으로써 성매매 집결지가 없어지는 게 아니라 새로운 곳으로 이동하는 것을 방지해야 할 것이다.

2) 성매매 여성을 대상으로 한 정책 대안

첫째, 성매매 여성의 인권보호를 위한 형사사법 처리 실무의 개선이 필요하다. 이를 위해 성매매 피해자 규정을 적극적으로 적용하여 성매매 여성의 인권을 보호하고, 성매매 피해자 추정 및 입증책임 전환 규정의 법 개정을 추진해야 한다.

둘째, 성매매 수사 시 성매매 피해자 식별을 위한 표준화된 기준인 성매매 피해자 인권보호를 위한 가이드라인 GIST의 활용과 성매매 여성에 대한 상담조건부 기소유예 등의 활용, 초범인 경우 상담조건부 기소유예, 재범 이상인 경우 벌금형보다는 보호사건으로 송치하여 보호관찰, 수강 명령 내지 상담위탁 등의 보호처분을 활용하는 방안을 모색하되, 보호처분이 처벌의 일환으로 인식되지 않도록 성매매 여성에게 절차에 대한 설명을 제공해야 할 것이다.

셋째, 성매매 여성 증인에 대한 보호방안과 특례 규정이 마련되어야 한다. 이를 위해 성매매 여성에 대한 다양한 지원을 지속적으로 제공하고 사업의 운영방식 변화와 확대도 필요하다. 탈성매매와 자활 지원 및 대책과 일부 전업형 성매매 집결지에 한정된 사업을 모든 성매매 집결지 및 산업형 성매매 집결지로 확대하는 것도 필요하다. 또한, 성매매 여성에 대한 사회복지 차원의 지원에서 탈성매매 여성을 대상으로 한 주거지원 및 성매매 피해여성 보호시설의 1인 1실 등 거주환경 개선도 필요하다.

3) 성구매 수요자 대상 정책 대안

첫째, 성매매의 불법성에 대한 대국민 인식이 강화되어야 한다. 일반인의 성매매처벌법과 해외 성구매 불법성에 대한 낮은 인지도를 고려하여, 성매매와 해외성매매의 불법성에 대한 대국민 홍보에 주력하고, TV 매체를 이용한 공익광고 및 대국민 캠페인 전개, 성매매알선 가능 업소의 성매매 관련 부착물 게시 상황을 상시 점검해야 한다. 또한, 인권적 관점에서 성매매가 여성에 대한 폭력이자 성착취이며, 반인권적인 행위로서 성매매의 성격에 대한 시민 대상의 예방교육 강화하고 청소년 대상 성매매 예방교육을 위한 단계별 교재 개발 및 강사를 양성해야 할 것이다.

둘째, 최근 증가하고 있는 외국인 성구매를 감소하기 위해 외국인 노동자 대상 성매매 예방교육 실시하되 외국인 성구매자를 고려하여, 법무부 출입국관리소를 통한 성매매 예방교육 및 홍보가 필요하다.

셋째, 성구매사범 대상 존스쿨 수강명령의 도입과 프로그램 다양화를 위해 성구매자 대상 재범방지교육과 교육조건부 기소유예에 대한 법 규정을 마련하여 존스쿨 수강요건을 엄격하게 적용, 벌금형 이상을 부과받은 재범자 대상 존스쿨 수강명령 병과 규정의 도입, 존스쿨 교육시간 및 내용의 다양화를 통해 단계별로 강화된 교육 실시가 필요하다.

넷째, 성매매 단속 및 수사의 전문성 확보를 위해 먼저 수사기관 담당자교육의 필요성이 있다. 기존 생활질서과 등 담당부서만을 대상으로 한 성매매방지 업무 담당자 교육의 대상을 성매매 관련 사건을 수사할 가능성이 있는 담당수사관 전체로 확대하여 신입 수사관이나 성매매 집결지 부근 지구대 경찰관 등을 우선으로 교육하고 관련 업무에 다년간 경력을 가진 수사관이나 민간 지원단체, 여성가족부 담당자가 연합하여 토론회나 간담회 방식으로 매년 및 몇 회기 이상 소통의 장을 마련하도록 한다.

다섯째, 성매매전담팀의 설치 및 전문인력을 배치한다. 경찰서 단위에서 성매매를 단속하고 수사 이원화의 한계를 극복하기 위해 성매매전담팀을 설치해야 한다. 따라서 성매매 수사에 대한 전문인력을 배치하고 전국의 성매매 단속 성공 사례를 발굴·공유하고 성매매 여성의 피해지원 네트워크를 구성하는 등 전문적이고 체계적인 대응 전략을 구축한다. 또한, 성매매전담경찰에 대한 지원방안으로 성매매 단속 업무의 위험성과 전문성을 고려하여 담당경찰의 사기를 독려한다. 성매매알선 행위를 통해 얻은 범죄 수익을 몰수·추징하는 경우 그 일부를 성매매 단속·수사경찰 대상 인센티브로 제공하는 방안도 고려해 볼 필요가 있다.

4) 스마트폰 성매매 관련 정책 대안

첫째, 스마트폰 애플리케이션을 이용한 직거래형 성매매에 대한 불법 애플리케이션 규제법이 하루 속히 만들어져야 한다. 스마트폰 애플리케이션을 이용한 성매매가 갈수록 다양화·고도화·은밀화되고 있으며, 규모는 급속하게 확대될 것으로 추정되며 피해자가 주로 10대 아동·청소년이다. 이를 근절하기 위해서는 담당부처의 지속적인 모니터링과 필터링 강화가 필요하다. '조건만남서비스' 유형 애플리케이션을 특정해 청소년 유해매체로 지정하고, 유해매체물 표시와 성인인증을 의무화한다. 즉, 성매매 조장 애플리케이션을 다운로드할 경우, 성인인증 관련 문구 등 별도의 경고를 제시하고, 전화번호나 주민등록번호를 이용한 사용자인증을 요구·강화한다.

둘째, 여성가족부 등 청소년보호의 정부 주무부처 합동 하에 스마트폰 성매매에 대한 정확한 실태파악과 더불어 SKT, KT, LG, 각종 앱 개발회사, 구글 등 관련 기업과 협의하여 성매매 조장 애플리케이션에 대한 모니터링과 필터링 프로그램을 개발하여 보급하고 SNS 공간에서의 유해환경을 감시하는 체계도 필요하다.

5) 해외 성매매 관련 정책 대안

해외 성구매는 '관광'이라는 매개체를 통해 이루어지는 만큼 여행업계에 대한 문화체육관광부의 적극적인 단속·예방활동과 함께 저가여행상품의 폐지 등 여행업계의 자정적인 노력이 필요하다. 이를 위해 전국 여행사 등에 경찰관서장 명의의 서한문을 발송하고, 문화체육관광부 주관으로 현재 시행 중인 국외여행 인솔자 소양교육 시 필수적으로 "해외 성매매 시 행위자는 국내에서 관련 법에 따라 형사처벌을 받으며, 여행사는 「관광진흥법」에 따라 처벌받을 수 있을 뿐만 아니라 관련 종사자가 취업 제한, 형사법적 처벌 등의 제재를 부과받는다."는 사실을 인식시킬 필요가 있다. 또한, 「관광진흥법」에 해외 성매매알선 여행업에 대한 별도의 형사처벌 조항을 신설하는 것에 대한 논의와 함께 문화체육관광부가 시민단체와 연합하여 우리나라 여행 관련 업계가 해외 성매매 관광을 근절하기 위한 행동강령을 제정하는 등 자정적 노력에 동참할 수 있도록 이끄는 전략이 필요할 것이다.

6) 성접대 관련 정책 대안

우리 사회 전반에 만연한 성접대를 강력하게 단속하여야 한다. 따라서 성접대를 줄이기 위한 정책적 노력은 성매매를 줄이기 위한 정책과 동일한 선상에서 접근되어야 한다. 일반인들의 의식이 반(反)성매매정책에 비해 반(反)성접대정책에 대한 지지도가 더 높으므로 반성매매정책의 핵심 내용은 그대로 가져가되, 전략적으로 정책 형성 및 집행의 대의명분을 반성매매보다는 반성접대정책으로 가는 방안을 고려해 볼 필요가 있다. 반성접대정책은 반(反)부패정책 및 경제정책과의 연계선상에서 진행되어야 하며, 반부패정책의 핵심적인 방향은 규제 완화와 규제의 투명화임을 위한 것임을 인지하고, 성접대를 매개로 당사자 간에 형성된 상호 이익구조를 깨기 위해서 기업의 접대비 항목은 물론 기업비자금에 대한 외부감시와 내부감시가 정상적으로 작동되어야 한다. 특히, 내부자 고발이 용이할 수 있도록 해야 하고, 이를 위해 '사법 협조자 형벌감면제도'의 도입도 적극적으로 검토할 필요가 있다.

성접대 피해에 취약한 계층에 대해 예방방안을 고려해야 하며 연예부문 종사자에게 성매매방지 및 피해자보호 등에 관해 교육할 뿐만 아니라, 이를 정기적으로 수강하도록 의무화할 필요가 있다.

7. 결론

성산업과 성매매의 확산은 단지 성구매의 대상이 되는 여성만이 아니라 일반여성의 지위를 하락시킨다는 점에서 여성 전체에 그 영향을 미치며, 사회적으로 성불평등한 문화를 확대·재생산하게 된다. 특히, 성의 상품화와 성매매는 불특정 다수를 대상으로 공개적이고 일상적으로 이루어지며 개개인의 감성, 정서는 물론 무의식까지 부정적 영향력을 행사할 수 있다는 점에서 신체적, 심리적, 문화적 파급효과가 지속되며 심각하다고 할 수 있다. 이런 관점에서 성매매가 존재하는 한 성평등의 실현은 요원하거나 불가능할 수 있다. 성매매는 섹슈얼리티의 이중구조 속에서 가부장적 자본주의의 성문화, 소비향락문화, 성산업, 인신매매와 착취구조 등 범죄의 문제가 복합적으로 내포된 사회문제로서 총체적으로 접근해야 한다.

또한, 성매매는 한국적 상황에서 향락문화, 접대문화, 지하경제의 온상이 되었다는 점에서 그 문제가 더욱 심각하다. 성매매를 우리 사회 성적 역기능의 하나로 인식한다면 성매매는 남녀 간에 평등주의적 성 인식과 성문화가 보편화될 때 해결될 수 있다. 다시 말하면, 여성도 남성과 동등한 성욕이 있다는 것을 인정하고 남성중심적 성이 아닌 관계중심적인 성을 지향할 때 남녀의 성 동등성은 실현될 수 있을 것이다.

이러한 관점에서 볼 때 성구매에 초점을 맞추는 정책과 운동, 교육이 필요하다. 그동안 법적으로는 금지주의를 견지했으나 현실적으로 성매매를 방치하거나 조장해 온 국가와 시장경제의 책임도 크다. 하지만 그 시대를 함께 살아온 사회구성원과 시민사회도 이제 그 책임을 같이 해야만 한다. 성매매는 여성만의, 성매매방지 담당공무원이나 사회단체, 운동가들만의 문제가 아닌 우리 사회 모든 구성원이 관심을 갖고 함께 해결해야 하는 과제이다. 착취와 강요 등이 없는 인간의 성매매는 국가가 개입하지 않고 개인의 성적 자기결정권에 맡겨야 하는데, 현재의 사회 가치관과 부합하지 못한다며 헌법재판소에 위헌 여부를 가려 달라고 요청하여 논란이 되기도 했다. 2016년 3월, 성을 구매한 남성뿐만 아니라 착취나 강요 없이 자발적으로 성매매를 한 여성도 법적 처벌이 가능하다고 한 특별법이 헌법에 어긋나지 않는다는 헌법재판소 측의 결정은, 성매매가 반(反)인권적이고 인권침해라는 사실을 증명하는 중요한 판결이 되었다. 또한, 성매매의 상징적 표상이 되는 전업형 성매매 집결지의 폐쇄와 재정비를 위해 관련 해당 지역의 지자체와 정부의 적극적인 개입은 물론, 경찰의 정기적인 단속을 강화하고, 민간시민단체와 지역주민들은 유해환경 개선과 함께 아동·청소년의 건전한 성장과 성문화 정착을 위해서 적극적인 관심과 참여로 실천하는 시민운동을 전개해 나가야 할 것이다.

제9장

은둔형 외톨이, 고독사, 노숙인문제

한국 사회는 급격한 산업화와 도시화, 가치관의 변화로 전통적인 공동체 의식이 와해되면서 사람 사이의 관계가 약화되는 무연사회(無緣社會)의 징후가 증가하고 있다. 혼자 죽음을 맞이하고 사후 일정한 시간이 지난 뒤에야 발견되는 고독사가 지속적으로 증가하여 2035년에는 한 해 약 2만 명에 달할 것으로 전망된다. 거의 모든 시간을 혼자서 지내는 은둔형 외톨이부터 자기주도적 나홀로족까지 다양한 범주가 존재하며, 외톨이족이 증가하고 있다.

무연사회는 1인가구의 증가로 인한 가족구조의 변화가 일차적 원인이다. 1995년 이후 15년 동안 1인가구 수는 2.5배가 증가하였고, 이 같은 증가는 50~60대와 70대 이상 1인가구로 이혼이나 사별, 수명연장 등에 기인한다. 1인가구의 증가는 전 세계적인 현상이지만, 아직 제도나 인식은 이를 따라가지 못하는 실정이다.

무연사회의 또 다른 원인은 경쟁 심화로 다른 사람들과 일정한 거리를 유지하는 등 사회적 관계의 회피 때문이다. 과도한 경쟁은 협업보다는 '나 중심'의 개인주의 성향을 강화시켜 대학생의 54.9%는 자신을 나홀로족으로 생각하는 것으로 조사되었다(잡코리아x알바몬, 2019).

그리고 기본적인 안전망인 가정해체 현상이 증가하면서 거리를 배회하는 노숙인이 증가하고 있다.

본 장에서는 심각한 사회문제인 은둔형 외톨이와 고독사, 노숙인문제의 원인과 대책에 대해서 다루고자 한다.

Ⅰ 은둔형 외톨이 문제

사례

김미연(24세) 씨는 대부분의 시간을 방에 틀어박혀 보낸다. 또래 친구들처럼 직장에 다니는 것도 아니고 딱히 만날 친구도 없다. 일할 생각도, 미래에 대한 희망도 없다. 그녀가 마음의 문을 닫은 건 수능시험을 치른 직후였다. 생각처럼 성적이 나오지 않자 부모는 '밥만 축내는 쓸모없는 것'이라며 함부로 대했다. 그 시점부터 외부와 단절하기 시작해서 자연스레 친구들과의 연락도 끊기기 시작했다. 요즘은 방에 틀어박혀 게임을 하거나 드라마를 보는 게 전부다. 화장실이나 식사가 아니면 아예 방 밖으로 나가지 않는다. 문밖으로 나간다는 건 꿈에도 상상하지 못할 일이다. 오늘도 그녀는 끝이 보이지 않는 터널을 홀로 걸어가고 있다.

1. 서론

우리 사회의 1인가구 비중이 급속히 증가하면서 가족 간 관계나 가족에 대한 가치가 약화되고 있다. 핵가족에 이은 1인가구의 증가는 전 세계적인 현상이지만, 이를 반영한 제도와 인식 전환이 부족한 상황에서 사회생활에 적응하지 못하고 외부세계와 단절된 채 시간적 개념이 뒤바뀐 상태로 집 밖으로 나오지 않고 방 안에서만 생활하고 있는 은둔형 외톨이가 증가하고 있다. 은둔형 외톨이 연구와 임상의 권위자인 사이토 다마키(齋藤環)는 은둔형 외톨이 문제를 '개인의 병리'가 아닌 '가족과 사회시스템의 병리'로 바라보며, 은둔형 외톨이를 생각할 때는 반드시 사회적 배경을 고려해야 한다고 하였다(齋藤環, 2012).

현대사회의 특징인 핵가족화로 인한 이웃이나 친척과의 단절, 인터넷 등 정보통신기술의 발달로 인한 급속한 사회변화와 인터넷중독 청소년의 증가, 집단따돌림과 학교폭력의 증가, 대학 졸업 후에도 취업을 못하는 데 따르는 심리적 부담감 등으로 인해서 은둔형 부적응 청소년이 늘어나고 있다. 은둔형 부적응 청소년에게 관심이 증가하는 이유는 은둔상태로 방치했을 경우 향후 청년실업문제를 야기할 수 있으며, 니트족으로 이어질 수 있을 뿐만 아니라, 이러한 문제가 다시 은둔상태를 심화시키는 악순환 구조를 초래할 수 있기 때문이다. 실제로 은둔형 외톨이 문제는 청소년뿐만 아니라 청년층이나 중·장년층 및 노년층에 이르기까지 그 범위가 넓어지고 있는 현실이다. 이러한 현상은 개인이나 가족만의 문제가 아니라 장기적으로 사회 전체에 심각한 악영향을 미칠 수 있으므로 사회부적응 은둔형 외톨이 문제를 분석하고 대안을 모색하는 것은 매우 시급한 과제이다.

2. 사회문제의 이해

1) 개념정의

은둔형 외톨이는 한마디로 정의하기 어렵다. 일본에서는 은둔형 외톨이를 '히키코모리(ひきこもり)'라고 하는데, 이는 '(방 안에) 틀어박히다'라는 뜻의 'ひきこもる(히키코모루)'란 말을 명사화한 조어이다. 히키코모리는 '6개월 이상 집에 틀어박혀 사회참여를 하지 않은 상태가 지속되고, 정신분열증 등의 정신병이 아닌 경우'(단, 사회참여를 하지 않는 상태란 학교나 직장에 가지 않거나 직업이 없는 것을 말함)로 정의된다(齋藤環, 2012, 재인용). 한국에서는 은둔형 외톨이를 '최소한의 사회적 접촉 없이 3개월 이상 집안에 머물러 있고, 진학이나 취업 등의 사회참여 활동을 할 수 없거나 하지 않으며, 친구가 하나밖에 없거나 한 명도 없고, 자신의 은둔상태에 대해 불안감이나 초조감을 느끼는 경우'로 정의한다(청소년위원회, 2005). 그러나 이러한 기준에 맞는 사람이 은둔형 외톨이라면 많은 정상적인 사람도 포함될 수 있으므로 은둔형 외톨이나 히키코모리는 몇 마디 말로 정의 내리기 어렵다.

우리나라의 사회문화적인 배경을 고려하여 지금까지의 경험을 토대로 은둔형 외톨이의 정의를 내려면 다음과 같다. 최소한의 사회적 접촉 없이 3개월 이상 집안에 머물러 있고, 진학, 취업 등의 사회참여 활동을 할 수 없거나 하지 않으며, 친구가 하나밖에 없거나 한 명도 없고, 자신의 은둔상태에 대한 불안감이나 초조감을 느끼는 것이며, 정신병적 장애나 중증도 이상의 지적장애(IQ 50~55)가 있는 경우는 제외한다.

2) 특성 및 범위

은둔형 외톨이가 되는 계기는 왕따, 학업부진, 실연, 취업실패, 상사의 질책, 군생활 부적응 등 매우 다양하며, 그 밑바닥에는 사람으로부터 받은 상처가 가장 크다. 그래서 은둔형 외톨이들은 기본적으로 대인공포증을 갖고 있다(磯部潮, 2009).

은둔형 외톨이 청소년은 대부분 낮은 자존감과 대처기술의 결핍으로 인해 사소한 문제에도 위축되고 적절한 도움을 요청을 하지 못하며, 가장 중요한 지지체계인 가족과도 건강한 정서적 유대감 형성이나 의사소통에 어려움을 겪고 있어 문제 해결을 위한 조기개입이 어려운 상황이다. 따라서 대부분은 문제가 심각해져 등교거부, 은둔 등의 극단적인 상황이 되어서야 가족의 관심을 받게 되고, 이전까지는 혼자 모든 어려움을 겪으며 방치되어 극단적인 좌절감, 스스로에 대한 무력감, 우울감을 경험하며 폐쇄적인 성향을 구축하는 것으로 나타났다.

은둔형 외톨이의 일반적인 행동 특성은 외부 세계와 단절된 채 생활한다는 공통점이 있다. 대표적인 특성으로는 사람과의 대화를 꺼리고 낮에는 자고 밤에 일어나 TV나 비디오를 보거나 인터넷에 몰두한다. 자기혐오나 상실감, 우울증 증상을 보이고 부모에게 응석을 부리거나 폭력을 행사하기도 한다. 삼성사회정신건강연구소(2004년)에서 발표한 〈은둔형 외톨이에 대한 연구〉에 따르면, 2000년 1월부터 2002년 5월까지 서울동남정신과의원을 방문한 외래환자 총 2,409명을 대상으로 조사한 결과, 이 가운데 31명이 친구가 한 명도 없고, 가족간 대화가 없으며, 혼자 식사하는 은둔형 외톨이였다. 이들의 특징은 일상생활의 대부분을 인터넷과 TV에 몰두해 보내고 낮과 밤이 뒤바뀐 생활을 하고 있으며, 우울증, 성격장애, 강박증 등의 정신적 장애를 지니고 있고, 부모를 폭행한 경험이 있는 것으로 밝혀졌다.

은둔형 외톨이 107명을 상담·치료한 여인중(2005) 원장의 연구결과, 남성(73명)이 여성(34명)보다 2배 이상 많고 완전칩거형(41명)보다 담배나 음료수를 사러 잠깐 문밖을 나서거나 밤에 잠깐 길거리를 배회하는 '제한활동형(66명)'이 더 많았다. 이들은 대부분 가벼운 우울증, 대인공포증, 적응장애, 불안장애, 회피성 인격장애 등의 정신과적 질환을 함께 겪고 있지만, 이러한 은둔형 외톨이를 병자로 볼 것인지는 그 경계가 모호하므로 방에 틀어박혀 두문불출한다고 해서 병자로 보기는 힘들다고 하였다.

은둔형 외톨이 현상의 범위를 살펴보면, 지금까지는 은둔형 외톨이를 주로 청소년문제로 여겼으나, 최근 경기침체로 인해 취업이 어려워지면서 청년무업자 은둔형 외톨이, 실직으로 인한 중년층 은둔형 외톨이, 독거노인 은둔형 외톨이 등 전 연령층에 이르는 사회현상으로 확산되면서 심각한 사회문제로 부상하고 있다.

3) 은둔형 외톨이 출현 역사

일본에서 은둔형 외톨이 현상은 1970년대에 대학 입시에 지친 고등학생이 등교를 거부하는 양상을 보이면서 처음 사회문제로 등장했다. 초기에는 이들을 특이한 정신병으로 보고, 극소수 문제 청소년의 일탈 정도로 넘겼으나 1990년대 들어 이런 현상에 따른 청소년 범죄가 확산되고 경기침체로 실업자가 증가하면서 일본 전체 사회문제로 인식하게 되었다. 현재 일본에서 히키코모리는 전체 인구의 약 1%에 해당하는 120여만 명으로 추산되며, 고령화하는 은둔형 외톨이 문제가 심각한 상황이다. 이 때문에 일본 전역에는 히키코모리족이 원만하게 사회로 돌아갈 수 있도록 돕는 비정부단체나 정부기관의 활동이 활발하며, 지난 2003년부터 3년간의 연구를 토대로 10대와 20대를 중심으로 하는 히키코모리 가이드라인을 만들어 전국의 정신보건복지센터와 시·읍·면 보건소에 의무적으로 배포해 설치하고 있다. 2011년 2월 3일 NHK 방송에 따르면, 일본 내각부(內閣府)의 조사결과 은둔형 외톨이는 70만 명이고, 그중 63%가 30대였다. 시마네 현이 2014년 3월 발표한 〈히키코모리에 대한 실태조사 보고서〉에 따르면 은둔형 외톨이의 평균 연령은 31.61세이며, 이 중 최고령은 51세며, 은둔형 외톨이로 생활한 기간도 평균 10.21년에서 최장 34년에 이른다(일요신문, 2008. 10. 24.).

한국의 경우에는 1990년대 말부터 '방콕족(방 안에 틀어박혀 사는 사람)'이 등장했는데, 이들은 외부세계와 단절된 채 일체의 사회적인 관계를 거부하고 방안이나 집에서 거의 나오지 않고 생활한다는 점에서 일본의 히키코모리와 공통점이 있었다. 은둔형 외톨이 개념이 본격적으로 알려지게 된 것은 2000년대부터다. 2002년 8월 28일 국내 정신과 전문의들은 일본 요코하마에서 열린 제12차 세계정신의학회에서 한국형 '은둔형 외톨이'의 출현을 공식 보고한 바 있다. 그 이전에는 언론에서 거의 다루지 않았으나, 2005년에 한국에도 10만 명 이상의 은둔형 외톨이가 있다고 보도가 나왔다. 그러나 아직 정확한 통계가 없어 은둔형 외톨이의 규모가 얼마인지조차 알 수 없지만 은둔형 외톨이가 본격적으로 관찰된 지가 10년이 넘은 만큼, 제대로 된 치료를 받지 못했다면 당시 은둔형 외톨이로 살던 사람의 상당수가 그대로 나이를 먹었을 가능성이 있다. 실제로 부산에서는 은둔형 외톨이였던 여성이 굶어 죽은 지 7개월 만에 발견되었는데 이 여성은 30대로 오래전부터 은둔형 외톨이로 살아왔던 것으로 드러났다(박주영, 2012. 12. 8.).

흔히 은둔형 외톨이는 10~20대 등 젊은층이 많다고 생각하지만 30~40대 이상의 중·장년층 은둔형 외톨이는 은밀한 만큼 더욱 큰 문제로 발현될 여지가 있다. 은둔형 외톨이의 특성상 별다른 조치가 없다면 은둔생활이 장기화될 수도 있다. 2012년 통계청이 발표한 '경제활동 인구조사 마이크로 데이터'에 따르면, 자립할 나이가 지났지만. 경제적으로 독립하지 못하고 부모에게 기대어 살아가는 30~40대 캥거루족[16)]이 총 48만 6,000명에 달하는 것으로 추산됐다. 통계청이 발표한 '2020 인구주택총조사-인구·가구 기본 항목'에 따르면 20세 이상 인구 중 스스로 생활비를 마련하는 사람은 1천783만 3천 명으로 전체의 42.9%를 차지했다. 이외에는 배우자(10.1%), 부모(7.5%), 연금 등 금융자산(4.7%), 국가 및 지방자치단체 보조(3.6%), 부동산 등 실물자산(1.5%)의 순서로 생활비를 마련하고 있었다. 이 중 부모의 경제적 도움을 받아 생활하는 '캥거루족'*은 314만 명으로 20대 38.9%, 30대 7.0%, 40대 2.2%인 것으로 각각 집계됐다(인구주택총조사, 2020).

16) 캥거루족이란 대학을 졸업해 취직할 나이가 되었지만 취직하지 않고 부모에게 얹혀살거나, 취직을 했지만 임금이 적어 경제적으로 독립하지 못하고 부모에게 의존하는 젊은 세대를 말한다. 2000년 전후로 젊은이들의 취업 문제가 심각한 사회문제로 등장한 뒤, 2004년 무렵부터 한국에서 나타난 신조어다. 미국에서는 이도 저도 아닌, 중간(사이)에 낀 세대(betwixt and between)라고 부른다.

3. 문제의 실태

은둔형 외톨이족은 전 연령층에 산재하지만, 정부 차원의 실태파악이나 정확한 통계는 찾아볼 수 없다. 여기서는 다양한 자료를 근거로 청소년 은둔형 외톨이와 청년 무업자, 독거노인 은둔형 외톨이의 실태를 살펴보면 다음과 같다.

첫째, 청소년 은둔형 외톨이 문제를 알아보기 위해 교육부(2020)의 〈학업중단 현황조사결과〉를 살펴보면 전체 초·중·고교생 중 학교를 그만둔 학생은 2020학년도 초·중·고교 학생의 학업 중단율은 0.6%(32,027명)로 전 학년도(1.0%, 52,261명) 대비 0.4%p 하락(학업중단학생 수는 20,234명 감소) 하였다. 초등학생은 0.4%, 중학생은 0.5%, 고등학생은 1.1%로 전 학년도 대비 각각 0.3%p, 0.3%p, 0.6%p 하락하였다.(표 9-1 참조).

표 9-1 최근 6년간 전체 학업중단 학생 현황 (단위: 명, %)

학년도	2015	2016	2017	2018	2019	2020
재적학생	6,088,827	5,882,790	5,725,260	5,584,249	5,452,805	5,346,874
전체 학업중단	47,070	47,663	50,057	52,539	52,261	32,027
학업중단율	0.77	0.8	0.9	0.9	1.0	0.6

주1) $\text{학업중단율} = \frac{\text{학업중단자 수}}{\text{학생 수}} \times 100$

주2) 구분의 연도는 학년도임

주3) 초등학교와 중학교는 유예 및 면제자를 학업 중단자로 봄

주4) 고등학교 학업중단 사유는 자퇴(질병, 가사, 부적응, 해외출국, 기타), 퇴학(품행), 유예, 면제, 제적임

주5) 학업 중단자에 사망자는 포함되지 않음

출처: 교육부(2021), 2021년 교육기본통계 결과.

학업중단생 중 질병, 해외출국을 제외한 부적응 등의 사유로 학업을 중단한 학생은 2만 4,959명으로 전체 재학생의 0.41%, 학업중단생 중에서는 53%였다. 학교급별로는 고등학교가 1만 7,850명으로 가장 많았고 이어 중학교 4,376명, 초등학교 2,733명이었다. 부적응 등으로 학교를 그만둔 학생 중 고등학생은 4,047명(22.6%), 중학생은 904명(20.6%)으로 학업부진이나 학업기피 등 학업 관련 사유로 학교를 그만둔 것으로 조사됐다. 의무교육이 아닌 고등학생의 경우 학교폭력으로 인한 퇴학자가 98명, 학칙위

반 퇴학자가 692명으로 나타났다. 상급학교로 올라갈수록 학교부적응 요인이 학업중단에 큰 영향을 미치고 있다.

청소년위원회(2005)가 은둔형 외톨이로 추정되는 청소년의 실태를 조사한 내용에 따르면, 은둔형 외톨이 위험군에 속한 고교생 수가 4만 3,000여 명에 달하고 아예 학업을 포기한 '고위험군'이 5,600여 명으로 추산하고 있다. 일반고등학생군을 '은둔형 부적응 청소년 잠재군'과 '은둔형 부적응 청소년 위험군'으로 구분하면, 잠재군은 일반 고등학생 중 7.1%였으며, 위험군은 2.3%로 나타났다. 이 정도 비율의 청소년이 건강하게 사회 및 학교 환경에 적응하고 있지 못하다는 것은 심각한 문제이다. 이 조사·연구가 일반군을 대상으로 한 것임을 감안할 때, 실업계 고등학교나 대안학교 등으로 조사를 확대한다면 그 비율이 더 증가할 수 있다. 이들은 앞으로 취업 의욕도 없고 일하지도 않는 이른바 '니트족'으로 이어질 가능성이 높다.

청소년의 학업중단은 개인적으로는 청소년의 사회적 자립 및 성장을 저해하고, 국가적으로는 인적 자원 손실과 범죄율 증가 등에 따른 비용이 발생하게 된다. 실제로 학업중단으로 비행에 가담하거나 노동시장에서 취약계층으로 전락하여 발생한 사회적, 경제적 손실은 11조 원에 이르는 것으로 추산된다.

경찰청에 따르면, 2016년 이후 검거된 소년범 28만 1,571명 가운데 학교 밖 청소년이 12만 1,320명으로 43%를 차지했다. 「학교 밖 청소년 지원에 관한 법률」에 따르면 학교 밖 청소년은 9세 이상 24세 이하인 사람 중 ①초등학교·중학교에 입학한 후 3개월 이상 결석하거나 취학의무를 유예한 경우, ②고등학교에서 제적·퇴학 처분을 받거나 자퇴한 경우, ③고등학교에 진학하지 않은 경우를 의미한다. 최근 4년간 소년범 검거 인원 중 학교 밖 청소년 현황을 보면 2016년 76,356명 중 32,196명(42.2%), 2017년 72,752명 중 29,745명(40.9%), 2018년 66,259명 중 29,592명(44.7%) 2019년 66,204명 중 29,787명(45%)으로 꾸준히 40%를 웃도는 것으로 나타났다(대전인터넷신문, 2020. 10. 4.).

청소년 은둔형 외톨이가 등교하지 않고 집에서만 지내려는 이유는 '귀찮아서, 피곤해서', '혼자 지내는 것이 편해서'가 가장 높은 빈도를 나타냈다. 사회활동에 대한 욕구나 동기화가 부족한 것이 사회 회피의 주된 이유로 보인다. 은둔형 청소년은 심리적 고통을 더 많이 경험하는 것으로 나타났는데, 구체적으로는 외로움과 고독, 무기력, 미래에 대한 불안 등을 경험하고 있었다. 이들은 자신의 능력에 대한 확신이 부족하여 직장생활이나 미래에 대한 걱정과 두려움이 크며, 특히 대인관계에 대한 불안과 함께 사회적 관계형성 기술이 빈약하다. 이처럼 내성적인 특성을 가진 것과 연결해 보면, 사회적 회피 경향이 본인이 원해서라기보다는 실제 현실로부터 도태된 느낌과 연결될 가능성을 시사한다. 또한, 심각한 경우에는 자포자기적인 태도와 자기문제의 원인을 가족에게 투사함으로써 폭력적이고 공격적인 언행으로 이어질 가능성이 있는 것으로 보인다.

둘째, 취업난이 심각해지면서 청년층의 경우 니트족인 무업자가 증가하고 있다. OECD의 2016년 5월 〈한국경제 보고서〉에 따르면, 한국의 15~29세 연령집단의 구직포기자는 18%에 이르며, 지난 10년간 청년고용률이 크게 하락해 OECD 회원국 평균을 한참 밑도는 것으로 나타났다. OECD의 〈2016년 고용전망 보고서〉에서도 한국은 2015년 기준으로 대졸 이상 고학력니트족 비율이 42.5%로 34개 회원국 중 1위이며, 회원국 전체 평균인 16.5%보다 2.6배가 높았다. 이미 구직포기를 넘어 연애, 결혼, 출산을 포기한 '3포세대'에서 5포, 7포, 9포로 늘어나더니 꿈도 희망도 없는 N포세대라는 말까지 나왔다. 현재 니트족은 163만 3000명 수준인 것으로 집계된다. 니트(not in education, employment or training) 상태를 탈출하지 못하고 지속하면 사회활동에 참여하지 못하고 은둔형 외톨이로 전락하여 사회문제 등을 일으킬 가능성도 나타난다. 특히, 니트족 중에는 장기간 실업과 무기력증 등으로 심신장애까지 겪고 있는 것으로 조사됐다(남재량, 2005).

2015년 한국고용정보원의 〈청년층 미취업 현황과 시사점〉을 살펴보면, 2014년 청년층 유휴인력은 101만 2,215명으로 추산됐다. 비경제활동인구까지 포함한 전체 청년층 인구(950만 7,100명) 대비로는 10.65% 수준이다. 보고서에서 추산한 청년층 유휴인력은 경제활동인구 중 취업 상태가 아닌 청년실업자, 진학·구직 준비자를 포함한 한국형 니트족을 더한 수치다. 청년층 니트족 규모는 2021년 기준으로 OECD 기준상 월평균 163만 9천 명으로, 전체 15~29세 인구에서 차지하는 비중은 20.9%다. 같은 기간 통계청 '청년층부가조사'에 따른 청년실업자는 36만 5707명으로 집계됐다. 2014년 공식 청년실업자(38만 5,000명, 실업률 9.0%) 수치와는 소폭의 차이가 있지만, 이를 더할 경우 청년층 유휴인력은 100만 명을 넘어선다. 취업을 하지 못하고 있는 청년층이 정부 통계치보다 훨씬 많다고 볼 수 있다. 졸업 후 미취업 기간이 3년 이상인 경우가 17% 이상에 달해, 23만~24만 명의 청년층이 학교졸업 후에도 장기간 미취업 상태에 머물러 있으며, 이들 가운데 상당수가 은둔형 외톨이가 될 가능성이 높다고 할 수 있다.

셋째, 고령 독거노인이 은둔형 외톨이가 될 확률이 높다. 통계청이 발표한 〈2010~2035년 장래가구추계〉를 살펴보면, 2021년 한국의 65세 이상 노인인구는 853만 7,000명으로 전체의 16.5%를 차지하는 것으로 나타났다. 이런 추세라면 2025년 노인인구는 전체 인구의 20.3%로 초고령사회에 진입하고 2036년에는 30.5%에 이를 것으로 전망된다. 또한 홀로 사는 노인이 2020년 기준 166만 명을 넘어섰으며, 전체 고령자 가구 중 1인 가구의 비중이 35.1%로 최고치를 경신했다. 그중에서 사회적 의존성이 상대적으로 높은 혼자 사는 노인인구도 지속적으로 증가하고 있다. 2021년 기준으로 혼자 사는 노인 가구는 166만 1,000가구로 전체 고령자 가구의 35.1%를 차지했다. 혼자 사는 노인 가구는 70대 비중이 44.1%로 가장 높고, 성별로는 여자가 71.9%를 차지한다. 통계청은 혼자 사는 노인 가구가 계속 증가할 것으로 전망했다. 2037년에는 2배 수준인 335만 가구, 2047년에는 405만 가구에 이를 것으로 예측된다. 통계청 조사에 따르면, 혼자 사는 노인 가구는 건강에 대한 관리와 인식이 전체 평균보다 부족한 것으로 나타났다. 혼자 사는 노인은 17.1%만 건강 상태가 좋다고 응답했다. 주관적 건강평가가 긍정적인 노인이 6명 중 1명밖에 안 된다. 전체 고령자 중 건강 상태가 좋다는 답변(24.3%)보다 낮은 수치다.

전반적인 건강관리 실천율도 홀몸노인이 전체 고령자보다 낮았다. '아침 식사하기' 실천 비중이 86.7%, '적정수면'은 74.2%, '정기건강검진'은 79.3%였다. 건강관리 실천의 모든 분야에서 전체 고령자 평균보다 5%p 이상 낮았다. 이 가운데 사회적으로 소외되고 결식과 일상생활 제한의 문제가 심하지만 가족 등의 지지를 받지 못하는 위기 및 취약집단이 은둔형 외톨이가 될 가능성이 크다.

4. 문제의 배경

1) 이론적 관점

은둔형 외톨이 문제는 아노미이론으로 이해할 수 있다. 아노미는 뒤르켐과 머튼(R. Merton)에 의해서 중요한 사회학의 개념으로 정립되었다. 머튼은 문화적 목표와 사회적 수단 사이의 괴리와 일탈을 아노미로 규정했다. 아노미는 공동의 가치가 붕괴하고 윤리와 도덕의 기준이 무너졌으나 새로운 규범이 정립되지 못한 상태를 말한다. 따라서 아노미는 무규범, 이중 규범, 규범 불일치로 인한 혼돈상태이며, 그 혼돈이 개인과 사회에 혼란과 갈등을 야기하는 현상이다. 아노미적 일탈은 인격파탄이나 이중성격 등 비정상의 형태로 나타나거나 목적 상실, 무력감, 자포자기, 자기부정, 고독감 등의 증상을 보이거나 심하면 자살에 이르기도 한다.

산업사회 이후 종교와 도덕의 붕괴로 인한 혼돈 상황과 자유주의 사상의 영향으로 개인주의가 심화되면서 유대감, 일체감, 공동체 의식이 약화되기 시작했다. 특히 전통사회 붕괴 이후의 도시화와 개인주의화는 인간의 소외감과 고독감을 증진시킨 동시에 가족, 직장, 종교의 유대감이 해체되는 현상이 생겨났다. 근대사회는 기능과 합리주의에 의해서 작동되므로 인간의 감정, 정신, 사랑, 우정 등을 약화시키는 결과를 초래했고 여기서 아노미라는 사회병리적 현상이 발생하게 되는데, 집단의식이 없고 의지할 곳을 상실한 사람들이 불안, 절망, 실의, 일탈, 심리붕괴, 무기력, 자기부정, 자아상실, 정체성 위기, 퇴행 현상 등을 겪게 된다고 본다.

머튼(1971)은 한 개인이 문화적 목표와 제도적 수단 사이의 괴리 현상인 아노미를 경험하게 되면 그에 대한 반응으로서 특정 행동이 나타나는데, 이러한 아노미에 대한 반응양식이 곧 일탈이라고 보았다. 아노미 상황에서 사람들이 내면화한 문화적 목표와 제도화된 수단에 따라 각기 다른 적응방식을 보인다. 머튼은 개인의 다섯 가지 적응방식으로 동조형, 혁신형, 의례형, 도피형, 반역형을 제시하고 있는데, 은둔형 외톨이의 경우에는 문화적 목표와 제도화된 수단을 모두 거부하고 사회로부터 후퇴 내지는 도피해 버리는 적응양식인 도피형(retreatism)에 해당한다고 볼 수 있다.

2) 원인론

은둔형 외톨이가 발생하는 원인은 급속한 사회 변화와 인터넷 보급, 치열한 경쟁심리에서 찾을 수 있다. 그리고 과열된 입시위주의 교육에서 생겨난 왕따 현상, 경기침체와 높은 실업률, 핵가족화와 가족기능의 상실과 같은 사회문화적 배경 속에서 개인의 소외 문제는 필연적인 현상이다. 즉, 누구나 잠재적인 은둔형 외톨이 또는 활동형 외톨이일 수 있다.

사회 회피 및 은둔하게 되는 원인과 과정은 크게 위험 요인과 촉발 요인으로 구분해 볼 수 있다. 위험 요인은 은둔형 외톨이로 발전할 가능성이 높은 조건을 의미하며, 촉발 요인은 직접적으로 은둔에 이르도록 자극하는 사건을 말한다.₩

(1) 위험 요인

첫째, 부적절한 양육방식 및 가족체계에서 원인을 찾을 수 있다. 은둔형 외톨이의 부모가 지닌 양육행동을 보면, 간섭과 잔소리 등 과잉간섭적이고 통제적인 양육행동을 보이며, 과잉보호 요인도 상당히 중요한 요인으로 언급된다. 초기 성장환경에서 과잉보호적이고 간섭적인 양육방식이 자율적이고 독립적인 능력이나 기술을 형성하는 것을 방해함으로써 외부활동에서 소극적이게 만드는 요인으로 작용하고, 이는 내성적 경향과 낮은 자존감, 사회적 기술형성의 빈약함을 초래하는 것으로 보인다. 한편, 문제가 심각할수록 부모의 무관심과 방치가 많은 비율을 차지하는 것으로 보아, 실제 등교거부, 은둔 등의 극단적인 상황이 되어서야 가족의 관심을 받게 되고, 이전까지는 방치되어 혼자 모든 어려움을 겪으면서 극단적인 좌절감과 무력감, 우울감을 경험하고 점차 폐쇄적인 성향을 구축해 가는 것으로 볼 수 있다.

둘째, 내성적 경향과 함께 낮은 자존감과 대처기술 결핍으로 인해 사소한 문제에도 위축되고 주변에 적절한 도움을 요청하지 못하는 경향이 있다. 이러한 성향으로 인해 가장 중요한 지지체계인 가족과도 건강한 정서적 유대감 형성이나 의사소통에 어려움을 초래하고 있는 것으로 보인다.

셋째, 문제형성의 과정에서 가족 내 지지체계의 빈약함도 중요한 원인으로 지적할 수 있다. 특히, 가족 간의 정서적 유대감, 신뢰감, 긍정적 관계형성의 어려움으로 인해 자신이 힘들 때 적절한 도움을 청할 만한 대상이 되어 주지 못한다고 느끼고 있다. 은둔형 외톨이는 대부분 세상에 혼자 버려진 느낌을 공통으로 호소하면서 가족에 대한 서운함과 불신을 이야기하고, 이러한 불신과 적대감은 친구, 가족, 세상으로 확대되어 가는 경향을 보인다.

(2) 촉발 요인

촉발 요인으로는 사회활동에 대한 욕구나 동기화가 부족한 것이 사회 회피의 직접적인 이유로 보이며, 그중 학교생활에 대한 부담과 무가치감, 교우관계에서의 따돌림이나 괴롭힘, 폭력 등의 문제가 은둔의 직접적 동기로 작용하며, 이외에도 부모의 이혼이나 불화, 질병 등 가정문제도 중요한 요인으로 작용한다.

이 외에도 인터넷의 확산이 은둔형 외톨이를 양산하는 원인으로 작용한다. 인터넷 매체 하나면 모든 것이 가능한 세상이다. 게임이나 채팅 등에 빠져 학업이나 일을 포기하는 경우도 있다. 청소년의 2/3가량이 인터넷중독자로 추정되며, 주요 생산인구인 20~30대 인터넷중독자의 비율도 상당히 높은 편이다. 가상세계에 빠져서 현실세계의 생활에 싫증을 내고 귀찮아하는 사람들이 생겨나고 있다. 가상세계 속에서는 익명으로 살아가며 모든 것을 누리고 즐길 수 있는데, 현실세계에서 이룰 수 있는 것은 한정적이기 때문이다. 이런 증상이 심해지면 은둔형 외톨이로 전락하기 쉽다.

사회적인 원인으로는, 주로 청년실업과 관계가 있는 니트족의 증가에서 찾을 수 있다. 니트족은 취업의사가 없으므로 실업률 통계에 잡히지 않는다. 이들은 주로 부모에게 의지해 생활하며 돈이 필요하면 단기간 아르바이트를 하기도 한다. 이들은 경제가 침체되어 청년 실업률의 증가에 따라 취업의욕을 상실해 재도전은 물론 아르바이트조차 포기한 좌절형이나 방안에 틀어박혀 바깥 출입을 하지 않으며 부모에게 의존해서 생활하는 은둔형 외톨이가 될 여지가 높다.

5. 현재의 복지제도와 정책

은둔형 외톨이 현상이 다양한 연령대로 확산되고 있지만 이에 대응하여 정부의 복지제도나 정책이 미흡하며 공식적인 실태조사가 전혀 이루어지지 않고 있다. 현재까지 은둔형 외톨이 문제와 관련된 복지제도를 살펴보면 다음과 같다.

첫째, 부적응 청소년을 위해서 보건복지부는 가정해체, 학교부적응 등으로 인한 위기청소년을 대상으로 한 청소년 동반자(youth companion) 사업을 통해 상담, 정서적 지지, 기관연계, 사례관리 등을 제공하고 있다. 우울증, 인터넷중독 등 정신건강문제로 학교부적응 우려가 있는 아동·청소년을 조기에 발견하고 지원하기 위해서 학령기 아동·청소년에게 정신건강선별검사를 실시하고, 치료가 필요한 대상자에게는 정신의료기관과 연계하여 치료비를 지원하며, 위기청소년 사회안전망인 CYS-Net(Community Youth Safety Network: 지역사회 청소년 통합지원체계)을 시·군·구에 설치하여 1388 상담전화를 운영하여 위기청소년에게 필요한 쉼터, 의료, 법률 등 관련 서비스를 제공한다. 그리고 주요 포털사이트 등 사이버공간에서 가출청소년을 찾아 상담·지원하는 사이버 아웃리치와 학업중단 이후 진로를 결정하지 못하고 방황하는 청소년이 사회적·심리적으로 자립할 수 있도록 진로설정, 자립동기 부여, 경제개념 및 생활기술을 지도하는 종합자립지원 프로그램인 두드림존(Do Dream Zone)교육, 검정고시 준비를 돕는 해밀프로그램 및 학습클리닉을 전국 CYS-Net에서 운영하여 학업중단 청소년의 학력 취득을 지원하고 있다. 취업이 필요한 청소년에게는 뉴스타트 프로젝트(New Start Project)를 통해서 취업지원사업, 지역사회에서 청소년에게 필요한 서비스를 제공하는 기관 간 협력체계를 운영하고 있다(보건복지부 보도자료, 2012. 8. 28.).

둘째, 청년층을 위한 중앙부처에서 추진하는 사업 내용을 살펴보면, ① 일자리: 청년 구직자 128만 명+ɑ 지원 및 일하는 모든 청년 고용보험 가입, ② 주거: 청년주택 27.3만 호 공급 및 청년 40만 명 전·월세자금 대출 지원, ③ 교육: 서민·중산층 가구 실질적 반값 등록금 실현(94만 명), ④ 복지·문화: 청년내일저축계좌(10.4만 명), 청년희망적금, 청년형 소득공제 장기펀드 등의 지원이 이루어지고 있다.

셋째, 독거노인에 대한 복지제도를 살펴보면, 독거노인의 고독사나 자살예방을 위해 외롭지 않게 함께 살고 마음을 터놓고 의지할 수 있는 친구를 만드는 '농촌 고령자 공동생활홈 지원사업'과 '독거노인 친구 만들기 사업', '도시지역 독거노인 친구 만들기 사업'을 통해 가족이나 이웃과의 왕래가 거의 없고 사회관계가 단절된 독거노인 대상으로 심리치료, 건강, 여가 프로그램 등을 제공하고 있으며 취약 독거노인을 위한 '독거노인 안부확인 서비스', '독거노인 사랑 잇기 사업'을 시행하고 있다.

6. 한계점

우리 사회는 사회 전체적으로 확산되고 있는 은둔형 외톨이 문제 해결을 위한 정부 정책이나 복지제도가 제대로 갖추어져 있지 않으며, 그 규모조차 정확하게 파악하지 못하고 있다. 은둔형 위험 청소년이 발생하면 학교에서는 밀어내려고만 하고 학교 밖의 경우에도 정확한 지원체계가 미흡하므로 당사자는 점점 사회에서 겉돌며 은둔생활이 깊어져 가고 부모는 제도적 도움을 기대할 수 없기 때문에 고통을 받고 있다.

청년층 무직자의 경우에도 장기적으로 취업이 되지 않을 때 취업을 포기하고 무기력한 상태에서 은둔생활로 접어들게 되는데, 청년층 실업률을 해소하기 위해 정부는 양질의 정규직 일자리를 확대하기보다는 시간제 일자리만 양산하고 있다. 또한, 일자리를 구하려는 청년들에게 눈을 낮추라고 요구하는 등 일관성이 없고, 구체성과 실효성이 떨어지는 임기응변식의 정책만을 말할 뿐이다.

은둔형 외톨이 위험성이 매우 큰 독거노인의 경우에도 빈곤문제 해결이나 주거안정, 사회활동 유도를 위한 거시적인 측면에서 접근하는 것이 아니라 친구 만들기나 안부전화 등 미시적인 서비스 제공에 머물고 있으므로 근본적인 대책이라고 볼 수 없다.

7. 대안 제시

은둔형 외톨이 문제 해결을 위해서는 정부의 관련 부서와 교육계 및 기업, 시민사회단체가 협력하여 포괄적인 개입체계를 구축해 나가는 것이 무엇보다도 시급한데, 구체적인 대책을 제시하면 다음과 같다.

첫째, 정부는 은둔형 외톨이 문제의 심각성을 인식하고 정확한 조사를 바탕으로 유형별 특성에 알맞은 대책을 강구하고 시민사회단체와 함께 통합적인 서비스체계를 구축해 나가야 하며 무엇보다도 청년 및 독거노인층의 은둔은 빈곤과 관련이 있으므로 사회적 안전망 확충을 위해 적극적으로 노력해야 한다.

둘째, 은둔형 청소년을 위한 대책으로는 학교생활 부적응 청소년들에게 중요한 활동의 장으로 이용되는 사이버공간에서 이들을 돕기 위해서 e-mentoring제도 실시와 은둔생활의 장기화 방지를 위해서 세상과 소통할 수 있는 집단 프로그램 개발, 기숙형 치료센터 설립, 입시 위주의 경쟁교육체계에 적응하지 못하는 청소년을 위한 인문교양과 예술교육을 겸비한 다양한 형태의 대안학교 설립이 이루어져야 한다.

셋째, 청년층 무직자를 위한 안정된 일자리 창출과 인력수급 체계화가 필요하다. 현재 정부의 청년대책은 단기적으로 일자리 양을 늘리는 정책에만 무게를 두고 있다. 청년문제는 저성장과 산업구조 변화 등 구조적 문제에서 비롯된 것인 만큼 청년실업과 청년빈곤문제 해소를 위해서 중앙정부가 더욱 적극적으로 대책을 마련할 필요가 있다. 경제활성화를 통한 고용창출 효과를 극대화하고 기업과 대학 간의 일자리 연계체계 구축, 직업능력 개발을 위한 학습체계를 도입하는 것은 물론이고 사회적 일자리 창출하고 복지환경을 개선해 나가야 한다. 더 근본적으로는 실업부조 도입이나 고용보험제도 개선을 통해 사각지대에 있는 청년에 대한 지원 폭을 넓혀야 한다. 특히, 청년 니트족에 대해서 사회적 배제의 위험이 높은 만큼 사회적 통합을 지원하는 정책이 필요하다(박승헌, 2016. 2. 3.).

8. 결론

사회변화에 따른 은둔형 외톨이의 증가는 가정붕괴와 사회의 인적 자원 상실을 가져오는 심각한 사회문제가 될 가능성이 크다. 따라서 이에 대한 체계적인 연구와 사회적인 대책마련이 시급하다. 또한, 사회는 하나의 유기체이므로 은둔형 외톨이를 단순히 개인의 병리 또는 일탈로 보기보다는 개인화·단일화되어 가는 현 사회의 문제를 제기하는 현상으로 바라봐야 한다. 우리 사회가 이들을 방치한다면 더 큰 사회적 비용과 손실이 따르게 될 것이다. 따라서 우리는 그들을 포용하고 은둔형 외톨이가 더는 발생하지 않도록 하기 위해서 정부의 각 부처와 교육계, 경제계, 시민사회가 협력하여 양질의 일자리 창출과 사회안전망을 강화시켜 나가야 한다.

은둔형 외톨이 관련 영화

- 더 네트(The net, 1995)
- 김 씨 표류기Castaway on the Moon, 2009

Ⅱ 고독사문제

사례

부산 도심 주택가에서 숨진 지 5년이 지난 것으로 추정되는 할머니가 발견됐다. 주민들은 아무도 그의 죽음을 몰랐다. 발견 당시 김 씨(67세)는 백골 상태로 겨울옷을 9겹이나 껴입고 있었으며 손에는 목장갑을 끼고 있었다. 집주인은 “김 씨가 수년째 보이지 않아 혹시나 하는 마음에 경찰에 신고하고 경찰관과 함께 문을 따고 들어가 보니 김 씨가 반듯이 누운 채 숨져 있었다.”고 말했다. 이 집은 다가구주택으로 모두 3가구가 살고 있다. 김 씨는 1999년부터 혼자 살았으나 이웃과 전혀 왕래가 없었다. 2008년부터 모습을 보이지 않았으나 이웃은 김 씨가 다른 사정으로 집을 비웠거나 이사한 것으로 생각했다. 김 씨는 평생 독신으로 살았으며 유일한 가족인 이복형제가 있으나 수십년째 연락이 끊겨 아무도 찾지 않았다. 경찰은 2008년쯤 김 씨를 마지막으로 봤다는 주변 사람들의 진술과 건강보험료가 2008년 8월 이후 체납돼 독촉장이 쌓여 있는 점으로 미뤄 사망 시점을 2008

년 말로 보고 있다. 부산에서는 지난 1월과 2월에도 숨진 지 6년, 2년이 된 백골 시신이 잇따라 발견됐다. 모두 가족, 이웃과의 연락을 끊고 홀로 지내던 사람들이었다.

출처: 권기정(경향신문, 2013. 10. 1.).

1. 서론

고독사는 독거노인층에서만 일어나는 것으로 알고 있었으나 최근에는 청·장년층을 비롯해 전 연령층에서 발생하고 있다. 이러한 현상은 현대사회의 치열한 생존경쟁으로 인한 개인화와 1인가구의 증가 때문이다. '혼밥(혼자 밥 먹기)'이라는 말이 유행할 정도로 대인관계가 단절되어 간다. 그러다 보니 혼자 생활하다가 죽음을 맞이하는 사람들에 관한 문제가 심각한 사회문제로 대두되고 있다. 혼자 살다가 고독사하는 사람에 대해서 인생을 잘못 산 사람이라는 인식이었지만 점차 자발적으로 독신과 비혼(非婚)을 선택하는 사람이 고소득 전문직종에서도 늘어나면서 1인가구 생활양식이 일반적인 현상으로 받아들여지고 있다. 이러한 환경 속에서 등장하게 된 대표적인 개념 중 하나가 고독사(孤獨死) 혹은 무연사(無緣死)이다. 정부기관을 비롯한 각종 사회단체에서는 고독사에 관심을 갖기 시작했으며, 고독사 또는 무연고 사망을 처리하기 위한 유품정리업체와 같은 신종 사업도 등장하였다. 본 절에서는 날로 심각해지는 고독사문제를 전반적으로 살펴보고 예방을 위한 대안을 제시할 것이다.

2. 사회문제의 이해

1) 개념정의

고독사란 자택에서 혼자 아무도 돌봐주는 사람 없이 사망하고 아무에게도 알려지지 않고 수일이 지난 후 발견되는 경우를 말한다. 아직 고독사라는 용어는 학술적으로 합의되어 사용되는 개념이 아니다. 고독사는 혈연, 지연 등 사회적 관계망이 단절된 상황에서 죽음을 맞이한다는 의미로 무연사라는 말로도 통용되고 있다(권혁남, 2013). 일본의 경우에는 고독사를 '아무에게도 보살핌을 받지 못한 상태에서 사망하고, 그 후로도 상당 기간 동안 방치되는 죽음'이라고 정의하고 있으며(이미애, 2012), 우리나라에서는 고독사란 '혼자 임종을 맞고 시신이 일정한 시간이 경과된 뒤에야 발견되는 죽음'의 사례를 말한다(성남시 홀로 사는 노인 고독사 예방을 위한 조례, 2014).

고독사와 유사한 개념으로 '무연고 사망' 또는 '무연사'라는 용어가 있는데, 이는 고독사와 유사하나, 인간관계가 희박해짐에 따라 사회관계가 단절되었다는 점을 좀 더 부각하여, 가족 및 친구 등과 연락 및 관계가 끊어진 상태에서 죽음을 맞이한다는 의미로 사용되고 있다(시마다 히로미, 2011). 일본에서는 '고립사(孤立死)'라는 용어도 있는데, 이는 고독사와 거의 같은 의미로 사용되고 있다. 고독사와 고립사, 무연사는 모두 사회적으로 연(緣)이 끊긴 고립된 상태에서 홀로 죽음을 맞이하고 시간이 어느 정도 경과한 후에 발견된다는 공통적인 측면에서 모두 고독사 범주에 포함된다고 할 수 있다.

2) 특성 및 범위

고독사에는 우리 사회의 많은 문제가 집약되어 있는데 인구고령화, 경기침체와 실직, 그로 인한 가족해체, 갈수록 더해지는 도시화와 익명성, 개인주의 등이 서로 얽혀 있으며 자본주의적 번영이 만든 그늘에서 비롯된 문제들이다. 안정적인 소득이 없어 제때 병을 치료하지 못하는 노인이 늘고, 가족이나 이웃과 단절될 수 있는 1인가구가 증가하는 인구구조에서는 고독사가 계속될 수밖에 없다. 또한, 산업화의 영향으로 대도시가 발달하면서 기존 가족관계망이 약화되거나 전통적인 지역공동체의 붕괴와 빈곤으로 인해서 고독사가 증가하고 있다. 그리고 무연세대(無緣世代)가 갈수록 젊어지고 있는데, 이는 경쟁의 심화에서 찾을 수 있다. 취업 등을 위한 경쟁이 심해지면서 사람들과 거리를 유지하고 혼자 생활하는 젊은 층이 증가하고 있다. 2013년 경기개발연구원의 〈수도권주민 인식 조사〉에서 20대 응답자의 33.8%가 '경쟁으로 인한 개인주의'를 무연사회 원인 1순위로 꼽았다.

1인가구의 지속적인 증가 추세가 고독사의 위험을 증폭시키고 있다. 〈2015 인구주택총조사〉 결과, 1인가구가 27.2%(520만 3000가구)로 늘었으며, 증가 속도는 더욱 빨라져 2025년 31.3%(685만 2000가구), 2035년에는 34.3%(762만 8000가구)로 세 가구 중 한 집은 독거가구가 될 것으로 전망된다. 이는 결혼이나 가족에 대한 가치관의 변화와 청년실업문제로 인한 경제적 불안정성 등과 같은 사회변화에 따른 가구 유형의 변화로 보아야 한다. 따라서 1인가구 증가는 가족 및 사회관계의 단절은 물론 개인의 빈곤과 사회관계의 취약성을 동반할 수 있다는 점에서 고독사의 위험이 내재한다고 볼 수 있다.

청년실업이 장기화되면서 청년실업층이 장기적으로 사회적 취약계층으로 이전될 우려가 제기되고 있으며, 고독사 위험까지 거론되고 있다(남재량, 2005). 고독사가 극단적인 빈곤문제와 사회적 연계망의 취약성과 맞물려 있는 만큼 청년실업층은 이 두 가지 위험 요인에 놓일 가능성을 안고 있다고 하겠다.

공식적인 정부의 통계가 없으므로 고독사의 범위를 어느 연령층으로 정확하게 정하기는 어렵다. 학교 밖 청소년층과 경쟁사회에서 뒤처져 취업하지 않았거나 빈곤에 시달리며 질병을 앓고 있는 청·장년층, 고령 독거노인, 사회관계가 단절된 은둔형 외톨이 등 전 연령층이 포함된다고 볼 수 있다.

3) 고독사 출현의 역사

일본에서는 1980년대 경제위기를 겪으면서 독신자와 비혼자, 무연고자가 급증하였고, 고독사가 증가하기 시작했다. 처음에는 비정규직, 장기적 경제침체, 구직단념 등의 경제적 영향이 원인이었다. 거기에다 이혼, 사별, 독신, 개인주의, 외동자녀 등의 가정환경 변화와 혼자서도 생활할 수 있는 시스템의 구축으로 고독사는 점차 눈에 띄게 증가했다. 어느 나라에서든 초기에는 경제적으로 빈곤한 남성이 독거하는 경우가 많았지만 점차 고소득에 고학력인 여성과 안정된 직장을 가진 남성의 독신이 증가하고 있다.

한국의 경우에는 1998년 IMF 경제위기 이후, 고독사가 서서히 증가하였다. 1980년대 이후 산아제한정책으로 외동자녀 가정이 늘어났고, 비정규직, 니트족, 구직포기 등의 경제적 문제와 이혼율 증가, 독신자, 독거노인 등이 증가하면서 2010년 이후부터 고독사가 사회문제로 대두되고 있다. 초기에는 경제적 능력이 빈곤한 노인층 및 장애인에게서 주로 발생했지만, 점차 40~50대 중·장년층에서 늘어나게 되었으며 심지어 청년층 사이에서도 고독사가 나타나기 시작했다.

3. 문제의 실태

2019년 보건복지부가 발표한 〈시·도별, 연령별 무연고 사망자 현황〉에 따르면, 2016년 1,820명이던 무연고 사망자가 2019년 2,536명으로 39.3% 증가했다.

"특히 2016년부터 2020년 6월까지의 고독사 중 약 43%가 65세 이상 노인인 것으로 나타났다. 연도별로는 2016년 735명(40.4%), 2017년 835명(41.6%), 2018년 1,067명(43.6%), 2019년 1,145명(45.1%), 2020년 6월 기준 388명(42%)이었다. (고독사 3년간 40% 급증…65세 이상이 43%. 중앙일보 2020.10.1. 보도)

아무런 연고 없이 홀로 남겨진 '무연고' 사망자가 해마다 꾸준하게 늘고 있다.

'2020년 무연고 시신 처리 현황'에 따르면 2019년 기준 전국의 무연고 사망자는 2천880명이었다. 무연고 사망이란 연고자가 아예 없거나 연고자를 알 수 없는 경우, 연고자가 있지만 사회·경제적 능력 부족, 가족관계 단절 등 다양한 이유로 시신 인수를 거부하거나 기피하는 경우까지도 모두 포함한다. 최근 몇 년간 무연고 사망자는 꾸준하게 늘어나는 추세다. 무연고 사망자는 2016년 1천820명, 2017년 2천8명, 2018년 2천447명, 2019년 2천536명, 2020년 2천880명 등으로 해마다 늘었다. 무연고 사망자 가운데 남성은 2천172명으로, 여성(601명)보다 압도적으로 많았다. 연령대별로 보면 65세 이상 노인이 1천298명으로, 전체 사망자의 45.1%를 차지해 가장 많았다. 이어 50~59세(623명), 60~64세(499명), 40~49세(256명) 등이었다.

20대, 30대 등 젊은 층을 포함한 40세 미만의 사망자도 전국적으로 97명이나 됐다. 이런 수치마저 정확하지 않거나 현장 상황과는 다르다는 지적이 나온다.

공영장례를 돕는 비영리단체 '나눔과 나눔'에 따르면 2020년 12월 기준으로 서울의 무연고 사망자는 연간 665명으로, 복지부가 밝힌 서울 지역 사망자(561명)와는 100명 넘게 차이가 있다. 다른 지자체 역시 비슷한 사정이다. 이런 이유는 무연고 사망자 통계와 관련해 정부 차원의 공식적인 통계 자체가 없기 때문이다.

4. 문제의 배경

고독사에는 다양한 원인이 작용하고 있는데 무엇보다도 큰 원인은 무연사회 현상이 확산되고 있기 때문이다. 경기개발연구원의 조사(2013)에 따르면, 인간관계가 약화되는 무연사회 현상의 원인으로 경쟁사회로 인한 개인주의, 가족 가치 및 중요성 약화, 이웃에 대한 무관심, 1인가구 증가, 핵가족화, 고령화, 실업(고용불안), 비혼 증가, 저출산을 꼽고 있는데, 이러한 요인이 무연사회를 발생시키고 고독사를 촉진시킨다고 볼 수 있다.

구체적으로 고독사를 증가시키는 원인을 살펴보면 다음과 같다.

첫째, 행정안전부(2021)에 따르면 전국 1인 가구는 936만 7,439가구로 전체 2,338만 3,689가구의 40.1%를 차지했다. 이어 2인 가구(23.8%), 4인 이상 가구(19.0%), 3인 가구(17.1%) 순으로 나타났다. 1인 가구 비중은 2020년 말 39.2%에서 2021년 3월 말 39.5%, 6월 말 39.7%로 지속적으로 증가했다. 연령대별 1인 가구 비중은 70대 이상(18.6%)이 가장 많다. 이어 60대(17.7%), 50대(17.2%), 30대(16.5%), 20대(15.7%), 40대(13.9%), 10대 이하(0.4%) 순이다(서울경제신문, 2021.10.6.).

둘째, 수명 연장으로 인한 노인인구 증가 현상이 고독사를 증가시킨다. 2021년 65세 이상 고령인구는 전체 인구의 16.5%로, 향후에도 계속 증가하여 2025년에는 20.3%에 이르러 우리나라가 초고령사회로 진입할 것으로 전망되며, 65세 이상 1인가구 수는 2021년 1,670,416(19.5%) 이다(통계청, 2022). 이 가운데 고령으로 홀로 사는 노인들은 위기 및 취약집단으로서 고독사 위험군이라 할 수 있다.

셋째, 1인가구의 지속적 증가 등 가족형태가 다양화되고 있으나, 여전히 정상가족(결혼으로 묶인 부부와 그 자녀로 구성된 혈연 중심의 전통적 가족형태) 중심의 사회보장 정책, 배우자 자녀에 한해서 이루어지는 소득공제, 가족 수가 많으면 유리한 청약가점제 등이 문제가 되고 있다. 65세 이상의 1인가구 비중도 지속적으로 증가하고 있으며, 특히 평균수명이 남성보다 7년 정도 더 긴 여성의 고독사 위험이 더욱 높아지고 있다. 이 같은 가족관계의 약화 및 단절 추세가 지속되면서 무연사회 현상이 심화되어 고독사나 무연사가 증가할 전망이다.

넷째, 가족 간의 친밀도나 이웃, 친구 등 사회적 관계가 악화되고 있기 때문이다. 연령이 높아질수록 만나는 횟수가 감소하며, 〈노인생활 실태조사〉에 따르면 노인들이 같이 살지 않는 자녀와 같이 살지 않는 자녀와 주 1회 이상 왕래·연락하는 비율이 2008년(44.0%), 2017년(38.0%), 2020년(16.9%)로 지속적으로 감소하고 있다. 친구나 이웃 등과의 관계에서도 정서적·물질적 교류가 적고 접촉 빈도가 낮아 사회적 연대감이 감소하는 것으로 나타났는데, 마음속에 품은 이야기를 할 수 있는 친구는 1~2명이 51.2%로 가장 많은 반면, '이웃과는 교류가 없다'고 응답한 비율이 57.1%로 친구와 비교하여 지역사회의 연대감이 부족한 것으로 조사됐다. 물질적으로는 도움을 줄 수 있는 친구는 1~5명이 51.9%로 나타난 반면, 도움을 줄 수 있는 이웃의 경우 70.0%가 '없다'라고 응답하였다.

다섯째, 장기적인 경기불황으로 인한 취업의 어려움 등이 청년층과 중·장년층의 실업을 증가시키고 사회적인 고립과 고독사를 촉진하고 있다.

여섯째, 저소득층이 사회적 관계 약화로 인한 고립감으로 자살충동을 더 느끼고 있으며, 고독사 위험이 높은데, 이는 소득이 낮은 계층으로 갈수록 사회적 네트워크가 약해지고 있기 때문이다.

이렇게 고독사는 주로 독거노인이나 독신자, 실직자, 비정규직, 무연고자에게서 발생하며, 이혼 혹은 가족과의 관계 단절, 정신질환으로 인한 고립 등 다양한 요인이 존재한다. 국제신문(권혁범·이선정, 2013. 12. 10.)이 부산지역 고독사 108명의 사망 전 행적과 심리 상태를 분석한 결과, 이혼이 가장 큰 고독사 유발 요인으로 작용했다. 고독사의 발단은 이혼으로 인한 가족해체와 이웃과의 단절인 것이다. 고독사 유발 요인은 전체 연령대에서 이혼이 1위였지만, 70대 이상에선 지병, 사별, 우울증이 이혼을 앞섰다. 여성의 경우 이혼보다는 우울증이 고독사의 원인으로 작용하는 것으로 나타났다. 우울증을 겪은 여성은 그 이전에 이혼과 가족관계 단절을 경험했거나 미혼 상태였으며, 반대로 남성은 이혼으로 인한 고독사 위험성이 다른 요인보다 훨씬 컸다(권혁범·이선정, 2013. 12. 10.).

5. 현재의 복지제도와 정책, 한계점

고독사문제가 심각함에도 불구하고 국가 차원의 정확한 통계조사가 이루어지거나 대책을 제시하지 않고 있다. 다만, 독거노인을 대상으로 한 고독사 예방활동이 부분적으로 이루어지고 있다. 정부는 2007년부터 독거노인 돌봄서비스, 2009년 독거노인의 보호 및 응급구호를 목적으로 u-Care서비스를 보급하고 있다. u-Care시스템은 고독사 방지를 위해 독거노인 가정에 활동량 감시센서나 화재 및 가스 감지센서, 응급호출기를 설치하여 통신망을 통해 받은 정보를 분석한다. 독거노인이 활동량이 없거나 평소보다 현저하게 낮은 경우 노인돌보미가 전화로 확인하거나 직접 가정을 방문해 안전을 확인하는 서비스다(김혜성, 2014).

고독사 방지를 위한 지방자치단체 사업으로 경상남도 의령군에서는 2007년부터 '독거노인 공동 거주제'를 실시하였다. 홀로 사는 노인이 마을 단위로 경로당이나 마을회관에서 안정된 공동생활을 할 수 있도록 하는 제도로 전국적으로 확산되고 있다(한국농어민 신문, 2015. 4. 7.). 2010년에는 '독거노인 사랑 잇기 사업', 2013년에는 고독사 위기 및 취약집단 보호를 위해 '독거노인 친구 만들기 사업'을 시행하고 있다. 일부 지자체에서는 지역사회 투자사업을 통해서 우울, 자살노인 위험군에 대해서 1년간 사례관리서비스를 제공하고 있으며, 2013년부터 서울시 노원구청에서는 고독사 예방 종합대책을 마련하고 고독사 안심 프로젝트인 '아름다운 여정 지원사업'과 함께 '룸쉐어링(room-sharing)사업'을 통해 지역사회 노인이 저렴하게 주거 공간을 제공하고 대학생은 소정의 임대료와 생활서비스를 제공하는 방식으로 진행하고 있다. 2014년에는 경기도 성남시의회에서 최초로 「홀로 사는 노인 고독사 예방을 위한 조례」를 제정했고 현재 40개 지방자치단체에서 노인 고독사 예방을 위한 조례를 제정하여 독거노인의 고독사 방지를 위해 다양하게 지원하고 있다.

기존 고독사 예방사업의 한계를 살펴보면 다음과 같다(김혜성, 2014).

첫째, 고독사 방지에 대한 논의는 있으나 장례지원과 같은 사후 지원에 관심을 두는 정도다. 예방책도 개인적 관계망 확충 등인 미시적 접근이 주로 이루어져 고독사 예방을 위한 법과 정책이 부재하며 통합적이지 못하다.

둘째, 고독사문제를 전문인력 투입과 검증된 과학적인 실천으로 접근하지 못하고 있다. 민·관 협력체계를 강조하는 지역사회자원 활용에 많이 의존하고 있거나, 지역사회에 존재하는 공공기관 인력을 활용하는 방안을 강구하고 있어 고독사 위험에 놓인 대상자의 다양한 욕구에 부응할 수 있는 전문성 부족이 우려된다.

셋째, 청·장년층의 고독사문제에 대한 정책과 대안의 부재이다. 경기침체가 장기화되면서 청·장년층의 고독사문제가 심각하지만, 기존의 고독사 예방정책과 사업에서 이들은 여전히 사각지대에 있다.

6. 대안 제시

급속한 고령화와 1인가구의 증가, 경기의 장기침체로 인한 청·장년층의 실업 등으로 앞으로 고독사가 갈수록 증가할 것으로 예측되므로 고독사의 예방과 조기발견 및 대응을 위한 정부 차원의 종합적인 대책이 시급하다.

고독사 예방을 위한 대안을 제시하면 다음과 같다.

첫째, 고독사 대책방안 내실화를 위해 학문과 실천영역에서 고독사에 대한 개념정의 및 관련 실태조사와 통계가 정확하게 이루어져야 한다. 이와 연계되어 정책과 서비스, 그리고 대상자에 대한 사회적 합의를 이룰 수 있다. 이러한 논의와 연구활동을 통해 고독사문제 해결의 질적 실마리를 찾을 수 있을 것이다(이연수·이제모, 2015).

둘째, 고독사 예방을 위해서 국가 차원에서 적극적인 의지를 가지고 종합적인 정책 개발과 재정 지원을 해야 한다. 일본은 후생노동성에서 고독사문제 대책으로 2007년부터 '고독사 Zero 프로젝트'를 운영하고 있다. 혼자 사는 중·노년층이 지역에서 고립되지 않도록 하기 위해서 각 지역에서 실천하고 있는 고독사 제로를 위한 특징적인 대책을 전국에 보급하고, 고독사 방지를 위한 심포지엄 개최나 상담창구 개설을 희망하는 자치단체에 사업비를 보조하고 있다. 이런 점은 우리나라에서도 적극적으로 도입할 필요가 있다.

셋째, 1인가구 지원 및 확실한 예방 법률 제정을 통해 법적인 틀로 고독사 증가를 막아야 한다. 현재 「건강가정기본법」에는 가정의 범위에 1인가구를 포함하지 않고 있는

데 제도 개선을 통해 1인가구 지원책을 강구해야 한다.

넷째, 고독사 위험군뿐만 아니라 일반인을 대상으로 생명존중과 죽음 관련 교육이 이루어져야 한다. 일본은 고독사 해결을 위한 개인적 준비로 슈카쓰(終活: 임종을 준비하는 활동) 관련 교육이 이루어지고 있다. 슈카쓰 카운슬러협회, 시니어 라이프매니지먼트협회, 신탁은행 등이 고령자가 직면한 간병, 의료, 상속 관련 문제를 어떻게 처리할 것인지 가르치는 과정을 개설했으며 슈카쓰와 관련된 지식을 측정하는 검정시험도 실시한다. 이런 움직임은 엔딩노트 등으로 더 확산되고 있다. 엔딩노트는 연고 없이 죽음을 맞이하거나 병이 악화되어 의식이 없어졌을 때를 대비하여 연명치료를 받을 것인지부터 장례절차와 장례식 참석자 명단, 자녀에게 전하고 싶은 이야기 등을 자세하게 기록할 수 있어 노후와 죽음에 대해 생각해 보는 계기를 제공한다.

다섯째, 고독사 예방을 위한 방안으로 노인장기요양보험 대상을 확대하여 공적 서비스를 안정적으로 이용할 수 있도록 지원해야 한다. 고독사는 빈곤문제와 연결되어 있다. 따라서 경제적 요인으로 인해 병에 걸려도 적절한 보호와 치료를 받지 못하는 일이 발생하는 것을 막는 의료적 접근의 용이성 확보가 이루어져야 한다.

여섯째, 사회적 고립 상태에 빠져 있는 개인이나 세대의 발굴 및 대응을 위해 지역사회를 중심으로 지역자원 네트워크가 구축되어야 한다.

7. 결론

고독사는 인간관계의 단절에서 오는 것이므로 고독사 예방을 위해서는 무엇보다 관계주의 혹은 연고(緣故)를 기반으로 한 상호 의존적인 마을공동체[17)] 정신을 회복해 나가야 한다. 그리고 고독사는 고령화 사회와 경기침체에 따른 빈곤, 열악한 건강문제,

17) 마을공동체 회복운동과 관련해서는 '서울시 마을공동체 종합지원센터'(http://www.seoulmaeul.org), 국제신문 기획기사인 '마을공동체가 희망이다 – 나보다 우리'(2009. 9. 1.)와 '고독사…. 인연이 끊긴 사회, 더불어 사는 사회를 위해'에 소개된 '마을관리사무소'(2013. 12. 17.)를 참조하라. 마을관리사무소는 일종의 아파트관리사무소를 확장한 개념으로 주택 수리, 보수 등은 물론 '마을 간병인'을 통해 홀몸노인 등 취약계층의 건강을 살핀다. 주민이 자발적으로 참여해 마을복지사업을 진행하며, 관리소장은 마을 사정에 밝은 토박이 주민이 맡는다. 이 같은 활동의 근본 취지는 이웃과의 인연을 만들고, 주민자립을 돕기 위한 것이다.

사회적 소외현상 등 다층적인 원인으로 사회적 약자에게서 주로 발생하므로 인권증진을 기반으로 한 문제 해결을 시도해야 한다. 고독사문제의 예방 및 극복은 다양한 차원의 제도적 대책마련이 필요할 뿐만 아니라, 경쟁사회에서 개인을 보호하는 울타리인 가족의 가치를 새롭게 인식해야 하고, 지역사회 내에서 살아가는 사람들 간에 사랑과 유대관계를 든든하게 형성해야 한다. 즉, 고독사를 줄이려면 국가와 사회, 국민 개개인이 협력하여 촘촘한 대화와 돌봄의 네트워크를 구축해 나가야 할 것이다. 이제 공공부문과 시민사회가 나서서 고립되고 단절된 개인을 여러 가지 방식으로 이어 주는 역할과 기능의 확대를 모색해야 할 시점이라고 생각한다.

고독사 관련 영화

- 고독사 (Life Back Then, 2011)
- 약장수 (Clown of a Salesman, 2014)
- 굿바이 (Good & Bye, 2008)

Ⅲ 노숙인문제

사례

박신웅(42세) 씨는 건설현장 일용직으로 일하다가 건강 상태가 좋지 않아 더는 일을 못 하게 되자 생활 무능력으로 아내와 갈등을 겪게 되면서 집을 나와 1년 정도 산속에서 텐트 생활을 하면서 지냈다. 최근에는 기차역 주변이나 하천 다리 밑에서 떠돌이 생활을 하다가 주민의 신고로 경찰을 통해서 노숙자센터에 입소하게 되었다. 자신의 속사청 및 가족에 대한 이야기를 전혀 하지 않으며, 대화를 이끌어 내려고 해도 회피하는 성향이 강하다. 본인을 아는 사람이 쉼터로 찾아와도 만나려고 하지 않으며 없는 사람처럼 대해 달라는 태도를 취하고 있다. 쉼터에 입소한 뒤로 고맙다는 말을 자주 하며 자원해서 급식, 청소 등 봉사활동에 참여하고 있다. 은행대출 및 카드빚 등 개인 부채로 인해 신용불량 상태이므로 은행 거래가 불가하여 따로 금전 관리하기도 어려운 상황이다.

1. 서론

한국 사회는 급속한 산업화 과정에서 경제가 성장해야 국민이 행복해진다는 성장담론이 지배했다. 그러나 경제적 약진에도 불구하고 한국인은 행복하지 않다. 짧은 기간에 분배보다는 경제성장 우선주의를 표방하며 압축성장을 추구해 온 결과이다. 부의 양극화가 심해졌고 신자유주의 세계 경제체제가 확산되면서 실직, 가족해체, 만성적인 빈곤으로 기본 생계와 주거문제로 위협받는 빈곤계층이 늘어나면서 노숙인이 꾸준히 증가하고 있다. 노숙인문제는 단순히 '노숙 현상'에 대한 문제로 바라봐서는 안 된다. 노숙인이 어떠한 생활환경 속에서 어떤 경로를 거쳐 노숙생활로 접어들었느냐의 문제로 바라봐야 한다. 결과적으로 노숙인문제는 한국 사회의 고질적 문제인 빈곤문제로 바라보는 시각을 가져야 한다. 한국 사회는 빈곤에 내몰린 사람들이 노숙인으로 전락하지 않도록 사회안전망으로서의 복지체계를 든든하게 구축하지 못하고 있다. 한국의 빈곤문제는 이미 위험수위이다. 겉핥기식 노숙인정책보다는 이들의 문제를 빈곤정책으로써 장기적 안목을 가지고 주거안정과 자활의 관점에서 접근할 필요가 있다. 본 절에서는 노숙인문제의 원인과 대책에 관해서 살펴볼 것이다.

2. 사회문제의 이해

1) 노숙인의 정의

노숙인의 개념을 바로 이해하는 것은 노숙인에 대한 잘못된 통념을 바로잡는 것과 정책 대상과 범위를 어디까지로 할 것이냐를 결정하는 데 있다.

UN은 홈리스(homeless)를 집이 없는 사람과 옥외나 단기보호시설, 여인숙 등에서 잠을 자는 사람, 집이 있으나 UN의 기준에 충족되지 않는 집에서 사는 사람, 안정된 거주권과 직업 및 교육, 건강관리가 충족되지 않은 사람으로 정의한다.

미국은 홈리스지원법(The Mckinney Homeless Assistance Act)에서 정규적이고 고정된 적절한 주거가 없는 사람, 주된 거주지가 공공 혹은 민간이 운영하는 임시보호소나 시설, 버려진 건물, 자동차, 공원, 거리와 같은 일반적인 잠자리로서는 적합하지 않은 장소를 이용하는 사람으로 정의한다.

영국은 주택법에서 '주거문제로 현저하게 고통을 받고 있는 개인이나 가정'으로 인정되면 홈리스로 등록하여 임시주택이 제공된다. 홈리스를 세 집단으로 구분한다. 가족이나 커플 등 자녀를 가진 사람, 특별한 문제는 없으나 수입이 적은 사람, 취약한 상황에 처해 있으면서 주거를 부여 받지 못한 사람으로 요양시설이나 정신병원, 형무소, 군대에서 나온 사람과 약물이나 알코올문제가 있는 사람이다. 영국의 홈리스법은 빈곤과 주거문제를 동시에 아우른다.

독일의 홈리스 규정은 조금 다른데, 어떤 숙소도 갖지 않고 거리에서 생활하고 있는 사람, 친구나 친척 집에 거주하는 사람, 자비로 저렴한 숙박시설에 있는 사람(우리나라의 예로 쪽방, 여인숙 등), 질서법이나 사회부조법에 따라 일시적 체제시설에 입소한 사람을 포함하는 넓은 개념으로 홈리스를 정의한다(홈리스 주거 원인과 사회적 포섭 연구모임, 2004).

이상에서 살펴보았듯이 외국의 노숙인에 대한 정의는 매우 포괄적이며 '안정된 주거가 없다는 것'에 초점을 맞추고 있다.

한국은 2015년 제정된 「노숙인 등의 복지 및 자립지원에 관한 법률」에 따르면 "상당한 기간 동안 일정한 주거 없이 생활하는 사람, 노숙인시설을 이용하거나 상당한 기간 동안 노숙인시설에서 생활하는 사람, 상당한 기간 주거로서의 적절성이 현저히 낮은 곳에서 생활하는 사람"으로 정의하고 있다. 이는 매우 협의적이며 모호한 개념이라 할 수 있다.

2) 특성과 범위

한국도시연구소(1997)가 서울시 내 주요 노숙인 보호시설에서 생활하는 사람을 대상으로 조사한 결과를 중심으로 살펴보면, 조사 대상 노숙인의 70%는 중졸 이하의 학력자이며 대부분 부모 때부터 가난했다. 그러나 이들의 반 이상은 비교적 안정적인 취업과 독자적인 가정을 꾸린 경험이 있다. 조사 대상자 본인이 가출하거나 배우자의 가출, 사망, 이혼한 경우가 70%로 가정적인 문제가 노숙의 직접적 원인이다. 가족문제의 원인에는 사업실패나 사고 등의 요인이 80% 이상이며 육체적으로 노동능력을 상실한 경우는 25% 정도지만 나머지는 상습적이고 과다한 음주로 노동의지와 능력을 상실한 경우이다. 이들도 거리에서 살아가기 위해서는 수입이 필요한데, 그 방식은 삶에 대한 의지에 따라 일부는 구걸하기도 하지만, 잡화물건을 판매(혹은 강매)하거나 시장 청소나 잡일로 수입을 얻기도 한다. 돈이 생기면 비용이 저렴한 여인숙이나 일세방(쪽방)에서 생활하지만, 돈이 떨어지면 노숙생활을 한다. 동절기가 아니면 복지시설 수용을 피하는데, 이들이 복지시설에 대해 갖고 있는 생각은 매우 부정적이다. 노숙인은 대부분 임시직이나 일용직에 종사했고 가족유대가 약하거나 가족관계가 해체된 경우가 많으며, 심리적·정신적으로 불안정한 사람이 많다.

노숙인은 노동력을 상실한 중년층 이상이 중심이며, 가정 역시 해체된 상태다. 공공복지체계가 취약한 가운데 그나마 저소득층이 한계 상황에 떨어지는 것을 막았던 가족과 지역사회마저 빠른 속도로 해체되고 있어, 사회적 취약계층에 대한 안전망 부재가 노숙인 발생의 구조적인 배경을 이룬다고 할 수 있다. 따라서 개인이 노숙인이 되는 과정은 실업이나 파산과 같은 경제적인 문제, 질병 및 사고에 따른 노동력 상실, 아내의 가출·이혼·사별과 같은 가정문제, 정신질환, 알코올중독과 같은 사회 부적응적 특성 등이 겹쳐서 이뤄진다(그림 9-1 참조). 이 중 어떤 측면이 더 중요한 계기였던가는 개인

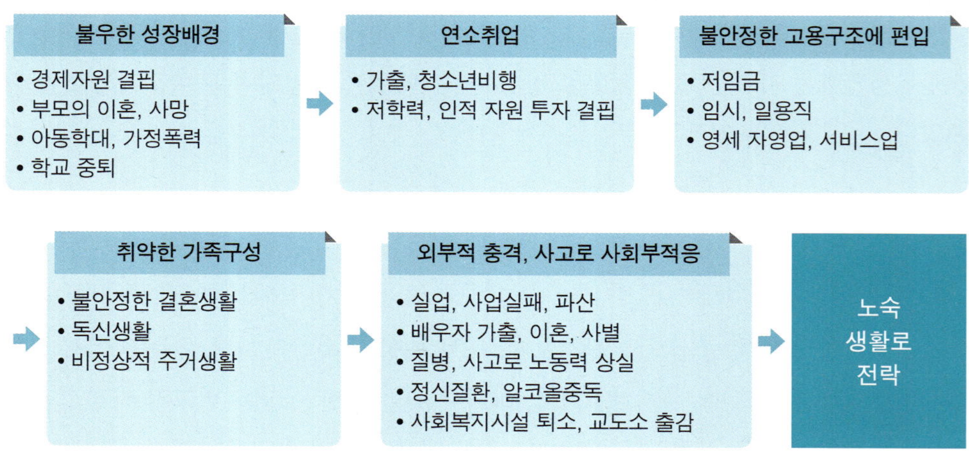

출처: 정원오·김수현(1999). 한국의 노숙에 관한 연구를 재구조화함.

그림 9-1 노숙인이 되는 과정

편차가 있지만, 대체적으로 생산 부문에서의 고용불안정 심화와 재생산 부문에서의 소비수준 양극화 및 상대적 박탈감, 그리고 그 결과로서 가족관계의 불안정화가 노숙인 형성과정의 특징이라고 할 수 있다. 이 과정에서 복지정책이 단계마다 안전망 역할을 하지 못하다는 점에서, 특히 구조적인 측면의 책임이 크다. 따라서 노숙인은 가족이나 공동체가 해체되는 속도보다 공공복지가 안전망으로서 제구실을 못하기 때문에 발생한 새로운 빈곤유형이라고 할 수 있다(한국도시연구소, 1995).

노숙인의 범위에는 거리노숙인과 시설노숙인, 주거로서 적절성이 현저히 낮은 쪽방, 고시원, 여인숙 등에서 생활하는 빈곤층도 넓은 의미에서 노숙인 등의 범위에 해당한다고 볼 수 있다. 우리나라의 노숙인 현황에 포함된 숫자는 거리노숙인과 시설에 거주하는 노숙인이 주를 이루며 쪽방거주자도 가끔 포함되는 경우가 있다. 그러나 주거 목적이 아닌 건물에서(철거예정지의 빈 건물, 산이나 외진 곳의 움막, 비닐하우스 등) 숙박하는 경우는 현황 파악이 어려운 상태이다. 2014년을 기준으로 하면 자활, 일시보호, 거리, 재활, 요양, 쪽방거주 노숙인만 합해도 1만 8000명이며, 범위를 확대하여 영국과 같은 개념으로 노숙인의 범위를 잡는다면 10만 명이 훨씬 넘을 것으로 예상된다.

3) 노숙인 출현의 역사

1950년대 한국전쟁으로 사회가 극도의 혼란과 무질서에 빠지면서 고아나 행려자, 부랑인이 된다는 것은 개인의 잘못이 아니라 사회적 요인으로 인식하는 중요한 계기가 되었다. 1960~1970년대에 산업화로 인한 이농 현상으로 인구의 도시화가 이루어지면서 부랑인이 급속도로 증가해 수용시설이 설치되기 시작했으며, 단속이 이루어져 강제로 격리·수용되기 시작했다. 부랑인문제가 사회문제로 드러난 시기는 1970년부터이며, 박정희 군사정권이 근면을 강조하던 때라 부랑인을 범죄자로 취급했다.

본격적인 정부 차원의 개입이 시작된 것은 1975년 「부랑인 신고, 단속, 수용보호와 귀향 및 사후관리에 관한 업무지침」(내무부 훈령 410호)이 마련되면서부터다. 이 시기에는 부랑인을 통제 대상으로 인식하였다. 1981년 '부랑인 보호대책'은 더욱 적극적인 정부의지가 표명된 출발점으로 내무부 외에 보건사회부에 의한 보호체계가 구성되었다. 이때부터 1986년까지 5년간 대대적인 시설확충작업이 이루어졌다. 이는 부랑인 지원정책의 양적 확대기로 부랑인에 대한 사회통제 차원의 견해와 사회복지 차원의 견해가 공존한 시기였다. 1987년 '부산형제복지원 사건'[18]으로 부랑인시설에서의 인권유린문제가 대두되면서 입·퇴소 절차 개선, 시설 수용인원 적정화 작업, 직업교육 강화 등에 대한 질적 개선작업이 실시되었으며 같은 해 2월 '부랑인시설 운영개선 종합대책'이 마련되었다.

1997년 후반 IMF 경제위기 직후부터 수많은 실직 노숙인이 발생해 급식문제 및 숙소문제 해결을 위해 정부는 민간단체, 종교단체, 부랑인시설 등 다양한 단체 및 기관과 결합하여 당면한 문제에 대한 긴급처방 수준의 지원정책을 펼쳤다. IMF 경제위기 발생 후 약 7개월이 지난 시점에 노숙인 지원을 위한 체계적인 시스템 도입을 위해 '도시노숙자 종합지원대책'을 발표하였고 거리 상담, 일자리 제공, 귀향여비 지급 등 노숙인 문제를 적극적이고 체계적으로 접근하고자 했으나 다양한 프로그램을 지원할 효율적 지원체계는 미미하였다. 결국 이 시기의 노숙인정책은 거리노숙인을 줄이고 가능한 시설로 입소하게 하는 것이었다. 2000년부터 시작된 노숙인 자활지원은 노숙인의 욕구 및 특수성을 반영하지는 못했다. 2003년 6월「사회복지사업법」개정령이 통과되면서 제2조 사회복지사업의 범위에 '노숙인' 조항이 삽입되었다. 2011년「노숙인 등의 복지 및 자립지원에 관한 법률」을 제정, 2012년 6월 8일 시행되면서부터「헌법」에 규정된 국민의 기본권리와 복지권이 '노숙인 등'에게도 보장되어야 함을 구체화하였다.

18) 형제복지원 사건은 1975~1987년까지 부랑인 선도 명목으로 무고한 사람들을 부산형제복지원에 감금하고 가혹행위를 한 인권유린사건이다. 1987년 직원의 구타로 원생 1명이 숨지고, 35명이 탈출함으로써 내부에서 일어난 인권유린 사실이 세상에 알려지게 됐다. 인권유린이 자행된 근거는 국가가 제공했다. 1975년 제정된 내무부 훈령 410호는 거리를 배회하는 부랑인들을 영장도 없이 가두도록 만들었다. 1988년 서울올림픽을 '성공적'으로 치르기 위한 '사회정화'가 목적이었다. 훈령의 실적 채우기를 위해 무고한 사람들 — 술에 취해 비틀거리거나, 주민등록증이 없거나, 집 잃은 어린아이 등 — 이 잡혀들어갔다. 9살 여아는 엄마 심부름을 하다가 납치됐고 이후 날마다 매를 맞거나 기합을 받았다고 한다. 1975~1987년까지 2만~3만 명의 사람들이 형제복지원에 감금되었고, 이들에게 가혹행위, 노동력 착취, 성적 학대, 인권유린 등이 잔혹하게 자행됐다. 탈출하다 실패한 원생은 맞다가 사망하기도 했다. 1975년부터 12년 동안 형제복지원에서 513명이 숨졌지만 죽음의 원인은 아직도 밝혀지지 않고 있다.

3. 노숙인 실태

노숙인의 특성상 잦은 주거지 변동으로 정확한 실태 파악이 어려운데, 보건복지부(2022)에서 제시한 통계 자료에 따르면, 2021년 기준으로 노숙인 규모는 1만 4,404명이다.

표 9-2 연도별 노숙인 등의 현황

구분	2012년	2013년	2014년	2016년	2021년
합계	12,391	12,656	12,347	17,532	14,404
자활	2,741	2,095	1,949	–	–
일시보호	–	844	899	493	394
거리	1,081	1,197	1,138	1,522	1,201
재활·요양	8,569	8,520	8,361	7,726	6,254
쪽방주민	5,891	5,992	6,147	6,192	5,448

출처: 보건복지부 보도자료(2022. 4 7)

노숙인이 노숙을 결정하게 된 계기를 살펴보면, 노숙인 277명을 대상으로 조사(복수응답)한 결과, 노숙의 결정적 계기는 부채 증가로 인한 신용불량 혹은 파산(41.9%), 임대료 연체로 집에서 쫓겨남(24.5%), 직장에서 쫓겨남(13.4%)을 포함한 경제적 문제로 노숙인이 된 경우가 많았다. 이혼 및 결혼관계 해체(31.0%), 가정폭력으로 인한 가출(10.5%), 사회복지시설 퇴소(8.3%), 교도소 출감(8.3%) 등 사회적 요인도 주요한 노숙의 계기였다.

서울시(2016)의 〈노숙인 실태조사 보고서〉에 따르면, 2014년에 노숙인은 855명, 노숙인시설에 입소한 사람은 4465명인데, 거리노숙인의 70%는 3년 이상 장기 노숙 상태였다. 노숙인 수는 기온, 동절기 응급 잠자리 제공, 계절에 따른 일용직 일자리 변화 등에 많은 영향을 받는다. 여름에는 노숙인이 1000명 가까이로 늘고, 겨울에는 500명 수준으로 떨어졌다. 노숙인은 주로 철도와 지하철이 연결되는 역 근처에 약 70% 이상이 몰려 있으며, 노숙장소는 지하공간, 건물 내부, 거리와 광장, 공원 등이 많았고, 봄과 가을, 겨울에는 50% 정도의 노숙인이 지하공간에서 생활하는 것으로 나타났다. 노숙인이 거리에서 생활하는 기간은 평균 44개월이었으며, 노숙인의 약 70%는 노숙생활이 3년 이상이었다.

서울시(2013)가 3년 이상 노숙생활을 한 만성노숙인 300명을 대상으로 설문조사한 결과, 연령대는 50대가 가장 많았고 대다수가 중·고교 졸업 학력자였다. 만성노숙인의 49.1%가 결혼을 하지 않았고 25.6%가 이혼한 상태였으며, 결혼한 만성노숙인은 10.2%에 불과했다. 특히, 38.9%는 성인기 이후 가족을 구성한 경험이 전혀 없는 것으로 나타났다. 노숙인의 42.7%가 가족과 연락을 끊고 살고, 가끔 연락하는 경우는 19.5%였다. 2014년 신규 노숙인을 대상으로 한 조사에 따르면 노숙인이 잠자리를 선정할 때 가장 중요한 것은 무료 급식소와의 인접성이었다.

박은철 외(2015)의 〈노숙 진입에서 탈출까지 경로와 정책과제〉를 보면, 2007~2014년까지 서울시 노숙인시설 이용자는 1만 1089명으로 20대 이하가 1005명(9.06%), 30대가 1701명(15.34%)으로 나타났다. 30대 이하 젊은 층 노숙인이 증가하는 원인은 최근 몇 년 사이 고착화된 극심한 취업경쟁, 청년실업 등을 꼽을 수 있다. 경제활동 기회를 얻지 못하면서 궁핍한 가계구조가 노숙으로 이어지는 악순환이 계속되고 있다.

노숙인 정신건강상태를 살펴보면, 우울감과 자살 충동을 느끼는 비율이 일반인의 4배이며, 불안감과 적대감을 느끼는 경우가 많았다. 보건복지부(2009)가 주요 도시의 15개 노숙인쉼터 입소자 408명을 대상으로 한 노숙인 실태조사 결과에 따르면, 대상자의 32.6%가 최근 1년 동안 연속적으로 2주 이상 일상생활에 지장이 있을 정도로 슬프거나 절망감을 느꼈다고 응답했다. 이는 19세 이상 전국 성인 남녀를 대상으로 한 〈국민건강영양조사〉(2007년)에서 나온 8.1%의 4배에 달한다. 자살을 생각한 적이 있다는 노숙인 비율은 30.6%(보건복지부, 2009)로 〈국민건강영양조사〉에서 나타난 9.4%를 크게 웃돌았으며, 자살을 시도했다는 노숙인도 5명 중 1명꼴인 21.7%(보건복지부, 2009)였다. 자살을 생각해 본 노숙인의 음주율(75%)과 흡연율(79.3%)이 그렇지 않은 노숙인의 음주율(54%)과 흡연율(68.4%)보다 높았다(보건복지부, 2009). 이와 함께 노숙인은 정신적 불안감과 희망이 없어 생활을 포기하고 싶음, 미래가 막연하고 불확실함, 적대감 등을 호소했다. 특히, 적대감은 연령이 낮을수록 그 비율이 높아지는 경향을 보였다.

'시설 입소 → 탈시설 → 시설 재입소'라는 회전문 현상도 심화되고 있다. 서울시 내 노숙인시설을 전전하는 만성적 노숙인은 10~22%에 달하는 것으로 추정됐다. 노숙인 1인의 평균시설이용 건수는 2.9건으로 나타나 노숙인 자활과 자립을 위한 주거지원, 탈노숙 이후 사후관리체계를 강화할 필요가 있다. 노숙인 103명을 대상으로 조사한 결과, 가장 필요한 지원으로 '주거(51.4%)'가 꼽혔고 그다음이 '일자리(42.9%)'였다.

노숙인은 범죄 위험에 놓이기 쉽다. 여성 노숙인은 전용쉼터가 부족해 길거리에 내몰리며 음성적 성매매 등 여러 범죄에 노출된다. 남성 노숙인은 주거지 부재로 주민등록이 말소되어 여러 사기사건 등에 악용되고 있는데 주로 명의도용, 휴대전화 사기, 대포차, 바지사장 등에 이용되어 금융부채를 지거나 신용불량가 되기도 한다.

4. 이론적 관점과 원인론

1) 이론적 관점

노숙인 발생 원인에 대한 이론적 관점 및 분석은 정책대안과 시사점을 찾는 데 있어 중요한 부분이다. 왜냐하면 그 원인에 따라 정책적 대안이 달라지기 때문이다. 노숙인의 발생 원인을 이론적 관점으로 살펴보면 다음과 같다.

(1) 구조기능주의적 관점

사회는 상호 연관된 부분의 체계로서 각 부분은 서로 조화를 이루고, 하나의 체계로서 균형을 유지한다는 이론으로 루빙톤과 와인버그(1995)가 분류한 다섯 가지 가운데 두 가지만 살펴보면 다음과 같다(정상규, 2008).

첫째, 사회병리적 접근은 사회를 유기체로 보고, 사회문제를 사회라는 유기체 내의 병리적 현상으로 인식하고 있다. 사회문제의 근원은 사회가 아니라 개인에 있다고 보며, 사회문제를 해결하기 위해서는 질병을 치료하듯 잘못된 사회화가 사회문제의 근본 원인인 만큼 사회구성원을 사회화시키고 도덕교육을 강화하는 데 있다고 본다.

둘째, 일탈행위적 관점은 사회문제를 사회적 규범으로부터의 반복된, 체계화된 일탈 또는 사회적 기대의 예상 못한 파괴로 규정한다. 사회적 규범으로부터의 이탈은 문화와 사회조직 간의 긴장 상태에 대한 개인의 반응 또는 패턴화된 적응양식을 뜻한다. 가장 중요한 것은 동조행위건 일탈행위건 사회집단에 참여함으로써 학습된다는 사실이다. 동조집단에 참여하여 동조행위를 배우면 일탈하지 않는 것과 마찬가지로 일탈집단에 가입하여 일탈행위를 학습하면 일탈자가 된다. 일탈행위의 원인은 부적절한 사회화로 해결책은 재사회화이다. 재사회화의 제일 나은 방법은 합법적 행위 유형의 의미 있는 원초적 집단 접촉을 증가시키고, 위법 행위 유형과의 의미 있는 원초적 집단 접촉을 감소시키는 것이다. 동시에 기회구조가 개방된 사람들로 하여금 용납될 수 없는 방식으로 행동하도록 동기 지어 주는 긴장을 경감시켜 주어야 한다.

머튼은 뒤르켐의 아노미 개념을 발전시켜 문화적 목표와 제도적 수단 간의 괴리로 인해 자살뿐만 아니라 대부분의 일탈행위도 설명하고자 했다. 문화적 목표는 경제적 성공을 말하며, 제도적 수단은 합법적 성공 경로, 즉 교육과 취업을 말한다. 머튼이 제시한 아노미 상태에서의 개인 적응 양식을 보면, 정신장애인나 알코올 및 약물중독자, 나태한 성격 소유자, 우범지역에 사는 노숙인은 도피형에 가깝다. 우리나라에서도 빈곤이나 만성질환을 지닌 가정의 구성원이나 사회의 급속한 변화에 낙오된 사람 중에 아노미 현상이 일어나 노숙인이 되는 경우가 많은데, 이들을 위한 해결책의 하나는 재사회화에 있다.

(2) 낙인적 관점

낙인적 관점은 어떤 행위가 문제로 규정되어 가는 과정을 중시하며, 사회문제의 원인을 추정된 행위나 상황이 인식될 때까지는 사회적 반응이 나타나지 않기 때문에 사회문제가 대중이나 사회통제기관으로부터 받게 되는 관심이라고 한다.

해결책으로, 첫째는 개념규정을 변화시키는 일이고, 둘째는 낙인행위로부터 얻어지는 이득을 제거하는 일이다. 노숙인에 대한 용어 및 개념정의와 법령의 규정을 살펴보면 낙인적 요소가 많다. 즉, 개인의 구걸행위나 주정행위 등을 일탈로 규정하는 사회과정으로서, 사회집단은 노숙인의 행위를 사회적 일탈로 간주하는 법을 제정함으로써 부랑인(일탈자)을 만들어 내고, 이 규정을 특정인에게 적용함으로써 국외자로 낙인찍는다. 이 시각에 따르면 노숙인은 어떤 계기로 인해 일시적 노숙생활을 하게 된 경우라도 자신을 노숙인으로 인식하는 타인과 상호작용을 통해 자신을 노숙인으로 받아들이게 되고, 타인과 스스로의 낙인과정을 통해 노숙생활에서 빠져나올 수 없는 만성노숙인이 될 수밖에 없다. 오래전부터 있었던 빈곤층에 대한 낙인보다 노숙인에 대한 낙인이 더 심각한 상황이다.

2) 원인론

노숙인 발생 원인을 개인적 요인과 사회구조적 요인, 상호작용 요인으로 살펴보면 다음과 같다(강정희, 2010).

(1) 개인적 요인

자신의 삶에 대해 책임지지 않으려는 태도와 일하기 싫어하는 성향을 노숙의 근본 원인이라고 보는데, 개인의 나태와 무책임, 도덕적으로 취약한 생활방식에 주목하면서 노숙인이 지닌 병리현상을 노숙의 직접적인 원인으로 강조한다. 따라서 생활방식과 더불어 육체적·정신적 질병, 알코올중독과의 관련 속에서 원인을 찾아야 한다. 왜냐하면 노숙인은 일반사람보다 신체적 질병과 정신질환을 훨씬 더 많이 가지고 있기 때문에 음주, 약물 등으로 인하여 일을 할 수 없게 되며, 다른 사람과 관계도 잘 맺지 못하고, 삶의 압박을 견디지 못하기 때문이다(윤일성, 2005). 이러한 관점에서 노숙은 당사자의 개인적 장애로부터 비롯된다고 본다(Baum & Burmers, 1993). 노숙인은 대부분 개인적으로 문제가 있고, 이런 문제를 치료하면 노숙에서 벗어날 수 있다고 강조한다. 특히 술, 약물, 정신질환이 노숙인으로 전락하는 근본적인 원인임을 강조한다. 따라서 이런 장애를 치료하는 시설과 프로그램에 대한 투자를 통한 사회복지서비스가 이루어져야 노숙문제를 해결할 수 있다고 주장한다. 노숙인의 원인을 개인적 요인으로 보는 관점은 노숙인을 비도덕적인 개인성격이나 습관으로 환원시켜, 사회적 낙인에 의한 부정적인 시각의 합리화로 작용하고 있다.

(2) 사회구조적 요인

노숙인의 발생 원인을 산업구조의 변화와 신자유주의적 세계화라는 정책 환경의 변화로 인한 소득의 양극화와 근로빈곤화, 고용의 불안정성과 실업률의 증가, 저소득 주택의 감소, 사회안전망의 부재 등에서 찾는다. 신원우와 김소영(2005)은 1990년대 이후 신자유주의적 세계화로 인한 노동시장 개편에 따라 발생된 빈곤화 과정과 기업의 노동 유연화와 외부화 전략이 제조업의 쇠퇴와 서비스업 증가를 초래했으며, 이로 인한 산업구조의 변화, IMF 외환위기와 경제불황 등으로 구체화된 노동시장의 변화가 빈곤층의 일자리 상실과 불안정한 고용상태를 지속시켜 노숙인 증가를 초래했다고 본다. 따라서 드레이크 외(Drake et al., 1982)는 노숙인문제를 해결하기 위해서 노숙인의 개인적 병리를 치유하는 것보다는 사회적·정치적·경제적 요인을 제거하는 것이 더 중요하다고 지적한다.

(3) 상호작용 요인

노숙인 발생 원인을 개인적 요인과 사회구조적 요인의 상호작용에서 찾는다. 캔튼(Canton, 1990)은 사회구조적인 요인이 영향을 미치는 가운데 개인적인 문제가 있는 유약한 사람들이 노숙인이 된다고 설명하고, 단트와 디콘(Dant & Deacon, 1989)은 노숙인이 되기 전부터 육체적, 정신적 취약성이 상호작용한다고 보는 주장이다.

5. 현재의 복지제도와 정책, 한계점

정부에서는 노숙인 발생을 예방하기보다는 사후대책으로 노숙인을 보호하고 자립시키는 사회복귀 지원에 중점을 두고 주거와 급식, 고용 지원을 표방하나, 전반적으로 매우 미흡한 수준이다.

현행 노숙인정책의 한계에 대해서 논의하면 다음과 같다.

첫째, 정부의 노숙인정책은 사후대책 중심으로 이루어지고 있다. 더욱 근본적으로 노숙인 발생 예방이 우선시되어야 하며 탈노숙을 위한 정책으로의 전환이 요구된다.

둘째, 노숙인의 의료제도가 개선되어야 한다. 노숙인 의료급여는 1종에 해당하며 본인부담금이 면제되지만 비급여 항목은 본인부담이기 때문에 비급여 비중이 높다. 현실적인 소득 상황을 고려하면 의료급여만으로는 질 높은 의료서비스를 이용하기 어렵다.

셋째, 주거지원정책이 이루어져야 한다. 노숙인을 보호한다는 명목으로 장기간 시설에 잡아 두기보다는 가능한 지역사회 안에서 인간다운 생활을 누릴 수 있도록 도와야 한다. 가능하면 초기에 실효성 있는 주거지원정책을 중심으로 한 개입전략을 적극적으로 개발할 필요가 있다.

6. 대안 제시

노숙인대책은 노숙인이 궁극적으로 건강한 삶을 향유하고 지역사회에 복귀할 수 있도록 건강증진을 위한 의료, 재활 및 자활 프로그램, 일자리 제공, 주거안정을 위한 공공임대주택 지원 등의 포괄적인 접근이 이루어져야 한다. 노숙인정책 대안을 제시하면 다음과 같다.

첫째, 노숙인에 대한 사회적 인식 개선이 필요하다. 노숙인에 대한 사회적 인식 개선을 위해서는 의식의 전환을 통해서 빈곤한 사람들의 인권을 존중하고 치료와 재활 대상이 아닌 권한 주체화를 위한 접근모델을 개발해야 한다. 그리고 정부는 사회복지서비스를 국가중심으로 장악하기보다는 민·관협치를 통해서 민간의 긍정적인 활동을 제대로 조망해 주고, 사회인식 변화의 모델이 되도록 행정적·재정적 지원을 적극적으로 해 나갈 필요가 있다.

둘째, 노숙인의 만성질환 관리를 위한 의료지원체계가 통합적으로 구축되어야 한다(최영아, 2015). '노숙인 등'에 해당하는 22만여 명은 의료취약계층에 해당한다. 이들은 만성적인 신체질환과 알코올중독, 약물중독, 우울증과 불안장애, 조현병 등 정신과 질환을 복합적으로 지니고 있는 경우가 많은데, 한 환자가 여러 곳의 무료진료소에서 분산된 검진과 투약이 반복·중첩되는 경향이 있기 때문에 공공과 민간예산의 낭비를 불러올 수 있다. 따라서 통합적이고 전인적인 접근을 위해서는 의료 영역에서 국가 차원의 대처가 필요하다.

셋째, 노숙인 주거정책 및 일자리 창출이 적극적으로 이루어져야 한다. 노숙인을 줄이고 이들의 발생을 예방하기 위해서는 주택공급과 일자리 제공을 위한 투자가 무엇보다도 중요하다. 무료 및 저렴한 공공임대주택을 제공하여 노숙생활을 청산하고 주거안정과 근로활동을 통하여 사회의 일원으로서 건강한 삶을 영위하며 지역사회에 통합될 수 있도록 지원해야 한다.

7. 결론

노숙인문제는 개인의 나태나 윤리적 파탄의 문제가 아닌 경제위기나 대량실업에 의한 사회구조적인 빈곤 또는 불평등에 의한 사회적 배제(social exclusion)로 인해서 발생하므로 노숙인을 사회적 약자로 바라보고 의식주 문제를 해결하는 데 힘을 쏟아야 한다. 노숙인문제는 사회적 문제, 제도적 문제, 경제적 문제 등이 얽히고설킨 총체적인 문제이다. 따라서 노숙인 한 사람을 사회에 통합시키려면 의료, 주거, 경제, 사회복지와 관련된 다양한 전문가와 전문기관의 장기적·지속적 협력이 요구된다. 모든 일이 그렇겠지만 노숙인문제는 특히 실천이 중요하다. 지속가능한 공동체 사회를 위해 사회적 배제의 문제를 해결한다는 강한 의지를 가지고 국가가 구체적인 제도를 마련하고 실효성 있게 집행해 나갈 때 노숙인문제는 해결될 수 있을 것이다(조흥식, 2006).

노숙인 관련 영화

- 왕초와 용가리: 영등포 노숙자 쪽방촌 이야기 (Hide Behind the Sun, 2015)
- 미스 진은 예쁘다 (2013)
- 타임 아웃 오브 마인드 (Time Out of Mind, 2014)

제4부

일탈적 문제로서 사회문제

제10장 중독문제: 사이버중독, 알코올중독

I 이론적 관점

1. 서론

현대사회에서 과학기술의 진보는 실로 눈부시며, 특히 IT 분야의 변화는 더욱 빠르다. 국내에는 2007년에 애플 사의 아이폰이 처음 도입되었으니, 손 안에 컴퓨터가 시작된 역사는 길지 않다. 그러나 지금은 누구나 휴대전화나 스마트폰을 소지하면서 손쉽게 정보의 바다에서 원하는 정보를 얻을 수 있는 시대에 살고 있다. 그러나 문명의 편리함은 우리가 예측하지 못한 또 다른 부작용을 양산하여, IT 보급에 따른 IT중독이라는 숙제를 동반한다. 즉, 게임중독 혹은 여러 가지 SNS중독과 같은 부작용이 뒤따른다. 현재 사이버 관련 중독은 단지 청소년과 청·장년층만이 아니라 어린 자녀, 노인 등 모든 계층과 대상을 아우르는 심각한 고민이 되고 있다.

한편 알코올의 문제를 보자. 알코올 소비량을 보면 한국은 전 세계 190국 중에서 15위를 차지할 정도였고, 주류 소비량(순수 알코올 리터) 측정 결과에서 한국은 OECD 국가 중 평균 정도로 나타나고 있다(2018, 김동겸). 그러나 음주에 대한 우리 사회의 태도는 매스컴에서조차 허용적이다. TV에서 흡연 장면은 금지되지만, 음주 장면은 너그러운 편이다. 이런 허용성은 우리나라의 음주폐해 예방정책 수행지수가 OECD 국가 중 22위(하위 75%)에 해당하는 것에서도 알 수 있다(한국보건사회연구원, 2014). 음주의 결과는 알코올성 간질환 등 직접적인 질병과 함께 건강 전반에 피해를 주고 있다. 20세 이상 성인의 위험음주 및 고위험음주로 인한 자살사망의 위험도가 비음주자보다 2배가량 높다. 음주로 인한 중독사망 위험도 고위험음주자가 비음주자보다 3배가량 높다. 현진건의 『술 권하는 사회』라는 수필이 떠오른다. 술에 대해 허용적인 분위기가 중독의 시작이 되는 것 같기 때문이다.

특히 4대 중독에 따른 사회경제적 비용이 109조5,000억 원에 이른다고 추산된다(2022, http://www.addictionfr.org/2020, 검색정보, 중독포럼). 이 같은 수치는 흡연(5조 원 안팎), 암(11조 3,000억 원) 등 다른 질병의 사회적 비용에 비해 매우 높은 수치다. 국민 8명 중 1명의 중독으로 추정되는 중독 문제는 개인을 넘어, 사회 전체의 안정성과 경쟁력을 떨어뜨리는 측면에서 예방적 지원과 관심이 중요한 부분이다.

중독문제는 그 종류와 내용이 무척 광범위하여, 중독문제 전체를 다루기는 어렵다. 본서에서는 4대 중독이라고 하는 게임, 도박, 마약, 알코올 중에서 게임을 포함한 사이버중독과 알코올중독에 국한하여 서술한다.

2. 중독의 정의

중독은 한마디로 정의하면 '무엇인가에 대해 스스로 조절할 수 없는 것'이다. 예를 들어, 매일 소주를 한 병씩 먹는 사람과 한 달에 한 번 소주 한 병을 먹는 사람이 있을 때, 누가 중독일까? 대개 한 달 내내 술을 먹는 사람이 중독자라고 생각할 것이다. 그러나 중독의 기준을 단순화시켜 말하자면 중독은 자제력 발휘 여부에 달린 것이라 하겠다. 매일 술을 먹는다고 해도 지금 바로 그만 먹는 것에 대한 자제력을 발휘할 수 있고 멈출 수 있다면 알코올중독이라 말할 수 없다. 사이버중독도 마찬가지다. 정해진 시간과 필요한 정보를 취하면서 그것을 지금 바로 멈출 수 있는 통제력과 자제력을 발휘할 수 있다면 사이버중독이 아니다. 즉, 알코올이나 사이버라는 대상에 '중독되었다'는 상태는 스스로 그것에 대한 조절력을 상실한 상태로 정의할 수 있다.

중독은 사전적으로 '생체(生體)가 어떤 독물의 작용으로 예기치 않은 반응을 일으켜 가끔 생명에 위험을 미치는 일'로 정의된다. 즉, 중독이란 의지하는 것, 기대는 것으로, 무엇인가에 지나치게 기대어 살아가는 현상이라고 할 수 있다. '통제 불능'이 되는 것인데, 초기에는 자신이 중독 대상을 통제하며 그것을 통하여 행복감을 느끼고 자신의 삶을 향상시켜 나갈 수 있었으나, 중독 이후에는 도리어 중독 대상에 통제당하면서 자신의 삶을 파괴해 가는 것이다.

영어로 중독은 addiction, intoxication 등으로 표현된다. 1954년 캐나다 맥길 대학의 제임스 올즈(James Olds)와 피터 밀러(Peter Miller)는 중독을 '정신적으로 문제되는 중독(addiction)'과 '신체 증상인 중독(intoxication)'으로 구분하였다(서울아산병원, 2016). 그 내용을 알아보자.

Addiction(정신적으로 문제되는 중독)은 행위적으로 인터넷중독, 게임중독, 도박중독, 섹스중독과 같이 갈망이 생기는 중독이다. 이때 addiction은 의존증(依存症)으로 번역할 수 있다. 한 가지 일만을 반복적으로 하는 행동과 그렇게 하도록 하는 충동을 가리키며, 그것을 하지 못하게 되면 정신적으로나 신체적으로 정상적인 생활을 하기 어렵다는 조건이 전제된다. 내성과 금단증상을 일으키는 생물학적 의존이 진행된 상태를 말한다.

Intoxication(신체 증상인 중독)은 어떤 독 안에 들어가 갇힌 것 혹은 현재 어떤 것의 안에 꼭 붙들려 있는 중독을 의미한다. 의존(dependence)이 진행되어 어떤 것에 영향을 받는 상태로서, 해독이 필요한 수준을 말한다. 음식이나 약물의 독성으로 인해 신체에 기능장애가 일어난 경우에 해당하며, 독물과 생체와의 접촉기간과 경과에 따라 만성 중독과 급성 중독으로 나눌 수 있다. 만성 중독에는 각성제, 마약, 시너, 알코올, 납, 수은중독이 있으며, 급성 중독에는 수면제, 농약, 연탄가스 중독이 있다(한국중독정신의학회, 2013).

정리하면 중독은 객관적으로 특정 물질이나 대상 혹은 행동에 대해 강박적 열망을 나타내어 객관적으로 사회적 역할에 장애를 가져오는 현상이다. 즉, 중독이 되었다면 쾌락의 중추자극을 통해 중독대상을 스스로 통제하기 어려운 집착의 상태가 된 것이다. 이러한 중독은 치료를 통해 개인의 판단과 자율성을 통제해야 하며, 거기에는 금단과 내성을 극복해야 하는 치료 미션을 수반한다.

3. 중독의 유형과 현황

1) 중독의 유형

중독은 물질적 중독과 비물질적 중독이라는 두 가지 유형으로 구분하여 설명할 수 있다. 물질적 중독은 중독되는 대상으로 알코올, 약물 등 특정 물질이 있는 것이고, 비물질적 중독은 관계, 분노, 일과 같이 물질이 드러나지 않는 것을 말한다. 중독의 유형을 구분해 보면 [그림 10-1]과 같다. 그중에서 사이버중독과 알코올중독에 대해 다루도록 한다.

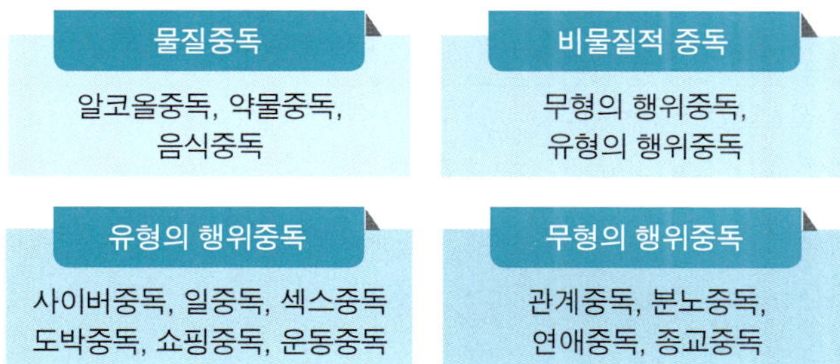

출처: 권석만(2013).

그림 10-1 중독의 유형

2) 사이버중독

본 장에서 사용하는 사이버중독이라는 용어는 최근 확장된 모든 IT 관련 중독을 통칭한다. 여기에는 컴퓨터와 스마트폰, TV 등의 매체를 통한 인터넷, 게임, 블로그, 트위터, 카카오톡, 페이스북, 밴드 등의 여러 가지 메신저를 포함하는 범주를 말한다. IT 관련 사이버중독의 종류는 〈표 10-1〉과 같이 다섯 가지로 나누어 볼 수 있다.

표 10-1 사이버중독의 종류

구분	내용
정보검색 및 확인중독	자신에게 정말 필요한 것보다 정보를 더 많이 수집하거나 확인하고, 전시해 두는 것 자체에 집착하고, 강박적으로 사이버 상황을 검색하는 상태
온라인게임중독	게임에 접속하여 자기 통제력을 잃고 병적으로 집착하여 사용하는 상태
채팅중독	문자, 카톡, 트위터 등 메신저를 통한 대화에 과도하게 집착하여 심각한 사회적·정신적·육체적 및 금전적 지장을 받는 상태
음란물중독	섹스나 포르노 등의 내용물을 담고 있는 인터넷 사이트 등을 강박적으로 계속 드나드는 상태
온라인도박중독	국내·외에 개설된 카지노 사이트에 금전을 송금한 후 인터넷상에서 포커, 홀라 등의 게임을 하는 상태

출처: 권석만(2013).

인터넷중독은 물질이 개입되지 않은 상태에서 개인이나 다른 사람에게 해가 될 수 있는 행위를 수행하려는 충동이나 욕구, 유혹에 저항하지 못하는 행동장애로 충동조절장애의 한 유형으로 본다(American Psychiatric Association, 2013). 물질 사용과 관련된 중독과 마찬가지로 금단과 내성, 사회적·직업적 손상이 뒤따른다. 골드버그(Goldberg, 1996)는 『DSM-Ⅳ』의 물질중독 기준을 준거로 하여 최초로 인터넷중독장애라는 용어와 개념적인 진단준거를 만들었고, 최근에는 '병리적 컴퓨터 사용(pathological computer use)'이라는 용어로 이를 대체하여 사용하고 있다. 또한, 과도하게 PC게임을 하면서 발생하는 게임중독도 통칭하여 인터넷중독이라 부른다.[19)]

현재 한국의 인터넷 속도는 9분기 연속 세계 1위이며, 전체 인구의 78%가 인터넷을 이용하는 것으로 나타난다(신재우, 2016. 7. 1.). 그러나 문명의 편리함은 게임중독이나 SNS중독과 같은 여러 가지 부작용을 동반한다. 사이버중독은 저연령화와 맞물려

19) 2019년 세계보건기구(WHO)는 게임사용장애를 국제표준질병분류체계로 승인하였고, 이로써, 게임의 중독적 사용으로 인해 일상생활의 기능이 심각하게 손상된 개인에게 적절한 건강서비스를 제공할 수 있는 보건 의료적 근거를 마련하였다. 국내 보건의학계에서는 병리적 측면을 보이는 게임사용장애에 대한 세계보건기구의 승인을 지지하였다. 그러나 게임업계와 문화관광체육부에서는 금단현상이 없기에 중독이 아니라는 이유로 게임사용장애의 중독분류에 대한 의문을 제기하였다(2019, http://www.gameshot.net). 이러한 내용에 대해 보건복지부는 게임산업의 피해를 우려한 저항을 잠재우고, 인터넷 중독의 상당히 합리적 의심을 받는 게임산업에 대한 사회적 우려를 불식시킬 과제 또한 해소해야 할 필요가 있다.

전체 연령대에 걸친 문제가 되고 있다. 2014년 만 3세부터 59세까지 인터넷 사용자를 대상으로 인터넷중독률을 조사한 결과 중독률은 전체 사용자의 6.9%, 중독자 수는 262만 1,000명이다(권미수 외, 2014). 문제는 청소년과 성인층에서 중독이 확산되고 있다는 점이다. 만 10세 이상에서부터 59세 이하까지 스마트폰 이용자 1만 5,000명을 대상으로 조사한 〈인터넷중독 실태조사〉에 따르면 스마트폰중독 위험군에 속한 만 10~19세 청소년은 29.2%였는데, 전년 25.5%보다 3.7%가 증가하였다. 연령대별로는 10대(29.2%), 20대(19.6%), 30대(11.3%), 40대(7.9%), 50대(4.8%) 순으로 연령이 낮을수록 중독위험군 비율이 높았다. 더구나 코로나 시대가 지속되면서 인터넷을 하지 못하면 '안절부절못하고 초조하며 매우 지루하다는 답변하는 인터넷 과의존 위험군이 2020년에 비해 4.4% 늘어나 있다. 이 중 의존 정도가 심각해 불안·우울감·충동성 등이 나타날 수 있어 전문가의 도움이 필요한 위험 사용자군 또한 13.2%나 증가한 것을 볼 수 있다(2021, 청소년 인터넷·스마트폰 이용 습관 진단조사, 여성가족부)[20]. 주말에 외식을 나온 가족들이 서로 담소를 나누기보다는 모두 스마트폰만을 바라보고 있는 모습은 이제 흔한 장면이 되었다.

인터넷중독의 단계적 증상은 다음 〈표 10-2〉와 같다.

표 10-2 인터넷중독의 단계적 증상

구분	내용
초기단계 (몰입단계)	근무(수업)시간에 핀잔을 듣거나, 가끔 멍하다.
	아침에 일어나기가 힘들고, 지각을 시작한다.
중기단계 (부적응 초기)	지각, 조퇴, 결석(결근)을 자주 한다.
	매사 능률이 저하되고, 거짓말이나 주변 사람을 속이기 시작한다.
후기단계 (부적응 심각)	인터넷 사용 조절이 어렵고, 충동적이며 행동 통제가 어렵다.
	가족, 주변 사람으로부터 고립되어 있을 가능성이 크다.

출처: 한국정보화진흥원(2014).

20) 제10장과 제12장에서 사용하는 통계는 코로나 시대 이전의 것과 병행 사용하고 있다. 그 이유는 IMF 경제위기 시대에 통계적 특징을 우리나라 경제 전반의 특징으로 설명하기 어려운 것과 같은 맥락이다. 즉, 코로나 시대에 나타난 알코올이나 중독 관련한 통계로서 알코올과 중독에 대한 전반적 해석으로 사용하기에는 무리가 있다고 판단하기 때문이다.

인터넷 게임중독의 경우를 선별하는 도구(Internet Gaming Use-Elicited Symptom Screen, IGUESS)는 DSM-5의 인터넷 게임장애 (Internet Gaming Disorder) 진단기준에 근거해 개발된 자가보고형 검사도구를 통해 인터넷게임장애 증상을 조사하여, 인터넷 게임장애 위험군을 선별한다. 아울러 전문가와의 면담을 통해 인터넷게임장애 진단여부를 확인한다(2018, Jo SJ, Yim HW, Acta Paediatrica). 임상적으로 병리적인 인터넷 사용자로 구분된 사람은 학업이나 사회적, 직업적, 경제적 생활이 명백히 방해받고 있다. 유병률은 2-15% 정도로 파악되며, 남성의 중독률이 여성보다 높은 것으로 나타나고 있다(심경옥, 2015). 참고로 인터넷에 대한 과의존 척도를 소개하면 다음 〈표 10-3〉과 같다.

표 10-3 인터넷중독의 진단기준

번호	항목	전혀 그렇지 않다	그렇지 않다	그렇다	매우 그렇다
1	인터넷 사용으로 인해 학교 성적(업무 실적)이 떨어졌다.	1	2	3	4
2	인터넷을 하는 동안 더욱 자신감이 생긴다	1	2	3	4
3	인터넷을 하지 못하면 무슨 일이 있었는지 궁금해서 다른 일을 할 수 가 없다	1	2	3	4
4	"그만해야지"하면서도 번번이 인터넷을 계속하게 된다	1	2	3	4
5	인터넷 사용 때문에 피곤해서 수업(업무)시간에 잔다	1	2	3	4
6	인터넷을 하다가 계획한 일을 제대로 못한 적이 있다	1	2	3	4
7	인터넷을 하면 기분이 좋아지고 쉽게 흥분한다	1	2	3	4
8	인터넷을 할 때 마음대로 되지 않으면 짜증이 난다	1	2	3	4
9	인터넷 사용시간을 스스로 조절할 수 있다	1	2	3	4
10	피곤할 만큼 인터넷을 하지 않는다	1	2	3	4
11	인터넷을 하지 못하면 안절부절 못하고 초조해진다	1	2	3	4
12	일단 인터넷을 시작하면 처음에 마음먹었던 것보다 오랜 시간 인터넷을 하게된다	1	2	3	4
13	인터넷을 하더라도 계획한 일들을 제대로 한다	1	2	3	4
14	인터넷을 하지 못해도 불안하지 않다	1	2	3	4
15	인터넷 사용을 줄여야 한다는 생각을 끊임없이 한다	1	2	3	4

▶ 점수해석

분류	점수
일반사용자군	38점 이하
잠재적위험사용자군	39~41점
고위험사용자군	42점 이상

*문항 9번, 10번, 13번, 14번은 역채점 실시

출처: 2015, 미래창조과학부, 한국정보화진흥원

3) 알코올중독

알코올중독(alcoholism)은 일반사회에서 허용되는 영양적 또는 사회적 용도 이상의 주류를 과량으로 마심으로써 신체적, 심리적, 사회적 기능을 해치는 만성적 행동장애다. 일반적으로 음주자의 건강과 대인관계, 사회적 위치에 악영향을 미치는 것도 포함한다(대한간학회, 2013). 알코올중독은 정신의학적으로 중독질환으로 보며, 알코올남용(alcohol abuse)과 알코올의존(alcohol dependence)으로 구분할 수 있다. 알코올에 대한 중독은 단순히 술을 마신다고 해서 중독으로 보지 않는다. 그러나 일단 중독이 되면 개인과 가정의 행복과 가족의 성장을 해치는 가족병이 된다. 알코올중독은 술을 마시지 않으면 손이 떨리거나, 구역질하거나, 진땀을 흘리거나, 불안증세 등의 금단증상을 보이다가 술을 마시면 이런 증상이 사라진다. 음주가 지나치면 신체적으로 위염, 위궤양, 식도와 위에 출혈 등이 생기고, 지방간과 간염, 간경화 등으로 발전하게 되며, 단기기억상실 정도에서 치매 증상 등 다양하고 심각한 신경질환이 발생한다. 알코올중독인 사람에게 나타나는 증상은 다음과 같다.

알코올에 중독된 사람의 증상

- 자신은 아무 문제가 없다고 생각하며 술 문제를 부정하고, 술 마시는 이유를 남의 탓으로 돌린다.
- 언제든지 끊을 수 있다고 말한다. 단지 스스로 끊지 않을 뿐이라고 말한다.
- 자기중심적이고 자신감이 없다. 다른 사람을 배려하는 마음이 부족해진다.
- 좌절을 견디는 힘이 약해져, 의지가 박약해진다.
- 술 마실 구실을 찾기 위해 거짓말을 자주 하며, 거짓말이 점차 성격적으로 굳어진다.
- 원래 특징적인 성격 문제가 더 심해지고, 열등감과 의심이 많아지며, 우울증이 생긴다.

출처: 임영란(2000)

세계보건기구가 발표한 보고서에 따르면 국민 1인당 술 소비량에서 한국은 12.3리터로 세계 15위를 차지하였으며, 아시아 국가 가운데는 가장 순위가 높다(세계보건기구, 2014). 우리나라의 알코올 문제는 적지 않은 술의 소비량으로서도 알 수 있다. 그런데 우리나라의 알코올 문제는 독특하게도 술에 대한 관대한 사회적, 개인적 태도에서 나온다. 술에 대한 허용적인 태도 때문에 알코올중독과 관련한 두 가지 문제를 초래한다.

첫째, 알코올 중독의 문제를 겪으면서도 치료를 받지 않는 비율이 높다. 성인 10명 중 1명 이상이 알코올 중독자이지만, 치료와 재활에는 소극적인 것이다. 조사결과를 보면 알코올 사용장애 추정환자 수는 139만명에 달했으나, 정신건강서비스 이용비율은 12.1%에 그치고 있다(2016, 정신질환 실태조사, 통계청). 알코올 중독이지만 그 치료받는 숫자가 적다 보니, 알코올에 의한 사망비율 또한 높다(2018, 세계보건기구, '술과 건강에 대한 국제 현황 보고서 2018'). 특히 코로나19 장기화로 혼자 술을 집에서 마시는 사람(혼술족)이 증가하는 현상 또한 중독과 연관될 개연성이 크다(2022, 건강보험심사평가원 보건의료빅데이터개방시스템). 결국 알코올에 대한 허용적이고 관대한 태도가 중독을 용인하면서 치료에도 소극적인 결과를 만든다고 생각된다. 다음 〈표 10-4〉는 알코올중독의 진단을 위한 몇 가지 기준을 예시한다.

표 10-4 알코올중독 진단을 위한 척도

항목	체크 항목
직장, 학교 혹은 집에서 주요 역할을 하지 못하는 경우	
신체적으로 무리가 되는 조건에서도 알코올 사용	
알코올에 대한 강한 욕구 혹은 충동	
알코올의 영향으로 사회적 관계 혹은 대인관계의 문제가 반복되는데도 알코올 계속 사용	
알코올 내성(원하는 효과를 얻기 위해 현저한 양적 증가)	
알코올 금단(금단 완화를 위해 재사용)	
조절 상실(의도한 것보다 더 많은 양을 사용)	
알코올 사용을 중단하거나 조절하기 위해 노력해도 성공하지 못하는 경우	
알코올을 얻기 위해 필요한 활동 또는 그에 필요한 활동에 많은 시간을 소모함	
중요한 사회적, 직업적 활동 또는 휴식활동을 알코올 사용을 위해 단념하거나 감소함	
알코올을 사용함으로써 유발되거나 악화될 가능성이 있는 신체적 혹은 심리적 문제를 인식함에도 불구하고 알코올 사용을 지속함	
• 1개 이하: 알코올 장애 없음 • 2~3개: 중등도 알코올 사용 장애 • 4개 이상: 중증 알코올 사용 장애	

출처: American Psychiatric Association(2013).

둘째, 알코올 중독현상은 해를 거듭할수록 저연령화되고 있다는 점이다. 2022년 현재 이어지는 코로나 시대라는 특성은 안그래도 대학 입시, 취업 등 스트레스가 심해진 상황에서 문제를 음주로 푸는 형태로 가중되는 현상과 맞물린 것이다,

알코올중독 저연령화 현상을 연도별로 살펴보면 10·20대 알코올 중독 환자는 2016년 최초로 7000명. 2017년 7464명, 2018년 8232명으로 증가 추세를 보인다. 그 중에서 10대 여성 청소년은 5년 만에 알코올 중독 환자가 667명에서 1051명으로 1.5배 급증한 상황이다. 이렇게 10-20대에서 알코올 중독 현상이 심각한 이유는 이들의 음주습관이 적정선을 넘는 사례가 많기 때문으로 밝혀진다(2020, 건강보험심사평가원, 국회입법조사처). 정리하면 알코올 중독의 문제는 알코올 소비율 대비 중독률이 높은데도 불구하고 낮은 치료율을 보이고, 나날이 저연령화 현상을 보인다는 점이다.

4. 중독의 원인

중독을 설명하는 이론은 다양하며, 이론에 따라 중독을 바라보는 관점도 다양하다. 관점 차이는 해결방법의 차이를 가져온다. 중독의 사례를 제시하고, 세 가지 이론으로 분석하면서 각각의 인과관계를 파악해 본다. 그리고 이론에 따라 어떻게 대안이 달라지는지 살펴보는 형태로 정리해 본다.

1) 유전이론

유전이론은 개인의 유전적 요소(genetic factor)가 중독에 기울어지도록 영향을 준다는 것이다(한국중독정신의학회, 2013). 즉, 개인의 신체적·유전적 특징이 중독과 연관되어 생물학적 매커니즘에 영향을 준다는 의미다. 유전적 구조가 환경이나 성격 요인과 결합하여 특정 개인이나 집단에 유의미하게 높은 중독을 만들어 낸다면, 유전은 중독의 중요한 요인이 된다. 그리고 유전적 요소를 통한 중독과정은 사회문화적 요인이나 환경적 요인 등 다른 요소와 결합될 때 더 촉진될 수 있다. 따라서 중독되는 요인 중 유전적 요소가 유일한 것은 아니지만, 중독 요인의 하나이며, 중독과정을 촉진하는 강력하고 유의미한 원인이라고 할 수 있다.

2) 비행하위문화이론

비행하위문화이론은 개인의 특성보다 개인이 처한 상황이나 사회관계, 사회구조에 초점을 둔다. 비행하위문화이론에서 인터넷중독은 중독으로 이끄는 하위문화에 대한 접근이 수월한 환경에 있으면, 인터넷을 더 쉽게 받아들이게 되어 중독에 더욱 노출되기 쉽다는 설명이다.

그리고 사이버중독은 특정 사회집단과의 관계가 게임을 배우고 즐기는 핵심 요인이라는 주장이다. 게임을 시작할 때는 혼자서 할 수 있으나, 중독에 이르는 과정에서는 그에 빠지는 중요한 메커니즘 때문이다. 예를 들어, 게임의 점수라는 보상은 타인과의 경쟁에서 이기는 승리의 기쁨을 제공해 준다. 사이버사회의 써클은 사이버상에 오래 머물도록 하는 유인책으로 중독에 젖어들기 좋은 환경을 만든다. 정기적 사이버게임을 이용할 수밖에 없는 구조로서 다른 사용자와의 접촉을 만들어 낸다. 처음 사이버게임을 하게 되는 경우 게임을 하는 방법, 그것에 대한 기술적인 테크닉, 유쾌하게 즐기는 것 등의 과정을 기존 사용자들과 함께 이용하고, 그 느낌을 전달받음으로써 혼란감, 거부감도 사라지게 하는 구조를 형성한다. 역할모델과의 접촉으로 훨씬 친숙해지는 과정은 하나의 행위가 하위문화를 통해 중독의 메커니즘으로 가는 인과로서 비행하위문화 이론을 설명한다.

3) 애착이론

애착이론은 한 사람이 평생 형성하는 인간관계의 근본 원인을 설명하는 이론이다(Flores, 2004/2010; Wallin, 2010). 이 이론의 핵심 주장은 영아가 정상적인 감정, 사회적 발달을 위해서는 한 명 이상의 주양육자나 중요한 타인과의 애착관계를 형성해야 한다는 것이다. 영아가 형성하는 주양육자와의 애착관계는 하나의 중요한 심리적 안전기지로서 작용하며, 그 형태는 평생에 걸쳐 아이의 지각, 감정, 인간관계에 대한 생각과 기대에 애착영향을 미치게 된다는 이론이다.

영아가 처음 애착관계를 형성할 때 보통 영아는 애착 대상을 자신의 근처에 두려는 모습을 보인다. 볼비(1982)의 애착이론은 제7장에서 언급하였다. 그의 초기 이론은 점차 성인 간의 애착관계로 확장되면서 부모와 자식 사이의 관계뿐만 아니라 다른 사회적 관계에서도 애착행동과의 관련이 설명된다. 즉, 안정적으로 애착관계를 형성한 사람은 자신과 상대방, 그리고 둘의 관계를 긍정적으로 생각하는 경향이 있다. 이런 사람은 친밀함과 독립성의 욕구를 잘 조절하고 균형을 이루어 편안하게 지낸다. 그러나 과도한 친밀함을 요구하며 의존적인 사람은 애착관계 형성이 불안정하여 몰입관계를 만드는 경향이 있다. 이런 사람은 상대에 대한 믿음이 적고, 상대방뿐만 아니라 자기 자신에게도 긍정적이지 못하여 감정적인 표현이 과도하고 걱정도 지나치며 즉흥적이다.

이러한 애착이론이 설명하는 중독은 한마디로 애착의 문제로 설명한다. 중독이 일어나는 몰입이나 그 몰입이 불가한 경우의 불안 등은 바로 애착 형성이나 애착 유지의 문제에서 나온다는 것이다. 중독자는 애착과 관련한 손상과 결핍 혹은 과도하거나 무리한 애착 형성 등의 문제가 있고, 거기에서 시작된 중독은 자기조절의 기능을 잃어버린 결과이다. 중독자는 애착 형성이라는 안전기지, 즉 스스로가 충분히 안전하고 충만하다는 확신의 형성에 문제를 겪는 상황이라고 보면 된다. 어떤 것에 대한 중독은 정서적 감정과 자존감, 인간관계 등의 조절이 어려운 상태이며, 그것은 안전함과 충만함에 대한 불안 때문에 그것에 대한 대체물로서 다른 것에 대한 중독을 통해 애착 형성의 욕구를 해소하고, 망각할 수 있다는 설명이다.

예를 들면, 사이버중독의 경우 스마트폰은 그 특성상 다양한 기능을 갖고 있어 여러 사람과의 교제, 게임, 검색, 기록, 촬영 등 독특한 하위문화를 만들어 낼 수 있다. 스마트폰의 한도 내에서 본인이 필요한 것을 얼마든지 빠르게 누리고, 찾고, 해결이 가능하다. 스마트폰에 대한 몰입이 우울, 불안, 충동, 분노 등의 정서적인 측면을 해결하는 통로로 활용되는 것이다. 하나의 대체물로 스마트폰이라는 통로는 더 많은 의존과 몰입을 부르는 구조를 갖고 있어 더 심각한 집착을 낳고, 중독에 이르는 하나의 메커니즘이 된다. 더구나 이것은 개인의 가족력이나 대인관계 특성과 같은 환경적 특성과 맞물려 더욱 심화된다.

알코올중독도 마찬가지의 경로로 진행될 수 있다. 애착 대상에 대한 결핍은 더 많은 집착과 몰입욕구와 에너지를 방출하며 그 대상을 만나지 못할 때 짜증, 불안감 등의 금단 현상이 가중되기 때문에 더욱 집요하게 대상을 찾게 만든다. 이렇게 억지로 만들어진 일련의 과정은 부작용을 낳아 힘든 여건에 빠지게 되고, 그럴수록 현실을 회피하기 위해 몰입 대상만을 추구하게 만든다. 결국 중독은 사람의 생활 리듬을 바꾸고, 인생에서 중요한 일도, 가족도, 중요한 관계도 종국에는 자신도 파괴하는 행동과 문제를 만들게 된다.

5. 중독문제의 조건

사람들은 왜 무엇인가에 지나치게 기대어 살아가려고 하는 것일까? 그것은 바로 '중독 대상'으로부터 얻을 수 있는 보상관계에서 찾을 수 있다. 보상은 생물학적 관점, 사회학적 관점, 심리학적 관점을 통틀어 한 대상에 대해 몰입하고 빠져들게 되는 것이다. 그것을 통해 불안, 불신, 분노, 결핍 등 대상에 몰입하고 충만감을 느끼면서 현실을 잊는다. 주목할 점은 동일한 조건이 주어진다고 해서 모두 중독되지는 않는다는 것이다. 그래서 누군가 중독문제를 겪는다면, 그것은 문제에 대한 빙산의 일각이 나타난 것이라고 볼 수 있다. 중독이 일어나기까지 그 아래 뿌리를 둔 더 큰 기질적, 심리적, 환경적 원인이 있는 것이다. 그리고 이것은 단지 중독자 혼자만의 문제가 아니므로 그를 둘러싼 전체적인 배경과 조건이 함께 한다. 중독에 대한 심리적, 사회환경적 맥락은 중독에 이르는 중요한 조건으로서 메커니즘을 갖고 있다고 하겠다.

Ⅱ 중독의 사례

사이버중독과 알코올중독의 사례를 제시하고, 각 사례를 앞에서 말한 유전이론과 비행하위문화이론, 애착이론의 관점에서 분석해 보고자 한다.

1. 사이버중독

1) 사례

사례

중학교 1학년인 동훈(남, 가명)이는 하루도 빠지지 않고 PC방에 들린다. 처음에는 일주일에 한두 번씩 친구들과 어울려서 갔던 것이 이제는 하루라도 가지 않으면 견딜 수가 없는 지경에 이르렀다. 동훈이는 친구들보다 게임을 잘하기 위해 더 많은 시간을 투자하는 것은 물론 부모님에게 거짓말을 하고 PC방에서 밤을 새우기도 하였다. 문제는 PC방에 가기 위한 비용이었다. 부모님께 한 달 용돈을 받아도 2~3일이면 떨어지기 일쑤였고, 친구들에게 하나둘씩 빌리기 시작한 돈은 눈덩이처럼 불어나기 시작했다. 돈을 갚지 않는 동훈이를 못마땅하게 여긴 친구들은 동훈이를 외면하기에 이르렀고, 동훈이는 급기야 부모님 지갑에 손을 대기 시작했다.

출처: www.iwill.or.kr(2016).

2) 유전이론적 분석

중독자의 생물학적 조건에서 중독발생의 원인을 찾는 것은 다음 두 가지 측면에 있다. 먼저, 사이버중독과 관련해서는 여성보다 남성의 취약성이 두드러지는 점이다. 수많은 연구결과가 이를 뒷받침할 뿐만 아니라, 우리가 흔히 접하는 동네 PC방이라는 공간은 이미 남학생들이 점령하고 있다(김숙희, 2005). 중독은 남들처럼 한두 번의 호기심에서 출발하였으나, 중독이 진행되면 뇌라는 신체 부위의 특성이 이전과 달라지면서 인과관계를 설명한다. 사례를 보면 생물학적인 요인, 즉 유전적인 특질은 중독과 상당한 관련이 있다.

첫째, 유전적으로 남성호르몬인 테스토스테론이 많이 분비되는 사람일수록 도박이나 컴퓨터 게임, 술 등 각종 중독에 취약한 것을 알 수 있다(한국중독정신의학회, 2013; 심경옥, 2015). 테스토스테론과 중독에 대한 분석결과, 테스토스테론 수치가 높은 사람은 그렇지 않은 사람보다 더 충동적이고 보상에 크게 반응해 중독에 취약한 것으로 나타났다.

둘째, 신체적 변화와 그 특징으로 인해 중독은 심화된다. 중독이란 뇌에 비정상적인 변화가 일어난 상태다(김지윤 외, 2015). 따라서 중독자에게 아무리 마음 독하게 먹고 끊기를 호소해도 변화를 기대하기 힘들다. 일단 뇌가 쾌락을 가져다주는 물질을 인식하면 도파민이란 신경전달물질을 분비해 이를 기억하고, 다시 쾌락을 원하는 '보상 중추'가 작동하기 때문이라고 한다. 만족의 순간이 사라지면 뇌는 자연스럽게 동일한 쾌락에 빠지고 싶은 갈망을 느끼는 것이다. 중독의 치명성은 내성과 금단증상에 있으며, 중독성은 체질적 요인과도 유관하다.

3) 비행하위문화이론 관점의 분석

첫째, 게임의 시스템 문제로 인해 사이버중독은 더욱 강화된다. 요즘 게임은 끝이 나지 않는 게임이 많으며, 게임마다 커뮤니티가 조직되어 커뮤니티 회원들이 탈퇴하지 못하게 잡는 시스템으로 구성되어 있다. 게임은 구조적으로 지나치게 사행성만 추구하기 때문에 게임의 과정에 빠져들 수밖에 없는 조건을 갖고 있다. 게임 커뮤니티는 게임에 들어온 사람들이 인터넷상에서 떠나지 못하도록 하는 시스템을 만들고 있는 것이다.

둘째, 사이버상의 게임은 종료 이후에 실재하는 현실을 받아들이기 힘들게 구성되어 있다. 게임은 가상과 현실의 완충지대와 같은 조절장치가 없다. 이것은 청소년만이 아니라 성인에게도 게임 이후의 가상과 현실을 혼동하게 할 정도로 괴리가 크다. 게임은 끝없이 몰입만을 부추기는 사행성과 승자독식의 경쟁심리 속에 꾸며진 장치만 있으며, 게임이 끝난 후 오를 대로 달아오른 충동성과 승부욕을 잠재우고 패했을 때의 모멸감과 분노를 조절하는 장치가 없다. 이기겠다는 비정상적인 판단만이 지배하는 게임을 끝내고 만나게 되는 현실 인식과 실제 본인이 느끼는 감정조절이 불가능한 문제는 중독에 대한 강화만을 부추긴다.

셋째, 사이버상의 중독으로 이끄는 사회구조적인 측면이 있다. 앞에서 본 다문화가정 자녀의 사례처럼, 그 아동에게 사이버 세상만큼은 아무도 자신을 차별하지 않고 자기 능력을 마음껏 발휘할 수 있는 세상으로, 실제 세상보다 훨씬 공평하고 자유로운 곳이었다. 다문화가정의 자녀는 어머니의 한국어 능력 부족 등으로 학습능력이 떨어지고 피부색이 달라 학교나 사회에서 따돌림을 당하는 경우가 많다. 이런 이유로 학교에서 점차 흥미가 떨어지게 되고, 인터넷중독에 빠지기도 한다. 다문화가정의 인터넷중독률은 37.6%로 일반가정의 3배 이상이었다(한국정보화진흥원, 2014). 다문화가정 어린이 10명 중 3명 이상이 게임중독인 셈이다. 이것은 우리 사회의 구조적 차별이라는 문제에서 비롯된 중독이라고 볼 수 있다.

4) 애착이론 관점의 분석

심리학에 '이행 대상(transitional objects)'이라는 개념이 있다. 유아기에 아이는 엄마와의 관계에서 허기를 느끼고 엄마에게 원한다는 신호를 보내면 엄마로부터 젖을 얻고 전능한 자기만족을 경험한다. 그러다 어느 순간 아기는 욕망이 지연되고 엄마와 자기가 분리되어 있음을 느끼고 좌절하게 된다. 이윽고 아기는 다른 방법을 통해서 욕망에 일치, 대리만족을 추구한다. 흔히 보는 손가락 빨기나 특정한 장난감이 일종의 이행 대상이며, 투사이기도 하다. 실현될 수 없는 욕망의 대상을 외부의 다른 대상에 부여해서 상상하며 자신의 욕망을 충족하고 전능성을 회복한다. 그 상상을 통해 자신의 수동성을 극복하고 창조성과 주체성을 획득하는 것이다. 이행 대상은 게임과 몰입에도 그대로 적용된다. 게임에 빠지는 사람은 현실에서 자기 욕망에 좌절을 느낀 사람이다. 소외를 느낀 그는 주체성과 만족을 회복하기 위해 이행 대상을 찾는다고 볼 수 있다. 이러한 측면은 외국의 사례와 비교할 때 더욱 대조되는 부분이다. 외국은 우리보다 먼저 인터넷과 사이버상의 게임이 전파되었지만, 우리나라처럼 이렇게 게임에 대한 몰입이 심하지 않다(교육과학기술부, 2012; 한국정보화진흥원, 2014). 특히 맞벌이 부모 같이 자녀에게 지속적인 관심이 소홀해지기 쉬운 경우 자녀의 인터넷중독 성향이 높게 나타났다. 결손가정 청소년의 애착 형성 의존도 역시 의미 있게 낮아서 불안정한 가족형태가 청소년의 애착 형성에 부정적인 영향을 미치고 있었다(Flores, 2004/2010). 또한, 주의력결핍 과잉행동장애나 우울증, 불안장애, 충동조절장애, 사회성 결핍 등의 발달장애, 사회공포증, 회피성 인격장애 등의 정신적 문제가 있는 경우 인터넷 사용을 통해 일시적으로 문제상황이 해소되는 느낌을 얻는 사례도 있다. 이들은 심리적으로 친구를 사귀고 싶지만 거절당할 것 같은 공포와 수치심, 두려움으로 인해 현실에서보다는 인터넷상에서 교류하는 데 많은 시간을 보내게 된다. 이처럼 영·유아기와 아동기에 채우지 못했던 애착 형성의 욕구는 오랫동안 사람을 지배한다는 점을 알 수 있다. 그때 이행 대상의 부재에 따른 심리적 허기는 시간이 흐르고 나이가 들어도 그대로 남아 계속 이행 대상을 찾고, 기다리는 데 오랜 시간을 쓰면서, 그 결핍을 채우려는 욕망을 충족시키고자 한다. 이렇게 심리적 허기는 신체적 허기 못지않게 인간의 정신을 지배한다.

2. 알코올중독

1) 사례

사례

알코올중독의 대물림, 또 하나의 심각한 문제
(부모가 알코올 의존증이면 자녀도 알코올 의존증 가능성 높아)

"나는 절대로 아버지처럼 살지 않을 거야!"

김 모(25세) 씨가 습관처럼 했던 말이다. 김 씨의 친가는 술을 잘 마시고 술을 좋아했다. 아버지도 술을 매일 드시는 편이었다. 어린 시절부터 술에 취한 아버지가 어머니에게 폭력을 쓰는 모습을 보면서 늘 불안하고 두려운 마음을 떨칠 수 없었다. 그때부터 '나는 이렇게 아버지처럼 살지 말아야지.'라는 생각을 했다. 어렸을 때는 술에 대한 거부감이 컸지만 크면서 술에 빠져들게 되었다. 몸과 마음이 더는 술을 견딜 수 없을 만큼 피폐해진 후에 자신의 상태를 깨닫게 됐다. 이런 자신 역시 아버지 못지않은 심각한 알코올 의존자라는 것을 깨닫게 됐다.

출처: 조원익(스포츠월드, 2014. 6. 4.).

2) 유전이론적 분석

알코올중독자의 자녀는 그렇지 않은 부모들의 자녀에 비해 알코올중독이 될 위험성이 매우 높다. 가족환경이 이런 결과를 일으키는 주요인으로 간주되므로, 결국 알코올중독자의 자녀문제에 대해서는 가족의 유전적인 요인은 매우 크다(한국중독정신의학회, 2013). 이것은 알코올중독의 유전성을 조사하고자 시행되었던 많은 연구에서 유전성이 입증되었으며, 그 결과로서 부모가 알코올중독인 이들의 자녀는 부모가 알코올중독자가 아닌 자녀보다도 알코올중독이 될 가능성이 4배 높다.

3) 비행하위문화이론적 분석

사례는 사회문화적 환경과 구조가 한국 사회를 지배하는 논리로 작동하면서 직장이라는 집단에서 인정받기 위해 술을 도구로 삼는 문화 속에 생존으로 지탱하고자 하는 측면을 보여 준다. 더구나 한국 사회는 음주를 권하는 문화를 가지고 있다. 술에 대한 경계심은 전혀 없고, 오히려 필요한 것으로까지 생각하며, 술로 인한 실수는 누구나 있을 수 있다고 생각하는 사회이다. 이러한 관대한 음주문화 역시 알코올중독을 유발하는 데 큰 영향을 준다고 볼 수 있다. 한국의 사회모임에서 술이 없는 경우를 찾기란 쉽지 않을 정도다. 연간 술의 소비량을 100% 순알코올로 환산하면 1인당 10리터나 된다고 한다. 대체로 1인당 1주일에 소주 2병을 마시는 셈이다. 순알코올 소비만 보면 한국의 1인당 알코올 소비량은 세계 1위이다(세계보건기구, 2011).

문제는 주 3회 이상 마시는 사람이 음주자의 5명 중 1명이며, 직장에서 회식을 가는 사람의 약 40%가 비자발적으로 참석한다고 조사된다. 그들이 참석하는 이유는 원만한 직원 간의 관계를 위해 필요하다는 답변이 전체의 82%가량이다(대한보건협회, 2012). 이러한 음주문화와 술에 대한 관용적인 태도는 우리 사회의 알코올중독문제가 기본적인 사회구조적 관행으로부터 시작되었음을 알 수 있다.

4) 애착이론적 분석

애착이론은 생애 초기에 형성한 애착관계가 장기적으로 그의 정서를 조절한다고 보는 이론이다. 영아기에 부모 혹은 주양육자와 같은 중요한 타인의 반응이 이 시기 애착의 형태를 결정하는 데 영향을 미치고, 이 애착 형태는 영아의 지각, 감정 및 향후 관계에 대한 생각과 기대에도 영향을 미친다. 그것은 부모와 자식 간의 관계뿐 아니라 친구관계, 애정관계, 성적 매력 등 다른 사회관계에서 나오는 애착행동 요소와도 관련하면서 정서를 조절한다. 따라서 정서조절이 어려운 사람은 적응력이 부족하고 수시로 만나는 스트레스와 좌절상황과 맞물려 알코올에도 중독되기가 쉽다.

현대인은 엄청난 스트레스에 놓여 있어 쉽게 흥분하고, 절망하고, 우울해진다. 술은 그 고유의 효능이 있는데, 마시면 피로를 풀어 주기도 하고 기분을 좋게 하거나 불안을 없애 주는 효과를 갖고 있다. 그리고 이 효과를 맛본 사람은 다시 자연스럽게 술을 찾게 된다. 반대로 화가 나서 자주 술을 마셨다면 화가 날 때마다 술 생각이 나고 술을 바라는 심리적 변화가 생길 수 있다. 즉, 술을 마셨던 시간이나 장소, 감정 상태에 노출되면 저절로 심리적·신체적으로 모두 술을 갈망하는 상태가 되어 결국 술을 마시게 되고, 이에 따라 알코올중독으로의 진행은 더욱 가속화된다는 설명이다. 술이 주는 심리적 보상과 고유의 효능 측면은 애착장애로서의 심리적 역동을 일으킨다.

3. 중독의 결과

1) 사이버중독의 결과

사이버중독은 우선 현실세계와 가상세계를 혼동하는 부작용을 만든다. 중독은 무엇이 자신의 삶에서 더 중요하고, 필요한지를 잊게 하고, 심지어는 가상세계에서 벌이던 행동들을 현실에서 버젓이 저지르게 된다. 예를 들면, 지나치게 폭력적인 사이버 게임이 실제 범죄로 이어지는 경우이다. 알코올중독도 중독자 자신과 그 주변에 영향을 미친다. 이러한 중독문제는 개인과 사회에 큰 손실을 준다.

첫째, 사이버중독으로 인한 개인적인 손실이다. 스마트폰중독의 영향은 적게는 시력저하, 성적하락 등에서 시작하여 크게는 폭력적 행위, 이상한 습관형성 등으로 나타나고 있다. 특히, 우리나라는 첨단 IT 산업이 빠른 속도로 퍼지는 국가로 인터넷, 스마트폰 등의 매체에 따른 새로운 행위중독은 전 세계적인 관심을 받고 있다.

둘째, 사이버중독의 저연령화이다. 유·아동의 스마트폰 과의존위험군이 과거보다 많아지고 있다(2020, 과학기술정보통신부·한국지능정보사회진흥원, '2020년 스마트폰 과의존 실태조사'). 나날이 스마트폰 과의존위험군에 아동·청소년의 비율이 높아져 전 세대를 통틀어 가장 높은 37%를 나타낸다. 더구나 코로나 시대 그 비율은 더 높아지고 있다.

셋째, 사이버중독은 성인만이 아니라, 아동과 청소년에게도 정신건강 측면의 심각한 위해를 초래할 수 있다. 영·유아의 예를 들면 TV, 스마트폰 등에 노출이 많이 될수록 언어지체 가능성이 높아지고, 아이의 언어발달이 늦어진다는 우려이다. 아시다시피 언어적 소통은 대화를 통해서 이루어지며, 대화는 언어를 매개로 한 상대와의 상호작용이다. 이와달리 사이버게임은 언어적 작용보다는 목표를 향한 일방적인 행위와 작용일 뿐이다. 과의존위험군의 문제는 아동과 청소년만이 아니다. 자기 조절 능력, 통제력 부족, 중독 위험, 유해 자극, 위험 상황 노출 등을 우려 때문이다. 이러한 우려는 과의존위험군에서 자주 발생하는 가족 간의 갈등에서도 충분히 이해되는 측면이다. Kraut 등이 말한 인터넷 역설(Internet Paradox)과 같이 인터넷 상에서 친밀한 관계를 찾거나, 호기심 등을 해소하려다 정작 가장 중요한 인간관계에 갈등을 만드는 아이러니한 결과를 남기는 것이다.

넷째, 앞서 언급한 대로 인터넷중독의 경우 이미 10여년 전에 연간 사회적 손실비용은 최대 5조 4570억원에 이른다고 조사되었다(2011, 이해국 외, 인터넷중독의 사회적 손실비용에 대한 연구, 가톨릭의과대학교). 인터넷중독에 의한 청소년의 학습기회 손실 비용은 연간 최저 4124억원에서 최대 1조3872억원에 이른다(2014, 한국정보화진흥원). 손실비용의 천문학적 액수가 말해주는 것은 인터넷중독이 실제 우리 사회에 얼마나 큰 손실이 발생시키며, 생산과 성장에 방해가 되는지 알 수 있다. 그런데 관련 비즈니스 업계의 마케팅 비용은 4000억을 쓰고, 부작용으로 남은 중독에 대해서는 90억원을 쓰고 있다(2014, 이해국교수 발언, 보건복지위원회 게임중독법 '공청회' 개최).

다섯째, 인터넷중독은 개인의 신체 건강문제에도 영향을 미친다. 가장 먼저 드러나는 부분은 만성 피로감, 어깨 결림, 시력 저하, 손목 저림 증상이다. 당연히 인터넷 과몰입이 계속되면 수면의 패턴이 달라지고, 일상생활의 리듬도 깨지게 마련이다. 오랜 시간 중독에 머무른다면 결국 불규칙한 식사, 수면, 운동부족 등으로 자신의 건강 또한 회복하기 어려운 치명적인 결과를 만들 수 있다.

2) 알코올중독의 결과

알코올중독은 니코틴 사용장애, 기분장애, 불안장애, 정신병적 장애 등 다른 여러 정신장애 중에서 가장 높은 유병률과 손실을 보인다. 알코올중독으로 분류되는 중독자는 약 210만 명으로 추정된다. 또한, 중독자 가족이나 주변의 사회적 안전문제가 심각하다. 폭행이나 강도, 강간, 살인과 같은 강력범죄의 약 30% 이상이 음주상태에서 발생하고, 그것도 매년 증가함을 감안하면 사회적 손실은 실로 크다(이덕주, 2015).

첫째, 알코올중독으로 인한 개인적 손실은 자신의 건강훼손이 가장 크다. 또한, 개인의 건강만을 위협하는 것이 아니라, 정신과 행동장애에도 영향을 미치는 것으로 드러난다. 신체적으로 간염부터 간경화, 간암에 이르기까지 알코올로 인해 직접적으로 영향을 받는다. 더불어 정신과 행동장애를 겪는 결과로 인해 중독자를 포함한 가족에게까지 영향이 크다. 중독자의 신체적·정신적 문제는 말할 것도 없고, 가족의 정서와 생활에 부정적 영향을 미치고 불안, 우울, 적대감, 폭력 등 삶의 질을 저하시키는 등 2차적 문제가 발생한다.

둘째, 알코올중독에 따른 사회적 비용은 무척 크다. 알코올로 인한 진료비는 2014년 2,183억 원에서 2018년 1,895억 원으로 288억 원이 감소해 연평균 감소율 3.4%를 기록했으며, 입원 진료비는 연평균 4.2% 감소, 외래 진료비는 6.4% 증가한 것으로 나타났다. 그러나 외래 1인당 진료비는 최근 5년간 연평균 증가율 5.4%로 늘어나고 있어, 입원 1인당 진료비의 연평균 증가율 2.1%에 비해 상승세가 두드러지고 있다.

통계청(2021)에 따르면 지난 2020년 알코올 관련 사망자 수는 총 5,155명으로 1일 평균 14.1명을 기록했다. 알코올 관련 사망률(인구 10만 명당)은 10.0명으로 지난해 대비 9.8% 증가했다. 지난 2014년 8.8명까지 떨어졌던 알코올 관련 사망률은 2015년 이후 9명대를 유지하다 2020년 10명까지 늘었다. 성인의 고위험 음주율(1회 평균 음주량이 남성은 7잔, 여성은 5잔 이상, 주 1회 이상 음주)은 2005년 11.6% 수준에서 지속적으로 올라 2018년에는 14.7%를 기록했다. 이러한 추세는 코로나19 이후 더욱 가속화되고 있다. 질병관리청에 따르면 코로나19 유행 이후 고위험 음주율은 3.0%P가 증가하기도 했다.

대표적인 음주 범죄인 음주운전도 관대한 음주 문화와 함께 늘고 있다. 도로교통공단에 따르면 음주운전 범죄는 2016년 1만 9,769건에서 2017년 1만 9,517건, , 2018년 1만 9,381건, , 2019년 1만 5,708건으로 감소세를 보였지만, 2020년 1만 7,247건으로 전년보다 약 9.8% 증가했다. 국민건강보험공단 건강보험정책연구원에 따르면 음주로 인한 사회경제적 비용이 9조 4,524억 원으로 나타났다. 흡연(7조 1,258억 원), 비만(6조 7,695억 원)에 비해 상당히 높은 편이다.

4. 사회복지적 대책

1) 유전이론 관점의 대책

첫째, 유전적 중독은 문제가 발생하기 전에 예방 측면을 인지하고 강화하면서 그에 따른 문제 해결에 노력을 기울이는 것이 가장 중요하다. 유전적으로 중독은 보상 추구와 같은 유전적 지표를 통해 중독이 가속화되거나 보상회로의 취약성이라는 요소를 통해 중독의 경로에 쉽게 빠지기 때문이다. 따라서 스스로 즐거움을 만들어 내고 느끼는 능력을 상실하는 중독 이전에 예방적 노력이 우선되어야 한다.

둘째, 사이버중독의 경우 유전적으로 남학생이 여학생보다 더 많다는 점에서, 중독에 더 취약한 남학생의 신체적·심리정서적 특성을 고려한 중독대책이 필요해 보인다. 현재 경쟁적이고 결과지향적이며, 평가위주의 한국의 학교교육 시스템은 생물학적으로 남학생보다 여학생에게 더 유리하다. 그러므로 학교제도 안에서 남학생의 활동성과 관심의 에너지가 발산될 수 있는 학교교육 시스템 발굴에 정책적 역량을 집중할 필요가 있다.

2) 비행하위문화이론 관점의 대책

비행하위문화이론적 관점에서는 사이버와 술에 대한 접근이 용이하고 허용적인 사회구조적 조건에서 중독문제가 더욱 심화된다고 보고 그 대책을 모색하고자 한다. 한국은 국가정책적으로 사이버 관련 산업을 장려한다. 21세기 산업구조의 특성상 굴뚝 없는 성장이라는 사회변화에 따라 새로운 성장산업의 선점이 중요한 국가적 과제로 부상된 상황이다. 이러한 시점에서 급속한 인터넷 보급으로 인해 국민은 준비 없이 사이버 세계에 노출되어, 현재 사이버중독과 관련한 부작용을 경험하는 시점에 이른다. 알코올중독은 술에 관대하며, 남성중심의 사회분위기라는 한국 특유의 문화적 측면이 원인이 되기도 한다. 즉, 사이버중독과 알코올중독의 경우 가장 중요한 문제 해결의 초점은 사이버 관련 제품과 술의 소비 주체인 국민에 대한 배려가 부족하다는 데 있다. 국민이 소비함으로써 관련 기업은 엄청난 성장과 양적 확대를 이뤘다. 이처럼 국민은 관련 기업의 번영과 팽창에 소비자로 기여하고도, 그 부작용과 치료비용까지 고스란히 떠안는 상황이다. 중독이라는 결과 앞에 관련 기업은 국민에게 사회적 책임을 다하고 있는가 묻고자 하며, 이러한 조건하에서 대책을 제시하고자 한다.

첫째, 사이버중독에 대해 중독에 이르는 여러 경로에 대한 접근 조건을 선진국 수준으로 재조정해야 한다. IT 문화가 처음 시작될 때 우리는 이러한 결과를 예측하기 어려웠다. 물론 알코올도 시작은 허용적 문화 속에서 손쉽게 이루어졌다. 그러나 뭐든지 한번 시작하고 나면 이전으로 되돌리기 힘들다. 그리고 생각지 못한 여러 다른 문제를 경험하게 된다. 이미 선진국에서는 사이버와 관련하여 아동의 사이버상 게임과 활용 등에 대해 부모가 함께 참여하면서 문제를 예방하고 있다(한국정보문화진흥원, 2014)[21]. 이러한 노력으로 미국 가정의 91%는 부모가 아이에게 게임을 직접 사 주거나 아이와 함께 게임을 구매한다. 우리나라 부모와는 크게 대조되는 모습이다. 우리나라는 10명 중 2명이 채 안 된다고 한다. 이처럼 사이버중독의 문제에서 관련 기업은 성장만을 추구하기보다는 그들의 성장 그늘에 가려진 중독과 황폐화에 대한 기업의 사회적 책임을 인식하고, 국가와 함께 문제를 해결하려는 적극적인 노력을 선도해야 한다.

둘째, 관대한 음주문화를 중요한 삶의 도구로 인식하는 우리 사회의 술에 대한 태도를 변화시키려는 노력이다. 알코올중독의 경우 술을 가볍게 취급하는 한국의 음주문화가 우리 생활에 속속들이 파고들어, 사실상 사회문화 전반에 중독을 부추기는 선순환적인 구조를 결과하고 있다. 이것은 일종의 비행하위문화적 관점을 이끌어 내는 사회문화적 조건을 예시한다는 측면에서 알코올중독의 대책을 위한 중요한 단초라고 본다. 야외에서의 스포츠 활동, 사람을 위한 자연친화적인 관심과 봉사의 일상생활화가 필요하다.

21) 핀란드 아동보호협회가 추천하는 인터넷 사용시간은 1회 최대 1시간이다. 반드시 1시간 사용 후에는 휴식을 가질 것을 권한다. 1주일 중 인터넷 사용 요일을 정해서 어떤 날은 전혀 인터넷을 사용하지 않는 방법도 추천한다. 또한 학부모들이 게임과 소셜 네트워크에 관하여 많은 관심을 기울이고 있다. 아이들에게는 가상현실의 세계에서도 현실세계처럼 부모가 필요하다고 보기 때문이라고 한다.

3) 애착이론 관점의 대책

부모와의 애착관계가 불안정한 청소년일수록 알코올이나 인터넷중독에 쉽게 빠진다. 청소년기에 형성된 부모에 대한 애착관계는 개인의 내적 작동모델(internal working model)의 형태로 지속되며, 성인기의 심리적 적응이나 관계형성에 영향을 주기 때문이다. 중독문제는 시작도 해결도 건강한 애착관계의 형성에서 찾을 수 있다. 애착관계의 형성은 건강한 정서의 확립, 자기 전능성, 자기결정권 등을 재정립하는 에너지가 된다. 그래서 자연스러운 성장과 발달이라는 것은 원만하게 이행 대상을 구하는 과정 속에서 애착을 지속하면서도 안심하고 안전함을 이해하고 확장해 나가는 것이다. 사이버세상에 빠져 현실감을 잃는 청소년을 구하려면 뭔가 대체될 만한 이행 대상을 찾도록 도와주어야 한다. 그렇다면 게임이 아닌 어떤 대안이 있는가? 애착이론적 관점에서 그들은 게임에 빠져 문제를 갖게 된 것이 아니라, 행복하고자 하는 기본 욕구가 좌절된 아이들일 수 있다. 그렇다면 사이버라는 대상은 그들이 욕구를 풀어낸 하나의 애착대상이고, 지속적으로 애착문제를 해결하기 위한 출구가 될 수 있다. 거기다가 게임의 구성, 즉 그 구조에서도 긍정적인 측면이 있는데, 게임의 이행 대상적 성격을 보면 게임공간 안에서 게임규칙을 준수하면서도 나름대로는 창조적 행위로 자기만족을 찾도록 만들어져 있다. 이러한 특성은 현실에서 부모님과의 갈등, 부모님의 부부갈등 등 가족관계의 문제, 왕따, 성적저하, 유학 후 부적응 등의 학교생활 문제, 정서적 위축, 자신감 저하, 외로움 등의 심리적 갈등 등 선행하는 내재된 갈등이 있는 경우, 현실을 잊기 위해 게임에 몰입하거나 채팅 등으로 위로 받으면서 사이버상에서 현실을 잊고 기분 전환이 되는 것을 경험하며 점차 심리적으로 의존하게 된다.

애착이론적 관점에서 대책은 첫째, 중독의 심리적 작용을 보고, 메커니즘을 파악하여 안전한 애착을 형성하며, 복원하는 것이다. 이제 중독자가 갖고 있는 애착 대상에 대한 결핍내용을 다시 점검하고, 스스로에 대한 자기감을 인식하는 과정을 통해 건강한 자존감을 회복해야 할 것이다. 그리고 자기 스스로 욕구를 조절하고 통제력을 발휘할 수 있는 힘을 키우는 과정이 필요하다. 이러한 과정은 어쩌면 길고 지루한 시간이 될 수 있다. 그러나 여러 가지 심리내적 문제에 초점을 둔 치료는 그동안 숨어 있던 과거 경험을 통합시키므로 중독자에게 좀 더 일관되고 안정된 자기감을 키워 줄 수 있다. 또한, 교정적 상담과정에서 이루어지는 공감 속에 형성되는 안전한 애착과정은 그간의 심리적 애착의 결핍을 채워 주면서 안전하고도, 충만함이라는 확신 속에 욕구의 조절과 통제라는 자기균형을 만들어 줄 수 있다. 이런 심리적 과정은 중독자와 어떤 상호관계성 속에서 어떻게 경험되었고, 현재 어떻게 표현되고 있는지를 다루면서 치유의 과정을 만들고 결과한다.

둘째, 청소년 개인뿐만이 아니라 위기에 처한 부모 및 가정에 대한 다양한 접근방법이 필요하다. 청소년 중독장애의 예방과 치료를 위해 부모와의 애착 증진을 위한 가족치료와 ADHD인 경우 충동성 – 집중력 향상 치료가 요구된다. 특히, 중독에 취약한 계층인 한부모가정, 조손가정, 저소득층가정, 다문화가정, 맞벌이가정에 대해 먼저 실시하고, 필요하면 일반가정도 지원하도록 한다. 즉, 애착이론에서 바라보는 중독자를 위한 사회복지적 대책은 개인적·사회적 환경에서 건강한 관계를 형성할 수 있는 배려공동체가 되도록 해야 한다. 수많은 인간적 관계를 맺는다고 해도 타인과의 상호성과 안전애착은 중독자에게 소외와 고립의 악순환에서 벗어나도록 하기 때문이다. 중독자에게 안전하고 균형적인 애착 확립과 건강한 상호성을 이해하고 경험하게 하는 것은 중독물질 없이 갈등을 해결할 수 있게 하는 가장 중요한 부분이다. 이를 위한 가이드라인을 가진 지지 시스템과 안전한 치유 환경을 설정하는 것은 매우 중요하다. 경쟁과 결과를 중시하며 보이는 것의 홍수 속에서 '생각하기'를 멈추고 있는 우리 사회의 모습을 지양해야 한다. 깊은 이해와 배려로 안전한 관계로 회복하기 위해 중독자를 안아주는 과정을 정착시킬 수 있는 공동체가 되도록 노력해야 하겠다.

5. 결론

2022년 현재 코로나 시대의 급습은 사회적 거리두기라는 일상을 살아야 하기에 각종 중독현상은 더욱 심화되는 환경이 아닐 수 없다. 인터넷의 경우 코로나 시대에 맞는 삶의 방식에 중요한 도구이므로 중독의 병리적 측면을 상쇄시키는 측면을 보이기도 한다. 인터넷 엑세스는 그 자체가 개인적, 사회적 관계망이고, 학습의 공간이다. 코로나 시대에 인터넷은 누군가의 친구이자, 선생님이 되어 준다. 또 게임 개발자에게 인터넷은 비즈니스의 장이고, 삶의 도구이기도 하다. 그 모든 이유와 의미 때문에 인터넷에 모든 책임을 물을 수는 없지만, 제대로 된 안전장치가 없었기에 중독에 이르는 경우 또한 만나는 현실이다. 그러나 계속 예상되는 문제에 대한 보호장치 없이 이익 추구만을 위해 전진하는 과학기술발전을 두둔하여 해악을 남긴다면, 누구의 책임인가? 인터넷의 사회적 역할과 공헌이 있다고해도 부작용인 중독으로 인간에게 끼치는 해악이 있다면 그 해결에 대해 함께 의논하고 고민에 답함으로서 상생의 솔루션 또한 제시해야 할 시점이다.

상기의 요소를 감안하여 다음과 같이 마무리하고자 한다.

첫째, 중독을 부추기는 사회문화적 조건은 국가의 성장담론이 우선한 결과로 이제는 그 부작용의 문제를 다루어야 한다. 한국은 IT 강국으로 가기 위해 국가적으로 인터넷의 보급을 장려했다. 마치 1960년대 공업화를 위해 벌목을 하고 공장 가동을 우선하여 환경을 훼손한 것과 같은 결과이다. 지금부터라도 교육선진국의 IT교육처럼 유아에서부터 초등학생까지 접근성의 단계와 원칙을 활용하면서, 부작용을 최소화할 필요가 있다. 이러한 문제를 먼저 경험한 선진국의 사례를 적극적으로 활용하여 가정과 사회, 국가가 함께 예방에 주력해야 한다. 또한, 유치원과 어린이집 교사를 대상으로 한 미디어교육을 실시하여 인터넷을 처음 접근하게 되는 나이부터 인터넷 이용습관에 대한 주의와 교육을 강화시키는 것이 필요하다. 모든 연령을 아우르는 사회문제로 확장되고 있는 시점에서 중년 이상, 특히 노년층에 대한 사이버중독에 대해서도 동일한 맥락의 예방이 필요하다.

둘째, 건강한 공동체를 위해 기업과 국가, 가정의 공동 노력이 시급하다. 주류 업계든 사이버 관련 업계든 국민인 이용자의 소비를 통해 기업성장이 확보된다. 또한, 국가는 제도적으로 성장 패러다임을 우선적으로 추구하였다. 이제 이 둘은 가정이라는 사회의 최소 단위와 함께 고민하고 학습하면서 실천해야 할 것이다. 애초에 사회문제가 단 하나의 이유로만 발생한 것이 아니기에 가정과 기업, 국가라는 세 주체가 함께 노력하지 않는다면 문제는 사라지기 힘들다.

제11장

Social Problem

정신건강문제

한국인의 정신건강상태는 매우 위험한 수준이다. 18세 이상 74세 이하 성인을 대상으로 한 〈정신질환 실태조사〉 결과, 국민의 약 30%가 평생 한 번 이상 정신질환을 경험하는 것으로 나타나 인구 전체에 걸친 정신적 스트레스와 정신건강문제가 심각한 수준이다. 2016년을 기준으로 정신장애 일년유병률 및 추정환자 수를 살펴보면 〈표 11-1〉과 같다.

표 11-1 정신장애 일년유병률 및 추정환자(2016)

(단위: %, 명)

장애구분	남성		여성		전체	
	유병률	추정환자 수	유병률	추정환자 수	유병률	추정환자 수
알코올사용장애	3.5	1,391,816	5.0	982,402	2.1	409,414
니코틴 사용장애	2.5	1,006,358	4.5	883,387	0.6	122,970
약물사용장애	0.0	0	0.0	0	0.0	0
조현병 스펙트럼장애(지역사회)	0.2	63,361	0.2	32,880	0.2	30,481
조현병 스펙트럼장애(입원환자)	0.3	50,489	-	-	-	-
기분장애	1.9	749,602	1.3	250,130	2.5	499,472
불안장애	5.7	2,248,004	3.8	752,765	7.5	1,495,239
2) 모든 정신장애	11.9	4,700,513	12.2	2,415,261	11.5	2,285,252
3) 모든 정신장애(니코틴사용장애 제외)	10.2	4,039,988	9.3	1,830,948	11.1	2,209,040
4) 모든 정신장애(니코틴/알코올사용장애 제외)	7.2	2,870,154	5.0	981,437	9.5	1,888,717

출처: 보건복지부(2016). 「정신건강실태조사」.

국민 4명 중 1명이 생애기간 중 정신건강문제로 고통을 받고 있고 정신장애는 국민 질병부담의 최대 원인으로 OECD 평균 GDP의 약 4%에 해당한다. 국민의 정신건강 악화로 10년 연속 OECD 국가 중 자살률이 1위이며, 정신질환, 신체질환, 빈곤 등으로 취약계층 양산과 고착화로 사회적 통합을 저해한다. 국가에서는 정신건강문제가 사회적 이슈로 등장하면서 1995년 12월 「정신보건법」을 제정하였고, 1997년에 시행령과 시행규칙을 공포함으로써 정신보건사업의 법적 기반을 마련하였으며, 2016년 「정신보건법」을 전부 개정하여 법의 명칭을 「정신건강증진 및 정신질환자 복지서비스 지원에 관한 법률」로 바꿔서 2017년부터 시행하기로 하였다. 따라서 본 장에서는 한국인의 대표적인 정신질환인 우울장애, 불안장애, 조현병과 이로 인해서 유발되는 자살문제를 다루고자 한다.

I 우울증문제

사례

분당서 30대 모녀 투신, 딸 숨지고 엄마 중태
캐리어로 딸 안은 채 떨어진 듯…경찰, A씨 평소 우울증 앓아

경기도 성남시에서 30대 여성이 자신의 딸을 안고 15층짜리 아파트에서 투신해 아이는 숨지고 여성은 의식불명에 빠졌다. 14일 분당경찰서에 따르면 이날 오전 11시 40분쯤 성남시 분당구 정자동의 한 아파트 뒷편 화단에 쓰러져 있는 A(32, 여) 씨와 딸(1)을 경비원이 발견해 신고했다. 경찰은 폐쇄회로(CCTV)를 통해 A 씨가 오전 10시쯤 유아용 캐리어에 딸을 안은 채 아파트에 진입해 엘리베이터를 이용한 사실을 확인했다. 경찰은 8~9층에서 A 씨로 추정되는 족적을 발견했고, 정확한 추락지점을 파악하고 있다. 현재 A 씨는 분당 서울대병원으로 이송돼 중환자실에서 치료를 받고 있다. 경찰관계자는 "남편이 A 씨가 평소 우울증을 앓아왔다고 진술했다"며 "자살에 무게를 두고 수사를 진행할 것"이라고 밝혔다. A 씨의 유서는 따로 발견되지 않았다고 경찰은 밝혔다.

서울경제신문(2016.7.14.)

1. 서론

우울증은 2주 이상 우울증상이 지속돼 일상생활이나 사회생활에 심각한 지장을 주며 신체적 건강과 정신적 건강상태에 좋지 않은 영향을 미쳐 신체질환이나 사망률 증가, 자살 등의 원인이 되는 질환이다. WHO는 인류에게 가장 큰 부담을 초래하는 10대 질환 중 우울증을 3위로 보고하였으며, 2030년이 되면 1위가 될 것으로 예측하였다.

최근 들어 한국에서 우울한 사회적 사건이 많이 발생하고 우울증을 앓고 있는 사람도 많아졌으며, 우울증에 의해서 자살에 이르는 경우도 급증하고 있다. 자살하는 이유 중에서 '우울증'은 첫째로 손꼽힌다. 학계 보고에 따르면 우울증으로 인한 자살이 전체의 80%에 이른다. 우울증은 마음이 우울해지고 슬퍼지는 병으로 의욕이 없어지고 말수나 활동이 줄어든다. TV를 보거나 친한 친구를 만나는 등 무슨 일을 해도 흥이 나지 않는다. 우울증은 가족의 사망과 질병, 실직, 실연 등과 같은 스트레스를 겪으면서 주로 발생하지만 특별한 이유가 없이 찾아오기도 한다. 평생, 남성은 10명 중 1명, 여성은 5명 중 1명꼴로 우울증에 시달린다.

우울증은 삶을 매우 고통스럽게 만드는 정신장애인 동시에 '심리적 독감'이라고 부를 정도로 흔한 장애이다. 우울증은 개인의 능력과 의욕을 저하시켜 현실 적응을 어렵게 만드는 중요한 요인으로 알려져 있다. 로페즈와 머레이(Lopez & Murray, 1998)에 따르면, 우울증은 전 세계적으로 직업 부적응을 초래하는 가장 중요한 요인이며, 자살에까지 이르게 하는 점에서 치명적인 심리장애이다. 전문가들은 우울증이 앞으로 점점 더 심각한 사회문제가 될 것으로 예상한다. 따라서 심리학과 정신의학 등의 정신 관련 분야에서는 우울감과 우울증에 대해 연구하고, 사회복지 영역에서도 우울증 환자에 대한 개입이 다양하게 이루어지고 있다.

본 절에서는 우울증의 특성과 현황, 대처방안에 대해서 살펴보고자 한다.

2. 사회문제의 이해

1) 우울증의 개념정의

우울증은 슬픔, 공허감, 짜증과 그에 수반하는 신체적·인지적 증상으로 인해 개인의 기능과 의욕을 현저하게 저하시켜 현실적 적응을 어렵게 만드는 주요한 요인으로 알려져 있다(권석만, 2015). 또한, 우울장애는 조증과 울증이 주기적으로 반복되는 정신장애로 기분이 언짢아 명랑하지 않은 심리상태에 빠지거나 무관심과 개인적 무가치한 경험을 수반하는 심리적·생리적 측면이 비정상적으로 침체된 상태로서 자기 의지와 상관없이 신체와 기분, 사고, 행동의 모든 영역에서 동반될 수 있고 식사, 수면, 자신에 대한 느낌, 사물에 대한 생각, 타인에 대한 느낌, 환경이나 상황에 대한 반응에도 영향을 미치며 성적 저하, 원활하지 못한 대인관계, 학업수행이나 직장생활에 어려움을 야기할 수 있다. 심하면 자살이라는 심각한 결과에 이를 수 있는 뇌질환으로 2주 이상 일상생활에 지장이 있을 정도의 슬픔이나 절망을 느낀 경우로 정의할 수 있다.

2) 우울증의 특성과 범위

우울증은 우울한 기분을 주된 증상으로 하는 기분장애로서 다양한 심리적 문제가 동반된다.

우울증 환자의 특성을 살펴보면 다음과 같다.

첫째, 우울하고 슬픈 감정을 비롯하여 좌절감, 죄책감, 고독감, 무가치감, 허무감, 절망감 등과 같은 고통스러운 정서가 지속되며 심한 우울증 상태에서는 무표정하고 무감각한 정서를 나타낼 수도 있다. 아동·청소년의 경우에는 우울 상태에서 분노감정이나 불안하고 짜증스러운 감정을 나타내기도 한다. 우울한 기분과 함께 일상활동에 대한 흥미와 즐거움이 저하되어 매사가 재미없고 무의미하게 느끼며, 어떤 일을 하려는 의욕이 현저하게 저하되어 생활이 침체되고 위축된다.

둘째, 부정적·비관적 생각에 빠져 자신을 무능하고 열등하며 무가치한 존재로 여기는 자기비하적인 생각을 떨치기 어렵고, 타인과 세상을 비정하고 적대적이며 냉혹하다고 생각한다. 삶을 힘겨워하며, 미래를 비관적이고 절망적으로 본다. 또한, 인생에 대한 허무주의적 생각이 증가되어 죽음과 자살 생각을 자주하는 경향이 있다. 인지적 기능도 저하되어 주의집중이 잘 되지 않고 기억력이 떨어지며 판단에도 어려움을 겪게 되어 결정을 내리기 어렵고 우유부단한 모습을 보이게 된다. 이러한 사고력 저하로 인해 자신의 능력을 발휘하지 못하고 학업이나 직업활동에 어려움을 겪게 된다.

셋째, 우울한 사람은 어떤 일을 시작하는 데 어려움이 있고 해야 할 일을 지연시킨다. 활력과 생기가 저하되어 아침에 잘 일어나지 못하고 쉽게 지치며 자주 피곤을 느낀다. 사회활동을 회피하며 위축된 생활을 한다. 우울증 상태에서는 행동과 사고가 느려지고 활기가 감소하여 행동거지가 둔하고 처지며 수면장애를 겪게 된다.

넷째, 우울 상태에서는 식욕과 체중이 변화되며 피곤함을 많이 느끼고 활력이 저하되어 성적 욕구나 흥미가 감소한다. 또한, 소화불량, 두통과 같은 신체적 증상이 나타나고 면역력이 저하되어 전염성 질환에 약하다.

우울증은 개인을 매우 고통스럽고 부적응 상태로 몰아넣는 무서운 장애지만 전문적 치료를 받으면 회복이 잘 되는 장애이기도 하다. 그러나 우울증을 지닌 많은 사람이 이러한 사실을 알지 못하기 때문에 적절한 치료를 받지 않은 채 고통스러운 삶을 살아가는 경향이 있다.

우울증 범위는 우울증상의 심한 정도나 지속기간에 따라 다양하게 구분된다. 『정신장애 및 통계편람 제5판(DSM-5)』에서는 우울장애의 하위유형으로 주요 우울장애, 지속성 우울장애, 월경 전기 불쾌장애, 파괴적 기분조절곤란장애로 구분하며, 산후우울증 및 계절성 우울증 등이 있다.

3) 우울증 출현의 역사

기원전 400년경 그리스의 의사 히포크라테스(Hippocrates)는 멜랑꼴리아(melancholia, 우울)가 흑담즙이 과도하게 분비되어 발생한다는 생물학적 이론을 주장하였다. 이와는 상반되게, 플라톤(Platon)은 심각한 정신적 문제는 철학자의 몫이므로 우울증의 심리적인 치료를 주장하였다. 아리스토텔레스(Aristoteles)는 몸과 마음이 서로 영향을 미쳐서 정신질환이 발생한다고 주장하였다. 중세시대에는 정신질환을 악마에 의해 발생되는 초자연적인 현상으로 해석하여 환자에 대한 마녀사냥이 성행했던 암울한 시기로 종교계에서는 우울증상을 7대 죄악 중 한 가지인 나태함(게으름)으로 여겼다. 그러나 르네상스 시대에는 정신질환의 원인을 자연과학적인 것에서 찾기 시작하였다. 17세기에는 프랑스의 에스키롤(Jean-Étienne Esquirol)이 현대적인 의미의 기분장애 개념을 제시하였다. 한국에서 우울증이라는 말이 사용되기 시작한 시점은 해방 이후인데, 미국정신의학회의 『정신장애 및 통계편람(DSM)』이 일본을 거쳐 한국에 도입된 이후부터이며, 1958년에 공식적으로 『한글학회사전』에 등재되었다(채정민 외, 2015).

3. 문제의 현황

우리나라 자살률은 OECD 국가 중 1위, 한 해 자살하는 사람 수만 1만 4,000명에 이르는 것으로 추정되며, 이 중 약 80%가 우울증을 앓은 경험이 있다. 환자 대부분은 우울증 초기에 제대로 된 치료를 받지 않아 증상이 반복되며, 우울증이 깊어질수록 순간적인 자살충동에 쉽게 노출된다. 분당서울대학교병원 김기웅 정신건강의학과 교수의 연구에 따르면, 우리나라에 확실한 우울증(definite depression)이 약 12.5%(600만 명)이고 우울증이 유력한 환자(probable depression)가 30%(1,500만 명)로 추정되는데, 2015년에 우울증으로 진료를 받은 환자 수는 60만 명에 불과해 확실한 우울증 환자 중 나머지 90%는 제대로 된 치료를 받지 못하는 것으로 조사됐다(다음뉴스, 2016. 9. 10.).

보건복지부 질병관리본부 질병예방센터(2014)가 발표한 '한국 성인의 우울증상 경험'에 따르면 〈2012년 국민건강영양조사〉 결과, 최근 1년 사이에 우울증을 경험한 경우가 12.9%로 성인 8명 중 1명이 우울증을 경험할 정도로 우울증이 심각한 것으로 조사됐다. 보고서에 따르면 여성과 70세 이상 고령자, 농촌 거주자, 가구소득이 낮은 사람일수록 우울감 경험률이 높았으며, 여성(16.5%)이 남성(9.1%)보다 1.8배가 많았다. 또한, 나이가 들수록 우울증을 호소하는 사례가 증가했다. 2011년을 기준으로 우울증과 자살로 인한 사회경제적 부담은 10조 3,826억 원으로 추산된다. 그러나 우울증을 경험한 사람 중 정신건강 상담을 받은 사람은 10명 중 1명(9.7%)에 불과했다.

〈2015년 한국의 사회동향〉(통계청, 2015)에 따르면 한국인의 우울감 경험률 등 정신건강 수준을 나타내는 지표가 선진국보다 높게 나타났다. 2011년을 기준으로 한국인은 100명 중 13명꼴로 우울감을 경험(13.2%)하며, 29개국의 평균인 10.7%보다 2.5% 정도 높았다.

건강보험심사평가원(2010)이 발표한 최근 5년간(2005~2009년) 우울증에 대한 심사결정자료를 분석한 결과, 진료인원은 2005년 43만 5000명에서 2009년 50만 8,000명으로 연평균 4.0%인 약 1만 8,000명씩 매년 증가한 것으로 나타났다. 우울증 진료비는 2005년 1,212억 원이며 2009년은 1,788억 원으로, 연평균 10.4%가 늘었다. 우울증 환자를 성별로 살펴보면 여성이 남성보다 약 2.2배 더 많았으며, 연평균 증가율도 여성(4.7%)이 남성(2.6%)보다 높게 나타났다. 우울증은 40세 이상의 중·고령층에서 주로 나타나며, 2009년을 기준으로 50~59세(19.6%)가 가장 높았고 60~69세(18.1%), 40~49세(17.6%)로, 40세 이상의 연령 구간이 전체의 55.3%를 차지했다. 20대 미만에서는 남성이 높거나 성별에 거의 차이가 없었지만, 20대 이후에는 여성이 남성보다 2.4배가 높았다. 성별 차이가 가장 큰 구간은 30~39세로, 여성이 남성보다 2.5배 높았다. 특히, 20~60대가 약 5% 미만의 증가율을 보인 것에 비해, 10~19세의 청소년에서는 8.2%의 높은 증가율을 보였다.

〈2021년 정신건강실태조사 보고서〉(2022)에 따르면, 우울장애의 1년 유병률은 남자의 경우 60대(2.1%), 여자는 70대(5.4%)에서 높았으며, 남자(1.9%)와 여자(4.4%) 모두 이혼/별거/사별일 경우 높은 우울장애 1년 유병률을 보였다. 주요 우울장애의 1년 유병률은 남자의 경우 60대(1.9%), 여자는 70대(5.4%)에서 높았으며, 남자의 경우 고졸(1.5%), 여자의 경우 중졸 이하(2.8%)일 때 높은 유병률을 보였다.

농·어촌지역 주민의 경우에는 우울증이 더욱 심각하다. 한국보건사회연구원(2013)의 〈농·어촌 정신건강증진정책 현황과 과제 보고서〉에 따르면 농·어촌지역의 우울증 고위험군 비율은 2013년에 14.0%로 대도시 우울증 고위험군 비율(11.2%)보다 높게 나타났지만 정신보건기관 접근성이 낮아서 도움을 받지 못하므로 자살로 이어지는 경우가 많았다.

최근에는 산후우울증이 사회문제로 대두되고 있으나 제대로 된 실태파악이나 관리대책이 없는 상태이다. 산후우울증은 출산 후 4주에서 6주 사이 심한 불안감, 우울감, 의욕저하 등을 경험하며, 심하면 자살이나 죽음에 대한 생각 등으로 일상생활에서 기능저하를 초래한다. 이를 방치하면 산모는 물론, 유아의 발달과 가족관계에 심각한 영향을 미칠 수 있다. 실제 산후우울증에 시달리던 여성이 자녀를 숨지게 하는 사건이 발생하면서 산후우울증은 더 이상 개인 및 가정 차원의 문제가 아닌, 사회적 관리 대상으로 부각되고 있다. 건강보험심사평가원의 자료에 따르면, 최근 5년간 산후우울증으로 병원에 내원 및 입원해 진료받은 여성은 2010년에 157명, 2011년 197명, 2012년 235명, 2014년 263명으로 계속 증가했다. 전문가에 따르면, 전국적으로 6만 명 수준의 상담과 치료가 필요한 대상자가 있을 것으로 추정되고, 한 해 2만 명 정도가 심각한 산후우울증을 겪고 있는 것으로 추산되지만치료받는 비율은 1%에 불과하며, 산후우울증과 관련한 유병률 조사조차 제대로 이뤄지지 않고 있다. 정부 주도의 산후우울증 관련 정책이 전무한 상황이지만, 서울시 등 일부 지자체는 보건소, 정신보건센터, 지역 내 산부인과 등과 연계해 산전·산후우울증 선별평가 및 예방교육, 우울검사 등을 실시하고 있다. 다만 전국 단위의 산후우울증 관리대책은 미비하다. 보건복지부(2015)는 2016년부터 대한정신건강재단에 산후우울증 관련 중·장기계획 및 종합대책마련 등을 위한 정책연구과제인 '산후우울증 관리체계 구축방안 정책연구'를 실시했으며, 현재 관련 연구결과를 검토·보완하고 있다.

전 연령대에서 우울증이 지속적으로 증가하고 있지만 인구 1000명당 항우울제 복용률(DDD: 의약품 하루 사용량)은 20DDD로 OECD 전체 평균인 58DDD에 훨씬 못 미치며, 의료 및 상담서비스를 이용하는 비율마저 낮은 편이다. 전문가와의 상담 비율이 낮은 이유는 상담에 대한 주변의 부정적 인식과 비싼 비용 때문이다.

여성가족부가 실시한 〈2018년 한부모가족 실태조사〉 결과 한부모들이 우울감을 느낄 때 해결하는 주된 방법은 '혼자서 참는다(47.1%).'가 가장 많았고 '친구나 가족에게 이야기 한다(19.8%).', '술을 마신다(18.1%).' 순으로 나타났으며, '지역사회의 전문가(예: 건강가정지원센터, 지역복지관 등)와 상담한다.'는 응답은 1.3%로 나타나 전문가 등 외부자원 활용을 통해 우울감을 해소하기 보다는 혼자 참는 등 개인적인 차원에서 우울감을 해소하려는 경향이 강했다.

4. 문제의 배경

1) 이론적 배경

우울증의 이론적 배경을 살펴보면 다음과 같다.

(1) 정신분석이론

정신분석이론에서는 분노가 무의식적으로 자기에게 향해진 현상을 우울증으로 본다. 우울증은 사랑하는 대상의 무의식적 상실에 대한 반응인데, 사랑하는 대상을 잃는 경험을 하게 되면, 자신을 버린 대상에 대한 분노를 느끼게 된다. 그런데 이 분노감정이 향해야 할 대상이 사라진 상태에서 도덕적 억압 등이 가세하면, 그것은 무의식 속으로 잠복해 자기 자신에게로 향한다. 결과적으로, 자기비난, 자기책망, 죄책감 등이 나타나며 자기 가치감이 손상되고, 자아 기능이 약화되며, 우울증이 나타난다고 본다.

(2) 행동주의이론

행동주의이론에서는 우울증이 사회환경으로부터의 긍정적 강화가 약화되어 나타난 현상이라고 보며, 우울한 사람은 생활 속에서 더 많은 부정적 사건을 경험하고, 부정적 사건을 더 부정적으로 평가하며, 혐오자극에 대해서 더 민감한 반응을 보이고, 긍정적 강화를 덜 받게 된다. 이에 근거하여 루빈손 외(Lewinsohn et al., 1984)는 우울증이 긍정적 강화의 결핍과 혐오적 불쾌 경험의 증가에 기인한 것이라고 주장하였다. 긍정적 강화가 감소되고 혐오적 불쾌 경험이 증가하는 원인은 다음과 같다.

첫째, 환경 자체에 문제가 있는 경우로 실직, 이혼, 사별과 같은 부정적인 사건

둘째, 적절한 사회적 기술과 대처능력이 부족한 경우로 타인으로부터 긍정적 강화 유도의 미숙, 혐오자극 상황 대처의 부족

셋째, 긍정적 경험을 즐기는 능력은 부족하지만 부정적 경험에 대한 민감성이 높은 경우

(3) 인지이론

인지이론에서는 부정적이며 비관적인 사고를 우울증을 유발하는 1차적인 요인으로 본다. 부정적인 생각은 기분을 우울하게 하며 부적응적 행동을 초래한다. 우울한 사람

들이 지닌 부정적인 사고과정은 자신에게 잘 자각되지 않는 경우가 많다. 복잡한 행동도 반복하게 되면 습관화되어 의식적 자각 없이 자동적으로 진행되어 흘러가게 된다. 우울한 사람들이 지니는 부정적인 자동적 사고를 분석해 보면 자기 자신, 자신의 미래, 주변 환경을 부정적으로 평가하는 독특한 사고방식을 지니고 있다.

우울한 사람이 부정적인 사고를 하는 이유는 인지적 오류(cognitive error)를 범하기 때문이다. 대표적인 인지적 오류는 흑백논리, 과잉일반화, 정신적 여과 또는 선택적 추상화, 의미 확대 및 의미 축소, 감정적 추리, 개인화, 잘못된 명명 등이다. 우울한 사람은 이러한 인지적 오류로 인해서 현실을 실제보다 부정적으로 왜곡하고 과장하여 해석하게 된다. 우울한 사람은 생활사건의 의미를 부정적으로 해석하게 하는 역기능적인 인지도식을 지니는데, 이는 어린 시절의 경험으로 형성되며 부정적인 생활사건에 직면하게 되면 활성화되어 사건의 의미를 부정적으로 왜곡함으로써 우울증상을 유발하게 된다.

2) 우울증의 원인

우울증의 원인은 아직까지 정확히 밝혀지지 않았지만, 다양한 원인이 복합적으로 작용하는 것으로 보고 있다. 본서에서는 생물학적 원인과 심리적 원인, 사회적 원인으로 나누어 우울증의 원인을 살펴보고자 한다.

(1) 생물학적 원인

생물학적 입장에서는 유전적 요인, 신경전달물질, 뇌구조의 기능, 내분비계통의 이상 등이 우울증과 관련된 것으로 본다. 유전적 요인으로 가족이나 친척 중에서 우울증을 앓았던 사람이 있는 경우 정상인보다 우울증 발생 가능성이 2~3배 더 높다. 형제자매 가운데 한 명이 우울증이면 나머지 한 명에게도 우울증이 발생하는 비율이 일란성 쌍둥이의 경우 70%로, 이란성 쌍둥이나 형제자매의 경우인 25%보다 훨씬 높으므로 유전적 소인이 있다고 추측된다. 그러나 가족력이 없어도 우울증은 나타날 수 있다.

또한, 간뇌·뇌간 변연계 등 기분을 조절하는 뇌의 중추에서 신경전달물질의 대사 장애나 전달 기능의 장애 때문에 우울증이 발생한다고 본다. 특히, 세로토닌과 노어에피네르프의 저하는 우울증을 일으키는데, 여성이 남성보다 자연적으로 세로토닌이 낮아 우울증에 잘 걸린다고 본다.

(2) 심리적 원인

내향적이며 조용하고 매사에 조심성이 많고 걱정스러운 사람이나 자신감이 부족하고 의존적이며 자신이나 세상에 대해 부정적이고 허무감을 갖는 사람, 스트레스를 쉽게 받는 사람, 지나치게 의무감과 책임감이 강하고 완벽을 추구하며 업무에 대한 열성, 철저함, 꼼꼼함 등으로 주위로부터는 착실하고 성실하게 보이는 사람, 질서를 중요시하고 의리가 있으며, 타인에 대한 배려로 부탁을 거절하지 못하는 성격을 가진 사람이 스트레스를 많이 받기 때문에 우울증에 걸릴 비율이 높다.

(3) 사회적 원인

도시화, 핵가족화, 개인주의, 성과중심주의 등 현대의 복잡하고 스트레스가 높은 사회환경이 우울증의 주원인이 되고 있다. 여성이 남성보다 우울증에 더 잘 걸리는 이유도 생리, 출산 등으로 몸의 균형이 깨지기 쉬운데다가 스트레스를 풀 기회나 방법이 남성보다 적기 때문이다. 사랑하는 사람을 잃었거나 실직, 입시실패, 가족의 죽음 등 일상생활에서의 좋지 않은 변화가 우울증을 유발시키기도 하고 어릴 때 부모를 잃은 경우와 같은 심각한 상실 경험, 경제적 곤란, 대인관계의 어려움, 신체적 질병이 있는 경우에도 우울증에 걸릴 확률이 높다.

5. 현재의 복지제도와 정책, 한계점

우울증 환자가 급증하고 있지만 정부의 복지제도나 그 대비책은 극히 미비한 수준이다. 오히려 보건복지부는 2013년 「정신보건법」을 「정신건강증진법」으로 명칭을 변경하면서 우울증 환자를 정신질환자의 범위에서 제외하였다. 현재 보건복지부에서는 정신건강센터사업으로 우울증 관리사업을 명시하고 있으나, 대다수 기초정신건강센터에서는 우울증 관리 사업을 진행하지 않고 있다. 그 이유는 '자살예방사업 위주의 정책'을 실시하고 있기 때문이다. 하지만 질병관리본부가 밝힌 바에 따르면 20~60대의 자살시도 동기 2순위는 우울증이다. 전문가들은 우울증 환자의 2/3가 자살을 생각하며, 10~15%는 실제로 자살한다고 본다. 자살과 우울증은 상호 불가분의 관계에 놓여 있으며 자살예방을 위해서는 우울증 환자의 조기발견과 치료가 선행돼야 한다. 지자체 가운데 충청북도 괴산군에서는 홀몸 노인과 취약계층 등 경제적 어려움으로 우울증 치료를 제때 받지 못하는 주민을 위한 대책으로 병원 진료비와 투약비를 지원하며 군 보건소에서 정신건강증진센터와 연계해 교육과 상담을 병행하고 있다.

우울증과 관련한 현 복지제도의 한계점은 우울증 관리를 위한 통합적이고 체계적인 관리가 이루어지고 있지 않다는 점이다. 정신건강센터에서 명목상 우울증 관리사업을 표방하지만 실제로 잘 이루어지지 않고 있다. 그러나 2016년부터 정부에서는 우울, 불안, 중독 등 정신건강문제가 지속적으로 증가하고 이로 인한 자살, 범죄 등 사회적 비용도 함께 증가함에 따라, 국민정신건강문제의 예방과 조기 관리에 중점을 둬 정신건강 종합대책(2016~2020년)을 발표했다. 그 내용을 살펴보면, 시·군·구 정신건강증진센터에 정신과 의사를 단계적으로 배치해 우울증 등 정신적인 어려움이 있으나 이에 대한 자각 없이 신체적 증상으로 동네 의원을 방문한 경우에도 정신건강문제 검사를 통해 효과적으로 문제를 조기발견할 수 있도록 지원을 강화하고 우울증 약물처방 및 상담치료도 2017년부터 지속적으로 확대해 나갈 계획이다. 정부의 '정신건강 종합대책'은 점진적으로 시행할 계획이므로 그 추이를 지켜봐야 하겠지만 그동안 각종 복지서비스와 바우처제도 등의 실천내용을 살펴볼 때, 정부나 지자체가 예산문제로 실천의지가 부족하므로 실제 국민의 정신건강 증진에 도움이 될지는 의문이다.

6. 대안 제시

우울증은 다양한 정신질환과 자살을 일으키는 요인으로 발병 원인이 개인의 생물학적 및 심리적인 원인뿐만 아니라 사회·경제적인 요인도 크다고 할 수 있다. 따라서 우울증 치료 및 관리는 개인이나 가족의 책임을 넘어서 국가 차원의 종합적인 대응 전략이 필요하다고 할 수 있다.

우울증 관리를 위한 대책을 제시하면 다음과 같다.

첫째, 우울증을 앓고 있는 사람에 대한 사회적 편견 해소와 인식 전환이 이루어져야 한다. 각종 범죄가 발생했을 때, 언론에서 우울증이나 조현병 환자의 범행이라고 과대 보도를 하기 때문에 우울증을 앓고 있는 사람이 자신의 질환을 숨기거나 쉽게 의료서비스에 접근하지 못하고 있으므로 그 개선이 필요하다.

둘째, 사회안전망 차원에서 정부나 지자체가 개인의 우울증 조기발견과 치료에 함께 나설 수 있도록 법과 제도가 마련되어야 한다.

셋째, 우리 사회는 체면을 중시하는 문화와 급속한 산업화로 우울증이 증가하고 이로 인하여 자살률이 치솟고 있지만, 약물치료 외에 전문적인 정신치료를 기피하고 있다. 따라서 우울증을 앓고 있는 사람이 비용부담 없이 쉽게 상담치료를 받을 수 있도록 건강보험 수가적용이 이루어져야 한다.

넷째, 일생에 한 번은 닥칠 수 있는 정신건강상의 고비를 잘 넘길 수 있도록 영·유아, 아동, 청소년, 청·장년, 노인 등 생애주기별로 정신건강상태 검사 및 심리상담 등의 서비스를 지원해야 한다. 특히 산부인과, 소아과에서 산후우울증 검사를 실시하여 고위험군 대상자에게 조기 서비스가 제공되어야 한다. 그리고 우리나라도 일본처럼 직장인 정기건강검진 항목에 신체적인 건강뿐만 아니라 스트레스나 우울증 검사 등도 검진 항목에 포함시켜 우울증을 국민 건강의 우선과제로 여겨야 한다.

7. 결론

우리나라는 급속한 경제성장, 경제위기, 개인주의 등 사회와 경제의 변화로 우울증 평생유병률이 지속적으로 늘어나고 있지만 핵가족화와 도시화로 인해 가족의 부양능력과 지역사회의 지지체계가 급격히 감소하여 국가 부담이 빠른 속도로 증가하고 있다(Cho et al., 2009). 우울증으로 어려움을 겪고 있는 사람들은 넓게 잡아서 1,000만 명 정도 되므로 이제 국가적으로 그 심각성을 인식하고 치료와 예방대책 수립은 물론 과도한 스트레스와 열악한 삶의 질, 지나친 음주 의존문화 등 '사회적 우울증 유발 인자'에 대한 대책도 이루어져야 한다. 우울증은 예방이 중요한 질병인 만큼 우울증 위험 요인 연구, 조기발견체계 확립, 전문화된 진단도구 개발 등, 정부가 다양한 방면에서 노력해야 한다.

WHO는 2030년이면 우울증이 고소득 국가의 질병부담 1위 질환이 될 것이라고 전망하고 있다. 우울증은 치료를 받지 못해 악순환이 반복되면서 치료와 재활이 잘 안되고, 결국 의료비용과 사회경제적 비용이 증가하며, 가족파탄, 실직, 감정폭발 사고, 자살 등으로 이어져 심각한 사회문제가 될 수 있다. 따라서 우울증을 정신건강과 삶의 질에 영향을 미치는 요인 중 하나로 인식하고, 정신적 안정감을 유지하기 위한 다양한 차원의 노력이 필요하다는 것을 인식해야 한다. 개인적 차원에서 정신건강 유지를 위한 느림의 미학과 긍정적 시각, 더불어 사는 삶에 대한 가치 부여, 공동선을 지향하는 높은 선진의식이 필요하다. 사회적 차원에서는 정신건강을 위한 다양한 홍보활동과 환경조성, 인프라 구축이 필요하며 정부와 지방자치단체는 수동적 태도에서 벗어나 우울증의 심각성을 인식하고 자살 원인이 되는 우울증에 대한 예방과 조기발견, 지속적인 치료를 위한 전문인력과 상담기관을 비롯한 다양한 인프라 구축을 더욱 확충해야 하며 대중의 편견을 불식하려는 노력과 홍보, 법적·제도적 차원에서 사회서비스를 확대·강화해 나가야 한다(이영호, 2016).

우울증 관련 영화

- 라스트 데이즈(Last Days, 2005)
- 미스터 존스(Mr. Jones, 1993)
- 여인의 향기(Scent of a Woman, 1992)
- 조지 왕의 광기(The Madness Of King George, 1994)
- 츠레가 우울증에 걸려서(My So has got Depression, 2011)
- 멜랑콜리아(Melancholia, 2011)
- 북극의 연인들(Los Amantes Del Circulo Polar, 1995)
- 여자 정혜(This Charming Girl, 2005)

Ⅱ 불안장애문제

사례

40대 직장인 박철호 씨는 항상 불안하고 초조하다. 갑자기 불길한 일이 벌어질 것 같은 막연한 불안감을 자주 느끼며 이런저런 일로 걱정이 많다. 예를 들면, 직장에서 실직하지 않을까, 병들어 아프거나 사고를 당하지 않을까, 직장동료들이 자신을 따돌리지는 않을까, 동료보다 진급이 늦어지면 어떻게 하나, 컴퓨터에 저장한 문서들이 사라져 버리지나 않을까, 자동차가 갑자기 고장이 나서 직장에 늦거나 집에 도둑이 들면 어떡하나 등등 일상생활 전반에 대해서 크고 작은 걱정이 많다. 이러한 걱정이 불필요하고 지나치다는 것을 알고 있지만 막연한 불안감에 마음이 편치가 않다. 그래서 늘 초조하고 안절부절못하며 얼굴이 굳어 있고 잠을 잘 자지 못해서 몹시 피곤하다. 이러한 불안감으로 생활이 힘들고 고통스럽다.

1. 서론

오늘날 대부분의 한국인은 불안과 우울, 무기력과 분노를 경험한다. 정부와 언론이 발표하는 외형적인 경제지표 이면에는 한국인의 어두운 그림자를 알려 주는 통계가 가려져 있다. 한국인의 행복지수는 세계 50위권에 불과하고, 한국은 OECD 국가 중 남녀 소득격차, 세부담 증가율, 최저임금 노동자 비율, 노동유연성을 가장한 해고의 용이성, 산재 사망자, 비정규직 비율, 이혼율, 자살률, 사교육비 비중 등이 1위인 나라이다. 이로 인해서 한국인의 심리상태는 한마디로 '불안', 즉 생존위협에 대한 만성화된 공포에 시달리고 있다. IMF 경제위기 이후 사회 시스템의 급격한 변화로 인해서 무한경쟁시대 속에서 살아가는 한국인은 사회로부터 소외될지도 모른다는 불안과 두려움을 느낀다. 지금까지 개인문제로 돌렸던 불안과 우울 등은 성장과 효율을 강조하며 생존 자체를 위협하는 정부의 무한경쟁체제 때문이다. 생존위협이 현실화된 것이 바로 '세월호 사건'이라 할 수 있다. 세월호 문제의 원인은 정부의 무능과 무책임함과는 별도로 제도적 측면과 구조적인 배경으로 신자유주의가 강요한 규제완화와 민영화, 비정규직화, 물질만능주의 등이 도사리고 있다. 사람들은 국가가 자신을 보호해 주지 못한다는 불안감에 사로잡혀 무기력과 우울함을 벗어나지 못하고 있다(김태형, 2010).

따라서 본 절에서는 한국인의 정신건강을 위협하는 사회문제인 불안에 대해서 살펴볼 것이다.

2. 사회문제의 이해

1) 개념정의

불안은 누구나 생활에서 흔히 경험하는 불쾌하고 고통스러운 감정으로 위험하고 위협적인 상황에서 경험하게 되는 정서반응이다. 불안을 느끼면 부정적인 결과가 일어나지 않도록 긴장하고 경계하며 조심스러운 행동을 하게 된다. 이처럼 위험한 상황에서 적절한 불안을 느끼는 것은 자연스러운 반응이다. 그러나 불안반응이 부적응적인 양상으로 작동하는 경우를 병적인 불안이라고 한다. 병적인 불안의 특징은 첫째, 현실적인 위험이 없는 상황이나 대상에 대해서 자주 불안을 느끼는 경우, 둘째, 현실적인 위험의 정도보다 과도하게 심한 불안과 공포를 느끼는 경우, 셋째, 불안을 느끼게 한 위협적인 요인이 사라졌지만 불안이 과도하게 지속되는 경우다. 이처럼 병적인 불안으로 과도한 심리적 고통을 느끼거나 현실적인 적응에 심각한 어려움을 겪는 경우를 불안장애(anxiety disorders)라고 한다(권석만, 2015).

2) 불안의 특징과 범위

불안장애 환자는 정상인보다 잠재적인 위험에 대해 지나치게 편향을 보인다. 무엇보다 주로 부정적인 측면에 주의를 기울이면서 우울과 불안을 더욱 악화시키게 된다. 이러한 주의 편향은 새로운 환경이나 자극이 위험한지 아닌지를 먼저 느끼는 뇌의 우반구체계와 관련이 있다. 불안한 사람은 자기 연민이 강하고 자기중심적이며, 감정표현이 서툴고 자기주장이 뚜렷하지 않으며, 자기 양육기술이 부족하고 자존감이 낮은 편이다. 삶에서 방향이나 목적에 대한 감각이 떨어지고 걱정스러운 혼잣말을 달고 살면서 비합리적인 신념에 빠지기 쉽다. 또한 지나치게 완벽주의적인 성격, 남에게 인정받고 싶어 하는 지나친 갈망, 과정을 즐기기보다는 결과에 얽매이는 태도, 매사에 예측 가능하고 과도하게 통제하려는 욕구, 각종 스트레스로 유발된 다양한 증상을 무시하기 등으로 인해 스스로 자신감을 떨어뜨리고 불안감을 더욱 조장하기도 한다.

불안장애를 지닌 사람은 발한, 몸의 떨림, 두통, 위통, 피로 등의 신체적 불편을 호소하며, 걱정스러운 생각 자체에서 벗어나는 것이 어렵다. 자기 자신의 능력과 미래에 대한 잘못된 결론을 내리며, 걱정을 스스로 진정하는 데에도 어려움을 겪으며, 인지적으로 잠재적인 불안 유발사건을 왜곡하고 확대한다. 행동으로는 드러내 놓고 말하지 않으면서 걱정이 많고 과잉통제하는 경향이 있다. 학교 거부나 특정 학교활동에 거부를 나타내며, 정서적 붕괴가 되어서야 교사에게 발견되는 경우가 많다.

반면에 불안장애에 걸리기 쉬운 사람은 직관력을 겸비한 창의성, 탁월한 공감능력, 풍부한 감수성, 상냥함 등의 긍정적인 특성이 있어서 주변 사람들로부터 많은 사랑을 받기도 한다. 따라서 불안 정서를 이와 같은 잠재력을 발견하는 계기로 승화시킬 수만 있다면 불안장애를 충분히 극복할 수 있다.

불안장애의 범위는 불안이 나타나는 다양한 양상에 따라 여러 가지 하위유형으로 구분되는데, 일곱 가지 하위유형인 범불안장애, 특정공포증, 광장공포증, 사회불안장애, 공황장애, 분리불안장애, 선택적 함구증으로 구분하고 있다(American Psychiatric Association, 2015)

3) 불안장애 출현의 역사

불안장애는 기원전 5세기에서 4세기경까지 거슬러 올라간다. 고대 그리스 의학에서는 착란증, 광증, 울병 등 기본적인 정신질환만 질병으로 분류하고, 불안증세는 이유 없는 두려움, 침울함이나 자살충동, 지나친 의심과 같은 편집증적인 증세와 울병의 특징을 형성하는 것으로 보았다.

4세기 초에 로마가 기독교화되면서 불안을 종교적 믿음으로 제거할 수 있다고 생각하였으며, 5~16세기에는 질병 개념이 경험적 관점에서 영적인 관점으로 대체되어 의학에 대한 인식은 종교나 마법보다도 못한 수준으로 떨어지고 말았다.

르네상스 시대에는 과학적 연구기법이 자리를 잡으면서 정신질환이 종교적 관점에서 의학적 관점으로 조명되기 시작했다. 불안을 개별 정신질환으로 정의한 것은 영국의 윌리엄 배티인데, 그는 『광증에 대한 논고』(1758)에서 불안을 광증과 구별하여 마음의 병에서 몸의 병으로 인식하기 시작하였다.

19세기 말부터 불안과 불안장애를 세분화하는 경향이 나타났는데, 1903년 피에르 자네(Pierre Janet)는 신경쇠약과 히스테리의 포괄적 분류에서 "히스테리는 정신적 충격으로 인해 의식과 감각, 행동에 생기는 이상으로서 다른 병적인 증상으로 전이되어 나타나며, 정신쇠약은 불안, 공포증, 강박증, 우울증상의 집합"으로 정의하였다.

20세기 초 프로이트는 서로 다른 질환으로 정의되던 신체적, 정신적 증상을 불안장애로 통합하였고 불안에 대한 인식을 신체적 관점에서 심리적 관점으로 보았다. 20세기에 불안이 서구문화의 핵심 키워드로 비중이 커지게 된 데는 제2차 세계대전 이후 전쟁의 끔찍함이나 핵무기 위협, 인구의 가파른 증가에 따라 복잡해진 사회구조 등이 불안을 증폭시키는 역할을 했다. 여기에 20세기 중반에 등장한 약물치료가 성공을 거두면서 제약산업계가 불안증상에 관심을 두기 시작한 것도 한몫을 하게 되었다. 1980년 발표된 『DSM-Ⅲ』에서 구체적인 수치를 중시하는 전문분야가 되어야 한다는 인식을 기반으로 정교한 분류체계를 내놓음으로써 불안 개념에 혁명을 일으켰다. 『DSM-Ⅲ』에서는 보이지 않는 어떤 원인을 가정하지 않고 철저히 겉으로 드러나는 증상을 기반으로 여러 질환을 정의하면서 '불안'을 하나의 병명으로 거론했으며, 가장 최근 발간된 『DSM-5』에서는 범불안장애를 "여러 사건이나 활동에 대해 적어도 6개월 이상 절반 이상의 일수로 발생하는 과도한 불안과 걱정"으로 정의한다(Horwitz, 2013).

3. 불안장애의 유형과 이론적 관점

1) 불안장애의 유형별 개념과 이론적 관점

(1) 범불안장애

사례

회사원 박진구 씨(37세)는 퇴근길에 백화점이나 쇼핑센터에 들러 아내 대신 시장을 보곤 한다. 아내를 돕는 일이지만 회사 일로 피곤해진 몸으로 매주 2회 정도 시장을 보는 일이 힘들게 느껴진다. 하지만 아내가 사람이 많고 넓은 쇼핑센터나 백화점에 가는 것을 두려워하기 때문에 어쩔 수 없다. 그의 아내는 혼자 백화점에 들러 시장을 보다가 갑자기 어지럽고 가슴이 답답해하며 자신을 통제하지 못하고 쓰러질 것 같은 극심한 불안감을 경험하였다. 그 후로는 사람이 많은 백화점이나 쇼핑센터에 가는 것을 피하며 최근에는 사람이 많은 전철이나 버스를 타는 것도 싫어한다. 남편은 다른 부부들처럼 아내와 함께 쇼핑이나 외식을 하고 싶지만, 아내의 이러한 문제 때문에 함께 외출을 즐기지 못하고 있다.

범불안장애(generalized anxiety)는 미래에 경험하게 될 다양한 상황에 대해서 과도한 불안과 걱정을 나타내는 장애로 과도한 걱정이 조절되지 않아 늘 불안, 초조하며 사소한 일에도 잘 놀라고 긴장한다. 이들이 느끼는 불안은 생활 전반에 관한 다양한 주제로 이리저리 옮겨 다니기 때문에 부동불안(浮動不安)이라고 부르기도 한다. 늘 과민하고 긴장된 상태에 있으며 짜증과 화를 잘 내고 쉽게 피로감을 느낀다. 지속적 긴장으로 인한 근육통과 만성적 피로감, 두통, 수면장애, 과민성 대장증후군 증상이 동반되는 경우가 흔하다. 이 장애를 지닌 사람은 신체적 증상을 동반하며 잘 놀라는 과장된 반응을 보이며, 불필요한 걱정에 집착하기 때문에 우유부단하고 꾸물거리는 지연행동을 나타내며, 현실적인 일을 잘 처리하지 못하는 경향이 있어 사회적, 직업적 활동과 다른 중요한 영역의 활동에 현저한 장해를 초래한다.

불안장애에 대한 이론적 관점을 살펴보면 다음과 같다(권석만, 2015).

첫째, 생물학적 이론에서는 유전적 요인이 있지만 범불안장애 자체가 유전되기보다는 일반적인 불안 특질이 유전되는 것으로 보아야 한다. 불안의 뇌생리학적 기제를 밝히려는 연구가 활발하게 이루어지고 있고 불안과 관련된 신경전달물질에 대한 연구와 뇌의 해부학적 구조로는 벤조디아제핀 수용기가 많이 분포되어 있는 후두엽에 대한 관심이 높아지고 있다.

둘째, 정신분석이론에서는 성격구조 간의 역동적 불균형에 의해 경험되는 부동불안이 범불안장애의 핵심 증상이며 부동불안은 무의식적으로 억압된 원초아의 충동이 강해져서 자아가 이를 통제하기 어려운 상태에서 나타나는 심리적 현상으로 본다. 과거에 처벌을 받은 적이 있었던 충동이 자아의 통제를 넘어 계속 표출되고자 하므로 불안을 경험하게 되는데, 불안의 원인이 무의식적 갈등에 있기 때문에 환자가 불안의 이유를 자각하기 어렵다.

셋째, 행동주의적 입장에서는 불안장애를 주변의 환경자극에 대해서 고전적 조건형성을 통해 불안반응이 잘못 학습된 결과로 본다. 즉, 일상생활의 사소한 자극에 경미한 불안반응이 조건형성되었거나 다양한 자극으로 일반화됨으로써 여러 상황에서 만연된 불안증상을 나타내게 된다. 범불안장애 환자가 불안의 이유를 지각하지 못하는 것은 불안반응을 유발하는 조건자극이 매우 사소하고 다양하여 불안반응의 촉발 요인으로 잘 자각되지 않기 때문이다.

넷째, 인지적 입장에서는 불안장애를 지닌 사람은 주변의 생활환경 속에 존재하는 잠재적인 위험에 예민하게 반응하며, 실제로 위험한 사건이 발생할 확률을 과도하게 높이 평가하게 된다. 예를 들면, 교통사고를 당하거나 집에 화재가 날 확률을 일반적인 경우보다 높게 평가하며, 위험한 사건이 실제로 일어날 경우에 나타날 수 있는 결과를 지나치게 치명적인 것으로 평가하기 때문에 미래의 위험에 대한 걱정을 더욱 많이 하게 된다. 불안한 사람들이 이러한 인지적 특성을 나타내는 이유는 위험에 관한 인지도식(schema)이 발달되어 있기 때문인데, 인지도식은 과거 경험의 축적에 의해 형성된 기억체계로서 특정한 환경자극에 선택적으로 주의를 할당하며 자극의 의미를 특정한 방향으로 해석하게 만들기 때문이다.

(2) 특정공포증

사례

대학원생인 민소영 씨는 비둘기나 새 종류를 무서워한다. 길을 가다가 조류(鳥類)가 푸드덕 날아오르는 것을 보면 소스라치게 놀라곤 하기 때문에 공원이나 숲속에 가는 것을 꺼린다. 소영 씨는 어린 시절 시골에서 살았는데 닭에게 쪼인 뒤부터 비둘기나 닭 등 새 종류를 보면 공포를 느껴 소리를 지르고 숨을 쉴 수 없을 정도로 어려움을 경험하게 된다.

특정공포증(phobia)은 특정 대상이나 상황에서 심한 두려움을 느끼게 되어 회피행동을 나타내는 경우를 말한다. 두려워하거나 회피 대상에 따라 다양한 유형으로 구분되는데, 특정 대상(뱀, 개, 거미, 바퀴벌레)이나 상황(높은 곳, 폭풍)에 대한 공포를 지니는 특수공포증(specific phobia), 특정 장소(쇼핑센터, 극장, 운동장, 엘리베이터, 지하철)에 대한 공포를 지니는 광장공포증(agoraphobia), 다른 사람 앞에서 어떤 일을 해야 할 때 심한 공포를 느끼는 사회공포증(social phobia)이 있다. 자신이 느끼는 공포가 불합리하고 위협적이지 않다는 것을 알면서도 공포를 느끼면 발작과 같은 다양한 증상을 동반하면서 제어하기 어려운 상황에 처한다. 증상으로는 숨이 가빠지고 오한이나 발열, 경련이나 불수의운동, 어지러움, 두근거림, 구역질 등이 나타난다.

이론적 관점을 살펴보면 다음과 같다.

첫째, 행동주의적 학습이론에서는 셀리그먼(Seligman, 1971)은 공포학습에 '준비성'이라는 개념을 도입하여 인간은 진화과정을 통해서 생존을 위협하는 특정 자극에 대해서 공포반응을 더 쉽게 학습하는 생물학적인 성향을 지니고 있다고 본다. 생존에 위협적인 자극은 그렇지 않은 자극보다 더 쉽게 공포반응이 학습되고 한번 형성되면 소거가 잘 안 되는 경향이 있다. 이 공포증은 조건형성뿐만 아니라 대리학습과 정보전이에 의해서 형성되며, 다른 사람이 특정 대상을 두려워하며 회피하는 것을 관찰함으로써 습득될 수 있다.

둘째, 정신분석이론에서는 무의식적인 갈등에 기인한 불안이 방어기제에 의해 특정 외부 대상에 투사되거나 대치되었을 때 나타난다고 본다. 무의식적인 갈등 내용과 공포

대상 간에는 연상적이거나 상징적인 관련성이 있으며 투사, 대치, 회피, 상징화와 같은 방어기제가 공포증에 관여한다. 정신분석치료에서는 공포증의 기저에 자리 잡고 있는 무의식적 갈등을 자각하여 해소할 수 있도록 돕고 있다.

(3) 광장공포증

사례

이승기 씨(40세)는 사람이 많이 모인 공원이나 전철역, 백화점 등에 가는 것을 매우 두려워한다. 20대 후반에 취업 면접을 마치고 지하철을 타고 집으로 돌아오는 길에 온몸에 식은땀이 나고 숨이 막혀 죽을 것 같은 증상을 경험한 후부터는 식당에 가도 구석 자리를 찾아 앉게 되고 혼자 관공서나 백화점에 가면 갑자기 현기증이 나며 자신을 통제하지 못하고 이상한 행동을 할 것 같은 극심한 불안감을 겪게 되었다. 요즘은 전철이나 버스를 타는 것도 부담이 되고 사람들이 많이 모인 장소에 나가는 것이 두렵다.

광장공포증은 특정 장소나 상황에 공포를 느끼는 경우를 말한다. 『DSM-5』에 따르면, 광장공포증을 지닌 사람은 대중교통수단, 개방되거나 폐쇄된 공간, 줄을 서 있거나 공중 속에 있는 것, 집 밖에서 혼자 있는 상황 중 적어도 두 가지 이상의 상황에 대한 현저한 공포와 불안을 나타낸다. 이러한 공포와 회피행동이 6개월 이상 지속되어 심한 고통을 경험하거나 사회적, 직업적 활동에 현저한 방해를 받을 경우 광장공포증으로 진단한다. 광장공포증은 갑작스럽게 강렬한 불안이 엄습하는 공황발작과 함께 나타나며 어지러움, 흉부 통증, 질식할 것 같음, 죽거나 미칠 것 같은 신체적·심리적 증상을 수반한다.

이론적 관점을 살펴보면 다음과 같다.

첫째, 대상관계이론에서는 광장공포증을 어린아이가 어머니와 이별할 때 나타내는 분리불안과 관련해서 해석하는데, 광장공포증 환자의 42%가 어린 시절에 부모나 양육자에 대한 분리불안을 지녔다는 연구결과에 근거해서 사람이 많은 넓은 장소에 혼자 있는 상황은 부모로부터 버림받은 상황을 의미하는 것으로 어린 시절의 분리불안을 재현하는 것으로 보며, 애정결핍과 관련해서 안전기지로부터 일시적인 공간적 분리를 참아 내는 능력이 부족한 사람이 걸리기 쉽다(Jacobson, 2004).

둘째, 인지행동적 입장에서 골드스타인과 챔블리스(Goldstein & Chambless, 1978)는 광장공포증을 유발하는 심리적 기제를 분석하고 '공포에 대한 공포(fear of fear theory)'를 주장하면서 광장공포증을 유발하는 두 가지 심리적 요인을 제시하였다. 첫 번째 요인은 공포에 대한 공포인데, 공포의 결과로 유발되는 당혹감과 혼란감, 통제 상실, 졸도, 심장발작, 정신이상에 대한 두려움을 뜻한다. 환자들은 두려워하는 상황이 위험하지 않다는 것을 알지만 그러한 상황을 경험할지도 모르는 공포감으로 인한 여러 가지 당혹스러운 경험을 두려워한다. 두 번째 요인은 불안을 유발한 선행 사건을 잘못 해석하는 경향성이다. 이 밖에도 자신에 대한 신뢰감과 통제감 부족이나 대인관계 갈등을 비롯한 심리적 갈등 상황에 있는 사람에게서 광장공포증이 유발되기 쉽다.

(4) 사회불안장애

사례

박소심 군은 지도교수 연구실에 가게 되면 불안과 긴장이 심해지고 손에 진땀이 나며 말을 더듬거나 횡설수설하게 된다. 강의실에서 발표를 맡으면 실수해서 사람들이 자신을 무시할지도 모른다는 생각에 사로잡혀 눈을 맞추지 못하고 불안해한다. 그래서 아는 사람들을 만날까 두려워 동아리방이나 식당, 카페에 가는 것을 꺼리고 하루 중 대부분을 혼자 지낸다.

사회불안장애(social anxiety disorder)는 타인과 상호작용하는 사회적 상황을 두려워하여 회피하는 장애로 사회공포증이라고도 한다. 『DSM-5』의 진단기준에서는 다른 사람에 의해 관찰·평가될 수 있는 사회적 상황에 대한 공포나 불안, 사회적 상황에서 타인으로부터 부정적인 평가를 받을 수 있는 행동을 하거나 불안증상이 나타날 것에 대한 두려움 때문에 사회적 불안과 회피행동이 6개월 이상 지속되어 고통을 겪거나 사회적, 직업적 활동에 현저한 어려움이 초래될 경우에 사회불안장애로 진단한다.

사회불안장애 환자는 행동을 억제하고 부정적 평가를 두려워하는 기질적인 특성을 보이며, 두려워하는 상황에 맞닥뜨리면 얼굴이 붉어지고 가슴이 두근거리며 목소리가 떨리는 것 외에도 숨이 가빠지고 속이 거북한 증상을 보인다. 행동적 증상으로는 회피,

눈에 띄게 불안해하는 것, 얼어붙는 반응 등이 있다. 또한, '불안하다, 긴장된다, 두렵다, 초조하다' 등으로 표현되는 정서적 증상, 눈앞이 캄캄해짐, 상대방의 반응을 과도하게 살피는 것, 중요한 내용을 기억하지 못하는 것과 같은 인지적 증상을 보인다.

이론적 관점을 살펴보면 다음과 같다.

사회공포증은 기질적 특성 및 유전적 요인이 있는데, 첫째, 정신분석적 입장에서는 무의식적 갈등이 사회적 상황에 투사된 것으로 본다. 의식적인 수용이 불가능한 공격적 충동을 타인에게 투사하여 타인이 자신에게 공격적이거나 비판적일 것이라고 느껴 타인 앞에 나서기를 두려워한다.

둘째, 인지적 입장에서는 사회공포증을 지닌 사람은 사회적 자기에 대한 부정적인 개념을 가지고 있고 타인의 평가를 중요하게 여기며, 호감과 인정을 받기 위해 완벽한 모습을 보여 주려는 동시에 부정적 평가를 재난적인 것으로 여기는 경향이 있고 타인이 비판적이어서 사소한 실수를 하면 싫어하고 멀리할 것이라고 믿는다. 또한, 사회적 상황에서 자신의 행동을 부정적으로 평가하므로 반복적으로 불안과 좌절감을 경험하며, 결국 사회적 상황을 회피하는 것이 최선이라는 회피적 대처방식을 선택하게 된다고 본다.

(5) 공황장애

사례

장민호 씨는 대기업에 근무하고 있는데 최근에 구조조정 소문이 나돌면서 스트레스가 많고 불안하다. 며칠 야근을 해서 지친 몸으로 지하철을 타고 퇴근하던 중에 갑자기 몸에 힘이 쭉 빠지면서 정신이 멍해지고 가슴이 답답하고 숨이 막히는 것 같고, 이러다가 곧 죽을 것만 같은 극심한 공포감이 엄습하는 일을 처음 경험하게 되었다. 숨을 어떻게든 쉬어 보려고 크게 들이쉬고 내쉬기를 반복하였지만 공포감은 약 5분 동안이나 지속되었다. 그 이후로는 출 · 퇴근 시에 지하철만 타면 다시 숨이 막혀 죽게 되지는 않을까 하는 불안감에 시달리고 있다. 그 이후로 일주일에 한 번씩은 지하철에서 공황발작을 경험하게 되었다. 발작이 시작되기 전에는 막연하게 '왠지 공황발작이 있을 것만 같다.'라는 느낌이 엄습해 오곤 했기 때문에 지하철 타기를 회피하고 버스나 택시를 타게 되었다.

아무래도 심장에 큰 문제가 생긴 것 같다는 판단이 들었지만 워낙 일이 바빠 차일피일 미루다가 병원을 찾게 되었다. 내과에서 여러 가지 검사를 한 결과 아무런 이상소견이 없었다. 다소 안심은 되었지만, 아무래도 뇌와 심장에 문제가 있는 것 같다는 생각이 자꾸 떠올라 다른 병원을 여러 군데 다니며 반복해서 검사를 받아 보았다. 그래도 이상소견이 없었고 마지막 병원에서 정신과로 의뢰되어 '공황장애' 진단을 받았다. 자신이 느끼는 공포가 정말로 죽거나 심장에 이상이 있는 것은 아니라는 말을 듣게 되니 다소 안도가 되었고, 공황발작의 빈도가 실제로 50% 정도 감소하였다. 하지만 마음 한구석에는 심장이 이상할지 모른다는 불안감이 계속 남아 불안을 떨쳐버릴 수 없다.

공황장애(panic disorder)는 갑자기 엄습하는 강렬한 불안과 공포를 반복적으로 경험하는 장애다. 심장이 빠르고 강하게 뛰며 진땀이 나고 손발이 떨리고 질식할 것처럼 어지럽고 구토가 나며 죽거나 미칠 것 같은 강렬한 공포를 반복적으로 경험하게 되는데, 이를 공황발작(panic attack)이라고 한다. 발작은 갑작스럽게 시작되며, 불안이 급속도로 최고조에 도달하며(10초 이내), 곧 죽을 것 같은 위급감과 그 상황에서 도피하고 싶은 마음이 일어난다. 신체적 또는 인지적 증상 13개 가운데 최소한 4개 증상을 동반하는데, 증상은 '심계항진, 흉통, 메스꺼움, 어지럽고 멍함, 쓰러질 것 같음, 비현실감, 이인증, 자제력의 상실에 대한 두려움, 미칠 것 같은 두려움, 죽을 것 같은 공포감, 감각 과민, 추위를 느낌, 화끈거림'이다. 환자는 건강염려증이 생기고 발작이 일어났던 장소나 상황과 유사한 상황을 회피하는 행동을 보인다.

이론적 관점을 살펴보면 다음과 같다.

첫째, 생물학적으로 공황장애는 극심한 불안증상과 다양한 신체증상을 수반하는 불안장애이므로 생물학적 원인이 관련된 것으로 생각했다. 특히 공황장애 환자의 생물학적 결함이나 취약성과 관련해서 '과잉호흡이론'과 '질식오경보이론'이 있다.

둘째, 정신분석이론에서는 공황발작이 스트레스가 많은 시기에 발생한다는 점에 주목하여 그 원인을 세 가지로 파악한다.

- 공황발작은 불안을 야기하는 충동에 대한 방어기제가 성공하지 못해 나타나는 것으로, 억압되었던 두려운 충동이 마구 방출될 것에 대한 극심한 두려움으로 인해 공황발작을 경험하게 된다고 본다.

- 공황발작 증상을 어린아이가 어머니와 이별할 때 나타내는 분리불안과 관련된 것으로 해석하는 견해로 공황장애가 주로 나타나는 장소 및 상황이 사람이 많은 넓은 장소에 혼자 있는 상황이라는 점에서 유아기의 분리불안을 재현하는 것이라고 설명한다.
- 공황발작이 무의식적인 상실 경험과 관련이 있다는 견해로 공황장애 환자는 대부분 공황발작을 경험하기 전에 상실과 관련된 심한 사회적 스트레스를 겪는다는 연구결과가 이를 뒷받침해 준다.

셋째, 인지이론에서는 공황발작이 신체 감각을 위험한 것으로 잘못 해석하는 파국적 오해석에 의해 유발된다고 본다. 예를 들어, 공황장애 환자는 평소보다 강하거나 불규칙한 심장박동이나 흉부통증을 심장마비의 전조로, 호흡곤란을 질식에 의한 죽음으로, 현기증과 몸 떨림을 자신이 미쳐 버리거나 통제불능상태로 빠져 버리는 것 등으로 파국적인 해석을 하는 경향이 있다.

(6) 분리불안장애

사례

초등학교 1학년인 영희는 엄마가 옆에 없으면 불안해하며 안절부절못하기 때문에 엄마는 영희를 집에 혼자 두고는 잠시도 집 밖으로 나가지 못한다. 아침마다 영희는 학교에 가기 싫다며 울고 보채고 어떤 날은 두통, 복통, 구토와 같은 신체증상을 호소한다. 엄마는 영희를 달래거나 혼을 내며 억지로 학교에 데려다주고 오는 등 다양한 시도를 해 보지만, 영희의 분리불안장애는 더욱 심각해져 간다. 영희는 또래 아이들보다 훨씬 의존적 성격이다. 이는 엄마의 과보호적인 양육방식과 관련이 있는데, 영희의 엄마가 어릴 때 공원에서 동생을 잃어버렸다가 찾은 경험이 있기 때문이다. 결혼 후에 영희를 낳게 되자 어릴 때 동생을 잃어버린 경험이 되살아나 혹시라도 영희를 잃어버릴까 봐 밖에 나가면 늘 업고 다니고 과보호하는 습관이 생겼고 유치원에 보내지 않았고 집 밖에서 친구들과도 어울리지 못하게 했다. 또한, 영희에게 혹시 일어날지도 모르는 사고에 대해 늘 주의를 시키며, 눈에 보이지 않으면 온 동네를 찾아다니곤 했다. 이런 엄마의 과잉보호로 인해서 영희는 엄마에게 의존하게 되었고, 혼자 밖에 나가거나 집에 있는 것도 두려워하게 되었다.

분리불안장애(separation anxiety disorder)는 어머니를 비롯해 애착 대상과 떨어지는 것에 대해서 심한 불안을 나타내는 정서적 장애로 아동은 어머니와 분리되거나 분리가 예상될 때 극심한 불안과 공포를 나타내게 된다. 다음과 같은 증상 중 3개 이상이 6개월 이상 나타나면 분리불안장애로 진단된다.

- 주요 애착 대상이나 집을 떠나야 할 때마다 심한 불안과 고통을 느낌
- 주요 애착 대상을 잃거나 그들에게 질병, 부상, 재난 혹은 사망과 같은 해로운 일이 일어나지 않을까 지속적으로 과도하게 걱정
- 애착 대상과 분리될 수 있는 사건에 대해 지속적으로 과도한 걱정
- 분리불안 때문에 밖에 나가지 않거나, 집을 떠나거나, 학교나 직장에 가는 것을 지속적으로 꺼리거나 거부
- 혼자 있게 되거나 주요 애착 대상 없이 집이나 다른 장소에 있는 것에 대해 지속적으로 과도한 공포를 느끼거나 꺼림
- 주요 애착 대상이 근처에 없이 잠자는 것을 지속적으로 꺼리거나 거부
- 분리의 주제를 포함하는 반복적인 악몽을 꿈
- 주요 애착 대상으로부터 분리되거나, 분리가 예상될 때 반복적인 신체증상(두통, 복통, 메스꺼움, 구토 등)을 호소

분리불안 아동은 부모와 분리될 때 두려움과 스트레스를 경험하게 되므로 학령기 아동의 경우에는 분리불안이 등교거부로 나타나게 된다. 이 장애는 장애기간이 최소한 4주 이상이며, 아동·청소년 집단에서 약 4%의 유병률을 보이고, 7~8세경에 가장 흔히 발생한다. 남아보다 여아에게서 더 흔하게 나타나는데, 주로 18세 이전에 발생하며, 연령이 증가하고 청소년기에 가까워질수록 유병률이 낮아진다.

나이가 증가할수록 아동은 부모와의 분리보다 납치나 강도와 같은 특정 위험에 대한 공포나 걱정으로 분리불안을 표현하는 경향이 있다. 분리불안장애는 드물지만 성인에게도 나타날 수 있는데, 이사나 결혼과 같은 새로운 변화를 두려워하거나 자녀나 배우자에 대한 과도한 걱정 또는 그들과 헤어지는 것에 대한 과도한 불안을 나타낼 수 있다(권석만, 2015).

이론적 관점을 살펴보면 다음과 같다.

첫째, 분리불안장애는 아동의 유전적 기질, 부모의 양육태도, 아동의 인지행동적 요인 등이 복합적으로 작용하여 발생하는 심리적 장애다. 분리불안장애를 나타내는 아동의 부모는 어린 시절에 유사한 장애를 보인 경우가 많으며, 쌍둥이 연구에서는 어머니와 딸 사이에 유전적인 영향이 더 강하게 나타난 것으로 보고되었다. 부모의 과잉보호적인 양육태도는 분리불안장애를 유발하는 중요한 요인으로 작용하여 아동의 독립성을 약화시키고 부모에 대한 의존성을 강화함으로써 분리불안을 증가시킨다. 또한, 부모가 무의식적으로 아이와 분리되는 것을 두려워하거나 불안장애를 지닌 경우에도 발생 가능성이 높다. 부모의 질병, 동생의 출생, 어머니의 직장생활, 이사, 전학, 부모의 다툼 등과 같은 불안 유발사건이 아동의 분리불안을 증가시킬 수 있다.

둘째, 인지행동적 입장에서는 불안장애가 애착 대상에 대한 인지적 왜곡에 의해서 유발될 수 있다고 본다. 분리불안장애를 지닌 아동은 애착 대상을 갑자기 상실할 수도 있다는 인지왜곡을 나타냈으며, 이 경우 강한 불안을 유발했다. 또한, 분리불안장애를 지닌 아동은 건강한 아동에 비해 모호한 상황을 더 위험한 것으로 해석하며, 위험에 대처할 수 있는 자신의 능력은 더 낮게 평가하는 경향이 있다.

2) 불안장애 원인론

한국 사회의 사회심리적 불안의 원인이 무엇인지를 파악하고, 그 결과로 발생할 수 있는 정신건강상의 문제, 사회적 일탈 충동, 자살생각 등의 실태를 분석한 연구결과에 따르면(이상영, 2015), 만 14~18세 이하 청소년이 지난 1년간 가장 크게 불안을 느꼈던 개인적 측면의 불안 요소는 학업문제, 미래에 대한 불안이었고, 사회적인 측면의 불안 요소로는 빈번한 교육 및 입시제도 변경, 정치 및 대외관계, 안전문제 등이었다. 19세 이상 성인이 느끼는 삶에 대한 불안은 상대적으로 사회활동이 많고 주로 가정경제를 책임지고 있는 남성에게서, 20대보다는 중·장년층이나 노년층에게서 더 높았다. 또한, 결혼 상태가 안정적이지 않고 소득·직업·교육수준이 낮을수록 불안이 더 높게 나타났다. 최근 1년간 가장 크게 불안을 느꼈던 개인적인 원인은 노후준비, 취업 및 소득, 신체적 건강 등이었다. 가장 큰 사회적 불안 요소는 경기침체 및 성장둔화, 메르스

(MERS)[22]와 고위험 신종 감염병, 안전문제 등으로 경제와 건강문제에 따른 불안이 컸다.

청소년의 경우에는 학교에서 따돌림 경험이 있을수록, 자아존중감이 낮을수록, 목표 달성 가능성이 낮다고 생각할수록, 가정 및 학교 등에의 소속감이 낮을수록, 본인의 삶에 대한 주관적 행복도가 낮을수록, 우리 사회의 평등 정도가 낮다고 생각할수록, 사회의 안정성이 낮다고 생각할수록, 어려움에 처했을 때 주변으로부터 도움을 받을 가능성이 낮을수록, 평소 마음을 털어놓고 상의할 수 있는 사람이 적을수록 사회심리적 불안의 정도가 높았다. 따라서 사회심리적 불안은 인간 내면에서 발생하는 정서적 반응이지만, 그 원인의 많은 부분과 불안 정도는 사회적 요인에 의해 결정된다는 점을 보여 준다. 그런 만큼 개인적 차원뿐만 아니라 사회적 측면에서도 불안을 완화하고 해소하기 위한 노력이 필요하다.

4. 문제의 실태

한국 일반 성인의 주요 정신질환 실태를 파악하기 위해서 만 18~74세의 일반 성인 인구 6000명을 대상으로 주요 정신질환의 유병률을 조사한 〈정신질환 실태 역학조사 보고서〉(서울대학교 의과대학, 2011)에 따르면, 불안장애 평생유병률은 남성이 5.3%, 여성은 12.0%, 전체 8.7%이다. 불안장애 일년유병률은 남성(3.7%)보다 여성(9.8%)이 높았고, 모든 불안장애 질환이 남성보다 여성의 유병률이 더 높았다. 2010년 한 해 동안 불안장애로 이환된 국민은 남성이 3.7%, 여성이 9.8%로 만 18~74세의 일반 성인 인구 중 약 245만 명이 불안장애에 이환된 것으로 추정된다(표 11-2 참조).

2006년 조사결과와 비교하여 불안장애의 유병률은 1.8%가 증가하였고, 그중 특정공포증이 1.5% 증가로 가장 큰 증가폭을 나타냈다. 불안장애 가운데 가장 높은 일년유병

22) 메르스는 중동호흡기증후군(Middle East Respiratory Syndrome)을 줄인 말이다. 신종 베타코로나 바이러스에 의한 감염증으로 2003년 발생한 중증급성호흡기증후군(SARS)과 유사하나 치사율은 30% 정도로 높은 편이다. 2015년 5월 20일 한국에서 최초 감염자가 확인된 이후, 정부의 대응 부실로 확진자가 전국으로 퍼져 전 국민을 불안에 떨게 만들었으며 정부의 보건정책에 대한 불신을 증폭시킨 사건이다.

률을 보인 질환은 특정공포증(4.8%)이고, 그다음은 범불안장애(1.0%), 사회공포증(0.3%), 광장공포증(0.2%), 공황장애(0.2%) 순이다.

표 11-2 불안장애 일년유병률 및 추정환자 수

진단명	남성		여성		전체	
	유병률(%)	추정환자 수	유병률(%)	추정환자 수	유병률(%)	추정환자 수
불안장애	3.7	666,514	9.8	1,772,193	6.8	2,454,629
범불안장애	0.8	144,111	1.2	217,003	1.0	360,975
특정공포증	2.4	432,333	7.2	1,302,019	4.8	1,732,679
광장공포증	0.2	36,028	0.3	54,251	0.3	108,292
사회불안증	0.3	54,042	0.4	72,334	0.3	108,292
공황장애	0.0	0	0.3	54,251	0.2	72,195
강박장애	0.3	54,042	0.8	144,669	0.6	216,585
외상 후 스트레스장애	0.3	54,042	0.9	162,752	0.6	216,585

주) 최근 『DSM-5』에서 불안장애군을 새롭게 발표하면서 강박장애와 외상 후 스트레스장애를 제외하였으므로 본 장의 논의에서는 그 두 가지 장애를 다루지 않았다.

출처: 서울대학교 의과대학(2011). 정신질환 실태 역학조사 보고서.

연령에 따른 불안장애 일년유병률은 남성은 20대(5.2%)와 70대(4.4%)가 높았고, 50대(2.9%)와 60대(2.5%)에서는 낮은 경향을 보였다. 여성은 70대를 제외한 모든 연령대에서 8% 이상을 보였으며, 그중 20대(12.6%)가 가장 높은 유병률을 나타냈다. 여성은 50대부터 불안장애 유병률이 점차 감소하는 경향을 보였다. 불안장애 일년유병률은 이혼·별거·사별(9.1%)하였거나 미혼(7.9%)인 경우가 기혼(5.8%)보다 높았다.

취업 상태에 따른 불안장애 일년유병률은 미취업군(8.4%)에서 가장 높은 유병률을 보였다. 남성은 전일제 취업군(3.1%)과 부분제 취업군(3.1%)의 유병률이 동일하게 나타났고, 이는 남성 미취업군의 유병률(5%)보다 낮았다.

교육수준에 따른 불안장애 일년유병률은 무학(10.2%)이 가장 높은 유병률을 보이며, 대졸까지의 학력에서 감소하는 경향을 보였다. 그러나 대졸 이상의 학력(6.4%)이 대졸(5.9%)보다 높은 불안장애 유병률을 보였다.

도시지역(남성 3.9%, 여성10.0%)이 농촌지역(남성 2.9%, 여성 9.0%)보다 불안장애 유병률이 더 높았다. 가구별 월소득에 따라 불안장애 일년유병률은 소득이 증가할수록 감소하는 경향을 보였다.

최근 국민건강보험공단의 통계에 따르면, 불안장애가 80대 이상 노인층에서는 2.8배로 최고 증가율을, 70대에서는 2.4배 증가율을 보여 노인층이 젊은 층보다 불안장애가 높은 것으로 나타났다. 노인층의 경우 자신을 보호해 주던 인간관계, 금전, 사회적 지위, 건강 등을 잃어가는 시기이므로 단순히 경제적인 것뿐만 아니라 신체적 건강과 기능 상실이 발생할 경우 누가 돌봐 줄 것인지 등을 예측할 수 없다는 것이 불안 상승을 일으키는 가장 큰 요인이 될 수 있다.

불안장애군별 실태를 〈정신질환 실태 역학조사 보고서〉(서울대학교 의과대학, 2011)에 근거하여 살펴보면 다음과 같다.

공황장애의 경우 남성은 20대에 37.5%, 50대 이후에 50.5%가 발병하며, 여성은 30대까지 57%가 발병한 것으로 나타났다. 그러나 50대와 60대의 공황장애 유병률이 높다는 사실에서, 공황장애는 젊은 시기에 발병하여 비교적 장기간 지속되는 만성질환임을 알 수 있다. 취업포털 인크루트(2016)가 1254명(학생·취업준비생 46%, 직장인 49%)을 대상으로 '공황장애'를 주제로 한 설문조사결과에 따르면, 학생·취업준비생의 50%와 직장인의 61.9%가 공황장애를 경험한 바 있다고 밝혔다. 공황장애의 종류로는 불안감·공포감(33.9%)이 가장 많았고 뒤이어 우울증(24.2%), 강박증(17.9%), 불면증(14.9%) 등의 순으로 나타났다. 공황장애를 앓게 된 이유로는 불확실한 미래(21.5%)가 가장 많았으며 취업 스트레스(14.2%), 대인관계 갈등(14.0%), 업무 관련 스트레스(13.1%), 밝힐 수 없는 나만의 비밀(8.3%), 큰 사건을 겪은 후 트라우마가 생겨서(8.3%), 현재 가정사(7.9%), 어릴적 화목하지 못했던 가정사(6.3%), 집안일 관련 스트레스(5.8%)라고 응답했다. 공황장애를 앓게 된 원인은 학생·취업준비생과 직장인 사이에서 극명하게 갈렸다. 학생·취업준비생은 취업준비과정에서 갈수록 무기력해질 때(38.8%)가 1순위였으며, 연이은 불합격 소식으로 자존감이 낮아졌을 때(28.9%), 부모님이 취업을 독촉할 때(13.9%)와 같이 준비한 친구가 먼저 취업되었을 때(13.9%) 등의 답변이 뒤를 이었다.

직장인의 경우 대인관계가 힘들어서(32.6%)를 공황장애 요인 1순위로 꼽았으며 맡은 바 업무가 힘겨워서(26.4%), 회사생활을 감내하자니 체력이 달려서(20.7%) 등의 응답도 있었다.

광장공포증은 일년유병률이 남성이 0.2%, 여성은 0.3%로 2006년과 반대로, 여성이 더 높은 유병률을 보였다. 남성은 20대에서 일년유병률이 가장 높고 여성은 60대에서 가장 높은 분포를 보였다. 여성의 경우 모든 연령대에 걸쳐 광장공포증의 일년유병률이 높게 나타난다. 남성은 미혼집단에서, 여성은 이혼·별거·사별집단에서 일년유병률이 높았다. 남녀 모두 도시지역 거주자에서 광장공포증 일년유병률이 높았고 남성은 월소득이 가장 낮은 집단에서, 여성은 월소득이 가장 높은 집단에서 광장공포증 일년유병률이 가장 높았다. 발병 연령은 남성은 10대 후반까지 75%가 발병했고, 여성은 20대 초반까지 45.9%가 발병한 뒤, 30대 초반에 23.5%가 발병하는 양상을 보였다.

사회공포증은 남성은 미혼에서, 여성은 기혼에서 가장 높은 사회공포증 일년유병률을 보였다. 남성은 전일제 취업자에게서, 여성은 미취업자에게서 사회공포증 일년유병률이 가장 높았다. 남녀 모두 도시지역 거주자가 농촌지역 거주자보다 높은 유병률을 보였다. 또한, 남녀 모두 소득수준이 높은 경우가 중간 이하인 경우보다 사회공포증 일년유병률이 낮았다. 발병 연령은 남성은 20대 미만에서 90%가 발병했고 여성은 30대 이하의 발병이 86.7%로, 사회공포증 대부분은 20대 이하의 연령에서 발병하였다. 위험 요인은 교육수준으로, 교육연수가 12년 이하인 경우에 3.7배 높은 수준의 위험을 보이는 것으로 분석되었으며, 여러 정신질환과 동반이환을 보였는데, 알코올 의존, 니코틴 금단, 주요 우울장애, 기분부전장애, 양극성 장애, 범불안장애, 특정공포증, 신체화 장애, 동통장애와 유의한 수준의 동반이환을 보였다.

특정공포증은 남성(2.4%)보다 여성(7.2%)에게서 더 높게 나타났다. 남녀 모두에서 18~29세의 미혼집단에서 가장 높은 일년유병률을 보였다. 남성은 교육수준이 증가할수록 특정공포증의 유병률이 증가하는 양상이었으나, 여성은 교육연한이 1~6년이거나 13년 이상 교육을 받은 경우에서 특정공포증 일년유병률이 가장 높았다. 남녀 모두 미취업 상태와 도시지역 거주자, 가구별 월소득이 200만 원 이하인 집단에서 특정공포증 일년유병률이 높게 나타났다. 발병 연령은 남녀 모두 50% 이상이 10대 이하의 연령에서 발병하는 양상을 보였다. 위험 요인으로는 이혼·별거·사별이 기혼보다 1.3배 높은 위험을 보였고, 소득수준이 낮은 집단이 상위 집단보다 1.4배 높은 위험을 보였다.

범불안장애의 일년유병률은 남성(2.4%)보다 여성(7.2%)이 더 높으며 여성은 연령 증가에 따라 일년유병률도 증가하는 경향을 보였다. 남녀 모두 이혼·별거·사별집단에서 유병률이 높으며, 여성은 교육수준이 높아질수록 비교적 범불안장애 일년유병률이 감소했다. 남성은 부분제 취업군에서 일년유병률이 높았으나 여성은 미취업군에서 가장 높았다. 남성은 도시지역에서, 여성은 농촌지역에서 일년유병률이 더 높았으며, 남녀 모두 소득수준이 낮을수록 일년유병률이 증가하는 경향을 보였다. 발병 연령은 남녀 모두 비교적 전 연령층에서 고르게 발병하는 경향을 보였다. 위험 요인은 이혼·별거·사별집단이 기혼자보다 2.5배 높은 위험을 보였으며, 고졸 이하의 교육수준이 대학 이상보다 2.4배 높은 위험을 보였고, 소득수준 하위집단이 상위집단보다 6.5배 높은 위험을 보였다.

연도별 건강보험 진료인원 추이에 따르면, 불안장애로 진료를 받은 사람은 2021년 86만 5,108명으로 2017년 대비 32.3%로 빠르게 증가하였다. 1인당 진료비는 32만 4,689원이며, 2017년 대비 38.7% 증가하였다. 연령대별로는 2021년 60대 15만 9,845명, 전체 환자의 18.5% 차지 2017년 대비 2021년 20대 86.8%(연평균 16.9%) 증가하였다. 세부상병별로는 2021년 1위 '상세불명의 불안장애' 30만 8,571명, 2위 '혼합형 불안 및 우울장애' 20만 8,869명, 3위 '공황장애, 우발적 발작성 불안'이 20만 6,329명으로 나타났다. 성별로는 2021년 여성(53만 3,436명)이 남성(33만 1,672명)의 1.6배로 높게 나타났다. (건강보험심사평가원, 최근 5년2017~2021년 우울증과 불안장애 진료현황 분석)

성인이 불안을 해소하기 위해 사용하는 방법은 수면이나 휴식이며, 그다음이 TV 시청으로 나타났다. 청소년의 경우에도 수면이나 휴식, 인터넷이나 스마트폰, 게임 등으로 나타나 성인이든 청소년이든 전반적으로 불안해소를 위해서 적극적인 노력을 하지 않는 것으로 나타났다. 대화나 산책, 스포츠 활동, 쇼핑, 여행과 같은 긍정적인 방식으로 해소하는 경우도 있었으나, 이러한 활동이 얼마나 불안해소에 효과적인지는 파악할 수 없었다. 아울러 음주, 흡연, 폭식, 약물, 도박과 같은 부적절한 행태를 보이기도 하였다. 이는 결국 정신건강에 대한 체계적 관리 없이 혼자서 극복하는 국민이 많다는 것을 의미한다. 불안을 해소하기 위해 본인이 스스로 극복해야 할 부분도 있지만, 사회적 차원에서 개인을 지원하기 위한 체계적인 정신건강관리 서비스의 제공이 필요하다(이상영 외, 2015).

불안장애 환자가 적극적으로 정신의료서비스를 이용하지 않는 이유를 살펴보면, 나는 정신질환이 없다고 생각(79.7%), 그 정도 문제는 스스로 해결할 수 있다고 생각(79.1%), 문제가 저절로 좋아질 것으로 생각(53.1%), 치료받는 것을 다른 사람들이 알면 어떻게 생각할까 걱정(22.8%), 어디에 가서 누구를 만나야 하는지를 모름(13.6%), 치료비 걱정(14.1%), 거리·교통편·아이 등의 이유로 치료받으러 갈 수 없었음(8.8%), 전에도 치료를 받은 적이 있으나 별로 치료효과가 없음(2.1%) 등으로 나타났다(정신질환 실태 역학조사, 2011).

5. 현재의 복지제도와 정책, 한계점

사회심리적 불안과 그로 인한 부정적 결과가 정신질환으로 이어질 가능성이 크지만, 이를 해결하기 위한 정부의 대책은 매우 미흡한 현실이다. 복지제도를 살펴보면, 불안장애는 정신질환 범주에 포함되어 지역사회 정신건강증진센터에서 다루고 있지만, 불안장애 환자를 위한 특별한 사업이나 지원책은 마련되어 있지 않다. 다만 보건복지부에서는 '지역사회서비스 투자 사업'[23] 분야에서 아동발달지원서비스를 통하여 분리불안 등 문제행동을 지닌 아동에게 심리상담, 조기개입서비스(놀이, 언어, 인지, 미술) 프로그램을 선별하고 혼합하여 월 4회 이상 제공하고 있다. 또한, '정신건강토탈케어서비스 사업'에서는 정신과 치료를 받고 있고 의사의 진단서를 첨부해 서비스를 신청한

23) 지역사회서비스투자사업은 중앙정부가 전국을 대상으로 일괄 실시하는 국가주도형 서비스 제공방식에서 벗어나 지자체가 지역 특성 및 주민 수요에 맞는 사회서비스를 자체적으로 발굴하고 기획하는 사업으로, 수요자가 바우처를 지급받은 후 원하는 서비스 제공 기관을 선택하는, 수요자 중심 서비스가 제공되는 특징을 지니고 있으며 2007년 8월부터 시작하였다.

대상자로 선정된 이들에게 초기 상담을 한 후 정신질환자에 대한 위기상황 개입, 증상관리, 일상생활지원 서비스를 월 4회, 3년 범위 내에서 제공하고 있지만, 전국 가구 평균소득 100% 이하인 저소득층을 우선 지원하고 있으므로 수혜 대상이 매우 제한적이다.

한계점으로, 아직까지 우리 사회에서는 사회심리적 불안을 혼자 극복하고 해결해야 하는 문제로 인식하는 경향이 강하다. 불안장애 등 정신의학적 장애를 동반하는 경우에도 이를 예방하거나 체계적으로 관리하기 위한 사회적 지지 프로그램이 미비하고 문제 해결을 주로 개인적인 의료기관 이용에 의존하고 있다. 정신건강서비스 이용에 대한 스티그마(stigma)가 강하여 정신건강서비스 이용을 회피하려는 경향이 존재하는 현실에서, 이러한 문제를 해결하기 위한 체계적인 노력이 무엇보다 중요하다. 특히 질병의 단계로 발전되지 않은 사회심리적 불안이라 하더라도 초기에 효과적으로 대응하기 위한 관리 프로그램과 서비스 개발이 필요하다.

6. 대안 제시

사회심리적 불안의 원인이 여러 사회 영역에 걸쳐 다양하게 존재하므로 이를 완화 및 해소하기 위한 정책도 다양한 영역에서 추진되어야 한다.

불안장애 예방과 해소를 위한 대안을 제시하면 다음과 같다.

첫째, 청소년의 경우에는 인성 함양을 위한 학교의 교과과정 개선과 진학, 취업 등 미래 문제에 대한 상담, 학업상담 및 지원 등에 정책의 우선순위를 두어야 한다. 이러한 노력은 단순히 청소년의 사회심리적 불안의 해소 차원을 넘어 그들의 건전한 성장과 발달과 미래 세대에 대한 투자가 될 것이다. 또한, 불안을 느끼는 청소년에 대해 학교 및 지역사회 정신건강증진센터 등에서 정신건강관리 서비스가 강화되어야 한다.

둘째, 성인의 경우에는 충분하고 안정적인 노후소득보장체계 확충과 신체적 건강관리를 위한 보건의료체계 개선, 취업 및 소득 등의 안정성 확보를 위한 고용대책 및 경제적 지원이 필요하다.

셋째, 사회심리적 불안관리를 위한 서비스 공급을 위해서는 지역사회 내 정신건강증진센터와 중독관리통합지원센터, 자살예방센터 등에서의 프로그램이 강화되어야 한다. 이 센터들은 지역사회 정신건강관리를 위한 공공 부문의 서비스 공급망 기능을 담당하고 있는데, 이들이 가지는 정신건강관리 프로그램에 정서적·심리적 문제 등을 포괄하도록 해야 한다. 또한, 사업장에서의 근로자 지원 프로그램(employee assistance programs: EAP)을 활성화하여 근로자의 정서문제나 심리적 불안 등의 관리를 위한 서비스를 개발할 필요가 있다(이상영 외, 2015).

넷째, 불안장애 환자가 불안장애를 정신질환이라고 생각하지 않고 치료받는 것을 타인이 알까 걱정하며, 어디에 가서 누구를 만나야 하는지를 모르는 등의 이유로 치료를 받지 않고 있으므로 정신보건기관이 환자를 대상으로 한 병식(病識)교육과 지역사회 주민을 대상으로 한 인식개선운동 및 홍보활동을 펼쳐 불안장애 환자가 쉽게 접근할 수 있도록 지역사회 내의 정신보건 및 의료전달체계를 확립해야 한다.

다섯째, 의료급여제도를 개선하여 정신과 진료에 대한 수가를 현실화해 나가야 한다. 현재 정신질환에 대한 급여항목이 일반진료에 비해 세분화되지 않고 급여항목 횟수도 제한되어 있다. 이러한 의료수가의 문제는 정신과 진료에 있어서 대량의 환자에게 약물치료와 짧은 상담 위주의 질 낮은 서비스를 제공하게 만드는 주된 요인이다. 그러므로 수가 문제에 있어서 정신과의 특성을 반영해 더욱 세부적으로 수가항목이 규정되고 청구횟수 제한 문제도 완화되어야 한다.

여섯째, 생활안전 환경개선 및 위기가족 지원, 정신건강관리를 위한 상담과 지원, 자녀교육, 가족부양·간병 지원 등 복지안전망을 튼튼하게 구성해야 한다. 또한, 사회적으로 신자유주의를 기반으로 한 성과와 효율 위주의 경쟁체제를 탈피해야 하며, 사회정의와 경제정의를 구현해 한국인의 불안을 적극적으로 해소해 나가야 한다.

7. 결론

한국 사회가 지금 겪고 있는 정치적 불안정과 경제적 어려움, 계층 간의 불평등과 소외감, 개인적인 불안과 우울감 등은 모두 참기 어렵고 힘든 문제임이 분명하다. 어쩌면 우리는 불안하지 않으면 오히려 이상한 사회에서 살고 있을지도 모른다. 한국인을 불안하게 하는 근본 원인은 불안한 사회환경에 있으므로 사회를 개혁함으로써 해결하는 것이 좀 더 근본적인 해결책이 될 것이다. 한국인이 처한 불안증폭사회의 해결책과 방안은 먼저 자신이 불안하고 고통스러운 것은 마음이 병들어서이고, 자신을 병들게 하는 것은 병든 사회적 조건 때문이라는 사실을 인식하고 건강한 삶을 위해 사회개혁은 물론 사회안전망을 건실하게 구축해 나가는 데 관심을 가져야 한다. 이를 위해서는 첫째, 자신이 맺고 있는 인간관계를 재검토하여 건강한 사람들과 적극적으로 관계를 맺으려고 노력해야 한다. 둘째, 건강한 공동체를 찾아 소속되고, 공감과 신뢰를 기반으로 한 서로 소통할 수 있는 공동체를 스스로 만들어 나가야 한다. 셋째, 개인적·사회적 병인을 의식화하는 작업을 꾸준히 진행하면서 궁극적으로 개인적으로든 공동체를 통해서든 사회변화에 적극 참여하여 사람이 중심이 되는 세상을 만들어 나가야 한다(김태형, 2010).

불안장애 관련 영화

- 카피 캣(Copycat, 1995): 공황장애, 광장 공포증
- 애널라이즈 디스(Analyze This, 1999): 공황장애
- 네 번의 결혼식과 한 번의 장례식(Four Weddings And A Funeral, 1994): 범불안장애
- 님스 아일랜드(Nim's Island, 2008): 광장공포증
- 터널(2016): 폐쇄공포증

Ⅲ 조현병문제

사례

박경태(43세) 씨는 어릴 때부터 매사에 잔소리를 많이 하는 어머니 밑에서 자랐고 내성적인 성격이라 친구를 사귀지 못했다. 고등학교를 졸업하고 집을 나와 서울에서 잡일을 하다가 군 복무를 마친 뒤부터 우울증과 불안, 대인공포증을 겪게 되었다. 작은 소리에도 민감하게 반응하며 귀에서 누군가가 말하는 환청이 들리고 지나가는 사람들이 서로 이야기를 나누거나 웃으면 자신을 헐뜯거나 비웃는다고 생각하며 자동차가 주변에 멈춰 서면 자신을 미행하고 있다고 생각한다. 거리의 교통단속이나 동네 골목에 쓰레기 투기를 방지하기 위해 설치된 CCTV가 자신을 감시하기 위해 설치되었다고 여겨 다른 길로 돌아서 가곤 한다. 길을 걸을 때는 모자를 쓰고 마스크로 얼굴을 가리고 다니며 사람들이 갑자기 자신을 공격할까 봐 두려워하고 음식이나 음료수에 독을 탔을지도 모른다는 생각에 밖에서는 음식을 먹지 않는다. 최근에 조현병 진단을 받았고 정신과 약물을 복용하고 있으며 생활무능력으로 기초생활수급에 의존해서 생활하고 있다.

1. 서론

2016년 5월 17일 '강남역 묻지 마 살인사건'이 발생하였다. 서울지방경찰청은 "조현병을 앓는 환자의 망상이 부른 참극"이라고 언론에 발표했고, 이로 인해서 정신질환자의 범죄에 대한 공포가 커지면서 이들을 사회에서 격리해야 한다는 주장이 나왔다. 그러나 조현병은 조기에 진단해서 치료를 받으면 별다른 장애 없이 사회복귀가 가능하다. 보건복지부는 5년마다 정신질환 실태 역학조사를 실시하는데, 2021년 정신건강실태조사 결과에 따르면 정신장애 1년 유병률은 남자 8.9%, 여자 8.0%, 전체 8.5%였으며, 니코틴사용 장애를 제외한 1년 유병률은 남자 5.2%, 여자 7.6%, 전체 6.4%로 여자의 경우 남자보다 1.5배 높았다. 정신장애 평생 유병률은 남자 32.7%, 여자 22.9%, 전체 27.8%로, 성인 4명 중 1명이 평생 한 번 이상 정신건강 문제를 경험하고 있는 것으로 나타났다. 조현병 평생 및 1년 유병률은 각각 0.5%, 0.2%로 집계되었으며 진료를 받고 있는 조현병 환자 수는 2018년 121,439명으로, 2014년 대비 약 6% 증가하였다. 이는 실질적으로 환자 수가 증가한 것을 의미하기보다, 정신질환에 대한 인식이 전반적으로 개선되며 치료를 적극적으로 받고 있는 것으로 볼 수 있다(국내 조현병 환자의 현황과 적정치료를 위한 제언, 한국과학기술 한림원, 2020).

2. 사회문제의 이해

1) 개념정의

조현병(schizophrenia, 정신분열증)은 젊은 연령에서 발병하며 정신질환 중에 가장 많은 관심을 받는 장애이다. 망상, 환청, 혼란스러운 사고, 와해된 언어적·정서적 둔감 등의 증상과 더불어 사회적 기능에 장애를 일으키는 질환이며, 조현병 상태에서는 현실 검증력이 저하되어 매우 비현실적인 지각과 생각을 하게 되고 혼란스러운 상태에 빠져들게 된다. 예후가 좋지 않고 만성적인 경과를 보여 환자나 가족들에게 상당한 고통을 주지만, 최근 약물요법을 포함한 치료적 접근에 뚜렷한 진보가 있어 조기진단과 치료에 적극적인 관심이 필요한 질환이다. 초기에 적절하고 집중적인 치료를 받지 못해 만성화되면 사회성이나 직업, 대인관계 등의 삶이 황폐화되어 사회에 적응하기 어려워지기 때문에 사회복지사의 주요한 개입대상이다.

우리나라와 일본에서는 그동안 서양의 'schizophrenia'를 정신분열병이라는 용어로 사용했으나 최근에 사회적 편견을 해소하기 위해 진단명을 바꿨다. 일본은 정신분열병 이미지 개선과 사회적 통합을 위해 2002년에 '통합실조증'으로 병명을 바꿨는데, 그 이후 환자에 대한 편견과 차별이 감소되었고 환자의 인권신장에 긍정적인 변화가 일어났다. 우리나라는 정신분열증에 대한 부정적인 이미지를 줄이고, 사회적 관심을 불러일으키기 위해서 2011년부터 정신분열병을 '조현병(調鉉病)'으로 개정하였다. 조현(調鉉)이란 '현악기의 줄을 고르다'는 뜻으로, 조현병 환자의 모습이 마치 현악기가 정상적으로 조율되지 못했을 때의 모습처럼 혼란스러운 상태를 보이는 것과 같다는 데에서 비롯되었다. 그러나 조현병은 학문적인 용어로 일반화되어 사용되고 있지는 않다(대한조현병학회, 2011).

2) 특성 및 범위

조현병의 특성을 이해하기 위해서는 중요한 증상을 이해해야 한다. 조현병의 가장 대표적인 증상은 첫째, 망상이다. 망상은 자신과 세상에 대한 잘못된 강한 믿음을 말한다. 망상의 주제는 내용에 따라 피해망상, 과대망상, 관계망상, 애정망상, 신체망상 등으로 다양하게 구분된다. 피해망상은 정보기관이나 권력기관 또는 특정 개인이 자신을 감시하거나 미행하며 피해를 주고 있다는 믿음을 말하며, 과대망상은 자신이 중요한 능력과 임무를 지닌 특별한 인물이라고 생각하는 것을 말한다. 관계망상은 일상적인 일들이 자신과 관련되어 있다는 믿음(TV나 라디오 뉴스, 지나가는 사람의 말이 자신과 관련이 있다고 생각함)이며, 애정망상은 유명한 연예인이나 저명인사와 사랑하는 관계에 있다고 생각하는 것이고, 신체망상은 자신의 몸에 심각한 질병이나 증상이 있다는 여기는 것이다.

둘째, 환각이다. 환각은 외부자극이 없는데도 어떤 소리나 형상을 지각하거나 외부자극을 현저히 왜곡되게 지각하는 경우이다. 환각은 감각의 종류에 따라 환청, 환시, 환후, 환촉, 환미로 구분한다.

셋째, 혼란스러운 언어와 행동이다. 조현병 환자는 상황과 목적에 맞지 않는 엉뚱한 언어와 행동을 보이는데, 이는 이들이 표현하고자 하는 것을 논리적으로 진행시키지 못하고 초점을 잃거나 다른 생각의 침투로 엉뚱한 방향으로 흘러가기 때문에 나타난다. 그리고 마치 근육이 굳은 것처럼 어떤 특정한 자세를 몇 시간 동안 꼼짝하지 않고 유지하는 긴장증적 행동(catatonic behavior)을 보이기도 한다.

넷째, 다양한 음성증상, 즉 감소된 정서표현이나 무의욕증이다. 감소된 정서표현은 외부자극에 대한 정서적 반응성이 둔화된 상태로 얼굴, 눈 맞춤, 억양, 손이나 머리의 움직임을 통한 정서적 표현이 감소된 것을 말한다. 무의욕증은 마치 아무런 욕망이 없는 듯 어떠한 행동도 하지 않고 무관심한 채로 오랜 시간을 보내는 것을 뜻한다.

조현병은 생물학적으로 취약성이 있는 사람이 극복하기 힘든 스트레스를 받을 때 걸리는 것으로 본다. 20대 전후에 발생이 많은 것은 입시 압박, 구직 및 업무 스트레스, 실연, 군 입대 때문인 것으로 추정된다. 입시나 구직에 실패한 사람은 물론 새로운 직장에서 스트레스를 받거나 대학 입학 후 새로운 인간관계에서 좌절을 느끼는 이들도 조현병에 걸릴 가능성이 크며, 조현병 환자는 일반인에 비해 자살을 시도하는 경우가 흔하고(20~40%), 자살시도자 중에서 약 10%는 사망에 이르게 된다. 또한, 증상 때문에 생활습관 관리가 어려워 당뇨, 심혈관계 질환의 위험성도 높아진다.

범위로는 조현병과 유사한 증상을 보이지만 심각도나 지속기간이 다른 다양한 장애들이 있다. 최근에는 이러한 장애들이 조현병과 공통의 유전적 또는 신경생물학적 기반을 지닌다는 연구결과에 근거하여 조현병과 유사한 증상을 나타낼 뿐만 아니라 공통의 원인 요인을 지닌 것으로 추정되는 다양한 정신장애를 정신분열 스펙트럼 장애(schizophrenia spectrum disorders)라고 지칭한다(Tandon & Carpenter, 2013). 정신분열 스펙트럼 장애는 현실을 왜곡하는 기괴한 사고와 혼란스러운 언어를 특징으로 하는 다양한 장애를 의미하며 증상의 심각도에 따라서 스펙트럼상에 배열할 수 있다. 조현병과 분열정동장애가 가장 심각한 증상을 나타내며 다음으로 정신분열형 장애, 단기 정신증적 장애, 망상장애, 가장 경미한 증상을 나타내는 장애로는 분열형 성격장애와 약화된 정신증 증후군이 있다. 『DSM-5』에서는 이러한 견해를 받아들여 정신분열 스펙트럼 및 기타 정신증적 장애(schizophrenia spectrum and other psychotic disorders)라는 장애 범주에 다양한 장애를 포함시키고 있다(권석만, 2015).

3) 조현병 출현의 역사

조현병이 19세기 이후 산업화 사회의 복잡성에 의해 발생했다는 주장이 있지만, 고대 중국과 인도, 메소포타미아의 기록에도 조현병 증상이 나타나 있다. 하지만, 오늘날 조현병이라고 할 수 있는 개념의 형성은 19세기 후반에 비롯되었다.

조현병은 크레펠린(Kraepelin, 1899)에 의해 '조발성 치매'라는 진단명으로 처음 증후군이 확인되었는데, 조발성 치매는 청소년기에 발병하며 인지기능이 퇴화되는 기질적 장애라는 의미이다. 이후 브로일러(Bleuler, 1923)는 '분리'라는 뜻을 지닌 그리스 용어 'schizo'와 '마음'이란 뜻을 가진 'phrene'로부터 '정신분열증(schizophrenia)'이라는 새로운 용어를 만들었다. 그는 정신분열증의 가장 큰 특징으로 뇌의 기능적 분리를 강조하며 1차 증상과 2차 증상을 구분하였다. 정신분열증에서만 특징적으로 나타나는 1차 증상 네 가지는 '연상의 결함', '정동의 결함', '양가성 증상', '자폐증'으로 현실세계로부터 철수하여 내면세계에 몰두하면서 사회적 고립을 초래하고 비현실적 공상에 빠져드는 것이다. 정신분열증의 2차적 증상은 망상과 환각인데, 이런 증상은 다른 정신장애에서도 나타나며 1차 증상에 의한 파생으로 보았다. 브로일러는 이 병은 회복 가능하며 인격의 분열 현상이라고 주장하였다. 즉, 이 병의 원인이 기질적인 것이라고 생각하면서도 동시에 심리적 측면도 함께 강조하였다. 그러므로 이를 하나의 질병 단위로 보기보다는 일종의 증후군(syndrome)으로 보는 것이 타당하다고 주장하였다.

슈나이더(Schneider, 1959)는 브로일러 식의 포괄적 진단기준이 한계를 보이자 좀 더 구체적인 행동적 특징에 초점을 맞춰 열한 가지 1급 증상을 제시했는데, '자신의 생각이 크게 말해지는 소리를 듣는 사고 반향', '환청과의 대화나 논쟁', '환자의 활동을 간섭하거나 논평하는 환청', '망상적 지각', '신체적 피동 체험', '사고 투입, 외적인 힘에 의해 행동이 지배당한다는 믿음', '사고 철수, 외적인 힘에 의해 자신의 사고를 빼앗기는 느낌', '사고 전파, 자신의 사고가 마술적·불수의적으로 타인에게 전달된다는 믿음', '만들어진 감정, 외부의 힘에 의해 부여되고 조정되는 감정의 경험', '만들어진 충동, 외부의 힘에 의해 부여되고 조정되는 충동의 경험', '만들어진 수의적 행동, 외부의 힘에 의해 자신의 행동이 조정당하는 경험'이다. 이러한 1급 증상은 현재에도 정신분열증의 진단에 유용하게 사용되고 있으며, 오늘날의 대표적인 진단체계인 『ICP-10』과 『DSM-5』에 이르기까지 지속되고 있다.

3. 문제의 실태

조현병의 유병률은 지리적·문화적 차이와 관계없이 전 세계적으로 인구의 1% 정도로 일정하게 나타나며, 한국에서도 약 50만 명 정도의 인구가 조현병을 앓고 있을 것으로 추정된다. 그러나 이 중 병원을 찾아 진료를 받는 환자는 5명 중 1명꼴로 매우 적은 편이다. 국민건강보험공단 보도자료(2014)에 따르면, 조현병으로 진료를 받은 환자가

2010년에 9만 4000명에서 2014년에는 10만 4000명으로 증가했으며, 성별로는 남성 4만 9000명, 여성 5만 5000명으로 2010~2014년 동안 1만 명(연평균 2.6%)이 증가하였다. 최근 5년간 건강보험 조현병 진료인원 추이를 살펴보면 〈표 11-3〉과 같다.

조현병 질환으로 인한 건강보험 진료비는 2010년 2836억 원에서 2014년 3291억 원으로 증가하였고, 공단이 부담하는 급여비는 2010년 2336억 원에서 2014년 2708억 원으로 연평균 3.8%가 증가하였다. 환자 1인당 진료비는 입원환자 1인당 991만 원, 외래환자 1인당 102만 원으로 입원환자의 진료비 지출이 외래환자의 지출보다 10배 가까이 높게 나타났다.

조현병의 발병시기는 대부분 20대 전후로 남성은 15~25세, 여성은 25~35세이며, 여성은 중년에 다시 한번 발병이 늘어나 3~10%의 환자는 40대에 발병하기도 한다. 그러나 10세 이전이나 60세 이후에는 거의 발병하지 않는다. 조현병은 생물학적으로 취약성이 있는 사람이 극복하기 어려운 스트레스를 받을 때 걸리는 것으로 보는데, 20대 전후에 발생이 많은 이유는 입시 압박, 구직 및 업무 스트레스, 실연, 군 입대 스트레스가 높은 시기이기 때문으로 추정된다. 즉, 입시나 구직에 실패한 사람, 새로운 직장에서 새 업무를 하면서 스트레스를 받는 사람, 대학에 입학한 뒤 새로운 인간관계에서 좌절을 느끼는 사람이 조현병에 걸릴 가능성이 크다는 것이다. 특히, 가족의 품을 떠나 혼자 생활하는 경우 이런 증상이 생겨도 늦게 발견돼 치료가 어려워지기도 한다. 조현병에 걸린 이들은 인생에서 가장 활동성이 높은 시기에 여러 증상을 겪기 때문에 불안이나 좌절을 심하게 겪는다. 초기 치료가 제대로 이뤄지지 않으면 만성화돼 장기 입원이 필요할 수 있다. 실제로 정신병원에 입원한 환자 가운데 56%가 조현병 환자이기도 하다. 조현병은 지능이나 인격에 문제가 생기는 질환은 아니므로 스트레스의 근본 원인을 찾는 정신과 치료와 심리상담, 약물치료 등 초기 치료를 잘 하면 정상적인 사회생활이 가능하다.

국가인권위원회 보고서(2013)에 따르면, 정신질환 입원환자 수는 2012년 8만 569명인데, 이 가운데 자의입원은 24.1%이고 나머지 75.9%는 비자의입원, 즉 강제입원[24)]에 해당한다. 국내 정신질환자의 평균재원기간은 247일로 스페인(18일)과 독일(24.2일), 이탈리아(13.4일), 프랑스(35.7일)와 비교해 세계 최장이다. 평생을 갇혀 있다고 볼 수 있는 '장기입원' 환자의 수도 우려스러운 수준이다. 2013년 국정감사에서 국회 보건복지위원회가 공개한 자료에 따르면, 정신요양시설 59개소에 입원한 1만 951명 가운데 40년 이상 입원한 사람이 26명, 30~40년이 501명, 20~30년 1518명, 15~20년 1139명으로 나타났다. 15년 이상 장기입원한 환자가 전체의 29%에 달한다. 그런데도 현재 정부는 조현병 환자를 강제입원시킬 수 있는 행정입원명령이 실효성을 거두도록 법적 근거 마련을 추진하고 있다. 행정입원은 조현병 환자로 판정되면 경찰이 의사에게 요청해 입원 필요성을 판단받고, 지자체에 입원을 요청할 수 있도록 하는 제도로 정신질환자의 인권을 침해할 소지가 크다고 할 수 있다.

우리 사회는 정신질환자를 잠재적인 범죄위험군으로 생각한다. 2014년 대검찰청 범죄분석 보고서에 따르면, 2013년 한 해 128만여 명의 범죄자 중 범행 시 정신장애 상태에 있던 범죄자의 비율은 5241명(0.4%)에 불과했다. 정신이상, 지적장애, 기타 정신장애를 모두 포함한 수치이다. 정신건강이 정상인 상태에서 범죄를 저지른 54만 5887명(42.8%)과 비교하면 매우 적은 수치이다. 또한, 2014년의 총 전과자 71만여 명 중 정신장애 상태에 있던 전과자는 3802명(0.5%)으로 정신질환자가 아닌 일반전과자보다 범죄율이 매우 낮다.

---

24) 「정신보건법」(제24조 제1항)에는 정신의료기관 등의 장은 정신질환자의 보호의무자 2인의 동의(보호의무자가 1인인 경우에는 1인의 동의)가 있고 정신건강의학과 전문의가 입원 등이 필요하다고 판단한 경우에 한하여 당해 정신질환자를 입원 등을 시킬 수 있다고 규정하여 정신장애인들이 자기결정권 없이 비자발적으로 강제입원, 즉 감금되고 있다. 보호의무자에 의해 강제입원을 하면 6개월 이내에 정신보건심판위원회가 계속 입원이 필요한지 심사하게 된다. 바꿔 말하면 6개월간 아무 제재 없이 갇혀 있을 수도 있다. 2013년 한국의 비자의입원율은 75.9%에 이른다. 현실에서 재원기간은 더 긴데, 정신의료기관 평균 재원기간은 262일로 알려졌지만 통계마다 기간이 다르고, 통계에 잡히지 않는 경우도 많다. 정신요양시설의 경우는 3,655일로 평균 10년이 넘기도 한다. 강제입원과 기간 연장 과정에서 당사자의 의견은 고려되지 않는다.

4. 문제의 배경

1) 이론적 관점

조현병은 아직 원인이 명확히 밝혀지지는 않았고 다양한 원인이 복합적으로 작용해서 나타나는 질병으로, 조현병 환자에 대한 연구결과는 매우 비일관적이고 복잡한 양상을 나타내고 있다. 크게 생물학적 원인과 심리적 원인, 가족이론, 사회문화적 요인이 작용하는데, 그중에서 생물학적 원인이 발병에 큰 역할을 한다.

(1) 생물학적 원인

생물학적 원인으로는 조현병을 뇌의 장애로 규정하고 유전적 요인, 뇌의 구조적 또는 기능적 이상, 신경전달물질의 이상과 관련성이 있음을 밝히는 연구가 진행되고 있다.

조현병은 유전적 요인이 강력한 영향을 미치는데, 가계 연구에 따르면 조현병 환자의 부모나 형제자매는 일반인의 10배, 조현병 환자의 자녀는 일반인의 15배까지 조현병에 걸리는 비율이 높다. 부모 모두가 조현병 환자일 경우에는 자녀의 36% 정도가 조현병을 나타내는 것으로 보고된다. 쌍둥이 연구에서도 일란성 쌍둥이의 공병률은 57% 정도, 이란성 쌍둥이는 남녀의 성이 같은 경우에는 12%, 성이 다른 경우에는 6% 정도로 보고된다. 이런 결과는 조현병에 대한 유전적 요인의 강력한 영향력을 시사한다(권석만, 2015, 재인용).

뇌의 구조적 이상과 관련해서 조현병 환자는 정상인보다 뇌실의 크기가 크고 뇌 피질의 양이 적으며 전두엽, 변연계, 기저신경절, 시상, 뇌간, 소뇌에서 이상을 나타낸다는 연구가 있다.

신경전달물질이 조현병과 관련이 있다는 가설 중에는 도파민 가설이 가장 우세하다. 도파민은 사고, 운동, 감정과 관련된 정보를 처리하는 물질로서 뇌 속에서 도파민 시스템에 불균형이 생기면 조현병의 주요 증상이 나타난다. 특히, 과도한 도파민은 정서적 둔감, 사회적 철회, 무감동증 등 조현병의 음성 증상을 유발한다. 이 외에도 세로토닌과 도파민이 함께 작용하여 조현병 증상을 나타낸다는 주장도 있다.

(2) 심리적 요인

프로이트(1924)는 조현병 발생의 심리적 요인을 갈등모델과 결손모델로 설명하였다. 매우 강한 심리적 갈등이 생기면 부정이나 투사와 같은 원시적인 방어기제를 사용하여 자아 기능이 유아적 단계로 퇴행한다는 것이 갈등모델의 설명이다. 결손모델은 조현병이 처음에는 갈등으로 유발되지만 외부 세계로 향했던 리비도 에너지가 점차 내부로 철회되어 환자의 자아상이나 신체상에 투여되면 망상이나 환각증상을 보인다는 것이다. 즉, 조현병은 심리적으로 자아의 경계가 무너져서 외부 현실과 내부 심리적 현실을 구분하지 못해 망상을 현실로 지각하게 되는 것이다.

대상관계이론에서는 조현병의 기원을 생애 초기 발달과정에 둔다. 클라인(Klein, 1932)은 영아가 생후 1년 이내에 두 가지 인간관계 패턴을 형성하며, 이는 정상적 발달과 병리적 발달 모두에 중요하다고 주장한다. 조현병의 잠재 가능성을 지닌 아동은 엄마에 대해 공격적 충동을 지니며 이를 엄마에게 투사하여 피해의식적 불안을 갖게 되어 외부 세계로부터의 철수, 분리, 투사적 동일시 등의 방어기제를 사용하며 피해의식적 입장에 고착된다. 청소년기 이후에 심한 스트레스에 직면하게 되면, 피해의식적 입장으로 퇴행하여 조현병적 증상이 나타나게 된다고 본다.

반면에 인지이론에서는 인지기능 중 주의력 기능의 손상이 조현병 증상 형성과 관련이 있다고 주장한다. 즉, 조현병의 초기에 외부자극에 지나치게 민감하고 크게 반응하거나 외부자극을 잘 알아차리지 못하고 위축되는 양상을 보이는 것이 결국은 인지장애나 사고장애로 이어진다고 본다.

(3) 가족이론

부모의 양육태도, 가족 간 의사소통, 부모와 자녀의 의사소통방식, 부모의 부부관계 등이 조현병 발병과 경과에 중요한 영향을 미친다고 본다. 조현병 환자의 부모는 이중적 의미의 의사소통을 하는 경향이 있다. 이 이중구속이론(double-bind theory)에 따르면, 부모의 상반된 의사전달이 조현병 유발에 영향을 준다. 상반된 의사전달이란 부모 가운데 한 사람이 동일한 사안에 대해서 상반된 의사를 전달하는 경우를 말한다. 조현병 환자의 가족은 가족 간 갈등이 잦고 강렬한 부정적 감정을 표출하는 경향이 있다.

즉, 조현병 환자의 가족은 비판적이고 분노감정을 과도하게 표현할 뿐만 아니라 화자에 대한 과도한 간섭을 나타내는데, 이러한 가족 특성은 표현된 정서(expressed emotion)라고 지칭한다(Brown, 1959). 퇴원한 조현병 환자가 재입원하는 비율은 분노정서의 표현이 낮은 가정이 10%인 것에 비해 분노정서 표현이 높은 가정은 58%였다는 보고(Brown et al., 1972)가 있다.

부모의 부부관계도 조현병 발생에 영향을 미친다. 수동적인 배우자가 정신적으로 건강하지 않은 배우자에게 가족통제권을 양보한 채 자녀에게 집착하는 경우다. 예를 들면, 가부장적이고 폭군적인 남편에게 수동적으로 순종하면서 자녀에게 과도하게 집착하거나 의존하는 어머니가 이에 해당한다. 또한, 만성적 갈등상황인 부부가 서로의 요구를 무시하고 자녀를 자기 편으로 만들기 위해 치열하게 경쟁하는 경우도 자녀의 조현병 발생에 영향을 준다.

(4) 사회문화적 요인

사회적 원인론(social causation)으로 산업화와 도시화 요인이 조현병의 원인과 관련이 있다고 볼 수 있다. 특수한 가족관계나 경제적 빈곤으로 인한 위생상태의 불량, 불충분한 교육, 낮은 교육수준, 낮은 취업기회 및 취업조건, 사회적 차별 등 사회기능의 장애가 조현병의 발병 원인이라는 주장이 있으나, 빈곤층에서도 조현병에 걸리지 않는 사람이 많으므로 단정할 수는 없다.

빈곤과 조현병과의 연관성으로, 빈곤해서 병에 걸린다기보다는 부정적 정신건강이 원인이 되어 낮은 사회경제적 지위로 이동하게 된다는 사회적 선택론(social selection)이 있다. 즉, 정신건강상의 문제가 있는 사람들이 사회에 적응하지 못하고 사회경제적 하위계층으로 도태되어 조현병에 걸린다는 견해이다. 그러나 빈곤한 사람과 부정적 정신건강 결과와의 관계에 대한 일관된 설명은 아직까지 없다. 다만, 빈곤과 같은 환경 요인이 정신건강과 밀접한 관계가 있다는 사실은 확인되고 있다(BellSouth, 2002).

도시화와 공업화, 이민 같은 타문화에 적응하는 과정, 경제적 변동과 문화적 변동이 많은 스트레스와 좌절을 경험하게 만들어 병의 소인을 가진 사람의 조현병 발병을 촉발하는 요인이 될 수도 있다.

5. 현재의 복지제도와 정책, 한계점

정부는 「정신건강증진법」에 근거하여 정신질환자의 치료와 재활, 사회복귀를 위해서 정신보건기관, 정신요양시설, 정신질환자 사회복귀시설 등을 운영하고 있으며 중앙정부와 지방자치단체가 협력하여 정신장애인 토탈케어서비스사업을 시행한다. 사업 목적은 정신질환자의 조기발견과 개입(생활관리)을 통하여 입원을 예방하고 지역사회 내에서 건강하게 생활할 수 있도록 지원하는 데 있다. 그 대상은 정신장애 등록자 및 장애 미등록자 중 최근 6개월 이내에 정신과 치료를 받은 자로서 정신과 치료가 필요하다는 정신과 의사의 진단서 및 소견서를 발급받을 수 있는 사람은 누구나 가능하다. 다만 예산의 한계로 중위기준소득 120% 이하의 계층에 우선으로 서비스를 제공하고 있다. 기간은 최대 36개월로 매년 재신청해야 한다. 사업 내용은 사례관리자가 월 4회 가정으로 방문하여 위기상황 개입, 증상관리(약물관리), 일상생활지원, 사회적응 및 취업지원, 상담, 가족교육, 여가활동을 제공하며, 비용은 정부에서 월 18만 원을 지원하고 2만 원의 본인부담금이 있다. 거주지의 동주민센터에 신청 및 접수하면 된다.

현재 복지제도와 정책의 한계점을 살펴보면 다음과 같다.

첫째, 조현병 등 정신장애인에 대한 정부정책이 예방보다 사후대책 중심으로 이루어지고 있으며, 정신보건 관련 기관에 재정지원이나 전문성을 지닌 인력확보가 부족한 편이다.

둘째, 일부 조현병 환자의 범죄를 빌미로 환자들을 강제입원시킬 수 있는 행정입원 명령제도를 실시하려고 하는데, 이는 환자를 사회로부터 격리시키는 제도로 인권침해의 소지가 있으므로 바람직하지 못하다. 정부는 그동안 정신장애인 발생 시 사후대책 위주로 실시했던 정책을 예방 중심으로 전환하기로 하고 2016년 초 정신건강 종합대책(2016~2020년)을 마련하여 시행할 계획이다. 정신건강 종합대책은 매우 혁신적이지만 시행과정에서 전문가집단 및 이익단체 간 논란이 예상되므로 정부의 정책 실현 의지가 중요하다고 본다.

6. 대안 제시

조현병 환자의 치료와 재활, 사회통합을 통한 삶의 질 향상과 가족들이 직면한 어려움을 해소하기 위해서 몇 가지 대안을 제시하면 다음과 같다.

첫째, 조현병에 대한 인식개선 및 권익증진이 적극적으로 이루어져야 한다. 조현병을 비롯하여 정신질환자를 바라보는 우리 사회의 시각은 매우 편견이 심하며 그 처우가 반인권적이다. 따라서 정신질환자에 대한 편견 해소를 위한 인식개선 및 권익증진이 요구된다.

둘째, 조기진단 및 조기치료를 통한 조현병의 만성화를 방지해야 한다. 일반적인 생각과는 달리 조현병은 조기에 진단해서 치료를 받으면 별다른 장애 없이 사회활동이 가능한 질병이다. 하지만 너무 늦게 치료를 시작하거나 치료를 중단해서 재발한 경우에는 치료효과가 떨어질 수 있다. 결국 조기에 치료를 받지 못하면 조현병이 만성화되고 사회로 복귀하는 데 어려움을 겪을 수 있다. 조현병은 꾸준한 약물치료와 함께 망상과 환각을 완화하기 위한 다양한 사회복지 상담서비스가 필요하다. 환자의 가족을 교육하고 환자가 다시 직업을 가질 수 있게 도와주는 직업재활치료도 도움이 될 수 있다. 따라서 조현병 증상의 조기발견을 위한 홍보 및 교육·정신건강서비스 프로그램 확충이 필요하다.

셋째, 의료제도 개선이 필요하다. 국민건강보험제도의 개선책으로 무엇보다도 정신과 진료에 대한 수가가 현실화되어야 한다. 정신질환에 대한 급여항목[25)]이 일반진료보다 세분화되지 않고 급여 청구횟수도 제한되어 있다. 이러한 의료수가 문제가 정신과 진료에서 대량의 환자에게 약물치료와 짧은 상담 위주의 질 낮은 서비스를 제공하도록 만드는 주된 요인이므로, 수가 문제는 정신과의 특성을 반영하여 더욱 세부적으로

25) 정신요법료 의료수가 산정기준을 의원 기준으로 살펴보면 다음과 같다. ① 개인정신치료: 지지요법(1만 1860원), 집중요법(2만 2380원), 심층분석요법(3만 4840원), ② 집단정신치료: 일반집단정신치료(5010원), 분석집단정신치료(1만 240원), 정신치료극(7460원), ③ 가족치료: 개인(1만 4190원), 집단(7350원), ④ 작업 및 오락요법: 음악, 서화, 조각, 운동, 작업 등(4,150원), ⑤ 약물이용면담: 치료기간 중 2회 이내만 산정(1만 7690원), ⑥ 정신의학적 재활요법: 2~3개월 이상 장기입원 치료 후 퇴원 전 10회 정도 산정(3만 7870원), ⑦ 정신의학적 사회사업: 개인력 조사(1만 3980원), 사회사업지도(1만 3980원), 사회조사(8830원), 가정방문(2만 8990원). 병원과 보건기관의 경우에는 수가가 더 작은 편이다(건강보험평가원, 2016).

수가항목이 규정되고 청구횟수의 제한 문제도 완화되어야 한다. 그리고 정신과 진료의 특성상 환자에 대한 재활치료의 중요성이 강조되어야 함에도 불구하고 재활치료에 대한 수가와 항목이 매우 제한되어 이 부분 역시 개선되어야 한다(김기태, 2016).

넷째, 정신보건시설의 정신질환자에 대한 인권보호대책을 강구하기 위해 각 시·도 및 시·군·구 정신보건심의위원회의 기능을 활성화하고 계속 입원치료 시 표준심사지침을 준수하도록 하며, 퇴원율을 증가시켜야 한다. 또한, 강제입원의 폐해를 막고 정신의료기관의 기록을 보존하는 것을 의무화하여 환자의 자기결정권과 알 권리를 강화해야 한다.

다섯째, 정신질환자 인권침해 방지 및 권익보호를 위해서 정신보건시설의 설치·운영자와 직원을 대상으로 인권교육을 지속적으로 실시해야 한다. 그리고 입원환자에 대한 격리를 제한해야 한다.

여섯째, 정신건강문제에 효과적으로 대처하기 위해서는 사회재활을 지원하는 사회복지사의 역할이 강조되어야 한다. 특히 지역사회는 정신장애인과 그 가족에게 포괄적이고 통합적인 서비스를 제공하기 위해 사회복지사의 사례관리자 역할을 활용한다. 사례관리는 지속적인 질병관리를 목적으로 하는 질병관리 상담, 심리정서지지 상담, 심리교육, 가족치료, 응급입원과 요양 등의 서비스를 제공하며, 기능적 기술 재활을 위한 일상생활기술 훈련, 사회기술 훈련, 여가선용 훈련, 직업기술 및 직업적응 훈련, 취업처 개발, 현장접근과 지역 개발 등의 서비스를 실시한다. 또한, 사례관리자는 삶의 질 향상을 위한 주거서비스, 생활보호서비스, 사회적응교육과 사회옹호서비스 등을 제공한다(김치영, 2009).

7. 결론

조현병은 조기에 발견해서 적절하게 치료하면 일상적인 사회생활을 할 수 있는데도 범죄와 같은 예외적인 사건이 발생할 때마다 조현병 환자를 격리시설에 수용하고 통제해야 한다는 주장이 나온다. 이는 우리 사회가 건강하지 못하다는 증거이다. 심각한 증상이 아니라면 대부분의 조현병 환자는 우리의 평범한 이웃이며, 그들을 지역사회의 일원으로 바라보아야 한다.

정부의 무관심과 사회적 편견으로 조현병 환자와 그 가족이 겪는 심리사회적 고통이 매우 크며 경제적으로도 어려움을 겪고 있다. 조현병 환자의 문제는 개인이나 그 가족만의 문제가 아니다. 사회적인 문제로 인식하고 그 치료와 재활, 사회적응을 위해 국가가 적극적으로 개입해야 한다. 무엇보다도 조현병 환자를 격리·수용하거나 입원 중심으로 치료하는 방식에서 탈피해 지역사회를 기반으로 한 치료가 이루어져야 한다. 그리고 삶의 질 향상을 위해서 지역사회에 기반을 둔 지원이 매우 중요하므로 부정적인 편견을 탈피해 실질적인 도움을 제공하는 사회적 노력이 필요하다.

조현병 관련 영화

- 거울을 통해 어렴풋이(Though A Glass Darkly, 1961)
- 내 심장을 쏴라(2015)
- 뷰티풀 마인드(A beautiful Mind, 2001)
- 위 캔 두 댓(We can do that, 2008)
- 날 보러와요(2016)
- 버디(Birdy, 1984)
- 샤인(shine, 1996)

Ⅳ 자살문제

사례

'생활고 비관' 일가족 동반자살 기도 … 2명 사망, 1명 중태

생활고를 견디지 못해 신변을 비관하던 일가족이 동반자살을 기도해 부자가 숨지고 아내는 중태에 빠지는 사건이 발생했다. 2016년 7월 10일 오후 10시쯤 경남 김해시 진영읍 한 빌라에서 일산화탄소중독으로 A 씨(40)와 아들 C 군(10)이 숨지고, 아내 B 씨(36)는 인근병원으로 옮겨져 치료받고 있으나 중태이다. 거제에 사는 장인 D 씨(71)는 이날 오후 9시쯤 딸에게서 자살을 암시하는 전화를 받고 찾아갔으나 집에 인기척이 없어 경찰에 신고했다. 경찰 조사결과 이들은 베란다에 연탄 6장을 피워 선풍기를 통해 안방으로 가스가 들어가도록 했다. A 씨는 카드빚이 많은데 화물택배 영업도 잘 안 되어 평소 경제적으로 어려움을 겪은 것으로 나타났다.

출처: 남경문(News1 뉴스, 2016. 7. 12.)

1. 서론

자살은 개인의 단면적 측면에서 벌어지는 일회성 사건이라기보다는 사회환경적 요인과 다면적인 성격 측면이 결합해서 발생하는 다요인적 사회현상이다. 한국의 자살 통계는 얼마나 많은 사람이 성별, 나이와 관계없이 매년 자살하고 있는가를 보여 준다. 일반적으로 실제 자살에 성공하는 사람의 10~20배 정도가 자살을 시도하는 것으로 추정된다. 즉, 알려진 것보다도 더 많은 사람이 어떤 형태로든 조용히 자살을 시도한다고 봐야 한다. 또한, 한 사람의 자살로 인해 주위의 가까운 친구나 가족 중 6명 이상이 평생 죄책감과 분노 같은 심리적 고통과 모방자살 등의 문제로 고통받고 있기 때문에 자살은 실제로 우리가 상상하는 범위를 넘어 크고 심각한 사회문제이다(이홍식·남윤영, 2008).

한국 사회는 인구 10만 명당 자살률이 25.7명으로 13년 연속 OECD 회원국 중 가장 높다. 2020년 한 해 자살로 사망한 사람은 1만 3,195명으로, 하루 36.1명이 스스로 목숨을 끊을 정도로 자살은 심각한 사회문제이다. 40대 이상에서 자살률이 감소한 가운데 20대(12.8%)와 10대(9.4%) 30대(0.7%) 등 30대 이하에서 자살률이 올라갔다. 20대의 자살률은 19.2명에서 21.7명으로 12.8% 급증했다. 10대도 5.9명에서 6.5명으로 9.4% 늘었다. 좀 더 자세히 들어가 보면 20대 여성 자살률이 16.6명에서 19.3명으로 16.5%나 증가했다. 10대 남성 자살률이 5.5명에서 6.5명으로 18.8% 늘어난 점도 주목할 부분이다(통계청, 2020).

자살은 개인과 가족에게 큰 비극이며, 사회적으로도 엄청난 손실이다. 국민건강보험공단 보고서에 따르면, 자살로 인해 직·간접적으로 발생하는 사회적 손실은 연간 6조 4,769억 원이다. 정부는 자살률을 줄이기 위해 2006년부터 '자살예방종합대책'을 수립해 시행하였고, 2016년부터 3차로 5년간 종합대책을 수립해 2020년까지 자살률을 인구 10만 명당 20명으로 낮추겠다는 목표를 제시하였다. 본 절에서는 사회복지 영역에서 중요한 사회문제로 부각되는 자살의 원인과 현황 등을 살펴보고 자살예방을 위한 대안을 제시하고자 한다.

2. 사회문제의 이해

1) 정의

자살(suicide)의 어원은 'sui(자기)'와 'caed(죽이다, kill)'가 합쳐진 것으로 자기 스스로 생명을 끊는 것을 말한다. 『웹스터 사전』에서는 "자신의 목숨을 스스로 끊는 행위, 의도적으로 자신을 죽이는 행위, 온전한 마음과 도덕적 책임을 질 수 있는 사람이 자신을 파괴하는 행위"라고 하였다. WHO는 자살을 죽음의 의도와 동기를 인식하면서 자신에게 손상을 입히는 행위라고 정의하고 있다. 뒤르켐(2008)은 "그의 행위가 어떠한 결과를 초래할 것을 알면서 자신의 긍정적 또는 부정적 행위를 함으로써 직·간접적으로 행하는 죽음"으로 정의하였다. 즉, 자살은 그 원인이 개인적이든 사회적이든 자살 행위자가 죽음을 초래할 의도로 자기 생명을 끊는 행위이고, 그 행위가 어떠한 결과를 낳으리라는 것을 알면서 희생자 자신이 행하는 긍정적 또는 부정적 행위로부터 직접적 또는 간접적으로 초래되는 죽음이다. 그러나 자살을 정확하게 정의하거나 분류하기가 쉽지는 않다. 자살 정의에 있어 중요한 요소로는 사망, 의도적이라는 것, 자기 스스로 행한다는 것, 간접적이거나 수동적으로 행하는 것을 포함한다.

2) 특성

농촌보다 도시에서 자살률이 높고, 교외보다는 도심에서, 미혼자나 이혼자, 그리고 사업에 실패한 사람이 자살률이 높다. 자살자의 남녀 비율은 3 : 1 정도로 남성이 많고, 자살시도자는 여성이 더 많다(심영희, 1986). 특히 1년 중 5월에 자살자가 가장 많고, 9월에 가장 낮으며, 2월에 다시 자살률이 증가하며, 주말에 자살위험이 높고 자살은 22시에서 24시 사이에 가장 많이 발생한다. 자살자가 발생하는 주기적인 특징은 만조기, 봄, 흐린 날, 월경 중, 결혼 초기 등으로, 특히 정서적으로 변화가 심할 때 흔히 자살을 시도한다. 자살하는 장소로는 초보자는 산이나 공원, 유흥지에서 주로 시도하며, 자살 재시도자는 집이나 호텔, 숙박업소를 선택하는 경향이 있다. 자살수단 중 약물이나 독극물 사용이 자살을 처음 시도하는 사람에게서 많이 보이며, 자살 재시도자는 좀 더 독성이 강한 약물을 사용한다. 자살방법은 성별과 나이에 따라 차이가 난다. 남성은 자살 성공률이 높은 익사, 목 매달음이 많고 여성은 미수에 그치기 쉬운 음독, 투신, 가스 등을 사용한다. 모든 자살의 약 1/3은 알코올과 관련된 것으로 알려져 있다. 〈알코올중독, 알코올 만취, 그리고 자살시도〉라는 보고서(Mayfield & Montgomery, 1972)에서는 자살을 시도하는 사람의 75%가 술을 마신 것으로 나타났다. 도시에서는 투신자살, 농촌지역은 음독자살이 상대적으로 많았다.

성별에 따른 자살 원인은 남성은 빈곤, 가정불화, 사업문제, 성적비관, 사회불만 등이고, 여성은 가정불화, 성적비관, 빈곤, 정신이상, 병고 등의 순위로 나타났다. 자살자 중에 유서를 남긴 사람은 33.5%로 남성보다는 여성이 많은데 그 이유는 여성의 복수심 표출방법이라 할 수 있다. 따라서 여성이 남성보다 더 의도적으로 자살을 선택한 것으로 생각된다. 자살자 중 66%는 자살이유가 없거나 알기 어려웠지만 언론보도 내용을 살펴보면 대부분 사업이나 돈, 사랑, 성적 때문이다. 또한, 최근 연예인의 자살이 증가하고 있는데, 대부분 우울증 때문이다.

한국 사회의 자살 특성 가운데 다른 나라에서 찾아보기 어려운 현상으로 동반자살이 있다. 이는 전통적인 가족제도의 특성과 가족구조 때문이다. 전체 자살자 중 동반자살은 33.8%를 차지하며, 원인은 가정불화, 빈곤, 사업문제 순으로 나타났다. 동반 대상자는 자녀가 가장 많았고 배우자, 애인, 기타 순으로 나타났다. 동반 대상자로 자녀를 선택한 비율이 높은 것은 부모가 자녀를 자살자와 동일체로 보기 때문이다. 이는 자신이 죽고 나서 남은 자녀의 장래를 걱정하고, 자녀의 인생문제를 자살자 자신의 문제로 간주하기 때문인 것으로 추정된다. 자녀 외에 배우자나 사랑하는 사람을 선택한 사례는 복수심 메시지가 담겨 있다. 자녀를 동반한 사례는 남성보다는 여성에게서 더 많았으며, 가족을 동반한 모든 자살 사례에서 원인 대부분이 가정불화이다. 남녀의 자살동반에서는 여성이 남성보다 약간 많은, 즉 아버지보다 어머니가 자녀를 동반해 자살한 경우가 더 많았다. 기타 혹은 친구와 동반자살한 사례가 있는데, 이는 맹목적인 동일시, 동정, 동화에 빠졌거나 정신건강이 경계선에 있는 사람일 수 있다.

한국인의 자살에서는 네 가지 특성이 나타난다. 첫째, 자살이유가 '정서표출'보다는 '도구적 목적지향'인 경우가 훨씬 많다. 즉, 강력한 자기표현을 남기기 위해서 자살을 한다. 둘째, 삶의 허상에 절망하는 사람이나 생의 의미를 상실해서 자살하는 사람보다 실패(예를 들면, 대학입시나 사업실패, 경쟁에서 뒤져서 등) 때문인 경우가 훨씬 많았다. 다시 말하면, 성취를 상실하고 삶에 의욕을 잃어서 자살하는 것이 아니라 자살 변명이나 표현이 너무 강력한 사람의 특징이 숨어 있는 듯하다. 셋째, 분노조절이 미숙하여 자살생각을 하는 것으로 지적할 수 있다. 분노를 억누르는 사람일수록 자살생각을 많이 하게 되고 분노조절에 실패하는 사람일수록 자살시도를 통제하지 못한다. 선천적으로 욕구조절을 못하거나 사회경쟁에 적응하지 못하여 실패할 때 자살하는 특성이 더 많다. 이들은 일반인보다 결과에 너무 심각하게 자기를 부정하거나 충동적인 사람이다. 넷째, 자살을 해도 개인이 사회통합에 실패하거나 갈등을 겪을 때 이기주의에서 동반자살을 결정하지만, 우리나라의 경우 혈연 간 사회통합이 아주 잘 되어 있다는 주장이 증거이다.

자살과 정서 간의 관계를 살펴보면, 개인의 정서가 외부자극으로 인해 자살을 생각하게 되기까지 사회나 개인의 원인이 위기감을 느끼면서 이것에서 도피하고 싶은 수단과

목적으로 자살을 선택하는데, 자기 감정의 해결은 '자기가 죽는 것'이라는 단순한 문제 의식 때문이다. 그 시간의 고립감, 고독, 좌절감, 수치심, 도피하고 싶은 욕구, 더 나아가 우울증으로 자살을 시도하여 정서와 자살은 밀접한 관계가 있다(구본권, 1995).

청소년, 중·장년층, 노인층 및 남녀별로 자살하는 사람의 특성을 살펴보면 다음과 같다.

청소년(9~24세)의 경우, 대략 15~46%가 1년간 한 번 이상 자살을 생각해 본 적이 있으며, 3~11%가 자살을 시도한 적이 있다고 보고되었다. 청소년은 사전 계획 없이 스트레스 유발사건에 대한 즉각적인 충동반응으로 자살을 선택하는 경향이 있으며, 작고 사소한 계기, 즉 친구와의 다툼, 부모의 꾸중, 경쟁에서의 패배 등이 자살로 이어지게 된다. 하지만 자살 성공확률은 낮은 편인데, 약물복용이나 동맥절단 등 비교적 덜 치명적인 방법을 선택하기 때문이다. 또한, 정서적으로 불안정한 청소년은 자신에게 당면한 문제를 풀어내기보다 자살로 회피하려는 경향이 강하기 때문에 청소년기의 자살은 정말로 죽으려는 의도보다는 자신의 괴로움을 극단적인 방법으로 표현하려는 의도가 강하다고 볼 수도 있다. 청소년은 피암시성이 강해서 동반자살(친구나 인터넷 동호회 등)이나 모방자살(연예인이나 친구의 자살을 모방)을 할 가능성이 높다. 그리고 가정, 학교, 또래집단으로부터 소외된 경우에 자살 발생률이 높으며, 같은 처지에 있는 여학생 사이에서 동반자살이 흔히 일어난다. 청소년은 겪고 있는 문제에 대해 외부의 압력이 강한 경우 생과 사의 세계를 혼돈하게 되면 도피와 같은 심리적 기제를 적용하여 현실의 고민을 벗어나 사후세계에서 해결하려는 특이한 사생관(死生觀)을 가지고 있다.

중·장년층의 경우 자살 원인은 복합성과 다층성, 자살 수의 급증 등을 함께 고려한다. 대부분 가족관계와 고용관계를 중심으로 하는 사회관계문제와 경제생활문제 등이 주원인이다. 중·장년층은 사회경제적인 변화로 경기악화와 구조조정을 경험하면서 사회적 불안으로 인한 자살이 증가하고 있는데, 특히 2008년 글로벌 금융위기 이후 자살자가 급격히 증가하는 현상을 보였다(박봉길, 2015).

노인자살자의 경우 다른 인구집단보다 자살 원인이 다양하다. 연령이나 결혼 상태, 경제적 불안정, 질병, 역할 상실, 외로움, 지역사회와의 통합 결여 등 복합적인 요인이 작용한다. 노인은 충동적으로 도움을 요청하는 신호로 자살을 시도하지 않으며, 오래도록 심사숙고하거나 계획적이어서 치명적인 방법을 쓰는 경우가 많아, 결과적으로 자살에 의한 사망이 다른 연령층보다 높다. 노인자살자 중 남성보다는 여성이 더 열악한 정신적·신체적 건강상태에 놓여 있으며, 배우자의 부재 및 상실로 홀로된 노인에게서 자살 가능성이 높게 나타났다. 연령이 증가할수록 개인적 취약 요인이 자살에 많은 영향을 미치지만, 가족과 사회환경 요인의 비율이 낮아졌다고 해서 자살에 미치는 영향력이 해소되었다고 보기는 어려우며, 정신 및 신체의 건강 요인이 차지하는 비율도 증가한다. 자살 촉발사건으로는 개인적 위기사건은 한 건도 없었으며, 모두가 대인관계적인 사건으로 가족구성원과 관련이 있으며, 연령이 증가할수록 가족관계가 자살에 상당한 영향을 미치게 된다. 가족구성원과의 기능적 불협화음이 자살로 이어질 수 있다는 사실은 역으로 가족구성원과의 기능 회복이 자살예방에 많은 도움이 될 수 있음을 암시한다(김효창·손영미, 2006).

남녀의 자살 원인으로는 후기 성인 남성은 신체적·정신적 만성질환이 치료되지 않는 것에 대한 실망감과 경제적인 부담감(부채)을 이기지 못하여 자살시도를 한 경우가 대부분이다. 여성자살자는 남성과 다르게 관계 맺기에 대한 욕구가 높았으며, 관계 맺기가 원활히 이루어지지 않을 때 사회부적응 및 자살생각으로 이어졌다. 관계 맺기에 대한 문제는 생애주기별 또래관계, 남자관계, 부부 및 시댁과의 관계 등에 따라 양상이 다르게 나타났다. 또한, 여성으로서 겪었던 여성 특이적인 문제인 성폭력이 여성에게 고통을 주어 자살을 시도하게 만드는 계기가 되었다(김영택, 2015).

3) 자살 출현의 역사

자살행위는 오늘날만의 문제는 아니다. 원시시대에는 음식을 먹지 않는 등 자기 파괴적 행동이 있었고 병자나 고령자의 안락사가 존재했다. 고대에는 확고한 결정에 의한 자살, 자신의 의지표명이 있었으며 중세시대에는 그리스도 교회의 영향으로 자살을 가장 치명적인 원죄라고 보아 죄악시했다. 르네상스 시대에는 인간의 특성에 대한 심도 있는 이해를 통해서 왜 자살하는지를 이해하기 시작하였으며 정신병리가 자살을 촉발할 수 있다는 것을 인식하기 시작하였다.

18세기에는 계몽주의의 대두로 자살을 비난하기보다 이해하는 변화가 나타났으며 개인의 자유로운 결정을 중요시하게 되었다. 19세기에는 자살을 원죄로 보지 않고 고통받는 인간으로 보았으며 의학적인 문제로 보았다. 즉, 자살은 영웅적 행동이나 도덕적 원조가 아니라 질병에 의해 나타나는 것으로 정의하기 시작하였다. 이렇게 자살을 바라보는 관점은 시대나 사회의 변화에 따라 다르다.

자살에 대한 이론이 처음 나오기 시작한 19세기 이후, 다양한 학술적 견해가 나오고 있다. 19세기 초, 정신의학 분야의 권위자였던 도미니크 에스키로르(1838)는 자살자를 심신상실자로 보았다. 뒤를 이은 모리스 하루왁치의 이론은 자살을 사회정세를 반영하는 정신적인 문제와 연결시켜 생각하였다. 19세기 말에는 뒤르켐의 영향으로 건전한 정신을 가진 사람도 개인적인 이유로 자살할 수 있다고 생각하게 되었고, 또 자살을 사회적 측면과 관련된 현상으로 이해하게 되었다.

최근에는 철학과 정신분석학의 영향으로 자살을 사회심리학적 현상으로 다루고 있다. 전문가들은 자살을 여러 가지 범주로 나눈다. 여러 학파의 이론을 종합해 보면 자발적인 죽음은 심한 우울로 인한 자살, 병적 자살, 보복적 자살, 안정된 상태에서의 자살, 이기적 자살, 의무적인 이타적 자살, 편집광적 자살, 충동적 자살, 운명론적 자살, 영웅적 자살, 적극적 자살, 소극적 자살, 열광적 자살, 망상적 자살, 혼돈상태에서의 자살, 희생적 자살, 유희로서의 자살, 전략적 자살, 경계반응적 자살 등으로 분류되고 있다. 이처럼 자살은 매우 복잡하고 다양하기 때문에 정확히 판단하기가 어렵다.

3. 자살 실태

OECD의 〈건강통계 2015〉에 따르면, 2013년을 기준으로 OECD 회원국의 자살로 인한 평균사망률은 인구 10만 명당 12.0명이였으나 한국은 훨씬 많은 29.1명(2012년 기준)으로 자살에 의한 사망률이 가장 높은 것으로 나타났다(그림 11-1 참조). 1985년부터 자살률 추이를 살펴보면 OECD 국가 대부분은 점차 줄어들고 있지만, 한국은 2000년을 기점으로 오히려 급증하는 현상을 보이고 있다.

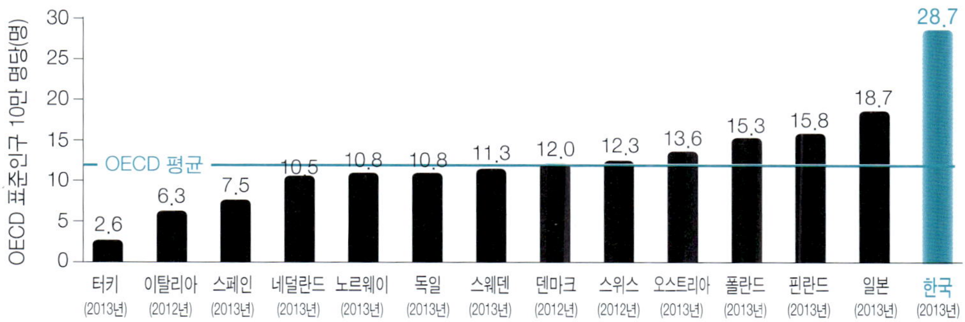

주) Statistics and Indicators for 34 Countries OECD 기준 인구로 연령구조 차이를 제거한 표준화 사망률로 통계청 자살률과 차이가 있음

출처: OECD. STAT, Health Status Data(2015. 9. 추출),.

그림 11-1 OECD 국가자살률 비교

2013년 사망원인 통계에 따르면, 자살에 의한 사망자 수는 2012년 1만 4,160명에서 2013년 1만 4,427명으로 0.4명(1.5%)이 증가했다. 성별에 따른 10만 명당 자살자 수는 남성(29.8명)이 여성(17.8명)보다 2.3배가 높았다. 연령에 따른 10만 명당 자살자 수는 30~50대는 증가했고, 이외 연령에서는 감소했다. 즉, 연령대별 전년 대비 추이는 30대(1.1명)와 40대(1.8명), 50대(2.8명)는 증가했으나, 10대(0.2명)와 20대(1.5명), 60대(1.7명), 70대(6.2명), 80대(9.8명)는 감소했다.

거시적인 현황을 확인하기 위해 1983년에서 2013년까지 통계청 자료를 기반으로 중앙자살예방센터가 분석한 성별과 연령에 따른 자살률 추이를 살펴보면 다음과 같다(중앙자살예방센터, 2015).

성별 자살률 추이를 살펴보면, 1992년부터 조금씩 증가하던 자살률이 IMF 경제위기가 발생한 1998년과 글로벌 금융위기 직후인 2009년에 남성과 여성의 자살률이 급격히 증가하였다. 이후 자살예방종합대책 수립과 정부 주도의 적극적인 자살률 감소정책을 시행하면서 2012년에는 2006년 이래 6년 만에 자살률이 감소하였으나, 2013년에는 여성과 달리 남성의 경우 다시 상승하는 모습이다.

연령별 자살률 추이를 살펴보면, 10만 명당 자살률은 연령이 높아질수록 증가하는 경향을 보인다. 15세 미만에서는 자살률 변화에 큰 차이가 없지만, 15이상에서 64세까지의 인구에서는 자살률의 증가와 감소가 반복되며 조금씩 증가하는 경향이 나타났다. 65세 이상의 노인인구의 자살률은 2000년을 기준으로 급격한 상승세를 나타내며 2010년까지 지속되다가 2011년을 기점으로 감소하는 모습을 보인다.

자살의 주요 현황(2013년)을 살펴보면, 고의적 자해(자살)는 2003년 사망원인 5위에서 2012년 4위로 10년 동안 주요 사망원인의 순위가 상승했으며, 이는 2013년에도 지속되고 있다는 것을 알 수 있다. 연령별 3대 사망원인을 살펴보면, 10대와 20대는 고의적 자해(자살)가 사망원인 1위였고, 40대와 50대는 2위로 나타났다. 60대 이상에서의 사망원인 중 고의적 자해(자살)는 3대 사망원인은 아니었으나 10만 명당 자살률에서 65세 이상의 자살률이 다른 연령에 비해 높다는 것을 고려해야 할 것이다. 이러한 결과는 10대에서 30대의 경우 질병이나 사고보다 스스로 목숨을 끊는 경우가 가장 높을 만큼 어려운 상황에 있다는 것과 40대에서 50대의 경우 다른 연령과 달리 2012년보다 증가하는 모습을 보였다는 것, 60대 이상의 경우 10만 명당 자살로 인한 사망률이 가장 높다는 것을 고려해 이에 대한 자살예방정책의 필요성을 시사한다고 할 수 있다(중앙자살예방센터, 2015).

동기별 자살 현황(2013년)을 높은 순서로 살펴보면, 정신적·정신과적 문제(4,011명), 육체적 질병문제(2,905명), 경제적 생활문제(2,905명), 미상(1,916명), 가정문제(1,239명), 직장 또는 업무상의 문제(561명), 남녀문제(453명), 사별문제(89명)로 나타났다. 이러한 결과는 자살이 단순히 한 가지 요인에 기인하지 않으므로 다양한 정책을 함께 진행해야 하는 근거가 된다. 연령에 따른 동기별 자살 현황으로는 20세 이상에서 40세 이하, 51세에서 60세 이하는 '정신적·정신과적 문제'가, 41세에서 50세 이하는 '경제생활 문제'가, 61세 이상의 경우 '육체적 질병문제'가 가장 많은 자살동기로 나타났다. 기본적으로 20세 이상에서 60세 이하는 '정신적·정신과적 문제'와 '경제적 문제'가 주된 이유로 나타났지만, 19세 이하에서는 '가정생활 문제'가, 61세 이상에서는 '육체적 질환문제'가 나타났다는 것이 특징이라고 할 수 있다(경찰청, 2013)

또한, 자살한 사람의 유가족문제도 심각하다. 자살자 1명에 6~10명, 한 해 평균 9만 명 넘게 유가족이 발생하는데, 이들은 상당 기간 높은 수준의 심리적·신체적·사회적 고통을 겪게 된다. 보건복지부 산하 중앙심리부검센터(2015)의 〈심리부검에 대한 대국민 인식조사〉 결과를 보면, 국민의 31.8%가 가족, 친척, 친구, 선·후배 등 가까운 사람의 자살을 경험한 적이 있다. 심리부검은 사망한 사람의 주변 얘기를 토대로 사망원인을 추정하는 것이다. 이렇게 가까운 이들의 자살을 경험한 사람은 우울감을 느끼는 비율(24.0%)이 그렇지 않은 사람(17.7%)보다 높았다. 자살 유가족은 고인을 잃은 슬픔에 더해 막연한 죄책감이나 자기비난, 분노 등 복합적인 심리적 고통을 겪게 될 뿐 아니라 사회 통념상 고인의 죽음과 그로 인한 슬픔을 다른 사람에게 언급하는 것이 어려워 홀로 고통을 감내하는 경우가 많다. 이처럼 자살 유가족은 혼자서 고통을 당하거나 고인이 자신을 버렸다는 원망에 시달리다가 베르테르 효과로 일반인보다 자살위험에 더 많이 노출된다. 배우 최진실 씨가 자살한 후 남동생 최진영 씨에 이어 전 남편 조성민 씨가 자살한 사건이 대표적인 예다. 자살 유가족의 자살위험이 일반인의 8.3배나 된다는 연구도 있다. 중앙심리부검센터의 조사에서도 가까운 사람의 자살을 경험한 사람이 심각한 자살생각을 하는 비율은 21.8%에 달해 비슷한 경험이 없는 사람 9.9%보다 높게 나타났다. 소중한 사람을 잃고 어려움에 빠진 자살 유가족이 슬픔을 극복하고 일상생활로 돌아올 수 있게 도움의 손길이 필요하다고 할 수 있다(서한기, 2016. 9. 9.).

4. 문제의 배경

1) 이론적 관점

(1) 생물학적 이해

자살의 생물학적 또는 유전적 소인을 가진 사람에게 생활사건 또는 스트레스가 가해졌을 때 자살행동이 유발된다. '비관－절망－공격－충동성'은 자살의 주요 소인이다. 성별, 종교, 가족력 또는 유전적 요인, 아동기 경험, 콜레스테롤 농도를 낮추는 요인 등은 이러한 소인에 영향을 줄 수 있다. 이 중 일부는 세로토닌과 콜레스테롤, 그리고 다른 생물학적 요인과도 관련이 있다.

(2) 심리학적 이해

심리학 분야에서는 자살에 대해 초기에는 어느 한 이론으로만 이해하려는 시도가 주를 이루었지만, 최근에는 자살과 관련된 행동이 정신과적 병력, 신경증, 외상적 삶의 경험, 자살행동에 대한 유전적 취약성, 사회문화적 위험 요소와 보호 요소 등의 복잡한 상호작용에 의해 결정된다고 보고 있다(Statham et al., 2006).

정신역동이론에서는 자살행위를 일으키는 개인 내적 갈등과 무의식적인 환상을 이해하는 데 관심이 있었다. 프로이트(Freud, 1917/1961)는 사랑하는 대상의 상실로 인해 생기는 견딜 수 없는 고통과 분노 때문에 사랑하는 대상을 계속 유지하고자 그와 동일시하게 되고, 동일시 결과 자신의 일부로 내재화된 사랑하는 대상에 대한 강렬한 공격성이 자살을 하게 한다고 보았다. 즉, 내부로 향한 분노로 자살을 개념화하였다. 프로이트의 이론을 임상에 적용한 메닝거(Menninger, 1966)는 자살행위를 일으키는 기저의 정신역동적 동기를 죽이고자 하는 욕구, 죽임을 당하고자 하는 욕구, 죽고 싶은 욕구로 구분하였다. 죽이고자 하는 욕구는 공격성, 비난, 규탄, 제거, 파멸, 복수로 나타나며, 죽임을 당하고 싶은 욕구는 복종, 피가학성, 자기비난, 자기 규탄으로 나타난다. 죽고 싶은 욕구는 절망, 공포, 피곤, 고통으로 자살하는 것을 말한다. 메닝거는 이러한 동기가 모든 자살행위에 관여되어 있음을 강조하였으나, 연구결과 죽이고자 하는 욕구와 죽임을 당하고 싶은 욕구의 강도는 연령에 따라 감소하지만 죽고 싶은 욕구는 증가하는 것으로 나타났다(Farberow & Shneidman, 1976). 이러한 결과는 세 가지 정신역동적인 동기가 자살행위에 관여되는 정도가 연령에 따라 달라질 수 있고, 모든 자살행위에 분노와 적대감이 개입되어 있음을 함축한다. 그러나 전통적 정신분석적 견해에 입각한 연구들은 모호하고 추상적인 구성개념을 실증적으로 측정하지 못했으며, 대부분 사례연구에 국한되어 있다는 단점을 지니고 있다.

인지이론에서는 정신병리를 겪는 집단을 대상으로 한 연구, 특히 우울증 환자를 대상으로 한 연구에서는 우울증이 자살과 관련된 가장 중요한 위험 요인이라는 사실을 입증하였다(Klerman, 1987). 이에 대해 벡(Beck, 1967)은 우울증의 정서적인 증상보다는 인지적 증상인 절망감이 자살과 가장 관련이 있을 것이라는 가설을 제시하였다. 절망감이란 '미래에 대한 부정적인 생각, 즉 자신 혹은 어느 누구도 불행이나 고통을 변화시키기 위해 아무것도 할 수 없고 아무것도 이루어지지 않을 것이라는 신념'이다. 벡의 이론은 우울증 환자집단에서 보이는 자살행위를 설명하는 데에는 매우 적절하나, 우울증 외의 임상집단이나 비임상집단에서 보이는 자살행위를 설명하는 데에는 적절하지 않을 가능성이 여러 연구에서 지적되었다. 자살에 대한 장기적인 스트레스 모델(Jacobs, 1971)에서는 자살행위를 오랫동안 지속된 심리적 고통의 결과로 본다. 즉, 자살을 '장기간의 가족갈등 및 부정적인 생활사건, 그에 대해 비효율적인 대처기술, 점진적인 사회적 고립, 희망의 상실을 초래한 외상적 경험, 그리고 자살시도로 이어지는 장기적이고 연속적인 과정'으로 보고 있다. 반면에 자살에 대한 위기모델(Sarason & Sarason, 1984)은 자살을 갑작스러운 실패나 좌절, 상실 경험에 대한 급성 반응으로 기술하고 있다. 따라서 자살에 대한 장기적인 스트레스 모델에 따르면 절망은 우울증과 같은 만성적인 정신병리에 뿌리를 두는 장기적인 위험 요인으로 간주될 수 있지만, 비임상집단에서 급성 위기에 대한 반응으로 보이는 자살행위에는 장기적인 위험 요인보다는 단기적인 위험 요인이 더 개입되어 있을 가능성이 많다. 단기적인 위험 요인으로는 특정한 정신병리에 기인한 것이라기보다는 갑작스러운 상실 경험이나 실패와 같은 심리사회적인 스트레스나 충동성을 들 수 있다.

(3) 사회학적 모델

사회학적 모델은 자살 원인을 개인과 사회 사이의 관계에 두고 자살이 발생하게 된 사회적 맥락을 강조하며, 개인의 자살은 그 개인이 속한 사회체계의 사회적 규범의 통합 정도에 따라서 예방될 수 있다고 본다. 처음으로 자살문제를 체계적으로 연구한 뒤르켐(1987)은 자살 원인이 개인보다는 사회에 있다고 보고, 『자살론』에서 개인이 사회에 통합되고 통제되는 정도에 따라 자살을 이기적, 이타적, 무규범적(가치 혼란적), 운명론적인 자살로 분류하였다.

첫째, 이기주의적 자살(egoistic suicide)은 사회적 연대력이 약화되었을 때 나타나며 사회적 자아를 거역하고 개인적인 자아가 과도하게 주장된 상태로서, 사회적 규제를 일탈한 과도한 개인화의 결과로 발생한 자살이다. 예로, 사회적 규칙에 따르는 일반적인 사람들보다 사회에 적응하지 못하는 고립된 사람들이 자살할 가능성이 훨씬 높다. 이는 개인주의와 물질주의를 통해 이기주의적이며 사회적 고립이 심해지는 현대사회의 특성을 잘 반영해 준다.

둘째, 이타적 자살(altruistic suicide)은 사회적 연대성이 강화되었을 때 나타나며, 집단 본위적인 타인을 위한 자살이다. 이기주의적 자살과 반대로 개인이 집단 속에 완전히 매몰되어 사회적 자아가 개인적 자아를 과도하게 지배하는 상태에서 발생하는 자살유형이다. 예를 들면, 고령자와 질환자의 자살, 남편의 사망에 따른 부인의 자살, 자폭 테러, 정절을 지키기 위한 여성의 자살, 불교의 소신공양이나 단식으로 유발된 고의적 아사(餓死), 전쟁에 패한 후 책임을 지는 자살 등이 있다.

셋째, 무규범적 자살(anomic suicide)이다. 인간이 사회적 혼란이나 사회적 무질서 상태에 노출되거나 개인의 지위나 권위를 상실하거나 상실할 위기에 직면하였을 때 발생하는 자살유형으로, 사회적으로 규범이 너무 약할 경우에 발생한다. 예를 들면, 경제적 위기 시에 실직한 가장의 자살이 많이 발생한다.

넷째, 운명론적 자살은 삶의 조건을 바꿀 수 없다고 생각할 때 하는 자살이다. 예로, 불치병에 걸렸거나 꿈도 희망도 없는 노예나 계층 이동이 완전히 막혀 극단적인 빈곤을 대물림으로 강요당하는 양극화에 속한 사람 등이 자살을 선택하는 경우다.

뒤르켐에 뒤이은 사회학자들은 인구 과밀, 이혼, 경기침체와 같은 열악한 사회적 환경조건, 사회구조의 붕괴, 사회적 고립, 사회병리 등과 같은 사회적 요인과 자살 간의 관계를 살펴보았다. 이러한 연구는 열악한 사회적·경제적 조건과 자살행위 간에 관계가 있음을 입증하였다. 그러나 사회학적 연구의 문제점은 자살을 외적 요인에 입각해서 설명하려 했을 뿐 개인적인 요인을 고려하지 않은 것이라고 할 수 있다.

2) 원인론

문화마다 강조해 온 자살동기는 다 다르다. 고전학자인 안톤 반 후프의 말에 따르면, 고대 로마 젊은이의 주요 자살이유는 수치심과 슬픔과 절망이었다고 한다. 19세기에 비이르 드 브아몽은 프랑스에서 일어난 5천여 건에 달하는 자살의 원인을 분류했는데,

그는 정신이상과 알코올중독을 주원인으로 보았고, 그다음으로 불치병, 슬픔이나 실망, 실연이라고 하였다. 19세기 유럽의 통계를 살펴본 엔리코 모젤리는 대개의 자살이 정신이상 외에도 삶의 피로, 정욕, 악덕, 절망 — 제각기 다르고 아무도 헤아릴 수 없는 것 — 이 있다고 하였다. 20세기에 들어서 자살이유를 둘러싼 논쟁이 구체성을 띠게 되었다. 심리학자와 정신병학자는 최근 '삶의 사건들'과 울증, 조증, 정신분열증 같은 정신장애의 발병과의 관계를 조사했다. 조사자들은 주로 내과 질환, 이혼이나 별거, 가족구성원의 죽음이나 질병, 가정불화, 경제적 혹은 직업상의 어려움 등과 같은 불운한 사건에 초점을 맞췄다(Mischler, 2002).

간혹 아무런 합리적 동기도 없이 자살하는 경우가 있다. 이것은 새로운 상황에 대처하지 못할 때 그것을 회피하는 방법으로 자살을 선택한 것이다. 여기 우리가 발견하는 것은 자살이 사회적 적응과 깊은 관계가 있다는 점이다. 물론 파세베(Pavese)가 말한 대로 모든 자살에는 다 그럴듯한 이유가 하나씩은 다 있다. 문제는 이것이 객관적 타당성을 갖고 있지 않다는 점이다(Alvarez, 1995). 대부분 자살은 그것대로 상당한 근거가 있다. 못 이룰 사랑 때문에 자살하기도 하고, 자신의 순결이나 정당성을 증명하기 위해 죽기도 한다. 또 우울상태에서 벗어나지 못하여 죽기도 하고, '내가 죽고 나면 마음이 상하겠지.' 하면서 복수심에 죽기도 한다. 때로 뿌리 깊은 가난 때문에 죽기도 하고, 특별히 사회적 고립 때문에 죽기도 한다. 또 상처받은 자존심에 자살하기도 한다(이상원, 2004).

5. 현재의 복지제도와 정책, 한계점

자살문제의 심각성을 인식한 정부는 2004년부터 국가자살예방 5개년 기본계획을 시행했고, 2008년에는 제2차 자살예방종합대책을 수립하면서 2013년까지 지표상 목표로 인구 10만 명당 자살사망률을 28.5명 감소하겠다고 하였다(보건복지부, 2015). 이에 따라 보건복지부를 중심으로 지역사회 '정신보건센터'와 민간단체인 '한국자살예방협회' 및 '생명의전화'가 주축이 되어 다양한 사업을 펼쳤지만 실질적인 사업 대상자는 정신질환자와 우울증 환자이며, 사업 내용도 일회성 정신건강증진 교육이나 홍보, 우울증 예방 프로그램 및 인터넷, 전화상담에 그치는 경우가 대부분으로 실효성은 기대에 미치지 못하고 있다.

정부는 자살예방을 위한 10대 과제를 선정하여 '자살예방대책 추진위원회'를 구성했으며, 보건복지부가 중심이 되어 각 부처와 지방자치단체, 정부가 수행하는 자살예방 및 정신보건, 사회복지서비스 등을 제공하는 다양한 민간 위탁기관이 유기적으로 자살예방 관련 업무를 수행하도록 자살예방 추진체계를 구성하였다. 특히 보건복지부는 자살예방대책에 대한 기획·조정·평가업무를 담당하며, 중앙자살예방센터, 시·도·광역자살예방센터, 정신건강증진센터 및 시·군·구 기초자살예방센터, 정신건강증진센터를 활용하였다. 또한, 중앙심리부검센터를 통하여 자살에 대한 원인을 찾기 위한 노력을 진행하고 있다. 이 중 보건복지부에서 직접적으로 진행하는 자살예방사업은 중앙자살예방센터 운영과 지역자살예방사업(광역자살예방센터, 정신건강증진센터 및 기초자살예방센터, 정신건강증진센터), 중앙심리부검센터를 통한 심리적 부검체계 구축, 민간기관 자살예방사업 지원, 응급실 기반 자살시도자 관리 사업 등이다.

2014년 정신건강사업 안내지침에는 광역정신건강증진센터(자살예방센터)에서 자살위기상황 발생 시 긴급 대응, 기초정신건강증진센터(자살예방센터) 업무기술 지원 및 지역자살예방사업을 총괄하는 기능을 수행할 것을 명시하고 있으며, 현재 5개의 광역자살예방센터와 13개의 광역정신건강증진센터가 운영되고 있다. 광역정신건강증진센터에서는 중앙심리부검센터와 응급실 기반 자살시도자 관리 사업을 실시하고 있다.

정부의 지원을 받아 자살예방사업을 하는 기관인 한국자살예방협회에서는 자살예방 및 연구사업, 자살예방교육사업, 농약 안전보급함 보급사업 및 인터넷 상담, 방송·인쇄 홍보자료 개발 등을 하고 있다. 또한, '생명의전화'에서는 자살예방 전문교육과 홍보·출판 연구조사 사업, 생명존중 및 자살예방 인식 확산 등을 위해 생명사랑캠페인을 통해 시민들을 직접 만나며 생명사랑 인식을 확산, 자살에 관한 인식 조사, 자살예방 소책자 배포, 자살시도자 및 생존자 지원 사업을 실시하고 있다.

자살예방정책의 한계점으로, 첫째, 정부가 추진하는 자살예방사업은 1차 예방사업인 '자살위험요인 예방사업'에 집중되어 있으며, 2차 예방대책인 '자살위험자 조기발견 및 조기개입 사업'과 3차 예방대책인 '자살시도자 치료 및 사후관리 사업'이 미흡하여 자살률을 낮추는 데 어려움이 있다. 둘째, 입체적 추진전략, 관련 부처의 책임의식 공유, 체계적 성과관리 등이 미흡한 점을 들 수 있다. 셋째, 지역단위에서 고위험자를 조기발견하고 위기개입과 사회적 지원을 효과적으로 제공하기 위한 네트워크 구축, 이러한 네트워크가 자율적으로 작동되기 위한 체계 개발이 미흡하다. 넷째, 자살예방 관련 예산이 국민건강증진기금에서 조달돼 예산의 확대에 한계가 있다. 따라서 국민건강증진기금 확대와 함께 자살예방 관련 예산의 확충이 필요하다. 다섯째, 지역단위의 자살예방 및 정신건강증진 서비스 제공을 위한 인프라 취약, 지역 특성에 맞는 자살예방대책을 개발하고 추진할 수 있는 지방자치단체의 역량 부족 등을 들 수 있다(이상영, 2015).

6. 대안 제시

자살은 개인문제가 아니라 복합적인 문제가 서로 얽혀 있는 사회 전체의 문제로 바라보아야 한다. 따라서 자살을 효과적으로 예방하기 위한 대안을 제시하면 다음과 같다.

첫째, 근본적인 자살예방책의 일환으로 유치원에서 평생교육에 이르기까지 전 교육과정에 죽음교육을 도입해야 한다. 미국의 경우 1970년에 이미 중학교에서 대학에 이르기까지 1000여 종의 죽음교육 프로그램이 실시되고 있다. 어린 시절부터 삶과 죽음에 관한 성찰을 통하여 삶의 일회성과 소중함을 깨닫게 함으로써 궁극적으로 자살예방의 교육효과를 얻을 수 있을 것이다(이순성, 2010).

둘째, 자살예방대책을 효과적으로 추진하기 위해 관련 부처와의 협조체계를 강화하여 업무 추진을 위한 부처 간 책임과 권한을 분담하고, 의료계와 교육계, 종교계, 언론, 시민사회단체 등의 협력을 이끌어 내기 위해서 자살예방대책추진 컨트롤타워를 구축해야 한다.

셋째, 지역단위에서 정신건강증진과 자살예방서비스, 보건복지서비스를 제공하는 주체 간에 네트워크를 구축하여 자살 고위험자의 특성에 부응하면서도 다양한 서비스가 통합적으로 제공되는 자살예방 프로그램 마련이 필요하다.

넷째, 자살예방전략의 수립, 시행, 평가, 조정을 담당할 전담기구 설립을 위한 법적 근거 마련과 자살예방대책에 대한 예산 및 지역사회 정신건강증진 서비스 공급체계 확충 등이 이루어져야 한다.

다섯째, 정부와 비정부기관의 민간연구자가 기구를 구성하여 예방전략을 개발하고, 한국자살예방협회, 한국생명의전화, 대한노인회 자살예방대책위원회 등 민간자원 활용을 위한 인증 및 재정 지원을 통해 정책을 실효적으로 수행하여 생명존중 등의 사회문화 풍토 조성에 정부가 앞장서야 한다.

여섯째, 자살 유해 정보를 차단하기 위해 보건복지부, 방송통신위원회, 경찰청, 민간포털사이트 등을 포함한 자살유해정보예방협의회를 구성하여 국민을 자살 유해 정보로부터 보호할 수 있도록 노력해야 한다.

7. 결론

자살문제는 급격한 사회변화, 경제위기로 인한 불안, 고령화와 빈곤노인의 증가, 사회전반의 개인주의 만연과 생명경시 풍조, 이혼 증가로 인한 가정붕괴와 1인가구의 증가, 무한경쟁과 성취 위주의 사회분위기로 인해서 불안, 우울, 스트레스와 같은 정신질환에 대한 지지체계가 약화되었기 때문에 근본적인 대책수립이 어렵다고 할 수 있다.

청소년과 청년은 입시와 취업 스트레스가 우울증으로 이어져 자살을 선택하기도 하며, 취약계층과 빈곤노인층은 사회적 양극화의 심화로 경제적 어려움을 겪으면서 신병비관을 이유로 자살을 선택한다. 이렇게 한국 사회가 피폐해진 것은 급격한 산업화로 압축성장을 이루는 과정에서 선성장 후분배 논리를 앞세워 국민의 기본권을 제한했으며, 인간이 행복한 사회를 지향하지 못했기 때문이다. 사회보장, 즉 복지제도가 매우 취약하기 때문이다. 빈곤층에 대한 최소한의 보루인 기초생활수급제도는 대상자가 너무 적어서 빈곤층의 1/6 정도에 해당하는 전 국민의 2.7%만 포괄한다. 따라서 경제적인 빈곤에 처하거나 질병으로 인해서 건강을 위협받는 국민은 심한 우울과 불안을 경험하게 되고 자살을 선택할 수밖에 없는 각자도생의 사회에서 생존의 위협을 받으며 살아가고 있다(새로운 사회를 여는 연구원, 2014). 이제 정부는 자살예방 차원의 운동과 정책에 머물 것이 아니라 국민이 희망을 가지고 살아갈 수 있도록 부의 공정한 분배와 교육·보건·복지 영역에서 사회안전망을 든든히 구축해야 한다. 또한, 사회복지의 가치인 인간존엄, 자유와 평등, 사회적 정의 실현, 사회적 연대 등이 우리 사회의 1차적 가치로 자리매김할 수 있도록 건강한 공동체 회복을 위해 노력한다면, 자살과 같은 극단적인 선택은 훨씬 감소할 것이다.

자살 관련 영화

- 4요일: 자살을 부르는 요일(2008)
- 글루미 선데이(Gloomy Sunday: Ein Lied Von Liebe Und Tod, 1999)
- 로제타(Rosetta, 1999)
- 박하사탕(Peppermint Candy, 1999)
- 우아한 거짓말(Thread of Lies, 2014)
- 자살관광버스(Suicide Bus, 1998)
- 체리 향기(Ta'm E Guilass / The Taste Of Cherry, 1997)

제12장

왕따, 학교폭력, 청소년비행 문제

I 이론적 관점

1. 서론

『흔들리지 않고 피는 꽃이 있으랴』는 책의 제목처럼 아동·청소년기의 성장기에 겪는 여러 가지 문제는 그것이 왕따, 폭력, 비행이라 하더라도 성장기에 경험하는 다양한 모습으로서 그 자체로 의미가 클 수 있다. 그러나 그것이 단순 가담 정도가 아니고, 지속적으로 반복되는 내용이라면 문제가 달라진다. 먼저, 초등학생 1,872명에 대한 정신건강조사에서는 왕따가 될 가능성이 높은 아이의 학교성적이 그렇지 않은 아이보다 더 나쁘다는 결과를 보여 준다(루돌프어린이사회성발달연구소, 2012; Kim et al, 2011). 또한, 어릴 때 왕따나 폭력을 당한 아이가 폭력 경험이 없는 아이보다 자살률이 2~9배가량 더 높다고 보고된다.

특히 학교폭력은 10여년 전 이미 사이버폭력으로 확장되는 추세를 보였다. 청소년 10명 중 3명이 '떼카'와 같은 사이버 학교폭력의 피해를 겪었다(교육과학기술부, 2012). 10여년이 흐른 2020년에 이러한 추세들은 코로나 19의 확산으로 등교일수가 줄어든 환경까지 겹쳐 학교폭력 전체 건수에서 집단따돌림과 사이버폭력 유형의 피해 비중이 더 커진 것으로 조사된다(2021, 교육부, '2020년 학교폭력 실태조사'). 사이버학교폭력의 문제는 온라인상에서 일어나는 일이지만, 현실적으로 누군가의 정신을 피폐하게 참담한 결과를 만들기도 한다. 따라서 왕따, 폭력, 청소년비행 문제는 그 나이에 한 번쯤 겪는 문제로 방치할 내용이 아니며, 세심하게 다루어야 할 부분이다.

또한 청소년비행의 문제행동은 크게 부적응 행동, 비사회적 행동, 반사회적 행동으로 구분할 수 있다. 거짓말, 등교거부, 가정 부적응, 학교 부적응 등 단순 품행장애 정도에서 시작하여 가출, 집단 따돌림, 학교 중퇴나 학교폭력 등에서 약물사용, 폭주, 성폭력 등의 폭력 등의 청소년비행으로 이어지는 경향을 보이기도 한다. 부적응 행동에서 시작하지만, 점차 반사회적 행동으로 확대되는 것이다. 때로 사춘기인 청소년기에 표출되는 비행문제는 잠재된 유아동기의 문제가 해결되지 못하고 있다가 나타나는 경우가 많다. 그래서 왕따, 학교폭력, 청소년비행 등은 아직 어린 나이에 실수로서 사회구성원의 성장을 도와야 하는 과제가 된다. 하지만 이때 문제가 방치될 때는 자칫 미래의 성인범죄로도 이어질 수 있기에, 청소년비행은 처음부터 원인에 대해 파악하고 대안을 논의하는 것이 필요하다. 본 장에서는 왕따, 학교폭력, 청소년비행 등의 문제가 방치될 때 미래의 잠재적 성인범죄로 이어질 수 있음을 예견하게 한다. 따라서 그 원인을 알고 대안에 대해 논의하는 것은 지금의 문제 해결만이 아니라, 향후 사회범죄로 이어지는 근본 원인을 차단하기 위한 과제라는 것을 알 수 있다. 본 장에서는 왕따, 학교폭력, 청소년비행을 이론과 사례를 중심으로 원인과 대책을 파악하는 형태로 논의하도록 하겠다.

2. 원인

왕따, 학교폭력, 청소년비행의 원인은 무엇일까? 첫째, 미시적으로 청소년을 둘러싼 가족구성원 개인의 문제와 가족 상호 간의 관계, 양육기술 등의 문제에서 나온다. 둘째, 거시적으로 가족의 구조적 문제와 사회문화적 환경 등이 영향을 미친다. 첫 번째 원인은 제7장에서 보육과 관련하여 일정 부분을 다루었으므로, 본 장에서는 두 번째인 거시적 원인에 영향을 주는 것으로 생각되는 낙인이론과 비행하위문화이론을 중심으로 왕따, 학교폭력, 청소년비행의 원인을 설명하겠다.

1) 낙인이론(Labeling theory)

이 이론은 프랭크 탄넨방(Frank Tannenbaum, 1938)의 『범죄와 사회(Crime and the Community)』라는 책에서 시작한다. 그는 한 사람이 범죄자가 되는 과정에 주목한다. 즉, 사회적으로 범죄자라고 규정하는 과정이 일탈을 강화하는 계기로 작용하여, 한 번 낙인이 찍히면 정상적인 행위조차도 의심받는 상황 속에 범죄를 이끄는 조건을 구축한다는 설명이다. 낙인 관점을 왕따, 학교폭력, 청소년비행에 대입하면 그 원인은 일탈에 대한 낙인에서 시작한다고 설명할 수 있다. 대인관계의 훼손에서부터 여러 가지 기회에 대한 접근의 제한 등으로 남겨진다. 이것은 2차적 일탈을 유발하는 순환구조를 갖게 된다는 설명이다. 즉, 낙인이론적 관점에서 왕따, 학교폭력, 청소년비행은 낙인에서 시작하여, 변화되는 자아정체감을 통해 다음 일탈로 이어지는 결과를 초래하므로 낙인이 그 원인이 된다고 보는 것이다(윤종행, 2002).

그러한 관점은 1960년대에 등장한 레머트와 베커에 의해 더욱 확장된다(이경상 외, 2012). 특정 행위를 하는 주체 간의 상호작용과정을 가장 잘 이론화한 것이다.

첫째, 기존 이론은 행위자를 피동적이고 수동적인 존재로 파악한 반면, 낙인이론은 현상에 대한 의미 부여를 행위자의 해석능력에 둔다. 예를 들어, 왕따로 낙인찍힌 아이는 눈에 보이지 않는 왕따라는 주홍글씨를 계속 가슴에 달고 있는 것처럼, 친구들이 왠지 거리를 두고, 함께 어울리기를 꺼리는 것이 이러한 해석과 연관된다.

둘째, 자아정체성(self-identity)은 쿨리(Cooley)의 'looking glass mirror' 개념과 같이 타인과의 상호작용에서 나온다고 본다. 마치 상대방이라는 거울에 비친 내 모습을 자기의 모습으로 인식하는 것인데, 범죄의 다음 단계로 이끄는 과정을 촉진하는 것이다(최수형, 2008). 즉, 고민과 사색, 노력을 통해 내 모습을 만들어 가는 것이 아니라 타인의 반응을 통해 만들어진 나에 대한 자아개념에 더 영향을 받는다는 것이다. 따라서 어떤 사람에게 낙인을 찍고 확장하는 청중의 반응은 그 사람의 행위에 중요한 영향을 미치고, 주위 반응은 더 큰 문제를 만들 수 있다는 전제를 형성한다. 특히, 레머트는 1차적 일탈과 2차적 일탈로 구분하고, 이 중 2차적 일탈이 청중과 범죄자가 상호작용한 결과라고 주장한다(Liska, 1981).[26] 먼저, 낙인을 받은 개인은 자신의 정체감에 변화를 겪는다. 예를 들어, A 군이 있다고 하자. A 군이 최초로 범죄를 저지르게 되었다. 주위 사람들은 A 군을 범죄자라고 낙인찍었다. 그것은 하나의 부정적 인식이다. 그 다음에 A 군은 어떤 행동을 해도 앞에 저지른 범죄로 인해 매사 범죄적 행동을 하는 것처럼 인식을 받고, 그는 그 예언에 들어맞는 행동을 하게 된다. [그림 12-1]에서와 같이 1차적 일탈에서 2차적 일탈로 가는 메커니즘이 진행되는 것이다.

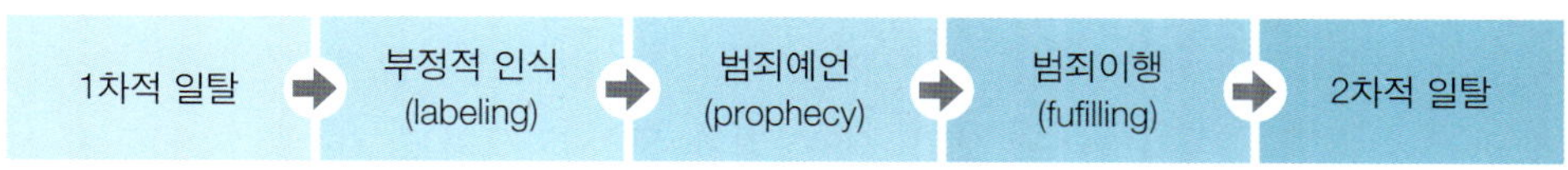

그림 12-1 낙인이론의 범죄흐름도 예시

이 부분에서 베커는 일탈자(deviant)라는 낙인을 하나의 지위로 보고, 이런 지위를 부여하는 청중의 역할에 주목하였다. 즉, 일탈자라는 지위는 다른 가능한 여러 지위에 비해 중요한 지위(master status)로 청중에 의해 받아들여진다. 그러므로 일탈자가 비록 정상적인 사회생활을 하고 있다 하더라도 청중이 오해하고 왜곡하여 정상적으로 생활하기 어려우며, 반대로 일탈은 더욱 용이해진다고 한다. 범죄는 행위 자체가 가지는 속성에 의해서 결정되는 것이 아니라 사람들이 범죄라고 낙인찍은 행위, 즉 사회적 규정에 의해서 결정된다는 것이다.

2) 비행하위문화이론(Theory of lower culture)

비행하위문화이론의 관점에서 비행이란 공동체의 규칙이나 기대와 다른 위배된 행위이다. 그러면 이러한 비행은 무엇을 얻고자 하는 행위일까? 궁극적으로 자신을 둘러싼 가족, 학교, 친구 등 일종의 통제 대상으로부터 그들이 얻고자 하는 하나의 열망을 획득하는 목적 때문에 촉발하는 행동이다. 즉, 행위자는 비행을 통해 자신을 표현

26) 어떤 사람의 일탈행위가 반복되고 또 눈에 잘 띄게 되면 엄격한 (청중의) 사회적 반응이 뒤따르게 될 것이고, 따라서 이러한 반응에 기초하여 행위자는 기존 역할 대신에 새로운 역할에 기초하여 자신을 인식하게 된다고 한다. 이러한 일탈과 강한 사회적 반응의 악순환이 계속되면 일탈자는 그의 일탈행위를 더욱 강화하게 된다.

하며, 그러한 비행이 없이는 자신에게 관심도 생기지 않고, 자신도 그것 외에는 자신의 열망을 과시하고 표현할 수 있는 방법이 없다고 믿는 것이다. 그래서 이들은 통제된 세상에 대해 억압된 분노와 욕구불만을 해소하기 위한 목적을 위해 집단으로 뭉쳐서 왕따, 학교폭력, 청소년비행을 일으킨다고 설명하는 것이 비행하위문화이론의 관점이다(최윤진, 1993; 배종대, 1998).

이 이론은 일정한 규칙을 무시하고 반사회적 행동을 하는 일정 집단과 문화적 환경에서 생활하는 사람들은 범죄에 쉽게 물든다는 내용을 골자로 한다. 특히, 알버트 코헨(Albert Cohen, 1955)이 주장한 이 이론은 청소년이 비행행위를 하는 데 영향을 주는 비행의 하위문화가 존재한다고 보고, 왜 이러한 문화가 생기고 지속되는가를 연구한다(윤종행, 2002, 재인용). 예를 들면, 범죄적 행동을 옹호하는 문화에서 생활하면, 범죄를 저질러도 괜찮다고 생각하여 범죄에 쉽게 노출되고, 그것이 범죄의 원인이 된다고 보는 견해이다. 그러한 문화가 형성되는 조건은 인간 사회의 계층 간 갈등 때문이며, 결국 청소년비행으로 연결된다고 본다.

비행하위문화의 특성은 '비공리성, 악의성, 거부성, 단기쾌락주의, 집단자율의 강조'로 다섯 가지가 있다(김준호 외, 2003).

첫째, 비공리성은 비행 대상 자체의 성취보다는 단순히 누군가를 괴롭히고 자기 집단에서 영웅적 지위를 얻을 목적으로 비행하는 성향을 말한다.

둘째, 악의성은 타인에게 폐를 끼치고 규칙을 깨는 행위를 즐기는 것으로 다른 사람이 고통받는 것을 통해 쾌감을 얻는 성향이다.

셋째, 거부성은 지배문화에서 제시된 가치관을 거부하는 것으로 기성세대에 대한 도전을 말한다.

넷째, 단기쾌락주의는 학업이나 기술습득 등과 같은 꾸준한 노력과 성취보다는 충동적이고, 즉흥적이며, 근시안적으로 쾌락을 즐기는 것을 말한다.

다섯째, 집단자율의 강조는 하위문화의 구성원들이 단결심과 적개심으로 뭉쳐, 자신의 문화에 대한 외부의 영향력을 거부하는 것이다.

이러한 비행하위문화이론에서 코헨은 청소년비행에 거시적 접근을 주장한다. 즉, 한 사람의 변화보다는 거시적으로 그러한 비행의 문화를 만들어 가는 계층 간의 갈등 원인 제거와 같은 사회구조적인 측면의 변화를 강조한다.

낙인이론과 비행하위문화이론은 [그림 12-2]와 같은 비행의 흐름을 갖는다고 예시할 수 있다.

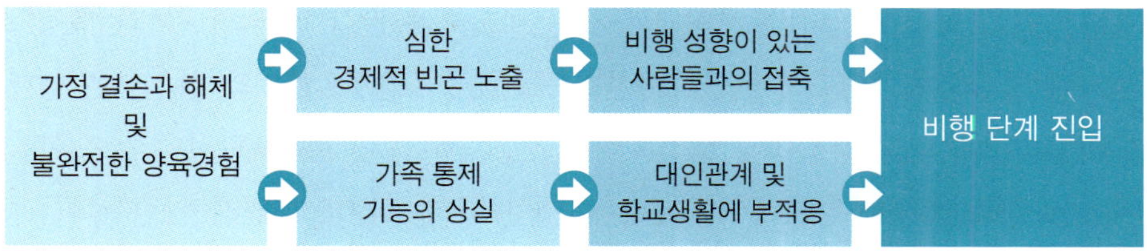

출처: 최은영 외(2014).

그림 12-2 이론적 측면의 비행흐름도 예시

3. 사회문제의 조건

왕따, 학교폭력, 청소년비행이라는 사회문제의 조건은 다음과 같다.

첫째, 낙인이론에서는 낙인을 행하는 사람들이 낙인이라는 행동을 통해 얻는 이득이 있기 때문에 만드는 상황이라고 본다. 스스로 낙인을 부여하는 특정 행동을 통해 자신이 원하는 목적을 얻으려는 것이다. 예를 들어, 학교폭력 가해자 학생의 경우 자존감의 수준이 낮은 경우가 많다. 그들은 집단 내에서 자신의 존재감을 부각시키는 조건을 형성하기 위해 낙인을 이용하여 자기 힘을 과시하거나, 반대의 경우를 만드는 형태로 낙인을 사용할 수 있다. 또한, 누군가를 일탈적이라고 개념규정하는 일은 일탈을 더욱 강화시키는 방식으로 인간관계를 재조정할 수 있다. 예를 들면, 일탈자라고 낙인찍힌 사람이 있다고 하자. 단 한 번의 행동이라 해도 대부분의 사람은 그 사람이 전통적인 행위규범을 계속해서 위반할 것이라고 색안경을 쓰고 보는 것이 보통이다. 낙인찍힌 사람은 바로 거기서 삶의 기회를 제한당하며, 일탈적 역할을 계속하게 되는 경우가 많다. 전과가 있는 사람 대부분은 일반직장에 취업하기 어려우며, 생계유지가 힘든 상황을 맞이하게 되고 그 결과 다시 범죄를 저지르게 된다. 낙인이론의 조건은 낙인이 만들어 내는 주홍글씨 효과와 거기서 확장되는 상호작용의 전제조건이 있다.

둘째, 비행하위문화이론에서 비행의 조건은 하위문화라는 전제를 통해 만들어질 수 있다. 예를 들면, 청소년비행의 행동에 대해 허용적이고 비행의 가치와 기술을 습득하기 좋은 사회적 환경의 문화가 일상화되어 있는 조건 또는 또래집단 내에서 비행에 접근하고 적응하며 가담하기 좋은 조건 등에서 찾을 수 있다. 바늘도둑이 소도둑이 된다는 속담처럼 그러한 작은 계기가 비행문제를 일으키게 된다. 이러한 사회문화적 조건은 범죄에 노출되기 쉬운 전제를 형성한다. 예를 들어, 빈곤계층의 청소년은 이미 중산층 이상의 자녀와의 경쟁에서 불리하다는 것을 안다. 불리한 출발선에 서 있는 그들은 자기 방식의 세계를 형성하여 그들 나름의 사회적 표현과 대안을 마련한다는 해석이다. 따라서 그러한 비행하위문화가 형성되는 조건은 사회 내 계층 간의 갈등과 격차 등도 전제가 된다. 정리하면, 비행하위문화적 관점에서 설명하는 문제를 만드는 조건은 하위문화의 전제나 갈등과 격차에서 비롯된 조건이며, 그 전제에서 새로운 이득이나 목적을 추구하는 것이라고 설명할 수 있다.

Ⅱ 사례와 대책

1. 왕따

1) 사례

사례

○○지역 중학교 2학년 다문화가정 자녀인 A는 아버지가 캄보디아 분이십니다. A는 어릴 적에 캄보디아에서 자라 한국 언어에 능통하지 못합니다. 친구들과 소통이 어렵다는 이유로 평소 왕따를 당하고 있었습니다. 지난해 아버지가 체류기간이 만료되어 캄보디아로 다시 돌아가신 후 어머니께서 힘들게 살림을 꾸리고 계십니다. 평상시 어머니께서 식당일로 저녁까지 안 계시는 상황이라 A는 홀로 지내는 시간이 많았습니다. 그래서 학교생활에서의 문제를 상의하기 어려웠고, 혼자 방황하는 시간은 더욱 길어지게 되었습니다. 심지어 어떤 사건을 계기로 동네 친구들과 선배들에게 집단폭행을 당했습니다.

출처: 청소년폭력예방재단(2011).

따돌림은 무척 단순하고 이유 같지 않은 이유에서 시작되는 것이 특징이다. 말실수, 잘난 척, 상대에 대한 이유 없는 불편함과 거슬림, 어색한 태도 등이 그 이유다. 겉으로는 표가 나지 않도록 집단이 뭉쳐서 한 친구를 따돌리는 사례(일명, 은따)도 흔하다. 앞의 사례는 청소년 간에 다름에 대한 이해가 부족해서 생긴 심각한 차별과 불평등이 난무하며, 다문화가정과 장애인가정, 저소득층가정의 자녀가 왕따를 당하는 일이 더 흔할 수 있음을 보여 준다. 영화 《우아한 거짓말》은 최근 나타난 '카따'라는 카카오톡 단체 대화방에서의 왕따를 아주 잘 묘사했다. 카카오톡뿐만 아니라 페이스북, 트위터 등 다른 사이버 공간에서의 따돌림도 매년 증가한다. 불과 10년 전만 하더라도 모바일 채팅 프로그램이 없었으므로 집단괴롭힘이 학교 수업시간으로 한정됐지만, 최근에는 사이버 공간에서의 소통으로 24시간 혹은 그 이상으로 확장된다. 이전에는 최악의 경우 전학이라도 가면 왕따를 피할 수 있었지만, 이제는 가해자의 그림자가 끝까지 따라다니게 되면서 왕따라는 괴롭힘은 시공간을 초월하게 된다.

2) 개념정의

왕따는 학교폭력의 범주 안에 있는 한국의 독특한 학교폭력의 한 유형이다. 왕따는 그 시작은 사소하지만 폭력과 비행으로 문제가 커지는 특성이 있다. 본 장에서는 이를 구체적으로 다루기 위해 구분해서 정리한다. 「학교폭력예방 및 대책에 관한 법률」 제2조 1의2에 따르면 "따돌림이란 학교 내외에서 2명 이상의 학생들이 특정인이나 특정 집단의 학생을 대상으로 지속해서 반복적으로 신체적이나 심리적 공격을 가하여 상대방이 고통을 느끼도록 하는 일체의 행위"를 말한다. 1990년대 중반 이후 사회문제로 제기되기 시작하여 본격적으로 연구되기 시작한다.

왕따의 개념은 학자마다 연구목적에 따라 다르게 정의한다. 외국의 'bulling'이나 '이지메(苛め)'의 뜻에서 따오기도 하고, 용어도 '왕따'나 '집단따돌림', '집단괴롭힘', '괴롭힘' 등 여러 가지로 사용된다. 왕따는 광범위한 심리적·신체적·관계적 행위를 포함하고 있어 범위와 내용의 기준 등에서 정확한 정의가 쉽지 않다. 그러나 정의하자면, 왕따는 집단 내에서 부정적인 행위, 의도적인 해침이 반복적이고 지속적으로 이루어지는 공개된 힘의 불균형이라 할 수 있다. 왕따의 핵심 사항은 왕따 대상이 누구인지 공

개적으로 명명화하는 데에서 시작된다(권준모, 1999). 왕따는 한 집단에서 특정 학생에게 공개적으로 부정적 부과를 지속적으로 반복하는 소외의 과정이며, 힘의 불균형 상황에서 신체적으로, 언어적으로 괴롭히는 행위라고 정의할 수 있다. 최근에는 사이버따돌림이 시작되고 있는데 이것은 후술한다.

3) 왕따의 현황

왕따는 초등학교 때부터 시작되는 것으로 나타난다. 조사 대상의 13.5%가 '경험이 있다'고 한다. 중학생은 7.1%, 고등학생은 9.0%가 따돌림을 당한 경험이 있다는 것이다(국회입법조사처, 2016). 왕따는 초등학교에서부터 시작하여 그 피해율은 적게는 약 7%에서 많게는 약 60%에 이르는 것으로 나타난다. 또한, 왕따는 신학기에 시작된다고 한다. 신학기 초에 학생들 사이에서는 소위 서열을 가리기 위한 잦은 싸움이 발생하는 것으로 조사된다. 따돌림을 받았다고 응답한 초·중·고교생 223명 중 61.4%가 '학기 초 또는 학기 중간에 따돌림이 가장 심하다'고 답한다. 왕따를 당한 기간은 34.1%가 '1개월 미만'이지만 '한 학기 내내'도 26.1%에 이르고, 학기 초에 찍힌 피해학생을 학기가 끝날 때까지 괴롭히는 가해학생도 상당수인 것으로 조사된다. 최근에는 상급학교 진학이나 전학을 가도 따돌림 당한 학생의 정보가 사이버상에 유출돼 계속 따돌림을 당할 수 있다고 한다(교육부, 2013). 전학 간 학교까지 왕따라는 소문이 퍼져 새 학교에서도 또 다시 왕따가 되는 것이다.

4) 분석

첫째, 앞의 사례를 낙인이론 관점에서 분석해 보자. 한 번 시작된 낙인은 마치 하나의 진리인 것처럼 다음 낙인으로 확장된다. 즉, 낙인이 찍힌 학생은 같은 반 친구들로부터 제대로 소외되고, 무시당하며, 무엇을 하든 언제나 결핍이 있는 것으로 인식받는다. 한 번 낙인이 부여되면 좀처럼 그 낙인에서 벗어나기 어렵고, 오히려 그 낙인은 점차 더 확장되는 형태를 보이기가 쉽다. 그것은 낙인으로 인한 상징이 갖는 힘이며, 모든 사람에게 낙인의 확장된 상징이라는 상호작용의 효과이다.

둘째, 비행하위문화이론의 관점에서 상기의 사례는 왕따를 당하는 객체보다 왕따를 행하는 주체의 행위적 인과관계를 설명하는 데 유용하다고 본다. 비행에 허용적이거나, 자연스럽게 노출되어 있는 비행문화의 집단에서는 왕따 피해자를 배려하기는 어렵다. 집단 속에서 왕따의 위력에 휘말리게 된다.

2. 학교폭력

1) 사례

사례

[사례 1]

○○의 한 중학교에서 2020년부터 약 1년간 학교 폭력이 일어났습니다. 가해학생은 피해학생에게 제설제와 눈을 섞어 강제로 먹이거나, 손바닥에 손 소독제를 붓고 불을 붙이기도 했고, 학교 담장을 혀로 핥으라고 하는 등 믿고 싶지 않은 사례가 줄줄이 적혀 있었습니다. 거기다 피해학생은 최근 가해학생들로부터 머리와 다리를 맞아 뇌진탕에 근육 일부가 파열되기도 했습니다. 문제는 학교의 대처였습니다. 교사 여러 명이 괴롭힘 사실을 인지했으면서도 제대로 대처하지 않았습니다. 결국 부모가 학교에 찾아가고 나서야 조사가 시작된 사건이었습니다(2021, 청와대 국민청원 게시판).

[사례 2]

고등학교 아들을 둔 어머니께서 어느 날 우연히 아들이 컴퓨터를 하는 것을 보게 되었습니다. 아들은 ○○월드를 통해 채팅을 하고 있었는데, 그 대화가 욕설이 오가는 등 표현이 과격했고, 협박내용이 심각했습니다. 어머니는 너무 놀란 나머지 그 자리에서 나무랐지만, 곧 이성을 찾아 아들에게 그 장면을 복사해 놓으라고 하였습니다. 아들은 어머니 말씀에 따라 채팅 내용을 복사하긴 했지만, 채팅 내용에 대해서 부끄럽게 생각하고 소극적인 반응으로 일관하였습니다. 어머니 말씀에 따르면 아들은 최근 사춘기가 심하게 찾아와 매우 내향적 성격을 나타냈으며, 학교에서 친구와 잘 어울리지 못하고 있었으며, 학교생활이 싫어서 자퇴 얘기를 종종 꺼냈었다고 합니다.

중학교 시절까지만 하더라도 성적이 우수했으나, 고등학교 진학 후 곧바로 성적이 떨어지고 학교생활을 힘들어하기에 걱정되어 어머니께서는 학기 초에 담임 선생님과 면담을 한 적도 있었습니다. 선생님은 친구 사귐이 거의 없고, 친구관계는 잘 파악이 안 된다고 했답니다. 그래서 어머니도 아들이 단순히 사춘기라 조용한 성격으로 바뀌었다고 생각했지만, 이번 채팅 사건으로 인해 친구들이 아들을 왕따, 무시, 인격모독을 하는 관계를 알게 되었습니다. 게다가 더욱 놀란 것은 아들이 친구들과의 대화 속에서 집단으로 왕따를 당한다는 것입니다. 가해학생들은 한두 명이 아니라, 채팅을 공유하여 다른 부류의 학생들이 참여하여 상당수의 인원이 있었으며, 없는 사실을 가지고 비하발언을 할 뿐 아니라, 심지어 아들의 부모까지 욕하는 것입니다. 갑작스러운 상황에 대해 당황한 나머지 어떻게 해야 할지 상담을 요청한 사례입니다.

출처: 청소년폭력예방재단(2011).

사례 1은 내용과 형태만 다른 학교폭력의 대표적 사례라고 하겠다. 장난으로 하는 가벼운 신체적 폭력에서부터 지속적이고 심각한 고통을 가하는 행위까지 다양하다. 예를 들면, '카따'는 카카오톡 채팅방에서 특정 학생을 배제하는 방식이고, '떼카'는 그룹채팅에서 여러 명이 한 명을 공격하는 것을 뜻한다. 여러 학생이 특정 학생을 상대로 카카오톡에 욕설을 퍼붓는 것이다. 그룹채팅에서 여러 명이 떼를 지어 특정 학생을 초대한 후 음란사진을 보내 성적 수치심을 안기거나 입에 담지 못할 욕설을 하며 정신적 고통을 주는 것이다. 대화방을 나가도 끊임없이 초대하는 '카톡감옥'과 피해 학생을 초대한 뒤 한꺼번에 나가는 '카톡방폭'도 있다. 그리고 여러 명에게 공개되는 카카오톡 스토리에 '착한 척하지 마라.', '면상 치워라.' 같은 댓글을 단체로 남기는 방법도 있다. 커뮤니티 게시판이나 성매매 사이트 등에 피해학생의 신상정보를 악의적으로 노출시키는 사이버 학교폭력도 있다. 이러한 학교폭력의 형태는 사이버라는 특징으로 인해 피해 학생을 끊임없이 따라다닌다. 비록 대화방을 나가는 시도를 하더라도 끊임없이 채팅창으로 초대해 정상적인 생활을 할 수 없도록 만드는 것이다. 일종의 사이버상 스토커와 같다.

사례 2는 이제 학교폭력이 오프라인에서 끝나는 것이 아니고, 온라인에서도 이어지는 형태를 보여준다. 스마트폰이 보편화되면서 SNS, 메신저를 이용한 온라인상의 사이버 학교폭력까지 이어지는 것이다. 과거의 학교폭력은 물리적인 행동을 통해 멍이 들거나 흉터가 남아 눈에 띄는 형태였다면, 지금은 '떼카'와 같은 사이버상의 폭력처럼 겉으로 잘 드러나지 않고 그 맥락을 찾기도 어려운 형태를 갖는다.

2) 개념정의

학교폭력의 개념은 아래 학교폭력예방법의 정의와 같다(2022, 교육부). 그 내용은 정리하면 "학교폭력이란 학교 내외에서 학생을 대상으로 발생한 상해, 폭행, 감금, 협박, 약취, 유인, 명예훼손, 모욕, 공갈, 강요, 강제적인 심부름 및 성폭력, 따돌림, 사이버 따돌림, 정보통신망을 이용한 음란, 폭력 정보 등에 의하여 신체·정신 또는 재산상의 피해를 수반하는 행위"를 말한다. 즉 학교폭력은 학생 간에 일어나는 폭행, 상해, 감금, 위협, 금품 갈취 등 폭력을 이용하여 정신 및 신체적 피해를 주거나 재산을 빼앗는 행위라고 하겠다.

학교폭력예방법 정의 제2조

이 법에서 사용하는 용어의 정의는 다음 각 호와 같다.

1. "학교폭력"이란 학교 내외에서 학생을 대상으로 발생한 상해, 폭행, 감금, 협박, 약취 · 유인, 명예훼손 · 모욕, 공갈, 강요 · 강제적인 심부름 및 성폭력, 따돌림, 사이버 따돌림, 정보통신망을 이용한 음란 · 폭력 정보 등에 의하여 신체 · 정신 또는 재산상의 피해를 수반하는 행위를 말한다.

1의2. "따돌림"이란 학교 내외에서 2명 이상의 학생들이 특정인이나 특정집단의 학생들을 대상으로 지속적이거나 반복적으로 신체적 또는 심리적 공격을 가하여 상대방이 고통을 느끼도록 하는 모든 행위를 말한다.

1의3. "사이버 따돌림"이란 인터넷, 휴대전화 등 정보통신기기를 이용하여 학생들이 특정 학생들을 대상으로 지속적, 반복적으로 심리적 공격을 가하거나, 특정 학생과 관련된 개인정보 또는 허위사실을 유포하여 상대방이 고통을 느끼도록 하는 모든 행위를 말한다.

출처: 교육부(2022). 2022년 개정판 학교폭력 사안처리 가이드북.

최근에는 IT 관련 기기의 보편화로 인해 사이버폭력이 추가된다. 「학교폭력예방 및 대책에 관한 법률」 제2조 1의3항에 "사이버 따돌림이란 인터넷, 휴대전화 등 정보통신 기기를 이용하여 학생들이 특정 학생들을 대상으로 지속적·반복적으로 심리적 공격을 가하거나, 특정 학생과 관련된 개인정보 또는 허위사실을 유포하여 상대방이 고통을 느끼도록 하는 일체의 행위"를 말한다. 즉, 사이버상에서의 따돌림은 시간과 장소를 구분하지 않는 행위로서, 심리적 소외감만이 아니라 극도의 불안감과 상처를 남기는 사회적, 정서적, 심리적, 관계적 폭력행위다.

3) 학교폭력의 유형

학교폭력은 신체적 폭력, 언어적 폭력, 관계적 폭력이라는 세 가지의 유형으로 구분할 수 있다(2021, 교육부). 신체적 폭력은 신체적으로 해를 가하거나 재산상의 손실을 가져오는 행동으로 때리기, 발 걸기, 밀기, 치기, 침 뱉기, 가혹행위 등이다. 언어적 폭력은 말이나 글로 심리적인 괴로움을 주는 행동이다. 놀리기, 모함하기, 비난하기, 욕하기, 모욕하기, 위협하기, 거짓소문 퍼트리기 등이다. 관계적 폭력은 친구관계를 깨뜨리거나 사회적으로 고립시키는 행동이다. 소외시키기. 거부하기, 무시하고 대답 안하기, 째려보기, 비웃기, 코웃음치기 등이 있다. 학교폭력의 구체적 내용을 유형별로 살펴보면 다음 〈표 12-1〉과 같다.

표 12-1 학교폭력의 유형

유형	내용
상해	생리적 기능의 훼손, 즉 건강 침해로서 육체적·정신적인 병적 상태의 야기와 증가
폭행	신체적인 손상을 가져오고, 정신적·심리적인 압박을 가하는 물리적인 강제력
감금	사람의 행동에 자유를 제한하여 특정 구역에서 나가는 것을 불가능하게 하거나 또는 심히 곤란하게 하는 것. 행동의 자유를 구속하는 그 수단과 방법에는 아무런 제한이 없어서 유형적인 것이거나 무형적인 것이거나를 가리지 아니함
협박	상대방의 반항을 불가능하게 하거나 현저히 곤란하게 할 정도는 아닐지라도 상대방이 현실적으로 공포심을 느낄 수 있을 정도의 해악을 고지하는 것
약취	폭행 또는 협박으로 사람을 보호받는 상태 내지 자유로운 생활관계로부터 자기 또는 제3자의 실력적 지배하에 옮기는 것
유인	허위의 사실을 가지고 상대방을 착오에 빠뜨리게 하거나 감언이설(甘言利說)로 상대방을 현혹시켜 판단을 바르게 할 수 없게 하여 사람을 보호받는 상태 내지 자유로운 생활관계로부터 자기 또는 제3자의 실력적 지배하에 옮기는 것
명예훼손	특정 또는 불특정 다수가 인식할 수 있는 상태에서 사실 또는 허위의 사실을 적시하여 사람의 평판이나 사회적 가치를 떨어뜨리는 것
모욕	다른 사람을 경멸, 비하하고 조롱하고 무시하는 행위
공갈	사람을 공갈하여 재물의 교부를 받거나, 재산상의 이익을 얻거나, 또는 제3자로 하여금 재물의 교부를 받게 하거나 재산상의 이익을 얻게 하는 것
강요	폭행 또는 협박으로 사람의 권리행사를 방해하는 것
성폭력	심리적, 물리적, 법적으로 타인에게 성(性)과 관련해 위해를 가하는 폭력적 행위와 상대방의 의사에 반하는 성적인 접근을 통틀어 이르는 것
따돌림	학교 내외에서 2명 이상의 학생이 특정인이나 특정 집단의 학생을 대상으로 지속적이거나 반복적으로 신체적 또는 심리적 공격을 가하여 상대방이 고통을 느끼도록 하는 일체의 해위
사이버 따돌림	인터넷, 휴대전화 등 정보통신기기를 이용하여 학생이 특정 학생을 대상으로 지속적이거나 반복적으로 심리적 공격을 가하거나, 특정 학생과 관련된 개인정보 또는 허위사실을 유포하여 상대방이 고통을 느끼도록 하는 일체의 행위
이외에 강제적인 심부름, 정보통신을 이용한 음란·폭력정보 등이 있음	

출처: 교육부(2021). 2020년 학교폭력 실태조사.

참고로 방송통신위원회는 학생, 교사, 학부모, 일반 성인 등 총 9,025명을 대상으로 사이버폭력 실태조사를 했다. 거기서 구분된 사이버폭력의 유형은 다음과 같다(2020, 방송통신위원회, 사이버 폭력 실태조사). 크게 8가지로 구분하였는데 언어폭력, 명예훼손, 신상유출, 스토킹, 따돌림, 강요, 성폭력, 갈취 등이다. 사이버폭력은 한 마디로 불명예, 조롱과 모욕, 험담과 비하, 수치와 협박 등 괴롭힘과 위협을 가하는 폭력 행위이다.

4) 학교폭력의 현황

(1) 학교폭력의 빈도

국회입법조사처의 보고서에 따르면, 지난 2013년 학교폭력 가해학생 수는 2014년 소폭 감소한 뒤, 2015년 다시 증가했다(국회입법조사처, 2016). 학교폭력 발생빈도가 가장 높은 중학교에서 학교폭력 가해자가 소폭 감소했지만, 초등학교와 고등학교에서 다시 증가했다. 이른바 '전 연령대 학생들의 학교폭력 일상화'다. 그 현황은 [그림 12-3]과 같다.

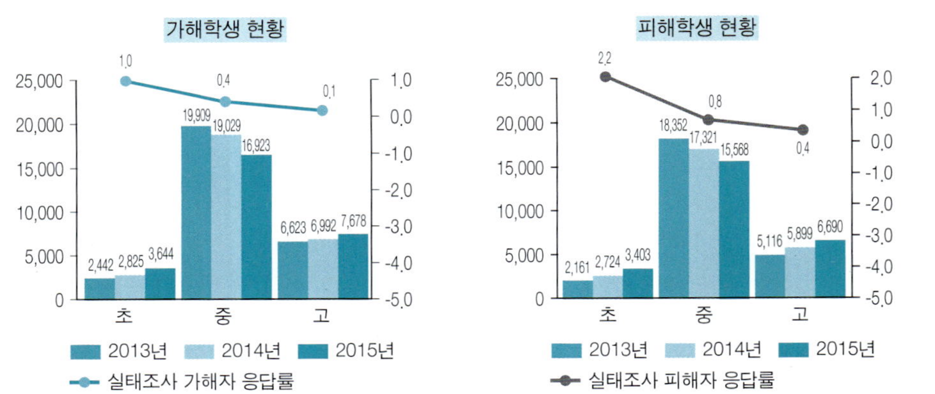

출처: 국회입법조사처(2016).

그림 12-3 학교폭력의 현황(2013~2015년)

(2) 폭력 양상의 변화

학교폭력의 양상은 가해유형에서 상해·폭행, 명예훼손·모욕, 사이버폭력, 감금은 증가하고 있으며, 협박, 공갈·금품갈취, 강요·강제적 심부름, 따돌림, 약취·유인은 감소하는 추세다(국회입법조사처, 2016). 가파른 증가 추세를 보여 주는 학교폭력은 사이버폭력이다. 사이버 폭력은 2013년 대비 2015년에 43.8%가 증가하였다(그림 12-4 참조).

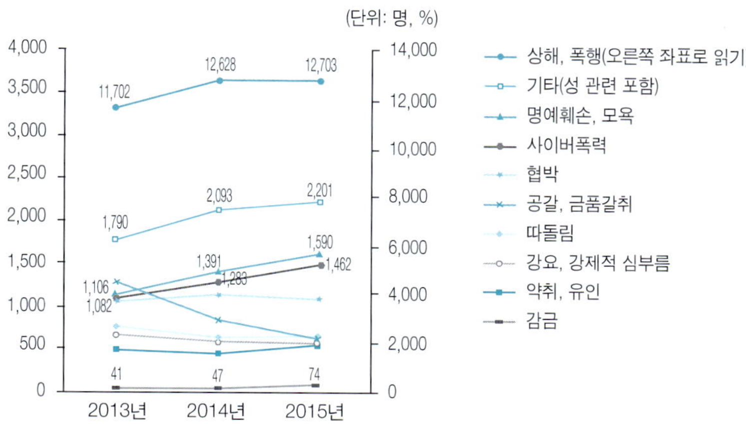

출처: 국회입법조사처(2016).

그림 12-4 학교폭력 가해유형의 현황(2013~2015년)

이처럼 사이버상의 따돌림 현상과 맞물려 그 괴롭힘 양상이 급속히 증가하는 추세다. 사이버폭력은 메신저와 SNS, 인터넷 카페, 블로그, 홈페이지를 통한 괴롭힘의 형태로 나타나며, 그중 메신저와 SNS상의 괴롭힘이 가장 많은 비중을 차지한다(청소년폭력예방재단, 2013). 인터넷 카페와 블로그, 홈페이지 등에서의 위협과 협박, 악성 댓글, 허위사실 유포 등을 이용한 괴롭힘이 있다. 이러한 괴롭힘은 악성 댓글에서부터 모욕, 스토킹, 불법유해정보, 프라이버시 침해 및 신상정보 유포, 명예훼손 등을 통해 한 사람을 사회적으로 매장하는 대인적·사회적 폭력에 이른다. 〈표 12-2〉에서와 같이 괴롭힘을 당한 후 어떤 생각이 들었느냐는 질문에 대한 답변을 보면 충분히 짐작된다. 힘들고, 우울하며, 학교에 가기 싫었다는 답변이 다수를 이룬다. 심지어 학교폭력을 경험한 학생 가운데 44.7%는 자살까지 생각해본 적이 있다고 조사될 정도로 심각한 영향을 미친다(2013, 청소년폭력예방재단). 학교폭력의 영향이 얼마나 부정적 영향을 미치는지를 보여주는 측면이다. 신체적 폭력뿐 아니라 언어적·정신적 폭력이 위험수위에 달하고 있음을 보여 준다.

표 12-2 괴롭힘을 당한 후 들었던 생각

<table>
<tr><td rowspan="7">힘들었다</td><td rowspan="7">71.6%</td><td>학교에 가기 싫었다</td><td>19.0%</td></tr>
<tr><td>우울하고 슬펐다</td><td>12.3%</td></tr>
<tr><td>상대방을 괴롭히고 싶었다</td><td>12.0%</td></tr>
<tr><td>죽고 싶었다</td><td>9.5%</td></tr>
<tr><td>친구를 만나기 싫었다</td><td>8.4%</td></tr>
<tr><td>잘 모르겠다</td><td>7.2%</td></tr>
<tr><td>창피하고 부끄러웠다</td><td>3.4%</td></tr>
<tr><td>힘들지 않았다</td><td>14.3%</td><td colspan="2" rowspan="2"></td></tr>
<tr><td>잘 모르겠다</td><td>14.1%</td></tr>
</table>

출처: 청소년폭력예방재단(2013).

문제는 온라인 메신저를 통한 학교폭력과 같은 폭력 양상의 변화로 인해 한 번 시작된 폭력은 일회성 단순폭력으로 끝나는 것이 아니라 지속적으로 가해지는 학대적 폭력으로 이어지는 것이다. 이렇게 학교폭력은 행위적이고 물리적이며 대면적 영역에 있던 것이 점차 보이지 않는 심리적이고 비대면적 영역으로 변화해가는 양상이 나타나고 있다. 특히 심리적 폭력의 가해자는 자신의 행위에 대해 죄의식이나 책임감을 느끼지 못하는 경우가 많고, 피해자는 신고를 꺼리는 등 학교폭력의 암수성이 상당히 잠재한 상황이다.

5) 분석

첫째, 낙인이론 관점에서 보면, 사회적 반응의 결과로 나타난 낙인이 학교폭력의 주체가 되는 것을 알 수 있다(정종진 외, 2014).[27] 즉, 폭력에 대한 반응으로서 학생 사이에 만들어진 낙인이라는 것이 그 의미를 확장하는 것이다. 이는 2차적 일탈의 원인으로서의 낙인 부여인데, 이 낙인의 의미가 클수록 청소년비행은 더 확장되고 지속될 가능성이 높다. 즉, 자신의 정체감을 낙인 이후의 상(image)과 동일시하여 강화된 정체감을 형성하여 2차적 일탈이라는 비행으로까지 발전하게 되는 것이다.

둘째, 비행하위문화론 관점에서 폭력적 행동을 옹호하는 하위문화는 학교폭력에 쉽게 노출되도록 한다. 앞의 사례에서 제시된 떼카와 같은 행위는 또래의 하위문화가 만들어 내는 폭력적, 악의적 행위이다. 그러나 가해학생들의 입장에서는 그들이 행하는 단 한 번의 손가락 움직임이 피해학생에게 어떠한 영향을 미치는지 진지하게 생각하지도 않을 뿐더러, 크게 관심도 없는 행동일 뿐이다. 비행하위문화론적 관점 그대로 이미 그들의 규칙대로 만들어진 특정 피해학생에 대해 당연시되는 자연스러운 폭력의 하위문화일 뿐이다. 그러므로 가해학생의 무리 중 한두 명이 반성하고 재사회화된다고 해서 단체 카톡방에서의 떼카를 피하기는 어렵고, 이러한 문제가 계속된다고 할 수 있다. 무심코, 생각 없이, 그냥, 단순하게 누군가를 괴롭히는 것, 자기 집단에서 영웅적 지위를 얻을 목적으로 비행하는 성향, 친구의 고통에서 쾌감을 구하면서 기성세대에 도전하며 지금의 쾌락을 즐기는 것, 단결심 혹은 무언가에 대한 분노로 뭉치면서 자신들의 세계를 만들고자 하는 심리가 청소년들이 저지르는 타인에 대한 폭력으로 표현되고, 그들은 이렇게 세상과 의사소통하고 있다고 볼 수 있다.

---

27) 학교폭력의 원인은 개인적 요인으로 가족의 불화, 방임적이거나 엄격하거나 일관성 없는 훈육방법, 가족학대, 부모 감독 소홀 등으로 보기도 한다. 특히 올베우스(Olweus, 1978)는 가정에서의 애정결핍, 공격적 행동의 수용, 신체적 체벌을 하는 양육태도나 비록 이혼은 하지 않았다 하더라도 상호 갈등이 심한 부부관계가 청소년들의 공격성에 영향을 미친다고 말한다. 여기서는 낙인이론, 비행하위문화이론을 토대로 하기 때문에 개인적 요인은 다루지 않음을 밝힌다.

3. 청소년비행

1) 사례

사례

[사례 1]

초등학교 6학년 학생들의 음란물 모방행위의 사례이다. 가해학생들이 동급생 중 가장 왜소했던 친구에게 성폭력을 가한 것이다. 피해학생에게 포르노 영화를 강제로 보게 하고 인적이 드문 아파트 상가 화장실로 끌고 가서 가해자 중 2명은 망을 보고 가해자 1명이 바지를 벗겨 강제로 항문 삽입을 시도한 사건이다.

[사례 2]

약물복용 가해 사례이다. 피해학생이 전학을 온 지 얼마 안 되었을 때 동급생 2명과 선배가 놀이터로 유인하였다. 그리고 전학을 온 학생이니 특별히 잘 봐준다며 억지로 빵을 먹였다. 빵 속에 이상한 알약이 있어 뱉어내자 음료수와 함께 다시 억지로 먹게 했다. 이후 피해학생이 어지럼증을 호소하였다. 이것을 알게 된 피해학생의 아버지가 흥분하여 약을 먹인 학생을 찾아가 때리게 됐다. 이러한 과정에 대해 파출소에서는 피해학생 아버지의 폭행을 이유로 가해학생들을 그냥 돌려보냈다. 해결이 미진한 부분에 대해 상호 조정의 과정이 진행됐다. 그런데 알고 보니 가해를 주동한 학생의 아버지는 경찰이며, 그 학생은 이미 여러 사건에서 비행 경력을 갖고 있었다.

출처: 청소년폭력예방재단(2010).

상기 두 가지의 사건은 약 10여년 전인 2010년의 사례이다. 2018년 조사에서는 그보다 범죄의 내용이 더 심각하여 단순절도나 폭행 수준이 아니다. 강도와 성폭력 등 흉악 강력범죄를 저지른 것으로 나타난다(2021, '2021 청소년 통계', 통계청·여성가족부). 청소년비행이라고 믿어지지 않을 정도로 대담하고 폭력적인 현상을 보이는 것이다. 게다가 스마트폰이 보편화되고 인터넷 접속이 쉬워짐에 따라 범죄장면에 노출되기 쉬워 모방범죄의 발생 가능성은 더욱 높아지고 있는 상황이다. 청소년 모방범죄가 절도나 폭행은 물론, 성범죄와 살인 등 강력 범죄로 지능화되고 대담해지고 있다. 이에 따라 모방범죄에 대한 예방노력과 대안 마련이 시급해 보인다. 실제 조직적으로 성인의 범죄를 모방하여 청소년에 의한 성폭행, 성매매까지도 서슴지 않는 다양한 비행을 보여 주고 있다.

2) 개념정의

청소년비행의 개념은 일반적으로 가출, 무단결석, 음주, 흡연, 이성과의 성교 등과 같은 지위비행부터 폭행, 절도, 강도, 강간 등과 같은 범죄적 행동에 이르기까지 광범위한 부적응 행동을 지칭한다. 형법을 위반한 행위뿐만 아니라, 미래에 형법을 위반할 가능성이 있는 행위도 포괄한다. 특히, 우리나라 「소년법」상 청소년의 비행은 세 가지로 10세 이상 19세 미만의 '범죄행위'와 '촉법행위', '우범 상태에 있는 청소년 행위'를 말하며 그들을 범죄소년, 촉법소년, 우범소년이라 부른다. 청소년비행을 청소년 일탈의 범위로 넓혀 보면 청소년의 지위에서 벗어난 사소한 규칙과 규범의 위반을 넘어간다. 살인, 강도, 강간, 유괴와 같은 사회적 범죄까지도 포함된다.

본 절에서는 왕따문제, 학교폭력문제를 제외한 청소년비행의 유형을 소개한다.

3) 청소년비행의 유형

청소년비행의 유형은 33개의 비행 항목을 여섯 가지 범주로 구분하고 있다. '대인비행, 재산비행, 공공질서비행, 피해자 없는 비행, 지위비행, 약물남용비행'이 있다. 구체적인 내용은 〈표 12-3〉과 같다(대검찰청, 2012).

본 절에서는 음주와 흡연, 무단결석, 가출, 성문제에 대해 구체적으로 다루겠다.

표 12-3 청소년비행의 유형

유형	내용
대인비행	패싸움, 흉기 소지, 폭력서클 가입, 강간, 폭행, 금품 탈취, 흉기로 타인에게 상해 입히기, 강도, 공갈이나 협박
재산비행	남의 집에 들어가 물건 훔치기, 만 원 이상의 절도, 등록금을 다른 곳에 쓰기, 공공기물 파괴, 사기
공공질서비행	컨닝, 부모나 선생님에 대한 반항, 무단결석, 돈내기, 도박, 가출, 음주, 흡연
피해자 없는 비행	이성과의 성관계, 혼숙, 음화 및 음란서적 소지, 음란영상 시청, 사창가 출입
지위비행	유흥업소 출입, 술집 출입, 관람불가 극장 출입, 당구장 출입
약물남용비행	환각제나 본드 사용, 대마초 흡연

출처: 대검찰청(2012).

(1) 흡연, 음주

우리나라 청소년의 흡연 현황을 '청소년 건강행태 온라인조사' 결과를 바탕으로 살펴보면, 조사시점 기준, 최근 30일 동안 1일 이상 흡연한 사람의 비율을 의미하는 청소년 현재 흡연율은 2007년 13.3%, 2008년 12.8%, 2009년 12.8%, 2010년 12.1%, 2011년 12.1%인 것으로 나타났다(교육과학기술부·보건복지부·질병관리본부, 2012). 최근 5년간 근소하게 약간의 감소 추세를 보이지만 큰 변화는 없으며, 청소년 10명 중 1명 이상이 현재 흡연을 하고 있고, 그 비율이 매우 높다는 것을 말해 준다.

우리나라 청소년의 음주 현황으로 최근 30일 동안 1잔 이상 술을 마신 적이 있는 사람의 비율을 의미하는 청소년 음주율은 2007년 27.8%, 2008년 24.5%, 2009년 21.1%, 2010년 21.1%, 2011년 20.6%로 나타났다(교육과학기술부·보건복지부·질병관리본부, 2012). 최근 5년간 약간의 감소를 보였으나 청소년 5명 중 1명이 음주를 하는 것을 보여 준다. 결론적으로, 청소년이 상당한 음주와 흡연에 노출되어 있음을 알 수 있다.

(2) 무단결석

무단결석은 학교에 알리지 않고 임의로 등교하지 않으며, 수업에 결석하는 것을 말한다. 청소년의 무단결석은 다른 지위비행인 음주, 흡연과 관련이 깊어 청소년이 비행을 시도하게 하는 최초의 계기가 된다는 점에서 관심 있게 지켜봐야 한다. 또한, 교육적 공백을 가져올 뿐만이 아니라 청소년비행과 연결되면서 성인기 이후의 범행에 이르기도 한다(정혜원·박윤환, 2012).[28)]

무단결석은 다음과 같은 다섯 가지 이유로 조기개입이 필요하다. 첫째, 무단결석 학생의 이전 생활모습은 가정이나 학교에서 모범적이고 순응적인 경우가 많았던 것, 둘째, 무단결석이 계속되는 원인에는 교사의 관심도가 영향을 준다는 것, 셋째, 초등학생

28) 미국이나 영국에서 자녀의 등교는 부모의 의무이다. 학교에 알리지 않고, 자녀가 무단결석을 하면 부모가 벌금을 내기도 한다. 물론 결석률 15% 이상이라는 기준을 갖고 있다. 미국은 학생이 계속 결석하면 교육법에 따라 청소년법정에 회부된다. 부모는 벌금형에 회부된다. 또한, 영국도 학생의 무단결석에 대해 강력한 규제와 의무를 두고 있다. 교육청은 부모에게 자녀 무단결석(truancy)으로 벌금을 물도록 한다. 이렇게 학생에 대한 교육은 학교, 학부모, 교육청, 지역사회의 공동의무로서 사회 전체가 관심을 갖는 내용이다.

은 부모나 교사 등의 영향으로 중·고등학생의 무단결석은 개인적 의지나 동기, 또래관계의 영향으로 무단결석을 한다는 점, 넷째, 무단결석의 원인은 시기별, 성별로 모두 다른 점 등에서 누구나 무단결석하게 될 가능성이 있다는 점, 다섯째, 무단결석은 청소년의 지위비행인 흡연, 음주, 가출 등을 불러일으키며 나아가 폭력비행 등 범법행위로까지 이어질 수 있다는 점이다(한영희·조아미, 2008). 그러나 우리 사회에서는 아직 무단결석의 비율이 적다는 이유로 인해 학문적인 관심이 적은 편이다. 학교현장에서도 무단결석 청소년에 대한 구체적인 매뉴얼이 없어 생활지도나 학업지도에 어려움을 겪고 있다.

(3) 가출

가출은 그 자체로는 비행이 아닐 수 있으나, 가출로 인해 비행으로 연결될 가능성이 매우 크다(정혜원·박윤환, 2012). 청소년은 성인이 되기 전까지 보호자로부터 의식주 등 생계와 적절한 보호 및 교육을 받도록 되어 있다. 그러나 청소년이 가출을 선택함으로써 폭력비행, 재산비행 등과 연결되기 쉽고, 가출이 장기화되면서 의식주와 연결된 성비행이 증가하는 것으로 나타난다. 가출 조사에 따르면 가출 경험이 있다고 응답한 청소년 가운데 부모나 가족과의 갈등이 54.9%로 가장 많은 분포를 차지한다(서울특별시 시립이동청소년쉼터, 2008).

또한, 가출 경험이 있는 청소년의 92.9%가 비행 경험이 있다고 하였다. 비행 경험은 음주(82.6%), 미성년자 금지 사이트 접속 및 성인물 관람(52.1%), 유흥업소 출입(47.6%), 절도(40.5%), 흡연(35.4%), 성관계(13.8%) 순으로 나타나 가출청소년의 실상 파악과 예방책이 중요함을 시사한다.

최근 가출청소년에 대한 시각은 환경에 의한 피해자로 간주하여 조력적·발달적 지원과 보호가 필요한 것으로 관점이 변화해 가고 있다. 가출의 유형은 〈표 12-4〉와 같이 다섯 가지로 분류할 수 있다.

표 12-4 가출의 유형

구분	내용
시위성 가출	가족이나 주위 환경을 변화시키기 위한 의도의 가출
유희성 가출	친구들과 어울려 놀고 싶은 충동에 의한 가출
방랑성 가출	밖에서 생활하는 것이 좋아 떠돌며 살기 위한 가출
추방성 가출	가족들의 무관심, 방임 등에 의해 떠밀려 나온 가출
생존형 가출	가족으로부터 신체적·심리적·정신적 학대를 받고 생존을 위해 도망친 가출

출처: 정혜원·박윤환(2012).

(4) 성문제

청소년비행에서 성문제를 거론하지 않을 수 없다. 청소년기는 신체적인 측면에서 거의 성인 수준의 발달을 이루는 시기이며, 성적 측면에서도 2차 성징의 발달과 더불어, 성과 관련된 호기심과 고민이 큰 시기이다. 따라서 청소년기에 형성되는 성에 대한 태도(sexual attitude)는 성에 대한 인식 및 태도로서, 성에 대한 가치관, 생각, 지식, 감정, 태도, 행동 등을 포함한 광범위한 개념이며 중요하게 다루어져야만 한다(채규만·정민철, 2004). 그런데 현실에서는 현재 청소년이 겪고 있는 성과 관련된 문제가 기성세대가 생각하는 것보다 더 심각하다는 데 있다.

2009년을 기준으로 청소년의 성관계의 시작 연령은 평균 14세로 조사된다. 성관계를 경험한 여학생 중 임신을 경험한 비율은 0.4%이다. 이 중 인공임신중절수술 경험은 0.3%이다. 10대의 분만 건수는 2006년 1,444건에서 2009년에는 2,489건으로 72.4%나 증가한 것으로 나타나 청소년의 성문제 노출 실태가 심각한 것으로 드러나고 있다(교육과학기술부·보건복지부·질병관리본부, 2010). 또한, 성관계를 경험한 청소년의 절반가량인 47.3%는 피임을 거의 하지 않았거나 한 번도 한 적이 없다고 답해 그들의 성에 대한 인식의 수준을 알게 한다.

4) 비행의 현황

아래 〈표 12-5〉과 〈표 12-6〉은 소년범죄자의 연령현황과 연령별 범죄자 현황이다. 전자는 2014년부터 2019년에 이르는 소년범죄자 연령에 따라 어느 정도의 범죄자 증감이 있는지를 보여준다. 후자는 10대에서 70대에 이르기까지 전체 범죄자 중에서 20대 이전의 청소년 범죄자의 현황이 어떠한지를 보여주고 있다. 현황이 보여주는 바와 같이 소년범죄자의 경우는 특별하게 뚜렷한 수적 증감변화는 없고, 전체적으로 비슷한 수준을 유지하고 있다.

표 12-5 소년 범죄자의 연령 현황

연도 \ 연령	14세	15세	16세	17세	18세
2014	9,712	14,041	16,940	17,517	19,347
2015	7	14,387	17,624	18,231	20,722
2016	7,530	13,789	17,589	17,607	19,401
2017	7,703	12,376	16,391	17,358	18,838
2018	8,321	11,595	13,306	15,513	17,407
2019	9,053	11,730	13,548	14,338	17,578

출처: 법무부(2021).

표 12-6 연령별 범죄자 현황

연도 \ 연령	19세 이하	20세- 30세	31세- 40세	41세- 50세	51세- 60세	61세- 70세	71세 이상
2014	20,742	167,855	381,442	501,527	418,590	127,282	38,118
2015	24,079	300,897	376,218	496,000	435,511	140,884	44,335
2016	22,963	318,933	393,251	498,953	454,454	159,803	49,298
2017	20,882	297,763	345,590	441,295	424,809	165,006	50,133
2018	19,414	274,320	308,902	400,370	407,348	173,427	54,163
2019	20,511	276,934	300,789	388,899	413,869	193,466	–

출처: 법무부(2021).

그러나 특이한 점은 〈표 12-7〉과 같이 소년보호사건 중에서 폭행사건과 성범죄 사건의 증가세는 해마다 늘어나고 있음을 알 수 있다. 그렇다면 상기 〈표 12-5〉와 〈표 12-6〉의 소년범죄자가 특별한 증가가 없다는 것이 어떤 면에서는 촉법소년이라는 법률적 보호장치로 인해 범죄통계에는 드러나지 않는다는 해석도 가능하게 한다. 그리고 위반사건의 내용이 타인의 신체에 물리력을 행사하는 폭력범죄와 강력범죄인 성범죄 사건이라, 호기심 어린 바늘도둑의 수준을 넘는 흉포화된 측면이 보인다.

표 12-7 소년보호사건 중 폭행사건 및 성범죄 사건 추이

구분 \ 연도	2013	2014	2015	2016	2017	2018
폭행사건	970	922	1051	1381	1705	1779
성범죄사건	976	985	881	1070	1148	1276

출처: 법원행정처(2019).

5) 분석

비행하위문화이론적 관점에서 청소년비행을 분석하면, 앞의 사례와 같이 청소년의 모방범죄, 비행청소년의 재범문제 등은 비행이 일어난 구조에서 계속되는 비행의 하위문화를 통해 선순환적 구조를 보여 준다. 특히, 폭력행위의 문화는 남학생에게 중요한 의사소통의 수단으로 자리 잡으면서 손쉬운 의사표현의 도구로 활용되는 결과를 보여 준다. 비행하위문화론적 관점에서 폭력적 행동을 옹호하는 비행하위문화는 범죄에도 쉽게 노출되도록 한다. 사례로 제시된 모방범죄나 인터넷에 나온 여러 가지 범죄에 대한 경로와 정보는 범죄에 접근하기 쉬운 비행의 하위문화적 환경을 제공한다. 비행을 위한 여러 가지 조건이 만연한 하위문화로서, 무방비 상태인 청소년에게도 노출되어 비행하위문화로 작용한다. 청소년에게 맡겨진 현재의 과중한 학업과 스트레스, 그들의 궁금증과 의문을 해소할 수 있는 공간이나 대상이 부재한 상황이라면, 그들은 현재의 고통을 이기려고 하기보다 당장의 쾌감을 추구하면서 기성세대에 도전하는 것이 더욱 손쉬울 수 있다. 지금의 청소년은 어른이 생각하는 것처럼 마냥 어리기만 한 것은 아니다. 그들이 표현하고 궁금해하는 더 넓은 세상에 대한 창구가 필요하다.

4. 사회문제의 결과

1) 왕따, 학교폭력, 청소년비행의 단계적 발전

청소년과 관련된 사회문제는 대부분 부적응과 품행장애 정도의 행동에서 시작하여 점차 범죄행위에 가담하게 된다. 일반소년에서 문제소년으로, 문제소년에서 비행소년으로 발전하는 비행화 과정에서 가족과 친구, 학교, 집단 등의 여러 요인과 맞물려 일련의 비행이 일어나고 그들의 성인기에도 영향을 미치게 된다. 즉, 왕따는 그 행위 자체의 문제를 넘어 학교폭력, 청소년비행에 이르는 문제의 촉매제 역할을 한다는 데에서 눈여겨 봐야 할 행위이다.

2) 왕따의 지속적 영향력

왕따는 물리적 폭력행위는 아니지만, 피해 대상자에게 큰 불안과 위협감을 남긴다. 왕따는 개인과 개인이라는 1 : 1 관계에서 나오는 것이 아니라, 개인과 집단의 관계에서 나오는 사회관계적 갈등상황에서 만들어지는 심리적 경험이기 때문이다. 청소년 시기는 교우를 통한 사회적 관계형성이 중요한 발달과업이다. 사춘기와 맞물려 감성적 시기에 왜곡된 정서적·관계적 경험을 하게 되면 자아정체감, 자존감 등에 큰 영향을 받을 수 있다(김대원 외, 2010). 왕따로 인해 피해자는 학교를 가기 싫은 곳으로 여길 뿐만이 아니라 왕따는 피해자와 가해자 모두에게 자살률이 2~9배가 높아지는 결과를 남기기도 한다는(안인영 외, 2013) 조사결과가 보여 주는 것처럼, 그 심리적 고통을 짐작할 수 있다. 그리고 사이버라는 매체를 통한 왕따는 일정 시기에 한정되는 것이 아니라 더욱 지속적이고 광범해지고, 피해자가 졸업을 하든 이사를 가든 스토커처럼 끈질기게 괴롭힐 수 있는 환경이 되었다.

3) 학교폭력의 영향력

첫째, 학교폭력 피해학생은 학교에서의 부적응만이 아니라 사회에 나와서도 부적응 현상을 겪는다. 학창시절의 폭력 트라우마는 성인이 되어 조직에서 대인관계 기피증,

피해망상, 심지어 높은 자살 가능성을 보여 준다. 청소년기의 미숙한 대인관계 경험은 성인기에 이르기까지 오랜 시간에 걸쳐 그 영향을 미치는 것을 알 수 있다.

둘째, 집단괴롭힘은 학교에서만 벌어지는 것이 아니다. 특히 사이버 괴롭힘은 온라인 메신저나 모바일 채팅이 휴대전화, 컴퓨터 등을 통해 청소년의 일상에 깊숙이 들어오면서 벌어진 현상이다. IT 문화의 확산은 인간의 소통방식을 바꾸었고 이것은 학생들 관계에도 예외는 아니다. 친구관계도 주로 카톡이나 메신저를 통해 소통하다 보니, 오프라인상의 교우관계의 양식은 사이버상에서도 똑같은 모습을 보인다.

셋째, 습관화된 폭력을 행사하던 학교폭력 가해학생이 성인이 되어서 강력범죄자로 진화하는 점이다. 학교폭력은 학교와 학생만의 문제가 아닌 바로 이 사회와 우리의 문제로 나타나고 있다. 또한, 학교폭력은 지속성과 지속 가능성 때문에 나타나는 심리적, 정서적 폐해는 사회폭력과는 비교할 수 없을 만큼 심각하다. 집단화·흉포화·잔인화되고, 책임감과 죄의식의 부재하며, 정신적 폭력의 증가가 동반되는 특징을 보인다.

넷째, 지속적인 학교폭력의 결과는 학업실패, 자퇴, 전학, 결석, 우울, 정서장애, 대인관계 장애, 범죄행위, 심지어는 자살로 이어져 충격을 준다. 기성세대는 학교폭력에 대해 보통 아이들 싸움으로 생각하며 대수롭지 않게 생각하기도 하나, 폭력에 시달리는 학생이 자살에 이르는 사건을 보면 그 심각성을 알 수 있다. 〈표 12-8〉과 같이 실제 지난 20여 년간 자살을 시도한 청소년의 비율은 증가세에 있다. 청소년 자살률이 매년 왜 이렇게 가파르게 증가하는가의 그 이유에 대해 아직 합의된 연구 결과는 없지만, 증가상황은 매우 심각하다고 판단된다.

표 12-8 10~19세 한국 청소년 자살률주)

구분	2000년	2005년	2010년	2011년	2013년	2015년	2017년	2018년	2019년
자살률	3.8명	4.2명	5.2명	5.5명	4.9명	4.2명	4.7명	5.8명	5.9명

주) 자살률은 인구 10만 명당 자살 사망자 재구성

출처: 통계청(2021).

다섯째, 학교폭력과 관련하여 초·중·고등학교 학생이 학교를 상대로 제기하는 이른바 '학생소송'도 증가하고 있다. 교육부의 '학교폭력대책자치위원회 처분 관련 소송 현황'에 따르면 징계에 불복해 학교, 교장, 교사 등을 상대로 제기한 행정소송이 2012년 50건에서 2015년 109건으로 2배 넘게 증가하였다. 교육부는 2012년부터 학교폭력 가해학생에 대한 조치(징계)사항을 학교생활기록부(학생부)에 기재토록 하였다. 이에 따라 가벼운 처분을 받아도 이에 불복하고, 재심을 청구하거나 소송을 제기하는 학부모가 늘었으며, 학교폭력자치위원회의 처분에 불복, 재심을 청구한 건수도 2013년 764건에서 2015년 979건으로 해마다 늘고 있다(교육부, 2016).

4) 청소년비행의 결과

전체 청소년의 범죄는 증가하고 있다. 무엇보다 비행청소년의 재범화가 높다. 특히 청소년의 성문제는 일반적으로 알려진 내용보다 더 심각하며, 저연령화된 상황이며, 다수의 청소년에게 노출된 문제임을 알 수 있다. 범죄유형별로는 강력범 및 폭력범, 재산범, 교통사범 등을 놓고 볼 때 강력범과 폭력범, 재산범의 증가와 함께 흉포화, 폭력화, 재산화되는 특징을 보인다(대검찰청, 2015).

5. 사회복지적 대책

1) 낙인이론 관점의 대책

낙인이론 관점의 대책은 한마디로 낙인의 문제를 다루는 것이다. 낙인이 문제를 확장시키는 원인이므로 낙인을 어떻게 다루어야 하는지가 그 대안이 될 수 있다. 특히 우리가 이 장에서 다룬 왕따, 학교폭력, 청소년비행은 모두 낙인에서 시작되어 확장된 결과라는 것을 알게 되었다. 예를 들면, 청소년비행은 처음 아주 사소한 따돌림에서 시작하고, 점차 학교폭력의 계기가 되며, 학교폭력이라는 경험은 비행에 이르는 고리를 형성하는 것이다. 그리고 그 과정에서 결과에 이르는 상황을 더욱 왜곡하고 갈등조장을 제공한 것도 낙인이었다. 따라서 청소년의 비행을 예방하거나, 그들이 재비행을 하지 않도록 하기 위해서는 낙인이라는 고리를 끊어야 함을 알 수 있다. 구체적인 대책을 정리하면 다음과 같다.

첫째, 학교만이 아니라, 가정과 사회 전체에 반왕따 프로그램(anti-bulling program)을 도입해서 문제가 발생하지 않도록 해야 한다. 반왕따 프로그램은 폭력문제가 발생할 때 철저히 대응할 수 있는 장치가 된다. 사소한 시작을 끊는 철저한 대응이며, 낙인이 확장되거나 재발되지 않도록 방지한다. 또한, 피해학생이 가해학생이 되는 가능성이 높기 때문에, 원만한 또래 교우관계를 형성할 수 있는 교육현장에서의 학생지도와 교육과정도 중요하다고 본다. 즉, 가치와 규범을 토대로 한 또래 학생 간의 행동에 대한 명확한 규칙, 학교생활의 에티켓, 자신을 표현하는 방법, 타인을 존중하는 방법, 대화기법·태도 등에 대한 구체적이고 원만한 관계형성의 교육이다. 선진국에서는 이미 청소년의 발달적 관점을 적용한 능력 개발의 교과 전략으로 활용하고 있다. 왕따, 학교폭력, 비행문제는 정말 사소한 것으로부터 시작되는 경우가 많다. 적어도 초·중·고등학교 내에서만큼은 한 명 한 명의 소중함을 배우고, 교우관계와 가족관계 등에 접목할 수 있는 관계형성의 교육이 다양하게 진행되어야 한다.

다음은 학교폭력예방 7대 실천서약을 예시한다. 이러한 다양한 프로그램을 통해 현실 문제를 이해하며, 협력하고, 존중하는 실습을 구체적으로 해야 한다고 본다.

학교폭력예방 7대 실천서약

- 나는 친구들을 괴롭히거나 때리지 않겠습니다.
- 나는 장난으로라도 친구에게 욕을 하지 않겠습니다.
- 나는 친구의 비밀을 퍼트려 창피하게 하지 않겠습니다.
- 나는 괴롭힘을 당하는 친구들을 보면 바로 신고하겠습니다.
- 나는 친구가 나에게 하고 싶지 않은 일을 시키면 싫다고 하겠습니다.
- 나는 고민이 있으면 부모님, 선생님과 상의하겠습니다.
- 나는 온라인상에서 친구들을 험담하지 않겠습니다.

출처: 교육부. 학교폭력예방종합포털.

둘째, 가정·학교·사회 전체가 성숙한 사회구성원으로서 재교육을 받을 수 있는 평생교육 학습의 장이 구조적으로 마련되어야 하며, 실천을 통한 학습의 확인이 절실히 필요하다. 그러나 우리나라의 학교현장은 공익광고에서 보다시피 왕따, 학교폭력, 청소년비행의 문제가 발생할 때는 아직도 사건을 축소하거나 숨기기에 급급하다(공익광고

협의회, 2013). 또한, 그에 대한 학생, 학부모, 교사 사이의 인식 차이도 무척이나 크다(염철현, 2013). 온라인상이든, 오프라인상이든 낙인으로 인한 괴롭힘이 형성되기 위해 집단이라는 조건이 필요한데, 이러한 조건을 차단하면서 예방하는 것이 그 조건이 된다. 왜냐하면 괴롭히는 행동은 혼자서는 성립되지 않을 뿐더러 함께 하는 주변 인물이 있어야 가능하다. 예를 들어, 가해자, 피해자, 가해자의 조력자, 방관자 등이다. '방관자가 어떤 역할을 할까?'라고 생각할 수 있으나 모두가 괴롭히는 역할을 맡고 있다고 해도 과언이 아니다. 피해자가 볼 때, 괴롭힘 현장 근처에 있으면서 도와주지 않고 방관하는 방관자의 행동은 마치 괴롭힘에 동의하는 것과 같다. 방관자가 가만히 있음으로 인해서 가해자의 편을 드는 상황이 되기 때문이다. 그러나 방관자 입장에서는 폭력에 직접 관여하지는 않았지만 자신도 그 상황을 피할 수밖에 없었거나 마치 폭력을 겪는 것과 같은 고통스럽고 힘든 심리적 상황을 겪기도 한다. 따라서 '폭력의 시작을 차단하는 노력'이란 방관자까지 포함하여 모든 폭력의 구조를 깨는 노력이며, 교육과 실습, 과제 등을 통한 구체적인 경험으로 폭력 자체가 성립되지 않도록 해야 하는 것이다. 이를 위해 환경적 차원의 조건으로 사회 전체 구성원이 가해자, 피해자, 방관자의 역할을 하지 않도록 구체적인 경험을 할 수 있는 평생교육 학습의 장이 필요하다.

셋째, 마지막으로 낙인이론 관점에서의 대책은 스스로를 이해하고 자신을 믿는 힘을 키우는 것은 모든 문제해결의 출발이라는 점이다. 실제 사이버상에서 이루어지는 학교폭력은 그 괴롭힘도 고통이지만, 확산속도 또한 무척 빠르다. 피해학생은 불특정 다수에게 신상이 노출되거나, 피해의 확산속도가 빨라 자신이 감당할 수 없는 상황이 되었다는 점에 압도되기도 쉽다. 이러한 점으로 인해 사이버폭력은 보이기도 하고, 보이지 않기도 하고, 현실이기도 하고, 상상 속의 세계이기도 하여 오히려 한계가 없는 위력을 발휘하는 듯 느껴질 수 있다. 그러나 내 자신에게 정해진 것은 아무것도 없다. 누구도 나를 정할 수 없고, 오로지 나 자신만이 내가 원하는 대로 나를 정하는 것이다. 내 정체성이 명확히 하고, 자신을 믿는 힘이 얼마나 강력하냐에 따라 오히려 사이버폭력은 미약하다. 초조하고 불안한 자신의 마음이 상상하며 키우는 힘을 더 확장시켜 나가기 좋은 곳이 사이버 세계이다. 불안과 상상 그것이 오히려 그 힘을 만들 뿐이다. 문제가 있다면 현재의 실제적 상황에 대해 정리하고, 필요한 정보를 얻어서 적극적인 대응을 준비하는 것이 좋다. 얼마든지 주변에 도움을 요청할 기관도 충분히 있다. 따라서 피해방지를 위한 기술적 장치와 교육, 홍보는 꼭 필요하다. 아울러 누군가 곤경에 빠져 있다면 이렇게 말해 주고 싶다. "여러분은 스스로를 믿고 어떻게 대응하느냐에 따라 얼마든지 안전하다"고.

2) 비행하위문화이론 관점의 대책

첫째, 청소년비행하위문화 환경인 또래문화의 변화를 중요하게 실행해야 한다. 앞서 논의한 대로 왕따든, 폭력이든, 비행이든 혼자서 저지르기보다 함께 집단화되어 일으키는 현상이다. 그러한 상황이 건강한 또래문화로 성숙하도록 하는 경로를 차단하고 있다. 예를 들어, 사이버상의 폭력은 겉으로 잘 드러나지도 않으며 법과 제도가 잘 마련되지 못한 영역이다. 카카오톡과 같은 실시간 대화서비스를 이용하는 이용자를 보호할 규정이 없으며, 이용자 의사와는 관계없이 상대방에 의해 일방적으로 대화방에 참여하게 되는 것이다. 따돌림이나 괴롭힘 같은 부작용이 생겨도 사전에 대화를 거부하거나 차단할 수 있는 기술적 조치가 부족하다. 따라서 건강한 사이버 소통문화와 같은 또래 간의 유대형성과 피해 방지를 위한 사회적 노력이 동시에 필요하다.

둘째, 청소년비행에 대한 개입에 있어 청소년의 부모도 재비행 방지와 재활을 돕는 노력에 함께 참여해야 한다. 비행남학생의 경우 직접적인 비행 원인이 부모의 학대와 무관심과 같은 부정적인 자극이라고 한다. 여학생의 경우는 부모 이혼으로 인해 해체된 가정에서 정서적 측면의 결핍에 의한 비행원인이 크다고 한다(최재용 외, 2014). 가정의 심리적, 정서적 측면의 지원체제라는 대안이 필요하다. 그리고 해체된 가정을 낙인 요소로 생각하는 사회의 편견과 선입견을 일소하는 데 힘써야 하겠다. 폭력은 폭력을 재생산하는 경향이 있어, 청소년이 겪은 학대 경험은 그가 표현하고자 하는 커뮤니케이션에 지대한 영향을 줄 수 있다. 그것을 줄이는 데 역점을 두려면 부모들도 책임을 가지고 함께 참여하여야 한다. 자녀와 많은 시간 갖기, 올바른 교육관 정립하기, 자녀와 대화하기, 자녀의 여가 지도하기 등, 부모의 바람직한 양육태도나 부모-자녀 간의 관계 개선을 이루어야 한다. 청소년 혼자 변화를 지속하기는 어렵다. 가정에 돌아갔을 때 일관성 있게 지지받을 수 있는 환경이 필요한 것이다. 따라서 부모가 참여하여 함께 성장과 변화의 기회를 갖도록 하여, 근본적이고 지속적인 비행하위문화의 구조적 변화를 마련하도록 한다.

셋째, 왕따, 학교폭력, 청소년비행 문제 해결을 위해 가정환경 이상으로 학교의 교육적 기능에 대한 재점검도 중요하다. 학교는 백년대계라는 교육의 초심을 회복해야 한다. 경쟁을 강조하고 결과만을 추구하는 학교 운영을 지양하고, 교육의 원래 목표를 위한 학교로 돌아와야 한다. 현재 우리나라 청소년에게 부과된 학업과 성적에 대한 부담은 실로 크다. 다수의 학생은 폭력에 가까운 학업과 성적에 대한 부담을 겪는다. 그 결과 강박증적인 부담을 안고 있을 정도로 그들이 행복하게 자랄 수 있는 건강한 발달의 권리가 침해받기도 한다(김준호 외, 1990; 이종원, 2013; 한국청소년정책연구원, 2013).

넷째, 교육 전담의 장이 우리가 살아가는 국가 공동체 전체의 숙제로 이행되어야 한다. 가정과 학교, 사회라는 3요소로 확대되어야 한다. 교육을 가정과 학교에서만 전담하는 것이 아니라 사회 또한 그 공동의 노력을 위한 중심에 있어 주어야 한다. 학교현장에서는 여전히 '보여 주기 식' 행정 앞에 학생과 학부모의 수요와 욕구는 무시되기 일쑤다. 어떤 문제이든 그것을 해결하는 데 필요한 행정이 완성되고 결과가 빛나도록 초점을 두는 시스템을 마련해야 할 것이다. 그리고 왕따, 학교폭력, 비행을 전담할 수 있는 전문상담교사의 배치와 교내·외 순찰활동을 강화시켜야 한다. 이것은 기존의 내용을 답습하는 것이 아니라 청소년의 생활 영역을 다루는 측면으로서 생활이 곧 교육의 장이 되도록 사회적 노력을 확대하는 것을 말한다. TV에서는 게임의 앱을 무료로 다운받을 수 있다고 무차별하게 게임을 광고한다. 이처럼 우리 사회를 둘러싸고 있는 유해환경이 무서운 현실이다. 이제는 자율적 규제보다 더 적극적인 규제가 있어야 하지 않을까 함께 고민해야 할 것이다.

6. 결론

왕따행위는 혼자서는 가능하지 않다. 따돌림이라는 자체가 여러 명이 어울려 하는 행위이기 때문이다. 즉, 혼자서는 누군가를 왕따하는 행위가 불가능하며, 그 조건 자체가 형성되지 않아 따돌림이 실행될 수 없다. 학교폭력도 학생 둘만의 싸움을 두고 거론하는 것이 아니다. 학교폭력이 위력을 발휘하는 것은 학생들이 무리를 지어 집단으로 공격하기 때문이다. 또한, 청소년비행도 단순절도나 폭행사범이 아니라 범죄에 이르는 비행을 저지르는 경우, 그 행위가 일어날 수 있는 대상과 상황이 있기에 가능한 것이다. 왕따는 학교폭력 중의 하나이며, 학교폭력을 넘어 청소년비행은 가장 심각한 수준의 문제이다.

결론은, 한시라도 빨리 우리는 배려의 공동체를 형성해야 한다는 것이다. 그런 의미에서 비행청소년에 대한 사회적 지지를 강화할 것을 제의한다. 비행청소년에 대한 재사회화와 직업교육 등과 같은 재활은 결국 우리 후손을 잘 돌보는 일이다. 따라서 비행의 피해자와 가해자 모두에 대한 사법처리과정, 공식·비공식적 지지체계와 서비스 제공, 가족상담과 자문, 정보제공과 같은 시스템이 잘 마련되어야 한다.

사람은 누구나 실수를 한다. 완벽한 규범이라는 것도 존재하지 않는다. 누군가의 특정한 말과 행동이 상황에 맞지 않거나, 뭔가 이상해서 오해를 부를 수 있다. 누군가는 비상식적으로 심한 언동과 과욕, 무리를 할 수도 있다. 그런데도 이해와 용서, 화해와 배려의 문화를 형성해야 한다. 뭔가 이상하고, 내 생각과 다르다고 해서 낙인찍고, 뒷말하는 데 에너지를 사용해서는 안 된다. 대한민국의 가장 취약한 부분은 이해, 용서, 화해, 배려의 결핍에 있다. 좁은 영토에 많은 인구가 살면서 획일화된 가치 속에 치열하게 경쟁하며 부대끼고 있어서인지, 한국이라는 사회는 치장된 풍요로움 뒤에 배려의 부족이라는 결핍의 문제를 안고 있다. 이것은 우리 공동체의 가장 불행하고도 부족한 모습이다. 아이는 어른의 거울이라고 한다. 우리 청소년이 지닌 모든 모습은 바로 우리 어른의 모습을 비춰 주는 거울이라고 해도 과언이 아니다. 어른이 만든 우리 사회의 부족한 모습이 아이들에게 이렇게 남겨진 것임을 다시 한번 각성해야 한다고 생각한다. 이것을 위해 국가정책적으로 국민이 서로 사랑할 수 있는 여건을 만들어야 한다. 교육적으로 초·중·고등학교에서 비롯하여 대학교육, 시민교육, 평생교육을 통해 국가 전체가 다시 서로를 처음 모습으로 바라볼 수 있고 존중하고 사랑하는 교육을 시행해야 할 것이다.

참고문헌

강병재·김해진 (2009). 게임몰입과 유아의 언어발달과의 관계분석. 미래유아교육학회지, 16(1), 23-40.

강순희·안준기 (2013). 중·고령자 재취업 결정요인과 일자리 만족도에 관한 연구. 고용패널학술대회.

강정희 (2010). 한국 노숙인 발생 원인에 관한 연구. 사회복지개발연구, 16(2), 113-131.

강지나 (2015). 빈곤대물림 가족 청소년의 대응기제. 가톨릭대학교 대학원 박사학위논문.

강현정·김윤정 (2011). 노년기 사회적 배제의 실태 및 예측 요인. 한국콘텐츠학회, 11(9), 323-334.

건강보험심사평가원 (2010). 최근 5년간(2005~2009년) 우울증에 대한 심사결정자료.

건강보험심사평가원 (2011. 10. 27.). '10대의 허리가 휜다' … 척추 측만증 주의해야. 보건복지부 건강보험심사평가원 보도자료, http://www.mohw.go.kr/front_new/al/sal0301vw.jsp?PAR_MENU_ID=04&MENU_ID=0403&CONT_SEQ=260089에서 인출.

건강보험심사평가원 (2016). 건강보험요양급여비용 정신요법료 의료수가 산정기준.

경기개발연구원 (2013). 수도권 주민 인식조사 보고서.

경남여성능력개발센터 (2011). 성폭력전문상담원양성교육교재. 경상남도.

경제협력개발기구·교육연구혁신센터 (2016). 뉴로 미스(neuro-myth)신경계 신화 보고서.

경찰청 (2013). 연령에 따른 동기별 자살현황.

경향신문 (2016. 11. 15.). 70창간기획: 대한민국은 민주공화국인가(⑥: 여자라서 안 되고, 덜 받고 … 남녀, 같은 국민 맞습니까?). http://m.khan.co.kr/view.html?artid=201611152206005&code=940100&med_id=khan#csidxbd1ae09d35cc1a189d17f659677774c에서 인출.

고명석 외 (2009). 사회문제와 사회복지. 경기: 대왕사.

고용노동부 (2015). 고용형태공시제 결과.

고용노동부 (2015). 청년고용정책 가이드북.

고용노동부 (2016). 고용안정지원제도.

고용노동부 (2016). 고용형태별 근로 실태조사(2006-2015년).

공익광고협의회 (2013). 학교폭력예방.

과학기술정보통신부·한국지능정보사회진흥원 (2020). 2020년 스마트폰 과의존 실태조사.

곽승준·이주석·최은철 (2015). 국내 북한이탈주민 지원사업의 경제적 편익 산정 연구. 사회과학연구, 32(1), 8-35.

관계부처합동 (2015. 7. 27). 청년 고용절벽 해소 종합대책.

교육과학기술부 (2012). 2012년 2차 학교폭력 실태 전수조사. 서울: 교육과학기술부.

교육과학기술부 (2012). 학교폭력 사안대응 기술지침. 서울: 교육과학기술부.

교육과학기술부 (2012). 학교폭력 사안처리 가이드북. 서울: 교육과학기술부.

교육과학기술부 (2012). 학교폭력 현장 컨설팅 자료집. 서울: 교육과학기술부.

교육과학기술부 (2012). 한국 청소년의 하루 평균 게임 시간은 46분인 반면, 핀란드 청소년은 10분에 그친다.

교육과학기술부·보건복지부·질병관리본부 (2010). 제5차 (2009년) 청소년건강행태온라인조사 통계.

교육과학기술부·보건복지부·질병관리본부 (2012). 제7차 (2011년) 청소년건강행태온라인조사 통계.

교육부 (2013). 〈사이버 따돌림 실태 및 개입전략 연구〉 용역 보고서.

교육부 (2014). 교육통계. 교육부.

교육부 (2014). 초·중·고학생 학업중단 현황조사 결과.

교육부 (2016). 전국 17개 시도교육청 학교폭력 징계 불복 소속 현황. 김병익의원실 자료.

교육부 (2016. 4. 12). 산학협력 5개년(2016~2020) 기본계획. 교육부 보도자료.

교육부 (2021). 2020년 학교폭력 실태조사.

교육부·이화여자대학교 학교폭력예방연구소 (2022). 2022년 개정판 학교폭력 사안처리 가이드북.

구본권 (1995). 한국인의 자살특성. 강남대학교 논문집, 26, 559-575.

국가법령정보센터 (2016). 정신보건법·정신건강증진 및 정신질환자 복지서비스지원에 관한 법률.

국가인권위원회 (2013). 2013년 연간보고서.

국민건강보험공단 (2013). 연도별 건강보험 진료인원 추이.

국민건강보험공단 보도자료 (2014). 최근 5년간 건강보험 조현병 질환 진료인원 추이.

국정감사 자료 (2014). 2011~2013 시도별·연령별 무연고 사망자 현황.

국회보건복지위원회 (2013). 국정감사보고서.

국회입법조사처 (2016). 장애인 빈곤 현황 및 시사점. 지표로 보는 이슈.

국회입법조사처 (2016). 학교폭력 현황과 실태조사의 시사점. 국회입법조사처.

권기정 (2013. 10. 1.). 도심 주택가서 죽은 지 5년 된 60대女 … 백골로 발견. 경향신문, http://news.khan.co.kr/kh_news/khan_art_view.html?code=940202&artid=201310011044161#csidxa4d8c608b6b-9087b4a2c5e3540f2475에서 인출.

권미수·남길우·서보경 (2014). 2014년 인터넷중독 실태조사. 미래창조과학부.

권미수·남길우·서보경 (2015). 2015년 인터넷 과의존 실태조사. 한국정보화진흥원.

권석만 (2013). 현대이상심리학. 서울: 학지사.

권석만 (2015). 현대이상심리학. 서울: 학지사.

권승·김영미·조영훈 (2014). 사회문제론. 공동체.

권연수 (2016. 9. 7.). 직장인 70% "난 가난한 푸어족"… 푸어족이 된 이유는?. 조선닷컴, http://danmee.chosun.com/site/data/html_dir/2016/09/06/2016090601468.html?related_all에서 인출.

권영전 (2015. 7. 2.). 유엔인권이사회, 한국 내 이주노동자 차별 시정 권고. 연합뉴스, http://www.yonhap-news.co.kr/bulletin/2015/07/02/0200000000AKR20150702139400004.HTML에서 인출.

권준모 (1999). 한국의 왕따 현상의 개념화와 왕따 연구의 방법론적 고찰. 한국심리학회지: 문화 및 사회문제, 5(2). 59-72.

권혁남 (2013). 고령화시대 노인 고독사 문제에 대한 윤리적 반성. 명지대학교 인문과학연구소, 인문과학연구논총, 35, 245-277.

권혁범 (2013. 11. 19.). 고독사 … 인연이 끊긴 사회, 〈1〉빈곤과 단절의 악순환. 국제신문, p. 3.

권혁범·이선정 (2013. 12. 10.). 고독사 … 인연이 끊긴 사회, 〈4〉점점 젊어지는 무연세대(無緣世代). 국제신문, p. 6.

권혁주 (2016). 한국의 사회갈등과 사회통합 방안: 사회구조적 관점에서. 행정논총, 54(2), 93-116.

권화숙 (2012). 사회지지와 근무환경이 어린이집 교사의 삶의 만족도에 미치는 영향: 업무요인과 소진을 매개로. 한국보육지원학회지, 8(2). 157-174.

금재호 (2011). 성별 임금격차의 현상과 원인에 대한 연구. 국제경제연구, 17(3), 161-184.

기재량 (2012). 근로빈곤층의 빈곤탈출 결정요인. 서울시립대학교 대학원 석사학위논문.

김경아 (2013, 여름). 노인실태조사에 대한 분석과 시사점: 노후생활 현황을 중심으로. 연금포럼.

김교성·김성욱·이정면·노혜진 (2008). 빈곤의 측정과 규모에 관한 연구. 한국사회복지조사연구, 19, 297-319.

김근홍 외 (2008). 사회문제와 사회복지. 경기: 학현사.

김기태 (2016). 정신보건복지론. 경기: 양서원.

김녕 (2004. 9.). 한국에서의 신자유주의와 빈곤, 그리고 인권 NGO들의 역할. 현상과인식, 93, 67-99.

김대원 외 (2007). 사회문제와 사회복지. 서울: 학지사.

김대원·남미애·노병일·신창식·심우찬·윤경아·황명진 (2010). 현대사회문제와 사회복지. 서울: 학지사.

김동겸. (2018). 알코올 소비량과 음주형태. 보험연구.(17), 12-14.

김미숙 (2005). 보육문제의 해결, 보건복지정책 핵심과제. 보건복지포럼, 99, 69-72.

김민정·유명기·이혜경·정기선 (2006). 국제결혼 이주여성의 딜레마와 선택: 베트남과 필리핀 아내의 사례를 중심으로. 韓國文化人類學, 39(1), 159-176.

김병조 (2009). 한국의 외국인 근로자와 자본축적. 경상대학교 대학원 박사학위논문.

김복순 (2016. 9.). 고령층 고용구조 변화와 소득불평등. 월간 노동리뷰, 201609.

김복순·정현상 (2016. 1.). 최근 비정규직 노동시장의 변화 - 2015년 8월 근로형태별 부가조사를 이용하여. 월간 노동리뷰, 201601, 91-108.

김상섭·백종만 (2016). 이주민정책을 위한 로컬 거버넌스 역량 - 인천광역시의 사례. 한국사회복지행정학, 18(2), 1-36.

김석란·이영민 (2013. 6.). 기업퇴직 근로자 전직진원프로그램 분석 . 한국실천공학교육학회논문집, 5(1), 80-90.

김성윤 (2013). 한국사회에서 소득과 소비의 불평등과 양극화에 관한 실증분석. 부산대학교 석사학위논문.

김성중 (2004). 한국 고용정책의 전개. 원광대학교 대학원 박사학위논문.

김수용·임채홍·현승형 (2009). 절대적·상대적 빈곤수준의 결정요인 및 격차 비교분석: 2005년~2007년의 수도권과 비수도권의 차이를 중심으로. 국가정책연구, 25(4), 77-110.

김수현 (2002). 노숙자 문제의 이해와 대안. 시민과 세계, 2.

김수현 (2014. 8.). 청년고용문제의 실태와 원인. 서울경제, 8.

김수현·이현주·손병돈 (2009). 한국의 가난: 새로운 빈곤, 오래된 과제. 서울: 한울.

김숙희 (2005). 대한민국에서 아들공부 시키기. 서울: 랜덤하우스중앙출판사.

김순규·이주재 (2010). 국제결혼 이주여성의 한국어 능력과 사회적 지지가 한국생활 적응에 미치는 영향. 한국가족복지학, 15(1), 5-20.

김안나 (2009). 외환위기 이후 여성빈곤의 실태와 빈곤 요인에 관한 실증 분석. 한국여성학, 25(3), 71-107.

김연명 (2003). '위험사회'와 한국의 사회보험체계. 문화과학, 35, 135-149.

김영란 (2006). 새로운 사회적 위험과 여성빈곤 그리고 탈빈곤 정책. 한국사회학, 40(2), 189-226.

김영모 (2010). 빈곤이론 빈곤정책. 서울: 고헌출판부.

김영택 (2015). 여성자살 특성에 대한 성인지적 자살예방정책 필요. 중앙자살예방센터.

김용권 (2015). 한국 노동이주정책의 개방성과 외국인 이주노동자 권리의 상관성에 관한 연구. 전남대학교 대학원 박사학위논문.

김용수 (2012). 학교폭력·성폭력 관련 법령의 이해. 서울: 진원사.

김우람 (2016. 9. 28.). [여성 금융인 콘퍼런스] "유리천장을 깨주세요"… 스크린 속 여성에 무슨 일이. 이투데이, http://www.etoday.co.kr/news/section/newsview.php?idxno=1389690#csidx8a05bc7dc2f8d9e-854fe773a03fee3d에서 검색.

김원식 (2013). 한국사회 양극화와 다차원적 정의. 사회와 철학, 26, 223-250.

김위정·김왕배 (2007). 세대 간 빈곤이행과 영향요인에 관한 연구. 한국사회학, 41(6), 1-36.

김유균·손인서·김승섭 (2015). 결혼이민자의 차별경험과 주관적 건강수준 간의 연관성. 보건사회연구, 35(3), 421-452.

김유빈 (2015. 7.). 청년층 노동시장의 실태와 청년고용정책. 월간 노동리뷰, 201507, 5-14.

김유빈 (2016. 8.). 우리나라의 노후소득 실태와 정책 시사점. 월간 노동리뷰, 201608, 111-119.

김유선 (2015. 9. 4.). 청년 고용실태와 대책. 노동사회, 184, 10-25.

김유선 (2001. 7.). 비정규직 노동자 규모와 실태. 월간 복지동향, 33, 8-11.

김윤태 (2013) 토마스 험프리 마셜의 시민권 이론의 재검토: 사회권, 정치, 복지국가의 역동성. 담론 21, 16(1), 5-32.

김윤태·서재욱 (2013). 빈곤: 어떻게 싸울 것인가. 서울: 한울.

김윤태·서재욱 (2015. 8.). 빈곤의 다차원성: 이론적 논쟁의 검토. 비판사회정책, 48, 146-186.

김은설 (2014). 유치원·어린이집 운영 실태 비교연구 및 요구분석. 육아정책연구소.

김은재 (2016). 결혼이주여성들의 삶과 글로벌 돌봄노동 맥락 - 정신장애인 배우자들의 사례를 중심으로. 중앙대학교 대학원 박사학위논문.

김은희 (2012). 여성결혼이민자의 다문화가족 지원정책에 대한 전달체계 인식이 사회적응에 미치는 영향: 사회관계망의 조절 효과 검증. 성결대학교 석사학위논문.

김재엽 (2001). 부부폭력과 아동학대. 연세사회복지연구.

김재우 (2005). 재한 중국인 유학생이 느끼는 차별과 대처방식 문화적응유형에 미치는 영향. 충북대학교 석사학위논문.

김정화·박선혜·조상미 (2010). 한국대학생의 세계시민의식과 문화다양성 태도 영향 요인. 청소년학 연구, 17(4). 183-210.

김종일 외 (2004). 사회문제론. 서울: 청목출판사.

김종진 (2007). 근로장애인의 빈곤 결정요인에 관한 연구. 대구대학교 대학원 박사학위논문.

김준호·남재봉·박외현·최현 (1990. 6.). 청소년비행의 원인에 관한 연구 - 공부에 대한 압력을 중심으로. 형사정책연구, 1, 113-147.

김준호·노성호·이성식·곽대경·이동원·박철현 (2003). 청소년비행론. 서울: 청목출판사.

김지윤·강지언·임무영·금명자 (2015). 변화동기단계에 따른 알콜 중독 심각도의 차이. 재활심리연구, 22(3). 429-440.

김지은 (2015. 12. 16.). 철조망보다 높은 차별 … 여전한 이방인 새터민. 뉴시스, http://www.newsis.com/ar_detail/view.html/?ar_id=NISX20151214_0010476773&cID=10201&pID=10200에서 인출.

김창대 (2002). 대상관계이론의 인성교육에 대한 시사점: 목적, 내용, 방법, 아시아교육연구, 3(1), 109-130.

김철식 (2015. 12.). 저임금 고용의 추세와 정책선택. 월간 노동리뷰, 201512, 33-50.

김치영·정현태·오윤수·이은정 (2009). 사회문제론. 경기: 파워북.

김태형 (2010). 불안증폭사회, 벼랑 끝에 선 한국인의 새로운 희망 찾기. 경기: 위즈덤하우스.

김태환 (2013). 한국 이민정책의 이중성 - 외국인 근로자와 여성 결혼이민자정책을 중심으로. 강원대학교 대학원 박사학위논문.

김태환 (2016. 9. 10.). 자살률 OECD 1위, 80%가 우울증 경험. News 1 뉴스, http://news1.kr/articles/?2771986에서 인출.

김태훈 (2014. 4. 8.). 부실한 노인복지, 빈곤 부채질. 주간경향, 1070.

김한성·이유신 (2013). 결혼이주여성의 삶의 만족도. 한국사회학, 47(2), 177-209.

김현미 (2014). 우리는 모두 집을 떠난다: 한국에서 이민자로 살아가기. 경기: 돌베개.

김현선 (2002). 성매매의 폭력적 특성과 성매매피해여성의외상후 스트레스장애. 성공회대학교 시민사회복지대학원 석사논문.

김현정 (2015). 한국의 이중노동시장과 근로자 간 복지수혜 격차 영향요인 연구. 연세대학교 대학원 석사학위논문.

김현정·박선화 (2016). 다문화정책 관점에서 본 북한이탈주민 문제. 통일인문학, 66, 161-196 .

김현지·나동진 (2006). 보육교사의 교사효능감과 교사-유아 상호작용과의 관계. 한국보육지원학회지, 2(2), 117-128.

김형기 (1982). 인적자본이론의 논리에 관한 비판적 고찰: 노동소득결정문제를 중심으로. 노동경제논집, 5(1), 81-105.

김혜성 (2014). 한국의 고독사에 대한 이해와 실천 방향에 대한 모색. 한국가족사회복지학회 춘계학술대회 자료집.

김혜연 (2009). 여성의 소득불평등 경향 및 원인에 관한 연구. 이화여자대학교 대학원박사학위논문.

김혜영·이은주·윤홍식 (2005). 여성빈곤의 구조적 요인과 빈곤의 여성화 - 가족, 노동시장, 복지정책에 관한 여성주의적 제고. 아시아여성연구, 44(1), 5-51.

김혜정 (2014). 여성 단독가구의 사회적 배제에 관한 연구. 신라대학교 대학원 박사학위논문.

김호균·고영삼 (2011). 인터넷중독의 사회경제적 비용 추정 방법 연구. 한국질서경제학회.

김효정 (2014. 4. 7.). 고령화되는 은둔형 외톨이. 주간조선, 2301.

김효창·손영미 (2006). 노인자살의 특성과 자살유형에 관한 연구. 문화 및 사회문제, 12(2), 1-19.

김희삼 (2008). 사적소득이전과 노후소득보장. 한국개발연구, 30(1), 71-130.

김희연·김근수·박미영·신기동 (2013). 무연사회(無緣社會) 우리의 미래인가?. 이슈와 진단(경기개발연구원.), 113.

나운환 (2009). 장애인차별금지및권리구제에관한법률과 상충되는 장애인 고용분야 국내법 연구. 한국장애인재활협회.

남경문 (2016. 7. 12.). 생활고 비관 일가족 동반자살 기도… 2명 사망 1명 중태. News 1 뉴스, http://news1.kr/articles/?2717204에서 인출.

남기철 (2006. 8.). 사회양극화와 사회복지실천. 상황과 복지(비판과 대안을 위한 사회복지학회), 22, 71-116.

남재량 (2005). 한국의 사회부적응 청소년 취업대책: 청년무업자(NEET)를 중심으로. 은둔형 외톨이 등 사회부적응 청소년 지원방안.

남재량·김세움 (2013). 우리나라 청년 니트(NEET)의 특징 및 노동시장 성과 연구. 한국노동연구원.

남재욱 (2015. 5. 26). 왜 한국의 노인은 가난한가?. 프레시안, http://www.pressian.com/news/article.html?-no=126679에서 인출.

남정휘 (2014). 장애인의 노동시장 진입·직업유지 가능성에 영향을 미치는 요인에 관한 연구. 중앙대학교 대학원 박사학위논문.

노대명·이현주·최현수·강병구·박노욱·이병희·장원봉·전병유·우선희·박형존 (2013). 일을 통한 빈곤탈출 지원 추진방안 연구. 보건사회연구원.

노대명·전지현 (2011). 한국인의 복지의식에 대한 연구. 보건사회연구원.

노대명·황덕순·유진연·이은혜·원일 (2007). 근로빈곤층에 대한 국제비교 연구: 실태와 정책을 중심으로. 보건사회연구원.

노미소 (2016). 빈곤여성노인의 생애사 연구: 젠더 불평등 경험을 중심으로. 중앙대학교 대학원 석사학위논문.

노병일 (1994). 빈곤의 개념과 관련된 몇 가지 문제점. 사회과학논문집, 13, 125-140.

노병일 (2013). 빈곤론. 경기: 양서원.

노병일 (2013). 사회문제론. 서울: 창지사.

노정옥 (2011). 한국 다문화사회 통합정책의 추진체계에 관한 연구. 동아대학교 대학원 박사학위논문.

노충래 (2004). 시설거주 미혼모의 입양결정요인에 관한 연구. 한국아동복지학, 17, 49-79.

노혜진 (2012). 한국사회 빈곤의 여성화. 중앙대학교 대학원 박사학위논문.

대검찰청 (2012). 범죄분석. 대검찰청.

대검찰청 (2014). 범죄분석 보고서.

대검찰청 (2015). 범죄분석. 대검찰청.

대구대학교사회복지연구소 편 (1985). 사회복지사전. 서울: 경진사.

대한간학회 (2013). 한국인 간질환 백서. 대한간학회.

대한민국정부 (2015). 제3차 저출산·고령사회 기본계획.

대한보건협회 (2012). 국내 직장 음주문화의 실태와 문제점. 파랑새포럼.

대한정신건강재단 (2015). 산후우울증 관리체계 구축방안 정책연구.

대한조현병학회 (2011). 정신분열병 병명 개정백서.

루돌프어린이사회성발달연구소 (2012). 루돌프 보도자료.

류경화 (2011). 국제연애를 통해 본 인종주의에 대한 저항과 한계. 고려대학교 대학원 석사학위논문.

맹헌옥·전정수 (2015). 기혼여성의 보육환경이 출산결정에 미치는 영향. 경영교육저널, 26(1), 75-108.

명진 (2016). 한국과 일본의 이주민 사회통합정책 비교 연구. 전남대학교 대학원 박사학위논문.

문은현 (2014). 인권법 평론. 전남대학교 공익인권법센터.

문진영 (2005). 빈곤 레짐에 관한 비교연구 - 유럽연합 회원국과 한국을 중심으로. 한국사회복지학, 57(1), 245-269.

문진영 (2015). 빈곤선 측정방식에 대한 비교 연구. 비판사회정책, 46, 202-236.

미래창조과학부 정보활용지원팀(2015). 2014년 인터넷중독 실태조사 결과.

박강석 (2015). 근로노인의 빈곤분석. 경기대학교 대학원 박사학위논문.

박경숙·김미선 (2016). 노인 가구형태의 변화가 노인 빈곤율 변화에 미친 영향. 한국사회학, 50(1), 221-253.

박경태 (1999). 한국사회의 인종차별 :외국인, 화교, 혼혈인. 역사비평(역사문제연구소), 189-208.

박동무 (1981). 영아의 인지발달에 대한 연구. 감리교신학대학원.

박래효 (2004). 노동조합원의 노동조합참여에 관한 연구: 상대적 박탈감과 사회정체성 및 집단 효능감의 효과. 전남대학교 대학원 박사학위논문.

박무일 (2015). 노인고용정책의 개선방안에 관한 연구. 고려대학교 정책대학원 석사학위논문.

박병현·최선미 (2001). 사회적 배제와 하층계급의 개념 고찰과 이들 개념들의 한국빈곤정책에의 함의. 한국사회복지학, 45, 185-219.

박봉길 (2015). 중장년층 자살은 새로운 사회문제. 중앙자살예방센터.

박성호 (2012). 인본주의에 기초한 한국형 다문화정책 모형의 모색. 성균관대학교 박사학위논문.

박순성·고유환·소라미·이임하·이희영·전미영·차문석·홍민 (2009). 탈북여성의 탈북 및 정착과정에서의 인권침해 실태조사. 국가인권위원회 보고서.

박승헌 (2016. 2. 3.). 청년에게 공정한 출발선을 ⑩ 구직활동 지원하는 '청년부조' 도입 시급. 한겨레신문, http://www.hani.co.kr/arti/society/society_general/729080.html#csidxa25c41310bdc61191e0faf35a121fbf에서 인출.

박영남 (2003). 우울장애와 불안장애의 공유 특성. 생물치료정신의학, 9(1), 118-128.

박영삼 (2016. 10. 12.). OECD 사회지표로 본 한국, '최악' 위험사회로 치달아. 한겨레신문, http://www.hani.co.kr/arti/society/society_general/765360.html#csidxbee89176ac6453d8ea8440824ce20d3에서 검색.

박은영 (2013). 국내 외국인 노동자의 지각된 차별감과 주관적 안녕감의 관계 - 낙관성 및 사회적 유대감의 조절효과. 이화여자대학교 대학원 석사학위논문.

박은철 (2015). 노숙 진입에서 탈출까지 경로와 정책과제. 정책리포트(서울연구원), 198, 1-26.

박은철·이자은·김준희 (2015). 노숙 진입에서 탈출까지 경로분석과 정책과제. 서울연구원.

박재덕 (2016). 농촌거주 외국인의 삶의 만족도에 관한 연구: 경기도 지역을 중심으로. 건국대학교 대학원 박사학위논문.

박종서·김문길·김은정·이상림·조성호·양지윤 (2015). 여성노동: 출산 및 양육행태와 정책과제. 서울: 한국보건사회연구원.

박주영 (2012. 12. 8.). 직장 그만두고 은둔형 외톨이된 30대女 … 생활苦에 지치자 내내 굶은 채 고독사. 조선일보, http://news.chosun.com/site/data/html_dir/2012/12/08/2012120800015.html에서 인출.

박진경 (2010). 한국 다문화정책의 특성과 발전방향. 한국정책학회 하계대회 및 국제학술회의.

박태환 (2008). 빈곤노인의 생활실태와 복지정책. 중부대학교 원격대학원 석사학위논문.

박희도 (2012). 새터민 적응에 대한 지원정책 연구. 고려대학교 정책대학원 석사학위논문.

배종대 (1998). 형사정책. 서울: 홍문사.

배화옥·김유경 (2009). 여성장애인의 사회적 배제와 빈곤의 실증분석. 보건사회연구, 29(2), 55-76.

백학영 (2010). 빈곤지위와 가구유형에 따른 노인가구의 소비특성 차이분석. 한국노년학, 30(3), 911-931.

법무부 (2021). 통계분석 2021 범죄예방정책.

법무부 출입국·외국인정책본부 (2015). 2014년도 출입국·외국인정책 통계연보. 이민정브과.

법원행정처 (2019). 2019년도 사법연감.

법제처 법령센터(2014). 성남시 홀로 사는 노인 고독사 예방을 위한 조례.

보건복지부 (2009). 노숙인 실태조사 결과.

보건복지부 (2009). 노숙자쉼터 거주자의 건강 실태조사 및 심층면접을 통한 맞춤형 방문건강관리사업에의 적용방안.

보건복지부 (2012). 정신질환 실태 역학조사 보고서.

보건복지부 (2013). 보육통계. 보건복지부.

보건복지부 (2014). 보육통계. 보건복지부.

보건복지부 (2015). 산후우울증 관리체계 구축방안 정책연구.

보건복지부 (2016). 2016년 국민기초생활보장사업 안내.

보건복지부 (2016). 2016년 자활사업 안내.

보건복지부 (2016). 노숙인 등의 복지사업안내자료.

보건복지부 (2016). 정신건강 종합대책(2016~2020년).

보건복지부 (2021). 2021년 보육통계.

보건복지부 보도자료 (2012. 8. 28.). 학교부적응·학업중단 청소년 예방 및 지원을 위한 복지부·교과부 합동 대책 마련.

보건복지부 보도자료 (2015. 2. 13.). 독거노인이 마음을 터놓고 의지할 수 있는 친구 만들기.

보건복지부 보도자료 (2016. 1. 21.). 홀몸어르신 '친구 수는 증가, 고독감·우울감은 감소' - 2015년 독거노인 친구만들기 사업 평가 결과.

보건복지부 질병관리본부 (2012). 국민건강영양조사 결과.

보건복지부 질병관리본부 질병예방센터 (2014). 한국 성인의 우울증상 경험 보고서.

보건복지부·한국건강증진개발원 (2015). 제4차 국민건강증진종합계획(2016~2020).

삼성경제연구소 (2004). 직장인 음주행태와 기업의 대책. CEO Information, 469.

삼성사회정신건강연구소 (2004). 은둔형 외톨이에 대한 연구.

새로운 사회를 여는 연구원 (2014). 분노의 숫자 : 국가가 숨기는 불평등에 관한 보고서. 동녁.

서경원·배두헌 (2015. 9. 7.). 위기의 아이들, 학교 밖 청소년 28만 명 '미스터리 폭탄'. 헤럴드경제, http://biz.heraldcorp.com/view.php?ud=20150907000567에서 인출.

서문희·송신영 (2011). 우리나라의 보육실태와 외국 사례. 기획재정부 육아정책연구소.

서울경제신문 (2016. 7. 14.). 분당서 30대 모녀 투신, 딸 숨지고 엄마 중태.

서울대학교 의과대학 (2011). 정신질환실태 역학조사. 보건복지부 학술용역사업 보고서.

서울시 (2006). 정신질환역학조사 보고서.

서울시 학교밖청소년지원센터 (2014). 학교 밖 청소년백서.

서울신문 (2016. 3. 15.). 다문화 인구 100만인데 여전한 제노포비아. http://www.seoul.co.kr/news/newsView.php?id=20160316031002에서 검색.

서울아산병원 (2016). 서울아산병원 의학용어백과.

서울특별시 시립 이동청소년쉼터 (2008). 거리청소년 실태조사 및 연구보고서.

서한기 (2016. 9. 9.). 〈자살 예방의 날〉 자살자 유가족만 매년 9만 명 … 도움 절실. 연합뉴스, http://www.yonhapnews.co.kr/bulletin/2016/09/08/0200000000AKR20160908099000017.HTML?input=1195m에서 인출.

서혜석·강희숙·이미영·이성희·채인석 (2015). 가족복지론. 경기: 공동체.

석상훈 (2009). 노인빈곤의 동태적 분석. 사회보장연구, 25(4), 77-99.

석상훈·김헌수 (2012) 노인빈곤의 실태와 결정요인 분석-생애 근로이력과의 연관성을 중심으로. 재정학연구, 5(3), 99-124.

선우현 (2012). 특집논문: 한국인 속의 한국인 이방인 - 국내 탈북자 집단의 인권 문제를 중심으로. 동서철학연구, 64, 5-28.

성열관·김정숙 (2015). 빈곤의 책임에 대한 고등학생들의 윤리적 추론방식. 교육사회학연구, 통권 제75호, 69-95.

세계인구총회 (2013). 옥스퍼드 인구문제연구소. 국제인구과학연맹.

손병옥(2016. 8. 29.). 금 가기 시작한 유리천장, 이젠 깨트려야. 매일경제, http://opinion.mk.co.kr/view.php?year=2016&no=613024에서 인출.

손은주 (2000). 쿠즈네츠 가설에 대한 사회복지학적 접근: 1960년대 이후 한국의 소득분배 불평등을 중심으로. 중앙대학교 석사학위논문.

시마다 히로미 (2011). 사람은 홀로 죽는다, 무연사회를 살아가기 위하여 (이소담 역). 서울: 미래의창.

신광영 (2006). 한국의 불평등 구조와 추이. 민주사회와 정책연구, 9, 48-70.

신기철·신용철 (1989). 새우리말 큰사전. 서울: 삼성출판사.

신동만 (2016). 빈곤정책의 개선방안에 관한 연구. 건국대학교 행정대학원 석사학위논문.

신미녀 (2009). 남한주민과 북한이탈주민의 상호인식 - 한국사회정착에서 제기되는 문제를 중심으로. 북한학연구, 5(2), 119-143.

신성욱 (2014). 조급한 부모가 아이 뇌를 망친다. 서울: 어크로스.

신원문화사 편집부 (2002). 시사상식사전. 서울: (주)신원문화사.

신원우·김소영 (2005). 1990년대 이후 노동시장 변화와 노숙인 문제의 등장, 아세아연구(고대아세아문제연구소), 48(2), 29-58.

신은주 (2007). 다문화가족복지 외국사례연구: 미국을 중심으로. 평택대학교 특성화사업단.

신재우(2016. 7. 1.). 한국 인터넷 속도 세계 1위 … 9분기 연속. 연합뉴스, http://www.yonhapnews.co.kr/bulletin/2016/07/01/0200000000AKR20160701103100017.HTML?from=search에서 인출.

신희정 (2010). 여성가구주의 빈곤에 영향을 미치는 사회적 배제 요인에 관한 시론적 고찰. 사회과학연구, 26(1), 315-342.

심경옥 (2015). 테스토스테론과 중독. 한국심리학회지: 인지 및 생물, 27(3). 385-417.

심영희 (1986). 한국 사회의 자살: 사회적 관점에서 본 이론과 실태. 신경정신의학, 24, 49-71.

안상훈 (2015). 고장 난 자본주의와 바람직한 복지전략, 미래 한국의 사회통합. 서울대학교 아시아 개발연구소 및 공학연구소 공동세미나.

안석철·박행욱·한원선·이규항 (1971). 정신 증상을 수반한 당뇨병 1례. 신경정신의학, 10(2), 43-46.

안인영·이철순·박철수·김봉조·차보석·이소진·서지영 (2013). 학교폭력 가해자에서 자살사고, 우울증상 그리고 중독적 휴대폰 사용과의 관계. 생물치료정신의학, 19(1). 39-46.

안지혜·이자연·장보형 (2014. 9.). 사망원인으로 분석한 우리나라 노인자살자의 특성. 보건의료이슈, 17.

안해균 (1990). 정책학개론. 서울: 다산출판사.

안호균 (2016. 1. 16.). 청년 일자리 20만 개 대책, 취업자 42%는 비정규직. 뉴시스, http://www.newsis.com/ar_detail/view.html/?ar_id=NISX20160115_0013840110&cID=10201&pID=10200에서 인출.

양재진 (2003). 노동시장유연화와 한국복지국가의 선택. 한국정치학회보, 37(3), 403-428.

양정남·최은정·문란영·박건영·박순희 (2011). 자기효능감, 사회복지옹호 태도가 사회복지전공대학생의 다문화 수용성에 미치는 영향. 한국사회복지교육, 16, 24-47.

양정승 (2005). 경제성장의 트리클다운효과와 빈곤분석. 서울대학교 석사학위논문.

엄태완 (2015). 북한이탈주민 지원정책의 방향 모색: 롤즈의 정의론을 중심으로. 북한학연구, 11(1), 5-42.

엄태완 (2016). 이주민으로서의 북한이탈주민 경험 연구 - 생존과 일상의 경계를 넘어. 한국사회복지행정학, 18(1), 165-198.

여성가족부 (2006). 성매매방지법 시행 2주년 국제회의 자료집.

여성가족부 (2012). 2012년 한부모가족 실태조사.

여성가족부 (2013). 2013년 가정폭력 실태조사 보고서.

여성가족부 (2013). 2013년 성매매 실태조사 보고서.

여성가족부 (2013). 2013년 성폭력 실태조사 보고서.

여성가족부 (2015). 여성·아동권익증진사업 운영지침.

여성가족부 (2021). 2021년 청소년 인터넷·스마트폰 이용 습관 진단조사.

여성가족부 (2022). 2021년 전국다문화가족 실태조사.

여성가족부 (2016). 2015년 전국다문화가족실태조사 분석. 한국여성정책연구원.

여성부 (2003). 성매매 실태 및 경제규모에 관한 전국조사.

여성인권중앙지원센터 (2006). 성매매방지를 위한 국제사회의 흐름과 활동사례.

여성정책연구원 (2007). 2007 성매매실태조사보고서. 여성가족부.

여유진·김미곤·구인회·김수정·윤자영·허순임·최준영 (2015). 한국형 복지모형 구축-생애주기별 소득·자산·소비 연계형 복지모형 구축. 한국보건사회연구원.

여인중 (2005). 은둔형 외톨이. 서울: 지혜문학.

염철현 (2013). 욕설·사이버따돌림도 학교폭력으로 처벌되나요?. 교육부.

오정현 (2016. 5. 17.). 장수의 축복? 빈곤의 습격. TBS교통방송, http://www.tbs.seoul.kr/news/bunya.do?-method=daum_html2&typ_800=R&seq_800=10152108에서 인출.

우민정·박성희·안지영·김민정 (2008). 교사를 위한 영유아 보육의 실제. 경기: 정민사.

우양호·안미정 (2016). 우리나라 다문화 가족의 지역사회 적응과 그 영향요인. 지방행정연구, 30(2), 31-61.

원미혜 (1997). 한국사회의 매춘여성에 대한 통제와 착취에 관한 연구. 이화여자대학교 석사학위 논문.

원석조 (2008). 사회문제론. 경기: 양서원.

유구종 (2012). 최신 영유아 보육학개론. 경기: 공동체.

유네스코 아시아·태평양 국제이해교육원 (2007). 다문화 사회의 이해. 경기: 동녘.

유동철 (2002). 장애인 실업의 원인: 생산성 또는 차별?. 한국사회복지학, 48, 333-358.

유선영 (1997). 황색식민지의 문화정체성: 아메리카나이즈드 모더니티. 언론과 사회, 18, 81-122.

유은주 (2010). 내가 시집을 온 건가, 일을 하러 온 건가: 여성결혼이주자의 노동자성 구성 경험에 대한 연구. 페미니즘연구, 10(4), 199-245.

유의정 (2010). 다문화정책의 추진실태와 개선방향 (NARS 정책보고서, 2). 국회입법조사처.

유해미·강은진·권미경·김동훈·김근진·김태우·이유진·이미경 (2018). 2018년 전국보육실태조사 – 어린이집조사 보고. 보건복지부·육아정책연구소

유희정 (2015). 맞벌이 가구의 영아양육을 위한 조부모 양육지원 활성화 방안연구. 한국여성정책연구원.

윤노아 (2013). 국내소수집단에 대한 청소년의 다문화 시티즌십 분석. 이화여자대학교 대학원 석사학위논문.

윤덕경·변화순·박선영 (2005). 성매매방지법상 성매매피해자에관한 연구. 한국여성개발원 연구보고서(2-3).

윤상우 (2011). 한국의 경제 갈등과 갈등의식. 한국사회, 12(2), 91-121.

윤인진 (2010). 이주여성의 일자리와 가족문제 및 대책, 한국사회과학협의회 주최 제15회 여성주간 기념 정책 세미나 발표자료.

윤인진·송영호·김상돈·송주영 (2010). 한국인의 외국인 근로자와 다문화사회에 대한 인식. 경기: 이담북스.

윤일성 (2005). 영국의 노숙인 연구: 원인과 정책을 중심으로. 한국인구학(한국인구학회), 28(1), 235-275.

윤정향 (2003). 비정규직 노동자의 사회적 보호 배제의 원인에 관한 시론적 고찰. 사회보장연구, 19(1), 59-83.

윤종행 (2002). 범죄의 원인, 범죄인식과 과오인정. 연세법학연구, 9(1), 217-236.

윤형숙 (2005).「외국인 출신 농촌주부들의 갈등과 적응」. 지방사와 지방문화, 8(2), 299-339.

윤혜선 (2012). 다문화사회의 사회통합을 위한 단초로서의 이민제도의 고찰: 북미의 이민제도를 중심으로. 공법학연구, 13(2), 381-425.

이건인·이해춘 (2008). 교육심리학. 서울: 학지사.

이경상·김지연·최수미·이순래·한영근 (2012). 청소년 흡연·음주 실태와 정책적 대응방안. 한국청소년정책연구원.

이덕주 (2015). 셧다운제 규제의 경제적 효과분석 (한국경제연구원 정책연구, 1-61). 한국경제연구원 정책원.

이동성 (2013). 문화다양성 교육의 개념적 특질 및 이론적 배경 고찰. 다문화 교육연구, 6(1).

이문숙 (2006). 한국의 빈곤의 여성화 상황과 탈여성빈곤정책. 사회시론, 봄/여름.

이미애 (2012). 일본사회 고령자의 죽음의 문화변용. 일본학보, 93, 339-350.

이미정·주재선·전재영·정미례 (2015). 성매매실태조사개선방안에 관한 연구보고서. 한국여성정책연구원.

이민영 (2015). 북한이탈주민의 사회통합을 위한 정착 지원에 관한 연구 동향 분석: 통합적 문헌 고찰 방법을 활용하여 .한국가족복지학, 49, 39-69.

이민지 (2016). 차별지각, 문화적응, 문화적응 스트레스가 북한이탈주민의 우울에 미치는 영향 : 매개된 조절효과를 중심으로. 성균관대학교 석사학위논문.

이병렬·김희자 (2011). 한국이주정책의 성격과 전망. 경제와 사회, 90, 320-362.

이병훈·윤정향 (2001).비정규 노동의 개념정의와 유형화. 산업노동연구, 7(2). 1-33.

이병희 (2011. 11.). 근로빈곤의 추이와 동태적 변화. 보건복지포럼, 181, 33-41.

이병희 (2013).빈곤의 시간적 차원 분석에 기반한 빈곤정책적 함의. 사회보장연구, 29(2), 237-259.

이병희 (2014. 9.). 노동시장의 불평등과 가구소득의 불평등. 보건복지포럼, 215, 32-43.

이병희 외 (2011). 한국의 빈곤확대와 노동시장구조. 서울: 한울.

이상규 (2013). 알코올 의존증의 진단과 치료. 한국인 간질환 백서 1부. 대한간학회.

이상영 (2015). 우리나라 자살예방 대책의 문제점과 개선방안. 보건복지포럼, 229, 34-49.

이상영·정진욱·황도경·손창균 외 (2005). 한국사회의 사회심리적 불안의 원인분석과 대응방안. 한국보건사회연구원.

이상원 (2004). 자살과 교회의 대책. 신학지남(신학지남사), 280, 92-115.

이선미 (2015). 주요 건강위험요인의 사회경제적 영향과 규제정책 효과평가. 국민건강보험공단 건강보험정책연구원.

이선우 (1997). 장애인의 취업 및 취업형태에 영향을 미치는 요인에 대한 분석. 한국사회복지학, 33, 287-313.

이선우 (2015). 장애인의 경제상태와 정책과제. 한국보건사회연구원. 보건복지포럼, 226.

이성균·김영미 (2010). 한국 서비스산업 확대는 남녀임금격차에 어떠한 영향을 미치는가. 한국사회학, 44(1), 1-25.

이성민·이수철 (2010). 빈곤의 대안적 개념화에 관한 연구. 지역발전연구, 19(2), 153-178.

이성희 (2016. 9. 25.). 취업준비생 10명 중 6명 학자금 외 생활비도 대출 … 평균 258만원. 경향신문, http://biz.khan.co.kr/khan_art_view.html?code=920507&artid=201609250959001#csidx135951c130647debb3334724c1e55ce에서 인출.

이수정·양계민 (2013). 북한출신주민과의 지역사회 내 접촉수준에 따른 남한출신주민의 태도의 차이: 인천 논현동 지역 거주자를 중심으로. 북한연구학회보. 17(1), 395-421.

이순성(2010). 자살예방책: 그 한계와 대안. 생명연구(서강대학교 생명문화연구원), Vol. 18, 77-110.

이슬기 (2015. 11. 13.). 장애인들 평생 '빈곤·질병' 악순환 반복(만성질환·의료비 높아…기초수급자 최대 30배차 주치의 제도, 소득보장제 급여·대상 확대 등 필요). 에이블뉴스, http://www.ablenews.co.kr/News/NewsContent.aspx?CategoryCode=0022&NewsCode=002220151113164945792029에서 검색.

이연수·이제모 (2015). 일본 고독사 변화과정과 대책방안에 관한 연구. 일어일문학, 대한일어일문학회.

이영자 (2000). 소비자본주의사회의 여성과 남성. 경기: 나남출판사.

이영호 (2016). 정신건강론. 경기: 공동체.

이옥진 (2014. 9. 2.). 울산 여고생, 학교폭력 피해 유서에 남기고 투신 자살. 조선닷컴, http://news.chosun.com/site/data/html_dir/2014/09/02/2014090200983.html에서 검색.

이용재 (2012). 다문화사회 개념에 대한 고찰. 다문화와 인간, 1(1), 35-61.

이원숙 (2007). 가족복지론. 서울: 학지사.

이유정 (2006). 서구 복지국가의 빈곤 원인에 관한 다층분석. 중앙대학교 대학원 석사학위논문.

이재광 (2013. 9. 4.). 갈등의 사회학: 현대 한국인이 치르는 5개 생활갈등. 이슈와 진단, 111, 1-25.

이재화 (2011). 다문화가정 여성의 가족관계 스트레스에 따른 사회적 지지가 생활 만족도에 미치는 영향. 대구한의대학교 박사학위논문.

이재훈 (2015). 국제비교로 본 한국의 노인빈곤실태 보고서. 사회공공연구원.

이정훈 (2014. 10. 6.). 유엔 특별보고관 한국에 심각한 인종차별 존재. 연합뉴스, http://news.naver.com/main/read.nhn?mode=LSD&mid=sec&sid1=102&oid=001&aid=0007169486에서 인출.

이종건 (2012) 저성과자 출구전략으로서의 전직지원제도 운영방안. KFC Compensation Quarterly, Spring.

이종원 (2013). 한국아동·청소년패널조사 2010 IV 데이터분석보고서 1: 청소년의 학업성적과 비행, 비행친구의 관계에 대한 종단연구. 한국청소년정책연구원.

이주환·김교성 (2013). 근로빈곤층의 빈곤이력과 노동경력. 사회복지연구, 가을.

이준엽 (2012). 고용형태가 사회적 배제에 미치는 영향에 관한 국가 간 비교연구. 건국대학교 대학원 석사학위논문.

이준용 (2014). 사회갈등에 대한 인식이 복지태도에 미치는 영향. 건국대학교 대학원 박사학위논문.

이진화 (2015). '영유아 교육·보육비용' 추정연구 III. 육아정책연구소.

이창곤 (2015. 12. 15.). 남녀 임금격차 → 연금격차 → 여성노인 빈곤으로. 한겨레신문, http://www.hani.co.kr/arti/society/society_general/721864.html#csidx166035d3d5245d8b4b7e7106898b96d에서 검색.

이철수 (2013). 사회복지학 사전. 경기: 혜민북스.

이충한 (2015). 경제적 불평등과 시민적 삶. 새한철학회 논문집. 철학논총, 82(4), 455-475.

이태진·서동우·김미숙·남기철·김선미 (2003). 노숙자·부랑인 지원체계 개선방안 정책보고서. 한국보건사회연구원.

이해국 (2014). 보건복지위원회 게임중독법 '공청회' 재인용.

이해국 외(2011). 인터넷중독의 사회적 손실비용에 대한 연구. 한국중독정신의학회 춘계 연수교육 및 학술대회.

이혜경 (2008). 한국 이민정책의 수렴현상. 한국사회학, 42(2).

이홍식·남윤영 (2008). 자살의 이해와 예방. 한국자살예방협회.

이희용 (2016. 11. 25.). 결혼이주여성에 대한 미디어의 성차별적 인식 여전. 연합뉴스, http://www.yonhapnews.co.kr/bulletin/2016/11/25/0200000000AKR20161125105000371.HTML?input=1195m에서 인출.

일요신문 (2008. 10. 24.). 은둔형 외톨이 실태 충격보고.

인크루트 (www.incruit.com, 2016). 공황장애를 주제로 한 설문조사 결과.

임규성 (2012). 사회갈등, 사회통합에 대한 실태조사. 한국행정연구원.

임동권 (2016). 장애인의 생애주기별 사회적 배제에 관한 종단연구. 서울시립대학교 대학교 박사학위논문.

임영란 (2000). 알코올 의존 환자를 위한 인지행동치료의 효과 검증 및 심리적 위험 인지에 대한 구조모형 분석. 고려대학교 박사학위논문.

임완섭 (2015. 8.). 빈곤 노인가구의 유형별 소득 및 지출 특성과 정책과제. 보건복지포럼, 226. 90-103.

임현묵 (2012). 문화다양성의 정치 연구: 자유주의적 다문화주의와 그 비판을 중심으로. 서강대학교 박사학위논문.

장영일 (2016. 5. 11.). 4월 청년실업률 10.9%…석 달 연속 두 자릿수. 포커스뉴스, http://www.focus.kr/view.php?key=2016051100092446437

장지연·신동균 (2010). 소득양극화와 자살. 사회보장연구, 26(2), 1-21.

장지연·양수경 (2007). 사회적 배제 시각으로 본 비정규 고용. 노동정책연구, 7(1), 1-22.

전경옥 (2016). 여성이주노동자 권리 관련 국제규범과 한국의 여성이주노동자 인권정책. 다문화사회연구, 9(1), 65-96.

전국가정폭력피해자시설보호협의회 (2015). 가정폭력쉼터 운영업무 매뉴얼.

전대성·길강묵 (2016). 재한 외국인들의 한국사회 신뢰에 미치는 영향에 관한 연구. 다문화와 평화, 10(1), 197-218.

전숙자·박은아·최윤정 (2009). 다문화 사회의 새로운 이해. 서울: 도서출판 그린.

전희아 (2021. 9. 28). "밥도 제대로 못먹고 휴게시간도 없어"…보육교사는 슬퍼요. 한겨레신문. https://www.hani.co.kr/arti/society/labor/1013056.html에서 인출.

정경희·이윤경·최현수·김태완·이현주·이소정·손창균·강성호·권혁진·이은진·윤지은 (2009). 기초노령연금 도입의 사회·경제적 영향 평가. 한국보건사회연구원.

정동섭·박지근 (2003). 전직지원서비스 프로그램의 효과에 대한 연구. 직업능력개발연구, 6(1), 275-298.

정미향 (2009). 결혼이민자를 위한 한국어 방문교육 방안 연구. 경희대학교 교육대학원 석사학위논문.

정병호·전우택·정진경 (2006). 웰컴투 코리아: 북조선 사람들의 남한살이. 서울: 한양대학교출판부.

정부만·남팔근·이주황·이성준·박종범·권연정 (2019). 2019년 사이버폭력 실태조사. 방송통신위원회·한국정보화진흥원.

정상규 (2008). 노숙자 문제에 관한 연구. 인권복지연구(한국인권사회복지학회), 4.

정영순·강철희·김미혜 (2003). 고용과 사회복지. 서울: 이화여자대학교출판부.

정원오·김수현 (1999). 한국의 노숙지에 관한 연구. 서울시정연구원.

정유림 (2013. 5. 15.). 아동학대 논란 … 어린이집 운영구조 '손질'이 우선 보육교사 격무 호소 근무조건 개선 시급 … 투명한 시설 관리 선행돼야. 웰페어뉴스, http://www.welfarenews.net/news/articleView.html?idxno=37956에서 인출.

정은미·송영훈 (2012). 북한주민의 통일의식과 남한사회의 수용성. 통일문제연구, 24(1), 221-254.

정은희 외 (2015). 2015년 빈곤통계연보. 한국보건사회연구원.

정재각 (2006). 한국사회의 양극화에 대한 논의 - 사회정의 관점에서. 한·독 사회과학논총, 16(2), 77-104.

정종진·문은식·신봉섭·이근배·조영종 (2014). 학교폭력의 예방과 대책. 서울: 태영출판사.

정주영·최효미·이정원·김진미 (2015). 영유아의 보육교육서비스 비용 형평성에 대한 인식 및 이용 실태분석. 육아정책연구, 9(1). 177-199.

정진경·양게민 (2003). 성매매에 대한 의식의 현황과 과제. 한국여성의 전화연합, 성매매에 대한 대중의식 토론회 발표자료.

정현상 (2012. 11. 24.). 스마트폰 게임중독 아이가 그린 엄마 얼굴은?. YTN, http://www.ytn.co.kr/_ln/0105_201211240621366299에서 인출.

정현정 (2012). 도시근로자의 주관적 빈곤감에 관한 연구. 강남대학교 사회복지전문대학원 박사학위논문.

정혜원·박윤환 (2012). 신 비행지표 활용을 통한 청소년비행에 대한 무단결석의 역할 분석: 학교만족도의 조절효과를 중심으로. 소년보호연구, 20, 269-305.

조성원 (2002). 한국 사회의 또 다른 가족: 한국 여성과 외국인 근로자와의 결혼. 민족학연구, 6, 105-133.

조원익 (2014. 6. 4.). 알코올 중독의 대물림, 또 하나의 심각한 문제(부모가 알코올 의존증이면 자녀도 알코올 의존증 가능성 높아). 스포츠월드, http://www.sportsworldi.com/content/html/2014/06/04/20140604021776.html에서 인출.

조윤화 (2014). 장애인 소득이동에 관한 연구. 가톨릭대학교 대학원 박사학위논문.

조정아·임순희·정진경 (2006). 새터민의 문화갈등과 문화적 통합 방안. 서울: 한학문화.

조현연·김정석 (2016). 고령화 사회, '노인빈곤' 문제와 한국 정치. 민주사회와 정책연구, 30, 11-48.

조홍식 (2006. 3. 18.). 노숙인 문제의 핵심은 사회적 배제 문제. 대학신문, http://www.snunews.com/news/articleView.html?idxno=3506에서 인출.

주용국 (2002). 전직지원서비스의 지원요인과 장애요인, 직업능력개발연구, 5(1), 53-90.

중앙심리부검센터 (2015). 심리부검에 대한 대국민 인식조사 결과.

중앙자살예방센터 (2015). 자살예방백서.

중앙정부 관계부처합동 (2005). 청년고용절벽 해소 종합대책.

지종화·정명주·김도경 (2009). 한국의 다문화 국가 현상과 새로운 정책모형. 지방정부연구, 13(2), 109-136.

진재문·김수영·문경주 (2014). 노인가구의 빈곤 실태와 소득이전 효과에 관한 연구: 빈곤율, 빈곤갭, 소득이전을 중심으로. 사회복지정책, 41(3), 239-258.

차명화 (2015). 노인의 사회적 배제가 심리적 복지감에 미치는 영향. 서남대학교 대학원 박사학위논문.

창원시 아동·여성인권연대 (2016). 창원시여성폭력실태 및 인식개선 방안마련을 위한 포럼: 그 일은 전혀 사소하지 않습니다.

채규만·정민철 (2004). 한국 대학생의 성에 대한 태도와 행동 및 피해경험에 관한 연구. 건강, 9(4), 869-886.

채정민·이순묵·김종남·최승원 (2015). 한국인 우울연구를 위한 문화심리학적 고찰과 제언. 한국심리학회: 문화 및 사회문제, 21(2), 205-228.

청소년위원회 (2005). 사회부적응 청소년 지원방안 국제심포지엄자료.

청소년위원회 (2005). 은둔형 외톨이 등 사회부적응청소년 지원방안.

청소년폭력예방재단 (2010). 학교폭력사례 19. 청소년폭력예방재단.

청소년폭력예방재단 (2010). 학교폭력사례 20. 청소년폭력예방재단.

청소년폭력예방재단 (2011). 학교폭력사례 37. 청소년폭력예방재단.

청소년폭력예방재단 (2011). 학교폭력사례 47. 청소년폭력예방재단.

청소년폭력예방재단 (2011). 학교폭력사례 70. 청소년폭력예방재단.

청소년폭력예방재단 (2013). (재)청소년폭력예방재단 전국학교 폭력실태조사. 청소년폭력예방재단.

최강민 (2006). 단일민족의 신화와 혼혈인. 어문론집, 35, 287-314.

최광묵 (2016). 외국인 근로자의 자기효능감이 한국사회 적응에 미치는 영향 - 사회적 관계망과 희망의 매개효과. 한서대학교 대학원 박사학위논문.

최명민 외 (2009). 문화적 다양성과 사회복지. 서울: 학지사.

최상설·전대성 (2013). 근로빈곤을 결정짓는 요인에 관한 연구. 21세기 사회복지연구, 10(1), 93-121.

최선화 외 (2014). 사회문제와 사회복지. 경기: 양서원.

최선화·박광준·황성철·안홍순· 홍봉선 (1999). 사회문제와 사회복지. 경기: 양서원.

최수형 (2008). 청소년의 반복 비행과 비공식 낙인과의 계: 남녀 차이를 중심으로. 사회연구 16(2). 145-165.

최영아 (2015). 질병과 가난한 삶: 노숙인을 치료하는 길 위의 의사, 14년의 연구기록. 서울: 청년의사.

최옥금 (2007). 노인 빈곤에 영향을 미치는 요인에 대한 연구 - 패널자료를 활용한 분석. 한국사회복지학, 59(1), 5-25.

최윤진 (1993). 청소년심리학. 부산: 청소년개발원.

최은영·양종국·김영근·이윤희·김현민 (2014). 청소년비행 및 약물중독 상담. 서울: 학지사.

최인숙 (2006). 성매매와 젠더이슈. 한국양성평등교육진흥원.

최인재 (2015). 청소년 자살의 원인과 대책. 중앙자살예방센터.

최일섭·최성재 (1995). 사회문제와 사회복지. 경기: 나남출판사.

최재용·한보영·이윤호 (2014). 청소년 지위비행 원인의 성별 비교: 일반범죄이론들을 중심으로. 한국범죄학, 8(1), 35-65.

최종술 (2012). 사회복지사의 문화적 다양성 행동에 관한 연구. 위덕대학교 대학원 박사학위논문.

최현 (2007). 한국사회와 다문화시민권. 2007 동아대학교 사회과학대학 심포지엄자료집.

최현미·이혜경·신은주·최승희·김연희·송성실 (2008). 다문화가족복지론. 경기: 양서원.

최현수 (2015). 여성결혼이민자 보호에 관한 제도 개선방안. 동아대학교 대학원 박사학위논문.

최현수·류연규 (2003). 우리나라의 노인빈곤 동향 및 빈곤구성에 대한 연구. 한국노년학, 23(3), 143-160.

통계청 (2011). 국제통계연감 2011. 통계청.

통계청 (2012). 경제활동인구조사 마이크로데이터.

통계청 (2013). 사망원인통계연보.

통계청 (2014). 경제활동인구조사 결과. 주당 실 노동시간 분포.

통계청 (2015). 2010~2035년 장래가구추계.

통계청 (2015). 2015년 인구동태통계연보.

통계청 (2015). 가계동향조사.

통계청 (2015). 세계와 한국의 인구현황 및 전망. KOSIS.

통계청 (2015). 인구주택총조사 결과.

통계청 (2015). 한국의 사회동향.

통계청 (2016). 사망원인 통계.

통계청·여성가족부 (2021). 2021 청소년 통계.

통일부 (2016). 2016년 통일백서.

투명사회를 위한 정보공개센터 (2013). 자살에 대한 충동 및 이유.

하상복 (2012). 황색 피부·백색 가면. 인문과학연구, 33, 525-556.

하애란 (2010). 한국 여성의 경력단절 요인이 재취업 욕구에 미치는 영향 분석. 인제대학교 박사학위논문.

한국고용정보원 (2015). 청년층 미취업 현황과 시사점.

한국농어민 신문 (2015. 4. 7.). 의령군, 독거노인 공동거주시설 56개소로 확대.

한국도시연구소 (1997). 무주거자의 발생원인과 실태에 관한 연구.

한국보건사회연구원 (2001). 성산업구조 및 성매매 실태에 관한 연구.

한국보건사회연구원 (2013). 농어촌 정신건강증진 정책 현황과 과제 보고서.

한국보건사회연구원 (2014). 음주로 인한 자살 및 중독사망 위험도. 건강보험공단.

한국보건사회연구원 (2014). 2014년 장애인 실태조사.

한국보건사회연구원 (2015). 2015년 빈곤통계연보.

한국성폭력상담소 (2016). 2015년 성폭력상담통계 현황 분석.

한국여성인권진흥원가정폭력방지본부 (2013). 가정폭력피해자 초기지원매뉴얼. 여성가족부.

한국인터넷진흥원 (2011). 2011 인터넷이용 실태조사. 한국인터넷진흥원.

한국정보화진흥원 (2014). 2014 인터넷중독 실태조사. 한국정보화진흥원.

한국중독정신의학회 (2013). 한국중독정신의학회 2013년도 추계 연수교육 및 학술대회 자료집.

한국청소년정책연구원 (2013). 한국아동·청소년 인권실태연구 III: 2013년 아동·청소년 인권 실태조사통계. 한국청소년정책연구원.

한기덕 (2015). 매스미디어에 반영된 다문화적 소수자집단에 대한 사회적 인식. 고려대학교 대학원 석사학위논문.

한병철 (2012). 피로사회 (김태환 역). 서울: 문학과지성사

한승준 (2008). 다문화사회 이행단계별 거버넌스 전략에 관한 연구. 국정관리연구, 3(2), 99-122.

한영희·조아미 (2008). 무단결석 청소년의 생활과 진로. 미래청소년학회지, 5(3), 29-53.

허경운 (2005). 은둔형 외톨이의 사회문제와 분석에 관한연구: 전화상담, 사이버상담사례 중심으로. 동국대학교 행정대학원 복지행정학과 석사학위논문.

허선 (2001. 12.). 빈곤선과 최저생계비: 빈곤의 정의 및 측정. 복지동향, 12월호.

현외성 (2010). 사회복지정책 강론. 경기: 양서원.

현외성 (2011). 사회복지정책 강론. 경기: 양서원.

현외성 (2015). 한국사회의 변화와 사회문제 및 사회복지정책. 창녕성가정상담소 특강.

현외성 외 (1993). 사회복지학의 이해. 서울: 유풍출판사.

현외성 외 (1998). 사회복지학의 이해. 서울: 유풍출판사.

홈리스 주거지원과 사회적 포섭 연구모임 (2004). EU의 홈리스 문제와 사회적 배제. 도시와 빈곤(한국도시연구소), 제66호, 143-179.

홍백의·김혜연 (2007). 빈곤의 여성화: 경향 및 원인. 한국사회복지학, 59(3), 125-146 .

황건하·이상엽 (2003). 노동경제학과 노사관계론. 서울: 형설출판사.

황남희 (2016). 노인의 빈곤, 어떻게 보호할 것인가?. 한국노인복지학회 학술발표 논문집.

황병수 (2016). 국제결혼 이주여성들의 한국생활 적응실태와 생활만족도 분석. 연세대학교 정경대학원 석사학위논문.

황수경 (2003). 내부자(Insiders) 노동시장과 외부자(Outsiders) 노동시장의 구조 분석을 위한 탐색적 연구. 노동정책연구, 3(3), 49-86.

황정미·김이선·이명진·최현·이동주 (2007). 한국사회의 다민족 다문화 지향성에 대한 조사연구. 한국여성정책연구원.

황청일 (1997). 빈곤(선)개념규정의 다양성과 사회지표로서의 유용성. Social Science Review, 16, 24-41.

齋藤環 (2012). 은둔형 외톨이, 그 이해와 치유법 (김경란·김혜경 역). 경기: 파워북.

磯部潮 (2009). 스타벅스로 간 은둔형 외톨이 (이성동 역). 서울: 대숲바람.

Alvarez, A. (1995). 자살의 연구 (최승자 역). 경기: 청하출판사.

American Psychiatric Association (2013). *Diagnostic and statistical manual of mental disorders (Fifth ed.)*. Virginia: American Psychiatric Publishing.

American Psychiatric Association (2015). 정신질환의 진단 및 통계편람 제5판 (권준수·김재진·남궁기 외 역). 서울: 학지사.

Barry, K. (1995). *The prostitution of sexuality*. New York: New York University Press.

Baum, A. & D. Burnes (1993). A nation in denial: The problem of homelessness in America. Colorado: Westview Press.

Beck, A. T. (1967). *Depression: Clinical, experimental and theoretical aspect*. New York: Harper & Row.

Becker, G. S. (1975). Human Capital: A Theoretical and Empirical Analisys. New York: Columbia.

BellSouth, J. W. (2002). An empirical test of crisis, social selection, and role explanations of the relationship between marital disruption and psychological distress: A pooled time-series analysis of four-wave panel data. *Journal of Marriage and Family*, *64*, 221-224.

Blanck, P. D. (2000). Employment, disability, and the americans with disabilities act: Issues in law, public policy and research. North Western University Press.

Bleuler, E. (1923). *Lehrbuch der psychiatrie (4th ed.)*. Berlin: Springer.

Bretherton, I. (1992). The Origins of Attachment Theory: John Bowlby and Mary Ainsworth. *Developmental Psychology*, *28*(5), 759.

Brown, G. W. (1959). Experiences of discharged chronic schizophrenic mental living geoup. *Milbank Memorial Quarterly*, *37*, 105.

Brown, G. W., Birley, J. L. T., & Wing, J. K. (1972). Influence of family life on the course of schizophrenic disorders: A replication. *British Journal of Psychiatry, 121*, 241-258.

Cain, G. G. (1976). The challenge of segmented labor market theories to orthodox theory: A Survey. Journal of Economic Literature.

Canton, C. A. (eds.) (1990). Homeless in America. Oxford: Oxford University Press.

Capella, M. (2003). Comparing employment outcomes of vocational relation consumers with hearing loss to other consumers and the general labor force. Relationship Counselling. *Bulletin, 47*(1).

Cho, M. J., Chang, S. M., Hahm, B. J., Chung, I. W., Bae, A., Lee, Y. M., Ahn, J. H., Won, S. H., Son, J., Hong, J. P., Bae, J. N., Lee, D. W., Cho, S. J., Park, J. I., Lee, J. Y., Jeon, H. J., & Lee, H. W. (2009). Prevalence and correlates of major disorders among Korean adults: a 2006 National Epidemiologic Survey. *Korean Neuropsychiatr Assoc, 48*, 143-152.

Corcoran, M. (1995). Rags to rags: Poverty and mobility in the United States. *Annual Review of Sociology, 21*, 237-267.

Dant, T. & Deacon, A. (1989). Hostels to home? The rehousing of single homeless people. Farnham: Ashgate Publishing.

Darwin, C. (1990). 종의 기원 (송철용 역). 동서문화사.(원저출판 1859년)

David, J. W. (2010). 애착과 심리치료 (김진숙·윤숙경·이지연 역). 서울: 학지사.

Department for International Devlopment (2000). Disability, poverty and development. Department for International Development(UK) Engineering Knowledge and Research.

Doeringer, P. & Piore, M. (1971). *Internal labor market and man power analysis*. New York: M. E. Sharpe.

Drake, M., O'Brien, M., & Biebuyck, T. (1982). *Single and homeless*. London: HMSO.

Durkheim, E. (1994). 자살론: 사회학적 연구 (김충선 역). 경기: 청아출판사.

Durkheim, E. (2008). 자살론 (황보종우 역). 경기: 청아출판사. (원저출판 1897년)

Ellis, T. E. & Newman, C. F. (2005). 자살하고 싶을 때 (육성필·이혜선 역). 서울: 학지사.

Esping-Andersen, G. (1999). Social foundations of postindustrial economies. Oxford: Oxford University Press.

Eurostat (2010). *Combating Poverty and Social Exclusion (2010 edition)*. Luxembourg: Publications Office of the European Union.

Eurostat (2013). *European social statistics (2013 edition)*. Luxembourg: Publications Office of the European Union.

Fairbairn, W. R. D. (2003). 성격에 관한 정신분석학연구 (이재훈 역). 서울: 한국심리치료연구소. (원저출판 1994)

Farberow, N. L. & Sineidman, E. S. (1976). Suicide and Age. In E. S. Shneidman, N. L. Farberow, & R. E. Litman (Eds.), *The psychology of suicide*. New York: Jason Aronson Inc.

Farley, M. & Barkan, H. (1998). Prostitution, violence against women, and PTSD(San 2013). *Francisco Women's Centers, 2*.

Flores, P. J. (2010). 애착장애로서의 중독 (김갑중·박춘삼 역). 서울: 눈 출판그룹. (원저출판 2004년).

Freud, S. (1917/1961). Mourning and melancholia. In j. Atrachey (Ed. and Trans.), *The standard edition of the complete psychological works of Sigmund Freud, Vol. 14*. London: Hogarth.

Goldberg, I. (1996). Internet addiction disorder: Electronic message posted to research discussion list. Retrieve in http://www1.rider.edu/-suler/psycyber/supportgp.html.

Goldstein, A. J. & Chambless, D. L. (1978). A re-analysis of agoraphobia. *Behavior Therapy, 9*, 47-59.

Green, D. (2010). 빈곤에서 권력으로 (주성수 역). 서울: 이매진. (원저출판 2008년)

Hegarty, A. & Siobhan L. (1999, eds.). *A human rights: An agenda for the 21st century*. London, Sydney: Cavendish Publishing Limited.

Helvie, C. & Kunstmann, W. (1999). *Homelessness in the United States, Europe, and Russia: A comparative perspective*. California: Greenwood Publishing Group.

Hoffmann, E. (2012). 이타적 인간의 뇌 (장현감 역). 서울: 불광출판사.

Hoigard, C. & Finstad, L. (1992). *Backstreets: Prostitution, money, and love*. Pennsylvania: Pennsylvania State University Press.

Hooley, J. M. (1985). Expressed emotion: A review of the critical literature. *Clinical Psychology Review, 5*, 119-139.

Horwitz, A. V. (2013). 불안의 시대, 고대 그리스에서 21세기 현대까지 끊임없이 모습을 바꾼 불안의 역사 (이은 역). 서울: 중앙북스.

Houseman, S. N. (2001). Why employers use flexible staffing arrangements: evidence from an establishment survey. *Industrial & Labor Relations Review, 55*(1).

IMF (2015). Causes and consequences of income inequality: A global perspective. IMF.

Isaacson, W. (2011). 스티브 잡스 (안진환 역). 서울: 민음사.

Jacobs, J. (1971). *Adolescent suicide*. New York: Wiley.

Jamison, K. R. (2004). 자살의 이해 (이문희 역). 서울: 뿌리와이파리.

Kim, Y. S., Leventhal, B. L., Koh, Y. J., Fombonne, E., Laska, E., Lim, E. C., Cheon, K. A., Kim, S. J., Kim, Y. K., Lee, H. K., Song, D. H., & Grinker, R. R. (2011). Prevalence of autism spectrum disorders in a total population sample. *The American Journal of Psychiatry, Volume 168*, Issue 9, 904-912.

Klein, M. (1932). *The psychoanalysis of children*. London: Hogarth.

Klerman, G. (1987). Clinical epidemiology of suicide. *Journal of Clinical Psychiatry, 48*, 33-38.

Kraepelin, E. (1899). *Psychiatrie: Ein Lehrbuch für Studierende und Ärzte (6th ed., Vol.2)*. Leipzig: Barth.

Kujawa-Holbrook (2002). Beyond diversity: Cultural Competence, White Racism Awareness, and European-American Theology Students. *Teaching Theology and Religion, 5*(3), 141-148.

Kuznets, S. S. (1987). 근대경제성장론 (박승 역). 서울: 한국경제신문사.

Leidholdt, D. (1991). Prostitution: A violation of women's human rights. *Cardozo Women's Law Journal l*, 136.

Lewinsohn, P. M., Antonuccio, D. O., Steinmetz, J. L., & Teri, L. (1984). *The coping with depression course: A psycho-educational intervention for unipolar depression*. Eugene, OR: Castilia Publishing.

Liska, Allen E. (1981). *Perspectives on Deviance*. New Jersey: Free Press.

Litterer, J. A. (1974). Conflict in Organization: A Reexamination. In H. Tosi and W. Hamner (eds.), *Organization Behavior and Management*. Michigan State University.

Lopez, A. D. & Murray, C. J. L. (1998). The global burden of disease 1990-2020. *Nature Medicine*, *4*, 1241-1243.

Marshall. T. H. (1950). *Citizenship and Social Class*. London: Pluto Press.

Martiniello, M. (2002). 현대사회와 다문화주의: 다르게, 평등하게 살기 (윤진 역). 서울: 한울.

Mayfield. D. G. &, Montgomery. D. (1972). Alcoholism, Alcohol Intoxication and Suicide Attempts. *Archives of General Psychiatry*, *27*(3), 349-535.

Meenaghan, T. M. & Washington, R. O. (1983). 사회정책과 사회복지 (김한주 역). 경기: 법문사.

Menninger, Karl. The Criminal Law System, 45 Neb. L. Rev. 22 (1966). Available at: http://digitalcommons.unl.edu/nlr/vol45/iss1/5.

Merton, R. K. & Nisbet, R. (1971). *Contemporary Social Problems(3rd ed)*. New York: Harcourt Brace jovanovich Inc.

Mischler, G. (2002). 자살의 문화사 (유혜자 역). 서울: 시공사.

Mishra (1981). *Society and Social Policy*. London: Macmilian Press(2nd).

Neufeldt, A. H., & Albright A. (1998). *Disability and self-directed employment: Business development models*. Ontario: Captus University Publications, International Development Research Centre.

Ochir (2015). Life satisfaction and social exclusion of female-headed households(여성가구주의 사회적 배제와 생활만족도). 이화여자대학교 대학원 박사학위논문.

OECD (2013). Mental Health in Korea. OECD Review and Recommendations.

OECD (2015). OECD Health Statistics.

OECD (2016). 2016년 5월 한국경제 보고서.

OECD (2016). 2016년 한국경제 보고서(Economic Surveys: Korea 2016).

OECD (2016). 2016년 고용전망 보고서.

OECD (2016). Society at a Glance 2016.

Pearce, D. (1978). The feminization of poverty: Women, work and welfare. *Urban and social change review*, *11*, 28-36.

Phillips, D. (2006). *Quality of Life: Concept, Policy and Practice*. New York: Routledge.

Pincus, F. L. (2011). *Understanding diversity*. Colorado: Lynne Rienner Publishers.

Rothman, J. C. (2008). *Cultural competence in process and practice*. Boston: Pearson/Allyn and Bacon.

Rubington, E. & Weinberg, M. (1986). 사회문제의 연구 (이장현·김영이 역). 서울: 경문사.

Rubington, E. & Weinberg, M. (2011). *The study of Social Problems*. New York: Oxford University Press.

Sainsbury, D. (2001). Gender and the making of welfare state: Norway and Sweden. *Social Politics*, *spring*, 113-143.

Sarason, I. & Sarason, B. (1984). *Abnormal Psychology: The problem of maladaptive behavior*. Englewood Cliffs, New Jersey: Prentice-Hall.

Schneider, K. (1959). *Clinical psychopathology*. New York: Grune & Stratton.

Seligman, M. E. P. (1971). Phobias and Preparedness. *Behavior Therapy*, *2*, 307-320.

Statham, D. J., Heath Madden, A, C., Bucholz, P. A. F., Bierut, K. K., Dinwiddle, L., Slutske, S. H., & Ellis, T. (2006). *Cognition and Suicide*. Washington, D. C: American Psychological Association.

Tandon, R., & Carpenter, W. T. (2013). Psychotic disorders in DSM-5. *Psychiatrie, 10*(1). 5-9.

The Science Times (2016). 기획뉴스 교육의 중심에 뇌과학이 있다. 한국과학창의재단.

Townsend, P. (2010). The Meaning of Poverty. *The British Journal of Sociology, 61*, 85-102.

Turner, S. (Ed.). (2005). *Emile Durkheim: Sociologist and moralist*. New York: Routledge.

UN Committee on the Elimination of Racial Discrimination (2012). Reports submitted by States parties under article 9 of the Convention : Combined 15th and 16th periodic reports of States parties due in 2010 : Republic of Korea (CERD/C/KOR/15-16). http://www.refworld.org/docid/506402252.html에서 인출.

UNDP (1995). *Human Development Report 1995*. New York and Oxford: Oxford University Press.

UNESCO (2001). Universal Declaration on Cultural Diversity.

UNESCO (2007). Convention on the Protection and Promotion of the Diversity of Cultural Expression.

Warnier, J. P. (2006). 문화의 세계화 (주형일 역). 서울: 한울.

White, J. L. (1989). *The Troubled Adolescent*. New York: Pergamon Press.

Williams, D. R. & Mohammed, S. A. (2009). Discrimination and racial disparities in health: evidence and needed research. *Journal of Behavioral Medicine, 32*(1).

Wirth, L. (1945). The Problem of Minority Groups. In R. Linton(ed.), *The Science of Man in the World Crisis*. New York: Columbia University Press.

WTO (2011). Global Status Report on Addiction and Health. WTO.

건강보험심사평가원 보건의료빅데이터개방시스템 홈페이지. https://opendata.hira.or.kr/home.do에서 검색.

교육부. 학교폭력 예방종합포털. http://stopbulling.or.kr에서 검색.

게임샷 홈페이지. http://www.gameshot.net에서 검색.

기획재정부. 시사경제용어사전. http//www.mosf.go.kr/nw/nes/detailNesDtaView.do₩?menuNo=4010100&-searchNttId1=OLD_4007353&searchBbsId1=MOSFBBS_000000000028에서 검색.

매일경제용어사전. http//dic.mk.co.kr에서 검색.

법제처 홈페이지. www.moleg.go.kr에서 검색.

보건복지부 홈페이지. http://www.mohw.go.kr에서 검색.

부산여성의전화 홈페이지. http://www.pwhl.or.kr에서 검색.

서울 뉴스 홈페이지. https://mediahub.seoul.go.kr/news/newsMain.do에서 검색.

여성가족부 홈페이지. http://www.mogef.go.kr에서 검색.

외국인고용관리시스템. www.eps.go.kr. 에서 검색.

은둔형 외톨이를 위한 공간. http://www.your-space.co.kr에서 검색.

인터넷중독예방상담센터. www.iwill.or.kr에서 검색.

중독포럼 홈페이지. http://www.addictionfr.org/2020에서 검색.

청와대 국민동의청원 홈페이지. https://petitions.assembly.go.kr에서 검색.

통계청 MDIS. https://mdis.kostat.go.kr/index.do에서 검색.

한국노동패널조사. https://www.kli.re.kr/klips/index.do에서 검색.
한국복지패널. 1차 ~ 9차 데이터. https://www.koweps.re.kr에서 검색.
한국비정규노동센터. www.workingvoice.net에서 검색.
한국성폭력상담소 홈페이지. http://www.sisters.or.kr/load.asp?sub_p=board/board&b_code=7&page=1&f_cate=&idx=3283&board_md=view에서 검색.

EBS (2010). 임신 10대 여학생 85% 낙태. 한국방송공사.
EBS NEWS (2015). 〈한글교육 집중취재 18편〉 자녀 한글교육, 언제 시켜야 할까?. 한국방송공사.
EBS NEWS (2015). The Science Times (2016).
Ivie, B. (2015). 다큐멘터리 드롭 박스(The Drop Box). Arbella Studio, 킨드리드 이미지에서 제작.
KBS (2016). 베이비박스, 축복받지 못하는 엄마 사랑받지 못하는 아기. 한국방송공사.
OECD (2015). Earnings and Wage. data.oecd.org/earningwage에서 검색..
OECD (2015). Income Distribution Database. www.oecd.org/social에서 검색.
OECD Statistics. OECD 국가자살률 비교자료. stats.oecd.org에서 검색.
SBS (2004. 7. 31.). 그것이 알고 싶다(305회). 외면당한 어린 모성 : 10대 미혼모 .
THE WORLD FACTBOOK (2015). https://www.cia.gov/library.

찾아보기

ㄷ

ㄹ

ㅁ

ㅂ

ㅇ

ㅎ

저자소개

❖ 현 외 성

현) 경남평생교육연구원 원장
전) 경남대학교 사회복지학과 교수, 창신대학교 석좌교수
저서 사회복지정책강론, 한국사회복지법제론, 노인복지학 신론 등 다수

❖ 김 용 환

현) 대구가톨릭대학교 사회복지대학원 외래교수
전) 경남복지정책연구원 원장
저서 차세대사회복지개론, 사회복지실천론, 영성과 사회복지 등

❖ 문 다 현

현) 재단법인 부산여성가족개발원 이사
IT산업갈등조정센터 대표
부산지방검찰청 형사조정위원
인제대학교 사회복지대학원 겸임교수
저서 노인복지론, 시니어진로입문, 케어복지론 등

❖ 최 금 주

대구가톨릭대학교 사회복지학 박사
저서 사회복지학의 이해 · 영성과 사회복지실천

❖ 이 은 정

현) 마산대학교 사회복지과 부교수
저서 사회복지학의 이해, 사회복지행정론 등

❖ 박 선 애

현) 창원시 지방의회 의원
전) 창원문성대학교 겸임교수
대구가톨릭대학교 사회복지대학원 외래교수
저서 사회복지사례관리론, 사회복지실천기술론, 사회복지학의 이해 등

제2판

현대 사회문제론: 사회복지의 대응과 미래

초 판 1쇄 발행 2017년 7월 10일
제2판 2쇄 발행 2024년 1월 12일

지 은 이 | 현외성 · 김용환 · 문다현 · 최금주 · 이은정 · 박선애
펴 낸 이 | 김기섭
편 집 인 | 김민수 · 이상희
펴 낸 곳 | 창지사 www.changjisa.com
08589 서울시 금천구 가산디지털 1로 83 파트너스타워 1차 9층
전화 (02)719-2211~3
팩스 (02)701-9386
등 록 | 1977년 4월 28일 · 제1-421호

ISBN 978-89-426-1554-4 (93330)

값 27,000원